ハリー・ニルソンの肖像

NILSSON

The Life of a Singer-Songwriter　Alyn Shipton

アリン・シップトン

奥田祐士＝訳

国書刊行会

ブルックリンにて（1946年ころ）

ベット・ニルソン

ジョン＆アンナ・マーティンと

『パンディモニウム・シャドウ・ショウ』の宣材写真

サンセット大通りの巨大ビルボード

ニルソンとリチャード・ペリー、ニューヨークのRCAにて（撮影＝R・ブレナー）

ハリー・ニルソン・シニアとニルソン

ザック・ニルソン（1975年）

ドクター・ジョンとニルソン
（70年代中期）

ニルソンとキース・ムーン

ロンドンで軽く一杯

リンゴ・スターとニルソン、《プシー・キャッツ》セッション中のサンタ・モニカのビーチハウスにて

《プシー・キャッツ》をレコーディングするニルソンとジョン・レノンのポラロイド写真

キャピトル・レコード・タワーの屋上でクラートゥに扮するリンゴ・スターとともに《グッドナイト・ウィーン》のCMを撮影中

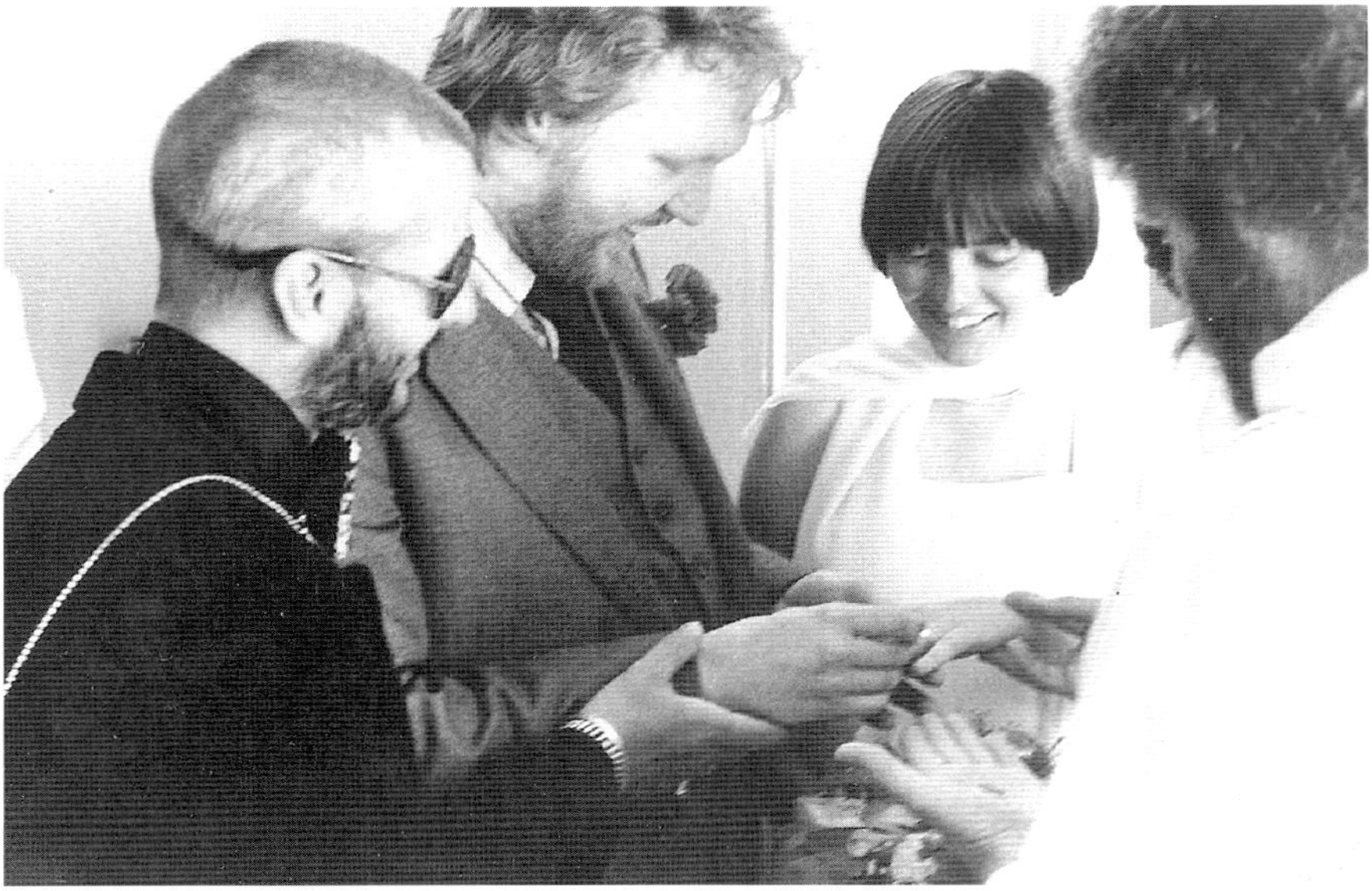

（上）ウーナ・オキーフとの結婚式、新郎介添人のリンゴ・スターとともに
（下）セント・ポール大聖堂の少年聖歌隊とともに。《クニルソン》セッションにて

（上）『ポパイ』のセットにて、ジュールス・ファイファーとともに（1979年）
（下）フィラデルフィア市長ウィリアム・グリーンに銃規制のロビー活動をするニルソン（1981年10月）

（上）アッパー・ナイアックのニルソン・ファミリー——左からウーナ、オリヴィア、ボウ、ベン、アニー、ハリー、キーフ
（下）『フィッシャー・キング』の主題歌をレコーディング中のニルソンとテリー・ギリアム

ハリー・ニルソンの肖像　目次

凡例

＊アルバム名は《　》、曲名は〈　〉、映画・演劇・書籍名は『　』、TV・雑誌・新聞名は「　」でくくり、（　）内に原題を記した。
＊原注は番号をふり巻末にまとめ、訳注は〔　〕でくくり本文中に記入した。

ハリー・ニルソンの世界を案内してくれた友人のリー・ニューマンに

まえがき

ポピュラー音楽の世界において、かつてプロデューサーのリチャード・ペリーに「この地球上でも指折りの白人男性シンガー」[1]と称されたハリー・ニルソンほど矛盾に満ちた男はいない。スタジアム・ロックこそまだよちよち歩きの段階だったものの、大規模なコンサートやフェスティヴァルは当たり前になりつつあった時代に高い人気を獲得したにもかかわらず、彼は一貫してライヴ・パフォーマンスを回避し続けた。彼がショウビジネス一家の出だったことを思うと——現にアルバム《空中バレー（Aerial Ballet）》では祖父のサーカス芸を追想している——これはなおのこと注目に値した。ニルソンの楽器はスタジオ、舞台はダビング・ブース、そして最大の技術的偉業は、たとえばビートルズの楽曲を大胆にモンタージュした〈ユー・キャント・ドゥ・ザット（You Can't Do That）〉のような、職人芸的なレコーディングの数々だった。

自分の人生のある側面に、作品のインスピレーションを求めるソングライターは少なくない。ニルソンの場合には、それがとりわけ顕著だった。彼はそのキャリアを、清潔感のある「髪がやや長い……ブロンドの若者」[2]としてスタートさせ、一部の評論家は「その唱法には特別なところがある」[3]と指摘した。けれども時を経るにつれて、大部分の人々は、いかに「信じられないほど巧妙なうたい回しを披露するシンガー」だとしても、「彼の最大の強味は曲づくりだ」[4]とする「ローリングストーン」誌の意見に与するようになった。

歌詞の中で、彼はその外見や快活な物腰とはうらはらな個人的体験、悲劇、悲しみの泉を活用し、これが厖大な数の曲の土台となった。ニルソンはその成果を多種多様なやり方で発表したが、その際に大きくものを言っていたのが、彼の声域である。ライトバリトンからファルセットまで、一聴するとなんの切れ目もなく三オクターヴ半の音域をカヴァーできる歌声のおかげで、彼にはうたうカメレオンのような変幻自在さが備わっていた。ニルソンのアルバムでは多くの場合、リード・ヴォーカルとバックアップ・ヴォーカルの両方を彼がひとりでうたいこなしている。しかしすべてのレコードの核心にあったのは、歌詞の感情をたくみに強調しながら、リスナーに直接語りかける彼の能力だった。

彼の本格的なデビュー・アルバム《パンディモニアム・シャドウ・ショウ（Pandemonium Shadow Show）》が登場した

のは一九六七年、大西洋の両側で、ポップ・ミュージックがかつてないほど急速に進歩を遂げていた時期のことだった。ビートルズは過去四年にわたり、初期の比較的ありきたりなロックンロールから、リヴァプールやその他の場所での日常生活に対する鋭敏な観察眼を活かした、きわめて個人的な主張へと発展していく楽曲の数々によって、音楽シーンをリードしていた。そんなビートルズの元広報担当、デレク・テイラーは、ロスアンジェルスのスーパーマーケットの駐車場で子どもたちと一緒に車内にいたとき、アルバム収録曲の〈1941（1941）〉をはじめて聞いて、ポップのヴォキャブラリーに新たな要素が加わったことを直感した。彼はこう書いている。

> ボタンを押すと十七小節の曲の断片が聞こえ、すると八歳の聡明なるティモシーがいった。「あ、パパ、ニコニコしてる。どうして？　ねえ、どうして？」。どうして……その曲はこううたっていた。「彼は生まれてからずっと会いたいと思っていたような娘と出会った。娘は穏やかで、善良で、彼に優しく、彼は彼女を自分の妻にした。ふたりは町からさほど遠くない家を買い、少しすると娘は医者に行って、ほほえみながら帰ってきた。そして一九四一年、幸せな父親には息子ができた……」。この断片だけでもたいしたものだが、歌声の主は？　新しいものなどほとんどなにも存在しないというのに、その曲は新しかった！　しかもそれはなぜこんなにも強力かつ唐突に迫ってきて、こんなにも迅速に、悲しくも眠たげな土曜のセーフウェイ［アメリカのスーパーマーケット・チェーン］的無感覚状態を切り取ることができたのか？　ジョエル・マクレーのように盤《ディスク》を乗りこなすＤＪのヘイズが、「〈１９４１〉ですよ、みなさん」と言った。そう、彼は「ニルソンの〈１９４１〉」と言ったのだ。ニルソン。「ニルソン」と彼は再度言い、いい曲だとわれわれに告げ、そしてそれがわれわれのニコニコした理由なのである。[5]

ふり返ってみるとこの曲は、おさないころ父親に捨てられたニルソン自身の経験を正確に映し出すと同時に、彼に最初の息子のザックを授ける、間近に迫った結婚の行く末を、ぞっとするほど正確に予見していたことがわかる。しかし当時のニルソンは、愛情、結婚、出産、そしてまず親に見捨てられたのちに、冒険への道筋が開けるという、歴史のくり返しをテーマにしたこの悲喜劇的なバラードが、直接的に彼自身のことをうたっているという見方を頑強に否定していた。

「経験は想像力の踏み台になるんだ」と彼は語っている。「経験したことしかわからないから、その意味ではぼくの曲も、経験の産物だろう。でも自伝的とは言えない[6]」

たとえニルソンが曲の背後にある、自伝的なインスピレーションを人前では否定していたとしても、彼が曲づくりの技巧と、三分しかない四十五回転のシングルで、宗教や政治のような大きなテーマをあつかうことのむずかしさについて深く考えていたのは間違いのないところだろう。その一方で、愛は大半のリスナーが即座に感情移入できる普遍的なテーマだった。インタヴューの場ではついつい自嘲的になりがちだったニルソンは、自分の意図を過小に表現しようとした。「〈1941〉を書きはじめたときのぼくは、数字に関する曲を書くことに関心があった」と彼はふり返っている。「それで年号に関する曲を書こうと思ったんだ。最初にためしたのは一九四四年。だめだ。それで今度は一九四一年にトライした。そう、これだ！　これはもともと、戦争に関する曲になるはずだった[7]」

実質的に〈1941〉は数字と、戦争によって起こる別離の両方をテーマにしている。第一世代のコンピューター・オペレーターだったニルソンは、終生、数字に魅了されていた。高い知力の持ち主だった彼は、誰かの生年月日を聞いただけで、その曜日を言い当てることができた。息子ザックの誕生日が七一年一月十七日という対称的な数字で、体重も七ポンド七オンスだったことに興奮した彼は、息子のミドルネームを数字にするべきだと主張した（それなのに、ザックのミドル・ネームが〝9〟となった理由はいまだに不明のままだ[8]）。しかしニルソンの人格形成にあたっては、数字以上に第二次世界大戦が大きな意味を持っていた。おかげで父親は海に旅立ち、母親が実家に戻って、おさない息子をブルックリンの貧困地域で育てることになったからだ。片親の家庭で過ごした子ども時代――母親は借金とアルコール依存症に苦しみ、不在の父親は死んだと聞かされていた――は、彼の個性を形づくったばかりか、歌詞の背景にある物語に、生涯にわたるインスピレーションを提供し続けた。

これまでにニルソンの本格的な評伝が刊行されたことはなく、それにもっとも近いのは、生前最後となった彼とのインタヴューをもとに、ドーン・イーデンが一九九四年四月の「ゴールドマイン」誌に発表した長尺の記事だった。彼の人生を詳細に追った本書では、彼の作品の多く、とりわけ自伝的な要素を個人的な苦痛と合体させた作品に、これまでにはありえなかった形で光を当てている。だがたとえ自伝的な作品を書いていなくても、ニルソンはソングライター好みのソングライターだった。同業者に高い敬意を払っていた彼の技量は、同様に彼らの賞賛を浴び、そのひとりだったランディ・ニューマンは、ニルソンが彼の曲を集めたアルバムをレコーディングした際に、みずからピアニスト役を買って出た。

ニルソンのレコーディングは、映画やTVの音楽としてわれわれの意識に刷りこまれてきた。ジョン・シュレジンジャーが監督した『真夜中のカーボーイ（Midnight Cowboy）』のオープニング・タイトルで披露されるはなれわざのほかにも、ニルソンの声は、『グッドフェローズ（Good Fellas）』、『アイス・ストーム（The Ice Storm）』、『フォレスト・ガンプ／一期一会（Forrest Gump）』、『ブリジット・ジョーンズの日記（Bridget Jones's Diary）』、そして『レザボア・ドッグス（Reservoir Dogs）』といった、現在もくり返し上映されている数々の名画のサウンドトラックに収められているのだ。彼の音楽はまた、「ザ・シンプソンズ（The Simpsons）」、「マペット・ショー（The Muppet Show）」、「ビバリーヒルズ高校白書（Beverly Hills, 90210）」などのサウンドトラックを通じて、より年若い世代の心にも入りこんでいる。彼の曲はリンゴ・スターやブライアン・ウィルソンからダニー・ミノーグやザ・ウォークメンまで、有名無名を問わず、数多くのアーティストにカヴァーされている。

当のニルソンは自分の遺産が、グラミー賞を獲得した、いずれも自作ではない二曲――〈うわさの男（Everybody's Talkin'）〉と〈ウィザウト・ユー（Without You）〉の歌唱だけに限定されるのではないかと懸念していた。本書はもっと広い視野で彼をとらえ、一九六〇年代、七〇年代の音楽にとりわけユニークで影響力の大きい貢献を果たした作品群を見直すと同時に、その音楽をつくった男にも光を当てようとするこころみだ。

謝辞

なによりもまずこの本は、ウーナ・ニルソン（ハリー・ニルソンの未亡人）の助力と励ましがなければ生まれることもなかっただろう。同様に、ニルソン財団の弁護士を務めるリー・ブラックマンの熱心さのおかげで実現した部分も大きい。このふたりはどちらもたっぷり時間をさいてくれ、どれだけ不明瞭なものであろうと、あらゆる問い合わせに根気強く答えると同時に、ニルソンと彼の世界の理解を大いに深めてくれる人々や記録をわたしに教示してくれた。彼らはまた寛大にも、未刊に終わったニルソンの自伝、注では〝口述自伝〟と呼称している未整理の録音ヴァージョンと、ニルソンが一九九四年に亡くなる直前まで取り組んでいた一部編集ずみの文章ヴァージョン、すなわち〝自伝草稿〟の両方から、長々と引用することを許可してくれた。アニタ・ブラックマンもやはり、本書の制作期間を通じて助けとなり、支えとなってくれたひとりだ。

わたしはまた、家族の書類を収めた数多くの箱を整理し、所在不明の楽曲を見つける手助けをしてくれ、親切にもロスアンジェルスのあちこちに送ってくれたハリーの息子、キーフ・O・ニルソンにもとくに感謝したい。

この本の起源は二〇〇四年、サンセット大通りにあるドームでのとても気持ちのいい昼食にさかのぼる。ジミー・マクヒューの評伝（*I Feel a Song Coming On*, Illinois University Press, 2009）を執筆中だったわたしを、記録調査の息抜きにと、マクヒューの曾孫のリー・ニューマンがレコード・プロデューサーのリチャード・ペリーに引き合わせてくれたのだ。一九九一年にロスアンジェルスで再演された『オブリオの不思議な旅（The Point!）』で主役を演じていたニューマンは、わたしがニルソンの音楽に興味を持っていることを知ると、あたかも使命感に駆られたように、ニルソンと知り合いだった人々を次々に紹介してくれた。ニルソンの友人や同僚たちへのすばらしい橋渡し役になると同時に、彼が暮らしたり、働いたりしていた場所を案内してくれたリーには、とてつもない恩義を感じている。ベストセラーとなったニルソンのアルバム二作をプロデュースしていた時期のことを、鮮明によみがえらせてくれたリチャードについても同様だ。その後、わたしはＢＢＣのレディオ・ツーでリチャードの評伝ドキュメンタリーをつくることになるのだが、本書に使用したインタヴューの一部は、もともとはそのシリーズ用におこなわれたものだった。さまざまな話題におよんだ彼との会話からの引用を、寛大にも許可してくれたリチャードに深く感謝したい。

本書の作業を開始したとき、折しもジョン・シェーンフィールドは、伝記映画の『フー・イズ・ハリー・ニルソン・アンド・ホワイ・イズ・エヴリバデイ・トーキング・アバウト・ヒム？（“Who Is Harry Nilsson, and Why Is Everybody Talking About Him?”）』〔ハリー・ニルソンとは何者で、なぜ誰もが彼のうわさをしているのか？／日本未公開〕を完成させる寸前だった。ジョンは映画の初期編集版に対するわたしの批判的な意見に耐えてくれたばかりか、寛大にも彼のファイルを公開してくれた。彼とリー・ブラックマンのおかげで、未編集の全インタヴューを参照することが可能になり、わたしはこの上なく貴重な情報源を得ることができた。またBBCの同僚、スチュアート・グランディは、一九七七年、BBCのレディオ・ワンのために何度かニルソンをインタヴューしていた。わたしはこれらのインタヴューにくわえ、その後、彼の人生に関するラジオ・シリーズ用にスチュアートがニルソンの関係者を数多く取材したテープを聞くことができた。そこからの引用を許可してくれたスチュアートとニュー・ユニーク・ブロードキャスティング・カンパニーに感謝したい。

RCAレコードのロブ・サントスは、ニューヨークのソニー・ビルディング内にある同社の記録保管部門にアクセスできるよう手配してくれただけでなく、ニルソンの個人的なファイルから、何枚か使用に耐える写真のプリントを見つけ出してくれた。彼とその同僚たち、記録保管部門を取り仕切るグレン・コーマンとそのディレクターを務めるトム・ティアニーにも感謝を。

家族に関する追加の情報は、アニー・ニルソン、ゲイリー・ニルソン、ドレイク・ニルソン、およびザック・ニルソンが提供してくれた。

ウェブサイトの www.fortheloveofharry.com は、ニルソンにまつわるすべてについて、つねにすばらしい情報源となってくれている。

インタヴュー、手紙、eメールほかの助力については、以下の人々すべてに感謝したい――ジョン・アルトマン、ジェリー・ベックリー、ティム・ブラックモア、ボブ・ボーゲン、ペリー・ボトキン・ジュニア、ヘンリー・ディルツ、ドナ・ドレンツ、スタンリー・ドーフマン、アシュレー&デボラ・ダウ、ハービー・フラワーズ、アラナ・ゴスプリネシュ、ジェフ・グリフィン、アンナ・ハリスン、エリック・アイドル、サマンサ・ジュースト、トレヴァー・ローレンス、ジェイミー・レフラー、デイヴィッド・リッチフィールド、ジュディ・マクヒュー、マイク・マクノート、デイヴィッド・ノードン＝アンガス、マイケル・ペイリン、メイ・パン、クリス・オーデル、ヴァン・ダイク・パークス、ラロルド・レブハン、アンドレア・ロビンソン、クリス・スペディング、フランク・スタローン、メリッサ・ヴァン・デル・クルフト、クラウス・フォアマン、シェリル・ワッズワース、ジミー・ウェッブ、トニー・ウィルソン、そしてフレッド・ウルフ。

ゲイリー・ブルッカーには助けになってもらえなかったが、プロコル・ハルムと六〇年代をふり返りながら、ふたりで過ごした宵のことは忘れられない。

ティモシー・ジョーンズ博士（副学長）とロンドン王立音楽アカデミーの調査委員会には、インタヴューの書き起こしに手を貸し、ロスアンジェルスにおけるわたしの調査を援助してくれたことに感謝したい。

担当編集者のスザンヌ・ライアンは場合に応じて強面になったものの、基本的にはずっとわたしを支えてくれた。彼女の同僚のカエリン・コブ、アダム・コーエン、エイミー・ローズ・パーキンス、そしてマデリン・サットンもみんな、この本の成立に欠かせない存在だった。編集面のディテールに対するボニー・ケルゼーのこだわりはかけがえのないもので、それは制作担当編集、モリー・モリソンの心安らぐ存在感についてもいえることだ。

ニルソンの歌詞を引用するための許可については、ワーナー＝チャペル・ミュージック社およびワーナー＝タマーレイン・ミュージック・パブリッシングのパット・ウッズと彼女のチームに感謝を。また別の管理地域における同様の許可については、ＥＭＩミュージック・パブリッシングのロバート・ブリッグス、マーシャ・タネンバウム、そしてオードリー・アシュビーに感謝したい。

アリン・シップトン
英国、オックスフォード
二〇一二年十二月

ハリー・ニルソンの肖像

さて、一九四一年、幸福な父親に息子ができた
ところが一九四四年になると、父親は家を
出てしまった
そして四五年になっても母と息子はまだ生きていた
でもふたりは四六年にも生きのびていると
誰に断言できただろう

第一章
1941

ハリー・エドワード・ニルソンは、一九四一年六月十五日の午前二時十五分にブルックリンのブッシュウィック病院で生まれた。同じくハリー・ニルソンといい、同じくブルックリン生まれだった彼の父親は二十四歳で、出生証明書の職業欄には〝塗装工〟と記されていた。[1] ハリー・シニアはブッシュウィック界隈を中心に働き、いつも妻と長男の近くにいたが、真珠湾が攻撃を受けた同年の十二月をさかいに、彼の人生は劇的に変化した。アメリカが第二次世界大戦に参戦すると、ハリー・ニルソン・シニアは多くの同国人と同様、その一翼を担うために家を出た。おさないハリーに母親は、父親が〝設営部隊員《シービー》〟になったいきさつを話して聞かせた。これは一九四二年の早春に建築業者の中から徴用され、太平洋に配属された海軍機動建設大隊のメンバーのことだ。

当初の準備期間に続くシービーの訓練は、短くて苛酷だった。ブート・キャンプで三週間を過ごした新兵たちは、カリフォルニアのポート・ヒューニーメに配属され、そこでさらに六週間、集中的な訓練を受けたのちに、現場に送り出されていた。年がたつにつれ、日本軍が占領していた島々の掃討作戦に参加し、仮設の滑走路をつくったり、海軍のために間に合わせの基地を建造、維持したりしている父親の仕事ぶりが、おさないハリーの耳にも伝わってきた。[2] 息子が一歳の誕生日を迎えるずっと前に家を出たハリー・シニアは、その後の二年半のほとんどを家族と離れて暮らすことになった。まれに帰宅できることもあり、そろいの小さなセーラー服を着た赤ん坊のハリーとの写真は、そんな折に撮られたものだ。ただしそうした機会はめったになく、結果としてハリーは、自分が名前を引き継いだ男と日常的に接することなく成長した。となれば彼が父親について信じていたことの、ほぼすべてがいつわりだったとしても、決して驚くにはあたらないだ

ろう。たしかにハリー・シニアは海に出ていたが、それは兵士としてではなく、ありきたりな商船員としてだった。戦時中は忙しくしていたものの、不在の父親はヒーローなのだと息子に信じこませるために、孤独な妻が考え出した闘うシービーとしての架空のキャリアに比べると、彼の生活はずっと散文的だった。[3]

　エリザベス・マーティンとして生まれ、家族からはベットと呼ばれていたハリーの母親は、赤ん坊が生まれたとき、まだ二十一歳の主婦だった。彼女は音楽とゴシップ、アイルランド人のいう〝クラック〟が日常生活に欠かせない要素となっている、アイルランド系アメリカ人大家族の一員だった。笑うのとホラ話が大好きな快活な女性で、家族からはパーティーの人気者として記憶されていた。ハリーが生まれた時点で、彼女と夫はすでに彼女の実家を出ていた。ふたりはブルックリン、ベッドフォード・スタイフェサント地区のモンロー通り七九一番地に建つ褐色砂岩《ブラウンストーン》の小さなアパートで暮らしていた。

　一九四〇年代初頭の北ブルックリンは、衰退期に入っていた。社会問題が山積し、この地域の人種的、階級的バランスが激変した結果、それらの問題はさらに悪化しつつあった。戦前のユダヤ人人口は流出し、見た目は悪いが造りのしっかりした住宅が豊富に残されていたおかげで、ハーレムの人口密集地域から、多くのアフリカ系アメリカ人やラテン系アメリカ人が移ってきた。新旧を問わずすべての地域が貧困と軽犯罪に悩まされていた。ハリーの誕生に先立つ数か月のあいだに、この地域にある四軒のカトリック教会が夜の礼拝を中止した。暗くなってから会衆が教会に行き来するのは、危険だというのがその理由だった。住人たちは「横行する強盗、賭博、暴行、そしてありとあらゆる犯罪行為[4]」について不満をもらしていた。

　カリスマ的で行動的なニューヨーク市長のフィオレロ・ラガーディアも、この地域をうろつくギャング、エスカレートする犯罪、そして社会不安を十分に認識していた。一九三〇年代の彼は犯罪と腐敗に毅然と立ち向かい、それによって評価を高めていたが、戦争がはじまると、民間防衛事務所の所長役を仰せつかり、おかげで始終ワシントンに行き来していた。市長の任期がまだはじまったばかりの時期だったら、彼は間違いなく、ブルックリンの諸問題にすぐさま手をつけていただろう。だがラガーディアはそうする代わりに、ベッドフォード・スタイフェサントの諸問題を取り上げるために召集されたキングズ郡の大陪審に異議を唱えた。陪審はこの地域の窮状や、可能な解決策の多くを正確に指摘していたが、これを支持集めの好機と見た市長は、〝ニグロ問題〟がすべての元凶だと主張し、おかげで事態は完全に行きづまってしまう。トラブルの原因をめぐって街の有力者が争う中で、現地の住民たちは置き去りにされていた。

　ハリー・シニアが海に出ると、モンロー通りに居残るのは経済面でも安全面でも不安があったため、ベット・ニルソンは数ブロック先の実家に戻った。ジェファーソン街とパッチェン街の交差点にある、ミシン屋の階上のアパートである。現在、この十字路の北東側は再開発されているが、それ以外の部分はマーティン一家が暮らしていた戦時中からほとんど変わっていない。通りから南西の角、ジェファーソン街七六二番地に建つ、レンガの帯と凝ったタイル張りの帯状装飾《フリーズ》で飾られた三階建てのビルを見上げると、最上階にある六室のアパートの窓の向こうに三世代の家族がひしめき合っていた。ニルソンはこうふり返っている――「ぼくらは祖母と祖父、それにふたりのおじと暮らしていた[5]」

　ハリーの父親とは異なり、母方の祖父のチャーリー・マーティンはほんものの英雄だった。第一次世界大戦で機関銃の射手を務めていたのだ。だが両脚の傷跡と箱いっぱいの勲章をのぞくと、傍目にはほとんどそういう印象を与えなかった彼も、一九四〇年代の初頭に入ると古傷を悪化させ、ついには寝たきりになってアパートの一室を占拠してしまう。彼の傷は家族全員の暮らしぶりに影響を与えた。ほぼ途切れることのない痛みに苦しむ彼を少しでも楽にしてやるために、みんなからナナと呼ばれていた彼の妻、すなわちハリーの祖母は廊下の脇にあるくぼみに毛が生えたようなスペースで眠り、ほかの家族もみんな、老人の要求を最優先していた。いちばん広い寝室を使っていたのは、ハリーのおばのシシー・マーティンと、マンハッタンのパーク街にあるドレーク・ホテルで夜間の支配人をしていた夫のフレッド・ヘイファー。そしてそのとなりの部屋には、ブルックリンの自動車修理工場で働くハリーのおじのジョン・マーティンが住んでいた。ハリーの母親のベットが、やはりパーク街にあるウォルドーフ・アストリア・ホテルで夜間勤務のウェイトレスの仕事を見つけると、彼女と弟のジョンは〝ホット・ベッド〟システムを導入した。姉が仕事から帰ってくるやいなや、弟は起床し、顔を洗い、そそくさと朝食をかっこんで家を出ていく。すると姉がまだ温かいベッドを引き継いで、眠りに就くのだ。部屋の隅にはハリー用のベビーベッドが置かれていた。

　家族の最年少メンバーだったハリーは、チャーリー・マーティンの若かりし日々の冒険談を、ナナからたっぷりと吹きこまれた。もっとも一日中ベッドに閉じこめられていた気むずかしい老人は、祖母の話に出てくる男とはほとんど似ても似つかなかった。チャーリーは以前、モーランズ・バー&グリルという店のオーナーだった。ブルックリンのアイルランド系アメリカ人がひいきにしていた地元の酒場で、彼はその地域の人気者だった。チャーリーにはやんちゃなところがあり、若いころは酒場で長時間働いたあとも、さらにご機嫌な時間を求めて、夜中にしょっちゅう家を脱け出していた。しかしついに我慢の限界に達したナナが、彼の車のガソリンタンクにたんまり砂糖を入れたおかげで、車はオーヴァーヒートを起こし、それとともにチャーリーの夜の冒険も幕となった。

老人はその勇敢さによって、ふたつのパープルハート〔戦場で負傷した軍人に授与される〕をふくむ数々の勲章を獲得していた。だがおさないハリーにとっての彼は、あくまでもいたずらの対象だった。少年は祖父の薬を隠したり、眠っているあいだに足の裏をいきなりくすぐったりしては、しきりにおもしろがっていた。部屋にふたつのドアがあったおかげで、いたずらはよりやりやすくなった。片方のドアから忍びこんだあと、もう片方のドアから逃げ出すことができたからだ——トイレまで行く苦しい道のりのために、祖父が常時ベッドの脇に置いていた堅い杖を振り回す前に。

母親とおじのフレッドは昼のあいだ眠り、祖父は病床に伏し、それ以外の家族は仕事に出ていたため、おさないハリーは大半の時間を祖母と過ごした。読書や編みものをしていないとき、彼女はハリーと一緒に遊び、それ以外のときはもっぱら窓ぎわに座って、移ろいゆく世界をながめていた。彼女の孫はその姿をありありと記憶していた。「祖母の腕は太くてしまりがなく、窓わくによりかかっていたせいで、ひじは象の皮膚みたいだった」とニルソン。「しまいには枕をあてがっていた」[6]

このころ実質的に夫に棄てられ、結婚することで逃れようとした実家に舞い戻る羽目になったベット・ニルソンは、夜型の生活を送りながら、深酒におぼれはじめた。彼女はまた、長年の習慣となる不渡りの小切手を切るようになっていた。一九四四年に一時帰国したハリー・シニアはベットに会い、悪化する金銭とアルコールの問題について問いつめた。そして彼がまた海に戻ったのを機に、ふたりは正式に離婚した。その後、商船を降りたハリー・シニアはニュージャージー州のパターソンに腰を落ち着け、ゼネラル・モーターズで職を得ると、ほどなくふたりめの妻、ロイスと結婚した。このふたりのあいだには、キャロルとバーバラという娘がそれぞれ四五年と四六年に生まれている。五一年には息子のキース(幼少時に死亡)、五二年には次男のゲイリー、そして五七年には三女のレイニーがそのあとに続いた。[7]

遠方に移って新たな家庭をスタートさせてからも、ハリー・シニアはベットと連絡を取り合っていたようだ。しかし彼のおさない息子には、いっさい知らされていなかった。現に夫と別れた直後、ベットは息子に彼の父親が戦場でお国のために勇敢に戦って死んだと伝えている。父親の出奔（およびその死とされるもの）は、決して完全に癒されることのない心理的な深手を息子に負わせたというのが、ニルソンを知る多くの人々の意見だ。喪失感はおとなになったハリーが書き、うたう曲の多くに影を落とすことになった。たとえば曲づくりとプロデュースで彼に協力するヴァン・ダイク・パークスによると——

　そのおかげで間違いなく、ハリーの中にある……最良の部分が引き出されたんだ。それは克服すべきものだったからさ……フロイト的な見地に立つと、父親の死は男の人生で最高にショッキングな出来事だ……ハリーの場合もそうだったと思う。彼はそのせいでひどく戸惑っていた。普通なら父親としたいと思う会話がいっさいできないと、憧れの念がとても強くなってしまう。彼にもそれがあった。それも、とてもはっきりした形でね。[8]

　やはりハリーの大親友となるソングライターのジミー・ウェッブは、家族の別離がニルソンのもっとも奥深い音楽を触発しただけでなく、長じてからの人格特性にも多くの面で影響を与えたと考えている。

　そこにはとにかく愛がほしくてたまらないという、とてつもない飢餓感があったと思うし、彼は自分が手にできるすべてをほしがった。そして注目と愛情を目いっぱい吸い上げていた。さぞかしキツい経験だったはずだ。ミドルクラスの家庭で育ったぼくには、想像もつかないぐらい……そして彼の父親は、彼がどんな見てくれになるのかを確かめるまもなく、いなくなってしまった。そんなの、つらいに決まっている。今のぼくらにはそのあたりの事情が、以前よりもよくわかるようになっている。でも前にわかっていたのは、深い悩みを抱え、心をかき乱されている人もいるということだけで、実際のところ、その理由はわかっていなかった。父親に棄てられたという事実をハリーがひどく気に病んでいたのは、ほぼ間違いないと思う。[9]

　しかしハリー・シニアが姿を消してからも、ベットは父親や父方の家族の話で、おさないハリーを楽しませ続けた。通常とは異なる時間帯で働いていたことを考えると、彼女は片親としての役割に精いっぱい取り組み、そうする中でその場にはいない前夫をもてはやすきらいがあった。父方の曾祖父母とその曲芸団〝ニルソンの空中バレー《エアリアル・バレエ》〟のロマンティックな伝説をハリーに教えたのも彼女だった。

彼らはサーカスの芸人で、ほかに〝ニルソンの光る《ルミナス・》チョウ《バタフライ》〟という演しものもあった。一九〇一年のことだ……たしかぼくの母親も……やはり一時はショウビジネスを志望していたと思う。その影響はある面で、ぼくにもおよんでいるし、祖母は以前、無声映画の伴奏でピアノを弾いていた。単純に耳で覚えて弾いてたんだけど、それはすごくセンスがよかったからでね。それに小さな子どもだったころのぼくは、よくピアノの上に載せられて、おとな相手に歌をうたわされていた。[10]

昼間はほとんど一緒に過ごすことができなくても、ハリーは母親の想像力が生み出す世界を共有し、歌はその世界に欠かせない要素だった。ヴォードヴィル・ナンバーの〈そばかす（Freckles）〉――のちにニルソンのファースト・アルバム《パンディモニアム・シャドウ・ショウ》に収録――は、ベットが息子に教えた曲のひとつだ。オンボロ車でブルックリンをドライヴしていたとき、彼女がワイパーのパタンパタンというリズムに合わせて、この曲をうたっていたのを彼は覚えていた。この時期の写真を見ると、ハリーは愛嬌のある笑みを浮かべたいかにも街っ子らしいブロンドの少年で、とてもつらい暮らしを送っていたとは思えない。

ハリーがまだおさないころ、ベットはなんとかひまを見つけ出して詩を書き、時にはそれが曲になることもあった。後年、ニルソンは〈ブロードウェイの行進（Marching Down Broadway）〉と〈リトル・カウボーイ（Little Cowboy）〉という彼女の作品をレコーディングしている。彼が好んで披露した思い出話によると、〈ブロードウェイの行進〉の出版権を千ドルで買い取りたいというアーヴィング・バーリンからの申し出を、母親はぴしゃりとはねつけていた。[11]

父親の出奔後、戦争が終盤に近づく中で、ハリーの子ども時代の記憶もより鮮明になってきた。「ありとあらゆる種類の軍用車両が、家の前を通っていった」と彼はふり返っている。「ブルックリン海軍工廠に向かう途中だったんだけど、始終、パレードを見ているような感じだった」[12]。同時に乱暴で物騒なこの界隈ならではの厄介事も、マーティン家に少しずつにじりよってきた。ある晩、窓の外を見ていたハリーは、手製のピストルで男が撃たれる現場を目撃した。被害者は血を流しながら、ほぼ一ブロックを歩ききり、アパートの下の壁に設置されていた非常用電話に行き着いたものの、警察に連絡しようとしているうちにくずおれ、その場で死亡した。ジェファーソンとパッチェンの交叉点あたりをうろつくギャングのメンバーが、家の真下の角で喧嘩をはじめることもあった。一九五一年のハロウィンには、夜間に帰宅していたハリーと母親がアフリカ系アメリカ人の少女ギャング団に襲われるという、「お菓子をくれないといたずらするぞ」どころではない事件が起こっている。

終戦からほどなくして、ハリーのおじのジョン・マーティンは結婚するために家を出た。ジョンと花嫁のアンナは、彼が働く自動車修理工場のもっと近くに住みたがっていたのだ。おかげでベットはふたりで使っていた部屋を独占できるようになり、そこでハリーと暮らしはじめた。「母親が家に帰ってくると、酒と香水のにおいが始終プンプンしていたせいで目が覚めた」と彼は書いている。「ぼくにキスをして、となりで横になる母親の顔は冷たかった。ぼくらはちょっと話をして、それから眠りに落ちた[13]」

アルコールと孤独感に焚きつけられて、まだまだ人目を惹く魅力的な女性だったベットは一連のロマンスに慰めを求めたが、それらはいずれも不首尾に終わった。一九四七年に彼女はもうひとりの子ども、ハリーにとっては片親違いの妹となるミッシェルを出産する。以前、ハリーが寝ていたベビーベッドが、おじのヘイファー夫妻の長男、スティーヴのために持ち去られてしまったのは、そのわずか一週間前のことだった。だが一家に新しい娘が加わったため、そのベッドはベッドに返却された。ニルソン一家は五二年の春まで、ひとつの部屋につめこまれて暮らした。しかしベット・ニルソンのことを悲惨な人物、あるいは悲劇的な人物とみなすのは間違っている。ハリーの二番目の妻、ダイアンは彼女のことを、明るく生き生きとした女性として好意的に記憶していた。

四〇年代にシングルマザーになり、アルコールに依存してそこから脱け出した彼女は、とてつもなくつらい生活を送っていました。でもニューヨークのブルックリンで生まれたアイルランド系カトリック教徒の彼女は、もうとにかく楽しい人だったんです。おもしろい話やジョークを山ほど知っていて。わたしは心から彼女が好きでした。あんなにひょうきんな人はほかに知りません。彼女は親しみと愛情をこめて、わたしに、そしてみんなに接してくれました。ハリーのことが自慢で自慢で仕方がない、という感じでしたね[14]。

だが母親の愛情をつなぐようにして、さらなる悲劇が襲ってくる。中でも後年のハリーはしばしば、一九四八年の冬に起こった忘れがたい出来事のことを口にしていた。かわいがっていた家族の飼い猫、ソフティがある晩、家出してしまったのだ。ブリザードが吹き荒れ、ふた晩が過ぎても、猫の消息は不明だった。少年の母親、祖父母、おじ、おばたちはみんな、ソフティはきっと石炭入れか地下室に退避して、ネズミを追いかけているのだろうと言って、落ち着かない七歳児を安心させようとした。中に入ろうと爪で窓を引っかいているうちに、カチカチに凍ってしまったソフティが発見されたのは、数週間後、ようやく雪が溶けたときのことだった。沈痛な悲劇を無責任な戯れ言に変えるという、会話や曲の歌詞で多用する技を用いて、ニルソンはペットの死を冗談にまぎらせた。「まるでぬいぐるみのドラ猫が、窓から押し入ろうとしているような感じだった」と彼はふり返っている。「猫を窓枠から切り離し、遠い親戚から送られてきた邪魔っけな彫刻よろしく片づけるという、あまりありがたくない仕事を任されたのは、おじのフレッドとナナだった。猫はロードランナーに出し抜かれたコヨーテのような顔をしていた[15]」

あっけらかんとした軽妙な喪失の物語は、子ども時代の写真でおさないハリーが浮かべる口元をゆがめた笑みと同様、痛みを覆い隠している。大半はおとなになるまで抑えつけられていたその痛みは結局、表向きのノンシャランな魅力の陰に、もっと奥深い感情を潜ませた楽曲にはけ口を見いだした。後年、ハリーはヴァン・ダイク・パークスとともに、子ども時代を過ごした土地を再訪した。パークスによると——

> なんらかの悲しみを味わうことなく、どうして深みに達することができるだろう？　わたしが言いたいのはつまり、子どものころにハリーが悲しみを、口にできないくらい苛酷な子ども時代を経験していたということだ。わたしはストレッチのリムジンで、ハリーと一緒に彼が子ども時代を過ごした界隈を訪ねた。はるばるブルックリンまで……橋やトンネルを次々に渡り、うすら寒い横丁や裏通りやゴミ置き場を通過していくうちに、どんどん気分が落ちこんできた。そしてようやく、「ネズミを飢え死にさせよう。ゴミ箱にはふたを」という標識がかかった、すすけたレンガ壁のある場所にたどり着いた。すると彼は車の中で、ブルブル震えながら泣きだした。そこが彼の出身地だったからだ。これこそが彼の思い出であり、他者に対する彼の共感に、鋭敏さをもたらしていたものだった。そしてその共感こそが、アーティストとしての彼の作品に魔法と輝きをもたらしていたんだ。[16]

一九五一年の後半に入ると、ジョン・マーティンと妻のアンナはブルックリンの重苦しい雰囲気から脱しようと決意し、よりよい暮らしを求めてカリフォルニアに旅立った。彼はロスアンジェルスのダウンタウンから西に五十マイルほど離れたサンバーナーディノで、自動車修理工場を経営しはじめた。ベットとハリーが少女ギャング団に襲われたのはその年の十月のことで、その話を聞いたジョンは、ベットに家族を連れてニューヨークを離れ、自分たちのところに来てはどうかと提案した。というわけで五二年のはじめ、ベット、ハリーとミッシェルは、グレイハウンドバスでカリフォルニアに向かった。これは五日間の長旅で、三人はバスの車内で眠り、ときおりバス停で降車してサンドイッチをパクついたり、手足を伸ばしたりすることはあったものの、大半の時間は次々に流れ去る、アメリカのパノラマめいた景観をながめていた。平原、山並み、砂漠、大小の町……だが絶えず動いているという逃れようのない感覚、騒音、そして貧弱な食事のせいで、彼らはみんな疲れきっていた。

家が見つかるまで、三人はジョンとアンナと同居することになり、子どもたちは地元の学校に編入した。ハリーはカトリックの学校に通う予定になっていたが、ブルックリン的なストリート感覚に染まっていた彼は不安だった。「ぼくの見る限り、ぼくらが到着したのはジーンズ以外穿いちゃいけないど田舎だったし、母親にはほとんど貯えらしい貯えがなかった」と彼はふり返っている。「ぼくは行きたくないと言い張った。するとどうにかお金を工面した母親が月曜にぼくを店に連れて行って、リーヴァイスを買ってくれた[17]」

「安堵感と誇り」とともにジーンズを穿いた彼は、店から直接、新しい学校に連れて行かれた。教師役を務めるシスターのひとりが彼の手を引いて、ほかに二十五人の生徒がいる教室に案内し、はるばるニューヨークからやって来たので心から歓迎してあげてほしい、と紹介した。続いてシスターは、彼にこう告げた――学校ではジーンズが禁止されていますが、初日なので大目に見てあげましょう。

ベットは弟のもとに何週間か身を寄せたのちに、家族を連れてロスアンジェルスのダウンタウンに移った。サンバーナーディノよりも働き口が多そうだと考えてのことだった。だがおじの家の周辺でしばし、太陽の光とリラックスした雰囲気を満喫していたハリーからすると、この転居先はブルックリンでの暮らしと大差がなかった。

ぼくらの家はカタリーナ通りの八丁目にあった。そこにいたのはごく短い期間、たぶん二、三か月ほどで、今でいうデイケア・センターに近い、親子用の宿泊施設だった。親が仕事に出かけると、かわりに別の人間がぼくらの面倒を見るわけだ。この家には子どもが八人か九人いて、そのうちのひとりは寝グソをする癖があった……ハウスの神父にも犯人はうすうすわかっていたはずだ。だが公平を期すために、子どもたち全員を並ばせ、うしろ向きにさせてズボンを脱がせ、前屈みにさせてから、こびりついているクソを探した。すると犯人は案の定あわれなゲイリーで、神父はあいつを思うぞんぶん殴り飛ばした。しかもこれが毎日続いたんだ。そのうちに母親がこの残虐行為に気づいて……それを機にぼくらは出て行った。[18]

スタートこそつまずいたものの、翌年に入るとハリーのカリフォルニア暮らしは、おおむねうまくいっていた。生来運動好きだった彼は、陽気な気候とアウトドア的なライフスタイルの中ですくすくと育っていた。アルバム《ハリー・ニルソンの肖像（Harry）》（一九六九年にリリース）のジャケットを飾る十歳当時のニルソンの写真、ブロンドの髪をきれいになでつけ、襟の広いブレザーを着用し、カラーの下で学校のタイを結んだ彼の写真は、この時期に撮られたものだ。ただし撮影用の笑顔をよそに、その写真からは、彼が同年代の少年たちよりもずっと多くの人生経験を積んできたことが伝わってくる。とはいえ西部で暮らしたおかげで、ハリーは自分の幼年期を距離を置いて見つめ直すことができた。もしあのままブルックリンで暮らしていたら、とてもそういう客観性は持てなかっただろう。七七年に彼はこうふり返っている。

> たいていの人はほかのみんなの暮らしぶりについて、空想するだけで満足している。かりにどうしようもない場所で育っていたとしても、そこが本当にどうしようもない場所かどうかはわからない、のひとことですませてしまう。まさしくその中で成長している最中だからだ。いいも悪いもそこ基準でしか考えられないし、別の場所で暮らさない限り、比較できるものはなにもない。そしてその別の場所で暮らしている男もやっぱり、そっちで暮らすのはどんな感じなんだろう、と空想しているんだ。[19]

ロスアンジェルスのダウンタウンから、一家はサンバーナディノから五マイルほど離れたコルトンという小さな町に居を移し、ベットは線路ぞいにあるドライヴイン・レストランでウェイトレスの仕事を見つけた。仕事がきついわりに給料は安く、しかもヘルズエンジェルズのたまり場になっていたせいで、店は一般客に敬遠されていた。しかしこの仕事は住みこみだったので、ニルソン一家は翌年にかけて、駐車場の脇に駐められた銀色の小さなエアストリーム社のトレーラーハウスになんの不満もなく収まっていた。十一歳のハリーは冒険に手を出しはじめ、それらはやがて混ざり合って、西海岸で過ごした子ども時代の序盤にまつわる、なかば神話じみた思い出話へと化していった。息子のザックはこう語っている――「あの一件、ＮＹからＬＡへの移住についてはいろんな話があって、ハリーは相手ごとに三種類の話を使い分けていた……[20]」

生まれ故郷のブルックリンから切り離されたことに刺激されたのか、ハリーは自分がなんらかのパフォーマーになるかもしれないと思ったのは、このタイミングだったと回想している。「自分がなにかのスーパースターになれそうな予感がした――もしかすると、俳優かなにかに。十歳か十一歳の子どもだったころ、ぼくはよく毛布を頭にかぶっては、『それではご紹介しましょう、偉大なるアル・ジョルスンを演じるぼく――〝マミイイイイ〟』……とか、『ハンフリー・ボガートを演じるぼく』とか、『それではご紹介しましょう、〝チェコスロヴァキア〟という単語のつづりを言うぼく！』なんてことをしゃべっていたんだ[21]」

　コルトンでの一家の生活に、つねにつきまとっていた要素のひとつがバイク乗りだった。ハリーが当時をふり返った文章では、ニルソン一家の暮らす駐車場が、地元のヘルズエンジェルズのたまり場として描かれている。

　連中は多いときで三十人から五十人以上いたが、少ないときは七、八人しか集まらなかった。それでもかまわずクラシックなホッグや、二台ほどあったインディアンのエンジンをふかし、ドライヴインのまわりを二、三回走ると、バイクを左側からまん中側にきちんと整列させていた。店親は連中に毎晩、食事や飲みものを出していたが、ほとんどチップらしいチップは受け取れなかった。ちょっとおっかない感じがしたし、連中がどっと押し寄せてきたときの騒音は耳をつんざくほどだった。ぼくはよく窓ごしに連中をながめていた。するとそのうちのひとりがぼくのことを気に入り、「バイクに乗ったことはあるか？」と訊いてきた。

「ありません」とぼくは答えた。

「うしろに乗れよ。両腕をオレの身体に回して、下のパイプで火傷しないように気をつけろ。よし、行くぞ！」。男の名前は忘れたが、あのときの走りは忘れられない。線路に上ってそのまま走り続けた。男は熱かった。線路を飛び越えると砂利や草の上、それから通りを走り、時速五十マイルで公道へ。ぼくはワクワクしていた。ヘルズエンジェルズ！　ぼくの友だちだ。それともぼくはマスコットだったのか[22]？

ニルソンは十一歳の若さで経験した、はじめての走りのロマンと興奮を終生忘れなかった。彼はその年のうちにすませた、もうひとつの初体験についてもふり返っている。ダイナーの経営者の十三歳になる娘、メアリー・アン・シュルツとふたりでセックスに開眼したのだ。シュルツ夫妻とハリーの母親がレストランの仕事で手いっぱいになり、ミッシェルは眠りに落ちていたころ、メアリー・アンとハリーはトレーラーハウスで夜をともに過ごした。ふたりは年若いティーンエイジャーならではの好奇心でおたがいの身体を探究し、やがては不器用ながらはじめての性交を経験した。ハリーは以後半年間、メアリー・アンに首ったけになっていたが、この関係は小ガモをめぐる事件、ちょうど猫のソフティの時のように、彼が惜しみなく愛情と注目を注いでいた存在をいきなり奪い取られた事件が原因で、一気に消滅してしまう。

　メアリー・アンと出かけた地元の縁日で、金魚鉢にピンポン球をきっちり投げこんだハリーは、賞品として二羽の小ガモを受け取った。手と目を連動させるのが上手かった彼にとって、これはいともやたすいチャレンジだった。駐車場に戻ると、彼とメアリー・アンは小ガモたちにしかるべき世話を施し、およそ四か月をかけて、白い羽根の立派な成鳥に育て上げた。するとある日、鳥たちが姿を消し——なんとレストランのメニューに登場した。「信じられなかった」とハリーは回想している。「逃げたと聞かされていたからだ」[23]。シュルツ家に対する敬意は、カモたちとともに消え去った。

　一九五三年初頭のある時点で、ニルソン家はシュルツのドライヴインを去り、ベットはロスアンジェルスの街中で別の仕事を見つけた。一家は今や、コルトンの比較的穏やかな環境から、一年前にあとにしたばかりのブルックリンとこれ以上ありえないほど雰囲気の似通った区域に居を移していた。三〇年代のピコユニオンは、ユダヤ人を中心とする白人の居住区だった。だがこのころには犯罪率の高い多文化的なエリアと化し、とくにメキシコからの移民が幅を利かせていた。ブルックリンの一部区域のように、そこでも工場や倉庫が住宅地と混在していた。

　ぼくらはミセス・モーリーという、母親が友だちになった女性と一緒に引っ越した。彼女はウェイトレスだった。ちょうどピコユニオン地区で、小さい家を買ったところだったんだ……そのあとでぼくらは結局、アルヴァラード通りの六丁目に移ったんだけど、ここもあまり上等な場所とは言えなかった。娼婦とか、ギャングとか。ほとんどはメキシコ人だった。そんな場所で思春期を送るのは、決して楽なことじゃない。でも実際にその場にいると、そこまでひどくは思えないものなんだ。あとになってふり返ったら、なんてこった、あそこを抜け出せてよかった、となるんだけど。[24]

　一家がピコユニオンに居を移すと、ハリーとミッシェルはサウスオクシデンタル大通りにあるプレシャス・ブラッド・オブ・クライスト小学校で教育を再開した。そこは尼僧たちが運営する共学校だった。編入したときはまだ十一歳で、メアリー・アン・シュルツとはじめたことの続きがしたいという気持ちを抑えきれなかったハリーは、同じ学校に大勢通っていたアイルランド人娘の何人かに熱を上げた。実のところ彼は、学校に通えるだけでも幸運だと思わなければならない身分だった——母親は低収入を理由に、子どもたちの学費を月三ドルに減額してもらっていたのだ。犯罪が横行する貧困地域で暮らしていたにもかかわらず、ハリーとミッシェルは学校で頭角をあらわしはじめた。

ハリーが学校に通いはじめてからほどなく、近隣の神学校で学ぶ神父見習いたちが、その教区を対象とする一連のテストを実施した。ニルソンは選抜されてテストを受けた、数少ない生徒のひとりだった。

結果が戻ってくると、女子修道院長《マザー・スペリアー・》はうかつなことに《ジャンプド・ザ・ガン》、母親の見ている前でぼくにこう言った。「わからないの？　あなたにとっては、算数も、国語も、スペリングも、理科も、みんな簡単なことなのよ。どうして本気でやろうとしないの？」。ありがちなお説教だ。ぼくはもちろん、そういったことが自分にとって、どれだけ簡単だかわかっていなかった……とにかく嫌いだったんだ。算数も、理科も。[25]

ニルソンはのちに彼をコンピューターの世界に誘う、才能と知性の片鱗を見せはじめていたが、母親や教師たちのはげましをよそに、自分の学力をことさらに軽んじ、物騒な界隈に暮らしていても、目いっぱい楽しい日々を送ることに大半のエネルギーを注いでいた。放課後になると、妹を連れてオクシデンタル通りを下り、バスケットボールや野球の試合をやっているラファイエット公園に向かった。ある日、バスケットボールのコートから顔を上げたハリーは、年上の少年に手を取られて公園を出て行こうとしているミッシェルに目を留めた。あわててコートを飛び出したニルソンは、友人のバットを手に取り、ふたりに追いつくやいなや、少年につかみかかった。パンチの雨を浴びた見知らぬ少年は妹の手を離し、ハリーは彼女に、もう二度と知らない子にはついていかないと約束させた。[26]母親が仕事で不在のあいだ、ずっと自分たちふたりの面倒を見てきたおかげで、彼の中には家長的な責任感が芽生えていた。

彼はこの地域で何人か終生の友を得た。ニルソン一家がはじめてミセス・モーリーの家を訪れ、その屋根裏部屋につめこまれたとき、ハリーはベスターという日本人の少年と友だちになった。ラファイエット公園で興じる野球以外にも、少年たちには大の映画好きという共通点があった。金曜の夜、地元の教会の地下室で映画が上映されているのを知ったふたりは、スクリーンが丸ごと見える窓を発見する。ただしガラスごしのくぐもったセリフはたいてい、聞き取るのがやっとだった。この非公式な毎週の映画鑑賞をきっかけに、ニルソンは百科事典的な映画の知識を貯えはじめ、どうにか小銭をかき集めて、近場にあった三館の映画館のうちのどれかに入れるようになると、その知識はさらに深まった。映画に対する愛情は、新たに開校したセント・ジョン・ヴィアニー・スクールに転校してから知り合ったジェリー・スミスとの友情の基盤にもなった。

公園でのハリーは、新しい学校でできた友人のドンとシュレッディと組み、ベルモント・ハイの生徒たちを相手にバスケットボールをやるようになった。ベルモントのチームにはスミスがいて、その彼のことをニルソンは「あいつはぼくの人生で、いちばん大事な、いちばん親しい友だちになった。ジェリーとぼくは会ったとたんにウマが合った。ぼくらは最高の友だちだった」[27]とふり返っている。ふたりの少年はとりわけローレル&ハーディを愛好し、ニルソンは終生、彼らのファンであり続けた。

ニルソンが友だちをつくり、自分で認める以上の好成績を学校で収める一方で、ベットはふたたび飲酒をはじめ、離婚者ではなく、みずからつくりだした〝戦争未亡人〟の役柄を演じながら、男性の注目と愛情を貪欲に求めた。ハリーは何人もの〝義父〟や〝おじ〟を覚えていたが、その中には優しくて彼女に金を渡す男と、そうではない男がいた。ウェイトレス業の稼ぎは乏しく、酒代ほしさと、ハリーとミッシェルには最高のものを与えてやりたいという気持ちから、ベットはふたたびけちな犯罪に手を染めはじめた。一九五六年の十二月になると、不渡りや偽造の小切手をひんぱんに使いすぎたせいで、とうとう逃げ場がなくなってしまい、彼女は借金取りたちから逃れるために、街を出ていくことにした。全財産をオンボロの一九四九年型スチュードベイカーに積みこんで、一家は東部へ戻る旅に出た。

カリフォルニアの陽気な気候はさほど長持ちせず、だが誰も不凍液を用意するだけの周到さは持ち合わせていなかった。高い山腹に位置し、気温は優に氷点を下回るトゥクムカリというニューメキシコのちっぽけな集落で一夜を明かすうちに、エンジンにひびが入った。ここはもともとシカゴ・ロック・アイランド&パシフィック鉄道の飯場だったところで、住人たちのあいだでは激しい喧嘩が絶えず、おかげでかつては〝六連発拳銃の待避線《シックス・シューター・サイディング》〟という異名を取っていた。一九五〇年代に入ると、ルート66ぞいに位置する没個性的だが便利な一夜の宿となり、二千になんなんとするホテルやモーテルの部屋数は、常住人口の頭数を超えそうな勢いだった。

町にひとりしかいない自動車修理工は、伝説的なハイウェイでアメリカを横断するという苦行に耐えてきた車を、なだめすかして生き返らせるのを得意としていた。前年の事故のせいで目が見えなくなっていたにもかかわらず、その修理工は熟練の手つきでスチュードベイカーをまさぐり、部分発作を起こしたエンジンを二度ほど始動させたが、最終的にはかぶりを振った。彼は即金で百ドル払おうと申し出た。ベットはその金を受け取り、三人は持てるだけの荷物を持って、アルバカーキー行きのグレイハウンドバスに乗った。

ベットがしばらく前につきあっていた男のひとりに、みんなから〝ベニー・ザ・ブック〟と呼ばれていたベイカーズフィールドの胴元《ブックメイカー》がいた。彼女はなんらかの手を使って、彼名義のクレジットカードを一枚入手していた。期限はすでに切れていたものの、旅費はそれでまかなうことができた。アルバカーキーに到着すると、彼女は再度そのカードで子どもたちに温かい衣服を買い、〝今飛んで、払いはあとで《フライ・ナウ・ペイ・レイター》〟の原則にのっとり、頭金だけを支払って、ニューヨーク行きの飛行機のチケットを手に入れた。翌日、一家はロングアイランドにあるベイポートのベイポート街二一一丁目に姿をあらわした。ハリーのおじのフレッド・ヘイファーとおばのシシーの住居で、以後の半年間は、そこがニルソン一家の住居にもなった。ベットとミッシェルは地下室で眠り、ハリーは狭苦しくて凍えそうに寒い、屋根裏部屋をあてがわれた。

一九五七年一月、ハリーはベイポート・ハイスクールに通いはじめるが、そこではカリフォルニアで磨いた運動選手の才能が大きな助けとなってくれた。彼はバスケットボールと野球のチームをかけもちした。

> ベイポート・ハイでのぼくは人気者だった。着ていた作業服はどうしても目立ってしまったけれど、ぼくは逆にその点を強調した。女の子たちからは同情票を勝ち取り、球技がうまいのと、ハリウッドのことを誇張して話したおかげで、男連中にも気に入られていた。〝フラッシュ〟や〝ハリウッド・コメット〟といったあだ名で呼ばれ、学校一ホットな女の子から、セイディー・ホーキンズ・デイのダンス［女の子が自分が選んだ男の子を同伴するパーティー］に誘われたこともあった。[28]

クラス対抗戦の決勝でホームランをかっ飛ばすと、学校の代表チームに抜擢され、ハリーはほどなく二塁打部門でリーグのトップに立つ。しかしそれ以外の部門では、ブリッジハンプトンでプレイする別の選手の影に、まったくと言っていいほど霞んでいた。この卓越した万能選手は投手としてノーヒット・ノーランを達成すると同時に、左翼手として五割の打率を記録し、あきらかにプロ志望だった。はじめて顔を合わせたとき、ハリーはいつもの三塁の代わりにショートを守っていた。問題の選手が初球をたたくと、弾丸のような打球がハリーの頭上を襲い、彼は垂直にジャンプして、どうにかその球をキャッチした。ハリーはこの試合でも二塁打を打つが、ベイポートはブリッジハンプトンと、そのもっとも卓越した選手に敗退した。名前をカール・ヤストレムスキーというこの少年の並はずれたプレイは、決してただのまぐれ当たりではなかった。プロの道に進んだ彼は、一九五八年にボストン・レッドソックスと契約し、〝ヤズ〟の愛称で知られる名選手となった。

ベイポートでのハリーは、美術にも関心を持っていた。ノーマン・ロックウェルのようなネオリアリスト調の画を描きたいと夢想し、美術の奨学金を得ようとした。しかし後年の彼が「LAタイムズ」のゴシップ・コラムニスト、ジョイス・ヘイバーに語ったところによると、「ロックウェルはくだらない」と考える友人たちの態度と、彼のスケッチブックを見て作品に駄目を出した美術教師――本人もプロの画家だった――のせいで、すっかりやる気をなくしてしまう。アイルランド系カトリック教徒の祖父母にうながされ、一瞬だけ聖職者の道に進もうと考えたこともあったが、ベイポートのカウンセラーはおだやかな口調で彼を諭し、その考えを捨てさせた。[29]

将来のキャリアを考えると意外なことに、この時点でのハリーは、音楽にこれといった関心を見せていなかった。それは一部に、息子と娘をどうあっても子どもの歌手と俳優に仕立てようとしていたナナの妹、すなわちハリーの大おばの断固たる〝ステージママ〟ぶりに、げんなりしていたせいでもあった。

> 一度、マジソン・スクエア・ガーデンにコンサートを観に行ったことがあるんだけど、そこじゃ一万人のボーイスカウトがうたっていて、そのひとりがぼくのいとこだった。ぼくはすごいな、あそこでうたってるんだ、と思っていた。いとこはその後、プロの道に進もうとして失敗し、その妹も演技の道に進もうとして失敗した。ふたりとも、プロのトレーニングを受けていたのに。ぼく自身はそっち方面にさほど興味がなかったし、無理強いもされなかった。[30]

結局ハリーのいとこたちは、芸能ときっぱり手を切った。ひとりはオハイオで保険のセールスマンになり、もうひとりは結婚して西海岸に移り住んだ。

一九五七年五月、折りしも一学期が終わろうとしていたころ、ヘイファー家の電話が鳴った。ますます飲酒癖が悪化していたベットからで、ロングアイランドのジャマイカにいた彼女は、ミッシェルを連れてすぐさまカリフォルニアに戻るつもりだ、とハリーに告げた。ハリーはとっさの判断で、ベイポートのハイスクールを卒業するまで、ニューヨークに居残ることにした。夏のあいだの生活費をやりくりし、フレッドおじさんの家計の足しにするために、彼はキャディの仕事に就き、九ホールあたり一ドル五十セントの料金でバッグを運んだ。両方の肩にバッグをかつぎ、十八ホールをフルで回れば、ラウンドあたり六ドルの稼ぎになる。夏休みがはじまると、ハリーは一日に平均で二ラウンドをこなすことができた。

灼けるように暑いある六月の午後、ゴルフコースでは誰もが短気になっていた。するとハリーと別のキャディがもみ合いになり、それが喧嘩へとエスカレートすると、キャディマスターが割って入ってハリーをクビにした。おじとおばの家に帰った彼は、ふたりに悪い報せを伝えた。その晩の夕食の席で、おじのフレッドはハリーの目を見つめ、ブルックリンにあるマーティン家のアパートで暮らしていた子ども時代のあだ名を使って告げた。「蚊トンボ《スキーター》、うまい言い方が見つからないんだが、うちではもう、おまえを養っていけそうにない」[31]

考えているひまはなく、話し合いの余地もなかった。逆上した彼の目からは、涙があふれ出した。ナイフとフォークを投げ捨てたハリーは、屋根裏部屋に向かった。身の回りの品をほんの数秒でダンボールのスーツケースにつめこむと、そのまま家を出た。かくしてアメリカをヒッチハイクで横断し、カリフォルニア州のベイカーズフィールドにいる母親を探す、彼流のジャック・ケルアック的な冒険がはじまった。

最初に西部で暮らした日々をめぐってつむがれた物語以上に、この壮大な長旅は、ニルソン伝説に欠かすことのできない要素となった。後年の彼はディテールに色をつけていたが、物語の核となる部分は不変だった。

ハリーは当初、やる気まんまんでこの長旅に乗り出した。最初にブルックリンで彼を拾った車の運転手は、すぐさま家族のあいだでトラブルがあったことに感づいた。ハリーの目的地がカリフォルニアだと聞くと、運転手は彼をマンハッタンの片隅で降ろし、その手に一ドル札と半分だけ入ったラッキーストライクの箱を握らせた。街中でヒッチハイクをするのは危険だと判断したハリーは、その金の一部を使って公共の交通機関に乗り、ニュージャージーに移動して、西に向かうハイウェイぞいのサーヴィスエリアに行き着いた。周辺には〝ヒッチハイク禁止〟という標識がいくつも掲げられていたが、何人かに訊いて回るうちに、二マイルほど先まで歩けば、誰かが止まってくれる見込みもあることを知った。

その誰かがショーティ・ロングだった。ニルソンはのちに彼のことを、デイモン・ラニアンの小説に出てくるようなキャラクターと評している。がっしりした身体つきの、早口でしゃべる、旅暮らしが完全に板についた男。現にすっかり慣れきっていた彼は、トラックを時速七十マイルで飛ばしながら、下り坂になると運転席のドアを開け、ズボンのチャックを下ろし、左脚を下にして脚を組んだまま、身体をぐいとひねって放尿する癖があった。

　一日の長旅を終えると、ふたりはハイウェイぞいのトラック乗り専用宿で車を降りた。そこには気のいい仲間がいて、食べものとトラック用の安全な駐車場と寝床があった。食事を終えると何人かの男たちとたき火を囲み、酒を回し飲みした、とハリーは回想している。そのうちのひとりが訊ねた。


「おまえさん、いくつだい？」

「十八です」とぼくは答えた。

「ほら、こいつを飲みほしてみろ」

　ほぼ半パイントはあるスコッチだった。一気に飲むと、急に気分が悪くなった。ぼくはよろめく足で宿に戻り、下の段で寝ていた男の腕を踏んだ。

「なにしやがる！」と男は叫んだ。

「すいません、すいません、すいません」と言ってぼくは、上の段の寝床に飛びこんだ。

　すっかり目が冴えてしまった男は、寝床の脇から両脚を投げ出し、タバコに火をつけようと、頭を下げて前屈みになった。その瞬間、部屋がグルグル回りだし、ぼくは片方の目で焦点を合わせようとした。次に襲ってきたのは逃げようのない、制御不能の吐き気だった。身体を起こし、ベッドから顔を突き出したぼくは、下の段にいたあわれな男の首すじに、みごとゲロを命中させた。たぶん彼はまず、どうしてオレがこんな目に？　と思ったはずだ。そしてそのあとには、「なにしてやがる？　殺してやるぞ、このクソ野郎！」

　これでほかの連中も目を覚まし、ぼくにつかみかかって殺そうとする男を止めてくれた[32]。


　ハリーは寝たり起きたりをくり返し、四時間後、すっきりした顔をして、いつでも出発できる状態のショーティ・ロングに起こされたときもまだ寝ぼけまなこだった。まともに目が見えず、動くこともできなかったハリーがよろよろと乗りこんで席に座ると、トラックはハイウェイを走りだした。

「こいつを二粒飲め」と言ってショーティは、彼に錠剤を手渡した。アスピリンだと思ったハリーは、ひと息に飲みこんだ。それは実のところ、スピードの錠剤だった。アンフェタミンのおかげでいきなり覚醒した彼は、万能感に襲われ、タイヤ交換でもなんでもこいという気分になった。だがその晩、実際にタイヤがパンクしたとき、少年はブルブルふるえ、くたくたに疲れきり、強烈な頭痛に苦しんでいた。パンクしたのは内側のタイヤで、交換にはふたりのありったけの力と、チームワークが必要とされた。作業を終えると、ハリーは車に乗りこむ代わりに、もうたくさんだ、旅を続ける前に少し休ませてほしい、と訴えた。肩をすくめるショーティを横目に、ハリーはトラックからダンボールのスーツケースを降ろした。「ほらよ、小僧」と言ってショーティは、ハリーの手に十ドル札を握らせた。彼の鳴らす警笛とともに、巨大なトラックは夜の闇の中に姿を消した。[33]

誰かの家の裏庭で眠りに就いたハリーは、目を覚ましたとたん、巨大な黒犬に吠えかかられた。犬は鎖につながれていたが、五フィートの距離があっても、その獣は剣呑すぎた。怖れをなし、ガタガタふるえながら、ハリーはあわてて道路に飛び出した。以後の十数回におよぶヒッチハイクは、混ざり合ってひとつの長いエピソードとなり、その思い出の一部を彼は、自伝の草稿に書き残している。笑いと会話にあふれたものもあれば、沈黙に終始し、彼がずっと眠りこけていたものもあった。ひとりの男は恥ずかしそうに、男子便所で連れションしてくれないか、と彼に持ちかけた——少年は次の町で車を降りた。次にあらわれたのは中年の女性教師で、ガールフレンドはいるのかと訊きながら、スカートの裾を少しずつ引き上げはじめた。ハリーがいっさい誘いに乗ろうとしないのを見て、その教師は話題を彼の国語の成績に切り替えた。

じきにハリーの十ドルはなくなり、食料も尽きてしまう。旅路のおよそまん中に位置するオクラホマの小さな町で、彼は食料品店に入り、食べるものを盗もうとした。だが店主に睨みつけられ、仕方なく最後の数セントで瓶のコカコーラを買った。次に彼は果物を陳列していた店員の男に話しかけた。男は陳列用のブドウの房から、落ちそうな実を取りのぞいていた。「バラバラの実はどうなるんですか？」とハリーは訊いた。

「ワインにするか、でなきゃ捨てるだけだ」と男はふくみ笑いをした。[34] ハリーはそのジョークに乗っかり、男をうまく説得して、バラバラのブドウの実をひと袋ぶん確保した。それが彼にとっては唯一の食料だった。

> 下痢にやられたのはブドウ生活をはじめた二日めのことで、ぼくは死にたい気分だった。塀の前で立ち止まると、その向こう側には驚いたことに、数頭の鹿がじっと立っていた。塀には「動物に餌をやらないでください」という標識がかかっている。動物たちに餌をやっていると、砂利をこするタイヤの音——あの聞きちがえようのない音がした。それは州の公用車で、ぼくが出たばかりの州から来ていた。

ふたりの男のかたわれが車を降りて、軽くつまずいた。見るからに酔っぱらっていた。

「おい小僧、どこに行くんだ？」

ぼくは「カリフォルニア」と言った。

男は「オレはジョーで、あいつはジェイスだ。オレたちはメキシコに向かってる……」と答えた。

これは盗まれた公用車だ、とぼくは思った。

「……方向的には合ってるな。乗るか？」

これで太陽と路上暮らしにおさらばできると思ったぼくは、ホッとした気持ちで答えた。「もちろん。恩に着るよ」[35]

ジョーとジェイスと一緒に、ハリーはオクラホマからテキサスに入り、後年の彼がいう「時速九十マイルのワイルドな死のドライヴ」[36]を高速道路でくり広げた。エルパソでピックアップ・トラックを乗り捨てた三人は、徒歩でリオグランデ川を渡ってメキシコのファレスに入った。ここは当時も現在も、この大陸でもっと荒くれた都市のひとつだ。ハリーにとってこの旅は、じきに輪郭のぼやけたものになる――バーを次々にはしごしたあげく、売春宿にしけこむ毎日だったからだ。酔いでかすんだ眼で、彼は一緒に寝たばかりの娼婦、ロージーがコンドームを頭上で振りかざしながら、「この子の童貞《チェリー》をもらったわ！　ほら、これがその証拠よ！」と叫んでいるのを見た。

ほかの酔っぱらいたちが彼をからかいはじめると、ジョーとジェイスが年若い友人の弁護に立った。数秒で派手な喧嘩がはじまり、ハリーはレコード・プレイヤーの上に全身で倒れこんだ。針がレコードの溝を激しくこすってキーッと鳴り、プレイヤーは不快な音を立ててストップした。うめき声やうなり声や殴り合いの音をBGMに、ハリーはよろよろと裏口を出て、タクシーに乗りこんだ。

翌朝、彼がわれに返ると、タクシーは渋滞の長い列に巻きこまれて立ち往生していた。道路の一部が激しい嵐のせいで、一夜にして洗い流されてしまったのだ。残されたわだち道を走れる車は一度に数台だけだったが、嵐はとっくの昔に消え去り、太陽が空高く昇っていた。運転手の家族が彼のポケットをまさぐり、当の運転手はハリーが横になっていたシートから、たまったゲロの残りをタオルでふき取っていた。彼が目を覚ましたのに気づくと、一家はハリーにつめよって代金を要求した。バーに連れ戻してくれれば、ジョーとジェイスが勘定を払ってくれるはずだ、とハリーは訴えたが、彼らは聞く耳を持たなかった。結局彼は髪の毛をつかまれ、席から道路に放り出された。あとはもう灼けつくような暑さの中を、五マイルほど歩いて国境に戻る以外にない。ハリーは動かない車の群れをよろよろと追いこし、土間に裸の子どもたちがいる荒れ果てた小屋のあいだを縫って、ようやく川を渡る橋のたもとに行き着いた。

　国境の警備兵は融通が利かなかった。アメリカに戻るための通行料は二センタヴォ。その金がないと、メキシコを出られない。すごすごと引き下がった彼は、前日の朝、ジョーとジェイスとの冒険をスタートさせたバーに目を留めた。バーテンダーはハリーの顔を認め、三人の散財ぶりを思い出すと、喜んで小銭を恵んでくれた。数分で彼はテキサス州のエルパソに舞い戻り、ピックアップを見つけ出した。旅仲間たちの気配はどこにもなく、きっとファレスでの騒ぎのせいで、投獄されてしまったのだろうとハリーは結論づけた。そこで彼はドアをこじあけ、自分のバッグを引っぱりだすと、カリフォルニアを目指す旅の最終行程を単独で開始した。

　ようやくベイカーズフィールドにたどり着いても、そこにいるはずの母親とミッシェルの姿はどこにも見当たらなかった。しかし前回の西部訪問時に彼らを泊めてくれたジョンおじさんとアンナおばさんは、そのころベイカーズフィールドのおよそ四十マイル北西、ウォフォードハイツのカーンヴァレーをさらに上ったところに転居していた。アメリカを横断してきたハリーにとって、親戚の新居まで、残された数マイルをヒッチハイクするのは造作もないことだった。引っ越し先でふたたび自動車修理工場とガソリンスタンドを経営していたジョン・マーティンは、ハリーに当面の居場所だけでなく、まかないと宿泊の見返りとなる仕事も提供してくれた。ガソリンを入れたり、車の修理がらみの力作業を手伝ったりするのが、その仕事の内容だった。

　長身で、運動能力に優れ、愛想がよく、しかも今度の旅で人生経験もたっぷり積んでいたハリーは、簡単に友だちをつくることができた。母親と連絡が取れてからも、彼はおじの家に残ることにした。そこにいればある程度自由がきいたし、稼ぎの少ない母親にも、よけいな負担をかけなくてすむからだ。彼はじきに、ピコユニオン時代の級友たちとふたたび顔を合わせるようになった。ガソリンスタンドが休みの日には、古くからのダチのドンとシュレッディが彼につき合い、もよりのバス停から映画館まで、数マイルの道のりを歩いていくこともしばしばだった。いちばんの親友は相変わらずジェリー・スミスで、一九五〇年代の末から六〇年代の初頭にかけて、このふたりは切っても切れない仲だった。「ぼくはどこにも行きたくなかった」とハリーはふり返っている。「ぼくらはひたすら野球をして、映画を観て、あてもなくうろついていた。そして週末になると、ジェリーのガールフレンドの家に行った。そのガールフレンドの名前もジェリーだったので、ちょっとまごつくこともあった[37]」

　一九五七年の秋、ハリーの修理工場暮らしは、おじのジョン・マーティンが一九三二年型の古いフォード・モデルAをくれたおかげでずっと楽になった。客が代金の代わりに置いていった車で、ハリーがやって来る前に、彼のおじは売りに出すつもりでブレーキを修理し、ちゃんと走れる状態にしていた。くすんだ青い塗料の上に、ハリーはその年ロシアで打ち上げられた世界初の人工衛星に敬意を表して、〝スプートニク〟という文字を銀色で誇らしげに書き加えた。さすがにこの車では、地球の軌道に乗るのは無理だったものの、とりあえず彼は地元エリアを動き回れるようになり、ときにはロスアンジェルスまで遠出することもあった。

　カーンヴァレー地域のランドマークのひとつが、ウォフォードハイツのマーティン夫妻の家からほど近いところにある、一九〇二年につくられた見るからに危なっかしい木製の水路だった。小さな町の北側にそびえる山並みからボレルの峡谷に設けられた水力発電所まで、数マイルにわたってうねうねと並ぶ架台の上に設置された高架水路である。しばらく前に近隣の小集落が洪水に襲われてイザベラ湖ができ、そこが五〇年代のなかばには、電力産業の主な水源になっていた。しかし湖とその真新しいダムとは別に、きゃしゃなつくりの水路は、水もれや地震に耐えながら、山からどっと下ってくる水を古い発電所に送り続けていた。現在、当初の水路はようやく取り払われ、地下にめぐらされた用水路とパイプが、発電所の配水タンク役を務める新たにできた小さな湖に水を送りこんでいる。しかし五七年当時、ボレル水路の高い架台をはい上がってしぶきの立つ激流に飛びこむのは、自殺同然の無謀な行為だった。とてもそんな真似はできないだろうと友人たちにはやし立てられたハリーは、当然のようにその挑戦を受けて立った。

　飛びこんだときのぼくは、急流の勢いを完全に見くびっていた。水路の側面は高すぎて、とても手ではつかめない。でも流れの中で立ち上がることができれば、水路を横向きに支える金属製の筋交いがある。ぼくはどんどんスピードを上げながら溺死していくネズミのような気分だった。そして片側から片側に身体を押しやり、底に設置されたブレーカーのどれかからジャンプすることさえできれば、筋交いのバーがつかめるのにと思っていた。

　三度挑戦してようやくそのひとつをつかみ、身体を引き上げたぼくは、側面を安全な位置まで半分歩いた。片脚をバーに乗せ、両手を水路の側面にかけたら、あとはもう二十五フィートの下の地面に降りる手を考えるだけだ。ようやく下に降り立ったとき、ぼくは十分足らずの時間で、五マイル以上の距離を移動していた。こわかった。[38]

給料の面で見ると、おじのジョンは決して気前がいいとは言えなかったかもしれないが、この家で過ごした十六歳から十七歳にかけての時期は、ハリーの音楽活動の基盤となった。仕事を終えて夜遅く帰宅すると、彼はラジオをつけ、音楽がかかっている局を探してダイヤルを回し続けた。中でもとくに愛聴していたのが、ドゥーワップやソウルがかかる地元の黒人専門局でやっていたディック・ハグ（またの名を〝ハギー・ボーイ〟）の番組で、ハリーはオリンピックスやコースターズを聞き、リトル・リチャードの曲やエヴァリー・ブラザーズのレパートリーを覚えたが、いちばんのお気に入りはなんと言ってもレイ・チャールズだった――「眠っているあいだに〈アイヴ・ガット・ア・ウーマン（I've Got A Woman）〉がかかったら、たとえどんなに小さな音量でも、ぼくは目を覚まして耳をすませ、『イェイ！』と口走っていた」と彼はふり返っている。[39]

これはまた、彼が楽器の演奏に興味を見せはじめた時期でもあった。おじの修理工場からさほど遠くないところに〝パパ＆ママ〟ショップがあり、彼はよくそこでピンボールをして遊んでいたが、その実、マシーンには不正な工作がされていると確信していた。次々に、なけなしの小銭を吸い取られていたからだ。ある晩、とうとう我慢がならなくなったハリーがマシーンのひとつを乱暴に蹴り上げると、その怒りを静めるために、店の女性オーナーがほこりまみれのウクレレを差し出した。彼によると、それは「〈ミー・アンド・マイ・バンジョー（Me And My Banjo）〉の弾き方を手ほどきする小さなコード表がついた、よくある一ドル九十八セントのプラスティック製ウクレレだった。ぼくはウィスキーの瓶とそのウクレレを持って二階に上がり、ミュージシャン稼業をスタートさせた。聞き覚えで演奏し、音楽のトレーニングはいっさい受けなかった」[40]。以後数週間、彼は休みになると浜辺までドライヴし、その楽器でさらにいくつかのコードを覚えた。じきにギターを手に入れた彼は、その奏法を真剣に学びはじめた。

同時に彼は、ピアノの曲も覚えはじめた。〈ザ・レディ・イズ・ア・トランプ（The Lady Is A Tramp）〉や当時流行っていたアンドレ・プレヴィンのジャズ・トリオによるピアノ曲、そして「どんな状況にも合うピアノバー向きの曲」を懸命に練習した、と本人はふり返っている。[41] だが最大の刺激を与えてくれたのは、ラジオでも楽器の練習でもなく、彼の家族だった。

「ジョンおじさんは鳥のようにうたえる人だった」とハリーは回想している。「おじさんがハーモニーを教えてくれたんだ」[42]。エンジンやトランスミッションをいじったり、オイルやバッテリーを交換したり、タイヤを作業場の端から端へ転がしたりしながら、ジョン・マーティンはうたっていた。そしてハリーはそんなおじの歌声から、後年の作品にあらわれるピッチの微妙さやハーモニー的なニュアンスの多くを学びとった。おじは十分、プロとしてもやっていける喉の持ち主だった。現に以前ニルソン一家がカリフォルニアで暮らしていたとき、ハリーの母親がエージェントに弟の歌を聞かせたこともある。ふたりは修理工場の片隅に隠れてジョンの歌声を聞き、感銘を受けたエージェントは契約を申し出たが、あくまでもアマチュアのつもりでいたジョンは歌声を聞かれたことを恥じ、その場で断りを入れた。彼はそれからしばらく、姉と口をきかなかった。

　最初のうち、ハリーは新たに熱中しはじめた音楽の道に進むべきかどうか迷っていた——あれだけ才能があるおじですら、プロとしてうたうことには尻込みしてしまったとしたら、自分がそんなことを考えるのは、もはや狂気の沙汰なのかもしれない。それでも音楽には抗いきれない魅力があった。彼はジェリー・スミスと組み、ふたりはエヴァリー・ブラザーズのそこそこ行ける模造品となった。このパートナーシップは一九六〇年代に入っても続き、彼らは遊び半分で演奏しながら、一緒に曲づくりをはじめていた。しかしジェリー・スミスと人前に出たのは一度だけで、それをのぞくとハリーはいっさい人前でうたおうとしなかった。レコードがヒットしてからもそうした姿勢に変化はなく、観客の前でうたうことに関しては、ほぼ全キャリアを通じておじに似たアマチュア的な立場を貫くことになった。

　おじから学べることはもっとあったのかもしれない。だがこのふたりは一九五八年の夏に、完全に袂を分かってしまう。おじからは食事と眠る場所、それにスプートニクのガソリンを提供されていたが、給料の支払いはいっさいなく、そのせいで不満を募らせたハリーは、現金箱から毎日五十セントを盗み取るようになった。ある朝のこと、彼のおじはベイカーズフィールドに向かうようなそぶりを見せながら、車で出て行った。ハリーは五十セントを拝借して飲みものを買った。午前中に何人か客が来れば、現金箱はじきに、この程度の小銭を盗んでも目につかない程度にいっぱいになる。しかしおいっ子を疑いはじめていたジョン・マーティンはその日、出かけたかと思いきや、次の客が来る前に工場に戻ってきた。まっすぐ現金箱に向かった彼は、金を勘定してハリーを問いつめた。「五十セント取ったのか？[43]」

　涙を浮かべて自分の罪を認めたハリーは、スプートニクに飛び乗り、このころにはベイカーズフィールドに腰を落ち着けていた母親と妹のもとに向かった。彼とおじの仲は、二度ともとに戻らなかった。「おじは結局モハーヴェ砂漠に移り住み、向こうで亡くなった」とハリーは何年もたってから回想している。「あとに残されたのは五人の子どもと未亡人、そして五度の心臓発作だった」[44]

高地のウォフォードハイツにいれば、夏の熱気もまだ我慢できた。だが気温が三十八度を超えるベイカーズフィールドでは、とてもそうはいかなかった。それでもベットはどうにか小さくて居心地のいい、エアコンつきの家を見つけていた。ハリーはありがたく、ふたたび母親の世話になることにした。彼の到着からほどなくして、ジェリー・スミスが一週間の予定で泊まりに来た。最初の土曜日の午後を、涼しくて快適な地元の映画館で過ごしたふたりが帰宅すると、書き置きが残されていた。気まぐれを起こしたベットがミッシェルと友人のボニーを連れて、ラスヴェガスに出かけてしまったのだ。書き置きには「冷蔵庫に食べものが入っているし、ツケのきく小さな店もある」とあった。[45]

ジェリーとハリーにとっては、おおいに楽しめる一週間になりそうだった。となりには魅力的な女の子が住んでいて、少年ふたりの誘いかけるような視線を好意的に受け止めていた。だがそれも、通りかかった車が彼女の飼い猫を轢いてしまうまでの話だった。いくらなぐさめても彼女の心は晴れず、しかもなお始末の悪いことに、運転手は教師をしていた彼女の母親の元教え子だったせいで、無罪放免になっていた。次にエアコンが故障した。そして書き置きとはうらはらに、店ではツケがきくどころか、ベットは実のところ四十ドル近くツケを貯めこんでいた。

食べるものがなく、うだるような熱気に襲われ、ガールフレンドの候補もいなくなったジェリーとハリーは、(気温を無視して)長いコートをはおり、地元のスーパーマーケットで盗みを働いた。しかし一日か二日たつと、盗ってきた食べものもつきてしまった。西に向かう旅の道中、ブドウのせいでひどい目にあっていたにもかかわらず、ハリーはもう一度、果物で生き延びていこうと考え、ジェリーとふたりで隣人の庭からイチジクを盗み取った。少年たちはそうやって飢えをしのいだものの、案の定、激しい下痢に襲われてしまう。そんな時、玄関口にボニーがあらわれた。ベットが投獄され、ミッシェルは保護処分となり、警察がこの家に向かっているという。驚くべきスピードで機転を働かせたハリーとジェリーは、家中の時計を質に入れて現金化し、スプートニクを二十五ドルで売り払い、ロスアンジェルス行きのバスに乗って、ジェリーの実家に向かった。

ハリーはじきに、ロスアンジェルスのブロードウェイにあるメインの劇場街から一ブロックだけ西に行ったヒル通り六丁目のパラマウント劇場で、案内係の仕事を見つけた。三千三百八十七席のパラマウント劇場は南カリフォルニア最大の映画館で、シド・グローマンがその地に築いたエンターテインメント帝国の一環として一九二三年に建造された。彼はいっさいの出費を惜しまず、さまざまな建築様式をごちゃまぜにして、建物を隅から隅まで飾り立ててほしいとアーティストたちに依頼した。二〇年代の豪華さはすでに、五八年の時点で一部消え去っていたものの、壁画や彫刻入りのコーニス、装飾された柱、そして創意を凝らした金属細工は、いたるところで目にすることができた。改装されたプロセニアムアーチは、分厚い石の鍵盤の上に、北部ネイティヴアメリカンのデザインをもとにした羽根飾りが載せてあるように見えた。ある日、この地上六階、地下二階の巨大な建物を探訪していたハリーは、初期のマンガ映画のヒーローたちを描いた壁画が、誰にも見えない場所に隠されているのを発見した。「垂木のずっと奥のほうに」と彼は報告している。「スモーキー・ストーヴァーとバーニー・グーグル〔ヘマばかりしている消防士とギャンブル好きな小男のキャラクター〕を等身大できれいに描いた、三十フィートの壁があった。一九二六年以降、いったいどれだけの数の人間がこの画を目にしたのだろう、と思わずにはいられなかった」[46]

一九五八年当時のパラマウント劇場はまだ、パラマウント＝パブリックス・チェーンの一環として、同じ名前をいただく映画会社が所有していた。そこは試写やプレミア上映がおこなわれる一番館であると同時に、初期の時代からずっと、上質のライヴ・エンターテインメントを提供する場としても知られ、三〇年代、四〇年代にはファッツ・ウォーラーやスパイク・ジョーンズらのスターが観客を沸かせていた。現にウォーラーが「肉ばっかりでポテトがない《オール・ザット・ミート・アンド・ノー・ポテトズ》」〔「いい身体をしているのに胸だけ小さい」という意味〕というキャッチフレーズを思いついたのは、そのステージで共演した豊満な身体つきのキティ・マレーについてしゃべっていたときだと言われている。ハリーがいたころも、さまざまな歌手やダンサーやコメディアンやバンドが映画と映画の合間に演しものを披露していた。その夏、案内係として働いたおかげで、「いろんなエンターテイナーに会うことができ、それをきっかけに自分も演じる側に立とうと決心した」と彼は語っている。[47]

実際的な面では、こうしてあらゆるスタイルや時代のエンターテイナーたちと交流を持ったことが、幅広い音楽の趣味を形づくる一助となった。出ているのがスウィング・バンドであろうと、ロックンロールのグループであろうと、クルーナーであろうと、つねになにか学ぶべきことがあった。「地下室にピアノがあってね」と彼は、「ゴールドマイン」誌のドーン・イーデンに語っている。「劇場に来たミュージシャンたちがコードを手ほどきしてくれたんだ」[48]

母親がまたぞろ問題を引き起こしたのは、彼がパラマウント劇場で働きはじめてまだ何日もたっていないころのことで、その際に彼が取った行動がかりに露見していたら、仕事も間違いなくふいになっていただろう。警察から放免されたベットは、ラスヴェガスからロスアンジェルス界隈に戻り、新たな住処を見つけていた。彼女はスミス家にやっかいになっていたハリーに連絡を取った。「彼女のアルコール依存症は悪化する一方で」とハリーは回想している。「そのせいでますます危険な橋を渡るようになっていた。といってもそれは妹とぼくのためだったんだけど。彼女は厳しい保護観察処分を受け、その一環として、偽造小切手を渡した人間を全員リストアップさせられていた。でも実際にはひとりだけ忘れている男がいて、ある晩、ふいに訪ねてきたその男が、六十ドル払わないと、保安官に引き渡すぞ、と彼女を脅したんだ[49]」

ハリーは母親のおんぼろのリンカーンを借りて、近所の酒屋に向かった。そしてポケットの中で指を銃の形にすると、その店に強盗に入った。店主はレジを明け渡し、身体を乗り出したハリーは〝両替〟のボタンを押して、札をすべて取り去った。するとパトカーが店の外にある信号で停止するのが見えた。車が青信号を待つあいだ、時間は静止してしまったようだった。だが茫然自失状態の店主はなんの動きも見せず、車が走り去るやいなや、ハリーはコイン用の引き出しを持ち上げ、中身を空にし、レジの指紋をふき取って、現金をポケットに収めた。彼は灯りを消したまま――おかげで通りがかりの警官には見とがめられなかった――エンジンをアイドリングさせていたリンカーンで逃げ出した。男子トイレにこもって勘定してみると、金額はぴったり六十ドル[50]。未払いだった母親の借金にけりがつくと、ハリーは仕事に専念し、そのうちに金銭のあつかいに関して、際立った才能を示しはじめた。

なにをしでかすかわからない母親から解放され、学校ではついぞ見せたことのなかった熱心さで仕事に臨んだニルソンは、じきにパラマウントの案内係から、切符売り場に異動となる。やがて彼は日々のあがりを総計して銀行に預ける役目をになう、支配人補に昇格した。

一九五九年、彼はサンフランシスコのベイエリアにある、これもまたみごとな建築物だったオークランドのパラマウント劇場に副支配人として赴任した。正面の壁に高さ百十フィートの壁画が描かれ、まばゆいアールデコのインテリアを擁するこの建物は、現在も当時の姿を留めている。建物自体の壮観さは別にしても、この仕事はハリーの立場からすると、二重の意味で重要だった。彼にとっては大きな出世だっただけでなく、最新の映画に加え、さらにヴァラエティに富んだステージショウを観る機会を与えてくれたからだ。これはほかの映画館と観客を奪い合う中で、少しでも優位に立とうとする経営陣が、その種の演しものを絶やさないようにしていたおかげだった。こうした追加のイヴェントには、タレントコンテスト、懸賞大会、そしてスタンダップコメディなどがふくまれていた。ここでもまた、あらゆるスタイルのミュージシャンから学ぶチャンスが得られ、彼は貪欲に知識を吸収したが、同時にコメディアンたちにも熱い目を注いだ。レニー・ブルースの定番ネタの多くを暗記したのは、この時期のことだったと彼はふり返っている。ジミー・ウェッブの回想によると、「バーでハリーにレニー・ブルースのネタをやらせたら、優に三日は聞いていられたはずだ。レコードになったレニーのネタは一字一句違わず覚えていたし、ふとした拍子に口走るときも、元ネタの通りにしゃべっていた」[51]。一九五〇年代末のブルース――ニューヨークやロスアンジェルスでは、一部で厳しい批判にさらされていた――は、サンフランシスコのマスコミの寵愛を集め、地元紙「クロニクル」のコラムニストだったハーブ・カーンは、「人はレニー・ブルースを悪趣味《シック》なコメディアンと呼ぶが、たしかに彼はうんざり《シック》している」ではじまる有名な記事で、彼を熱心に援護した。カーンは続けて、ブルースは「ひとつの世代のもったいぶったインチキ臭さにうんざりしているのだ」と指摘した[52]。

　なによりもこの仕事はハリーにとって、映画愛にひたりきるまたとないチャンスだった。以前、ジェリー・スミスとともにローレル&ハーディに熱を上げた彼は、今や本格的なファンとなって、このふたり組にゆかりのある品々《メモラビリア》の収集をはじめていた。同時にオークランドで彼は、ハンフリー・ボガート、イースト・サイド・キッズ、そしてアル・ジョルスンを愛好するようになる。読書にも見覚め、J・D・サリンジャー、ジェイムズ・T・ファレル、レイ・ブラッドベリらの作品を愛読していた[53]。

　一九六〇年にハリーはロスアンジェルスに呼び戻されたが、パラマウント＝パブリックスはすでにパラマウント劇場の完全な閉鎖を決定していた。副支配人として彼は、最後の数週間、この巨大な劇場を運営する最小限のスタッフを監督した。建物はその二年後に取り壊され、以後は数十年にわたり駐車場として使われていた。生き残ったのはグローマンがブロードウェイ側に増築した、豪華な、だが長年使われずにいたエントランス部だけだった。

　劇場のスタッフの多くはしかし、新たな働き口を見つけだした。切符売り場のレジ係は大半が銀行の窓口に職を求め、正確かつ敏速に大金をさばくことに慣れていたおかげで、大部分の求職は成功した。彼らを監督する立場にあったニルソンも似たような仕事にトライしてみようと考え、求職申込書では高卒と嘘をついて銀行の面接を受けた。

試験を受け、また別の試験を受けた結果、ぼくにはプログラミングの才能があるということになった。プログラミングの学校に送りこまれ、そこでプログラムのやり方を学んだ。そこはたまたま、小切手にはじめて磁気コードを使った最初期のコンピューター銀行で、真新しいコンピューター・センター用の人材を探していたんだ。講座を修了しても、なかなかコンピューターは使わせてもらえなかった。その間にぼくは、ヴァンナイズのセキュリティ・ファースト・ナショナル・バンクに移った。最初の仕分け係から、仕分け室長、コンピューター・オペレーター、コンピューター・オペレーター長、コンピューター・オペレーター担当、そして最後には三十二人のスタッフと三台のコンピューターを受け持つ、夜間勤務担当の管理職になった。[54]

銀行の夜間業務を管理する立場になった時点で――彼はこの仕事を全部で七年続けた――ニルソンの生活パターンは実質的に夜型になる。しかし最初の二年間は、昼間も出社していた。働きはじめて数か月が過ぎたとき、高卒という履歴は嘘だったことが発覚した。彼はすぐさま、自分が申し分のない仕事をしていることを指摘して、上司たちの同情心に訴えた。彼は試用あつかいにされ、半年間を無事に過ごすと、晴れて正社員になることができた。

これには彼の求職申込が時宜を得ていたことも、大きくものを言っていた。バンク・オブ・アメリカが最初にコンピューターを購入したのは一九五五年と、まださほど昔の話ではなかったが、小売銀行業界では、コンピューター・テクノロジーへの移行が急速に進められていた。この時期には日々あつかう現金の量が飛躍的に増え、同時にクレジットカードの使用も一気に広まっていた。当時の識者たちの予測とはうらはらに、コンピューター化がはじまっても、従業員数が減るようなことはなく、それどころか銀行は、かすかにうなりをあげる機械でいっぱいになった静かな白い部屋を、それなりに金融の知識があるスタッフで埋めるのに四苦八苦していた。セキュリティ・ファースト・ナショナル・バンクとしても、ニルソンのように手際がよくて数字に強い上級社員は、どうしても手放したくない人材だった。かりに代わりを雇うことになれば、この種の技能を持つ働き手はまだまだ少なかっただけに、苦労させられるのは目に見えていたからだ。[55]

職を確保しようと躍起になっていたこの時期、彼の音楽活動は夜間と週末だけに限定されていた。しかし彼はますます曲づくりに力を入れ、ジェリー・スミスとともに、あるいは単独で、音楽出版社や演者たちへの売りこみを開始する準備を進めていた。

一九六二年の春、ニルソンは勇を鼓して、昼休みのあいだに音楽出版社に電話をかけはじめた。最初に足を運んだ〝大会社〟は、妻が在籍していたアンドルー・シスターズのヒット曲で財を築いたルー・レヴィ率いるニューヨークの出版社、リーズ・ミュージックの出張所だった。レヴィは時代の一歩先を行くのがうまく、彼の会社はじきに、レノン&マッカートニーの手になる〈抱きしめたい（I Want To Hold Your Hand）〉などのビートルズ・ナンバーを北米市場に売りこんで、ポップ界に名を馳せることになる[56]。

一九六二年五月の時点で、リーズはまだビートルズの音楽出版を手がけていなかったものの、同社のハリウッド駐在エージェント、ルー・スタインはすでに、スコット・ターナーというカナダ生まれのソングライターの作品をあつかっていた。ニルソンが訪問したその日、ターナーはオーストラリアでの印税について話し合うために、オフィスの受付でスタインを待っていた。そしてこのターナーとの偶然の出会いが、ニルソンにとっては非常に大きな意味を持つことになった。

ターナーにはすでに、ポップ界の黒幕的存在《スヴェンガーリ》という定評があった。以前は世界的な運動選手だった彼は、ティーンエイジャー時代のバディ・ホリーと十三曲を共作しており、少し前にはトミー・サンズ&ザ・レイダーズのリード・ギタリストとしてオーストラリアとニュージーランドをツアーし、向こうにいるあいだにジョニー・オキーフのナンバー1ヒット〈シーズ・マイ・ベイビー（She's My Baby）〉を書いていた。彼はニルソンの印象を、次のようにふり返っている。

> 背の高いブロンドの男が、ギターを手にして入ってきた。そしてわたしたちは言葉を交わしはじめた。作曲家なのか、それとも歌手なのかと訊くと、彼は「その両方をちょっとずつ、という感じかな」と答えた。音楽室には誰もいなかったので、「来いよ、きみの歌を聞いてみたい」と誘ってみると、ためらいがちにギターを手に取ってうたいはじめたんだが、いやもう、あれには完全に圧倒されたよ！　あんなにすごい歌声を聞いたのは、生まれてはじめてと言ってよかった[57]。

ルー・スタインとの会見は無駄骨に終わったものの、スコット・ターナーはニルソンの歌を聞いて、すぐさま彼がとてつもない才能の持ち主であることを確信した。ターナーはニルソンの住所と電話番号を書き留め、地元の音楽出版社に売りこむ曲のデモづくりに彼を起用することにした。後年のターナーはカントリー・ミュージック界に活動の場を移し、ナッシュヴィルでリバティ・レコードのカントリー担当プロデューサー、そしてやがてはその部門のトップになっている。そこでの彼はスリム・ホイットマンらのアーティストと組み、ホイットマンは彼の助けで、四枚のゴールド・レコードをものにした。ターナーはそのキャリアを通じて、持ちつ持たれつという、すでに実績は証明ずみの手法で宣伝やプロデュースを手がけ続けた。こっちで少しばかり手を貸しておけば、そのお返しに、むこうでなんらかの有益な助けが得られるというわけだ。じきに彼はニルソンをジョン・マラスカルコやフィル・スペクターのような曲づくりのパートナーに紹介する、つなぎ役的な存在となる。だがまず最初に考えたのは、とりあえずニルソンの声をテープに収めるための手立てだった。

　ターナーは取引のできるレコーディング・スタジオのオーナーを知っていた。誰だろうと最初にドアをくぐってきた人物のセッションでギターを弾けば、夜間のスタジオを何時間か無料で使い、デモを録ることができたのだ。実際の場所については、アメリカン・スタジオという説とゴールド・スター・スタジオという説があるが[58]、いずれにせよ一九六二年五月、ニルソンをスタジオに呼んだターナーは、自分で稼いだ時間を使って、二十あまりの曲をレコーディングした。

　こうしてはじめてプロが制作したレコーディングを聞くと、ニルソンはすでにヴォーカリストとして、実に幅広いスタイルを持っていたことがわかる。ターナーとバディ・ホリーの共作曲に、ニルソンが彼なりのひねりを加えた〈マイ・ベイビーズ・カミング・ホーム（My Baby's Coming Home）〉はホリー、そしてターナー作の〈ヒー・エイント・ゴナ・ゲット・マイ・ガール（He Ain't Gonna Get My Girl）〉は、エヴァリー・ブラザーズのスタイルを意識した作品だった。どちらもすぐれた歌唱だが、まったく新しい才能の萌芽が見られるのは〈ア・マン・アンド・ヒズ・キャッスル（A Man And His Castle）〉で、ニルソンはバリトンの声域を存分に活かしながら、一点の曇りもない高音に移行し、その間ずっと強弱をコントロールしている。〈フーリッシュ・クロック（Foolish Clock）〉も同様の音域と強弱を用い、そこに本格派のカントリー・ミュージックを思わせる〝泣き節〟をつけ足した曲で、一方〈ゼアズ・ガッタ・ビー・ア・ガール（There's Gotta Be a Girl）〉は、没個性的だが完璧にコントロールされたロマンティックなバラードだ。エヴァリー・ブラザーズからの影響が顕著な〈マイ・ガール（My Girl）〉と、〝poor boy〟というフレーズを低音でくり返す部分が妙にジョニー・キャッシュと似ている〈サンク・ヘヴン・フォー・キャシー（Thank Heaven for Kathy）〉では、ニルソンに共作のクレジットが与えられている。

　これらの曲にはどれも、ニルソンのキャリアに即座に影響を与えるほどの際立ったオリジナリティはなかった。それでもそのうたい手が同時代のスタイルを幅広く理解し、驚くほど柔軟にうたいこなしていたことは、はっきりと伝わってくる。一部の曲、とりわけ〈ア・マン・アンド・ヒズ・キャッスル〉は、その後の五年間で表舞台に出てくる才能の片鱗をうかがわせた。ターナーはその時点で五曲あまりのオケ〔ヴォーカルや楽器のソロ以外の伴奏部〕に追加の楽器をダビングし、残りの曲の大半にも――何年もたってから――楽器をつけ足したうえで、この一連の曲をニルソンのアルバムとしてリリースしている〔《アーリー・タイムズ（Early Tymes）》、一九七七年〕。一九七二年、ナッシュヴィルのテネシー劇場で開催されたこの年のグラミー賞授賞式で、ふたりの男はひさびさに再会した。ニルソンはターナーに、あの音源は好きなように使ってもらってかまわないと告げ、その後の電話で金の話が出ても、六二年にギャラは満額――一曲あたり五ドル――もらっている、と言って聞かなかった。九五年の再発ＣＤに、ターナーは〈イン・タイム（In Time）〉という曲を覚えようとしているニルソンの不完全なテイクを収録した。外では夜が明けつつあり、ニルソンは明らかに疲れているが、その仕上がりからは、スタジオでの作業に集中し、なじみのない曲を急速に自分のものにしていく彼の能力がありありと伝わってくる。ポップ・ミュージックの新しい才能が登場した、とはまだ言い切れなかったかもしれない。だがその日は間違いなく訪れようとしていた。

ぼくを待っていてくれるのを見るのはうれしい
おかげで希望をつないでいける
どこにも行かないと思うと、とてもホッとする
いつもそこにいてくれるんだ
ぼくにあるのはこれだけだけど、大成功さ
ぼくの古い机

第二章 古い机

結局のところ一九六二年五月のスコット・ターナーとの出会いは、ニルソンのキャリアに多大な影響をおよぼすことになった。銀行の仕事も順調で、ニルソンは以後五年にわたって昇進を続けるのだが、ターナーはそんな彼に、セキュリティ・ファースト・ナショナル・バンクのコンピューター部門という枠を超えて、新たに創造的な人生を送るためのパスポートを与えたのだ。とはいえニルソンが、いきなりそうした暮らしに飛びつくようなことはなかった。なぜならまだ二十一歳になるかならないかの彼は、比較的給料のいい、安定した仕事がもたらす安心感と快適さを、とても大切に思っていたからだ。母親とともに（そしてしばしば彼女抜きで）ジェットコースターのような暮らしを送ってきた彼にとって、決まった場所で働いたり、定期的に給料を受け取ったり、車を持ったり、学校ではほとんど開花させる機会のなかった知性を評価されたりするのは、歓迎すべき変化だった。現に二番目の妻となるダイアンは、彼の感性の基盤に銀行マン気質があると考えていた。

彼は銀行が好きでしたし、銀行で働いていると安心できたんだと思います。上司のことも大好きでしたし。ふたりは友だち同士だったんです。銀行にはほかにも友だちがいましたし、辞めたい気持ちもあるにはあったでしょうが、実際にそのチャンスがめぐってきたら、すごく悩んでいたでしょうね。あの仕事の構造が、彼の性格にはぴったりだったんです。たぶん、本人もわかっていたと思いますが……ハリーはわたしが出会った中で、いちばん不安定な人でした。自分をいっさい評価できないんです。ですからそれもやはり、理由のひとつになっていたんじゃないでしょうか[1]。

ニルソン自身も、一九六七年の辞職後に受けた初期のインタヴューでこう認めている。「銀行は子宮になった。外に出て音楽のことで痛い目にあうたびに、その中に引きこもっていたんだ」[2]。にもかかわらず、最初のレコーディングをターナーとすませたあとで、彼は五年以内にミュージシャンになるという目標を立てた。もしそれまでに成功できなかったら銀行に居残り、音楽はあくまでも副業にするつもりだった。

夜勤に回されると、新しいキャリアを推し進めていく時間がより持てるようになった。彼はヴァンナイズのオフィスで、午後五時から午前一時まで働いた。しかしさほど睡眠を必要としない質だったので、やがて就労後に曲を書き、昼間はそれをあちこちに売りこむのが彼の生活パターンになった。

当時の彼はベヴァリー大通りとの交叉点にほど近い、オークランドのノースセラーノ街二二一番というぱっとしない界隈に暮らしていた。ハリウッドヒルズの北側を経由して、銀行のあるサンフェルナンドヴァレーへと延びるハリウッド・フリーウェイからは、ほんの数ブロックの距離だ。アパートは、数人の音楽出版業者がオフィスを構えるハリウッドのヴァイン通りとセルマ街の交叉点からもさほど離れていなかった。おかげでニルソンは新しく買ったフォルクスワーゲンのビートルで、生活の拠点と拠点のあいだをかなりすばやく移動することができた。ロスアンジェルスで日常的に車を使う人間の例にもれず、彼も裏通りや近道の使い手となって、五時にはきちんと職場に到着していた。どこにいようと、「ぼくは四時十五分ぴったりに姿をかき消して、フォルクスワーゲンに飛び乗っていた」とニルソンは回想している。「そしてヴェンチュラの渋滞を避けられる近道を使い、運転しながらネクタイを結んで、勤務がはじまる午後五時に、ドアを駆け抜けていた」[3]

ニルソンが銀行の仕事を気に入っていた理由はもうひとつある。とくにほかの社員を管理する立場になってからは、それまでの人生ではほとんど無縁だった責任を持たされるようになったことだ。それは以前から彼に備わり、プログラマーのキャリアとともに開花しつつあった数字への関心とも結びついていた。彼は技術上の問題と経営上の問題に、同じやり方でアプローチした。

問題を持ちこまれるのが好きだったし、解決策を考えるのも好きだった。コンピューターのようにインプットがあり、計算があって、アウトプットがある。ぼくはこんなふうに働くのが好きなんだ。[4]

銀行で働きはじめたころから、音楽には多大な関心があったものの、「その関心を食いぶちにする方法は知らなかったし、誰も教えてくれなかった」[5]とニルソンは明かしている。

　だからこそスコット・ターナーは、ニルソンのキャリアに欠かせない存在となったのだ。彼は単に道すじを教えただけでなく、新たな人生に「とても注意深く」踏み出そうとしていたニルソンに、具体的なきっかけを与えた人物だった。ターナーはニルソンの音楽づくりをほぼ無条件で支援し、彼の声や、〈イン・タイム〉のような曲で見せた音楽的な飲みこみの速さを絶賛した。

「なによりも驚いたことに」とターナーは語っている。「わたしがなにかの曲をうたって聞かせると――言っておくがわたしは、錆びついた蝶つがいみたいな歌声をしている！――ハリーは一度聞いただけで、いっさい音をはずさずに、うたい直すことができた」[6]。ターナーはさらに、スタジオ、セッション、歌、そして曲づくりの世界で生きていくすべをニルソンに手ほどきした。ニルソンに言わせると、「音楽業界に知り合いの知り合いの知り合いがいると、そのつてをたどってようやくその業界人に会える。で、そのオフィスをしょっちゅうウロウロしては、コーヒーを取りに行ったりするわけだ。いつか、誰かのデモをつくらせてくれるんじゃないか、と期待しながら」[7]

　ターナーはあらゆるところにコネがあった。一九六二年五月にニルソンとレコーディングした曲の一部に、彼を共作者としてクレジットしたほかにも、ターナーはニルソンが次に書き上げた一連の曲が出版され、レコーディングされるように手助けした。曲づくりのパートナーとなるジョン・マラスカルコをニルソンに紹介したのもターナーだが、同時に自分でも、もっとニルソンと仕事がしたいと考えていた。

　最初にそうした機会が訪れたのは一九六三年の春、ターナーがランディ・スパークスという旧友とばったり出くわしたときのことだ。ターナーがオーストラリアとその周辺をツアーしていたころ、スパークスはロスアンジェルスで大編成のフォーク・アンサンブルを結成し、ニュー・クリスティ・ミンストレルズと命名していた。キワモノのつもりだったグループは、意外にもベストセラー・アーティストとなる。スパークスと妻のジャッキー・ミラーはそれまでフォーク・トリオで活動していたが、ほかのグループ数組と合体し、この街を代表するセッション・プレイヤーを数人雇い入れることで、新たに十四人編成の合唱団をつくりあげた。彼らはこのグループのために、ストライプ入りのブレザーや糊のきいたペチコートなどの、印象的で忘れがたい視覚的イメージを考案し、グループはロスアンジェルスのフォーク・クラブ、トルバドールに連続出演して高い人気を博した。最初のアルバム《プレゼンティング・ザ・ニュー・クリスティ・ミンストレルズ

(Presenting the New Christy Minstrels)》は一九六二年にグラミー賞を獲得し、数か月にわたって「ビルボード」のチャートにランクされた。アルバムはヒット・シングル〈わが祖国(This Land Is Your Land)〉を生み、このヒットを受けて、スパークスはいつも新しい曲に目を光らせていた。ライヴとスタジオのアルバムを切れ目なくレコーディングする契約を結び、しかもグループはアンディ・ウィリアムズのTV番組に毎週出演していたため、新曲はつねに不足気味だった。

スパークスが新鮮な曲を早急に必要としていることを知ったターナーは、すぐさまニルソンを思い浮かべた。ターナーは彼に電話をかけ、ふたりは週末のあいだ、テープレコーダーを囲んで曲を生みだそうとした。そうしてできあがったのが〈ア・トラヴェリン・マン(A Travelin' Man)〉という、後年のニルソン作品の多くと同様、自伝的な色合いの強い曲だった。歌詞はヒッチハイクでアメリカを横断したティーンエイジャー時代の経験に材を採り、ひとり家を探し求めながら、次のねぐらに思いをはせる男のことがうたわれていた。

曲が仕上がると、「月曜の朝、わたしはランディのオフィスに立ち寄り、われわれのホーム・レコーディングを聞かせた。大いに気に入ったランディは曲の権利を押さえ、〈グリーン・グリーン(Green Green)〉のアルバム用にレコーディングした」とターナーは語っている。[8] 曲は一九六三年三月四日に、ニュー・クリスティ・ミンストレル・ミュージックによって米国議会図書館に登録され、四月にレコーディングされた。ただし大ヒットというわけにはいかず、一方で同じアルバムに収録された〈グリーン・グリーン〉は、急遽シングルとして発売されると、グループ初のミリオンセラーとなった(この曲があまりに有名になってしまったせいで、《ランブリン[Ramblin']》というアルバムの正式なタイトルは、ほぼ忘れ去られている)。

それでもニルソンはついに、自分の名前をレコードのレーベルに載せることができた。スパークスから受け取った前渡し金は五ドルに過ぎず、すぐに使ってしまったが、彼はアルバムの売り上げから、いずれいくらか収入が得られるだろうと思っていた。しばらく時間はかかったものの、そのうちに機械的に分配される印税の最初の小切手が彼のもとに届いた。額はきっかり六十九セント。その金が銀行に預けられることはなかった。[9] ターナーはもう少し額の大きい四十一ドル二十五セントの小切手を受け取り、その大部分にあたる四十ドルをニルソンに引き渡したとされている。[10]

ニルソンとターナーがニュー・クリスティ・ミンストレルズのために共作した曲は、この合唱団の音楽出版社名義で著作権登録されていたが、そのかたわらでニルソンは、新たに書き上げたバラードの楽譜を個人的に登録していた。銀行で働く若い女性からヒントを得て、彼はこの曲の作詞、作曲をひとりで手がけた。〈ドナ、アイ・アンダースタンド(Donna, I Understand)〉は一九六三年二月六日に著作権登録され、同年、ニルソン本人によってレコーディングされた。[11]

　このレコーディングが実現したのは、まったくの偶然からだった。ニルソンは、曲をデモにしますという無名の会社の新聞広告に応募した。彼はてっきり、他人が書いた曲のデモ・レコードでうたうシンガーを募集しているのだろうと思っていた。だが実のところ向こうがほしがっていたのは、材料となる曲を提供するソングライターのほうだった。それをアレンジしてレコードにするのが、この会社の業務だったのである。にもかかわらず、この仕事には多才なシンガーの出番もたっぷりあるはずだとニルソンに説き伏せられた彼らは、一曲あたり五ドルのギャラで彼を雇うことにした。それからというもの、昼の空き時間を使って出版社に曲を売りこむ合間に、彼はしばしばこの会社のオフィスに立ち寄るようになった。秘書と親しくなるように努め、ニュースになっている話題についておしゃべりしたり、口説くふりをしたりして、自分を強く印象づけた。最初の訪問からほどなくして、ひとりのプロモーターがオフィスに駆けこんできた。新しい曲をうたわせるシンガーを探していると言う。すると友だちになりたての秘書が、たまたまその場にいたニルソンのほうにあごをしゃくって、「あの人はどう?」と提案した。[12]

> その男はぼくに「うたえるのか?」と訊いた。そいつは〈ウィッグ・ジョブ(Wig Job)〉というどうしようもない曲をかけた――かつら《ウイッグ》がまた流行りだしていたんだ……裏面にはなんでも好きな曲を入れていいという話だった。言っておくがこれはぼくがマトモな曲を書くようになる前の話だ。ぼくは〈ドナ、アイ・アンダースタンド〉をやった。そいつがこのレコードをマーキュリー・レコードに持ちこむと、向こうが気に入ったのは肝心の曲じゃなくて、歌手と〈ドナ〉のほうだった。そういったいきさつで、ぼくはマーキュリーと契約することになったんだ。[13]

〈ウィッグ・ジョブ〉の作者はバディ・リー。あまり名前を知られていないカントリー系のソングライターで、二〇〇七年に亡くなっている。[14]構造的に見るとこの曲は、一九五八年にエヴァリー・ブラザーズがヒットさせた〈バード・ドッグ(Bird Dog)〉からコーラスの部分を大胆に借用していた。バックに「カツラの仕業《ウイッグ・ジョブ》」と連呼する女性のヴォーカル・グループを配し、のちにベリー・ゴーディ・ジュニアのモータウンでアレンジャーを務めるジェリー・リー・ロングがありきたりなロックンロールのアレンジをほどこしたこの曲は、結局盛り上がりきれずに終ってしまう。それでもニルソンは曲に対する軽蔑の念をうまく覆い隠し、おそらくはスコット・ターナーが弾いたとおぼしい、切れ味のある金属的な音色のギター・ソロにも助けられて、堂々たるロックンロール・シンガーぶりを発揮した。

〈ドナ、アイ・アンダースタンド〉のムードは、まるっきり対照的だ。テンポと曲調は、リッキー・ネルソンが定期的にヒット・チャートに送りこんでいた〈淋しい町（Lonesome Town）〉や〈スイーター・ザン・ユー（Sweeter Than You）〉のようなティーン向けバラードからの流用。ロングはこの曲でも女性のグループを使っているが、いちばんの聞きものはニルソンの声だ。ネルソンよりも高い音域で〝ドナ〟という名前を引き伸ばす彼は、二小節にわたって二番目のシラブルから離れようとせず、そればかりか“I”という単語ひとつで、五音のフレーズをうたってみせる。歌声の柔軟さとピッチの正確さは、ありふれたデモ・レコードの水準をはるかに飛びこえ、この時点でもう、なんの苦もなく呼吸をコントロールできていることが（生涯にわたる過度の喫煙のせいで、やがては台無しにされてしまうのだが）、一聴しただけで伝わってくる。「時には苦く、時には甘い（sometimes bitter, sometimes sweet）」というフレーズでは、二番目の“some”で、彼はファルセットの音域に舞い上がる。明らかにやっつけ仕事だった〈ウィッグ・ジョブ〉に比べると、ニルソンの自作曲はずっとていねいに仕上げられていた。当時、レコード・レーベルが若いシンガーと契約を結ぶと、万が一にでもヒットが出た場合に備えて、一年間は傘下に置いておくのが通例だった。マーキュリーからそうした契約を提示されたニルソンは当初、大喜びしていたが、その気持ちはじきに落胆に変わった。〈ウィッグ・ジョブ〉と〈ドナ、アイ・アンダースタンド〉を収録したシングルはいつまでたってもリリースされず、しかもようやく出たと思ったら、作曲者のクレジットは“Harry Nielson”と誤記され、アーティスト名も〝ジョニー・ナイルズ〟に変えられていたのだ。本名ではあまりにも「スウェーデン人の中年ビジネスマン」的すぎると会社側は考えたのである。[15]〝ジョニー・ナイルズ〟が二枚めのレコードを出すことはなかった。

しかしセッションをプロデュースしたプロモーター――ニルソンはその名前を〝タウンゼンド〟と記憶していた[16]――は、この曲をほぼ同一の形態で別のレーベルからリリースすることになんのためらいも感じなかった。どうやらこのプロモーターは、マーキュリーが勝手に芸名をつくり、作曲者クレジットでもニルソンの名前を誤記していたことから、同じ曲をリーとニルソンのソングライターとしての才能を売りこむために使う〝プロモーション専用〟盤としてリリースしても、彼らが気づく公算は小さいと考えたようだ。その結果、オリジナルのリリースから一年とたたずに、〈ウィッグ・ジョブ〉と〈ドナ、アイ・アンダースタンド〉は、どちらもスピンドル・トップというあやしげなレーベルから、再度世に出回ることになった。ニルソンのヴォーカル・トラックはほぼ同一だが（ただし〈ウィッグ・ジョブ〉のエンディングで聞けるジョン・レノン的な即興のパートはカットされ、彼の声にはいくぶん多めにリヴァーブがかけられている）、〈ウィッグ・ジョブ〉のギターはサックスに差し替えられ、〈ドナ〉では女声ヴォーカルが再レコーディングされているほか、サックスがハーモニーに溶けこむように、かすかにダブル・トラックで入っている。

〈ドナ、アイ・アンダースタンド〉のリリースが遅れ、不発に終わったのは、どちらもニルソンからすると不本意なことだったのかもしれない。しかし彼は少なくとも、ゼロからオリジナル曲を書き上げ、出版し、レコーディングすることに成功していた。おかげで彼は将来に、ある程度自信が持てるようになった。自分が実際には、何年も前から曲づくりをはじめていたこと、だが今や、彼のいう〝車内アカペラ〟から、よりかっちりとした手法に移行ししつつあることに気づいたのだ。

ラジオを聞いていると、いつのまにか一緒にうたいだし――数週間が過ぎると、歌詞を忘れてしまった曲のメロディをハミングしている。なぜならたいていの人は歌詞なんか覚えられないからで、代わりに自分で適当な歌詞をでっちあげる。で、ハミングしていた曲を半年後にレコードで聞き直すと、メロディも違っていることに気づくんだ。つまり、曲を書いているわけさ。[17]

〈ア・トラヴェリン・マン〉の共作をはじめた直後、スコット・ターナーはニルソンに、彼が終生用い続ける作曲法を伝授した。それは思いついた曲をすぐ、テープレコーダーに向かってうたうかハミングするというもので、そうすればなにひとつ無駄にならないし、曲を譜面にする時間を節約することもできる。一九六四年が幕を開けると、ニルソンは本腰を入れて曲づくりの腕に磨きをかけはじめた。

この年の彼は七曲を著作権登録している。そのうちの一曲、〈アイド・ドゥ・イット・オール・アゲイン（I'd Do It All Again）〉はスコット・ターナーとの新たな共作曲。〈プリティ・プリティ（Pretty Pretty）〉は学校の友人、ジニリー・スミスと書いた曲だった。ニルソンがはじめてスミスと曲を共作したのは、ニルソンが最初にカリフォルニアにやって来たころのことで、ふたりとも十五歳だった。タイトルは〈ノー・ワーク・ブルース（No Work Blues）〉[18]。ターナーから学んだ教訓を実地でためしてみるために、ニルソンはもう一度スミスと組み、ふたりで人前での演奏にもチャレンジした。

「学校時代の親友だった男が、一週間だけ廉価版のエヴァリー・ブラザーズになってみようと言いだしてね。それで音楽事務所に行って、ふたりで書いた曲を演奏した。そしたらジョニー・オーティスが、それをデモ代わりに使ったんだよ」[19]

出版社を回って曲を売りこんでいた友人ふたりは、そのうちのひとつでハル・ザイガーというプロモーターと知り合った。雑多なロックンロールのアーティストを寄せ集めたヴァラエティ・ショウが専門の男で、当時はエレガンツ、ドン＆デューイ、サファリズのパッケージ・ツアーを手がけていた。ニルソンとスミスのコンビに出会ったとき、ザイガーはちょうどサファリズから降板を告げられたところだった。一九六〇年に〈面影を求めて（Image Of A Girl）〉をヒットさせたLA出身の白人ドゥーワップ・グループだが、その後は鳴かず飛ばずが続き、当時は解散の瀬戸際にあった。グループは翌晩、サンディエゴにほど近いナショナルシティでステージに立つ予定だった。そこでザイガーはニルソンとスミスに、代わりに出てみないかと持ちかけた。十五ドルという高額のギャラと、なんでも好きな曲をうたっていいという条件を提示されたふたりは話を受け、だが自分たちのオリジナルではなく、〈天使のハンマー（If I Had a Hammer）〉というよく知られた曲をうたうことにした。この時のふたりはブルーのコーデュロイパンツに、ブルーのアルパカセーターという出で立ちだった。清潔でこざっぱりとしていたキングストン・トリオを、大まかになぞったスタイルである。

ただし観客が全員アフリカ系アメリカ人だという事実を、ふたりは勘定に入れていなかった。黒人しかいないロスアンジェルスのサウスセントラル地域でバスに拾われ、会場に連れて行かれたふたりは、出演者の中に彼らしか白人がいないことに気づいた運転手に、「バスのうしろだ！」と怒鳴りつけられた。ふたりをあわれに思ったほかの出演者たちは、笑いながら今のは〝逆差別《クロウ・ジム》〟ジョークだと説明した。ようやくステージに立った若者ふたりは、悲鳴のような笑い声に迎えられた。しかし彼らの純真さが、やがては観客の心をつかみ、最後には喝采がわき起こった。客席におじぎをすると、スミスとニルソンはショウが終わる前に劇場から駆けだし、最初に来たバスでLAに帰った。サウスセントラルに乗り捨ててあったフォルクスワーゲンは、現地の善良な住民たちの手でめちゃくちゃに壊されていた。五ドルをバス代に使ったニルソンは、残りの十ドルをザイガーに返し、おかげでその後もずっと、人前での演奏に関しては、初期の時代ですらアマチュアの域を出ることはなかったと主張することができた。[20]

ふたりで舞台に立つことは二度となかったものの、ニルソンとスミスは曲の共作を続け、その後の数年間でさらにいくつかの曲を著作権登録している。どちらも若く、純真そうな外見をしていて、ニルソンのほうは銀行で責任ある仕事についていたが、実のところ彼は、そうしたもろもろから想像されるほど品行方正ではなかった。デスクで過ごす長い夜を終えると好んで二、三杯酒を飲み、イギリス人ライターのディヴィッド・リッチフィールドに語ったところによると、そんな折に一度、赤線地区で運をためしてみる気になった。

十八歳の時のことで、ぼくにとってはふたりめの娼婦だった。最初に経験したのはメキシコでだ。そしたらその娘がふたりでやること《ビジネス》をやる前に、商売《ビジネス》をすませてしまいたいと言いだしたので、現金の代わりに小切手を出すと、「なんなの、それ？」と訊いてきた。ぼくが「小切手だよ。忘れたのかい、フォルクスワーゲンの中で、銀行で働いてるって話したじゃないか？　だから不渡りの小切手なんか出すわけがない。そんな真似をしたらクビになってしまう」と答えたら、いきなり大声で「クソ小切手よ！」。するとゴリラみたいな男がドアを蹴破ってきて、握りに真珠が入ったコルト45を取り出した。ただの脅しじゃない。その銃はホンモノだった！　男はぼくを銃で殴り、「おまえのクソったれな頭をぶち抜いてやる！」と叫んだ。ズボンを足首まで下ろしていたぼくに向かって……本気で殺されるんじゃないかと思ったし、だからぼくは「落ち着け、落ち着いてくれ」とくり返した。するとそいつが「とっととそのなまっちろいケツをどっかに持っていきやがれ。さもないとそのケツはワッツとベヴァリーヒルズの角のゴミ箱で見つかることになるぞ」……というわけでぼくは全速力で逃げ出した。このお話の教訓は、決して娼婦を小切手で買うな、ってことだ。[21]

こうした冒険を別にすると、ニルソンは一九六四年の空き時間のほとんどを新たにパートナーを組んだジョン・マラスカルコとの曲づくりに費やし、この年、彼が著作権登録した前記以外の曲は、大部分がこのふたりの共作だった。彼らが出会ったのはスコット・ターナーとのデモがレコーディングされた六二年のことで、マラスカルコはそのおよそ三分の一を共作していた。[22]

一九六四年の時点ですでに、ジョン・マラスカルコはソングライターとして、出版業者として、さらにはタレント・スカウトとしても、スコット・ターナーよりはるかに大きな成功を収め、地位をしっかりと確立していた。ファッツ・ドミノやフォー・シーズンズに曲を書き、だがなによりも特筆すべきなのは、〈グッド・ゴリー・ミス・モリー（Good Golly Miss Molly）〉、〈リップ・イット・アップ（Rip It Up）〉、〈愛してておくれ（Send Me Some Lovin'）〉などのヒット曲をリトル・リチャードに提供したことだった。彼はまたインフィニティ・レコードでA＆Rを担当し、ビリー・ストームと契約して〈エル・シド愛のテーマ（The Love Theme from El Cid）〉をヒットさせたほかに、サーファリーズがミリオンセラーを記録した〈ワイプ・アウト（Wipe Out）〉をふくむ、数多くの楽曲の音楽出版を手がけていた。ニルソンと共作をはじめたのは、みずから設立したロア・レコードのために、アトランティックと独占的な配給契約を結ぼうとしていた時期のことで、マラスカルコはリック・ア・シェイズというバンドを強く推していた。[23]

マラスカルコはその後、財政難におちいったニルソンに金を貸し（「ぼくに二百ドル貸してくれた男は、彼がはじめてだった」とニルソンは「ゴールドマイン」誌のドーン・イーデンに語っている）[24]、そればかりかマーキュリー・レコードとの一年契約が切れると、すぐさまニルソンのためにふたつの企画の資金を出し、プロデュースを買って出た。一九六四年初頭のことで、このふたつはいずれも、彼のレコーディング・キャリアを一歩先に進めることになる。最初の企画はクルセイダー・レーベルでの〈バー・バー・ブラックシープ（Baa Baa Blacksheep）〉というシングルで、最終的にリリースされた際には、曲の内容にふさわしく〝ボー・ピート〟という新しい芸名が用いられた。二番目は同年の八月におこなわれるビートルズ初の全米ツアーを当てこんでリリースされたニルソン＝マラスカルコ作のプロモーション用シングルで、このグループの八ミリ・フィルムがおまけとして同梱された。撮影されたのはこの年の二月、グループがニューヨークに到着したときのことで、その後「エド・サリヴァン・ショウ（Ed Sullivan Show）」に出演した彼らは、カーネギー・ホールとワシントン・コロシアムでのコンサートをいずれも満員札止めにした。空港で数千人のファンに向かって手をふり、リムジンに押しこまれるビートルズのニュース映像は〝フォト・ファイ・フォー〟による〈(オール・フォー・ザ・ビートルズ）スタンド・アップ・アンド・ハラー（(All For The Beatles) Stand Up and Holler）〉との抱き合わせでリリースされ、添付された指示書によると、四十五回転のレコードは映画と同時にかけることになっていた。〝フォト・ファイ・フォー〟の四人の声はいずれもニルソンによるもので、ここでは絶叫する娘たちの声がかぶさっているものの、オーヴァーダビングを駆使してアンサンブル・ヴォーカルの効果を得る彼お得意の手法が、はじめて本格的にためされた事例となっている。

この曲の主眼は、〝ビートルマニア〟現象の先取りをすることだった。ヨーロッパではすでに広く蔓延し、イカした《ファブ・》四人《フォー》が短期的に訪米した二月には、この国でもちょっとした流行病となるきざしを見せていた現象である。

　皮肉なことに、〈(オール・フォー・ザ・ビートルズ)スタンド・アップ・アンド・ハラー〉[25]の土台となるリズム・パターンは、ビートルズというよりもローリング・ストーンズからヒントを得ていた。〝ボ・ディドリー・ビート〟を前面に押し出したストーンズ版の〈ノット・フェイド・アウェイ(Not Fade Away)〉がリリースされたのは一九六四年二月のことで、彼らにとってはこれが、アメリカでのデビュー・シングルとなる。〈ノット・フェイド・アウェイ〉はその七年前に、この曲を共作したバディ・ホリーがレコーディングしたヴァージョンがオリジナルだが、ストーンズのヴァージョンも全英チャートを三位まで上昇し、アメリカでもその少しあとに、「ビルボード」のチャートで四十八位に到達していた。ニルソンとマラスカルコがそのパターンを臆面もなく借用したのは、曲を聞いた人間がみんな〝ブリティッシュ・インヴェイジョン〟を連想するように仕向けるためだった。ふたりはえんえんとくり返される〝ハムボーン〟のリズムと、キース・リチャーズのけたたましいギター・ソロをストーンズのレコードからそのまま採り入れ、「ひとりは取られちゃったけど、三人は独り身のジョン、ポール、ジョージ、リンゴ (John, Paul, George and Ringo, one of them taken but three are single)」への期待をかき立てる、他愛のない曲に移植した。

　ニルソンはヴァース部のソロ・ヴォーカルを、アメリカ人としては精いっぱいジョン・レノンに似せてうたい、続いてオーヴァーダビングによるビートルズ風のクローズ・ハーモニーに突入する。今回もまた曲自体にさほど特筆すべきところはないが、これは後年のニルソンが抱くビートルズ的なるものすべてに対する愛情、とりわけ一九六七年のアルバム《パンディモニアム・シャドウ・ショウ》に収録される彼のオーディオ・コラージュ〈ユー・キャント・ドゥ・ザット〉の先触れとなっている。

　〝フォト・ファイ・フォー〟のレコーディングで使われた絶叫は、おそらく〈バー・バー・ブラックシープ〉のバッキング・シンガーによるものだろう。彼女たちのことをニルソンは、次のように評している。

　ある日、ぼくがちっぽけなスタジオで適当にデモをつくっていると、十代の女の子たちが、4パートのハーモニーをうたいながら歩いてきた。自分たちのことは、ビーチ・ガールズと呼んでいたっけ。すごく荒削りで自然なところがあったんで、「うん、こりゃあいいぞ！」と思ってね。〈バー・バー・ブラックシープ〉をつくっていたぼくは、その娘たちに「ちょっと、こっちに来てくれないか」と声をかけて、曲をかけはじめた。で、「バック・ヴォーカルをやってくれないか。レエレッツ〔正しくは〝レイレッツ〟（レイ・チャールズのバッキング・シンガー）〕かなにかみたいな感じで」と言ったんだ。[26]

実際にできあがった〈バー・バー・ブラックシープ〉での彼女たちは、バック・コーラスどころかもっとも目立つパートを受け持っていた。四人はまず、この古い童謡をかなりシンプルな4パートのハーモニーでうたい、そのまわりをニルソンの声がそわそわと動き回る。それはほとんどジャズの器楽奏者のようで、曲について口頭でコメントしながら、同時に新たな音の層を積み重ねていく。二番目のヴァースでは彼がリードを取るが、メロディそのものをうたうことは決してなく、その部分はつねに、女性陣に任せている。決して上出来なレコードではない。だがそれはニルソンが後年の作品、とりわけひとりでソリストとコーラス隊の二役を務めたアルバム《ランディ・ニューマンを歌う（Nilsson Sings Newman）》で披露する、創意に富んだヴォーカルを予感させるものだった。

〈バー・バー・ブラックシープ〉の作者はニルソンとクレジットされ、一九六四年二月一七日に米国議会図書館で著作権登録された。意外にも、ボー・ピートのデビュー・シングルはそこそこオンエアを稼ぎ、その成功にあと押しされて、マラスカルコは偽名のシンガーによる第二弾シングルをレコーディングすることができた。このシングルはトライという無名のレーベルでレコーディングされ、一九六四年八月にリリースされた。[27] 片面には〈ドゥユー・ウォナ（ハヴ・サム・ファン）？（D'You Wanna (Have Some Fun)?)〉というニルソンのオリジナル、そしてその裏面には、ふたりがリトル・リチャードのために共作した〈グルーヴィ・リトル・スージー（Groovy Little Suzie)〉が収録されていたが、これはマラスカルコの旧作、〈グッド・ゴリー・ミス・モリー（Good Golly Miss Molly)〉をそのまま流用したような作品だった。

ボー・ピートの新曲は実のところ、どちらもマラスカルコが前に書いたヒット曲の模造品で、既存の曲をハミングし、違う歌詞をつけ、そのあとで微妙にメロディを変える、ニルソン流作曲法の成功例と見なすこともできる。〈ドゥユー・ウォナ（ハヴ・サム・ファン）？〉はバディ・ホリー版の〈レディ・テディ（Ready Teddy)〉が元ネタだが、バックの演奏ははるかに荒削りだ。これはもともと一九五六年にマラスカルコがリトル・リチャードのために書いた曲で、ホリーのカヴァー・ヴァージョンも、その直後にリリースされていた。ニルソンのヴォーカルはホリーの唱法をそっくり真似、「きみが望むなら（If you wanna）」の執拗なくり返しで、原曲の「いつでも、いつでも、いつでもいい（I'm ready, ready, ready）」と同様の効果を上げている。レコーディングの品質から判断すると、ニルソンはボー・ピートのシングルを、オルガン、ギター、ベース、ドラムのグループをバックに一発録りでレコーディングしたようだ。ただし最後のサビの部分では、ハーモニー・ヴォーカルをオーヴァーダビングしている。「叫ぶ（scream）」という最後の歌詞でずさんな編集が聞き取れるのは、オリジナルのレコーディングに、急遽代わりのエンディングが切り貼りされたせいだったのかもしれない。〈グルーヴィ・リトル・スージー〉も同様に急ごしらえ感の強い曲で、やはりデモ用に一発録りされた公算が大きい。おそらく彼らはこの曲を、リトル・リチャードに売りこむつもりだったのだろう。三年前、ゴスペルに転向したリチャードは、折しもロックンロールへの復帰を宣言したばかりだった。バックのグループは〈ドゥユー・ウォナ（ハヴ・サム・ファン）？〉と実質的に同一だが、ピアニストが追加され、リチャードのレコードではおなじみの、くり返される八分音符のパターンを弾いている。デモは所期の目的を達成し、この曲は――ニルソンのヴァージョンと同じく――一九六四年八月にヴィージェイからリリースされたアルバム《リトル・リチャード・イズ・バック（アンド・ゼアズ・ア・ホール・ロッタ・シェイキン・ゴーイン・オン！）（Little Richard Is Back And There's a Whole Lotta Shakin' Goin' On!)》に収録された。彼自身のピアノを前面に出したリトル・リチャードのヴァージョンは、ニルソン版よりもテンポが速く、ずっと自信にあふれている。リトル・リチャードはオルガンを、サックスのセクションに置き換えた。メンバーはおそらく、彼のヴィージェイ・セッションにレギュラーで参加していたバディ・コレット、クライド・ジョンソン、ウィリアム・グリーンだろう。それでもニルソンの回想によると、リトル・リチャードは〝ボー・ピート版〟を聞いて、「まあ、あなた、白人にしてはうまいじゃない！」と褒めてくれたという。[28]

一九六四年の後半に入ると、ニルソンはロスアンジェルスに設立されたキャピトルの新たな子会社、タワー・レコード――積み重ねたレコードを模してデザインされた、親会社の有名な本社ビルにちなんで命名された――とも関わりを持つようになった。タワーは当初、フレディ＆ザ・ドリーマーズ、イアン・ウィットコム、トム・ジョーンズ（パロットと契約する以前の初期のレコード数作）、そしてその三年後にはピンク・フロイドなど、主にブリティッシュ・インヴェイジョン系のレコードをリリースしていた。イギリスの、大半はE

MI傘下にあるレーベルから音楽を輸入するほかに、このレーベルは地元南カリフォルニアのアーティストとの契約にも積極的だった。「ぼくはT-1、つまりタワーが最初に契約したアーティストだった」とニルソンは主張している。[29]

たしかに最初に契約したのは彼だったのかもしれないが、最初にレコードを出したのは彼ではなかった。その名誉を得たのはサンレイズで、サーフィン色の濃い陽気な〈カー・パーティー（Car Party）〉と〈アウタ・ガス（Outta Gas）〉のカップリングは、タワー101の品番で一九六四年九月にリリースされた。

タワーでのニルソンのファースト・シングルも、タワー103の品番で、その直後にリリースされた。A面には〈16トン（Sixteen Tons）〉が収録され、B面は〈アイム・ゴナ・ルーズ・マイ・マインド（I'm Gonna Lose My Mind）〉。バックはどちらも〈グルーヴィ・リトル・スージー〉や〈ドゥユー・ウォナ（ハヴ・サム・ファン）？〉と同様、定型のバンドにバッキング・シンガーという編成だった。楽器の中では今回もまたハモンド・オルガンが目立っているが、バッキング・シンガーはアレンジも録音もよくなっている。総じてタワーのシングルは、マラスカルコのデモに比べて、よりプロらしくプロデュースされていた。音楽的に見ると、この二曲の新曲からは、ニルソンがまだ独自の声を探している最中だったことが伝わってくる。彼は依然として音楽的なカメレオンだ。だがのちに彼を熟練のバッキング・シンガーたらしめる技能の多くは間違いなく向上していたし、後年の彼をなんとも分類しづらい存在たらしめる多様性の萌芽もあらわれていた。

〈16トン〉はもともと、その十年前にテネシー・アーニー・フォードがヒットさせた、マール・トラヴィスの手になるカントリー&ウエスタン・ナンバーだった。それを〝ブーガルー〟のビートと分厚いハーモニーのバッキング・ヴォーカルで現代的にしたのがニルソンのヴァージョンだ。レイ・チャールズのセッションから逃げ出してきたように聞こえなくもない曲だが、アレンジの上をただようニルソンの軽快なヴォーカルは、歌詞の内容にはほとんど頓着していない。現に「魂（soul）」とうたう部分で、アカペラのアラベスクをくり広げ、ファルセットの音域に舞い上がる彼の声を聞いていると、とてもニルソンがその魂を「会社の店に（to the company store）」差し押さえられているとは思えなくなる。一方で、のちにニルソンと数々の曲を共作するジョニー・コールが書いた〈アイム・ゴナ・ルーズ・マイ・マインド〉は、〈ツイスト・アンド・シャウト（Twist and Shout）〉のパターンを流用した軽量級のポップ・ソングだ。ただしこの曲ではアイズレー・ブラザーズの余裕に満ちた深みや、ビートルズのリヴァプール的な鋭さが過度のプロデュースに取って代わられている。バッキング・シンガーは多すぎるし、アレンジはせわしなさすぎて、先の二グループがメドレー&ラッセル作のナンバーでものにした、パンチのある即効性の衝撃を生み出せていないのだ。当然のように、タワーでのニルソンのファースト・シングルは不発に終わった。

一九六五年に入っても、ニルソンはマラスカルコ、スコット・ターナー、ジェリー・スミスとの共作を続け、単独でも数多くの曲を書き上げた。彼はまた、ジェリー・スミスとともに、彼らふたりのアイドルだったスタン・ローレルと電話で話す機会を得た。オリヴァー・ハーディが亡くなって以来、サンタモニカのホテルで暮らしていることを突き止めたのだ。彼は自分の電話番号を公表していた。

聞き覚えのある声がした。「もしもし?」。ワオ、こんなことがあっていいのか?　魔法のような瞬間だった。ぼくと友だちのジェリーは完全に打ちのめされて、なにも言うことが思いつけなかった。「あの、もしよかったらそっちにおうかがいして、一緒にお茶を飲んだり、ジョン・マッケイブが書いた本にサインしてもらったりしてもいいですか?」。すると彼が、「そう言ってもらえるのはうれしいんだがね、最近はもうあまり外に出ないし、できればそっとしておいてほしいんだ」。その時ぼくらは、彼のお迎えが近いことに気づいた。そしてとても悲しい気持ちになった。最初にローレル&ハーディのことを〝ヴァイオリン弾きと弓〟と呼んだのは誰だか知らないけど、これ以上しっくり来るフレーズもないんじゃないかな。[30]

だがこうしたアイドルとの接触はともかく、この年におけるニルソンの音楽活動は大部分停滞していた(曲づくりは続けていたが)。その大きな理由は彼が、一九六四年十月二十四日に二十三の歳で、最初の妻のサンディ・リー・マクタガートと結婚したことだった。[31] それはどうやら、かなりの急展開を見せたロマンスだったようだ。銀行マンの社会的イメージに沿いたかったニルソンは、娼婦相手に危ない橋を渡るよりも、結婚という責任を果たした上で性生活を送るほうを選んだ。後年、好奇心に駆られたファンや家族のメンバーにどうして唐突に結婚したのかと訊かれるたびに、彼は「そうすれば戦争に行かなくてすむからだ」と答えていた。

この答えには真実が少なからずふくまれていた。銀行で働いていたサンディのことを、ニルソンはこう評している。

彼女はとてもかわいかった。キム・ノヴァクにすごくよく似ていて、経歴がちょっと変わっていた。ニューヨーク州バッファローの出身で、ヘルズエンジェルズの女だったんだ。最初はなぜだか、それがすごく気に食わなかった。たぶん、あの手の連中とつるんでいたのが嫌だったんだろう。それでも、彼女にはなにかがある感じがして……ぼくらは結婚した。これはぼくが徴兵のために呼び出された直後のことだ。[32]

　彼はそれまでずっと、召集をうまく回避していた。これは主として、銀行で働きはじめたばかりのころ、昼間は米軍の募兵係をしてた同僚のアドヴァイスを聞いたおかげだった。どうすれば徴兵を逃れられるのか、とニルソンが訊くと、その同僚は、召集後の身体検査を受ける前に大量のメイプルシロップを飲んでおくといい、と教えてくれた――そうすれば尿検査で糖尿病と見なされるだろう。ニルソンは午前中の検査前にこの液体のボトルを飲みほし、検査結果のチェックを経て、午後、通常なら糖分の不均衡を正す軍の昼食を食べたあと、二番目のサンプルを提出するように命じられた。二本目のシロップのボトルをひそかに持ちこんでいた彼は、昼食と一緒にそれを飲み、血糖値を４Ｆ、すなわち軍務には不適とされる数値まで押し上げることに成功した。だがヴェトナム戦争が激化するにつれて、徴兵の要件も次第に甘くなってきた。ニルソンの二度めの検査結果は１Ｙで、まだ引っかかることはなかったが、サンディと出会ったころ、１Ａに格上げされて、入隊が許可されたという連絡が入った。募兵係は厳格で、彼はおとなしく応召するか、ＵＣＬＡで半年間、精神分析医のセラピーを受けるかの二者択一を迫られた。

　募兵係は言った――「これから半年セラピーを受けて、もし向こうがきみは入隊すべきじゃないと判断したら、きみの兵役は免除しよう。だがそうならなかったら、入隊してもらうぞ」

「ありがとうございます」とぼく。

「この書類を外にいる少尉に渡して、署名をもらってこい」と彼。

　実を言うと、それから三か月ぐらいで結婚する予定になっていたぼくは、外にいる少尉のところに書類を持って行ったとき、そこに日付が入っているのに気づいた。

　ぼくは「すいません、この二を六に変えてもらえませんか。そうすれば徴兵されずにすむんです」と言った。というのもケネディ大統領がこのころ、既婚者は兵役を免除されると話していたからだ。男は一秒ほどぼくを見つめて、数字を書き替えてくれた。それからはもう二度と、召集の手紙が来ることはなかった。ぼくは自由だった。[33]

徴兵書類の捏造された日付に合わせるために、ニルソンとサンディは結婚の予定を早めた。これは愛というよりも、急場しのぎのための結婚だった。むろん永続きするはずもなく、後年、ニルソンのいとこのダグ・ヘイファーは、彼が無造作に口にする「戦争に行かずにすむからしただけ」という決まり文句を何度となく耳にした。ニルソンはいかにも彼らしく、実際には大きな痛手となった出来事を、ウィットに富む、自嘲的な一行ギャグにしてしまったのだ。彼がこの一件について、それ以上深入りすることはめったになかった。[34]サンディにはすでにスコッティという二歳の息子がいて、ニルソンの家族（とりわけ彼の母親）はこの子を可愛がった。

　当初はニルソンもこの結婚のために力を注いだ。銀行の夜間勤務を変更することはできなかったので、昼間の音楽出版社めぐりをやめ、サンディとスコッティと過ごす時間が持てるようにした。稼ぎの足しにするために、毎朝、新聞を配達していたこともあるが、仲間の配達員の多くは地元のアル中で、仕事ぶりはおそろしくいい加減だった。しゃきっとしたスーツ姿のニルソンは数日のうちに、トラックに乗って、配達員たちが前庭や郵便受けに投げこむ新聞を分配する係に昇進した。だがやはり曲づくりで収入を補いたいという気持ちを捨て切れなかったせいで、この仕事は永続きしなかった。

　一九六五年に彼が著作権登録した曲の中には、六六年の終わりから六七年のはじめごろになってはじめてレコーディングされたものもいくつかあり、そのころにはサンディとの関係も下り坂に入っていた。別れのきざしが見えはじめたのは、結婚から一年が過ぎた六五年の最後の数か月、彼が夜のあいだに曲を書き、昼間はそれを売り歩くという、かつての生活パターンに少しずつ逆戻りしていたころのことだった。

　専用のオフィスが見つかり、作品に対してある一定の額が支払われるようになったおかげで、ニルソンの曲づくりはより確固たる仕事になる。さまざまな音楽出版社のオフィスを渡り歩いていくうちに、彼はアレンジャーのジョージ・ティプトンと知り合いになった。主に譜面からオーケストラの各パートを書き写す写譜屋として食いぶちを稼いでいたティプトンは、折りしも「ビルボード」誌のいう〝ティーン向け楽曲〟の作曲や交響楽風のアレンジで、徐々に名前を上げはじめていた。[35]ティプトンに対するニルソンの第一印象は、きわめて良好だった。

　はじめて彼のオフィスに足を踏み入れたとき、ぼくはいたるところでいい空気を感じた。ほら、たまにあるような感じのやつ。なんだか不思議な雰囲気で、ぼくがいくつか曲を聞かせると、彼はむちゃくちゃ盛り上がっていた。そりゃあもう、むちゃくちゃに。そして「ここを訪ねて来たやつの中で、まともにうたえたのはきみがはじめてだ」と言われたんで、「そうなんだ」と答えると、「曲はきみが書いたのか？」と訊かれてね。なんだか、一大事みたいな感じだった。[36]

ティプトンはヴァイン通りのセルマ街との交叉点近くで、ギル・ガーフィールドとペリー・ボトキン・ジュニアが経営するロック・ミュージック・インクなる音楽出版社と、オフィスを共用していた。ガーフィールドは一九五四年に〈（バズーン）アイ・ニード・ユア・ラヴィン（(Bazoom) I Need Your Lovin'）〉というトップ20ヒットを放ったポップ・グループ、チアーズの元メンバーで、当時の仕事はフリーランスのソングライター兼音楽出版業者。ボトキンも同業で、ビング・クロスビーやスパイク・ジョーンズらと仕事をするハリウッド界隈のスタジオ・ギタリストが父親だった彼は、おさないころからこの業界にもまれて育った。ビッグ・バンドのトロンボーン奏者としてスタートしたボトキンは、その後シンガーに転じ、一時はガーフィールドに代わってチアーズに加入していたこともある。やがてふたりは曲を共作するようになり、中でも最大のヒットを記録したのが、ベートーヴェンの曲を改作した〈情熱の花（Passion Flower）〉だった。フラタニティ・ブラザーズ名義でレコーディングされた彼らの自演ヴァージョンは、五八年にイタリアのチャートで三位にランクされ、フランスでも〈トゥ・ラムール（Tout L'Amour）〉のタイトルでチャート入りを果たした。

ニルソンの曲は十分、ボトキンとガーフィールドの出版社があつかう水準に達していると考えたティプトンは、オフィスで紹介の労を執った。ボトキンの回想によると――

部屋に入ってきたときの彼は、とくにおどおどしていなかったと思う。ドアを開けると、すたすた歩いてきて、「きみたちはここでなにをしてるんだい？」と訊いた。「アレンジをやったり、ぼくらふたりで曲を書いたりしている」といったような答えを返すと、彼は「ぼくもだ」と言った。

彼はなんのためらいもなく腰を下ろし、自分のギターを弾きはじめた。で、初期の曲のひとつをうたいだし、それを聞いたわたしは「なんてこった！　すごすぎる」となった。あのオフィスには大勢の人間がやって来たが、ハリーはとにかくすごかった。パートナーに目をやると向こうもわたしを見ていて、どっちもここは本心を隠すべきだ、と考えているのがわかった。なぜならどっちも、この男とはぜひ契約しなければ、と思っていたからだ。そこでハリーがうたい終わると、わたしたちは「うん、今のは悪くなかった。ハリー、契約を結んでみる気はあるかい？」と訊いた。すると彼は、「あるよ。ぼくはすぐそこの銀行で働いているし、きみたちも問題なさそうだからね」と答えた。それでたしか契約が成立し、わたしたちは週二十五ドルで彼を雇うことになったんだ。彼は午後六時から午前二時まで銀行で働いていた。で、二時からうちのオフィスで曲を書きはじめ、翌朝の九時とか九時半にわたしが出社すると、そこにある大きな椅子でぐっすり眠っている。それから一緒にコーヒーを飲み、ハリーは曲の売りこみやらなにやらに出かけていたわけだ。「こいつはすごい！」と思ったね。それに彼の書く曲は一曲ごとによくなっていた。わたしたちは大いに満足していたし、ハリーは最高にいいやつだった。わたしと彼は本当にいい友だちになれた。[37]

週給二十五ドルでボトキンとガーフィールドに雇われたニルソンは、じきにビルの鍵を手渡された。これは単に彼がこのふたりのために曲を書いていたからではなく、銀行で働いて、夜通し曲を書くほかにも、オフィスの見栄えをよくしようと、きれいに掃除するような真似までしはじめた彼のエネルギーに、彼らが圧倒させられたからだった。ボトキンの回想によると――「ハリーはよく外の胴蛇腹《レッジ》に登っていた……オフィスは三階にあったんだが、あの男は窓の外に身を乗り出して、週に一回、掃除をしていた……そうとも、ジョージとギルとわたしがいたあのオフィスで、ハリーは窓洗い部長を務めていたんだ」[38]

超人的な体力の持ち主だったニルソンも、さすがに毎晩、こんなペースで仕事をするわけにはいかなかったが、それでも「週に二、三回は」そこで曲を書いたはずだ、と本人は語っている。ガーフィールドとボトキンの会社で著作権登録された最初の曲は一九六六年三月の〈ヘッドラインズ（Headlines）〉だが、この曲が米国議会図書館に預けられる少し前から、彼はこのふたりのオフィスを使っていた。六五年の暮れから、ついに銀行を辞めてフルタイムのミュージシャンとなる六七年までの期間は、ロック・ミュージック・インクが彼の夜間の本拠地だった。[39]

一九六五年の後半に入ると、彼はさらに四曲をタワーでレコーディングした。中でもベストに挙げられるのが、自作曲の〈グッド・タイムズ（Good Times）〉で、Gマイナーのオープニングは、モンキーズがその翌年にレコーディングする〈恋の終列車（Last Train To Clarksville)〉を先取りするものだ。各ヴァースのフック役を務めるホンキートンク・ピアノのフレーズにも、モンキーズの曲の有名なギター・リフを思わせるところがある。だが〝ニュー・サルヴェーション・シンガー〟による、エコーのかかったゴスペルまがいのコーラスが登場すると、とたんに似た感じはしなくなる。これはボトキンのビルに入っていた別のエージェントがマネジメントを手がけるグループで、六五年にタワー１６５の品番でリリースされたオリジナル盤シングルの裏面、あまりにも雰囲気が違いすぎていて、とても同じアーティストによるものとは思えない曲にも再登場する。ジョニー・コールが書いた〈ザ・パス・ザッツ・リーズ・トゥ・トラブル（The Path That Leads to Trouble）〉でのニルソンは、ジョン・レノンのふくみを持たせつつ、ミック・ジャガーを真似ようとしているようにも聞こえる鼻声の唱法を披露する。こもった音のギターと執拗に鳴り続けるタンバリンが、この〝ブリティッシュ・インヴェイジョン〟的な効果を高め、それがコーラスのゴスペル的な雰囲気と奇妙に同居している。だがエンディングで唐突に鳴り響くチューブラーベルも、大西洋の向こう側のスタイルを不様《ぶざま》につぎはぎした曲という印象をやわらげる役には立っていない。ニルソンの回想によると、ボトキンのオフィスがあるビルに入っていた別のエージェントへの好意として、彼はこのセッションのギャラを受け取らず、「グループと一緒にただでうたった」ということだ。[40]

三曲目はニルソンとマラスカルコが共作した〈ボーン・イン・グレナダ（Born in Grenada）〉というシンプルなロック・ナンバー。バッキングの音は明瞭で、良好に録音されたピアノが、ニルソンの将来のレコードでニッキー・ホプキンス、あるいはドクター・ジョンが演じる役割を先取りするように、ミックスの中で目立っている。ジョージ・ティプトンが元気のいいホーンをアレンジし、オケの中央に、うまく溶け合ったバッキング・ヴォーカルを配している。総じて上出来な演奏が聞ける曲だが、キーが変化する二部構成の〈グッド・タイムス〉に比べると音楽的な興趣は乏しい。またニルソンの音楽的な個性を打ち出すこともできていない。彼は「太陽が落ちる前にＬＡに帰りつきたい（back to L.A. before the sun goes down）」と願いながら、切迫感を表現するために、かすかに走り気味の歌を聞かせる、いい声をした若者にすぎないのだ。B面にはティプトンの大がかりなアレンジと強力なバッキング・ヴォーカル、そして崩壊しつつあったニルソンの結婚生活をテーマにしていたとも解釈できる歌詞――そのわりに、なんともお気楽な調子でうたわれているのだが――を用いた〈ユー・キャント・テイク・ユア・ラヴ（アウェイ・フロム・ミー）（You Can't Take Your Love (Away from Me)）〉というニルソンの自作曲が収められている。

歌詞の主人公は、人前でガールフレンドにやりこめられ、自分の写真を壁からむしり取られたあげく、出て行けと言われてしまった男。出て行きたくない男はガールフレンドに、きみに対するぼくの愛を奪い取ることはできないと告げ、苦しかったときではなく楽しかったときを思い出してほしいと訴える。なぜなら——

女の子を好きになって、心を捧げてしまったら
最初からそれは、ベイビー、永遠と決まっているのさ
(When you fall for a girl and then you give your heart
It's gotta be forever, baby, from the start)

二年とたたずにニルソンは、こうした歌詞に埋めこまれた傷心や痛みを効果的に伝え、リスナーを心から共感させることができるようになるのだが、一九六五年のこの時点ではまだ、彼の歌はうすっぺらに聞こえてしまう。

一九六六年の初頭以降、ニルソンは多くの曲の作詞作曲クレジットをオフィスの同僚たち、とりわけペリー・ボトキンと分け合うようになった。彼らの関係は数年にわたって続き、やがてはレコードの制作、さらには七九年のステージ・ミュージカル『サパタ(Zapata)』の共作といった活動へと広がっていく。共作の相手によっては、曲と歌詞の両方に協力することもあったボトキンだが、ニルソンと組む場合はそうではなかった。

初期の時代から最後に共作した曲まで、ハリーとわたしのあいだにはずっと基本的なパターンがあった。新曲をつくるときは、たいていはハリーがタイトル、メロディ、そして大部分の歌詞を用意していたんだ。ときには彼がその曲を、ごくごくシンプルなギターかピアノの弾き語りでうたうこともある。するとわたしがピアノの前に座って、必要な場合にはいくつかコードに手を加えたり、グルーヴをちょっと変えたりするわけだ。それを受けてハリーが歌詞やメロディのフレーズに手を入れることもあったが、たいていは彼が最初に持ちこんできた曲をほぼそのまま使っていた。わたしの役割はソングライティング・チームの片割れというより、アレンジャー的なものだ。ハリーはとてもオリジナルだったから、彼の基本的なアイデアにちょっかいを出すと、たいていはロクな結果にならなかった。[41]

一九五〇年代にビル・ヘイリーや初期のエルヴィス・プレスリーがうたっていた曲——〈ロック・アラウンド・ザ・クロック(Rock Around the Clock)〉や〈監獄ロック(Jailhouse Rock)〉のような——に比べると、六〇年代中盤のヒット曲にそれなりに複雑化していたものの、大半は同じ3コードのパターンを基本にした、比較的ストレートな構造だった。ニルソンが書きはじめていた曲を聞いて、ボトキンはすぐさま、それが音楽として、本質的にはるかに洗練されていることを

感じ取った。彼がうたうと簡単そうに聞こえる曲でも、ほかのアーティストが同じように涼しい顔でうたうのは、多くの場合、困難だった。マラスカルコと組んでいたころ、ニルソンは模倣を通して曲の構造とペース配分を学んだ。そして今、彼は歌詞とメロディの両方で、自分なりのアイデアを打ち出しはじめた。「彼はあの時代に、オリジナリティを持ちこんだ」とボトキンは語っている。「誰のコピーでもない。何人か、偉大なシンガーや偉大な人々と仕事をしてきたが、彼はほかの誰よりも、はるかにオリジナルだった[42]」

歌詞の深化について言うと、これは〈ユー・キャント・テイク・ユア・ラヴ（アウェイ・フロム・ミー）〉以降のニルソンが、インスピレーションを求めて、自分自身の人生や経験を深く掘り返すようになったおかげだった。そのオフィスで書いたと彼がふり返る曲のひとつに、（やはりそこで書かれた）〈１９４１〉と同様、自伝的な内容を持つ〈ウィザウト・ハー（Without Her）〉がある。とっさに思いついた歌詞をナプキンに走り書きしたニルソンは[43]、オフィスで歌詞を推敲し、メロディをつけた。曲が著作権登録されたのは一九六七年一月、そしてサンディとニルソンが正式に離婚したのは、そのおよそ十週間後にあたる四月六日のことだった。ペリー・ボトキンはこうふり返っている。「サンディはすてきな娘だったが、彼のキャリアが軌道に乗るにつれて、ふたりの関係は崩れてしまった[44]」。最初の結婚について訊かれると、後年のニルソンは決まって「戦争に行かない」ためだったという軽口でいなしていたが、〈ウィザウト・ハー〉の歌詞を読むと、彼が自分の苦しみを、とても効果的な形で曲づくりに活かしはじめていたことわかる。この曲で描かれるのは、銀行での仕事を終え、近所のバーで「強いのを一、二杯」ひっかけたあとで、ボトキン／ガーフィールドのオフィスに向かっていたニルソンの夜の日課だ。

彼女があらわれるんじゃないかと思って、椅子に座って
　夜を過ごす
でも決して彼女は来ない
そして目を覚ましたぼくは目ヤニをぬぐい
起き上がってまた新たな一日に向き合う
彼女のいない一日に
(I spend the night in a chair thinking she'll be there
But she never comes
And I wake up and wipe the sleep from my eyes
And I rise to face another day
　Without her)

後年のニルソンはよく、〈ウィザウト・ハー〉、〈１９４１〉、

〈ドント・リーヴ・ミー（Don't Leave Me, Baby）〉の三曲はひと晩で書いた、とインタヴューの席で語っていた。[45]ボトキンやほかの同僚たちも、彼がオフィスに複数の曲を持ちこんでくることはあったと回想しているが、こんなにも広く知られた曲を三曲、実際にひと息で書き上げた公算はかなり小さい。これらの曲の著作権は、十四か月のあいだに登録されているのだが、会社がかくもヒット性が高い曲たちを、そんなにも長いあいだ寝かせていたとは考えづらいからだ。真相はどうあれ〈ウィザウト・ハー〉は、ニルソンへの投資が正しかったことを、ボトキンとガーフィールドに劇的な形で証明する。曲が一九六七年一月に著作権登録される直前、彼らはその権利を同じビルに入っていた別の出版社に一万ドルで売却し、この曲は結局、ピング・ミュージックというライヴァル会社が登録することになった。その後、グレン・キャンベルがアルバム《ジェントル・オン・マイ・マインド（Gentle On My Mind)》用にこの曲をレコーディングするという話を耳にしたボトキンとガーフィールドはすばやい立ち回りを見せ、ライヴァル社にそのニュースが届く前に曲の買い戻しを申し出た。値段のことで軽く悶着はあったものの、先方に一万五千ドルでその申し出に応じた。二年とたたずにこのふたりは、ニルソンの初期作品を実質的にすべてふくむロック・ミュージック・インクのカタログを、キャピトル・レコード傘下の音楽出版社、ビーチウッドに十五万ドルで売却することになる。[46]

後年、この時期の活動をふり返ったニルソンは、六〇年代初期のロスアンジェルスで音楽業界に食いこむ方法はふたつしかなかった、と語っている。ひとつは通りをうろついて、ドアをノックして回ること、そして「もうひとつは、そのころからもう公式に沿ってレコードをつくっていた連中の仲間に入ることだ。当時はゴールド・スターが人気のスタジオで、フィル・スペクターも、ラリー・レヴィンも、ハーブ・アルパートもみんなあそこにいた」[47]。一九六二年以来、通りをうろついてドアをノックしてきたニルソンは、六六年のはじめ、一時的にもうひとつの方法に鞍替えし、フィル・スペクターと関係を持ちはじめた。

大半のインタヴューや記事で、ニルソンはスペクターとの最初の出会いを、六六年、デモを録っていたゴールド・スター・スタジオでのことだったとしている。たまたまデモを耳にしたスペクターは、うたっているのは誰かと訊いた。彼はさらに曲の作者を訊ね、コントロールルームにいたペリー・ボトキン・ジュニアが「彼とぼくとで書いた」と答えた。感心したスペクターはニルソンに、一緒に曲を書きたいので家に来てほしい、と声をかけた。[48]実のところスペクターはすでに、その四年前、スコット・ターナーとレコーディングをしていたニルソンと顔を合わせていた――彼が何者なのか、わざわざ確かめるような真似はしなかっただろうが――可能性が高い。ターナーの友人のイアン・マクファーレンはこう書いている。

六〇年代のはじめに、スコッティは引退したLAの家具職人が設計した〝リリック・ハープ〟という特殊なギターを手に入れた。とても風変わりな形をしていて、たいていの十二弦ギターは倍音が耳につくが、このギターは骨組み《ブレーシング》のおかげで、それ抜きで弦が反響するというか、音が通り抜けてくる。フィル・スペクターはある晩たまたま、ゴールド・スター・スタジオのブースで、ハリー・ニルソンと作業していたスコッティが弾く〝奇妙な〟ギターの音を耳にした（フィルはその後、このギターを〝ジ・アニマル〟と命名した）。気に入ったフィルはスコッティを、いくつかのセッションに呼んだ。[49]

ニルソンを自宅に招いた一九六六年の時点で、フィル・スペクターは史上空前の成功を収めたレコード・プロデューサーだった。五八年、十八の歳で、ウエストハリウッドの高校の友人たちと結成したバンド、テディ・ベアーズの〈会ったとたんに一目ぼれ（To Know Him Is To Love Him）〉の曲づくり、プロデュース、演奏を手がけ、全米チャートの首位を獲得。ニューヨークでは高名なソングライター・チーム、リーバー＆ストラーに師事し、腕前に磨きをかけると同時に、アトランティック・レコードで数枚のレコードをプロデュースする。そしてその後は主にクリスタルズ、ボブ・B・ソックス＆ザ・ブルー・ジーンズ、ロネッツらによるヒット曲を次々に送り出していた。自分の地位――作家のトム・ウルフは彼を「十代初の大立者《タイクーン》」と呼んだ[50]――を強く意識していたスペクターは、その少し前からベヴァリーヒルズに建つ宮殿のような大邸宅を借りていた。ラコリーナ通り一二〇〇番の豪邸は、その後何年にもわたってスペクター伝説の一翼を担うことになる。

もし定期的にスタジオで仕事をともにしていれば、オーヴァーダブとユニゾンで演奏する楽器を駆使して濃密な背景をつくりだす〝音の壁《ウォール・オブ・サウンド》〟を発明したスペクターが、ニルソン自身のレコーディング・テクニックに多大な影響をおよぼす可能性は十二分にあった。〈会ったとたんに一目ぼれ〉は一九五八年に三十分でできた曲だったが、その当時ですらスペクターは、時間をぎりぎりまで使って、できるだけ多くのバックグラウンド・ヴォーカルと楽器をダビングしていた。[51]しかし六六年の時点でこのふたりを結びつけたのは、スタジオのテクノロジーに対する共通の関心ではなく、曲づくりだった。

スペクター宅に到着したニルソンは、一時間以上待たされた末に（誰もが同じ目にあわされた）、ようやく姿を見せたプロデューサーと曲のアイデアを練りはじめた。最終的に完成した三曲のうち、二曲はニルソン主体の作品、そしてもう一曲は完全な共作だった。そのうちの一曲は、当時スペクターが熱を上げていたモダン・フォーク・カルテット（MFQ）がレコーディングし（ただしその時点ではレコードになっていない）、残る二曲はスペクターがロネッツのために必要としていたストック用の楽曲に回された。

MFQはもともとホノルルで結成されたが、一九六三年以降はロスアンジェルスに本拠を置いていた。スペクターの評伝を書いたマーク・リボウスキーの言葉を借りると、結成当初は「アコースティックなフォークにモダンなハーモニーをブレンドさせた[52]」グループだったものの、ワーナー・ブラザースで二枚のアルバムをリリースしてからは、次第にエレクトリックなサウンドに移行し、いつしか原型的なフォーク・ロック・バンドに変貌を遂げた。スペクターがMFQに惚れこんだのは、彼らなら十分、六四年にやはり独自のフォーク・ロック・サウンドでLAの音楽シーンに躍り出たザ・バーズの対抗馬になりうると見こんだからだった。スペクターは短命に終わったサンセット・ストリップのロック・クラブ、ザ・トリップ——開業したのはウィスキー・ア・ゴーゴーをつくったエルマー・ヴァレンタイン——にグループを出演させ、人前に立つのが嫌いな彼にしては珍しく、彼らと一緒にギターを弾いてうたうような真似までした。

MFQのメンバーで、のちにハリウッドきっての著名なカメラマンとなるヘンリー・ディルツは、連日スペクター邸にたむろしながら、何時間も彼の登場を待っていた「三、四か月」について語っている。それによると姿を見せた彼は、グループをピアノのまわりに集め、これこれの曲にはこうハーモニーをつけてほしいと指図した。ディルツはこれを〝音楽版新兵訓練所《ブートキャンプ》〟と呼び、音楽の才能に磨きをかけるために、スペクターが彼を〝音の壁〟軍団を構成するスタジオ・ミュージシャンの一員として、ライチャス・ブラザーズやロネッツのセッションに起用することもあったとふり返っている[53]。

かりにスペクター宅でのリハーサルがフル・アルバムのレコーディングに備えるためのものだったとしても、そのアルバムが実現することはなかった。しかしそこでニルソンが披露した曲のひとつは、スペクターからするとグループのシングルにうってつけだった。その曲——彼とニルソンの共作曲と表記されることも多い〈ディス・クッド・ビー・ザ・ナイト（This Could Be The Night）〉は、実のところニルソンの単独名義で一九六六年三月三十日に著作権登録されていた。

ニルソンの自演ヴァージョンは、何度めかのデートでいよいよ初体験を迎えようとしているカップルの期待、欲望、不安をのぼせ気味にミックスした傑作だった。スペクターはその軽快な歌詞に必要以上の重りをつけるような真似はせず、バッキングはシンプルなオルガン、ギター、ドラムスに留め、MFQがその上に分厚いハーモニーをかぶせている。しかし彼にしては貧弱な音の壁だったにもかかわらず、この曲本来のワクワク感はきちんと保持されていた。彼は前年の十一月、ロスアンジェルスのムーラン・ルージュ・クラブで撮影されたロック・コンサート映画『ザ・ビッグ・TNTショウ(The Big T.N.T. Show)』のメインタイトル部で、この曲を流した。ジョーン・バエズ、レイ・チャールズ、ペトゥラ・クラーク、ラヴィン・スプーンフルといった出演者たちのオフショットに、おおよそレコードのビートに合わせて手拍子をする観客の映像を差しはさんだメインタイトルは、四分近く続くオープニングのクレジットを通じて観る者の注意を惹きつけた。この曲がことのほか効果的だったのは、決してトニック・コードに向かって解決せず、永遠に動いているような印象を与えるニルソンの高度に独創的なコード進行のおかげだろう。それは一度聞いただけで、忘れられなくなる曲だった。この曲がレコーディングされたとき、バスローブにスリッパ姿でゴールド・スター・スタジオのブースに座っていたビーチ・ボーイズのブライアン・ウィルソンは、次のように語っている。「フィル・スペクターがMFQとレコーディングした〈ディス・クッド・ビー・ザ・ナイト〉は、曲としてもレコードとしても、ぼくが大好きな作品のひとつだ。ずっとデートしながらその時を待って、ついには愛しあうという……あのメッセージが大好きなんだよ[54]」

映画のクレジット部には使ったものの、間違いなくナンバー1になるという確信が持てなかったスペクターは、このシングルをリリースしないことにした。また彼がニルソンと録ったデモ・ミックスも、一般には流通しなかった。デモにはいくぶん密度の薄いバックに乗せてうたうニルソンのヴォーカルがフィーチャーされ、そのうしろで女性シンガーのグループがハーモニーをつけている。実のところこのヴァージョンは、二〇〇八年にテスト・プレスのシングルがeBayに出品されるまで、所在が確認されていなかった[55]。MFQのヴァージョンも一九七六年、フィレス・レーベルの未発表曲を集めた《レア・マスターズ／幻のスペクター・サウンドVol. 2 (Rare Masters 2)》に収録されるまでは、正式にリリースされていない。だがオリジナル・ヴァージョンで、あるいは『ビッグ・TNTショウ』でこの曲を聞いた人々は——ブライアン・ウィルソンのように——しっかりと記憶に留め、ニルソンの全キャリアを通じて、ベストのひとつに数えられる曲と見なしていた。皮肉にも、モンキーズに売りこむために六七年に内々でつくったデモ・ヴァージョンをのぞくと、ニルソン自身がこの曲をふたたびレコーディングすることはなかった。同様にMFQも新たなレコードをつくることはなく、この年のうちに解散してしまう。グループは七〇年代、八〇年代、そして二〇〇三年にも再結成しているが、ニルソンが連絡を取り続けたメンバーは、何度も彼を撮影する機会があったヘンリー・ディルツと、タートルズのベーシストを務めたのちに、レコード・プロデューサーに転じたチップ・ダグラスのふたりだけだった。

こんなにもすばらしい曲がスペクターの手の中で実質的に埋もれていたことだけでも、ニルソンはさぞかしじれったい思いをしていたに違いない。しかもそれに負けず劣らず歯がゆいことに、ロネッツがレコーディングしたふたつの曲もやはり当時は未発表に終わり、七〇年代まで日の目を見なかった。今にしてふり返ると、これと言ってお蔵入りするような理由は見当たらない。〈パラダイス（Paradise）〉はニルソンがボトキンとガーフィールドの協力を得て書いた曲の、まったく申し分のないパフォーマンスだ。バックにストリングスと大人数のリズム・セクションに、濃密なバッキング・ヴォーカルというフル編成のスペクター軍団。コーラスはロネッツのリーダー、ヴェロニカ・ベネット（当時は〝ヴェロニカ〟表記だった彼女は、二年後の一九六八年にミセス・ロニー・スペクターとなる）のバックで、エステル・ベネットとネドラ・タリーが何重にもダビングしている。〈パラダイス〉のバッキングでは、ニルソンもうたっていると主張するリスナーもいるが、個々の声の聞き分けが可能なマルチトラック以前のレコーディングだったため、現存する3トラックのミックスで、この説を立証するのは不可能だ。テディ・ベアーズ時代からスペクターを知っていたボトキンは、この曲のレコーディングを、次のようにふり返っている。

わたしの仕事は大部分が通訳だった。というのも彼は、「ドゥドゥーン、ドゥーン、チッ、チッ、ドゥーン、ドゥーンって感じで行こう」という調子で指示を出していたからだ。それが終わると、今度はわたしに向かってストリグスのラインをうたい、ほかになにがほしいかを伝える。「そう、で、今度はヴァイオリンが『ディー、ディー、ダ、ダ、ディー』って感じで入ってくるんだ」と言って、ストリングスのパートをうたうわけだ。そうやって全体的な曲の展開を決めていくのさ。だからセッションの時はいつも、すごく簡単なコード譜を全員のために用意するだけだった。ゴールド・スターに入ったら、みんなで曲をひととおり演奏し、すると彼が変更を加えはじめる。なにかのパートを聞いて、「違う、違う、違う」と言いだし、別の誰かにそこにフィルを入れてくれとか、ここでなにか違う音を弾いてくれと頼むこともあった。そうやって音の壁をつくりはじめるというか、ミックスしはじめるわけで。狙いははっきりしていたが、彼はそこに行き着くために、スタジオをアレンジャーの道具のように使った。彼はその中であのサウンドを構築し、エコーを効かせはじめる。だからわたしもアレンジを書くときは、あの巨大なエコー・チェンバーありきで成り立つようにしていた。たぶん彼は、いつもそうしていたと思う。そして場所はゴールド・スター・スタジオ以外に考えられなかった。あそこには世界的に有名になった、おそろしくファンキーなエコー・チェンバーがあったからだ。[56]

たしかに〈パラダイス〉は手がかかっていたが、曲としては〈ヒア・アイ・シット（Here I Sit)〉のほうがずっと出来がよく、スペクターのヒット曲に欠かせない要素――ドスンドスンと鳴り響くビート、ヴェロニカによるみごとなリード・ヴォーカルと緻密なアレンジを完備している。スペクターとニルソンが協力して書いたのは、主としてこの曲だった。だがひとたび世に出ると、〈ヒア・アイ・シット〉はニルソンのスカトロ的なユーモアが存分に発揮された曲として、かなりの悪名を馳せることになる。この曲が日の目を見た一九七六年の時点で、ニルソンが曲中に卑語やトイレがらみのジョークを散りばめることは、七二年の《シュミルソン二世（Son of Schmilsson)》によって広く知れ渡っていた。だがかりに〈ヒア・アイ・シット〉が六六年にリリースされていれば、ほぼ間違いなく、彼の手になるこの種の作品の嚆矢となっていただろう。

彼が歌詞のヒントにしたのは、この国のいたるところで男子トイレの壁に殴り書きされている、もっとも有名な落書きのひとつだった。その三行詩の内容は以下の通りだ。

オレはここに座ってる、打ちひしがれて
十セント払ったのに
出たのは屁だけ
(Here I sit, broken hearted
Paid a dime
And only farted)

ニルソンの歌詞では二行目と三行目に手が加えられ、「わざわいの兆しが見えなかった（couldn't see the writing on the wall)」せいで、「別れてしまった（parted)」カップルの後悔がうたわれている。[57] これはニルソンが曲に埋めこんだ内輪のジョークの最初期の事例だった。それはこの曲のように歌詞に紛れこんでいる場合もあれば、気の効いた引用やテーマの借用のように、純粋に音楽的である場合もあり、たとえばランディ・ニューマンとの共演では、一貫してそうなっている。

ニルソンの曲のテープをスペクターがしまいこんでしまったため、このふたりの共作によってニルソンの活動が上向くようなことはいっさいなく、せいぜい彼らが組んで仕事をしているといううわさがロスアンジェルス周辺で流れた程度だった。しかしニルソンは実質的に無名だったため、そのうわさもじきに消え去ってしまう。代わりに同僚のペリー・ボトキンとジョージ・ティプトンが、自分たちの友人にして秘蔵っ子の存在を世に知らしめる役目を担うことになった。

スペクターとの実験が失敗に終わると、ニルソンはマーキュリーと一年間関係を持ったときのように、なんの成果も上がっていないタワーとの契約のせいで、四面楚歌に追いこまれたような気分になった。彼はこの取り決めから自分を解放するか、それが駄目ならせめてもう一度レコーディングをさせてほしいと会社に訴えた。やがてタワーは一九六六年のなかばにもう一度彼にチャンスを与え、四曲が新たにレコーディングされる運びとなる。ただしそこには落とし穴があった。会社はいっさい金を出す気がなかったのだ。そのためティプトンは二千五百ドルの預金を引き出し、いずれはタワーからその金を回収するつもりで、みずからセッションのお膳立てをした。[58]

そのセッションから生まれた四曲のうち、ニルソンの将来的な可能性を強く感じさせる曲はわずか一曲にすぎなかった。ニルソン作の〈グローイング・アップ（Growing Up）〉は子ども時代を楽しげに回想したナンバーで、おさないころに遊んだ玩具や空想のゲームを、成長して経験した最初の恋愛と比較している。もしかすると「ママの靴をはいて、ママの大人っぽいネックレスをつけた（mummy's shoes and mummy's grown-up necklace）」少女と「せわしない（restless）」少年との出会いを描いたニルソンによる繊細な言葉の絵画は、コルトンのトレーラーハウスと、メアリー・アン・シュルツとのおさない恋をふり返るものだったのかもしれない。ティプトンは優美なストリングス、さりげないカウンターメロディ、前面に出したアルペジオのギター、そして子ども時代のイメージを想起させるかすかなグロッケンスピールの音などのアレンジでこの曲に貢献する。ニルソンの歌唱も心の底から歌詞の感情に共感しているかのようで、もはや薄っぺらには聞こえない。

対照的にソウル色の濃いアレンジがほどこされた〈ドゥ・ユー・ビリーヴ（Do You Believe）〉とマーヴィン・レインウォーターの曲をカヴァーした〈ソー・ユー・シンク・ユーヴ・

ガット・トラブルズ〈So You Think You've Got Troubles〉は、上出来ではあるもののこれといった個性に欠け、〈シーズ・ユアーズ〉(She's Yours)〉はまったく異なるふたつの曲を急遽くっつけてひとつにしたように聞こえる。

出来はさておき、ニルソンの新曲が四曲増えたおかげで、タワーは彼のカタログをひとまとめにした《スポットライト・オン・ニルソン(Spotlight on Nilsson)》と題する十曲入りのLPを一九六六年の暮れにリリースすることができた。ニルソンにとってははじめての一般発売されたアルバムである。当初はまったく売れなかったものの、翌年、RCAから再デビューしたニルソンの作品が脚光を浴びると、タワーはその勢いに乗じてアルバムを再発した。その後もこのアルバムはささやかながら着実に売れ続けるが、なによりも重要なのは、彼の名字だけを表記することで、ニルソンの将来的なアルバムのすべてを飾るアーティスト名が決まったことだった。六四年にタワーから出たシングルは〝ハリー・ニルソン〟名義だったにもかかわらず、彼は今やファースト・ネームを省略し、これがその後の何年かは、いい宣伝の材料になっていた。「ニルソンにもファースト・ネームはある。だがなぜそれを広めて神秘性を台無しにしなければならないのか?」[59]

《スポットライト・オン・ニルソン》が売れ行き面で好成績を残していれば、それをきっかけに銀行を辞めて、専業のミュージシャンになる道もあっただろう。だがティプトンが惜しみなく資金を出し、ボトキンがプロデュースに協力してくれたにもかかわらず、ニルソンの生活にほとんど変化らしい変化はなかった。しかしそのきざしは見えはじめていた。ニルソンはほぼ二年間にわたり、ペリー・ボトキンとギル・ガーフィールドから二十五ドルの週給を受け取っていたが、一九六七年のはじめにこの契約は失効した。「わたしたちは彼を手放すしかなかった。資金がつきていたからだ」とボトキンは語っている。[60] これは一部に、タワー用のセッションのほかにも、ニルソンが彼らに雇われていた期間に、ロック・ミュージック・インクが彼のデモを数多くレコーディングしていたからだった。ボトキンとガーフィールドはこの年のうちに、これらのデモを《ニュー・ニルソン・ソングス(New Nilsson Songs)》と題する限定版のLPにまとめ、秘蔵っ子の作品に対する関心をかき立てようとした。

これらの曲の大半は、ニルソンが夜のあいだ曲づくりに勤しんでいた二年間のさまざまな時期にレコーディングされたもので、ほぼ間違いなくばらばらに、曲を買ってくれそうなプロデューサーやバンドに売りこまれていた。中にはジミー・クロス、ロビン・ウォード、ジーン・キングといった別のシンガーがニルソンの曲をうたっているケースもあるが、大半の歌唱は彼によるものだ。彼が徐々に独自の声を見いだし、歌詞に盛りこんだ皮肉っぽい内省を、曲の意味あいを存分に伝える唱法とマッチさせられるようになっていたことがタワーのレコーディングでは示されていたが、ロック・ミュージック・インクのデモ――コレクターのあいだでは〝ボトキン・セッション〟の名で知られている――でも、それと同じことが起こっている。たとえば〈ザ・ラ・ラ・ソング（The La La Song）〉での彼は、堂に入ったボブ・ディランの物真似を聞かせる。それがとくに顕著なのは、かき鳴らされる十二弦ギターに乗せて、彼がこんなくだりを半分唱え、半分しゃべっている部分だ。

きみがこんなふうに言っていた日もあった
あなたを愛することがわたしのすべてと
そしてふたりでキスを分かち合い、ぼくがこんなふうに
　申し出た夜もあった
ぼくは言ったのさ、「さあ、この指輪を受け取って」と
（There was a day when you would say
　That loving me meant everything
And there was a night when we shared a kiss and I offered
　you this
And I said, "Here, take my ring"）

〈ウィザウト・ハー〉と同様に喪失感を取り上げ、「きみがいなくなった今」というモチーフに歌詞の焦点を当てたこの曲で、ニルソンは最後の「きみがいなくなってしまったから（'Cos you're gone）」を、後年のトレードマークとなる半泣き唱法でうたっている。ディランの物真似をしている最中にビートルズの〈イエスタデイ（Yesterday）〉をそのまま引用する、風変わりなくだりもあるが、こうしてロックンロールから受けた影響を手当たり次第にミックスしつつも、ニルソンは一九六〇年代初頭の彼には絶対にできなかったやり方で、歌詞の感情をあますところなく聞き手に伝えている。

　〈ザ・ストーリー・オブ・ロック・アンド・ロール（The Story of Rock and Roll）〉もやはり、広範な音楽から受けた影響をこのジャンルの簡単な歴史に盛りこんだ曲だが、ニルソンはコーラスの中で二回、〈１９４１〉などの曲での聞きものとなる〝ワ・ワ・ワ〟のオーヴァーダビングに挑んでいる。また「田舎なんてまるでつまらない（don't find nothing great about the country）」と、都会での生活を讃える〈ア・ボーイ・フロム・ザ・シティ（A Boy From the City）〉のコーラスでも、さらなるオーヴァーダビングがおこなわれている。

　デモの中でも出来のいい曲と《スポットライト・オン・ニルソン》に収められた近作を合わせて聞くと、一九六七年初

頭の段階で、シンガーおよびソングライターとしてのニルソンが、はっきりと認識できる独自の声をかなりの部分見つけだしていたことがわかる。彼はロック・ミュージック・インクからの収入を絶たれた直後に、銀行を辞めるという夢を叶えることになるのだが、それはまずはシンガーとして、そして次にはソングライターとして認められたおかげだった。

ペリー・ボトキンは、「彼がＲＣＡとつながりを持ち、一気に上を下への大騒ぎになった」のは、彼らとの契約が切れた「二、三週間か、一か月ぐらい」あとだったとふり返っている。[61] 触媒役を務めたのは、リック・ジャラードというＲＣＡの若手プロデューサーだった。ゴールド・スター・スタジオでデモを制作したり、他人のセッションを手伝ったりしながら、独立系のプロデューサーとしての経験を積んできた男である。イリノイ大学で音楽を専攻し、ブラスバンドで演奏していたジャラードにはクラシックの素養があった。そうした背景のおかげで彼は、今や自分の主戦場となっていたロックの世界と、一九六〇年代の後半になってもまだ、ポップというと重役たちの頭にはヘンリー・マンシーニやペリー・コモしか思い浮かばない、ＲＣＡの旧弊な企業文化とのあいだを行き来することができた。六六年の終わりごろ、ジャラードはジェファスン・エアプレインのセカンド・アルバムを、当初のプロデューサーだったトミー・オリヴァーに代わって担当することになった。ファーストの《テイクス・オフ（Takes Off）》に比べると、《シュールレアリスティック・ピロー（Surrealistic Pillow）》は飛躍的な進歩を遂げたアルバムで、〈あなただけを（Somebody to Love）〉というヒット・シングルを生む。アルバムの〝音楽的、精神的アドヴァイザー〟を務めたグレイトフル・デッドのジェリー・ガルシアも、大いに有益な貢献を果たしていた。[62]

ジャラードがニルソンと出会った一九六七年一月の時点で、《シュールレアリスティック・ピロー》はリリースされたばかり、そしてヒット・シングルが出るのもまだ先のことだったが、ジャラードに対するＲＣＡの信頼度は次第に高まっていた。ロスアンジェルスのポップ・ミュージック業界は比較的狭い世界だったため、ジャラードはすでにガーフィールドとボトキンに会ったことがあり、アレンジャーとして脚光を浴びはじめていたジョージ・ティプトンとも知り合いだった。この三人を通じてニルソンのデモを聞いた彼は大いに感銘を受け、さっそくこの若手ソングライターに、ＲＣＡのオフィスまで会いに来てほしいと伝えた。ジャラードの回想によると――

彼は銀行の出納係をしている風変わりなやせっぽちの小男で、額の毛をピンと立てていた。入ってくると椅子に腰かけ、わたしたちは話しはじめた……彼が曲を弾きはじめ、わたしはとりわけ……彼のやった風変わりな曲が気に入った……デモはわたしたちが最終的に取り上げる曲とはまるで違っていた。けれどもわたしは彼の声が気に入り、もっと聞きたいと思った。そして本気でそうするとなると、わたしとしてはライターを呼んで目の前で演奏させ、その眼をのぞきこんでホンモノかどうかを見極め、なにを考えているのかを確かめる以外になかった。それがわたしにとっては、重要なポイントだからだ……わたしの主な職務のひとつは、アーティストが本当の自分を知る手助けをして、それを引き出せるようにすることだと思う。わたしはあの声にユニークなものを聞き取り、これさえあれば彼のために適切な場を用意し、やる気を出させ、一緒に仕事をし、しかもハーモニーを生み出すことができると考えた。そしてわたしは、彼なら自力で自分の本当の居場所を見つけ出せるだろうと思っていた。[63]

この出会いを機に、さらに数回の会合が持たれ、ニルソンはピアノかギターで自分のレパートリーを総ざらえした。ジャラードは本能的に、ニルソン作品のどこがユニークでオリジナルなのかを把握していた。ニルソンの曲づくりと歌唱に対しては、ターナーも、マラスカルコも、ボトキンも、そしてスペクターすらも行き当たりばったりに取り組むだけで、彼がその才能を伸ばしていけるように、体系的に手助けをしたことはなかった。だがジャラードは自伝的な歌詞と並はずれた声の中に、音楽シーンにまったく新しいなにかを送り出す可能性を読み取った。

わたしは「よし、ハリー、契約成立だ」と言った。そして自分が「契約成立だ」と言えば、そのまま契約が成立するとばかり思っていた。わたしはＲＣＡの西海岸支社長のところに行って、「ついさっき、アーティストと契約しました」と報告した。

すると支社長は、「きみにアーティストと契約する権限はない。きみの仕事はわれわれが割り当てたアーティストをプロデュースすることだ」と言った。

わたしは「でも契約すると言ってしまったんです。これは信義の問題です。ぼくはこのアーティストに惚れこんでいます」と言い返した。

こうしてハリーの契約はＯＫになった。向こうの見方からすると、わたしは明らかに越権行為をしていた。だがこっちの見方からすると、それこそがわたしの仕事だった。見こみがありそうな新人を見つけて、契約を結ぶことがね。だからそうしたまでの話なんだ。[64]

契約書に署名がされたのは、一九六七年一月十九日のことだった。四年契約で、前払い金はなく、印税率はアメリカ国内での売り上げに対して四パーセント、それ以外の地域に対しては二パーセント。ほかにもRCAにはさまざまな選択権《オプション》があり、彼ら次第で契約を七年に延長することもできた。いずれも長期間にわたって活動を制限されたマーキュリーおよびタワーとの契約に不満を抱いていたニルソンは、法律的なアドヴァイスを求めた。共通の友人を通じて彼は、ブルース・グレイカルという若手弁護士と知り合っていた。まさしくその月に弁護士の資格を得たばかりの彼は、にもかかわらず音楽シーンに精通していた。当時のグレイカルは税務監査官の職を辞し、ベヴァリーヒルズのカプラン・リヴィングストン法律事務所で実務に就こうとしているところだった。数年後にはリンゴ・スターやニルソン当人をふくむ、有名ミュージシャンを数多く顧客に抱えることになるグレイカルだが、この段階ではまだ、代理人うんぬんの話はいっさい出なかった。単純にニルソンは彼に電話をかけ、するとグレイカルはこう返答した。「ほかにもっといい話がなければ、契約してもいいんじゃないかな。契約はあったほうが、ないよりもまだマシだからね[65]」

契約の条件として、ニルソンがRCAのオフィスに自分のデスクを要求したという話もあるが、契約書自体にそうした記載はない。[66]しかしロック・ミュージック・インクで習い性となったスタイルで、夜のあいだ曲を書いていけるように、オフィスの一角を使わせてほしいという彼の私的な要求を会社はその場で受け入れた。RCAのオフィスは、ボトキンとガーフィールドが本拠地を置いていたビルからわずかに二ブロックの距離だったので、ニルソンは二重に安心して、夜の日課を続けることができた。BBCのスチュアート・グランディから受けた一九七七年のインタヴューで、彼はこう語っている。

デスクとランプ、それと壁にもいくつか額がかかっていて、ラグが敷いてある小さなオフィスを使っていた。オフィスによくある天井の照明は消して、このちっちゃなランプだけにすると、すごく居心地がよくなった。夜になるとそこに行って、曲を書いていたんだけど、ほかには誰もいなかった。管理人とも知り合いになってね、昼間に行くこともあったけど、それはただ単純にウロウロしたり、アルバムの計画を練りはじめたり、でなきゃエンジニアと顔を合わせたりするのが目的だった。[67]

前払い金はいっさいなかったので、すぐに銀行を辞めるわけにはいかなかったものの、ニルソンは昼間の時間を、ジャラードとの作業に充てることができた。ＲＣＡの豊富な資金をバックにしたジャラードは、ジョージ・ティプトンをアレンジャーに迎え入れ、三人は《パンディモニアム・シャドウ・ショウ》となるアルバムの制作に取りかかった。

この作業がはじまったばかりのころ、ニルソンは金銭面で思わぬ幸運に恵まれた。きっかけはタートルズのベーシストを務め、彼らのヒット曲〈ハッピー・トゥゲザー（Happy Together）〉のアレンジを手がけたチップ・ダグラス（ＭＦＱのメンバーとして、〈ディス・クッド・ビー・ザ・ナイト〉をレコーディングしていた）がグループを脱け、モンキーズの新しいプロデューサーとなったことだ。「ＭＦＱがフィル・スペクターと仕事をしたとき、ぼくはハリーが書く曲のファンになった」とダグラスはふり返っている。[68]「ハリーは次々にすばらしい曲を書いては、ぼくらにうたって聞かせてくれた」

一九六七年三月十七日、ニルソンはダグラスとモンキーズのメンバーたちに会い、自作曲をいくつか披露した。この時点でのモンキーズは、彼らのＴＶ番組をつくった制作会社の音楽部長で、最初のアルバム二枚のプロデューサーも務めたドン・カーシュナーと袂を分かったばかりだった。バンドのメンバーたち——もともとはミュージシャンというより役者として雇われていた——は今や自主的に自分たちの音楽を管理し、うたうだけでなく、楽器もみずから演奏するようになっていた（それまではスタジオ・ミュージシャンが演奏するオケに歌だけを乗せていた）。ダグラスに声をかけたのはメンバーのマイク・ネスミスで、かくも有能なプロデューサーと仕事をすれば、きっと自分もほかのメンバーたちも大いに得るところがあるに違いない、と考えてのことだった。

さいわい、ニルソンが自分の曲を披露したセッションの模様はすべてテープに録音されていた。そこには〈ディス・クッド・ビー・ザ・ナイト〉のもっとも出来がいい自演ヴァージョンのほかにも、八つの曲が収められている。そのうちの一曲〈アイ・リヴ・イン・ア・ワールド（I Live in a World）〉ではニルソンがディランのモードに立ち返り、〈サインズ（Signs）〉でも——いくぶん控えめとはいえ——やはり似たような傾向が見られる。〈ヘイ・リトル・ガール（Hey Little Girl）〉は結婚をつまらない日常から脱出するための手段として描いた曲で、最初の結婚の動機に対するニルソン自身の皮肉なコメントと取ることも可能だろう。だがいちばんの聞きものはニルソンの歌声で、これは三オクターヴ半におよぶ彼の声域があますところなく記録された、最初期の事例となっている。〈グッド・タイムズ〉は六五年にタワーでレコーディングした曲のピアノ弾き語りによるリメイクで、マーサ

&ヴァンデラズのヒット曲〈ダンシング・イン・ザ・ストリート（Dancing In The Street)〉のパスティーシュのように聞こえなくもない。一方で〈スーパーマン（Superman)〉は、「アクション・コミックス」誌のヒーローに関するアップテンポなブギ・ナンバーの、興味をそそる断片といったところだ。しかしながら数字に対するニルソンの特別な関心を優美なラヴ・ソングに織りこんだ〈カウンティング（Counting)〉は、モンキーズのレパートリーに加わっていてもなんら不思議はない傑作だった。〈ザ・ストーリー・オブ・ロック・アンド・ロール〉もやはりこのセッションでリメイクされ、最終的にダグラスはこの曲を翌年、タートルズに売ることになる。しかしその日演奏された〈ディス・クッド・ビー・ザ・ナイト〉をのぞく曲の中で、とくに際立っていたのは〈カドリー・トイ（Cuddly Toy)〉と題する新曲だった。

　スタジオのインターコムを介したダグラスとニルソンの会話からは、ふたりがすでにこの曲を、デイヴィ・ジョーンズにうたわせるつもりだったことがわかる。ジョーンズがうたったモンキーズの完成ヴァージョン、とりわけバンドがエドワード朝風の衣裳を着て披露したＴＶヴァージョンでは、歌詞の性的なふくみが大部分伝わらなくなっている。だがニルソンの生々しいデモを聞けば、歌詞に複数の意味があることは明白だろう。それは身体を許したあとで、男友だちに捨てられてしまった娘に対する、心のない返答だ。男は「サンタが来た翌日、雨の中に捨てられてしまった汽車ポッポはきみだけじゃない（You're not the only choo choo train to have been left out in the rain, the day after Santa came)〔"choo choo train" には「誰とでも寝る女」という意味もある〕」と、どうやらさして「抵抗もせず（without a fight)」に、「大切なもの(cherry delight)」をあげてしまったらしい娘に言い捨てる。彼は自分（「きみがつきあってる仲間〔the company you keep〕」）のことを母親に話すんじゃないと娘に釘を刺し、「彼がほかの誰も愛していなかった（he loved no other)」というのは、単なる彼女の願望だと続ける。こんなにも心のない冷酷な曲を、耳に優しい、童謡のような曲に仕立てあげたニルソンの手腕には舌を巻くしかなく、モンキーズはそのわずか数週間後にこの曲をレコーディングした。ニルソンによると、マイク・ネスミス――バンドの自立とオリジナル曲のレコーディングを、もっとも熱心に推し進めていた男――は、このデモ・セッションに激しい衝撃を受けていた。「あんた、いったいぜんたいどこから来たんだ？」と彼は問いかけた。「あんたはそこに座ってるだけで、オレたちの頭を吹っ飛ばした。こっちは必死で曲を探してるっていうのに、あんたはただそこに座って、オレたちにアルバムをまるごと聞かせちまったんだ！　クソッ！」[69]

一九六七年のモンキーズは、アメリカでビートルズにもっとも近い存在だった。彼らのツアー（当初はバッキング・バンドを使っていたが、次第に自分たちで演奏するようになる）はビートルマニア級の騒ぎを巻き起こし、レコードも大量に売れていた。ミッキー・ドレンツはこのデモ・セッションが、すぐさまニルソンに影響をおよぼしたと回想している。

> デイヴィ・ジョーンズが〈カドリー・トイ〉をレコーディングしたいと口にしたとき、その場にいた音楽出版業者が……レスター・シルがその男の名前だった……ハリーを駐車場に連れ出して、「これで銀行を辞められるぞ」と言ったんだ。[70]

その当時のレスター・シルは、音楽業界きっての実力者だった。かつてフィル・スペクターにパートナーの座を追われた男は、今やモンキーズのTV番組を制作していたスクリーン・ジェムズの関連会社、コルジェムズ・ミュージックという音楽出版社および制作会社の副社長兼統括マネージャーにのし上がっていたのだ。[71]〈カドリー・トイ〉でニルソンが受け取った前払い金の額については諸説があるが、四万ドル前後というのが妥当なところだろう。一九六八年七月、彼は「ロスアンジェルス・タイムズ」紙のジョイス・ヘイバーに、前年の稼ぎは「これと言ってヒット曲は出なかったけれど」七万五千ドルに達したと語っている。[72]生来用心深かったニルソンにとって、銀行は音楽業界でやっていけなくなったときの逃げ道的な意味あいを持っていた。だがレスター・シルの予言は的中し、当初こそ仕事を続けていたものの、ラジオでひっきりなしにかかるモンキーズの〈カドリー・トイ〉を聞いて、とうとう辞職する覚悟を決めた。

ヴァンナイズ支店の上級副社長を務める直属の上司、そして友人でもあるデイヴィッド・ロシェルの存在がなかったら、彼はもう少し長く、銀行に居残ろうとしていたかもしれない。ニルソンの曲がチャートを上昇していたころ、元海兵隊の訓練教官で、公正さをむねとし、規則をいっさいおろそかにしないロシェルはニルソンを自分のオフィスに呼んだ。ロシェルは彼の昇進が——最有力候補だったにもかかわらず——見送られたことを伝えた。「きみのほうがほかの連中よりもできるのはたしかだ」とロシェルは言った。「だが彼らは間違いなく、二年後にもここにいるだろう。でもきみの場合は確信が持てない」。ニルソンはこうふり返っている。「つまり彼がいわんとしていたのは、どっちにするのかはっきりしろということだ[73]」。かくしてニルソンはこの年のうちに職を辞し、銀行のデスクの代わりに、ハリウッドにあるRCAのビルの小さなオフィスを使うようになった。いよいよ新しいキャリアのはじまりだった。

さて、カレンダーが変わりページが
　はがれ落ちても
唄い手は依然として一緒だった
そして彼はいつまでも飽きずに自分の曲をうたい
　ファンも相変わらず彼の名を呼んだ

第三章
リッチランド氏の好きな歌

ニルソンのRCAでのファースト・アルバム《パンディモニアム・シャドウ・ショウ》の制作は、一九六七年二月の初レコーディング・セッションから同年十月のリリースまで続く、長丁場の作業となった。彼はもともとお気に入りの作家のひとり、レイ・ブラッドベリのSF長篇『何かが道をやってくる（Something Wicked This Way Comes）』からタイトルを借りるつもりでいた。実のところブラッドベリも、このタイトルを、シェイクスピアの『マクベス』の中で、魔女たちがスコットランドの王を予言する亡霊を呼び出そうとするシーンに出てくる対句から借用していた。ブラッドベリはそれを、邪悪なカーニヴァルを訪ねる少年ふたりの不気味な物語に当てはめた。そこには乗った者の年齢を変化させる回転木馬があり、終幕では善と悪との最終決戦がくり広げられる。

しかしブラッドベリのタイトルは法律的な問題があって使えず、代わりにニルソンは小説に登場する旅回りのカーニヴァル、クガー・エンド・ダークス魔術団（Cooger and Dark's Pandemonium Shadow Show）をアルバムのタイトルにすることにした。いずれの仮タイトルも、カーニヴァルあるいはサーカスの雰囲気を強く感じさせるものだったので、ジョージ・ティプトンはこの件がまだ決着を見ないうちから、サーカスの音楽から多くの要素を借用したアレンジを考案しはじめた。コンセプトを立てたのはリック・ジャラードで、コルネット奏者上がりの彼は、ブラス・バンドでの経験が《パンディモニアム・シャドウ・ショウ》の全体的なサウンドと質感づくりに役立つだろうと考えた。「最初のアルバムでは、ぜひともブラスやパーカッションやドラムをたっぷり使ってやろうと思っていた」と彼はふり返っている[1]。

結果としてアルバムには、スネア・ドラムの目立った曲が何曲か登場する。大々的にフィーチャーされたブラス・セクションの中では、しばしば登場するバルブトロンボーンと、バリトンあるいはフレンチホルンの楽節が、譜面に大テントの雰囲気と、ちょっとした物憂さをもたらしている。事実、ティプトンがホーン用に書いた密集和音のスコアは、業界でその後、〝ニルソン・サウンド〟として知られるようになった。[2] カーニヴァルの舞台設定は、レコード会社がアルバムに先だって配布した宣伝文でも強く打ち出されていた。

ニルソンには生まれつき、〝おが屑〟的な雰囲気の感覚と感触が備わっている（彼の祖父母は六十年ほど前、〝ニルソンの空中バレエ〟と名乗ってヨーロッパを回っていた）。そしてＲＣＡビクターの《パンディモニアム・シャドウ・ショウ》は、三つのリングで同時に進行するサーカスだ。中央のリングに立つのはニルソン。アルバムの冒頭で、演者のニルソンとプロデューサーのリック・ジャラードがやり取りする口上が舞台を設定し、いよいよ大がかりなショウがはじまる。[3]

業界全体として見ると、この種のコンセプト・アルバムづくりは決して目新しいものではなかったが、ＲＣＡではかなりの新機軸だった。体質的に保守的な会社だったＲＣＡは、アルバムの内容にかかわりなく、シンガーがバンドかオーケストラをバックに生でうたい、次々に完成したテイクを重ねながら、二、三時間の簡単なセッションでレコーディングを完了させるやり方に慣れていた。だがとてもそのやり方では、複雑な背景を築きあげたり、ニルソンに心ゆくまでヴォーカルのオーヴァーダビングをやらせたりする余裕はない。それがわかっていたジャラードは、スタジオの使用時間をめぐって会社と激しくやり合った。

アルバムに収録する十二曲の内訳が決まると、ジャラードとニルソンはティプトン（と時にはペリー・ボトキン・ジュニア）に会ってアレンジの骨子を決め、その先はどの曲も、ほぼ同一の手順でレコーディングされた。「わたしたちはまず、ブラスかベースかドラムかなにかで、基本的なオケを録った」とジャラードは回想している。「で、そのあとでリード・ヴォーカルに進むわけだ。それからハーモニーを入れるんだが、わたしもよくハリーと一緒にうたったよ。あくまでもお遊びだが」[4]

当のニルソンもジャラードの貢献を高く評価し、彼の「驚異的な耳」と「音を聞いて、それを別の誰かに伝える」能力を絶賛している。エンジニアのディック・ボガートに対してもニルソンは賞賛を惜しまず、「あのサウンドをきちんと伝えてくれた立役者」は彼だと考えていた。[5] ニルソンははじめて、自分と対等と見なせるスタッフとレコーディングを進めていた。これまでのレコードではまだ、たいていは技術を教わる立場にいたが、その時期はもう終わっていた。ニルソンは今や、彼に負けない音楽的感性を有するプロデューサーや、オーヴァーダビングとスタジオでの作業に対する彼の愛情が、レコードづくりには不可欠だということを理解しているエンジニアとアイデアをやり取りすることができた。もっとも早い時期に完成した曲の中には、〈テン・リトル・インディアン（Ten Little Indians）〉というニルソンのオリジナルや、ビートルズが一九六四年に発表した〈ユー・キャント・ドゥ・ザット〉のカヴァー・ヴァージョンなどがあった。前者は「塀にのってるみどりのびんが十本（ten green bottles, sitting on the wall）」といった類の、子どもがうたう数え歌のパターンで十戒に背いた行為を挙げていく洒落の効いたナンバー。一方で後者は、ジョン・レノンがうたう原曲のヴォーカル・ラインに創意あふれるハーモニーをつけ加えただけでなく、めくるめくようなヴォーカルのオーヴァーダビングを駆使して、ほかのよく知られたビートルズ・ナンバーの数々をたくみに織りこんだ魔法のような作品だった。

　オリジナル盤LPのサイド1に針を落とすと、″シャンディモニアム・シャドウ・ポウ″を紹介するニルソンとジャラードのおふざけMCに続いて、すぐさまサーカスのドラムが〈テン・リトル・インディアン〉をスタートさせ、この曲が終わるまで、容赦のないビートはいっさい止むことがない。マイケル・メルヴォインがそのビートに乗せて、八分音符ごとにシンプルなコードをくり返す、心臓の鼓動のように一定した反復的なエレクトリック・ピアノを弾きはじめる。おそらくは彼自身のピアノの技量に限界があったせいだろう、ニルソンはその後の曲でも、このスタイルを多用することになった。インディアンの数が減るにつれて、逆にトラックの要素は増えていく。そして次第にクライマックスに近づくと、最後のインディアンも消え去ってしまう。アレンジが展開するにつれて、まずはニルソンの声が入り、次にブラス・セクションがトロンボーンを皮切りにひとつずつ登場して、ついには勢ぞろいする。技法的には、ジョン・スタージェス監督の一九六三年作品『大脱走（The Great Escape）』のためにエルマー・バーンスタインが書いた主題歌と似ていなくもない。この曲では二番目のコーラスから本格的にスタートするミリタリー調のドラムが容赦なく打ち鳴らされる中、次々に楽器が積み重ねられてゆく。

　〈テン・リトル・インディアン〉の怒濤のようなクライマックスとは対照的に、ニルソンがリメイクしたビートルズの〈ユー・キャント・ドゥ・ザット〉はひかえめでさりげなく、その効果はもっぱら、ファブ・フォーが一九六七年の初頭までにリリースしたすべてのアルバムに関する百科事典的な知識を拠りどころにしていた。現にこの曲は、グループが《サージェント・ペパーズ・ロンリー・ハーツ・クラブ・バンド（Sgt. Pepper's Lonely Hearts Club Band）》（ビートルズは、ニルソンとジャラードが《パンディモニアム・シャドウ・ショウ》の作業を開始した最初の数週間に、このアルバムの仕上げをしていた）以前に発表したあらゆる時期の作品から材を取っている。だがニルソンがこのアイデアに行き着けたのは、ビートルズに関する予備知識だけのたまものではない。目端のきく職人気質も、それとまったく同じくらい大きな役割を果たしていた。

　一度、ギターで適当に遊んでいたとき、ふとこのコードに行き当たって、それを使えば百万曲ぐらい違う曲ができそうな気がしてきたんだ。ぼくはこのたったひとつのコード進行だけで、いくらでもビートルズの曲が弾けることに気づき、夜中の十二時ごろ、閉店する直前だったサンセットのウォラックズ・ミュージック・シティに駆けこんだ。そしてビートルズの楽譜集を買い、その晩のうちに曲を仕上げた。[6]

ニルソン・ヴァージョンのバッキングは、デイル・アンダーソンのボンゴ、ミルトン・ホランドのドラム、ライル・リッツの高機動なベース・パターンに、メルヴォインがところどころで弾くキーボードのコードといういたってシンプルなものだ。このバックに乗せて、ニルソンはステレオの左チャンネルから、自分でハーモニーをつけたリード・ヴォーカルを聞かせる。しかし右チャンネルでは、無数の声を追加でオーヴァーダビングし、そうしてつくり上げたバッキング・ヴォーカルで、（登場順に）〈シーズ・ア・ウーマン（She's a Woman）〉、〈アイム・ダウン（I'm Down）〉、〈ドライヴ・マイ・カー（Drive My Car）〉、〈恋のアドバイス（You're Going to Lose That Girl）〉、〈グッド・デイ・サンシャイン（Good Day Sunshine）〉、〈ハード・デイズ・ナイト（A Hard Day's Night）〉、〈レイン（Rain）〉、〈抱きしめたい（I Wanna Hold Your Hand）〉、〈デイ・トリッパー（Day Tripper）〉、〈ペーパーバック・ライター（Paperback Writer）〉、〈ひとりぼっちのあいつ（Nowhere Man）〉、〈ドゥ・ユー・ウォント・トゥ・ノウ・ア・シークレット（Do You Want to Know a Secret?）〉、〈ノーウェジアン・ウッド（Norwegian Wood）〉、そして〈イエスタデイ〉をもじり、コピーし、あるいは直に引用する。そうしてできあがったのが、ヴォーカルの驚くべきはなれわざで、それぞれの曲をさわりしか聞かせないところが、なおのことその効果を高めている。この曲は十一曲のレノン＝マッカートニー作品からつくられた、と当時は宣伝されていたが、これは明らかに過少申告だろう。熱心なビートルズ研究家は、最大で二十二曲を聞き取ることができると主張しているが、この数は〝シャ・ラ・ラ〟というコーラスをどの曲に割り当てるかによって大きく変わってくる。しかしここにリストアップした十四曲は容易に聞き分けがつくはずだ。

　ＲＣＡレコードはアルバムの完成を待たず、この二曲を単独でリリースした。だが実のところ〈ユー・キャント・ドゥ・ザット〉をB面にして、一九六七年八月十四日の週にリリースされた〈テン・リトル・インディアン〉は、ＲＣＡにおけるニルソンの正式なファースト・シングルとなる前に、デモの形態でテストされていた。「ビルボード」はこのシングルが、「ロスアンジェルスのＫＲＬＡ局で、何度もくり返しオンエアされた結果」、発売される運びとなったと報じている[7]。同じ記事にはニルソンの新曲が、今後は「先ごろ設立された」ＲＣＡの音楽出版部門、ダンバー・ミュージックのあつかいになると記されているが、曲を効率的に売りこんでくれる、組織網のしっかりした音楽出版社がうしろだてについた効果は、ほとんど即座にあらわれはじめた。

　ダンバーが精力的に動いた結果、ニルソンのシングルが出るか出ないかのうちに、早々と競争相手が、ヤードバーズによる〈テン・リトル・インディアン〉のカヴァーという形で登場した。最初はエリック・クラプトン、その後はジェフ・ベックを表看板にしていたブルース志向のブリティッシュ・バンドが取り上げる曲にしては、奇妙な選択と思えるかもしれない。しかし一九六七年のなかばになると、ジミー・ペイジ率いる四人組としてツアーをしていたバンドは、どんな手を使ってでもアメリカの市場に食いこむ覚悟でいた。グループがレコーディングする曲を選んでいたのはイギリス人プロデューサーのミッキー・モストで、ダンバー・ミュージックの売りこみを受けた彼は、〈テン・リトル・インディアン〉こそ、グループの前作、マンフレッド・マンがヒットさせた〈ハ・ハ・セッド・ザ・クラウン（Ha Ha Said the Clown）〉の出来が劣るカヴァーに続く作品にはうってつけだと考えた。ヤードバーズによるニルソン作品の「風変わりでオフビート」なカヴァーは、どうにかトップ１００にすべりこみ、「ビルボード」で最高位九十六位、そして「キャッシュボックス」では最高位七十一位を記録したのちに、力つきて姿を消した。この曲は現在、ジミー・ペイジが現実離れしたギター・エフェクト、彼のいう〝逆向きのエコー〟をはじめて用いた作品として、レッド・ツェッペリンのファンに珍重されている[8]。

　ニルソン自身の〈テン・リトル・インディアン〉はトップ１００入りを果たせず、百二十二位が最高位だった。しかしながらこの年のうちに、アルバム《パンディモニアム・シャドウ・ショウ》にタイミングを合わせてリリースされたカナダ盤のシングルは、間違いなくそれに伴う宣伝の力もあって同国のチャートを十位まで上昇し、あらゆる国や地域における、ニルソン初のトップ10ヒットとなっている。

　シングル〈テン・リトル・インディアン〉の裏面に収められた〈ユー・キャント・ドゥ・ザット〉のおかげで、ニルソンはすぐさまビートルズの注目を浴びた、と普通なら考えたくなるところだろう。しかしニルソンとビートルズ、そして彼らの元広報担当だったデレク・テイラーとの関係をふり返った数々の証言を総合すると、彼らがおたがいの熱心なファンになったのは、実のところ、テイラーが別のアルバム収録曲〈1941〉をカー・ラジオで耳にしたのがきっかけだったようだ。それは《パンディモニアム・シャドウ・ショウ》リリース後の一九六七年十月のことだった。買い物の途中でこの曲を聞いたテイラーは、家に帰る前に曲をかけたKRLA局のDJ、ジョニー・ヘイズに連絡を取り、ニルソンというアーティスト名を確認すると、すぐさまアルバムを二十五枚注文した。やがて彼はそのレコードをビートルズに聞かせ、それを機に彼らはニルソンを、自分たちの「お気に入りのグループ」に挙げるようになった。少なくともテイラーが六八年にリリースされたニルソンのセカンド・アルバム《空中バレー》に寄せたライナー・ノーツでは、そういう話になっている。彼はまた、その回想録の中で、パット・ファラーラ（A&Mレコードのポール・クーパーの下で働いていたエージェント）にニルソンを紹介され、ラ・ブレア・インで「はじめて」会ったと回想している。「ふたりはどっちも酒飲みだったが、自分たちが将来的にしょっちゅう顔を合わせ、アマゾン川なみに長くて泥だらけで危険な呑み《ベンダー》〔「曲がりくねったもの」という意味もある〕をともにしながら、あまたのボトルを飲み干していくことなど、とうてい――ひょっとしたら、とは思っていたかもしれないが――知るよしもなかった」[9]

　だが実のところテイラーは、車で〈1941〉を耳にした時点ですでにハリー・ニルソンのすべてを知っていたし、その二か月ほど前には、ごく短い時間とはいえ、実際に顔を合わせてもいた。それは折しも〈テン・リトル・インディアン〉と〈ユー・キャント・ドゥ・ザット〉のシングルがリリースされた、一九六七年八月のロスアンジェルスでのことだった。その月、ジョージ・ハリスンは、〝バードランド〟の名で知られるハリウッドヒルズの一角、ブルー・ジェイ〔アオカケス〕・ウェイにある家を借りていた。スワロー〔ツバメ〕、ロビン〔コマドリ〕、モッキンバード〔マネシツグミ〕、オリオール〔ムクドリモドキ〕、ウォーブラー〔アメリカムシクイ〕、そしてスカイラーク〔ヒバリ〕といった鳥類にちなんで命名された蜘蛛の巣のような通りには、現在と同じく当時から錚々たる有名人が暮らしていた。キャサリン・ヘップバーン、スペンサー・トレイシー、ヴィンセント・プライス、リンダ・エヴァンズはその一例にすぎないが、ジョージ・ハリスンはこうした環境、ブルー・ジェイ・ウェイの袋小路にある一四○○番のブロックに理想的な隠れ家を見つけだした。家の持ち主は、ペギー・リーのマネージャーを務めていたこともある弁護士のラドヴィグ・ガーバー。巨大な板ガラスの窓がある、プールの三面に沿って建てられたモダンなつくりの二階建てで、南側に目をやると、ハリウッドのスカイラインを見晴るかすことができた。

　ここに到着した直後、ハリスンはガーバーのハモンド・オルガンで〈ブルー・ジェイ・ウェイ（Blue Jay Way）〉という曲を書いた。この家に来ようとして、迷路のような小さな通りで迷ってしまったデレク・テイラーのことをうたった、アルバム《マジカル・ミステリー・ツアー（Magical Mystery Tour）》の収録曲である。当時のテイラーはビートルズのマネジメントを手がけるブライアン・エプスタインのＮＥＭＳ社を退職後、イギリスからロスアンジェルスに居を移し、フリーランスのパブリシスト業――主な顧客にはポール・リヴィア&ザ・レイダーズとビーチ・ボーイズがいた――に乗り出していた。「フリップ」、「タイガー・ビート」、「ディスク」、「ティーン」といった十代向きの雑誌に自分の主要なアーティストやロック・シーン全般に関するニュースやゴシップのコラムを書き散らしながら、テイラーは相変わらず、エプスタイン向きの新しい才能はいないかと耳をそばだてていた。ニルソンの新しいシングルのうわさを聞いた彼は、ＲＣＡが契約した新人アーティストをハリスン宅でのパーティーに招くことにした。家を見つけだそうとして、かなりのドタバタをくり広げた初訪問時のテイラーとは対照的に、世界一有名な四人組ミュージシャンのひとりに引き合わされたときのニルソンは、まるでジェームズ・ボンド映画の一シーンのような経験をした。

　ハリウッドのマルトーニズで迎えの車に乗せられたぼくは、ベヴァリーヒルズ地域のとあるポイントに連れて行かれた。そこで別の車に乗せられ、ブルー・ジェイ・ウェイに向かったんだけど、つけられていないかどうかを確認するために、車はいったん家を通り過ぎてから、Uターンして戻っていた。ぼくは広々としたメイン・ルームとバーがある、美しい邸宅の中に案内された。右側はプールとか彫像とかがある、広いバック・エリアだった。

　知り合いは誰もいなかったし、ビートルに会うと思うと、とても気持ちが落ち着かなかった……デレク・テイラーがぼくの手を取り、当時はドミニクがお腹の中にいた彼のすばらしい妻、ジョーンを紹介してくれた……デレクはぼくのひじをつかんで外に連れ出した。ぼくはあたりを見回しながら、「ご本尊はどこに？」と思っていた。ようやく目にすることのできた彼は、とても細長いプールの向こう側に立っていて、髭面に長髪で、風になびく白いローブをまとったその姿は、まるでヴィデオカメラを手にしたキリストだった。そう、そこに彼がいるんだ！

デレクが言った。「ジョージ、会ってもらいたい男がいるんだ」

彼はぼくのほうに歩いてきて、「ジョージ、こっちがハリーだ。ハリー・ニルソン――ジョージ・ハリスン」と言った。するとジョージが「ああ、そうか、ハリーね。なにかほしくない？　コークとか、コーヒーとか？」。彼はぼくをしげしげとながめ、ぼくは「ワオ！　なにか食べものか飲みものはいらないかと言ってくれてるぞ！　信じられない！」と思っていた。[10]

たしかにその瞬間のニルソンは、スターと顔を合わせて舞い上がっていたのかもしれない。少なくともビートルでありながら、正気かつ正常でい続けることは可能だとわかったのは目からウロコが落ちるような経験だった。けれども彼はまだ完成とはほど遠かったアルバム用のデモを、忘れずに全曲持参していた。デレク・テイラーとジョージ・ハリスンはどちらもその音を聞き、ニルソンの回想によると、ハリスンは彼の作品を「とても褒めてくれた」。彼は個々の客に気を配り、グラスが空いていないのを確認したり、会話に加わったりしながら、その場で起こっていることをすべて把握するハリスンの能力に感銘を受けた。最初にニルソンのデモをほかのビートルたちに聞かせたのもハリスンで、それは八月二十三日、バンドがレコーディングでロンドンに再結集したときのことだった。[11]

一方でテイラーは、その場ですぐにニルソンをＲＣＡビクターから横取りしてやろうと決意した。彼はすぐさまデモのコピーを、エプスタインの弁護士で、商品化権を取り仕切っていたナット・ワイスに送付した。堂々たる風貌で、やはりロスアンジェルス在住だったワイスも、ブルー・ジェイ・ウェイでのパーティーには出席していた。[12]テイラーはサンプル楽曲のすばらしさを根拠に、彼にニルソンとの契約を強く勧めた。その結果、ハリスンとの会見から何日もたたない八月二十七日に、ニルソンはベヴァリーヒルズ・ホテルのプールサイドにある小屋で、ワイスと彼のアシスタント、ボブ・フィッツパトリックを相手に契約の交渉をすることになった。彼らはまず手はじめに、ニルソンに二万五千ドルの前払い金を提示した。長い会話と数杯の酒を経て――ニルソンはその間に、その額は彼の「未来全体」の値段にしては安すぎると発言していた――前払い金と契約の条件はエスカレートし、ついには二十五万ドルに「好みのビートルひとり」とのカナダ旅行という案が検討されることになった。ワイスは契約用の会合をその翌日に設定し、契約書作成のために立ち去った。

その晩、ニルソンはワイスからの電話を受けた。「聞いてくれ。どうせ二時間ほどでニュースになるだろうが、ブライアン・エプスタインがついさっき自殺した。もうしわけないが、騒ぎがおさまって、事態がある程度沈静化するまで契約は待ってくれ[13]」

結局交渉が再開されることはなく、ニルソンはそのままRCAに留まった。ただしテイラーはニルソンの熱心な支援者となり、その後も彼の活動をあと押しするために、持てる限りの力を注ぎ続ける。しかしことプロモーションに関する限り、RCAは誰もが驚くような挙に出た。ニルソンがほかのレーベルへの移籍を考えているといううわさに警戒心をつのらせたのか、《パンディモニアム・シャドウ・ショウ》の売り出しに、かつてないほどの力を注いだのだ。キャンペーンの鍵となるのは、ありとあらゆるマスコミ関係者に送付されたお楽しみ箱だった。当時、イギリス、BBCのレディオ・ワンでモーニング・ショーのプロデューサーを務めていたティム・ブラックモアは、彼のもとに届いた包みのことを次のようにふり返っている。

> 特製のプロモ・ボックスには、アメリカ盤のアルバムと、やたらと大げさなバイオグラフィのほかに、ニルソンこそが〝ホンモノ《ザ・トゥルー・ワン》〟だと主張するステッカーやバッジ類、大判のアーティスト写真、そしてLPは〝RCAステレオ・カートリッジ・テープ〟でも発売中だという告知シートが入っていた[14]。

プロモーションの主軸は、この〝ホンモノ〟というモチーフだった。音楽業界誌にはこんな全ページ広告が掲載された。

> 彼は今日のサウンドだ……そして彼はまったくの真実をうたう。このアルバムでのニルソンは、〈テン・リトル・インディアン〉、〈ユー・キャント・ドゥ・ザット〉、〈1941〉といった曲でメッセージを送り出す。大規模プロモーションの対象となったニルソンは、この時代のリスニング体験を象徴する存在として、次第に存在感を増しているのだ[15]。

リリース後に出たいくつかのレヴューでは、アルバムの内容に負けず劣らず、この贅をつくしたプロモーションが大きく取り上げられていた。またこのアルバムには〈テン・リトル・インディアン〉と〈ユー・キャント・ドゥ・ザット〉のほかにも十曲が収録されていたが、それらの曲に詳しく触れたレヴューがほとんど出なかったのも事実だった。だが全体として見ると、これらの作品群はそれまでのニルソン作品から大きく前に踏み出し、ジャラードの卓越したディレクションの下で、《パンディモニアム・シャドウ・ショウ》は、《スポットライト・オン・ニルソン》よりもはるかに統一感のあるアルバムに仕上がっている。

ニルソンはまず、〈ユー・キャント・ドゥ・ザット〉に続いて再度ビートルズのレパートリーに挑み、〈シーズ・リーヴィング・ホーム（She's Leaving Home）〉の繊細なヴァージョンを披露する。これは両親と暮らす家から逃げ出して、イギリスの新聞の見出しを飾った十七歳のメラニー・コウの物語をもとに、レノンとマッカートニーが書き上げたバラードだ。ただし彼女が一緒に逃げた男はカジノのディーラーで、歌詞に出てくる「車商売（motor trade）」の人間ではなかった。この曲は一九六七年六月一日にリリースされたビートルズのアルバム《サージェント・ペパーズ・ロンリー・ハーツ・クラブ》が初出だった。ニルソンが自分のヴァージョンをレコーディングしたのは、そのわずか十日後のことで、ジョージ・ティプトンがアレンジした悲しげなブラス・バンドのバッキングが、オリジナルで聞けるマイク・リーンダーのストリング・アンサンブルと同じくらい効果的に、北部イングランドの雰囲気をかもし出している。ビートルズのレコーディングでは、マッカートニーがリード・ヴォーカルを取ってメラニーの物語を伝え、レノンがあと追いのコーラスで、娘のためにすべてを犠牲にし、与えられるものはすべて与えてきた——ただしその中に楽しみは入っていなかった——両親の心を覗きこむ。曲を共作したふたりのはっきりと異なる声（歌詞も、それぞれが書いた部分をうたっている）が、物語にさらなる感情的な深みを持たせ、それをすばらしく明快に伝えてくれるのだ。対照的にニルソンのヴァージョンでは、彼がすべてのパートをうたい、両親と娘というふたつの要素の音色が似通っているせいで、聞き分けるのがむずかしくなっている。おかげで両親のコメントが本文の一部のように聞こえるという、思わぬ効果が生じているものの、「彼女は——家を——出て——行く（She's‐Lea‐ving‐Home）」のコーラスは、美しいが目立たないバッキング・ヴォーカルの座に追いやられてしまった。とはいえたくみなオーヴァーダビングは、ニルソンの声域と器用さを際立たせており、オリジナルの辛辣な社会的コメントを、もっとはかなく、もっと切ないなにかと置き換えたこのヴァージョンは、現在もなお、別のアーティストがカヴァーしたもっともすばらしいビートルズ・ナンバーのひとつに数えられている。

逆にアルバムを締めくくるフィル・スペクター作品、〈河は深く、山は高く（River Deep Mountain High）〉にニルソンがほどこした大型爆弾《ブロックバスター》的な処理を〝はかない〟や〝切ない〟といった形容詞で評する者は誰ひとりいないだろう。スペクターがアイク&ティナ・ターナーとともにオリジナル・ヴァージョンをゴールド・スター・スタジオでレコーディングしたのはその前年のことだったが、その場に居合わせたジャラードは、自分がはたしてその上を行けるかどうか、確かめてみたいと考えた。ニルソンの声には大量のリヴァーブがかけられ、バッキングにはスペクター自身のプロデュース・スタイルを真似た〝音の壁〟の定型表現《クリシェ》が、山のように盛りこまれている。現に巨大なバッキング・トラックがニルソンを埋もれさせてしまう場面もあり、彼の声にはティナ・ターナーのような攻撃的なパンチ力がない。にもかかわらず、彼とジャラードとティプトンがスペクターのスタイルをどれぐらいたくみに吸収してきたかを示すという意味では、この曲は十分な盛り上がりとともにLPの最後を飾っている。

〈テン・リトル・インディアン〉と〈河は深く、山は高く〉のあいだには、ほかにもいくつか、ニルソンがシンガーとしてもソングライターとしても成熟しつつあったことをあらわす事例が収められている。中でも〈スリープ・レイト・マイ・レディ・フレンド（Sleep Late, My Lady Friend）〉という彼の曲は、レイ・ブラウンがプレイする極上のジャズ・ベースに乗せて、ジェシー・エルリッシュによるソウルフルなチェロのオブリガートをフィーチャーした愛にあふれるバラードだ。朝が来てもまだ眠り続けるガールフレンドを描いたこの曲は、チェロと巧妙にアレンジされたバリトンホルンの両方から瞑想的な内省の感覚を引き出すと同時に、直接的かつ首尾一貫した形で優しい愛の歌詞をうたう、ニルソンの能力を示してもいる。彼がそれ以前のレコーディングで、そうした側面を見せることはほとんどなかった。曲の締めくくりではオーヴァーダビングの魔術師ぶりが一瞬だけ発揮され、曲がフェイドアウトしはじめると同時に、積み重ねられたニルソンの声が聞こえてくる。

　アルバムの収録曲を（多くの場合は遠回しに）あらわす小道具をつめこんだテント形のセットの中に無表情で立つ、スーツ姿のシンガーの写真をあしらったジャケットでも暗に示されているように、アルバムにはニルソン流のひねったユーモアもたっぷり盛りこまれている。この写真をジャケットに使うことが決まったのは、さまざまな代案がためされた末のことだった。RCAのファイルには、別のポーズで立つニルソンや、小道具の箱の上に立つニルソン、そして身体のない指揮者の手と指揮棒をあしらったものなど、七種類の別カットが残されている。最終的に選ばれた謎めいた画像がもっともよく似合っていたのは、ジェシー・リー・キンケイドのスタイルを模した〈調子はずれの讃美歌（She Sang Hymns Out of Tune)〉や、正真正銘、一九一九年のヴォードヴィル・ナンバーである〈そばかす（Freckles)〉のようなミュージックホール的滑稽さを持つ楽曲だった。こうしたすべてが一体となって、ジャラードとニルソンがこのアルバムのために求めていたサーカスとカーニヴァルの雰囲気を具現化させ、それが〈ひさしぶりの口づけ（It's Been So Long)〉のマーチング・リズムによって、さらに補強されているのだ。

　最後に挙げたこの曲はオリジナルで、ニルソンの声をオーヴァーダビングしたハーモニックな聖歌隊が、とくに聞きものとなっている。ディック・ボガートはこの曲で、テクノロジーのちょっとした奇跡を実現した。スタジオには4トラックのテープレコーダーしかなかったが、二台の機械をつないでシンクロさせ、8トラック・レコーディングの先駆者となったのである。[16]音楽的には〈ユー・キャント・ドゥ・ザット〉ほど凝っていないものの、これははるかに非凡なスタジオ技術を駆使した、一九六七年としてはおそろしく先進的な曲だった。

　ここまで声をぎっしり積み重ねるためには、リック・ジャラードが回想しているように、曲の同じ部分を何度も何度もくり返すという、なんとも消耗する作業が必要とされた。

> 　わたしはハーモニーが大好きだったし、ハリーとわたしは一緒に作業を進め、いろんなパートをうたったり、ああやって曲に取り組んだりしていた。あれは……手づくりだった——ひとつひとつが手づくりだったんだ、本当に。あの時はたしか、モンキーズも別のスタジオでレコードをつくっていた。そして一日に十八時間も仕事をしていると、誰でも刑務所に閉じこめられたような気がしてきて、おかしくなってくるものなんだ。現に夜遅く、別のスタジオを次々に急襲して、水鉄砲の撃ち合いをしたこともあった……みんなおかしくなっていたから、欲求不満のはけ口が必要だったのさ。でもわたしたちはそんな中で仕事をし、曲に取り組み、ハーモニーを築きあげ、さまざまなパートを考え出していた。[17]

　RCAの台帳には、このアルバムに〝甘味をつける〟ためのセッションが、何度かおこなわれたという記載があり、自分たちの求めるサウンドを完成させるために、ジャラードとニルソンが一部のセクションに何度も手を加えていたことが詳述されている。当時のRCAで習い性となっていたスタイルとは天と地ほどの違いがあるが、この新しい作業方法はまったくもって正しかった。というのもアルバムのもっとも記憶に残るハイライトは、もっとも愛情をこめて手づくりされた部分だからだ。それが〈カドリー・トイ〉のニルソン自身によるヴァージョンと〈１９４１〉、そして〈ウィザウト・ハー〉である。

ニルソン版の〈カドリー・トイ〉は、デイヴィ・ジョーンズがモンキーズでうたったヴァージョンほど、エドワード朝時代のミュージック・ホールを上っ面だけ真似たような印象はない。ただし前章で論じた弾き語りのデモに注ぎこまれていた無情な残酷さには欠けている。一方で〈１９４１〉は、このアルバムの中核をなす自伝的なナンバーだ。デレク・テイラーが絶賛を浴びせたのも、当然と言えば当然の話だろう。なぜなら〈カドリー・トイ〉の新ヴァージョンには足りない感情的なパンチ力を、この曲はすべて備え持っているからだ。もともとジャラードとニルソンは、父親のいない少年が家出をしてサーカスに入り、かくして歴史がくり返されるという図式から《パンディモニアム・シャドウ・ショウ》の全体的なコンセプトを導き、それ以外の選曲やアレンジも、それに沿っておこなっていた。ニルソンがうたう歌詞のないスキャットは、この曲に伴奏をつけるブラス中心のサーカス・バンドを模したものだ。

〈１９４１〉を書く感情的な動機となったのは、戦死したとばかり思っていた父親が実のところ健在だったという、ニルソンからするとなんともショッキングな発見だった。彼がこの事実を知った正確な時期は定かでない。だがどうやら実母のベットは一九六六年の終わりごろ、《スポットライト・オン・ニルソン》のリリースを受けて、ハリー・ニルソン・シニアが長男の歌手業を知り、それどころか彼に連絡を取ろうとする日もさほど遠くはないだろうと観念したようだ。

そのため彼女は自分から前夫に連絡を取り、ふたりはそれぞれの子どもたちに、同時に真相を知らせることにした。ハリー・シニアと彼の新しい家族はニュージャージーから居を移し、当時はジャクソンヴィルにほど近い、フロリダ州のパラトカに暮らしていた。一九五二年四月に生まれたニルソンの片親違いの弟、ゲイリーは、路棚に飾られた写真に父親と映っているセーラー服姿の少年が――それまで聞かされていたような――遠縁のいとこではなく、実の兄だったことを知る。その話を聞かされたのは、まだ十四歳のころだったとゲイリーは回想するが、とするとこれは六七年四月の直前だったことになる。[18]

〈１９４１〉の著作権登録は六七年十一月だが、曲自体はこの年のもっと早い時期に書かれていた。最初にベーシックなヴォーカル・トラック用のセッションがおこなわれたのは六月十二日。つまりニルソンは真相を知って数週間のうちに、この曲を書いたと見ていいだろう。[19] サンディとの別れで感情的なトラウマを負ったばかりだというのに、ニルソンは今や彼の父親が、ベットに吹きこまれていたように戦死したのではなく、自分から彼を捨て、しかも連絡すら絶っていたという事実とも折り合いをつけなければならなかった。さらに父親は設営部隊員《シービー》でもなく、後年のニルソンの言葉を借りると、「リンゴ〔・スター〕のような」ただの商船員だった。[20] 以後数か月間に書かれた曲には、こうした一連の発見による苦々しさと痛みが顔を出すことになるのだが、〈1941〉ほどそれを明確かつ哀切に打ち出した曲はない。結局その痛みは、双方が分かち合うことになった。ゲイリー・ニルソンの回想によると――「父親が泣くのを見たのは、キッチンのテーブルではじめて〈1941〉を聞いたときだけだ」

今にしてふり返ると、家族の悲劇に無頓着な態度を取るこの曲に、アルバムのほかの曲に比べて、際立った個性があることを見て取るのは容易だろう。現にそれは、一九六七年にほかのアーティストたちがリリースしていたお気軽なポップ・ナンバーの大半とははっきり一線を画していた。しかしその当時、最大の注目を浴びた曲は〈1941〉ではない。とりわけほかのアーティストによるカヴァー・ヴァージョンの多さという点で、世間の耳目を集めたのは、アルバムの中で〈1941〉に次いで自伝的な要素が色濃い〈ウィザウト・ハー〉だった。「ハイ・フィデリティ」誌は、《パンディモニアム・シャドウ・ショウ》に収められたほかの曲に比べると、ニルソンによる〈ウィザウト・ハー〉のレコーディングには技術的な不備があると不満を述べている。「RCAにしかわからない理由で、この曲は必要以上にレヴェルを抑えてレコーディングされている」と同誌は文句をつけ、その上で「バロック・ロック・バラードの〈ウィザウト・ハー〉は、ニルソンがその気になれば、もの静かなレヴェルでも魅力的になれることを示している」と書いた。[21] 中には、もっと踏みこんだジャーナリストもいた。「一部の曲ではバックに大がかりなサウンドを配しているが、これはおそらく、彼自身のサウンドはとてもこぢんまりとしているという事実を目立たなくさせるのが目的だろう」[22]

ほかのアルバム収録曲とのコントラストは、完全に意図的なものだった。「曲を聞いて、これはぜひバックの音を薄くしたいと思ったんだ」とジャラードは語っている。ライル・リッツのベースだけでスタートし、〈スリープ・レイト・マイ・レディ・フレンド〉よりもさらに前に出たジェシー・エールリッチのチェロがそのあとに続くミニマルなバッキングは、ジャラードのいう「アーティストとしてのハリーにぴったりな枠組み」をつくりだす。[23] ビートルズがその前年にリリースしたアルバム《リボルバー（Revolver）》に収録の〈エリナー・リグビー（Eleanor Rigby）〉にジョージ・マーティンがほどこしたダブル弦楽四重奏のアレンジ――ひときわ目立つチェロのソロ・パートがあった――が、スタイル的なヒントとなっていたのは間違いない。しかしマーティンの出発点がポール・マッカートニーのヴィヴァルディ好きだったのに対し、ジョージ・ティプトン――ジャラードに言わせると、ニルソンの伴奏用に「実際の音符を書く羽目になった」男――はJ・S・バッハの無伴奏チェロ組曲から着想を得ていた。曲が進むにつれて、ソロのフルートが加わり、けれども夜をひとりで、椅子に座ったまま過ごすことをうたったニルソンの自伝的な歌詞がくり返される場面になると、すべてがうしろに下がっていく。〈１９４１〉がニルソンの過去を悲喜劇的に描いているのに対し、〈ウィザウト・ハー〉は喪失感を直接的に表現し、とくに最後の単語ふたつがファルセットでうたわれ、かすかにオーヴァーダビングされたバッキング・ヴォーカルが天上の合唱隊を連想させる「彼女がいなければ曲もできない……（There's no song without her...）」という締めくくりの歌詞ではそれが顕著になる。この曲にはそうしたみごとな手業が数多く加えられているが、その甲斐あってアルバムのリリース時にはもっとも反響が大きい曲となり、自分でもぜひうたってみたいというシンガーが続出した。

〈ウィザウト・ハー〉を最初にカヴァーしたのは一九六八年、弦楽四重奏をバックに〈ウィザウト・ヒム（Without Him）〉と改題してレコーディングしたルルだった。ニルソンのヴァージョンにある感情的なもろさにより近づいていたのは、アストラッド・ジルベルトのヴァージョンで、彼女はフル編成のストリング・オーケストラをバックに、アコースティック・ギターを前面に出した軽いボサノヴァ・タッチのアレンジでこの曲を六九年にレコーディングした。とても夢見心地な雰囲気を持ち、歌詞のない〝ドゥ・ドゥ・ドゥ・ドゥ〟という歌が、ことのほか彼女の声に似合っている。アル・クーパー率いるブラッド・スウェット&ティアーズもやはり、アルバム《子供は人類の父である（Child Is Father to the Man）》（一九六八年）に、この曲をボサノヴァ調のアレンジで収録した。ニルソン版と同じく控えめにはじまる彼らのヴァージョンは、ジャズ・ピアノのバッキングが追加されると次第に盛り上がりを見せはじめ、「もう終わった……（It's ended now...）」のくだりで大々的なクライマックスを迎える。おそらくもっとも風変わりなヴァージョンで、ニルソンとジャラードの構想から遠くかけ離れていたのが、一九六九年にリリースされたハーブ・アルパート&ティファナ・ブラスのレコードだろう。アルパートの人なつこいヴォーカルの合間で炸裂するブラスには、誰もが度肝を抜かれるはずだ。

《パンディモニアム・シャドウ・ショウ》がリリースされた当初、レコード会社はニルソンとこのアルバムに高い期待をかけていた。たとえばロスアンジェルスのRCAビクターで副支社長とA&R部長を兼務するアーネスト・アルツシュラーは、次のように語っている。「彼は真の意味で非凡な曲づくりとパフォーマンスの才能を持つ、現代を代表するアーティストのひとりだ。世間の人々もこの若者の非凡な多才さを、すぐに受け入れてくれるものと期待している」[24]。企業側のこうした熱の入れようを多くのジャーナリストは揶揄し、そのひとりに広く記事が配信されていたウィリアム・D・ラフラーがいた。

レコード会社はときおり、自分たちは新たに契約したアーティストの将来性に恍惚となる権利があると感じるらしい。たとえばエルヴィス・プレスリーを〝発見〟したときのRCAビクターがそうだった……そして今、この会社は、つい最近までカリフォルニア州ヴァンナイズの銀行でコンピューターの管理をしていたニルソンという名字だけしか知られていないアーティストについても、似たような発見をしたと考えている。ニルソンは作曲家でありシンガーだ。ピアノとギターの両方を弾く。RCAは彼のことを現代の若者を象徴する存在と見なしている——きれいに髭を剃り、こざっぱりとした服を着た彼は、どう見てもヒッピーの対極に位置しているのだが[25]。

だが多大な宣伝や高い期待——いくつかの非常に好意的なレヴューは言うまでもなく——をよそに、アルバムの売れ行きは決してかんばしくなかった。ただし「レコード・ワールド」誌が指摘したように、「一般層には受けなくても、プロデューサー、ソングライター、アレンジャー、そしてほかのアーティストたちのあいだではヒット作」だった[26]。活字になったレヴューの一部は、このアルバムがどんな相手と競わなければならなかったかを今に伝えてくれている。音楽誌は明らかに、このアルバムをその他のポップ/ロック作品との文脈で評価していたが、一般紙はニルソンがどうなろうと知ったことではないと言わんばかりに、同時期にリリースされた一般層向け《ミドル・オブ・ザ・ロード》の作品と十把ひと絡げに論じていた。その結果、《パンディモニアム・シャドウ・ショウ》は、同月にリリースされた《ライオネル・ハンプトン・アット・ニューポート(Lionel Hampton at Newport)》、《ザ・ビッグ・ビート・サウンド・オブ・ジェームズ・ラスト&ジ・アメリカン・パトロール(The Big Beat Sound of James Last and the American Patrol)》、《ジョン・ゲイリー・オン・ブロードウェイ(John Gary on Broadway)》、ニーナ・シモンの《ハイ・プリーステス・オブ・ソウル(High Priestess of Soul)》、そして『荒野の用心棒(Fistful of Dollars)』、『夕陽のガンマン(For a Few Dollars

More)』、『続・夕陽のガンマン（The Good, the Bad and the Ugly)』といったマカロニウエスタンの音楽を集めたウーゴ・モンテネグロのアルバムなどの雑多な新譜と同列に並べられ、どっちつかずの評価を下されることになった[27]。

〈ウィザウト・ハー〉のカヴァー・ヴァージョンによって、ニルソンはかなりの金額を手にすることになった――現に「キャッシュボックス」誌は翌年、彼を抱える音楽出版社のダンバーにとって、ニルソンは「自家製のホームラン」だったと書いている。彼のおかげでこの会社は、財務予測を大きく上回ることができたからだ[28]。しかしアルバム本体と関連するシングルの売り上げから彼が受け取った印税は、予想を下回っていた。〈ウィザウト・ハー〉と〈カドリー・トイ〉のニルソン自身によるヴァージョンに注目を集めるべく、RCAの宣伝担当たちは「ザ・ビート」誌とのインタヴューをお膳立てし、その中で彼はインタヴュアーのジャコバ・アトラスに、自作の曲に関しては、他人のうたうヴァージョンを聞くよりも、自分でレコーディングするほうがはるかに好みだと告げた。

> そのほうがずっと気持ちが楽になる。たぶん、単なるソングライターの本能なんだろう。ソングライターは基本的に、その曲をどんなふうにうたってほしいかを知っているし、他人の考えを、その誰かが考えた通りに写し取れる人間はほとんどいない。だからぼくとしては、できれば自分でレコーディングしたいんだ[29]。

彼はまた、自分の作品にある自伝的な要素について、はじめておおやけにコメントした。「ぼくは個人的な経験、個人的な関係をもとにして曲を書く。AとBを経験したら、Cができるって感じかな。それは基本的にひとりの人間、この場合はソングライターから送り出され、もうひとりの人間、つまりリスナーに届けられるものなんだ」。そうした思いがあったせいか、彼がその次につくるアルバム、一曲を除いて全曲がオリジナルの《空中バレー》では、個人的な色合いがさらに強まっていた。たいていのアーティストは、現行のプロジェクトのプロモーションでエネルギーが吸いつくされるのを待ってから、それに続くアルバムの作業に取りかかる。だがニルソンのやり方は普通とは異なり、彼はそうしたスタイルを、すべての活動を通じて貫いた。

当時も今と同じように、リリース後のアルバムを売りこむもっとも一般的な方法は、TVのインタヴューやゲスト出演から本格的なコンサート・ツアーまで、さまざまなプロモーション活動にアーティストを休みなく従事させることだった。だが〝ホンモノ〟を謳い文句にした念入りな売り出しキャンペーンとはうらはらに、ニルソンが《パンディモニアム・シャドウ・ショウ》のためにそうした活動をおこなうことはいっさいなかった。彼はもしできることなら、ライヴ・コンサートを通じて自分のレコードを宣伝するような真似はしたくないと考えていた。たしかに以前、ナショナルシティでジェリー・スミスと一緒に人前に立ったことはある。だがその一度の経験で懲りた彼は、もう二度と人前で笑いものになるような危険は冒すまいと心に決めていたのである。RCAでのファースト・アルバムに関しては、人気音楽誌のインタヴューをいくつか受けたことを除くと、ニルソンはもっぱらレコードそのものに、プロモーションの作業を任せていた。

当然のようにRCAのお偉方たちの覚えはよくなかったものの、リック・ジャラードは、人前に出たがらないニルソンの気持ちを十分すぎるほど理解していた。

> 一度も彼からの説明はなかったが、その必要もなかったと思う。ハリーはとにかく人前で、パフォーマンスをするのが苦手だったんだ。スタジオのほうが、ずっと居心地がよかった……そこにいると彼は、心からくつろぐことができた。彼はともかく——少なくともわたしたちが仕事をはじめたころは——いわゆる目立ちたがり屋のタイプとは違っていたし、ステージに上がって、パフォーマンスに大量のエネルギーを費やすようなタイプでもなかった。[30]

結局ジャラードはこの年の秋、A&R担当がテーブルを囲む会社の定例会議の席で、ニルソンの弁護をする羽目になった。《パンディモニアム・シャドウ・ショウ》の売り上げ数字は、決して会社のお偉方たちを色めかせるようなものではなく、彼らはニルソンの契約解除を口にしはじめた。しかしジャラードはかろうじてか、まだキャリアがスタートしたばかりの段階でニルソンを切るのは大きな間違いだと彼らを納得させることができた。ジャラードにはジェファスン・エアプレインでの実績があり、ほかにも彼が手がけはじめたバンドがぽつぽつと好成績をあげていたおかげで、会社はニルソンを傘下に置いておくことに同意した。抜け目のないジャラードは、《パンディモニアム・シャドウ・ショウ》が正式にリリースされる一九六八年の十月を待たずにスタジオに戻り、すでに次のアルバムの作業を開始していた。そうすればたとえ投資の回収だけが目的だとしても、RCAはプロジェクトの続行を容認するだろう、と考えてのことだった。

九月二十日、ニルソンは四曲をレコーディングし、最終的にはそのうちの三曲が、新しいアルバムを構成する、「ビルボード」誌いうところの「あちこちにディテールを散りばめた、繊細につむがれた逸話の組曲」[31]の最終的なセレクションに生き残った。家族のサーカスというテーマを踏まえて、《空中バレー》というタイトルは、かなり早い時期に決まっていた。興味深いことに、カリフォルニアの法廷には、「バレエ・ダンサーを空中で支え、簡便な操作で、空中のダンサーたちが宙をただよっているような印象を与えることができる」、〝空中バレエ・マシーン〟の特許権を一八九六年に取ったカール・E・ニルソンなる人物の記録が保管されている。このあまりにもみごとすぎる名前とタイトルの一致は、それこそがアルバム名の由来になった、ニルソンの祖父のサーカス団だったという結論を否応なしに導き出す。法廷での決定に続き、一八九七年二月二十八日づけの「ロスアンジェルス・タイムズ」には、ニルソンの〝独創的な空中バレエ〟が公演中という広告が掲載された。そこには仲間のひとりに数本の長いリボンで支えられながら空中で一種のメイポールダンスを踊る、翼のはえた四人の妖精が描かれている。対照的にRCAのジャケット・デザインには、古めかしい複葉機からぶらさがる道化師が描かれ、先々代のニルソン氏による発明のようなエキゾチックさは皆無だった。[32]

九月の初セッションでレコーディングされたものの、アルバムには収録されなかった曲が〈ミス・バターズの嘆き(Miss Butter's Lament)〉(作者はやはりジャラードとティプトンがプロデュースを手がけたバンド、ファミリー・ツリーのボブ・セガリーニ)だった。もしかするとティプトンは、ファミリー・ツリーのアルバム《ミス・バターズ(Miss Butters)》用にアレンジした同曲の別ヴァージョンとはまったく異なるアレンジをほどこすことで、自分の多才さを見せつけようとしていたのかもしれない。そのヴァージョンでは、彼が《パンディモニアム・シャドウ・ショウ》用に書いた譜面ですでにおなじみのドラムとブラスが目立っていたのに対し、ニルソン用のアレンジではストリングスとフルートが中心になり、彼の声はたっぷり追加されたリヴァーブのまっただ中にオーヴァーダビングされている。その結果できあがったのが、独身の女性にまつわるアレンジ過多の物語で、ビートルズ風の社会派リアリズムをねらいつつも、〈シーズ・リーヴィング・ホーム〉や〈エリナー・リグビー〉などのレノン＝マッカートニー作品で示されている、明敏な社会意識はみじんも感じさせなかった。

それに比べると妻を亡くし、息子も家を出てしまった孤独な仕立屋の物語を綴ったニルソンのメランコリーな〈ミスター・ティンカー(Mr. Tinker)〉は、個人と全体、そして感情のこもった歌唱法と、木管と金管のセクションを前に出したジョージ・ティプトンのさりげないアレンジとの微妙なバランスをうまく取ることに成功している。バスクラリネットはニルソンの声と対位法的な関係にあり、ティプトンのトレードマークとも言うべきバルブトロンボーンはカウンターのメロディを奏で、暗いテーマにもかかわらず、曲そのものは最後まで軽やかさの感覚を失わない。ニルソンの歌詞は、深刻なテーマを悲喜劇的にあつかう彼の能力の成長ぶりを、如実に示している。最初の結婚を、友人や家族との会話で「戦争に行かなくてすむから」やったことと軽んじてみせたように、あまりにも個人的すぎて、とても安穏とはしていられない話題が出ると、彼はまるで習慣のように、ウィットに富んだキャッチフレーズで自分の真情を隠していた。ここでの彼は、ミスター・ティンカーの個人的な喪失感を、巨大なチェーンストアと闘う小規模な商店という、より広範なテーマでたくみに包みこんでいる。「買うスーツはみんな既製品なのに、誰がミスター・ティンカーを必要とするのだろう？(Who needs Mr. Tinker when all the suits you buy are ready-made?)」とニルソンが問いかけると、周囲にいる人々の人生、楽しみ、カラフルな服装をミスター・ティンカーが羨んでいたことを知るわれわれも、突然、彼と同じように、自分の人生が罠と化してしまったような気分を味わわされるのだ。

《パンディモニアム・シャドウ・ショウ》の作業を終えたのはほんの数週間前のことだったというのに、ニルソンの書く曲は、早くも人生と感情をより深く掘り下げはじめていた。彼は実の母親がつくった子守唄〈リトル・カウボーイ（Little Cowboy）〉を二ヴァージョン収録することで、《空中バレー》でも再度、子ども時代のメタファーをうまく活用した。過去〈グローイング・アップ〉という以前の作品にあった、過去への切なげな呼びかけが、ここではカウボーイの衣裳とゲームを片づけて休みなさいと小さな男の子にアドヴァイスする、就寝前の短いお話の形でよみがえっている。それが奏功したのは、お涙頂戴的な感傷は完全に抜きにして、母親／息子の関係の大本に踏みこんでいるからだ。

〈古い机（Good Old Desk）〉では、自伝的な要素をより大人らしい形態で聞くことができる。これはピアノと型通りのタップダンスではじまり、サーカスというアルバムのテーマをほのめかしつつも、すぐさまオフィスのデスクが与えてくれる安心感に関するニルソンの考察へと転じる、少なくとも部分的には、ＲＣＡビルディングの新しい小部屋という安全な場所からボトキン／ガーフィールドのオフィスを回想した曲だった。頭文字を取ると〝ＧＯＤ（神）〟となることに注目した評論家も少なくなく、ニルソンの親しい友人の中にも、これは意識的に宗教のイメージを織りこみ、机の信頼性と恒常的な存在感を万能の神にたとえた曲だと考える者がいた。当のニルソンはこの騒ぎに当惑し、レコーディングを終えて指摘を受けるまで、イニシャルの意味には気づかなかったと告白している。しかし遊び心あふれる彼はその後、この騒ぎに逆につけこみ、一九六九年にTV番組「プレイボーイ・アフター・アワーズ（Playboy After Hours）」でインタヴューを受けた際に、厳粛なおももちで「この曲の意義はそのイニシャルにあります」とヒュー・ヘフナーに告げた。このアイデアに深い意味を見いだした人々は、この会話を長年、自分たちの宗教的な解釈の正当性を裏づける証拠に挙げていたが、ニルソンは死の直前、ドーン・イーデンとの最後のインタヴューの中で、「あいつにはたわごとを並べてやったよ。そのほうがおもしろいと思ったからね」と明かしている。[33]

〈古い机〉のいちばんの強味は創意あふれる言葉づかいだが、対して〈ドント・リーヴ・ミー（Don't Leave Me, Baby）〉は一分の隙もなく構築されたポップ・ソングで、オープニングの穏やかなヴァースは、曲のタイトルと、それとはうらはらに楽観的な「きっとうまくいくはずだ（Things are gonna work out fine）」というフレーズをくり返すクライマックスのサビに向かって盛り上がっていく。しかしこれはいつわりの希望にすぎない。それ以外の部分の歌詞はすべて、「幸せな時、ノッてる時（happy times, the groovy times）」は終わったことをはっきり示しているからだ。ニルソンがサンディと別れてまだ一年もたたず、喪失と孤独というテーマはここだけでなく、ほかのアルバム収録曲にも顔を出す。〈トゥゲザー（Together）〉はもろい関係を別の見方で取り上げ（「ふたりが割り算されると人生は楽じゃない〔Life isn't easy when two are divided〕」）、〈グッドバイ・トゥ・ミー（I Said Goodbye To Me）〉は、自殺したくなるほどの絶望感を掘り下げる。曲に合わせて歌詞をしゃべるという、かつてのインク・スポッツの得意技だった手法は、ポピュラー音楽に関するニルソンの百科事典的な知識をうかがわせるものだ。

ニルソンの自作曲はますます説得力を強め、質も一貫して向上していた。だが《空中バレー》に収録された唯一のカヴァー曲で、彼は他人の書いた曲を、完全に自分のものにする能力を世間に見せつける機会を得る。現にそのヴァージョンがあまりに説得力に富んでいたせいで、この曲は長年、実際の作者であるフレッド・ニールではなく、ニルソンの作品だと思われていた。

この年の早い時期に、ニューヨーク、グリニッヂ・ヴィレッジのカフェやバーで名を高めたフォーク・シンガー兼ソングライターのニールは、自分の名前をタイトルに冠したアルバムをキャピトルからリリースした。LPには〈ドルフィン（Dolphin）〉という、ニールが生涯にわたって魅了されるテーマの嚆矢となる曲のほかに、やはり彼が新しく書き上げた〈うわさの男〉という曲が収録されていた。彼自身の十二弦ギターのほかに、二本のギターが入ったレギュラー編成のバッキングで演奏されるこの曲を、ニールは深いバリトンでゆったりとうたい、それと対抗するかのように、カントリー・スタイルのギターが性急なフレーズをえんえんと弾き続ける。彼の無造作な歌声の響きは、ヴァースとヴァースのつなぎ役も務める、金属的なサウンドのソロ・ギターで帳消しにされる。悪くはないが、決してすばらしいとは言えないパフォーマンスだ。しかし彼が一九六五年にリリースした《ブリーカー&マクドゥガル（Bleecker and MacDougal）》というさほど知られていないアルバムの収録曲〈人生の裏側（Other Side of This Life）〉をピーター・ポール&マリーやラヴィン・スプーンフルやジェファスン・エアプレインが取り上げ、はるかに出来のいいヴァージョンを生みだしていたように、ニルソンも〈うわさの男〉でそれと同じことをやろうとしていた。

　ニルソンの回想によると——「ある日、RCAに顔を出したら、たまたまぼくのプロデューサーのリック・ジャラードがフレッド・ニールのアルバムを聞いていてね。彼はストーン・カントリーというグループにやらせるつもりでいた曲を聞かせてくれた。でもぼくがすっかり気に入ってしまって、じゃあぼくらでやろうという話になったんだ」[34]

　ニルソンが彼のヴァージョンをレコーディングしたのは一九六七年十一月八日のことで、ジョージ・ティプトンはこの曲に、彼としてもとりわけ効果的なアレンジをほどこした。ニールのオリジナルにあった性急なギターのフレーズはそのまま残されていたが、ティプトンがとくに冴えていたのは、高音のストリング・セクションにひとつの音をえんえんと弾かせたことで、「オレは太陽が輝き続ける場所に行く（I'm goin' where the sun keeps shinin'）」のくだりで一音上がるまで、その高さはずっと変わらない。この一貫したヴァイオリンのパートは、同じ動きをくり返すギターに対する非常時の支え的な役割を果たすと同時に、ニルソンのヴォーカルをくっきりと際立たせる。ニールがぶっきらぼうでつっけんどんな歌を聞かせていたのに対し、ニルソンの声は優しく、繊細で、感情がこもっている。われわれは即座に、彼が日々の生活に追われる人々に取り囲まれた夢想家であることを理解する。ニルソンがあの特徴的な、歌詞のない〝ワー・ワー・ワー〟というパートをうたいはじめると、ティプトンはストリングスをチェロの音域まで下げ、シンガーの声は夢見心地な背景に溶けこんでいく。ストリングスのパートは歌詞のくり返し部で激しさを増し、ヴァイオリンがヴォーカル・ラインのまわりをくるくると舞い、ニルソンの声のオーヴァーダブが徐々に追加され、ついには「オレはおまえにオレの愛を捨て去るような真似はさせない……（I won't let you leave my love behind...）」のくだりで、クライマックス的にファルセットの音域に跳びこんでいく。二分半あまりのあいだだけ、このパフォーマンスは歌詞が表現する現実逃避的な世界に完全に入りこんでしまうのだ。

　だがそれ以上に驚異的なのは、この非凡なパフォーマンスにおけるメインのリード・ヴォーカルをニルソンがほぼ一発録りでうたい、リテイクはほとんど必要としなかったことだろう。のちに二番目の妻となる彼の新しいガールフレンド、ダイアン・クラットワーシーは、ヴォーカル・トラックがレコーディングされた一九六七年十一月のセッションを見学していた。


　あれは魔法のような瞬間でした。たしか二、三テイクで完成したはずですが、とにかく信じられないほどすばらしくて。ああいう曲を文句なしにうたえる人は、そうそういるものじゃありませんし、その現場を見ることができて、わたしはつくづく幸運だったと思います。みんな、息を呑んでいました。それぐらいすばらしかったんです。音楽も、声も、なにもかもが。[35]

〈うわさの男〉がすぐさまヒットしたわけではない。だがジャラードは間違いなく行けると確信していた。彼はスタジオでこの曲を何十回となく大音量でかけ、聞くたびに完璧な出来栄えだという確信を深めたと回想している。ただしその気持ちがＲＣＡの社長とＡ＆Ｒ部門の副部長に共有されることはなく、その時期、たまたまロスアンジェルスに来ていたふたりは、ほとんど関心を示さなかった。当初はそのふたりのほうが正しかったように思えた。なぜならもっとも早い時期にアルバムからリリースされたシングルだったにもかかわらず、ロスアンジェルスとその周辺でしか、反響らしい反響を呼べなかったからだ。そこではラジオ局のＫＨＪがプレイリストに入れ、ジャラードによるとそのオンエアの力だけで、レコードは四万枚の売り上げを南カリフォルニア地域で記録した。[36] しかしそれ以外の地域ではいっさいそうした関心を呼べず、曲は一九六八年のリリースから一年近く、じっとなりを潜めていた。

　そんな時、デレク・テイラーが『真夜中のカーボーイ』でアメリカでのデビューを飾ろうとしていたイギリス人監督、ジョン・シュレジンジャーにこの曲の存在を教えた。シュレジンジャーとプロデューサーのジェローム・ヘルマンはジョン・バリーに映画のスコアを依頼していたが、映画のオープニングには特別にあつらえた曲を使いたいと考えていた。彼らはまずポール・サイモンに声をかけて断られたものの、次に口説いたボブ・ディラン、ランディ・ニューマン、ジョニ・ミッチェルからは曲提供の承諾を得ることができた。[37] テイラーの熱心な推薦を受けて、彼らはニルソンにも連絡を取った。

ロンドンから帰ってきて、何日かニューヨークに滞在していたとき、ジェリー・ヘルマンとジョン・シュレジンジャーから打診を受けたんだ。『真夜中のカーボーイ』のために、曲を——主題歌を書いてみる気はないかって。その時はこのふたりのことも、映画のこともなにひとつ知らなかった。でもダスティン・ホフマンのことはもちろん『卒業(The Graduate)』で知っていたから、ぼくはぜひ映画を観させてほしいと答えた。それで未編集の映像を四リールぶん見せてもらったら、「なんだこれは？　ことによるとぼくが観た中で最高の映画かもしれないぞ。信じられない。いや、絶対にそうだ！」となって、家でストーリーの内容を整理したんだ。ぼくからするとこれは基本的に、テキサスでの暮らしに満足できず、もっといい暮らしを求めてニューヨークに出て行く男の物語のように思えた。ところがニューヨークで知り合った男は、この街の暮らしに満足できず、そこでふたりはもっといい暮らしを求めて、フロリダに旅立っていく。でもこのふたりが探しているのは、どこに行っても見つからないものだ。それがキリストぽかったので、ぼくは「主はきっとニューヨークにいるんじゃないか《ザ・ロード・マスト・ビー・イン・ニュー・ヨーク・シティ》」と考えた。

「主(lord)というのはテキサスっぽい言葉だ」と思ってね。聞いた話じゃなかったか、ディランもこの映画用に曲を書いてるはずだ。〈レイ・レディ・レイ(Lay Lady Lay)〉は『真夜中のカーボーイ』用に書かれた曲だし、ジョニ・ミッチェルもなにか——どの曲かはわからないけど——書いてる。でも向こうは結局〈うわさの男〉で行くことにした。これは映画用に書かれた曲じゃなくて、ちゃんとした曲が見つかるまでの、一時しのぎみたいなものだった。でもそうやってタイトル曲代わりに使っているうちに、向こうはそれになじんでしまった。いや、それどころかなじみすぎて、外す気になれなくなった。それでそのまま使うことにしたんだ、ありがたいことにね[38]！

ねいてるはずだ。

ニルソンが新たに書いた〈孤独のニューヨーク(I Guess The Lord Must Be In New York City)〉が使用されなかった理由のひとつは、わずかに引き伸ばされた〈うわさの男〉の再レコーディング・ヴァージョンを〝一時しのぎ〟で使っていくうちに、シュレジンジャーがこの曲を、全九分のオープニング・タイトルと映画の設定を説明するシーンにうまく織りこんでしまったことだ。テキサスで皿洗いの仕事をしていたジョン・ヴォイト演じるジョー・バックがカウボーイ風の装束に全身を固め、ニューヨーク行きのバスに乗りこむシーンでは、この曲が彼の頭の中で流れているように見える。人々が口々に「ジョー・バックはどこだ？」と叫ぶ場面では、彼が「連中の言葉をひとことも聞いて（hear a word they're saying）」いないのは明白だし、子ども時代のフラッシュバック・シーンには、〝ワー・ワー・ワー〟というニルソンの不思議な歌声が伴奏をつけている。実際には晴天の南部から寒冷な北西部に向かっているジョー・バックが「太陽の照り続ける（the sun keeps shining）」ところを目指すとうたわれる箇所では、意図しないアイロニーが生まれているが、より明るい生活のメタファーとしてとらえれば、歌詞との矛盾も気にならない。曲の主題旋律は劇中にくり返し登場し、ジョン・バリーは自分がこの映画のために書いた音楽も、〈うわさの男〉の「音楽言語に合わせて作編曲された」と回想している。彼はティプトンのアレンジからアイデアを借用し、映画全体のスコアでも「カウンターのメロディのほうが、メロディそのものよりも重要になっている」ことを認めた。「というのもメロディにはなんの展開もなく――単なるくり返しに過ぎないからだ。ほら、ニューヨークを旅していると、ホームレスが目につくだろう？　なんの展望もない連中が。ジョン・ヴォイトが演じるキャラクターの転落のモチーフも、そこに由来しているんだ[39]」

映画が一九六九年に公開されると、ＲＣＡビクターはニルソンのシングルを再発し、この曲はすぐさまトータルで百万枚以上を売り上げるヒット曲となって、「ビルボード」の〝コンテンポラリー〟チャートを二位まで上昇するとともに、同誌の〝ポップ・シングル〟チャートでも最高位六位を記録した。最終的にニルソンは、一九六九年度のグラミー賞を最優秀男性コンテンポラリー・ヴォーカル・パフォーマンス部門で獲得する。彼の一般的なイメージを、歌もうたうソングライターからまず第一にシンガーへと転換させたのは、ほかのなによりもこの曲だった。

しかし《空中バレー》がつくられていたころ、これらはすべて未来の話だった。当時、アルバム収録曲の中でももっとも早い時期にヒットを記録したのは、一九六七年十月六日、〈うわさの男〉の一か月前にレコーディングされた〈ワン（One）〉だった。アルバムからのファースト・シングルに選ばれ、六八年四月にリリースされた[40]この曲では、数字に対する強い関心から、〈テン・リトル・インディアン〉でも用いられていた全曲を通じて同じコードをくり返す手法まで、ニルソンの特徴がいくつかひとまとめにされていた。歌詞そのものがくり返しで、「一ぐらいやってみてさびしい数字はない（One is the loneliest number that you'll ever do）」というアイデアに絶えず立ち返っている。これはわかる人間にはわかる、ニルソンがリスナーに宛てた秘密のメッセージの一例だった。なぜなら一部の世界では、〝数字をやる（doing a number)〟というフレーズに〝マリファナ煙草を吸う〟という意味があったからだ[41]。それぞれの節の締めくくりでは歌詞が微妙に変更され、「一ぐらい知ってみてさびしい数字はない(One is the loneliest number that you'll ever know)」になっていた。また「昨日《イエスタデイ》の詩《うた》をつくる(making rhymes of yesterday)」ことをうたった対句では、今一度ビートルズの作品にちらりと触れている。ニルソンのヴァージョンは繊細で、内省的で、さりげなく、彼の歌声がファルセットの音域に上がるエンディングには、非常にたくみなオーヴァーダビングがいくつかほどこされている。曲の物憂げな側面は、ティプトンの初期のアレンジによくあったようにジェシー・アールリッチのチェロで強調され、曲をひとつに結びつけているのは、マイケル・メルヴォインが右手でコード弾きするエレクトリック・ピアノのサウンドだ。ニルソンに言わせると、これにははっきりとした狙いがあり、彼はイギリスで、BBCのリスナーにこう説明している。「〈ワン〉を書いたのは電話をかけていたときのことで、聞こえてきたのは話し中の信号だった。アメリカではそれが、ビーッ・ビーッ・ビーッ・ビーッ・ビーッと聞こえる。それでそのまま話し中にしておいて、電話を持ったまま曲を書いたんだ[42]」

RCAの強いあと押しにもかかわらず、ニルソン版の〈ワン〉はヒットしなかった。だが今回もまた、有力な音楽出版社のうしろだてのおかげで、この曲はほかのアーティストたちにカヴァーされた。一九六八年のはじめごろ、ヴォーカリストのダニー・ハットン、チャック・ネグロン、コリー・ウェルズは、ロスアンジェルスでスリー・ドッグ・ナイトなるグループを結成する(バンド名は寒い夜、奥地にひとり取り残されたアボリジニは、ディンゴ、すなわち野犬と寄りそって暖を取るという、真偽の怪しいオーストラリアの伝説に由来していた。それがとりわけ寒い夜の場合は、三匹のディンゴが必要になるわけだ)。《トライ・ア・リトル・テンダーネス/スリー・ドッグ・ナイト登場(Three Dog Night)》と題する彼らのファースト・アルバムは、キーボード奏者のジミー・グリーンスプーン、ベーシストのジョー・シャーミー、ドラマーのフロイド・スニード、そしてギタリストのマイケル・オールサップが加入し、バンドのラインナップが固まった直後の六八年なかばに制作された。アルバムの収録曲は大半がほかのアーティストによる作品のカヴァーで、そのうちの一曲が〈ワン〉だった。LPは十月十六日にリリースされたが、この曲のことはすぐに忘れ去られた。レコード会社のABC=ダンヒルが、最初にシングル・カットされた〈ノーボディ(Nobody)〉にプロモーションを集中させたからだ。

しかし何週間もたたないうちに、ABCでA&R部門の重役を務めるマーヴ・ヘルファーのデスクの電話が鳴りはじめた——オレゴンでは《トライ・ア・リトル・テンダーネス／スリー・ドッグ・ナイト登場》の収録曲、〈ワン〉へのリクエストが現地のラジオ局に殺到しているという。彼は全国各地のラジオ局に電話をかけはじめ、市場ではこれと言って反響を呼べなかった〈ノーボディ〉とはうらはらに、〈ワン〉にはヒットの可能性がたっぷりと秘められていることを実感した。ＡＢＣ＝ダンヒルはその後、〈ワン〉をグループのサード・シングルとしてリリース。全米ポップ・チャートを二位まで上昇したこの曲はミリオンセラーを記録し、それをきっかけに軌道に乗ったバンドは、アメリカを代表するベストセラー・グループとなった[43]。

スリー・ドッグ・ナイト版の〈ワン〉からは、ニルソン版の繊細な優しさが一掃されていた。ただ、たしかに粗野ではあるものの、曲のエンディングではリード・ヴォーカルのチャック・ネグロンが、ニルソンに負けないぐらいみごとな跳躍をファルセットの音域に決めている。だがメルヴォインの執拗なコード弾きが、〝話し中〟の信号というニルソンのアイデアを反映していたのに対し、グリーンスプーンのピアノは単に、スリー・ドッグ・ナイト版の、ロック色が濃いずっとヘヴィなバッキングの発射台役を務めているだけだ。ニルソンのレコードが気まぐれで、哲学的で、さまざまに思いをかき立てるのに対し、スリー・ドッグ・ナイトはこの曲を合唱用の定番曲に変貌させ、じきにバンドがひと晩で二万ドルから三万ドルの収益を上げるようになる大会場でのコンサートでは、唱和する観客を総立ちにさせるために、「一ぐらいさびしい数字はない（One is the loneliest number）」というくだりをあえてくどくどくり返した。

この曲が商業的に成功したもうひとつの理由は、マリファナに関する秘密のメッセージよりもずっと奥深いレヴェルで、この曲に隠されていた意味が大衆の琴線に触れたことだ。ニルソン自身もその当時、「今日の音楽は物語を伝え、何段階もの意味を持ち、哲学を打ち出す[44]」と認めている。そしてスリー・ドッグ・ナイトが彼の曲をチャートの上位に送りこんで以来、心理学者やカウンセラーたちは数十年にわたり、孤独というテーマを取り上げる際にこの曲の歌詞を引用することになるのだが、それはとりわけ「二だって一と同じぐらいタチが悪い、それは一以来の最高にさびしい数字だ（two can be as bad as one, it's the loneliest number since the number one）」というくだりが、人間のありように関する思慮深い考察となっているからだった[45]。

「孤独な人たちはみんな、いったいどこから来たのだろう？（all the lonely people, where do they all come from?）」というレノンとマッカートニーの問いかけが大衆の想像力を刺激したように、どうやらニルソンにも同じテーマについて、同様に深い問いかけをする能力が備わっていたようだ。この曲とそのイメージに魅了されたのはライターやインテリ層ばかりでなく、ほかにも無数のアーティストにカヴァーされることになるのだが、中でも特筆すべき出来映えなのが、一九九四年、ニルソンのトリビュート・アルバム用にエイミー・マンがジョン・ブライオンのアレンジでうたったヴァージョンだろう。このヴァージョンは九九年に、ポール・トーマス・アンダースン監督のカルト映画『マグノリア（Magnolia）』でも使用されている。

ニルソン自身がうたう〈ワン〉がヒットしなかった理由のひとつは、B面がさらに陰鬱な〈シスター・マリー（Sister Marie）〉だったことかもしれない。アルバム《空中バレー》には未収録のこの曲は、「人生は楽じゃなかった（life was not easy）」という尼僧の信仰の喪失を取り上げ、あたかも四人組のヴォーカル・グループのように聞こえるオーヴァーダビングを通じて、ニルソンのフォト・ファイ・フォー時代を彷彿とさせるナンバーだった。

〈シスター・マリー〉は使用されなかったものの、オーヴァーダブによる四声のテクニックは、《空中バレー》でも――少なくともファースト・プレスでは――〈ダディズ・ソング（Daddy's Song）〉という形で活かされている。若い家族を捨てて去る子煩悩な父親を描いたこの曲もやはり、ニルソンが決して知ることのなかった父親的存在がテーマだった。歌詞によると、小さな男の子がすりむいたひざの痛みを追っぱらうことができるその父親は「母親のいちばんのファン（mother's biggest fan）」で、「おとなになったときの人生はどんな感じなのか（how life would be when I grew up to be a man）」と教えてくれた男だった。すべては一九二〇年代風の〝ヴィ・デ・オ・ドゥ〟スタイルでうたわれ、ティプトンもそれに合わせて、イギリスの海岸を回っていたエンターテインメント一座を連想させる〝ラン・ティ・タン〟スタイルのアレンジをつけている。そしてこのお気軽なジョークっぽい背景をバックに、父親に捨てられたニルソンの物語が、今一度展開されるのだ。〈カドリー・トイ〉に出てきた、雨の中に捨てられた遊び道具のイメージも再登場する。〈1941〉ほどほろ苦くはないものの、これもやはりミュージック・ホール風のユーモアで痛みを打ち消そうとしているナンバーだ。だが痛みはたしかに存在するし、曲の締めくくりにオーヴァーダビングされた多種多様な声の中からは、ほんものの苦悩の叫びが聞こえてくる。

《空中バレー》のリリースから数か月後にアルバムのセカンド・プレスが店頭に並ぶと、なぜか〈ダディズ・ソング〉は収められていなかった。その理由はダンバー・ミュージックの働きかけがまたしても功を奏し、ほかのアーティストがニルソンの作品をカヴァーしたこと――今回はモンキーズが、彼らのサイケデリック映画『ザ・モンキーズ／恋の合言葉HEAD！（Head）』のサウンドトラック用にこの曲をレコーディングしたことだった。これはモンキーズの活動において転機となる映画だった。一九六八年のなかばに撮影され、サウンドトラック・アルバムも同時にレコーディングされた映画の音楽コーディネーターを務めたのは、脚本の共同執筆者で、主な出資者でもあったジャック・ニコルソン。ハリウッドでスターの座にのし上がっていくバンドの姿を支離滅裂なスタイルで描いた映画は、一九六八年十一月に公開されたものの、彼らのTV番組を観ていた十代のファンにはまったく理解されなかった。といってバンドがほしがっていた先端的なヒッピーの観客を呼べるほど洗練された内容でもなく、モンキーズは以後二度と、かつてのような一般人気を取り戻せなかった。

劇中では、モンキーズが巨大な頭皮――『HEAD』というタイトルに引っかけたイメージのひとつ――の上でフケの扮したCMのパロディに続くシーンで、デイヴィ・ジョーンズが〈ダディズ・ソング〉をヴォードヴィル・ナンバーとしてうたう。フケを吸い取ろうとする真空掃除機から逃れたジョーンズは、ドアをくぐってサウンドステージにあらわれ、数秒ごとに色が白と黒に変わる燕尾服姿で、曲が終わるまで踊り続ける。撮影の直前に父親を亡くした彼にとっても、この歌詞は痛切な意味を持っていたが、映画にはこの曲の本当の居場所がないように見え、ジョーンズがスタジオのセットを去ろうとすると、ときおり画面に謎めいた登場を果たし、ここではなんの意味もなく牛を引いているフランク・ザッパが、ダンスではなく歌にもっと時間を割けと彼にアドヴァイスする。

決して意外なことではないが、映画は大コケにコケ、そのぶんだけよけいにコロムビア映画とRCAの合弁会社、コルジェムズからリリースされるサウンドトラック・アルバムに大きな期待がかけられた。そこでなんとしてでもモンキーズのアルバムをヒットさせたかったRCAのお偉方たちは、ニルソンがうたう〈ダディズ・ソング〉を彼自身のアルバムから引き上げることにしたのである。ニルソンの死から六年後に《空中バレー》がCDで再発されるまで、この曲がふたたび本来の位置に収まることはなかった。

〈ダディズ・ソング〉のオーヴァーダビングは、当初リリースされた《空中バレー》の中でもとりわけ洗練されたもので、このころになるとニルソンは、四人組グループのように聞かせたり、自分自身のリードにクローズ・ハーモニーのバックアップをつけたりしたいときには、どう声を積み重ねていけばいいのかという方法論について、かなり確固とした考えを持っていた。カントリー・シンガーのパティ・ペイジが一九四八年のシングル〈告白（Confess）〉ではじめて自分の声をオーヴァーダビングして以来、このテクニックは長足の進歩を遂げていた。[46]

うたっているのは全部ぼくだけど、もっといっぱいいる感じを出すために、バックの歌声はひとつひとつ変えてある。あまりに似すぎていると、違いがいっさいわからない、ダブル・ヴォーカルになってしまうからだ。ぼくはパティ・ペイジ風のやり方よりも、ポール・マッカートニーっぽくやるほうが好みだ。なぜってこれはもう今や、別のスタイルになっている。ビートルズがオーヴァーダビングをはじめてからというもの、彼女がやっていたころとはもう、ぜんぜん事情が変わってしまった。彼らは別のテクニックを使っているんだ。[47]

〈ダディズ・ソング〉を収録した《空中バレー》のオリジナル・ヴァージョンは、一九六八年五月のリリースが予定されていたが、一部の曲のレコーディングが押し、最終的なミックスが発売日の寸前になってしまったため、結局七月まで延期された。評論家の受けはおしなべてよかったものの、その見解はまちまちだった。中にはカリフォルニアの評論家、ビル・ヤーヤンのように、シンガーとしてのニルソンの才能を、認めようとしない者もいた。「流れるような声だが特徴がなく、書く曲もありきたりだ。だが歌詞とアレンジはすばらしい。ニルソンのように別の世界を呼び起こすムードをつくりだし、しっかりした洞察を示すことができるソングライターはほとんどいない」[48]。一方で「ハイ・フィデリティ」誌に〝M．A．〟名義で寄稿した匿名の評論家のように、彼の曲づくりよりも歌を高く買う――もしかするとすでに〈うわさの男〉のポテンシャルを見ぬいていたのかもしれない――向きもあった。「RCAの人間たちは、ソングライターとしてのニルソンに熱を上げている。たまに例外はあるものの、この方面における彼の才能は、決して目覚ましいものとは言えない。これぐらいの曲なら誰にだって書けるだろう。特別なのは彼の歌と、ジョージ・ティプトンによるイメージ豊かなスコアだ[49]」

総じて言うとレコードのレヴューは、この線にそってきれいに二分されていた。大半がアルバムを賞賛しつつも、ニルソンの特別な才能がどこにあるのかについては、ほとんど意見の一致を見ていなかったのだ。売れ行きは《パンディモニアム・シャドウ・ショウ》と同様にかんばしくなく、それを受けてニルソンは、そのキャリアでほぼ一度だけ、人前では絶対にうたわないという禁を破ることにした。彼はいくつかのTV番組に出て、このアルバムとその前作の両方をみずからプロモーションしてほしいという、RCAの要請を受け入れた。「マネージャーをつけたほうがいいと言われてね」と彼は残念そうにふり返っている。「それであの年にひとりつけたんだ」[50]

彼はまずファースト・アルバムの収録曲に手を着け、録画放送の全国番組「ウッディ・ウッドベリー・ショウ（Woody Woodbury Show）」で〈1941〉を口パクでうたった。ほんの少しばかり過激なジョークをレコードに吹きこみ、それによって名を上げたコメディアンがホストを務めるこのトーク・ショウは、当時としては先進的なTV番組だった。なにしろウッドベリーのレコードは、いくつかの州で発禁処分を食らっていたのだ（ただし現在の基準からすると、彼の〝ブルー〟・ユーモアは過激でもなんでもない）。そのため彼の番組は、メディアからも大衆からも、ポップ・アーティストが最新の曲を宣伝するにはうってつけの――いくぶん危険かもしれないが――場と見なされていた。五月二十二日にニューヨークで初オンエアされたニルソンの出演回は、以後四週間のあいだに順次全国で放映された[51]。この年のうちにニルソンは、数々のTV番組に出演してふたつのアルバムを宣伝しているが、《空中バレー》のリリースが間近に迫った七月になると、こうした活動はしばらく途切れてしまう。理由は彼がウッドベリーの番組の直後から、三か月にわたり、それまでとは毛色の異なる活動に没頭していたからだった。新聞の報道によると――

> 話題沸騰中の若手シンガー・ソングライター、ニルソンがオットー・プレミンジャーと契約を結び、映画『スキドゥ（Skidoo）』〔日本未公開〕のスコアとタイトル曲を担当する。ジャッキー・グリースンとキャロル・チャニングが主演する映画は現在、サンフランシスコの南にある〝百万長者専用〟の避難所、ヒルズボローで撮影中。パラマウントから公開されるこの新作コメディで、ニルソンは初の映画音楽を手がける。[52]

一九六〇年代の映画史の中で、『スキドゥ』はこの十年でも最底クラスの駄作という――正当な――評価を受けている。プレミンジャーは侮りがたい実績の持ち主で、薬物中毒（五五年の『黄金の腕〔The Man with the Golden Arm〕』）や強姦（五九年の『或る殺人〔Anatomy of a Murder〕』）といった物議をかもすテーマをヒット映画に仕立てあげると同時に、『カルメン（Carmen Jones）』と『ポギーとベス（Porgy and Bess）』では五〇年代のミュージカル映画に多大な貢献を果たしていたが、六八年に入ると、そのキャリアはもう完全に下り坂だった。ミッキー・ルーニー演じるかつての犯罪仲間を殺すためにグリースンが刑務所に押し入るという、ギャング界の復讐と殺人にまつわる薄っぺらなプロットの中で、『スキドゥ』は犯罪、テクノロジー、ＬＳＤ、ヒッピーといった現代的な問題に挑んでいる。ニルソンによる独創的なスコアもそうした流れを汲むものだが、全体的に見ると軽妙なコメディは決してプレミンジャーの得意分野ではなく、映画の大半はユーモアに欠けていて重苦しい。

　そんな中で救いとなっているのが、ニルソンの音楽（アレンジと指揮を手がけたのは、ハリウッドのスタジオ・オーケストラを自由に使えるとあって、大いに張り切っていたジョージ・ティプトン）を軸としたシーンだ。映画全体の音楽的なピークは、意図的にローレル＆ハーディを模した看守役のフレッド・クラークとニルソン本人が、サーチライトつきの塔から刑務所を見下ろすシーンだろう。知らないうちにＬＳＤを摂取した結果、ふたりは下でバレエを踊っているゴミ箱を目の当たりにする。

　その辺のゴミ箱に入っている〝いいもの《グッド・スタッフ》〟をうたった曲の歌詞は、ニルソンとしてもとりわけ創意工夫に富んだものだ。「立ちあがってぼくらを結婚させてくれる（who'll stand up and marry us)」アスパラガスを探す、バナナと芽キャベツの恋愛事情がサウンドトラックでうたわれるあいだに、ダンサーたちが中に隠れた銀色のゴミ箱が、さまざまな色合いのサイケデリックな照明を浴びながら、バスビー・バークレー風のダンスを踊りだす。グリースンのキャラクターが気球で首尾よく脱獄する映画のエンディングにも、同様に創意に富んだシーンがある。通常ならばタイトル・ロールがはじまるタイミングで、プレミンジャーの声が叫ぶ――「待った！ おまえがとんずら《スキドゥ》する前に、キャストとクルーを紹介させてくれ」。するとニルソンがうねうねとした曲調のミュージカル・ナンバーに乗せて、長々とクレジットタイトルをうたいはじめ、そこに名前の出たキャラクターの登場シーンが短く挿入されるのだ。しかし歌詞と韻の配置に凝りすぎたせいで、もっとも記憶に残るのは、映画のスター俳優ではなく、ヘアドレッサーや輸送管理者の名前になってしまった。

　映画を配給するパラマウントは、歌になったクレジットをことのほか気に入り、その中からいくつかのシーンを予告編に使用した。また広告に関して言うと、ニルソンはほとんどサブリミナル的とも呼べそうな才覚を、ジャッキー・グリースンとキャロル・チャニングがＴＶのリモコンをめぐって口争いをする映画の冒頭シーンで発揮している。ＴＶのチャンネルが切り替わるにつれて、コーラの喜びをうたう太りすぎの娘から、若いカップルがおたがいに「きみにはデオドラントが必要だ！」と目いっぱい声を張り上げてうたいかける、ロマンティックなハリウッド風ラヴ・ソングのみごとなパスティーシュまで、CMの断片が次々に画面をかすめていくのだ。これはニルソン自身の過去の、皮肉っぽい残響でもあった。なぜなら彼もマラスカルコ時代に、バンというデオドラントのCMをうたっていたからだ。ただしティプトンが満艦飾のオーケストラ・アレンジをほどこした『スキドゥ』用のCMに比べると、そちらははるかに慎ましやかなつくりだった。

当時、映画の中でとくに注目を集めたのが、劇中でのグリースンの娘、ダーレーン（演じたのはアレグザンドラ・ヘイ）が下着一枚になって全身にペイントされる〝ヒッピー・バス〟のシーンと、グリースンがのりしろ部にLSDを染みこませた封筒をなめ、〝バッド・トリップ〟を経験する監獄のシーンだった。ニルソンはこの両シーンで楽しく遊び、バスのシーンには自作曲〈テン・リトル・インディアン〉のフォークソング・ヴァージョンを使用。また〝トニーのトリップ〟シーン用には、ベンドをかけたシタールの音と、タブラの鼓動を使ったシュールなサウンド・コラージュをつくりだした。

ニルソンにとって、グリースンとの初顔合わせ——それが実現したのはキャストとクルーがヒルズボローでの撮影を終え、ロスアンジェルスのスタジオに戻って来てからのことだった——には子ども時代との奇妙な因縁があった。『スキドゥ』の撮影時、グリースンはすでに映画、TV、音楽の世界で三十年のキャリアを積んでいたが、ニルソンがおさない子どもだった一九四〇年代には一時的にはなやかな世界を離れ、生まれ育ったブルックリン界隈で舞台芸に磨きをかけていた。この時期のグリースンは、かつてニルソンの祖父がオーナーだった酒場、モーランズ・バーの常連だっただけでなく、ブルックリンのRKOゲイツ・アヴェニュー・シアターで毎週開催されていたタレント・コンテストの司会として、自分のヴァラエティ芸を完璧なものに仕上げていた。

母親はよく、誰彼かまわず声をかけ、歌でも踊りでもなんでもいいから、とにかくその相手とパートナーを組んで、アマチュア・ナイトに出演していた。でも毎回負け続け、おかげでとうとうグリースン本人から敢闘賞のトロフィーを受け取ったんだ。はじめて会ったときの彼はベロベロだった。午前一時ぐらいのことで、場所はバー。誰が蛮勇をふるって挑んでこようと、グリースンは叩きつぶす気まんまんだった。

「きみはなにをしているんだ？」と偉大なる者《ザ・グレート・ワン》は訊いた。
「えっと、ぼくは音楽担当です」ぼくはおずおずと答えた。
「ショウ関係の」

「うん、うん、でも実際にはなにを？」

「歌を書いてうたっています」

「そうなのか？　てっきり口がきけないのかと思ったぜ」

　ぼくも酔っていたし、気が大きくなっていた。ぼくは彼の目をまっすぐ見つめて「へぇ？」と言った。

「歌うたいなら、なにかうたってくれ」と彼。

「コメディアンだったらぼくを笑わせてくれ」とぼく。

　すると彼は声をちょっと荒らげた。「生意気なやつだな！」

　それでぼくは「わかった、じゃあアカペラで」と言った。ぼくがうたったのは、夜もかなり更けたころだった。ウェイターやバーテンダーたちはみんな家に帰りたがっていたけれど、〝偉大なる者〟が店にいるのもわかっていた。そしてぼくはちょっと前に書いた〈ウィザウト・ハー〉という曲をとても甘い声でうたった。

　彼は顔をかしげたまま、満面に笑みを浮かべて「悪くないぞ、おまえさん、悪くない。ほかになにがある？」と言った。ぼくは彼の心をつかんでいた。そこで彼の十八番のひとつだった〈サムバディ・ステップス・オン・ア・キャット（Somebody Steps on a Cat）〉をうたって、度肝をぬいてやることにした。[53]

　……すっかり圧倒された彼はぼくに拍手を送りはじめ、するとウェイターたちが拍手し、グリースンと若造のバドミントンを観戦していた居残り客たちもそれに続いた。

「いったいぜんたいそんな曲をどうやって知ったんだ？」

「すごく好きな曲だったから」とぼく。

「ほかになにができる？　ビリヤードは？」

「ちょっとぐらいなら。おたくにできることならなんだってできるぜ」とぼく。「バスケットボールはできるかい？」

「ビリヤードならできるぞ、ビリヤードならな」と彼。

　もう午前三時になっていて、朝の集合時間は七時だった。するとグリースンは実際に、ぼくをバンガローまで送ってくれて、背中をポンとたたき、「おまえなら大丈夫だ」と言った。そしてぼくの肩に軽くパンチを入れた。[54]

　翌朝、ニルソンは残りのキャストともども七時にセットに到着した。二日酔いで気分が悪かったが、驚いたことにグリースンは、まったく疲れた様子もなく、「清潔で、落ち着き払い、すべすべして」いた。その日、その場にいたことだけでも、ニルソンには十分プレミンジャーに気に入られる資格があった。しかし『スキドゥ』の撮影が進んでいくにつれて、怒りっぽいことで有名な監督はいつもにも増してエキセントリックになり、癇癪を爆発させはじめた。しゃべる声が大きすぎるという理由で映画会社の重役をセットから追いはらい、フランキー・アヴァロンを空高く舞い上がらせる予定だったシーソーをみずからためして悲惨な結果を招き、床にゆっくりと沈んでいくベッド――だが実際には地面に開いた穴に、けたたましい音を立てて落ちてしまう――を売りものにしていた五万ドルのセットについて、滔々と文句を並び立てた。

　中でも映画に参加したほぼ全員が記憶しているとりわけ奇怪なエピソードは、大半のロケ撮影がおこなわれたロスアンジェルス郊外の元刑務所内で起こった。プレミンジャーは、廊下を渡って何十人もの囚人たちが昼食中の食堂に向かう主要なキャラクターたちを、長回しの移動ショットで追うつもりでいた。複数のショットを組み合わせる代わりにワンショットでいきたかった彼は、午前中いっぱいをかけて入念なリハーサルをおこない、おかげで囚人に扮したエキストラたちは、セリフをしゃべりながらグリースンが昼食を取るテーブルに向かうスターたちのために、たくみにカメラの台車を避けて道を開けられるようになった。

　リハーサルでクタクタになったキャストは、チキンとリブのランチをたらふく腹につめこんだ。その後、本番がはじまった撮影の模様を、シカゴっ子のジャーナリスト、ロバート・エバートは次のように報じている。

> 昼食を終えた俳優たちは、刑務所のカフェテリアで皿いっぱいの料理を出され、こっちも実際に食べなければならないことを知った。
>
> 「口パクはなしだ」とプレミンジャーは命じた。「それだとリアルに映らない。実際に食べものを噛んで、飲みこんでくれ。ズルは許さん」
>
> 　というわけで出演者たちはぞろぞろと廊下を渡ると、カフェテリアの列を経由して食堂に入り、腰を下ろして食べながらおしゃべりをした。彼らはそれを一度でなく、二度くり返した。それでもプレミンジャーは満足しなかった。響きのよくないセリフがあったからだ。狭苦しいスペースは、照明のぎらつく光で暑くなっていた。都合二十一のテイクを撮って、プレミンジャーはようやく満足したが、彼が目を光らせる中、実際にビーフシチューを二十一杯食べさせられた俳優たちの多くは気分が悪そうにしていた。[55]

撮影の最中だった一九六八年六月、デレク・テイラーから電話を受けたニルソンは、セットから遠く離れた場所で長い週末を過ごし、彼の将来に多大な影響をおよぼすいくつかの出来事を経験した。

　この一件の背景にあったのは、前述の通り、《パンディモニアム・シャドウ・ショウ》がリリースされた一九六七年の秋にデレク・テイラーがこのアルバムをひと箱注文し、イギリスの友人たちに配って回ったことだった（この国ではまだ、アルバムは正式に発売されていなかった）。いかにも彼らしい大げさな文体で、テイラーは「アルバムは郵便と人手を介していくつかの大陸に散らばり、録音されたサウンドのみを絆とする人々の小さなグループの中で、ニルソンはささやかなカルトとなった」と書いている。[56] ジョージ・ハリスンは六七年の八月に、〈テン・リトル・インディアン〉と、ほかにもこのアルバムに収録される曲の初期ヴァージョンをいくつかイギリスに持ち帰っていたが、〈ユー・キャント・ドゥ・ザット〉で自分たちの音楽をかくもやすやすと吸収してみせたシンガーにビートルズが本気で関心を持つようになったのは、完成したアルバムに対するテイラーの熱狂ぶりがきっかけだった。テイラーがアルバムを各所に配った直後、ニルソンはいつものようにRCAの小さなオフィスで夜更かしをしていた。

ある月曜日の午前三時か四時ごろ電話を取ると、ジョン・レノンからだった。ぼくは半分眠っていた。彼は「もしもし、ハリー。ジョンだ。いやもう、あんたはすごすぎる。あんたはとにかく最高だ。とにかくムチャクチャすばらしいんだ、な？　オレたち、なにかを一緒にやるべきだぜ」と言った。

「誰だい？」とぼく。

「ジョン・レノンだ」

「うん、わかった、で、誰なんだ？」

「ジョン・レノンだよ。オレはただ、あんたはすばらしいと言いたかっただけなんだ。それだけさ。じゃあぐっすり眠ってくれ。また話そう。じゃあな」

ガシャン。

ぼくは思った。「なんだ？　夢だったのか？」

次の月曜日に、ポール・マッカートニーから電話があった。「もしもし、ハリー。うん、ポールだ。きみは最高だと言っておきたくてね。ジョンがアルバムをくれたんだ。最高だと思うし、きみはすごいよ。会うのを楽しみにしている。そっちはどう？　お父さんは元気かい？」

こういった感じで話は続き、ぼくは心の中で信じられないと言った。というわけで次の月曜日、ぼくはちゃんと服を着て、朝の四時にリンゴから電話がかかってくるのを待った。電話はない。次の月曜日も電話はなかった。[57]

それから数週間はなにも起きなかった。だが『スキドゥ』の撮影がはじまってすぐの一九六八年五月十四日、ニルソンはウエストコーストの高名なソングプラガー〔楽譜店に行って新譜をピアノで聞かせるレコード以前の時代の宣伝マン〕兼プロモーター、トニー・リッチランドから電話を受けた。彼は《パンディモニアム・シャドウ・ショウ》を熱心にサポートしてくれた人物で、《空中バレー》に収録の〈リッチランド氏の好きな歌（Mr. Richland's Favorite Song）〉は、実のところその返礼として命名された曲だった。電話の向こうのリッチランドはなぜか息も絶え絶えで、「まだ聞いてないのか？」とくり返していた。

　ニルソンにはリッチランドがなにを言いたいのか、さっぱり見当がつかなかった。だがそのうちにどうにか彼を落ち着かせ、ついさっきジョン・レノンとポール・マッカートニーがニューヨークで自分たちの会社、アップル社の発足記者会見を開いたこと、そして新聞記者がお気に入りのアメリカ人アーティストの名前を訊くと、レノンが「ニルソン」と答え、お気に入りのグループの名前を訊くと、ふたりがまた同じ答えを返したことを知った。[58]これは単なる気まぐれではなかった。同日、レノンとマッカートニーは、ジャーナリストのラリー・ケインを相手に、結局アメリカでは最後となるふたり一緒のインタヴューを収録し、その中でアメリカのポップ・ミュージック・ビジネスの現状をどう思うかと訊かれたレノンは、即座に「ニルソンだ、ニルソンを大統領に！」と答えていたのだ。[59]この一件のあとでふたりのビートルがイギリスに帰国してからほどなく、ロスアンジェルスでのフリーランス業を辞し、アップルで彼らの広報担当官になっていたテイラーから『スキドゥ』のセットに電話が入った。

　デレクがいうには、「連中、あの子たち《ボーイズ》、ファブたちが、こっちに来てセッションに参加してほしいと言っているんだ。彼らはアビイ・ロードでレコーディングをしている。もし仮病を使えるようなら、ぜひともそうしてほしい。連中は死ぬほどきみに会いたがってる」

　ぼくは思った。「なんてこった。こんなにいい話があっていいのか」

　というわけでぼくはオットー・プレミンジャーのオフィスに向かい、「オットー、たった今イギリスから、ビートルズのセッションに参加してほしいという電話がありました。もうしわけありませんが、金曜と土曜と日曜をオフにしてもらえないでしょうか？　ぼくにとってはもちろん、とてつもなく大きな意味のある仕事なんです」と言った。

「そのビートルズというのは、きみの親友かね？」と彼。

　はてな？　うん、まあ、親友とは言えない。一度も会ったことがないからだ。たしかにジョージには会っているし、ジョンとポールとは電話で話したことがあるけれど。そこでぼくはもう一度、オットーに頼みこんだ。「お願いです。ぼくにとってはとてつもなく意味のあることなんです」

「そうか、そんなに親しい友だちなら、われわれの映画でも少しばかりうたってもらうわけにはいかないかな？」と彼。

ぼくは「でもそれだとこれは出張ということになります！　旅費を払ってくれるんですか？」と訊いた。

彼は笑って、「わたしが払わないと思っているのか？」と答えた。そしてふたたび偉大なるナット・ルディッチ（彼のアシスタント）をオフィスに呼んだ。

「ナット、今週末のロンドン行きのチケットをニルソン氏用に手配してくれ。友人のビートルズに会いに行くそうだ。ことによると連中は、われわれの映画でうたってくれるかもしれん！」

ナットが笑い声をあげたので、ぼくは彼らがふたりとも、そんなことは不可能だと承知の上で話しているのがわかった。「わかりました」と言って、部屋を出て行こうとする彼に、オットーが大声で呼びかけた。「ナット、忘れるんじゃないぞ。チケットはセカンド・クラスかエコノミーだ！[60]」

休暇願を出して何日もしないうちに、映画のセットでハリウッドの王族たち（ジャッキー・グリースン、グラウチョ・マルクス、キャロル・チャニング）と交遊していたニルソンは大西洋を横断する飛行機に搭乗し、世界一有名なポップ・グループに会おうとしていた。名目上は《ザ・ビートルズ（The Beatles）》、ファンのあいだではもっぱら〝ホワイト・アルバム〟と呼ばれるようになる二枚組ＬＰのレコーディング・セッションにテイラーから参加を要請されたことが、この渡英の理由だった。彼は六月十四日の金曜日に、ロンドンのヒースロー空港でクリス・オーデルに迎えられた。新たに設立されたアップル・コア社でビートルズの個人秘書を務めるアメリカ生まれの女性である。エレガントなブロンドで、実務にも長けていた彼女はしかし、乗ってきたバスが渋滞に巻きこまれてしまったせいで、あやうく彼を見逃しそうになる。到着ロビーで見つかったニルソンは驚いたことに、すでにリムジンに向かってすたすたと歩き、荷物は制服姿の運転手に運ばせていた。オーデルはニルソンとの最初の会話を、次のようにふり返っている。

> 「やあ、わざわざ迎えに来てくれてありがとう」とハリーは言いました。「どうやらリンゴが親切にも、ぼくらのためにリムジンを置いていってくれたらしくてね。彼はたった今奥さんを連れて、スペインに旅立ったそうだよ[61]」

ふたりは巨大なダイムラーの贅をこらした車内に入り、徹夜のフライトを経て早朝のロンドンに到着したニルソンは街のながめを楽しんだ。もっとも道路の左側を走る小型車や特徴的なタクシーは、彼からすると〝逆走〟しているようにしか見えなかった。

今やビートルズの新会社で働く身となっていたデレク・テイラーだが、業界にはまだ山ほどコネがあった。ビートルズがニルソンをお気に入りのグループに挙げていることをうしろだてにして、彼はRCAに働きかけ、ニルソンがイギリスで過ごす最初の朝に、アメリカ盤から約九か月遅れでイギリス盤が正式にリリースされる《パンディモニアム・シャドウ・ショウ》用のパーティーと記者会見が開かれるように手配していた。ニルソンはアップルの所属アーティストではなかったが、ウィグモア街九五番地にある同社のオフィスに到着したときの彼は、ほとんどそんな気分でいた。

正面の扉を通ると、すごくちっちゃなリフト、つまりエレヴェーターがあった。そしてエレヴェーターの中に入ると、一面にぼくのステッカーやポスターや写真が貼ってあった。「ニルソン来たる。ニルソン来たる！」。これにファースト・アルバムが出たときにRCAがつくったステッカーで、それと「ようこそハリー！」がエレヴェーターをおおいつくしていた。

一、二階上にあがってドアを開けると、そこの壁とかデスクとかにも、やっぱりステッカーが貼ってあった。するとデレク・テイラーがぴょんと立ち上がった。

「ようこそ、ようこそ、ようこそ！　インタヴュー用の服を着てきたかい？」

もちろんぼくは着ていた。それとぼくはまさかの時のために、ビックリするような量のマリファナを携えていた。キーフと呼ばれていた極上品だ。そしてなんのおとがめもなく、税関を通ることに成功していた。当時、その手のブツはノーチェックだった、というか少なくともぼくはそう思っていた。ああいう真似をしてもぜんぜん危険な感じはしなかった。というわけでぼくはそうした。腕の中にブツをひと山抱えていた。

ぼくは、「これを持ってきたんだけど」と言った。

すると彼が、「なんてこった！　きみがなにを持ってきてくれたかわかるか？　天国だよ。天国。ついでに少しは音楽も持ってきてくれたのか？」

ぼくは「うん、セカンド・アルバムのラフ・ミックスを持ってきた」と答えた。

デレクはその場でテープをぼくの手からもぎ取り、誰かが電話で話し中だった部屋に入った。「ここでいったいなにをしているんだ？　出て行け！　アメリカからのお客さんが来ているのがわからないのか？　こちらがハリー・ニルソンだ。このオフィスからとっとと出て行け。口答えするんじゃない」

そして彼は誰だか知らないけれどそこにいた人間を叩き出し、ドアをバタンと閉めてぼくに謝罪した。[62]

記者会見前の数時間で、テイラーはニルソンから贈られた〝薬草〟の助けも得て、《空中バレー》の初期ヴァージョンをじっくりと聞きこんだ。彼はまた、三人のビートルがまだ国内にいて、この週末のうちにそれを聞くチャンスがあることを確認した。ふたりで話していくうちにプランが固まり、当のビートルたちとも連絡が取れた。ニルソンはイギリスでの最初の夜を、サレーにある〝ケンウッド〟というジョンの邸宅で過ごし、その後、市内に戻ってポール・マッカートニーと会うことになった。ロスアンジェルスに帰る月曜の夜までに、ＥＭＩのアビイ・ロード・スタジオで彼らのセッションを見学する手はずも整えられた。

アップルのオフィスでテイラーと一、二時間を過ごすと、記者会見の時間になり、アメリカで「ウッディ・ウッドベリー・ショウ」に出演した際にできあがったパターンに沿って、ニルソンはアルバムから何曲かうたう――あるいは少なくとも口パクで披露する――ようにうながされた。その場にはＢＢＣのプロデューサー、ティム・ブラックモアもいた。

《パンディモニアム・シャドウ・ショウ》をリリースしたとき、ＲＣＡは本気で大金を投じた。リリース記念のパーティーが開かれたのは、ロンドンのカーゾン街にあるホテルでだった。ニルソンが歌を披露したパーティーは大成功を収め、多くの目は彼本人に負けず劣らず、ゲストたちにも注がれていた。なぜなら名のある人間は全員出席していて、その中にはビートルズのメンバーと、大いに尊敬を集めるポップの導師《グル》、デレク・テイラーがふくまれていたからだ。当時のわたしはレディオ・ワンの「ブレックファスト・ショウ（Breakfast Show）」をプロデュースしていた。アルバム曲はめったにオンエアされない番組だが、われわれは〈１９４１〉をいちばんラジオ向きな曲と見なして選曲した。二位は僅差で〈カドリー・トイ〉だった。[63]

そこにはＢＢＣレディオ・ワンでＤＪをやっていたブラックモアの同僚、ケニー・エヴェレットの顔もあった。自分の趣味の音楽を、ひとりで全部の声を演じる凝ったつくりのコメディ・スケッチと織り交ぜて日曜の朝に放送していたエヴェレットは、すぐさまニルソンの熱心な支援者となる。彼はそれから数週間のうちに、《パンディモニアム・シャドウ・

ショウ》の〈ウィザウト・ハー〉と〈ひさしぶりの口づけ〉をみずからカヴァーしてレコーディングし、後者を「全世界のありとあらゆるチャートで首位を獲得した普遍的なヒット曲」と自画自賛した。[64]物真似の才に恵まれたエヴェレット版の〈ウィザウト・ハー〉は、ところどころで驚くほどニルソンそっくりに聞こえたが、それでも母音の発音は、どことなくイギリス風だった。

記者会見が終了すると、ニルソンはアップルのオフィスに戻って何杯か強いブランデーを飲み、その後到着したリムジンで、ロンドン中央部からおよそ十六マイルの距離にあるベッドタウン、サリー州ウェイブリッジのレノン宅に向かった。〝ケンウッド〟は急速にイギリスでもとりわけ不動産価格の高い地域となりつつあった高級住宅街、セントジョージズヒルに位置していた。レノンと最初の妻のシンシアは一九六四年の夏にこの家を買い、〝アーツ・アンド・クラフツ〟風の破風と煙突を完備した木骨造りのチューダー様式を模した外観はそのままに、ブライアン・エプスタイン宅のデザインを手がけたケン・パートリッジの助けを借りて、内部を現代的に改装、改築していた。

一九六八年六月の段階で、ふたりの結婚生活には暗雲が垂れこめ、シンシアはリミニとアンコーナのあいだにある、イタリア北東海岸のペザロに休暇で出かけていた。ニルソンの訪問時、レノンは〝ホワイト・アルバム〟の作業を進めながら、ニルソンが帰国する翌日、六月十八日の火曜日にオールド・ヴィック・シアターで幕を開ける、ヴィクター・スピネッティが彼の著作『絵本ジョン・レノンセンス（In His Own Write）』を戯曲化した舞台のプレミア公演に備えていた。ヨーコ・オノはこの時はじめて、ロンドンでレノンと人前に姿を見せることになるのだが、私生活でのふたりはすでに切っても切れない仲で、シンシアが留守にしているあいだに、彼女は実質的にウェイブリッジのレノン宅に居を移していた。[65]

ニルソンが到着したとき、そこでは家事を受け持つ数人のスタッフが、お茶を入れたり、部屋の用意をしたりと、忙しく動き回っていたが、じきにそっと姿を消し、あとにはニルソンと、ジョンとヨーコだけが残された。ニルソンはレノンに温かく迎えられ、最初に目と目を交わした瞬間、生涯にわたる友情がはじまった。

> あの夜はひと晩中、友人たちのちょっとした助け《ウィズ・ア・リトル・ヘルプ・フロム・マイ・フレンズ》を借りて、夜明けまで、朝の七時か八時まで、ずっとひたすらしゃべり続けた。ヨーコはまるで仔猫のように、ジョンの足元で丸くなって、ひとこともしゃべらず、ぼくらの話を聞いているうちに眠りに落ちた。そしてジョンとぼくはえんえんと、結婚や、人生や、死や、離婚や、女の話をした。

「いったいどういうことなんだ、オレたちはなにをしてるんだと思う、ハリー？　ちょうどオレもおまえが書いてるような、ちょっとした曲を書いているんだ。おまえの新しいアルバムに入ってる〈リッチランド氏の好きな歌〉みたいなやつ。オレの書いた曲だったらいいのに。あれは最高だ」

　こんな調子で彼はしゃべり続け、ぼくはこう思っていた。

「なんてこった！　見つけたぞ。こいつはいい。こいつはホンモノだ。こいつは嘘がない。こいつは正直だ。こいつはワクワクする。心が刺激される」

　そしてそこにはぼくがいた。翌朝、ジョンの家には撮影隊が到着する予定になっていたが、彼はその前にお茶をご馳走してくれた。大きなポットでお茶を入れ、ぼくにカップを差しだした。彼がそうしているあいだにあたりを見回すと、薄汚れた感じの毛羽だったコートが目に入った。実のところそれは《マジカル・ミステリー・ツアー》のジャケットで使われたコートで、それが裏返しになっていた。コートの表側は、毛皮のトリムがついたインドっぽい金糸編みのジャケットで、いろんな写真で見られる有名なやつだった。ぼくはふと、「いいコートだ」と口にした。

「気に入ったんなら、ハリー、これはおまえのものだ」。そして彼は手を伸ばし、それをコート掛けから取って、「ほら、持っていってくれ」

「いや、それは無理だ。だってジョン、これはすごく有名なジャケットじゃないか」

「いや、おまえにぴったりだと思うぜ、な？」

　ジョンは五フィート十インチ〔一七八センチ〕、ぼくは六フィート二インチ〔一八八センチ〕だ。着てはみたけれど、やっぱり短すぎる。

「合わないよ」とぼく。

「いや」と彼。「ハリー、オレはおまえに持っていってほしいんだ。どうか受け取ってくれ」

「もちろんだ」とぼく。

　数分後、車が到着し、撮影隊が入ってきた。ジョンとぼくは抱擁を交わした。

「おはよう」

「おはよう」

　そしてぼくはロンドンに向かった。まずはデレク・テイラー、それからポールに会うために。[66]

　一方で撮影隊をしたがえたレノンとヨーコは、彼のロールス・ロイスでコヴェントリー大聖堂に向かい、全国的な彫刻イヴェントの一環として、そこにふたつのドングリを植えた。レノンが創作と私生活の両面でヨーコ・オノとパートナーを組みはじめ、一種の劇作家デビューも飾ろうとしていたのに対し、マッカートニーはアップルから与えられたチャンスを、プロデューサーとしての力試しに使っていた。彼の関心は多岐に渡り、ブラック・ダイク・ミルズ・バンド（当時、イギリスでブラス・バンド・チャンピオンの座を保持していた）に〈イエロー・サブマリン（Yellow Submarine）〉のカヴァーと書き下ろしの〈シングミーボブ（Thingumybob）〉をレコーディングさせたかと思うと、それとはまったく別のジャンルで、ウェールズの若いシンガー、メアリー・ホプキンと契約を結ぶといった具合だった。

ホプキンのデビュー・シングル〈悲しき天使（Those Were the Days）〉は、ちょうどレコーディングを終えたところだった。八月にリリースされると、この曲は全英チャートを駆けのぼり、ほかならぬビートルズの〈ヘイ・ジュード（Hey Jude）〉を首位の座から追い落とすことになる。これはもともとボリス・フォーミンが書き、早くも一九二五年にはレコーディングされていたロシアの曲で、そこにニューヨークの作詞家、劇作家、そして建築学の教授でもあるジーン・ラスキンが新しい歌詞をつけていた。若さと機会の喪失をみごとに描き出したその歌詞を、見るからに純真そうなメアリー・ホプキンは、「途中で星のようにキラキラした思い（our starry notions on the way）」をなくしてしまった自分自身の過ぎ去った人生に対する嘆きに移し替えた。この曲を生んだロシアに敬意を表してチェンバロンとバンジョーを用い、聖歌隊はもちろんのこと、ストリングスやブラスまでもたくみに織りこんだマッカートニーのアレンジは、この曲が六〇年代を讃えると同時に悼んでいるという見方を裏づけるものだった。

ニルソンがロンドンにやって来たのは、まだこのレコードがリリースされる前のことだったが、マッカートニーはすでに、彼の新たなスター候補のセカンド・シングルにふさわしい楽曲を探していた。予約していたロンドンのホテルでリムジンを降りたニルソンは、その直後にデレク・テイラーの訪問を受け、《空中バレー》を全曲聞いて、彼の才能を信じた自分の判断は間違っていなかったのを確信したという、うれしい言葉を聞かされた。するとマッカートニーから電話がかかってきた――「やあ、ハリー、元気かい？　メアリー用の曲を探してるんだ。どうだろう、いっちょぼくのために、力を貸してくれないか？」。ニルソンのスイートにはピアノが置いてあったので、彼はさっそくその依頼に見合った曲をつくりはじめた。

ぼくが書いたのは〈パピー・ソング（子犬の歌）（The Puppy Song）〉という曲だった。その晩のうちに書き上げて、テープをつくった。次の日、ぼくはアップルのデレクを訪ね、「頼まれた曲を書いてきた」と告げた。

「すばらしい」

テープを聞いて彼は「最高じゃないか。まさしく彼女向けの曲だ」と言った。

そして彼はポールに電話をかけた。ぼくらはテープをポールに送った。それから二、三時間もしないうちに、ポールから電話があった。「おめでとう、ハリー。完璧だ。ぼくらは世界中のめぼしいソングライターに、メアリー用の曲を書いてもらうつもりなんだ」

ぼくは「ワオ、こいつはすごすぎる！」と思っていた。するとポールが「よかったら今夜、そっちに顔を出してもかまわないかな？　なにか予定はある？」

「予定だって？　ないない。ぜひ顔を出してくれ[67]」

その晩、七時半ぴったりに、マッカートニーと彼の将来の妻、リンダがニルソンの部屋にあらわれた。左利き用のギターを弾いたり、ニルソンが〈パピー・ソング〉をつくったピアノの前に座ったりしながら、マッカートニーは新しく書いた曲のラフなヴァージョンをいくつかうたい、その中にはトリッキーなギターの伴奏つきで〝ホワイト・アルバム〟に収録される〈ブラックバード（Blackbird）〉もふくまれていた。

ニルソンはホテルのルームサーヴィス・リストにある最高級のワインを数本取り寄せ、彼らは深夜遅くまで、おたがいに曲を披露し続けた。すると隣室の宿泊客が、ドアを荒々しく叩きはじめた――「いい加減にしろ。世の中には生活のために働かなきゃいけない人間もいるんだ。朝、起きなきゃならない人間もいるんだぞ」。ニルソンは落ち着き払った態度で自分の訪問客を紹介し、ポールは彼らに優しく謝った。隣人たちは騒ぎを起こしていたのがかくも有名なゲストだったことに気圧されて、それ以上文句は言わなかった。その夜はマッカートニーが彼のアストン・マーティンにニルソンとリンダを乗せ、ロンドンをドライヴして幕となった[68]。

ニルソンがレノン、そしてのちにはリンゴ・スターとのあいだに打ち立てるほんものの友情を、マッカートニーに対して感じることはついになかったものの、このふたりはすぐさま音楽的に共鳴し、それからも折に触れて仕事をともにすることになった。〈パピー・ソング〉は、子犬という仲間がほしいと心の底から願う子どもの気持ちを正確に写し取ることで、またしても子ども時代のイノセントな感情に深く分け入ったニルソン作品だった。そしてマッカートニーはこの曲のために、ニルソン自身の作品にジョージ・ティプトンがほどこしていたアレンジのミュージック・ホール、あるいはヴォードヴィル的な雰囲気をたくみに採り入れたサウンドを用意した。そこでは快活な2ビートのリズムと、今にもジャズっぽいソロに入りそうな構えを見せながら、決してそうはならないトロンボーンのオブリガートが使われている。同年、新たなアルバム《ハリー・ニルソンの肖像》の冒頭に収める作品として、この曲をみずからレコーディングしたとき、ニルソンは自分の過去のカタログ以上に、ホプキンのヴァージョンを参考にしていた。だがそれ以上に重要なのは、この曲のはじまりで披露される考えが、《ハリー・ニルソンの肖像》におけるイメージとアイデアの、中心的なテーマとなったことだった。

夢はただの願望だし
願望はきみが叶ってほしいと
願う夢でしかない
(Dreams are nothing more than wishes
And a wish is just a dream
You wish to come true)

彼が次のプロジェクト用に書く曲の中には、ロンドンでひと晩のうちに書き上げた思いつきの歌詞をもとに、夢、願望、そして子ども時代というテーマをさらに追求した作品がいくつかふくまれていた。

ビートルズは映画のサウンドトラックへの参加を辞退した、というテイラーの正式な覚書を携え、ロスアンジェルス行きの飛行機に乗って『スキドゥ』のセットに復帰する前に、ニルソンにはもうひとつ、ロンドンでやっておかなければならないことがあった。アビイ・ロードでの彼らの仕事ぶりを見学することだ。ニルソンがスタジオに足を運ぶと、ジョージ・ハリスンが〈ピッギーズ（Piggies）〉の歌詞を吹きこんでいる最中だった。レノンもやはりそこにいて、ニルソンは休憩中に、レノンとヨーコ・オノがシンシアの留守のあいだにケンウッドのホーム・スタジオでレコーディングしたアルバム《「未完成」作品第1番〜トゥー・ヴァージンズ（Unfinished Music No.1 : Two Virgins)》のジャケットに使うつもりでいた彼らふたりのヌード写真を見せられたと回想している。こうしたぶしつけな不謹慎さに慣れていなかったニルソンは、レノンにこのどぎつい画像を突きつけられて、思わず言葉につまってしまい、気がつくと「どうやら右手でマスをかくらしいな」と口走っていた（レノンのペニスがはっきりと左側を向いていたことへの当てこすり）[69]。レノンは笑いだし、この話はふたりの長年にわたる交友の中で、何度もくり返されることになった。

その晩の飛行機に乗るためにニルソンがスタジオを辞した何年かあとに、この表敬訪問をふり返ったデレク・テイラーの見立てによると、それは彼とビートルズの双方にとって、とても大きな意味を持つものだった。将来的にニルソンと四人のメンバー全員とのあいだでくり広げられる、共同作業の下地がそこでつくられたからだ。

ハリーとポールのあいだには、〈パピー・ソング〉のおかげですぐに関係、音楽的な関係ができあがった……彼はポールのほしがっているものがわかっていた……ジョン・レノンとハリー・ニルソンの関係はとても密なものになった。あのふたりにはおたがいに提供できるものがあった。わたしはいつもハリーのことを、海の向こうにいるビートルだと思っていたんだ。わたしはそのフレーズが気に入った。とてもロマンティックだと思っていた。〝アメリカ人のビートル〟――そして自分にはそのフレーズを、許可抜きで、誰にも文句を言わせずに使用するある種の詩的なライセンスがあると思っていたし、現にこれまで文句を言ってきた人間はひとりもいない。誰も「そんなのはたわごとだ」とは言わなかった。装飾過剰だと言われたことはあるかもしれない。だがそれは真実だった。[70]

当のニルソンはビートルズと会い、世界一有名なバンドがどんな暮らしを送り、どうやって音楽をつくっているかをその眼で確認するチャンスを得たことで――ロンドンで開かれた《パンディモニアム・シャドウ・ショウ》のリリース・パーティーで絶賛を浴びたことも手伝って――その人生と活動の方向性を大きく転換させることになる。『スキドゥ』のサウンドトラック・アルバムにニルソンが提供する曲はリック・ジャラードがプロデュースする契約で、《ハリー・ニルソンの肖像》に収録が予定されていた曲のベーシックなオケにもすでに着手していたが、レノンとヨーコ・オノのやっていることを目にしたニルソンは今や、プロデューサー抜きでも仕事はできる、あるいは少なくともメアリー・ホプキンのような弟子筋のアーティストと仕事をするマッカートニーのやり方を真似て、自分で自分のプロデューサーになることはできる、と考えるようになっていた。彼はまた、ジョージ・ハリスンと作業をするジョージ・マーティンを見て、自分とジャラードの場合に比べ、年季を積んだプロデューサーのスタジオ・セッションはずいぶんと進め方が違うことに気がついた。彼がＲＣＡである程度の地位を獲得することができたのはジャラードのおかげだったし、彼との契約を続けるように、レーベルを説得してくれたのもジャラードだった。しかしニルソンはもはや、彼では飽き足らなくなっていた。

ジャラードが不愉快なニュースを知らされたのは、ニルソンが帰国してから三か月が過ぎたころだった。「なんの前ぶれもなく、『なにも感謝することはない。ぼくは別のプロデューサーを探す』という電報が届いた。そしてそれが基本的に、わたしとハリーの関係の終わりだった[71]」

ジャラードはこのメッセージを、〈窓をあけよう（Open Your Window）〉と〈モーニン・グローリー・ストーリー（Mournin' Glory Story）〉がレコーディングされた、一九六八年九月三十日の、このコンビにとっては最後となるセッションの終了後に受け取った[72]。RCAはプロデューサーの交代を求めるニルソンの要求を呑み、ジャラードはそれっきり彼とは口をきかなかった。その後ヒットする〈うわさの男〉のプロデュースはジャラードが手がけ、《ハリー・ニルソンの肖像》についても、その下地をつくったのは彼だったにもかかわらず、このふたりが仕事の上で顔を合わせることは、以後二度となかったのである。ロンドンでビートルズに会ってニルソンは変わった、というのがジャラードの見方だった。逆毛をはやした銀行のコンピューター管理者が自作曲を聞かせにきたのは、わずか二年前のことだった。だがその気さくで気取りのない男は永遠に姿を消してしまったのだ。ニルソンはこの年のうちに彼自身の制作会社、ニルソン・ハウスを設立した。

ニルソンがヨーロッパへの初旅から帰ってきた直後、RCAは彼のアルバムのプロモーション・キャンペーンを北米で再開させ、「ニルソン聞たる（Nilsson Is Hear）」〔「来たる（here）」と「聞く（hear）」の語呂あわせ〕という伝説的な宣伝文句を大書した巨大なビルボードがサンセット大通りに立てられた[73]。こうしてニルソンの名前が大々的に世間に売りこまれていたころ、彼は個人的にもっとも怖れていた事態に向き合うことを余儀なくされた——ついに父親と一対一で面会したのだ。もうひと組の家族がいることはベットから聞かされていたものの、彼らとはいっさい、直接的な連絡を取っていなかった。しかしまもなく『スキドゥ』の撮影が終わろうとしていたころ、パラマウントにハリー・ニルソン・シニアから、息子に会わせてほしいという手紙が届く。ニルソンは結局、父親をカリフォルニアに招くことになった。両親と姉のひとりについていったゲイリー・ニルソンは、彼らがロスアンジエルスに滞在した二週間のあいだに、「ハリーはずいぶん長いあいだ、彼の父親とふたりきりで話していた」と回想する[74]。その年の終わりごろ、『スキドゥ』のプレミアがマイアミ・ビーチのジャッキー・グリースン宅にほど近い大きな映画館で開催されることが発表になると、ニルソンは再度、父親に会わざるを得なくなった。

何度か説得されてニルソンはフロリダ行きに合意し、だが土壇場で旅行の計画を変更した結果、父親との再会は、人目のある映画館が舞台になった。「われわれは手厚いもてなしを受けた」とニルソン・シニアは地元紙に熱く語っている。「なによりもすばらしかったのは、あれだけの年月を経て、ようやく息子に会えたことだ[75]」。肝心の息子は、あまり感銘を受けているようには見えなかった。もし自分が有名にならなければ、両親がひそかに結託して真実を告げることも、父親が連絡を取ってくることもなかっただろう、と彼は確信していた。ニルソンは二十年にわたって父親としての愛情を放棄し、自分は死んだと息子に思わせるままにしていたハリー・シニアを決して好きになれなかった。それでもニルソンの個人的なファイルには、父親が長年にわたって集め、特徴的な金釘流の文字で、愛情とは言わないまでも、親としての誇りを少なからず感じさせるコメントを書き添えていた新聞や雑誌の記事の切り抜きが保管されている。二度めの出会いを経て、ようやくニルソンの曲づくりは、失われた父親にまつわる歌詞から焦点を別に移しはじめた。だがその出会いは間違いなく、ノスタルジア、夢、そして叶えられない願望をテーマにした、この時点では未完成だったアルバム《ハリー・ニルソンの肖像》の収録曲に、さらなる深みをもたらしたのである。

窓をあけて深呼吸しよう
ほかのみんなのことを気にするのはやめて
好きにさせるんだ
気楽に考えよう、朝飯前だと
きみの手をにぎるとごく自然にハイな気分

第四章
窓をあけよう

別の場所で暮らしていた父親との再会を果たし、サンディとの別離を乗り越えると、ニルソンの私生活には少しばかり光が射してきた。『スキドゥ』の仕事をはじめた一九六八年春の時点ですでに、彼はその前年の十一月に〈うわさの男〉のレコーディングを見に来ていたダイアン・クラットワーシーと深い仲になっていた。[1]ほっそりとしたブロンドで、チャーミングな笑顔の持ち主だったダイアンをニルソンに紹介したのは友人のボブ・セガリーニで、彼のグループ、ファミリー・ツリーのファンクラブで事務を取っていた彼女のことを、彼は「ハリーに首ったけで、彼の名前が出るたびに叫び声をあげていた」とふり返っている。[2]彼女の記憶にあるこの時期のニルソンは、「運動好きで、スリムで、快活で、一緒にいると楽しい」男だったが、「酒好きで、お酒を飲むと、すごく暗くて怖くなった[3]」

たしかにニルソンは酒好きだったものの、アルコール中毒になった母親の轍はまだ踏んでおらず、この新しい関係がはじまったばかりの段階では、彼の人格の「暗くて怖い」側面もおおむねうまくコントロールされていた。現に一緒になった最初の数年間、ダイアンは彼がつねに上機嫌で、人生を気軽に考え、とりわけ子ども時代の問題と、銀行業から音楽に徐々に転身していった時期のことを笑い飛ばしていたとふり返っている。「彼があのころのことを、つらそうにふり返っていた記憶はありません」と彼女は回想している。「冗談にしていました[4]」

ニルソンが《空中バレー》と映画『スキドゥ』のプロモーションで二度めのヨーロッパ旅行をした一九六八年の十一月にはもう彼とダイアンは同居中だったため、この旅には彼女もつきそった。《パンディモニアム・シャドウ・ショウ》がヨーロッパでリリースされたこの年のはじめのプロモーション戦略を引き継いで、ニルソンは再度、いくつかのＴＶ番組に出演し、ロパクで歌を披露する予定になっていた。だが今回の彼はどうやらイギリス滞在中に個人的な禁を破り、ほぼ内輪しかいないマスコミ向けパーティーの場だったとはいえ、人前で生歌を披露したようだ。ダイアンは次のようにふり返っている。

> 一九六八年の秋にわたしたちはロンドンに向かい、ヨーロッパのあちこちを回りました。で、ロンドンに行ったとき、ハリーはホテルの大宴会場のようなところで、かなりな数の人たちとマスコミを前に、バンドを従えてうたったんです。ちゃんとしたステージはありませんでしたが、それがかえってよかったのかもしれません。普通に床に立っていました。でもとてもおかしかったし、彼は本領を発揮して、スタン・ローレルの顔真似をしたり、ほかにもいろんなことを気持ちよさそうにやっていました……ヨーロッパを回ったときは、何度もロパクでうたいましたが、生歌は一度もありませんでした。[5]

ロスアンジェルスに戻ると、ニルソンとダイアンはハリウッドヒルズで一緒に暮らしはじめた。ウッドロー・ウィルソン通りに面し、マルホランド通りとの交叉点からもさほど離れていない場所で、ミッキー・ドレンツと彼のイギリス人妻、サマンサ・ジューストが暮らしていたローレルキャニオンにもかなり近かった。ジューストの回想によると――

> わたしたちはご近所だった……彼の家に行って、しょっちゅう彼が弾くピアノを聞いたのを覚えている。あれはとても素敵だった。田舎の雰囲気がする、いかにもイギリスっぽい家で。ダイアンがそういう人だったし、彼もそうだったからよ。正直、彼はもうすでに、ちょっとした英国崇拝者だったと思う。だから家もそんな感じで、とてもすてきな、とても田舎っぽい、くつろげる家だったの。[6]

モンキーズの〈カドリー・トイ〉と〈ダディズ・ソング〉以来、ニルソンとドレンツは大の親友になっていたが、その大きなきっかけが、RCAの隣接するスタジオで進められていたレコーディング・セッションの最中に興じた子どもっぽいバカ騒ぎだった。一九六八年の暮れになると、このふたりはおたがいの家をしょっちゅう行き来していた。近くの公園でバスケットボールのシュートを一緒に練習し、丘にハイキングに出かけ（"HOLLYWOOD"の看板を登り、自分たちのイニシャルを刻んできたこともあった）、ドレンツが自宅の地下室につくったレコーディング・スタジオにもしばしばふたりで入っていた。[7]

かりにダイアンのいうニルソンの暗い側面が、まだ表面化していなかったとしても、彼はすでに自分の周囲で、次々にことを起こす能力の持ち主だった。人生は絶え間のない冒険で、ヨーロッパから帰国した直後のある晩、彼とドレンツがダイアンとサマンサを連れて、近所のレストランに出かけたときも、やはり無事にはすまなかった。ニルソンはとなりのテーブルにいた女性客と話しはじめ、もっと飲みながらおしゃべりしようと、彼女たちをローレルキャニオンのドレンツ宅に誘った。もともとは一九〇〇年に狩猟小屋として建てられた木造の家は、薄暗い袋小路の奥まったところにあった。するとニルソンの新しい友人たちの車が、暗がりの中で、隣家の車の側面をこすってしまう。その隣人は強面なことで知られるドラッグの売人だった。そして家から飛び出してくるやいなや、自分の車に傷をつけたふたりの女性をえんえんと罵りはじめた。ニルソンは彼なりに選んだ罵詈雑言で反撃した。ドレンツの自伝によると――

それを聞いて、怒り狂った長髪の変人はキッチンナイフを引っぱり出した！　ほんのささいな接触事故が、いきなり大事件と化してしまったわけだ。サマンサとダイアンはあわてて家の中に逃げこんだが、その間にもナイフをふりかざしたヤクの売人は、ドライヴウェイでハリーを追いかけ回していた。[8]

サマンサの両親がこの家の脇にあるアパートに住んでいたので、ドレンツはそのドアをドンドンと叩き、彼らの持っているピストルを貸してくれと頼んだ。銃をズボンに差しこんで、彼は今やニルソンを片隅に追いつめていた隣人に立ち向かった。

「どうするつもりだ？　オレを撃つのか？」。男が訊いた。

「かもな」とドレンツは言葉少なに答えた。[9]

やがて銃とナイフは取り下げられ、対立する両陣営は慎重に言葉を交わしはじめた。驚いたことにニルソンが誘った女性たちは、実のところ車に傷をつけられた男と知り合いで、しばらく話しているうちに、ひと騒ぎしようとその男の家に行ってしまった。ニルソンからすると裏切り行為だ。激怒した彼は彼女たちの車のリアウィンドウに石を投げつけ、その後、ドレンツ宅で彼なりに社交的な一夜を楽しんだ。

サマンサ・ジュースト は優秀なホステスだった。元モデルの彼女は一九六四年以来、イギリスのＴＶ番組「トップ・オブ・ザ・ポップス（Top of the Pops）」に出演し、司会者のとなりにお飾りのように座って、次にかかるレコードに針を落とす役を務めていた。レコードに合わせて当てぶりをし、口パクでうたうのが当たり前の時代だったので、こうした演出もＴＶの視聴者にはまったく不自然に見えなかったのである。イギリスでの彼女は有名な人気者になり、ポップ・ミュージック全般のシンボル的存在と見なされていた。ドレンツにはじめて出会ったのはモンキーズが番組に出演した六七年一月のことで、彼との時間を過ごすために、大西洋の両岸を行き来する生活を一年間続けた末に、ＴＶの仕事を捨てて彼と結婚し、六八年七月にアメリカに移ってきた。ドレンツは自分たちの家を「ガレージセールで装飾したヒッピーの山小屋」と称していたが、彼女はそこに妖艶で女性的なタッチをつけ加えるとともに、ぶらぶら過ごしたり、騒いだりするためにやって来る客には、それまでドレンツがやっていたように、「レッドマウンテンのワイン、プレッツェル、ポテトチップにオニオンディップ」を出すだけですませるわけにはいかないと考えた。[10]

彼女は上等なワインや珍しい食べものを導入して洗練されたパーティーを開き、そこはアリス・クーパー、ティモシー・リアリー、ジム・モリソンといったローレルキャニオンの隣人たちが、ジェフ・ブリッジズ、ジャック・ニコルソン、ブライアン・ウィルソンらの人々と交遊する場となった。彼女はまた、モンキーズの初期にはドレンツの雑多な友人や取り巻きたちのたまり場と化していたこの場所を、本当の家につくりかえた。当人の回想によると――

> とても暗い家だったの。黒いカーペット、毛足の長い黒のカーペットがしいてあって。暗かったけれど、実際の話、あれは夜用の家だったのよ。例外はキッチンとその周辺、それに家の外で、とても素敵なテラスとプールがあった。でもわたしたちの家自体、かなり大きかったわ。木造の家だったんだけど、木は光をみんな吸収してしまうの。メインの部屋はとても広くて、段差のあるつくりだった。みんなはよく上のバーにたむろしていて、居間には大きな暖炉があった。とても素敵な冬用の家だったけれど、一階下、そしてさらに一階下に降りていくと、レコーディング・スタジオがあって、みんなよく、そこに入りびたっていたの。ええ、もちろん防音よ。[11]

サマンサがドレンツとその友人たちをバーやスタジオで好きなようにさせていた理由のひとつは、彼女が妊娠していたことだった。娘のアミー・ドレンツは一九六九年一月八日に誕生し、サマンサは母親業に専念した。彼女とダイアンは親しいつき合いを続け、アミーがまだおさなかったころにはしょっちゅうおたがいの家を訪ねていたが、その背景にこの時期のモンキーズが、少しずつバラバラになっていたという事情もあった。チップ・ダグラスの優秀な指導の下でみずから演奏をこなしたアルバム《スター・コレクター（Pisces, Aquarius, Capricorn and Jones)》がヒットを記録すると、彼らのレコード会社は急遽、《小鳥と蜂とモンキーズ（The Birds, The Bees and The Monkees)》と題する別のアルバムを発売した。これはシングル〈デイドリーム・ビリーヴァー（Day-dream Believer)〉のヒットに便乗した、初期の残りものやボツ曲を中心とする急ごしらえのアルバムだった。バンドのメンバーたちは激怒したが、この一件は彼らに、自分たちの人生や仕事をコントロールする力がほとんどないことをあらためて思い知らせた。ジャック・ゴールドがプロデュースするＴＶ特番「33⅓レヴォリューションズ・パー・モンキー(33⅓ Revolutions Per Monkee)」の撮影を進めていくうちに――これが『恋の合言葉ＨＥＡＤ！』以上の失敗作になることは、本人たちの目にも明らかだったはずだ――とうとうバンドは崩壊した。

　対照的にニルソンは乗りに乗っていた。おそらく新たに安定した家庭ができたおかげだろう、一九六八年が六九年に移り変わっていくにつれて、彼の書く曲はより楽天的な様相を呈しはじめた。

　仕事面で見ると、一九六八年後半のニルソンは、もっぱらアルバム《ハリー・ニルソンの肖像》を仕上げるための計画づくりに追われていた。すでに四曲は、リック・ジャラードとの最後のセッションで完成していた。だがアルバムに収録するつもりでいた残りの曲に関しては、新たに設立した制作会社、ニルソン・ハウス・プロダクションの旗の下で、ニルソン自身がプロデューサー役を務めなければならない。ミュージシャンの手配をする請負人《コントラクター》、編曲家、そして指揮者の役目を務めるジョージ・ティプトンとの関係は密なままだったので、ニルソンは彼と一緒に次のスタジオ・セッションを一月からスタートさせることにした。しかし六八年十一月の「ビルボード」誌が報じているように、彼はほかにも数多くの活動をつめこもうとし、その一部は春に完成を予定していたニュー・アルバムの妨げとなりつつあった。

　ビートルズに賞賛され、去年までコンピューターの管理を担当していたセキュリティ・ファースト・ナショナル・バンクからはその退職を惜しまれているポップ・シンガー兼作曲家のニルソンは、先週、ヨーロッパでのプロモーション・ツアーから帰国し、ＲＣＡでスコアをつけたパラマウント映画『スキドゥ』の試写会に出席した。あらゆるメディアに等しく「手を広げすぎた」と言うニルソンは、メアリー・ホプキンやグレン・キャンベルに曲を提供し、Ｔ

V、CM、そして自作のブロードウェイ・ミュージカルのスコアを書き、制作会社のニルソン・ハウスとグローヴナー音楽出版での仕事に精を出している。ウィットに富む気まぐれなカリフォルニアっ子は、ほかにもふたを開けると録音ずみの軽口が聞こえる木箱を（手づくりで）製造中。航空界におけるライト兄弟の冒険をもとにしたニルソンのミュージカルには、なんとも彼らしいタイトルがつけられている――『いかにもライトっぽい！（How Wright You Are!）』〔12〕〔「いかにもその通り（how right you are）」のもじり〕

軽口を叩く木箱については、以後何か月か、いくつかのプレス・リリースやインタヴューでも触れられており、ライト兄弟のミュージカルについても同じくだった。一九〇三年にキティホークで初飛行に成功したライトフライヤー号が、四八年、ロンドンの科学博物館からスミソニアン博物館に返還された際の経緯から着想を得たこの未完のミュージカルは、『オーヴィル＆ウィルバー（Orville and Wilbur）』〔ライト兄弟のファースト・ネーム〕という修正されたタイトルで、ニルソンの個人的なファイルに保管されている。彼は世界初の動力飛行を成功させたこの兄弟と、彼らの先駆者的な業績にまつわるすべてに魅了されていた。法的ないさかいや論争の話を読むのが好きだった彼は、ライト兄弟の功績を長期にわたって否定し続けたスミソニアン協会のかたくなさに興味を惹かれた。二十世紀のはじめごろ、同協会の長官、サミュエル・P・ラングレーは飛行の「能力がある」と主張して、彼自身が設計した飛行機の模型を、実際に成功したライト兄弟の実機の代わりに展示していた。そこで不当にあつかわれたオーヴィル・ライトは自分の飛行機をロンドンに送り、この機はかの地で展示されることになった。ふたつの陣営が矛を収め、アメリカの先駆的な飛行機が〝故郷〟のスミソニアンに収蔵されたのは、長い年月が過ぎ去り、世界がふたつの大戦をくぐり抜けてからのことだ〔13〕。

〈イフ・ゴッド・ハッド・ウォンテッド・メン・トゥ・フライ（If God Had Wanted Men To Fly）〉や、兄弟が二十世紀のはじめ、飛行機先進国のフランスに旅したときのことを描いたそっけないタイトルの〈フレンチ・プロダクション・ナンバー（French Production Number）〉など、計画していたショウのためにニルソンが書いた曲のスケッチも残されている〔14〕。ニルソンがはじめてこうした曲のアイデアを実際にためしてみたのは一九六八年の秋のことで、彼はその後もずっと、このミュージカルの構想を練り続けた。CBS‐TVで人気番組「コメディ・アワー（Comedy Hour）」の司会を務めるトムとディックのスマザーズ・ブラザーズにこの企画を持っていく話が出たこともあるが、結局なにも実を結ばなかった。

しかしこの時期の『オーヴィル&ウィルバー』に関するインタヴューを読むと、より長生きした弟のウィルバーの生涯を細かく追ったミュージカルの草稿用にニルソンが温めていたプランの少なくとも一部は、その二年後に彼がつくるアニメーション・ミュージカル映画『オブリオの不思議な旅』に活かされていることがわかる。「これは少年と犬と飛行機にまつわる、SFホラー・ミュージカル・コメディなんだ」と彼は語っていた。[15]

対照的に「ビルボード」で軽く触れられた「TVのスコア」は、とうの昔にプランの段階を脱し、一九六八年の秋に制作が発表された新しい連続ドラマのことを指していた。マスコミの記事によると――

来年になると、ABC－TVの新番組「エディの素敵なパパ (The Courtship of Eddie's Father)」でニルソンの声が聞けるだろう。彼は通常の主題歌の代わりに、画面とシンクロさせた歌詞を次々にうたっていく予定だ。[16]

ヴィンセント・ミネリ監督の一九六三年作品『けっさくなエディ (The Courtship of Eddie's Father)』から派生したこの番組は、妻を亡くしたばかりの父親と、彼のために新しい花嫁を探す六歳の息子が主人公だった。小説を原作とする映画はオリジナルのすじ書きをかなり忠実になぞっていたが、TVのプロデューサーたちは、おさないエディ・コーベットが父親のトムのために、一家の有能な日本人ハウスキーパー、ミセス・リヴィングストンと結託して次々にパートナー候補を見つけてくるという設定に長寿番組の可能性を見いだした。番組の監督（兼創案者）はジェームズ・コーマックで、トムが働く雑誌社の親しい同僚役も演じた。主役のトム・コーベット役はビル・ビクスビー。子役のブランドン・クルーズが、エディ役で共演した。

コーマックはこの番組の音楽用にきわめて独創的なアイデアを思いついた。『スキドゥ』のエンディング・クレジットと同じスタイルで、ニルソンにときおり、ナレーション代わりの間奏曲《インタールード》をうたわせるのだ。彼はストーリーを進めることもできれば、画面についてコメントすることも、あるいは単純に状況を設定することもできる。彼とジョージ・ティプトンはすぐさまこの仕事に取りかかり、ニルソンが短い歌詞やメロディの断片を書くと、ティプトンがコンマ何秒のタイミングで画面に合わせて完成させた。ダイアン・ニルソンはふたりの共同作業を次のようにふり返っている。

ジョージ・ティプトンのアレンジは完全に曲の一部になっていて……それ抜きだと印象がまるで変わったでしょう。

ハリーとジョージはとても親しくしていました。ハリーにとっては、とても仕事がしやすい相手だったと思います。[17]

初期のエピソードでは、コーヒーカップを持ってくることからインフルエンザにかかることまで、ありとあらゆる出来事をきっかけにして、いきなり風変わりな曲が短いあいだだけ流れていた。同時にニルソンはすでに発表ずみだった曲を部分的に使用し、たとえば《空中バレー》に収録の〈リトル・カウボーイ〉は、眠りにつくエディの子守唄となった。結局は多忙なミュージシャンに、たいていはわずか数秒しかない曲を次から次へとレコーディングさせるのはむずかしいという話になったため、九話あたりでニルソンの合いの手は次第に姿を消しはじめ、大部分の音楽は、ティプトンがインストゥルメンタル形式で——時にはスタジオのシンガーたちが歌詞をつけることもあったが——手がけることになった。

ただしニルソンは一九七二年まで続いたこのドラマにもっと息の長い貢献を果たしている。〈ベスト・フレンド（Best Friend）〉という軽快な主題歌がそれで、その歌詞は、番組に説得力を与えていた父と息子の揺るぎない絆にみごとなぐらいそぐわしかった。もしもリスナーが、その作者は一度として実の父親とそうした関係が持てなかったことを知っていたら、その感動はなおのこと深まっていたかもしれない。

みんな、ぼくの親友の話を聞いてくれ
ぼくを最後まで愛してくれる、あったかい心の持ち主さ
みんな、ぼくの親友の話を聞いてくれ
彼はかわいいおもちゃみたいな男の子
ぼくの元気、ぼくの悩み、ぼくの自慢の種なんだ
(People let me tell you 'bout my best friend,
He's a warm-hearted person who'll love me till the end.
People let me tell you 'bout my best friend,
He's a one boy cuddly toy,
My up, my down, my pride and joy)

大半のエピソードでは、この曲の前にオープニングのセリフが入り、エディと父親は重大な問題、少なくとも六歳児にとっての重大な問題を論じ合う。それがたとえば「どうして規則があるの？」「女の子のなにを知ってる？」「パパがママの夢を見るときは、ぼくもその夢に入れる？」といったような、その回全体のテーマになるわけだ。そしてオープニングのタイトルがはじまると、ロマンティックな雰囲気を高めるために、あえて粒子を粗くし、ぼやかして撮影されたビクスビーとクルーズが、ヴェニスの埠頭で釣りをしたり、サンタモニカの北の浜辺でジョギングをしたり、ゴルフボールをテ

ィーアップしたり、あるいは公園に行ったりと、いかにも父と息子の絆が深まりそうな行動を次々にくり広げる。するとティプトンの十八番ともいえるバリトンホルンのフレーズ（この場合はもともと《空中バレー》の〈ダディズ・ソング〉用に考案したアレンジをそのままの形で流用していた）を先触れに、ニルソンの明るい歌詞がふたりの行動に寄りそうようにしてうたわれるのだ。二番の歌詞は、冒頭に短く親子の会話が入る番組の構成をうまい具合に活かしていた。

みんな、彼の話を聞いてくれ、とても楽しいやつなんだ
男同士の話をしているときも、息子同士の話をしているときも
(People let me tell you 'bout him, he's so much fun
Whether we're talkin' man to man or whether we're talking son to son)

ただ、たしかに新たに書かれた歌詞と、子どもが大人になり、大人が子どもになるという世代横断型のアイデアは、ニルソンが切望しつつも、決して経験することのなかった親との対話の性質をみごとに要約しているものの、実のところ〈ベスト・フレンド〉は、とうてい番組のための書き下ろしとは呼べない曲だった。それはニルソンが最後にリック・ジャラードと組んだ曲のひとつ、もともとは《ハリー・ニルソンの肖像》用に考えられていた曲の事実上のリメイクにすぎなかったのだ。一九六八年の七月二十四日に〈レインメイカー（Rainmaker）〉（この曲は最終的なアルバムに収録された）の作業を終えたふたりは、〈ガールフレンド（Girlfriend）〉と題する曲のレコーディングに着手する。[18] この曲は次のようにはじまっていた。

みんな、女友だちの話を聞いてくれ
ぼくを最後まで愛してくれる、あったかい心の持ち主さ
みんな、女友だちの話を聞いてくれ
彼女は男の子向けのかわいいおもちゃ
ぼくの元気、ぼくの悩み、ぼくの自慢の種なんだ
(People let me tell you about the girlfriend,
She's a warm-hearted woman who'll love me till the end.
People let me tell you 'bout the girlfriend,
She's a one boy cuddly toy,
My up, my down, my pride and joy)

この陽気な歌詞が書かれたのは、ニルソンがダイアンと出会ったころのことだった。だがコーマックから番組用の音楽をやらないかと打診されたとき、どうやらニルソンは単純に

この出来合いの曲の埃をはらい、その内容に合わせて歌詞を修正したようだ。《ハリー・ニルソンの肖像》のプロデュースを彼自身が手がけることになったのは、そうした意味でも好都合だった。そのおかげで収録曲から、ジャラードと組んだ曲をひとつ減らすことができたからだ。それはまた彼に、この曲のアレンジをあらためてティプトンに依頼するチャンスをもたらした。《空中バレー》からこのふたりのつくった〈ダディズ・ソング〉が外されていたことを考えると、新しいTV番組の主題歌にその曲のメインの伴奏リフを改訂して採り入れ、えんえんとくり返したのは、彼らなりのさりげないRCAへの意趣返しだったのかもしれない。〈ガールフレンド〉のオリジナル・ヴァージョンがはじめてレコード化されたのは一九九四年、ニルソンの死の直後にリリースされた編集盤の《アンソロジー（Personal Best)》でのことで、「エディの素敵なパパ」はその二十二年も前に最終回を迎えていた。番組がはじめて放映されたのは六九年九月十七日、そしてアルバム《ハリー・ニルソンの肖像》は結局、その前月にリリースされている。ニルソンとティプトンはアルバムの仕上げを急ぎながら、同時に番組の音楽に取り組んでいた。

かりにその番組用に曲を書き、レコーディングする作業がアルバムの仕上げの妨げになっていたとするなら、ニルソンは一九六九年のはじめ、それとは別のTV番組にもレコーディングを妨害されていた。ゴシップ・コラムによると——

フォーク・ロック音楽のシーンではこの国きってのホットな新人と目されているハリー・ニルソンが、二十世紀フォックスTVの新ドラマ「ミセスと幽霊（The Ghost and Mrs. Muir)」で俳優デビューを飾る。ニルソンはNBC－TV系のKOAM－TVチャンネル7で三月二十二日（土）の午後七時三十分から八時に放映される「ザ・ミュージック・メイカー」の回で、主演のホープ・ラング、エドワード・マルヘアと共演する予定だ。タイトルと同名の役に扮するRCAビクター所属の若手作曲家兼アーティストは、チャートでもヒットすること間違いなしのオリジナル曲を二曲、番組内で披露する。ニルソンは〈ウィザウト・ハー〉の歌詞と曲を書き、〈イフ・オンリー（If Only）〉という曲では、「ミセスと幽霊」の脚本編集者、トム・オーガストと共作をおこなった。[19]

「エディの素敵なパパ」が小説を原作とする古い映画を元ネタにしていたように、「ミセスと幽霊」も映画、ただしこちらの場合はいささか古色蒼然とした映画がもとになっていた。ジョセフィン・レスリーの小説をジョゼフ・L・マンキーウィッツが映画化し、ジーン・ティアニーが若い未亡人のミセス・ミュア役、そしてレックス・ハリスンが幽霊のダニエル・グレッグ船長役で主演した一九四七年の『幽霊と未亡人』である。六八年九月にラングとマルヘアがこのふたりの役を引き継ぎ、番組は半年ずつ、二シーズンにわたって放映された。これはまったくの偶然だが、ビル・ビクスビー（エディの父親）も「ザ・ゴースト・ハンター」と題する初期のエピソードに、精神分析医のポール・ウィルキー役で出演している。

　番組の設定はいたってシンプルだった。ふたりのおさない子どもを連れたうら若き未亡人、キャロリン・ミュアがスクーナー湾を望むかもめ館に越してくる。するとその館に取り憑くグレッグ船長の幽霊が彼女に恋をしてしまうのだ。むろん彼女は生身の人間なので、船長の恋は成就しない。性的な解放が謳われていた一九六七年の〝サマー・オブ・ラヴ〟直後に企画されたこの番組は、意図的に逆のスタンスを取り、古めかしい価値観を強調しながら、くっつきそうでくっつかない関係を土台に全五十回のエピソードを生み出した。「このドラマの軸になっているのは、報われることのないロマンスです」と当時、ラングは語っている。「ミセス・ミュアに決して船長に触れられないという事実が、物語をよりロマンティックにしているんじゃないでしょうか」[20]

　番組の脚本家たちは回を追うごとに注意深くふたりの関係を深め、船長の嵐のような気性（実際に嵐を引き起こすこともある）をよそに、次第に惹かれ合っていくこのカップルに視聴者の共感を集めようとした。船長を見ることができるのは、ミセス・ミュアと船長の甥の息子だけ。また当時のＴＶの技術的限界から、幽霊のマルヘアがあらわれたり消えたりするたびに、ラングは身体の動きをピタリと止めなければならなかった。

　第一シーズンの最終回として放映された「ザ・ミュージック・メイカー」のプロットは、船長がミセス・ミュアに捧げる愛の詩を書き上げるというものだ。しかしさまざまな出来事が邪魔立てをして、彼はなかなかその詩を読むことができない。ニルソンは近くの浜辺にフォルクスワーゲンのキャンパー・ヴァンを停めて、マネージャーと一緒に大音量の音楽をかける若手ミュージシャン、ティム・シーガートの役を演じる。それがたまたま船長が詩を読もうとするタイミングと一致し、彼の怒りが発生させた激しい雷雨のせいで、ニルソンと彼のヴァンは浜辺に取り残されてしまう。ずぶ濡れになったミュージシャンはミュア家に招き入れられ、服を乾かすことになる。彼は〈ウィザウト・ハー〉をミセス・ミュアに披露し、幽霊の船長も一緒に聞く。するとその心優しい歌詞にすっかり感動したヴェテランの船乗りは、ニルソンをだまして自分の愛の詩に曲をつけさせ、ミセス・ミュアのためにうたわせようともくろむ。

船長が期待しているのはロマンティックな美しい曲だが、ニルソンが最初につくった曲はロックンロール調で、それを彼がジェリー・リー・ルイスばりにピアノで演奏すると、船長はまたも癇癪を爆発させてさらなる大嵐を呼ぶ。雷、稲妻、そして吹き荒れる風で窓がバタンと開き、カーテンが激しく舞い、スコールが降りこんで部屋の中は荒れ放題になる。しかし嵐が静まり、ティムがギターの弾き語りで静かに曲をうたいはじめると、船長は誇らしげに顔を輝かせ、恥ずかしそうに愛するミセス・ミュアに目配せをする。そして彼女もようやく、「きみの手に触れる（touch your hand）」ことも、自分の腕と「きみの腕をつなぐ（link your arm）」こともできないと嘆く、彼のメッセージを受け取るのだ。

この〈イフ・オンリー〉という曲の歌詞は、トム・オーガストの手になるものだった。それはまず、マルヘアがシェイクスピアっぽい声色で朗読する、詩という形で耳に届けられる。もともとは舞台俳優で、のちには人気ドラマ「ナイトライダー（Knight Rider）」の後見人的存在、デボン・シャイアーとして若い世代にも知られるようになるマルヘアは、上品な語り口のイギリス人役を得意とするアイルランド人だった。彼が海賊のような髭をはやし、金髪を黒く染めて、幽霊の船長役をかなりくさく演じていたのに対し、ニルソンははるかに自然に見える、抑えめな演技を披露した。この時点でのニルソンはまだ、《パンディモニアム・シャドウ・ショウ》のジャケットを飾っている、髭をきれいに剃った短髪の若者で、ライトブルーのセーターに白いスラックス姿であろうと、（どしゃ降り後の）下着に毛布姿であろうと、画面上での存在感は、主演のふたりにいっさいひけを取らない。船長の甥の息子、クレイモア・グレッグを演じる喜劇俳優のチャールズ・ネルソン・ライリーとの小芝居――マネージャーになってやろうというライリーの申し出をニルソンが断る――は、キャリアのこの段階で、ニルソンが演技の場に限らず、日常の会話でもどんなふうに見え、どんなふうにふるまっていたかを垣間見させてくれるものだ。当時はニルソンの抑えた演技を、もっと定期的にTVで見ることができそうな雲行きだった。なぜなら一九六九年の前半には、さらに二本の企画がかなり進展していたからだ。「ビルボード」誌の報道によると、「彼は検討中のTVドラマ『スワミ（Swami）』のパイロット版に無能なミュージシャン役で出演し、この多才なミュージシャンのTV特番も七月に予定されて」いた。[21] これらの企画はどちらも実を結ばなかった。

〈イフ・オンリー〉が正式にレコード化されることはなかったが、トム・オーガストの歌詞につけられた音楽は、ニルソンがこの時期、ソングライターのビル・マーティンと共作した数多い曲のひとつだった。同時期、サンディ・ショウに〈恋のあやつり人形（Puppet on a String）〉、クリフ・リチャードに〈コングラチュレーション（Congratulations）〉などのヒット曲を提供していたスコットランド人ソングライターとは同名異人の彼（フルネームはウィリアム・E・マーティン）はマイク・ネスミスの親友で、モンキーズのために〈ザ・ドアー・イントゥ・サマー（The Door Into Summer）〉や〈オール・オブ・ユア・トーイズ（All of Your Toys）〉を書いている。ほぼ同時期にミッキー・ドレンツの遊び仲間となったニルソンとマーティンは、どちらもローレルキャニオンやRCAスタジオにほど近い、マルトーニズ・イタリアン・レストランの二階で開かれるパーティーの常連だった。マーティンはその後、ドレンツと組んで映画やTVの企画を立てるようになるが、一九六八年のなかばにはニルソンと曲を書きはじめ、同年、シングルとしてリリースされた〈レインメーカー〉（〈ガールフレンド〉と同じセッションでレコーディングされた）が、彼らにとっては初の公式に発表された共作曲となった。結局アルバム《ハリー・ニルソンの肖像》には、〈フェアファックス・ラグ（Fairfax Rag）〉と〈都会の生活（City Life）〉というマーティンとの完全な共作曲がさらに二曲収録された。

《ハリー・ニルソンの肖像》は大きくわけてふたつの時期にレコーディングされたアルバムだが、マーティンはその両方に関わっていた。ジャラードのプロデュース曲（〈レインメイカー〉をふくむ）は一九六八年七月二十四日から九月三十日の期間にレコーディングされ、ニルソンがみずからプロデュースしたパートは、六九年一月二十七日から三十日にかけて集中的におこなわれたセッションでレコーディングされた。その後、二月のなかばにさらなる創造力を沸き立たせたニルソンは、ヴォーカルとインストゥルメンタルのパートを新たに追加している。

ジャラードの手がけた作品はどれも初期のアルバムを意図的になぞり、いかにも彼らしい完成度の高いサウンドだ。現にホームレスの女性をうたったニルソンの感動的なバラード〈モーニン・グローリー・ストーリー〉には、彼自身の〈ウィザウト・ハー〉や〈スリープ・レイト・マイ・レディ・フレンド〉を思わせるストリングスのバックがつけられている。この曲はまた、弦楽四重奏とヴォーカルのミックスの面で、（曲のテーマが持つ社会的なメッセージにも合わせて）ビートルズの〈エリナー・リグビー（Eleanor Rigby）〉を参照している。当時の記事でも指摘されていたように、歌詞の面でも「彼女は目覚め……（She wakes up...）」という、《リボルバー（Revolver）》に収録されていたビートルズの〈フォー・ノー・ワン（For No One）〉と重なり合うくだりがあった。[22]

実のところ、この曲は個人的な経験をもとにしており、それがティプトンのアレンジにも大いに助けられて、ニルソンの声に感情的な深みをもたらし、音楽から最大限のパワーを引き出すことに成功していた。

〝モーニン・グローリー〟は実在の人物だ。ぼくはニューヨークにいて、ある晩遅く、通りを歩いていた。目の片隅で、戸口に影が見えた。それは車椅子で眠っている女性だった。そのうしろにはリンゴ箱に座り、車椅子のハンドルに片手をかけて自分用の小さな支えにしている老人がいた。ぼくは思わずそっちに向かった。この話をしていると、きまりが悪くなってくる。そっちに向かったぼくは、彼女のひざの上にいくらかのお金を置いた。彼女はぼくの存在を感じてびくっと動いた。そしてそのお金を見て、すべてを理解した——彼女の全人生、ぼくの全人生、なぜぼくらがそこにいるのか。彼女は泣きだした。経験を抜きにして、曲は書けない。ぼくは責任逃れをした。けれどもその曲は、ぼくの経験に触れているんだ。[23]

女性の薄汚れた足から「もう哀しみはたくさん（no more sorrow）」という彼女の祈りまで、歌詞の細部はことごとく実生活の経験を反映している。それは〈窓をあけよう〉にも当てはまるが、この曲の場合は雰囲気と感触がまったく異なり、おそらくはダイアンに対するニルソンの求愛から着想を得た、楽観的なラヴ・バラードになっている。これはティプトンが洗練されたストリング・オーケストラのバッキングをつけた、あからさまにロマンティックな仕上がりの曲だ。高音域におけるニルソンの歌唱の鮮やかさを、ここまでみごとに印象づけてくれる曲はめったになく、そこには最初に〈スリープ・レイト・マイ・レディ・フレンド〉であらわされていた優しさがふたたび登場する。ニルソンによる歌詞のみごとな解釈を別にしても、これは曲そのものがすばらしく、のちに彼のプロデューサーとなるリチャード・ペリーの下でカヴァー・ヴァージョンをレコーディングしたジャズ・シンガーのエラ・フィッツジェラルドは、その後も何年にもわたってこの曲を、失恋や片恋をうたったバラードのレパートリーに加えていた。

冒頭で聞けるパワフルなドラムが特徴的な〈レインメーカー〉は、同時にジャラードと組んだニルソンが得意としていた、オーヴァーダビングした声の分厚いコーラスを駆使する手法の最後の事例——とりわけ何重にも重ねた自分の声の〝ウー〟や〝アー〟に乗せてニルソンが歌詞を力強くうたう最後のセクションでは——ともなっている。対照的にほんの一分あまりの小品とはいえ、ベット・ニルソンが書いた〈ブロードウェイの行進（Marching Down Broadway）〉には《パンディモニアム・シャドウ・ショウ》のドラムとブラスの名残がある。ここでのニルソンは、アーヴィング・バーリンが思わず小切手帳に手を伸ばした第二次世界大戦の勝利を祝う愛国的な歌詞を、よりアイロニックなトーン――この曲がレコーディングされたのは、テト攻勢でヴェトナムに対する米軍の関与が最高潮に達した一九六八年の夏だったという事実により似つかわしいトーンでうたっている。

一九六八年七月のジャラードとのセッションは、ニルソンとモンキーズがＲＣＡスタジオで同時に作業をする最後の機会となった。モンキーズは映画『恋の合言葉ＨＥＡＤ！』に付随するアルバムを仕上げるつもりでスタジオに入ったが、そこでの作業は結局リリースされたレコードにはほとんど活かされず、アルバムは主に映画の共同脚本家でプロデューサーも務めた俳優のジャック・ニコルソンによる、実際のサウンドトラックで構成された。そのわずか数週間後に、酔いどれ弁護士のジョージ・ハンソンを演じた『イージー・ライダー（Easy Rider）』で大々的なブレイクを果たすニコルソンだが、レコード・プロデューサーとしての主な仕事は、自分が監修したセッションでモンキーズがレコーディングしたテイクに次々と駄目を出すことだったようだ。[24] ニルソンがスタジオに復帰した九月、グループはすでに最後の国外ツアーに出て日本とオーストラリアを回っており、この年の終わりにはピーター・トークの脱退で三人組になっていた。[25] サマンサ・ジュースト は、スタジオでまだ以前通りのやり方が通用していた最後の数日を回想している。

セッションではみんな浴びるようにお酒を飲んでいたわ。しゃべれるだけでも驚きで、うたうなんてありえないという感じ。もちろん、本当に度を越しすぎて、うたえなくなることもあった。レコーディング・セッションがはじまるとその足で、たしかダン・タナズという名前だった店にくり出していたからよ。ＲＣＡのすぐ近くにはマルトーニズというイタリアン・レストランがあって、わたしたちのために遅くまで店を開けておいてくれたので、そこで食事をして、みんなはワインを何本か飲んだり、ほかにもその晩、とくに飲みたい気分になったお酒を飲んでいた。で、またスタジオに戻ってセッションをはじめるわけ。完全にイカれてるでしょ。いろいろ信じられないような夜もあったし。実際、今にして思うと、ハリーがワインにハマったのはあの時だったんじゃないかしら。よくかなり高いワインのボトルを飲んでたの。それはもう上等なワインを！[26]

ジャラードと組んだ曲が音楽的にもスタッフ的にもうしろ

向きだったのに対し、《ハリー・ニルソンの肖像》に収録されたそれ以外の曲にはより統一された雰囲気があり、新しい領域に目が向けられていた。そうした特徴は大部分、レコードの全編に登場するミュージシャン三人の趣がある演奏に由来していた——ハーモニカのトミー・モーガン、カントリー・スタイルのヴァイオリンを弾くボビー・ブルース、そして洗練されたジャズ・ギターのコードを使うハワード・ロバーツである。そこに長年ティプトンと組んできたマイケル・メルヴォインのキーボード、ラリー・ネクテルのベース、デイヴィッド・コーエンのリズム・ギターとハワイアン・ギター、それにジム・ゴードンのドラムスが加わると、全体的な雰囲気は、ジャラードがプロデュースした大半の作品よりもずっと軽やかで風通しのいいものになった。いくつかの曲では小編成のストリング・セクションが追加され、ブラスとサックスが入っている曲もあるが、ハーモニカ、ギター、フィドルが中心のサウンドは、歌詞のノスタルジックな内容に即したカントリー、ブルーグラス、そしてフォーク・ミュージック的な抑揚をアルバムにもたらしている。

アルバムは評論家筋から、《パンディモニアム・シャドウ・ショウ》や《空中バレー》よりもはるかに好意的な評価を得た。「ステレオ・レヴュー」誌は年間最優秀レコードの一枚に選び[27]、同誌の評論家、ピーター・ライリーは「このアルバムでついにニルソンは本領を発揮した……それは時事的だったり、懐古的だったり、おかしかったり、タフだったり、抜け目がなかったり、不思議とナイーヴだったりする、いつまでも消えない記憶とアーティスティックな空想の飛躍なのだ」と書いている。「コンセプト・アルバムの傑作」という評価もあり、《ハリー・ニルソンの肖像》のジャケットを拡大した巨大なビルボードをまたしてもサンセット・ストリップに掲げたRCAは、彼を「この国でもっとも過小評価されている若手シンガー」として売りこんだ。[28]

アルバムのオープニングを飾る〈子犬の歌〉は、メアリー・ホプキンのオリジナル・ヴァージョンよりわずかにテンポが遅く、キーもGから五度下のCに下げられ、それが悲しげな雰囲気をより高めている。マッカートニーのプロデュースしたヴァージョンでは、トロンボーンがホプキンの声の相方役を演じていたが、ティプトンは代わりに、哀愁を帯びたハワイアン・ギターの音をさりげなくつけ加えた。抑揚のあるリズムは同一で、それがニルソンのレコーディングではエレクトリック・ベースと一緒になってダウンビートを倍加させるチューバを徐々に引き入れることでより強調されている。確かに「夢、叶った望み——そしてうらはらになった望み」[29]の色合いもあるが、ニルソンがヴォーカルのオーヴァーダブを導入すると、その効果はエスター&アビ・オファリムが一九六八年二月にリリースし、その後いくつかの国でチャート入りを果たした〈シンデレラ・ロッカフェラ（Cinderella Rockefella）〉のヴォードヴィル的な雰囲気に驚くほど酷似したものとなった。しめくくりの何秒かに、ニルソンは「きみの願いは叶うだろう（Your wish will come true）」というくり返しのコール＆レスポンスをつけ加えているが、これはもしかするとオファリムの「きみはレディだ、なんというレディ（You're the lady, the lady who）」という質疑応答のフレーズを意図的に模していたのかもしれない。このこととホプキンのチャーミングなレコーディングがすでに存在していたせいで、ニルソンの自演ヴァージョンは、オリジナルというよりカヴァーのような印象を与える。

　だがニルソンのアルバムに収められた曲の中でも指折りの傑作と言える〈忘れられた鉄道（Nobody Cares About the Railroads Any More）〉では、彼のオリジナリティが遺憾なく発揮されている。みごとに構築された作品で、とくに彼自身の声をマルチトラックで重ねた伴奏用ヴォーカルのクローズ・ハーモニーはすばらしい。これは〈１９４１〉と同様、ある一家の三世代にわたる時の経過をあつかった曲だ。物語は一九四四年に結婚し、ハネムーンではシルヴァー・ライナーに乗って「バルチモアの下（below Baltimore）」からヴァージニアに向かったカップルに焦点を当てる。ふたりは個室のポーターにチップを渡したり、それぞれの両親に葉書を送ったりしたときのことをふり返る。今では彼ら自身が親となり、娘――「ぜひとも今のあの娘を見てほしい（you ought to see her now）」――の結婚も間近いが、彼女は飛行機でバルチモアを発つつもりでいる。それはもう「誰も鉄道のことなんて気にかけていない（nobody cares about the railroads any more）」からだ。ニルソンが幾重にも重ねた声でうたう「出発進行（all abroad）」や、「ウー・ウィー（oo-ee）」という汽笛の効果音を聞いていると、すでに過ぎ去ってしまった蒸気機関車による長距離旅行の時代がありありとよみがえってくる。「彼女のサルにそっくり（looks just like my gal Sal）」な義理の息子に関するくだりは、ちょっとした内輪のジョークだろう。古い映画に関しては百科事典的な知識を誇るニルソンだけに、これがレッド・マッケンジー＆ザ・マウンド・シティ・ブルー・ブローワーズによる二九年の短篇映画『マイ・ギャル・サル（My Gal Sal）』を指していたのは間違いない。ヴォーカル、カズー、手製のパーカッション、ギター、そしてバンジョーからなるこの小編成グループは〈マイ・ギャル・ナル〉と〈アイ・エイント・ガット・ノーバディ（I Ain't Got Nobody）〉をメドレーで演奏し、ティプトンがニルソン作品のアレンジでかもし出すのと同じ、カントリー・ミュージックとブルーグラスを合体させたような軽やかな雰囲気を生みだしていた。

〈フェアファックス・ラグ〉には一九二〇年代の雰囲気を伝えるトラディショナルなジャズのセクションがあるが、マーティンの曲は主として、思わず「とにかくここじゃないどこか（anyplace else but here）」にいたいと願ってしまうような居心地の悪さをテーマにしている。やはりマーティンがこのアルバムに提供した〈都会の生活〉は、打ちひしがれた放浪者の視点からこの世界をながめたナンバー。歌詞の面ではホームレスをテーマにした〈モーニン・グローリー・ストーリー〉と共鳴するところがあり、「飛行機に乗るつもり（gonna grab me a plane）」というくだりは〈忘れられた鉄道〉の娘と息子にリンクする。マーティンの曲はいずれも、音楽と言葉の両面でアルバムに収められたさまざまな曲をテーマ的に統一する役目を果たしている。ジェリー・ジェフ・ウォーカーのキャッチーな〈ミスター・ボージャングルス（Mr. Bojangles）〉をニルソンが渋くカヴァーしたヴァージョンについても同じことが言え、この曲もやはり「ミンストレル・ショウや村祭り（minstrel shows and county fairs）」で踊る芸人をノスタルジックに語りながら二〇年代をふり返っている。

アルバムにずっと先行してシングルが発売された〈レインメーカー〉の次に、ヒットを狙うRCAが《ハリー・ニルソンの肖像》からカットしたシングルが〈メイビー（Maybe）〉だった。ふり返ってみると、このどことなく味気ないナンバーは、アルバムの中でもっとも貧弱な曲のひとつだろう。しかしやはりアルバムの収録曲だった〈孤独のニューヨーク〉をB面に選んだことが、このシングルの救いになった。それはその少し前に再発されたシングル〈うわさの男〉のおかげだった。一九六九年八月、映画『真夜中のカーボーイ』の公開に合わせて再発されたこの曲は、映画の大ヒットを受けて百万枚近くを売り上げ、「ビルボード」のポップ・チャートを六位まで上昇していた。ショウビジネス・リポーターのメアリー・キャンベルによると――


ニルソンがこの映画のために書き、けれども使われなかった曲が〈孤独のニューヨーク〉だ。この曲は十月の第二週に、シングル〈メイビー〉のB面曲としてリリースされた。どちらもニルソンのニュー・アルバム《ハリー・ニルソンの肖像》に収録されている。このシングルの発売にあたってニルソンは大いに悩み抜いた。彼が最初に考えた〈メイビー〉のB面曲は〈ブロードウェイの行進〉だった。

すでにウェイン・ニュートンが〈孤独のニューヨーク〉のシングルを出していたので、ニルソンはその自作曲をニュートンがヒットさせてくれれば、自分は別の曲でヒットが狙えるだろうと考えていた。しかし彼は〈ニューヨーク〉を〈メイビー〉と一緒に出すように説き伏せられた。もしラジオ局が〈メイビー〉をひっくり返し、代わりにB面をオンエアしたら、彼はニュートンと直接競合することになってしまう。もはやニュー・シングルの収録曲変更は不可能となり、結果を待つばかりとなった今も、ニルソンははたしてこれでよかったのだろうかと思い悩んでいる。[30]

キャンベルの予言は当たっていた。DJたちはまるで申し合わせたように、シングルをひっくり返してB面をかけはじめ、〈孤独のニューヨーク〉は一九六九年十一月、「ビルボード」のチャートを三十六位まで上昇したのだ。

その理由は簡単に理解できるだろう。この曲が書かれたとき、すでに〈うわさの男〉は仮の主題歌として映画のサウンドトラックに使われていたため、ニルソンの自作曲にティプトンがほどこしたアレンジは、フレッド・ニールの曲の雰囲気を極力模したものになっていた。その狙いは明らかに、全体的なサウンドに変わりはないが、より映画のプロットに沿った歌詞を持つこの曲のほうが主題歌には適している、とジョン・シュレジンジャーを説得することだった。しかしニールの歌詞の抽象的なイメージは、ニルソンのよりストレートな歌詞以上にこの映画にフィットしていた。

すべての哀しみにさよならを言おう
明日になったらぼくは旅立つ
(Say goodbye to all my sorrows
and by tomorrow I'll be on my way)

シュレジンジャーは仮の主題歌をそのまま使うことにした。とはいえ一般のレコード購買層やリスナーからすると、ニルソンの自作曲は実質的な続編となり、〈うわさの男〉をかくも忘れがたいものにしていた魔法のレシピを、もう一度耳にするチャンスをもたらしてくれたのだ。

〈うわさの男〉のバックでギターがえんえんと弾き続けるモチーフは、〈孤独のニューヨーク〉ではバンジョーがフィンガーピッキングで奏でる同様のフレーズに置き換えられ、それをバックにしたギターによる四音のカウンターメロディが、すぐさま先行する曲によく似た雰囲気をかもし出す。ニルソンのヴォーカルがはじまるのと同時に、こちらでもストリングスが高い持続音を奏ではじめ、それもまたそうした雰囲気を高めているものの、比較的動きが少なかった先行作のアレンジに比べると、この先のメロディラインにはかなりの動きがある。ニルソンの十八番だった歌詞のないヴォーカルが登場するのは、曲がもう終わりに近づいたあたりからで、長々と引き伸ばされた母音が歌詞に取って代わり、彼はより高い音域に移っていく。メインのヴァースのバックにいくつかたくみなオーヴァーダビングがほどこされたこの曲は、ヒット・シングルの弟や妹とは言わないまでも、とりあえず従兄弟とは言えそうな仕上がりだった。

《ハリー・ニルソンの肖像》を締めくくるのは、次第にランディ・ニューマンの作品に魅せられるようになっていたニルソンの気持ちを表明したナンバーだ。アラン・プライス・セットが一九六七年にイギリスでヒットさせたニューマン作品〈サイモン・スミスと踊る熊（Simon Smith and the Amazing Dancing Bear)〉の、比較的シンプルなカヴァーである。トランペット、テナーとバリトンのサックス、それにリズム・セクションを擁するプライスのバンドは、この曲にたっぷり重みを持たせていた。ホーンと彼のヴォーカルが質疑応答のようにフレーズをやり取りする中、リズム&ブルースの比較的ヘヴィなビートがバックをつけ、そこにエリック・バードンと組んでいたアニマルズ時代に磨きをかけられた、プライスの力強いピアノ演奏がフィーチャーされていたのだ。対照的にニルソンのヴァージョンには、ティプトンが音数の少ないアレンジをほどこし、マイケル・メルヴォインのデリケートなピアノと、ボビー・ブルースのヴァイオリンが奏でる控えめな合の手がいくつか入っているだけだ。楽器演奏者たちが前に出てくるのは、曲が終わる寸前になってからで、テンポが速まり、ヴァイオリンとギターとハーモニカがちょっとしたジャム・セッションをくり広げる。その部分をのぞくと焦点はもっぱら、六八年に自分の名前を冠したデビュー・アルバムをリリースしたニューマンの歌詞に当てられていた。当時のニルソンはその歌詞を絶賛してやまなかった。

> ニューマンはとても口跡がいいし、リズムの才能とブルース・アーティストの感受性にも恵まれている。彼には人を取りこむ能力があるんだ。彼のアルバムを三、四回聞いたら、それでもうファンになってしまう[31]。

ニューマンの作品に深く分け入り、本人のアルバム収録曲に加え、すでに厖大な数にのぼっていた他アーティストへの提供曲を聞きこんでいくうちに、ニルソンはますます彼への敬意を深めた。

> ランディ・ニューマンは特別だ、彼はすばらしい。ビートルズのメンバーにも匹敵する才能だろう。世に知られた存在になるのは間違いない。それはもう時間の問題だ……彼は自分の譜面を書き、演奏旅行にでかけ、しかも整骨医の資格まで持っているんだ[32]。

ニューマンに対するニルソンの関心が急速に高まった結果、ビル・マーティンとの曲づくりには終止符が打たれてしまう。それでもふたりの友情が揺らぐことはなかった。ニルソンはマーティンの結婚式で新郎の介添人を務めたが、ラスヴェガスのホテルで開かれた披露パーティーがあまりに楽しかったせいで、結婚の初夜になってもこのカップルをふたりきりにしようとしなかった。パーティーがようやくお開きになったのは朝の四時、我慢できなくなったニルソンがシンクまでゲロを吐きに行ったときのことだ、とマーティンはふり返っている。[33]

　ニルソンはさらにマーティンのアルバム――《コンチェルト・フォー・ヘッドフォンズ・アンド・コントラ・バフーン・イン・エイジア・マイナー（Concerto for Headphones and Contra-Buffoon in Asia Minor)》と題する一九七〇年の不可思議なコメディ・スケッチ集をプロデュースする。[34] 売れ行きは決してかんばしくなかったものの、ニルソン・ハウス・プロダクションズはこの時はじめて別のレーベル、この場合はワーナー・ブラザースのためにアルバムを制作することになった（ニルソン・ハウスはワーナーとのあいだに年四枚のアルバムを制作する仮契約を結び、ほかにもギタリスト兼シンガーのジョン・ランドルフ・マーや、シンガーのナンシー・トリディ、そしてスコット・ジャクソンのレコーディングを予定していた）。以前は曲づくりのパートナーだっただけに、裏も表も知りつくしていたマーティンのことを、ニルソンは《コンチェルト》のリリース時に、こんなふうに評している。

　ウィル・ロジャーズとレニー・ブルースのかけ合わせだが、ブルースよりもロジャーズの色が濃い……ビルが物議をかもす人物だとは思わない。彼はとても嫌味のない男だ……彼のユーモアはとても一般的だが、ユーモラスで知的なものだ。彼にはものごとを明確に描写する能力があり、たとえばあるものがどんなふうに見えるのかを、部屋に入ってきた誰かに正確に伝えることができる。[35]

《ハリー・ニルソンの肖像》の内見開きに掲載された写真で熊の着ぐるみを身にまとい、ニルソンの音楽的関心がニューマンに向いていることを――おそらくはそれと知らずに――強調していたのはほかならぬマーティンだった。そうやってサイモン・スミスの踊る相棒のために、立派に広告塔役を務めあげたのだが、本人の回想によると、それは決してたやすいことではなかった。

　街にあった熊の着ぐるみはあれだけで、ホンモノの熊からつくられていた。一度熊の中に入ったら、歯と歯のあいだから外を見るしかなかったし、ハリーは寒天用のオーヴァーコートにマフラー姿だったけれど、ローレルキャニオンの気温は四十度近かった。写真を撮っていたのはディーン・トレンスで、ハリーとぼくはどっちも滝のように汗をかいていた。十五分もすると熊が生き返ったような感じがしてきて、熊の口から蒸気が噴き出しているのが見えた。熊のにおいは三日間取れなかったよ！[36]

ニルソンの飾りけがない〈サイモン・スミスと踊る熊〉のカヴァー、ニューマンの評伝を書いたケヴィン・クーリエに言わせると「曲の皮肉っぽい意図を強調した純正なパフォーマンス」[37]は、当のニューマンの関心を惹きつけた。ふたりの男は友人になり、あまり人前に出たがるタイプではなかったニューマンは、ときおりニルソンと卓球に興じるようになる。[38]じきにニルソンは自分の曲を脇に置いて、次のアルバムはニューマンの作品一色にしようと決心した。

ぼくが彼の曲をレコーディングしたのは、掛け値なしに、あの時はそうするのがベストだと思っていたからだ……自分の曲も五曲ぐらいあったんだけど、それをやる前に「ちょっと待った。ランディ・ニューマンならたっぷり曲を持ってるじゃないか」と考えてね。これは彼がまだぜんぜん無名だった初期の時代の話だ。ぼくは「変わったアルバム、他人の曲ばかり集めたアルバムをつくってみたらどうだろう？　こういうのはしばらく出てなかったんじゃないか？」と考えた……それでふたりだけでスタジオに入り、彼がピアノを弾いて、ぼくがうたうというアイデアを思いついたんだ。オーケストラはいっさい抜きで。[39]

ふたりがアルバムの作業を開始した一九六九年九月の時点で、ニューマンは二十五歳。アーティストとしてはまだ新人だったものの、プロのソングライターとしては、すでに十年近いキャリアがあるヴェテランだった。フリートウッズ、ジュディ・コリンズ、エヴァリー・ブラザーズ、アーマ・トーマス、ジェリー・バトラー……これらはいずれもニューマンの作品をレコーディングしたアーティストだ。イギリスではアラン・プライスが〈サイモン・スミス〉でポップ・チャートを四位まで上昇し、ジーン・ピットニーとシラ・ブラックも、やはり彼が書いた作品でトップ20入りを果たしていた。

ニューマンは音楽一家の出身で、おじや従兄弟たちの中には、何人か映画音楽の作曲家がいた。育ったのは主にロスアンジェルスだが、ニューオーリンズで子ども時代を過ごしたこともあり、彼の曲づくりと演奏には、つねにブルースとジャズの感性が見え隠れしていた。しかしミュージシャンたちを彼の作品に惹きつけたのは、ニルソンとも共通する、わずか二、三のヴァースでとっぴな物語を展開し、リスナーを生き生きとした想像力の世界に誘いこむ能力だった。

ニューマンの曲をひとまとめにするか、メインに据えたアルバムをつくれば、とんでもない作品になる可能性があることを見抜いたミュージシャンはニルソンがはじめてではない。アラン・プライスは一九六七年のアルバム《プライス・オン・ヒズ・ヘッド（A Price on His Head）》に数曲のニューマン作品を収録しているし、リッキー・ネルソンもバラード歌手兼ロカビリー・シンガーとしての過去に訣別し、キャリアを前に進めるべく、毛色の異なるさまざまな曲をひとつの物語形式にまとめた一九六八年のアルバム《パースペクティヴ（Perspective）》で彼の曲を数多く取り上げている。ネルソンがカヴァーしたニューマンの〈ラヴ・ストーリー（Love Story）〉には水しぶきなどの効果音がオーヴァーダビングされ、曲の一部を彼は、ニルソンが自分自身のアルバム用に思い描いていたようなシンプルなバッキング——最初はウクレレしか使わず、その後ピアノとドラムだけになる——でうたっていた。

一方で、ニューマンが定期的に仕事をともにしていたヴァン・ダイク・パークス——やがては長期にわたるニルソンの協力者となる男——は、つい先ごろデビュー・アルバム《ソング・サイクル（Song Cycle）》をリリースしていた。当初はほとんど売れなかったものの、最終的にはカルト的地位を獲得する一筋縄では行かないアルバムだが、パークスはその幕明けに、「ものにならなかった（never made the grade）」曲のデモ・テープをふり返るニューマン作の〈ヴァイン・ストリート （ヴァイン通り） （Vine Street）〉を選んだ。曲の意図を強調するために、実のところパークスは〈ブラック・ジャック・デイヴィ（Black Jack Davey）〉というまったく別の曲でアルバムをスタートさせている。それが唐突に終わって〈ヴァイン・ストリート〉がはじまり、ことのほかきらびやかなオーケストラの伴奏がつけられるのだ。

ケヴィン・クーリエが指摘しているように、《ランディ・ニューマンを歌う（Nilsson Sings Newman）》には、ネルソンとパークスのアルバムで用いられたアイデアがどちらも採り入れられている。当のニューマンはこのアルバムではうたわず、ピアノの演奏に専念した。ニルソンのアルバムでも、冒頭を飾るのはやはり〈ヴァイン通り〉だが、その前にニューマンの別の曲、〈アニタ（Anita）〉の短い抜粋が演奏される。この曲はエレキギター、マラカス、ピアノ、そして分厚くオーヴァーダビングされたニルソンの声で、ロックンロールまがいの処理を受け、その演奏が途切れたところで、ニルソンがおもむろにうたいだす。

今のがぼくらのつくったテープさ
残念ながら結局ものにならなかったけれど
(That's the tape that we made,
But I'm sad to say it never made the grade)

《ソング・サイクル》に収録の同曲では、ヴァン・ダイク・パークスの声がミックスの中でかなり目立たなくなっているのに対し、ニルソンの声はすぐそこで存分に存在感を発揮しながら、まっすぐ聞き手に迫ってくる。われわれは失敗に終わったデモをつくったあとで、自分のギターを売ったいきさつを——ついさっき耳にしたのがそのギターだったことをにおわせながら——語る彼の苦しみを共有する。即座にこれは単なるアルバムではなく、アルバムづくりに関するアルバムであることが明らかになり、時にはスタジオのトークバックでコメントしたり、指示を出したりしているニューマンとニルソン両方の声を聞くこともできる。

レコードの制作は、何重ものオーヴァーダブや大量のテープ編集を伴う、きわめて複雑なプロセスだった。デジタル以前の時代だけに、こうした作業のためにはまず数台のテープデッキを同期させ、次いで幅四分の一インチのテープに、メスで精緻な手術をほどこす必要があった。「このアルバムでは百回ぐらいヴォーカルをオーヴァーダビングした。大変な作業だった」とニルソンはふり返り、いくつかの曲のパーツは、何十もの異なるテイクを切り貼りしてつくったことを認めている。[40] ニューマンは当初、自分と自分の作品に対するニルソンの関心を心からありがたく思っていた。とくに印象深かったのは、ポップ・ミュージック界の流行とはほどんと無縁な楽曲をどう提示するかについて、ニルソンが非常に個性的なヴィジョンを持っていることだった。ニューマンはこう語っている。

ハリーが本気でわたしの作品に感心していたと思う。今じゃすごく珍しい話だけど、彼は他人の作品をすごく丁重にあつかっていたし、取り上げることにも躊躇しなかった。そして彼は単純に、わたしの作品を世間に紹介しようとしていただけだと思うんだ。これはかなり利他的な行為だろう。あのころはちょっとおかしな時代で、わたしたちは本気でそれがひとつの芸術形態だと信じていた……ハリーがつくっていたレコードや、わたしが最初につくった何枚かのレコードは、どっちもローリング・ストーンズの存在を知らないような感じだった。[41]

ニルソンが「彼と同じように、曲の表も裏も」[42]知りつくす必要があると主張したため、ふたりはまずリハーサルに着手し、その後、一九六九年八月二十日にRCAスタジオに入ってレコーディングを開始した。ベーシックな声とピアノは、この日から九月二十五日までの期間に、都合六回のセッションでテープに収められた。時間はいずれも三時間で、たいていは一、二曲に集中しておこなわれた[43]。「ランディはつくり終える前に、アルバムに飽きてしまった」とニルソンは語っている。「彼からするとひたすらピアノと声、ピアノと声のくり返しだったからだ[44]」

ニルソンは各テイクを入念に聞きこみ、どこにオーヴァーダブを入れるべきか、なにとなにを組み合わせるとうまく行くか、そしてテンポとピッチを間違いなく完璧に合わせるためには、どの部分を二回、三回、あるいは四回リハーサルする必要があるかを確認した。完成形のイメージができていた彼とは異なり、実質的に何度も同じ作業をくり返す羽目になったニューマンには、そのプロセスが彼の作品の重要な要素である自然さを台無しにしているように思えた。ニルソンは最終的な作品を、なんの力みも感じさせない自然なサウンドに仕上げている。しかしダイアン・ニルソンに言わせると、それを予見するのは不可能だった。なぜならニルソンが自分ひとりでアルバムをまるごとプロデュースするのは、この時がはじめてだったからだ。ジョージ・ティプトンが相手なら、おたがいをチェックしたり、バランスを取り合ったりすることができた。だがニューマンとの作業はそれとは性質が異なり、ダイアンの回想によると、ニルソンは少しばかり躁病的な側面を見せはじめていた。

> 《ランディ・ニューマンを歌う》でわたしが目撃したように、スタジオでひとりきりになると、ハリーはもうありとあらゆるものをバックの音に追加しようとしていました。で、最後には音を重ねすぎて、どれがいちばんいいのかわからなくなってしまう——残すべきなのか、はずすべきなのか、残すべきなのか、はずすべきなのか。彼にはやりすぎを止めてくれる、強いプロデューサーが必要だったと思います。それと彼好みのバランスをとってくれる人が[45]。

ダイアンに言わせると、ニューマンとのセッションで、ニルソンが躁病的なふるまいを見せはじめた理由はそれだけではなかった。

> ハリーは大量にコカインを吸っていたんです。以前は一度も使っているところを見たことがなかったのに。あのセッションの前から吸っていたのかどうかはわかりませんが、

もしかすると彼があんな真似をして、あんなにもいろいろなものを追加していたのは、そのせいだったのかもしれません。コカインは興奮剤ですから。とにかく彼は、歯止めがかからなくなっているような感じでした[46]。

ベーシック・トラックをレコーディングしていたスタジオでの彼が躁病的だったとするなら、最終的なミックスのために、マスター・テープをサンフランシスコにあるウォリー・ハイダーのスタジオに持ちこんだときのニルソンは、それにも輪をかけて躁病的だった。このスタジオはジェファスン・エアプレインやヤングブラッズのお気に入りで、頭の中にあるおそろしく複雑なダビングやマスタリングのために必要なエンジニアリングが、ここでなら可能になることをニルソンは知っていた。ＲＣＡと契約したアーティストは、たいていロスアンジェルスの自社スタジオ、〝世界の音楽の中心《ミュージック・センター・オブ・ザ・ワールド》〟の使用を義務づけられていたため、それ以外の場所で作業をするとなると、会社と激しくやりあう必要があった。「ぼくらはこの件を会社の社長と話し合った」とニルソンは語っている。「何度も交渉をくり返して、ようやくＯＫがもらえたんだ[47]」。何時間にもおよぶテープをまとめ上げるために、彼はスティーヴ・バーンカード、パット・イエラーシー、マイケル・リアリー、そしてアレン・ゼンタスという四人のエンジニアと作業を進めた。伝えられるところによると、五組の手（ハリーのものもふくめ）が16トラックのミキシング・デスク上でフェーダーを動かし、それぞれの曲の異なるテイクを合体させていったという[48]。最終的な仕上がりにはこのスタジオ・チームが多大な貢献を果たしていたため、四人の写真はディーン・トレンスの手になるアルバム・ジャケットの裏面にあしらわれた一九三八年型グレアムのフロントグラスに、あたかも彼らが運転手であるかのように切り貼りされた。ジャケットの表面では、乾燥した景色の中、ニューマンをうしろに乗せたニルソンが同じ車を運転している（これはニルソンが見つけてきた車で、ビル・マーティン宅の近くに何年も放置されていた）。

その結果生まれたアルバムは音楽的に見ると、みごとにバランスが取れた極私的パフォーマンスの逸品だ。〝ウー〟と〝アー〟のバッキング・コーラスと〝ダ・ダ・ダ〟というリズムを生みだす三組めの声からなる三層のクローズ・ハーモニーのヴォーカルを用いた〈イエロー・マン（Yellow Man）〉のようななんとも複雑な曲があるかと思うと、逆になんのオーヴァーダブもほどこされていない、とことんシンプルな〈ラヴ・ストーリー〉もある。ニルソン――歌詞に出てくる「うたえるテナー（tenor who can sing）」――は直接的かつ個人的な声で、なんのエフェクトもかけずにそのままマイクにうたいかけ、クリアな中音域とファルセットのあいだを、聴く限りではなんの切れ目なく移行しながら、ひとつの関係のライフサイクルを追う。ゆったりとしたテンポはまさしくこの曲にうってつけで、彼が最後に「亡くなる（pass away）」という歌詞をうたうと、そのままそっと息を引き取る。

〈カウボーイ（Cowboy）〉はアカペラで静かにはじまり、けれどもサビでニルソンのバックにピアノが入ってくると、彼はその二年後にチャートの首位を獲得する〈ウィザウト・ユー〉に注ぎこむのと同じ、燃えるような情熱を「走れない、隠れられない（Can't run, can't hide）」というくだりに注ぎこむ。この曲は彼がグラミーを獲得したふたつのパフォーマンスの諸要素をうまく結びつけている。なぜなら彼の未来のヒット曲を先取りすると同時に、ニューマンの弾くハープシコードで、ジョン・バリーによる『真夜中のカーボーイ』のテーマを（どうやらダイアン・ニルソンの提案で）引用しているからだ。〈アイル・ビー・ホーム（I'll be Home）〉と〈イエロー・マン〉は、どちらもマイクを叩いて出す二重の心拍《ダブル・ハートビート》効果を用いている。また「遠い昔の歌（a song of long ago）」である〈デイトン・オハイオ１９０３（Dayton, Ohio 1903）〉（ヴォーカルのクローズ・ハーモニーで、グレン・ミラーを引用する箇所もある）は、ニルソンのそれまでのアルバムでおなじみのノスタルジックな雰囲気を呼び起こす。一方で〈ビーハイヴ・ステート（Beehive State）〉は、「この国にユタ州のことを知らせないと（Gotta tell this country 'bout Utah）」というくだりで、彼が最初期のレコードで披露していたボブ・ディラン的な唱法を一瞬だけ思い出させるナンバーだ。

レコードはラストを締めくくる〈ソー・ロング・ダッド（So Long Dad）〉で、父親と息子の関係というニルソン作品ではおなじみのテーマにいっさいの小細工抜きで立ち返る。とりわけ「なつかしい父さん、やっと会えてうれしいよ（I miss my good old Dad, My but I'm glad to see ya）」の温かみから、「いや、父さん、ここには泊まらないよ（No I won't be staying here, Dad）」という冷酷な通告への移行はみごととしか言いようがない。息子が父親を捨てるというシチュエーションは、ニルソンのレコードではほかに類を見ないものだが、おそらくは他人の書いた歌詞をうたっているせいか、彼がこの曲と父親と息子の壊れた絆の探究からしぼりだす苦痛と喪失の感覚は、彼がレコードにした中でも、とりわけ奥深いものとなっている。

このアルバム用に書き下ろされた曲は一曲だけで、それが〈キャロライン（Caroline）〉と題する優しいラヴ・バラードだった。一九九七年にニューマンはこう語っている。

自分じゃ一度もレコーディングしたことがない曲だ。たぶん、ほかの誰もしてないと思う。自分でうたえるとは思わなかったし、これは彼っぽい曲だった。かわいい曲だし、この手のナンセンス――「日の光が……きみを包みこむと、きみのまわりにはぼくしかいない（When...daylight surrounds you, there's no-one around you but me）」――は彼の得意とするところだった。わたしはヒーロー役のテノールっぽい、ロマンティックな歌声をしてなかったからね……もしかしたらそのせいで、ああいう曲を書いたのかもしれない……でもとにかく、彼ならうたえると思ったし、現にその通りだった。あのアルバムではとくに気に入っている曲のひとつだ。まったくもってすばらしい。[49]

一九七〇年に《ランディ・ニューマンを歌う》がリリースされると、同じポップ・ミュージックの世界に属していても、この音楽は（ニューマンが前記の引用で使った比較を流用すると）ローリング・ストーンズと同列に語られるべきではない、と理解している人々には好意的に迎えられた。この比較は数々のレヴューでおこなわれた。それはニューマンがこのアルバムに関するインタヴューで、彼とニルソンは音楽的に、あたかもそのバンドが存在しないがごとくふるまったと発言していただけでなく、自分たちはストーンズとは「別種の……ホモサピエンスだ」とも語っていたからだ。[50] 中でも《ハリー・ニルソンの肖像》を一九六九年の最優秀アルバムに選んだ「ステレオ・レヴュー」誌は、このニュー・アルバムにも同様の評価を与え、同誌のレヴュー担当はニルソンのことを「ニューマンの曲のうたい手として、これ以上の選択はないのではないか」と評した。いずれにせよ、「誰かがそうするしかないのだ。多くの人々にとってニューマンの声は、あまりに耳障りすぎるのだから」とその担当者は続けている。[51]

ジョージ・ティプトンは《ランディ・ニューマンを歌う》にほとんど関与せず、非公式のアドヴァイザーに留まっていたが、二度にわけておこなわれたニューマン・セッションの合間にも、ニルソンとの共同作業は続けられていた。一九六九年の九月、ふたりは七〇年一月に公開が予定されていた映画『愛の贈り物（Jenny）』の主題歌を三日間でレコーディングし、オーヴァーダビングとミキシングも完了させた。これは社会的、時事的なテーマを持つ映画で、ジェニーという妊娠した未婚の娘（演じるのはマーロ・トーマス）が、徴兵を逃れたがっている映画監督のデラーノ（アラン・アルダ）と偽装結婚をする（ヴェトナム行きを回避する手段として、サンディとの結婚を決意した自分自身の経歴との共通点には、当のニルソンも気づいていたはずだ）。主題歌の〈ウェイティング〈Waiting〉には、うわさ好きなふるさとの小さな町で父親のいない子どもを産むという屈辱から逃れるために、映画の冒頭で大都会に移ってきたジェニーの、自分を愛し、必要としてくれる人がほしいという願いが盛りこまれている。完成した曲は、アルバム《ハリー・ニルソンの肖像》の〝夢と願望〟的な側面を大きく受け継ぎ、ティプトンが提供する、走り気味だが楽天的なオーケストラのサウンドをバックに、ニルソンは切なさの感覚をリアルに描き出す。

レコーディングのほんの数週間前に発表されたインタヴューの中で、ニルソンはティプトンとの作業の進め方を次のように説明していた。

> ぼくはあらゆるキーで演奏するし、あらゆるコードを知っている。だから曲を書くだけなら不便はないわけだ。でもぼく程度の能力じゃ、とても曲にオーケストラをつけたり、効果的にアレンジしたりすることはできない。ぼくが曲を書くときは、だいたいこんな感じになる——最初にあるのはただのスケッチで、イケそうだと思ったら、そこに歌詞をつけ、隙間を埋めていくんだけど、それが終わった段階でも、ぼくにはこんなふうにレコーディングしたいという漠然としたアイデアしかない。でも頭の中で音は聞こえてるから、それをジョージに伝えるのがぼくの仕事で、あとは彼が飾りつけをやってくれるんだ。[52]

ティプトン／ニルソンの心地よい関係が、ニューマンのアルバムづくりに際してニルソンが取った躁病的なアプローチとは対極に位置していたせいか、完成した〈ウェイティング〉は、彼らの共同作業が最良の結果を生んだ作品となる。彼らが手を組んだ曲の中でも、ここまで曲づくり、アレンジ、そしてヴォーカル・パフォーマンスのバランスが取れた作品はほかにあまり見あたらない。

アルバム《ランディ・ニューマンを歌う》のミックスが終わり、あとはリリースを待つばかりになると、ニルソンには自分の将来を考える余裕ができた。〈うわさの男〉の予想外のヒットと、ほかのアーティストがカヴァーした彼の曲から得られる印税のおかげで、一九六九年も終わろうとしていたこの時期の彼にはかなりな額の収入があり、仕事のスケジュールもいくぶん緩和できるようになっていた。新しい年に入ると、彼は何週間か、ダイアンと一緒に家で過ごすことができた。六九年の秋には、「年はじめ」に予定されていたこのカップルの結婚がたびたびインタヴューで話題になり、同時にそこではたいていの場合、十一月か十二月に結婚を入れこむのは、パンパンになったニルソンのスケジュールを考えるとむずかしいという指摘がされていた。

一九六九年の十二月には、飛び込みで異例な仕事が入ってきた。スティーヴン・ソンドハイムの作品〈マリー・ミー・ア・リトル（Marry Me a Little）〉のレコーディングである。この作曲家が手がけた最新のミュージカル作品『カンパニー（Company）』からはずされてしまったナンバーだが、にもかかわらずソンドハイムはそれを、友人への贈り物としてレコーディングしたがっていた。彼にとって、ニルソンはまさしくこの曲にうってつけのシンガーだった。もっともこの曲のレコーディングを依頼したとき、ニルソン自身の結婚も近々に予定されていたことを彼が知っていた確率はかなり低い。[53] レコードはごく少数だけ、自主制作盤としてプレスされた。[53] ジョージ・ティプトンがアレンジと指揮を受け持ったこのパフォーマンスは、ミュージカルの歌詞を説得力たっぷりうたう天賦の才がニルソンにあることを示しており、彼の力強い、ほとんど舞台に立っているような唱法は、ニューマンのアルバムでの極私的なヴォーカルや、ティプトンと組んだ〈ウェイティング〉でのよりスタンダードなスタイルとは大きな対比を見せている。[54]

この仕事やその他の雑用の合間に、ニルソンは結婚について質問したジャーナリストにこう答えている。「その前にやらなきゃならないことが多すぎる。もちろんいつだってやらなきゃならないことはあるし、やらなきゃならないことはやらないことにして、おたがいに対してやらなきゃならないことをやらないと、ぼくらはいつまでたってもやらなきゃならないことができないだろう」[55]。結局ふたりは一九六九年十二月三十一日にラスヴェガスで結ばれた。

彼とダイアンが結婚のプランを練りはじめたのは、そのおよそ一年前に出かけたヨーロッパ旅行中のことだった。ふたりとも結婚したら、自分たちの家にはかなり型破りな装飾をほどこすつもりでいた。ニルソンはふたりが同じ名字になったことを祝うために、特別なプランを温めていたと明かしている。「スウェーデンのマルモという人口二十万人ぐらいの街に行ってみたら、そこの電話帳は二十ページぐらい、えんえんニルソン姓が続いていたんだ。ロスアンジェルスには五人ぐらいしかいないのに。ぼくは電話帳のページを破り取り、バスルームの壁紙に使ってやろうと考えた」[56]

ラスヴェガスからウッドロー・ウィルソン通りの家に戻ったふたりは、さっそく自分たちの名前だらけの壁紙を貼り、それ以外でもニルソンとダイアンは、基本的に在宅型の夫婦となった。後年はもっぱら外で飲み歩くようになるニルソンだが、ダイアンは結婚生活がはじまったころの彼を次のように評している。「もっと家庭的な人でした……ふたりでなにかをすることにもっと関心を持ってくれましたし。お酒の量も飲む回数も、さほど多くはありませんでした。たしかにドラッグはやっていましたが、しょっちゅうじゃありませんでしたから、目をつぶっていられたんです[57]」

　サマンサ・ジューストは当時のダイアンを「まとめ役」だったとふり返る。頭がイカれていたり、酔っぱらっていたり、酩酊《ストーン》していたりする客がなんの前ぶれもなく訪ねてくることも珍しくなかった家の中を、彼女はいつも円滑に管理していた。ジューストはまた、自分とミッキー・ドレンツが訪ねたときのニルソンは、夕食後の静かな会話と昔ながらの室内ゲームを楽しんでいたとふり返っている。

> 　ハリーは法律が大好きだった。法律の本もいろいろ持っていたし。どこで手に入れたのかは知らないけれど、わたしたちが車座になっていると――わたしはそんな夜がいちばん好きだった――彼がなにかの訴訟問題を持ち出してくるの。で、みんなでその訴訟を検討して、ひとりひとりが判決を出す。はじめたらもうやめられなくなった。そこが彼のいちばん好きだったところよ。彼は人生に、とても知的な関心を持っていた。そしてあのゲームをやっていたときの彼は最高だった。でもそれは悪ふざけの時代でもあったの。わたしたちも悪ふざけは大好きだったし[58]。

家にいないときのニルソンは、ＬＡのあちこちで開かれるパーティーで引く手あまたの存在だった。ＲＣＡからリリースした三枚のアルバム以上に、チャートの上位に達した一枚のシングルが彼を有名人の座に押し上げたのだ。一九七〇年のはじめに彼は、アサイラム・レコードをスタートさせる直前で、当時はまだローラ・ニーロとクロスビー・スティルス&ナッシュのマネージャーをしていたデイヴィッド・ゲフィンのパーティーに招かれた。ゲフィン宅の庭を通ってプールに向かっていたとき、ニルソンは同じく若手のソングライターだったジミー・ウェッブを紹介された。ニルソンはすぐさま敵意をあらわにした。その理由はウェッブが一九六八年に曲を提供し、プロデュースも手がけたうたう俳優、リチャード・ハリスの《セカンド・アルバム（The Yard Went On Forever）》という作品にあった。アルバムには〈ゲイラ（Gayla）〉と題する曲が収録されていたが、ライナー・ノーツでウェッブは、曲名のとなりに星印つきで〝ＢＮ〟という文字を入れた。またジャケットのいちばん下には、やはり星印つきで〝ニルソン以前（Before Nilsson）〟という注釈が入っていた。それは「石のように跳ねて庭を通っていく（skipping like a stone through the garden）」というくだりを考えついたのが、ニルソンがフレッド・ニールの「石のように跳ねて海を渡っていく（skipping over the ocean like a stone）」という歌詞をレコーディングする前だったことを、ウェッブなりにはっきりとさせておくためのものだった。ウェッブの回想によると——

彼とぼくのスタートは、かなり危なっかしかった。彼はいかにもストリートのガキ、ニューヨークのガキらしく、すごくケンカ早かった。そしてなんであんな真似をした、なんでオレの名前をアルバムに載せたんだ、とぼくを長々と責め立てはじめた——「いいか、そもそもあの曲を書いたのはオレじゃない。フレッド・ニールが書いたんだ。なのにおまえはオレにケチをつけていた」

ぼくは、「違う、違う、違うんだ。お願いだからぼくがあのくだりをフレッド・ニールの曲やきみのアルバムからパクったなんてことは考えないでくれ」と答えた。

すると彼は「とにかくあの件についてはよく考えてみたほうがいい」と言った。

「少しは自分の心をのぞいてみることだ。あんな真似をした動機について、じっくり考えてみるべきなんじゃないのか」。で、とてもその先があるとは思えなかったこの時の出会いから、どういうわけか友情ばかりか一種の大きな愛が生まれて、ぼくらは兄弟同然の仲になったんだよ。[59]

ウェッブとの友情はその後数年のうちに花開き、ニルソンの生涯にわたって続くことになる。ウェッブは最初に会ったときの彼が銀行を辞めてまださほどたっていないように見え、「レールのようにやせていた」とふり返る。しかし家で過ごす時間が多くなった一九七〇年のはじめに、ニルソンは外見を変化させはじめた。依然としてそれなりにやせていたものの——ウェッブは「とてもバスケットボールの選手ぽかった」と評している——彼は髪の毛と髭をのばした。

パーティーは別にして、一九七〇年初頭のニルソンがいつになく長い時間を自宅で過ごした理由のひとつは、この三年間ではじめて、自分の新しいアルバムづくりに追われていなかったことだ。ただし彼はそれ以外に、さまざまな企画を考案していた。彼がとりわけほしがっていたのは、自分の会社、ニルソン・ハウス・プロダクションズ用のアイデアだった。ビル・マーティンのコメディ・アルバムをプロデュースし、ジョン・ランドルフ・マーのレコーディング・セッションのお膳立てをするほかにも、ニルソンははじめて映画のオプション契約を結び、「ザ・パラダイス・ハット（The Paradise Hat）」と題するカート・ヴォネガット・ジュニアの新作短篇を映画化する権利を取得した。彼とプロジェクトの出資者たち（ニルソンの弁護士のデニス・ボンドと、のちに映画プロデューサーとなるラリー・ゴードン）は、このＳＦドラマの撮影が「七〇年のなかば」には開始されると発表した。[60] こうした企画の例にもれず、この映画も結局は実現していない〔ヴォネガットの短篇も執筆されなかった〕。しかし七〇年はニルソンが彼自身の長篇アニメーション映画、その遺産の中でもとりわけ息の長い『オブリオの不思議な旅』をつくりあげる年となった。

　この「偏見に関する物語兼寓話」は、結婚する少し前から、すでに彼の頭の中では徐々に形になっていた。それが証拠に彼は一九六九年の終わりごろから、インタヴューでその話をしはじめている。[61] 丸い頭をした主人公のオブリオと愛犬アローの冒険は、ビル・マーティンがふり返っている通り、少なくとも部分的には、ニルソンとダイアンの家庭生活が発想源になっていた。「あのふたりが住んでいたのは、ウッドロー・ウィルソンのかなり荒れ地っぽいあたりだった。そこにハリーがよく犬のモリーを散歩に連れて行く場所があったんだが、《オブリオの不思議な旅》と〈アローは友だち（Me and My Arrow）〉はそこから発展していったんだ[62]」。ハリウッドヒルズにあるこのハイキングエリアが、登場人物たちが〝とんがっていない森〟〔「とんがっていない《ポイントレス》」には「要領を得ない」という意味もある〕にくり出していく場面のヒントとなった可能性もあるが、《オブリオの不思議な旅》の発展の過程でもっとも見逃せない側面は、ニルソンがそのストーリーラインを、ＬＳＤでハイになっているときに着想したことだった。[63]

　大半の時間を自宅かミッキー・ドレンツの家で過ごしながら、ニルソンは週に四十時間はＴＶを見ていたと主張しているが、それと同時に彼はさまざまな麻薬に手を出しはじめた。結婚前のニルソンがドラッグを多用していた記憶はない、とダイアンは語っているものの、徐々に彼はむしろそうするのが当たり前だとされる社交サークルに引きこまれていた。そのリーダー的存在がローレルキャニオン族の有力なメンバー、心理学者にして作家のティモシー・リアリーである。一九六六年の有名な記者会見を「スイッチを入れ《ターン・オン》、波長を合わせ《チューン・イン》、離脱せよ《ドロップ・アウト》」というフレーズでスタートさせたリアリーは、ＬＳＤ、あるいは〝アシッド〟の娯楽目的での使用を熱心に提唱していた人物だった。彼が長年のあいだに出したさまざまな刊行物は、どれもＬＳＤ体験のすばらしさを訴え、当時の彼はそれを「プレイボーイ」誌とのインタヴューで、「人間の精神を矮小化し、辱める、新たな形態の叡智およびエネルギーとの対決」と表現していた。[64] やがてリアリーのＬＳＤ推進活動は、ロスアンジェルスの音楽シーンにも甚大な影響をおよぼしはじめる。ジョージ・ハリスンの歯医者だったジョン・ライリーが、六五年、ロンドンのストラトハーン・パレスで開かれたパーティーの席でビートルズをＬＳＤに開眼させたイギリスでも、やはり同じことがおこっていた。[65]

モンキーズはもはや解散状態だったため、ミッキー・ドレンツも家にいることが多かった。「ぼくはモンキーズをやっていたおかげで可能になった、ぜいたくな暮らしを満喫していた」と彼は語っている。「そしてコロンビア〔マリファナの銘柄〕を二平方マイルぶんぐらい吸った[66]」。ニルソンも相変わらずひんぱんにドレンツ家を訪れ、サマンサ・ジューストは彼が「山のように」コカインを持ちこんだだけでなく、ＬＳＤばかりか、ウィスキーやコニャック、そしてそれ以外にも出されたものはなんでもむさぼるように消費していたと回想する。

> うちにはレコーディング・スタジオがあって、あの人たちはたいていそこにいたの。むろんそこは防音だったし、中には照明がいっさいなかった。だからすごく息苦しくなったんだけど、あの人たちは逆にそこが気に入っていた。ドラッグをやって「あっちに行く」のが目的だったからよ。だからあそこはおあつらえ向きだった。そこで楽しそうに素敵な音楽をつくっていることもあったし、いつもいつも手が着けられなかったわけじゃない。そういう時はわたしが起き出して卓をいじるんだけれど、それはあの人たちには見えなかったからなの。素敵なこともたくさんあったし——悪いことは言いたくない。悪いのはドラッグとアルコールよ。あの人たちをとりこにして、あの人たち以上に力を振るうようになってしまったの[67]。

ダイアン・ニルソンは夫の変化を不安げに見守っていたが、この時期、一九七〇年はじめの彼はまだ、基本的には人づきあいがいい、楽しくて、思いやりのある男だった。ときおり性格の暗い側面が顔を出すようになっていたものの、つねになにかをつくったり、書いたりしていたおかげで、なんにでも中毒しやすい性質には歯止めがかかっていたようだ。なによりも彼は『オブリオの不思議な旅』をＴＶ用の長篇アニメーション映画として完成させるという夢に全身全霊を傾けていた。

一九六八年のオスカーを獲得した短篇アニメーション映画の『ザ・ボックス（The Box）』を見て、ニルソンはこの作品を手がけたフレッド・ウルフのチャーミングだが引っかかりのあるミニマリスト的なスタイルが、自分の映画にはうってつけなのではないかと考えた。ウルフはケロッグのフロステッド・フレーク用につくられた〝トニー・ザ・タイガー〟のシリーズや、グリーン・ジャイアントの〝リトル・グリーン・スプラウト〟の広告などでアニメーションＣＭの経験をたっぷりと積んだのちに、ハンナ・バーベラのスタジオで、週に一回放映される「原始家族（Flintstones）」のタイトル部などを手がけ、手早いアニメーションづくりの技法を身に着けた。やがてウルフとパートナーのジミー・ムラカミは、ハリウッドのアニメーション・スタジオにつきものだった厖大な経費を大幅に削減できる、早撮りのテクニックを開発する。[68]彼らはそれぞれのシーンを完璧に練り上げておくために、フルカラーのヴィジュアルに先行して映画の線描きヴァージョンをつくる、いわゆるペンシル・テストの段階を省略した。代わりに自分たちなら絶対に間違いのない仕上がりになるという前提の下で、ふたりは直接カラーの段階に進んだ。ニルソンはアシッド・トリップの最中に降りてきた完全にとんがった世界のヴィジョン——そこでは木々、木の葉、岩、顔、家など、ありとあらゆるもののとがった細部がドラッグで強調されていた——に、ウルフの手法はぴったりなのではないかと感じていた。

　最初はそれもご多分にもれず、ただのアイデアでしかなかった。でもそのアイデアのことを考えながら歩き回っていると、そのぶんだけ展開も広がってくる。ぼくはそれが、世界最長のジャレになることに気づいた。なんてこった、いくらでもいけるぞ！　販売場所《ポイント・オブ・セールス》！　視点《ポイント・オブ・ヴュー》！　ポイントは……ほかにもいろんなものにのっつけられる。ぼくは二十二ページの、なんていうんだっけ、そう、梗概をつくって、ＡＢＣの人間に送った。[69]

　自分のアイデアを大まかな脚本に引き伸ばすために、ニルソンはその当時、まだ実質的に無名の存在だったキャロル・Ａ・ビアーズと手を組んだ。このふたりを引き合わせたのは、ビアーズには映画作家としての才能があると見こんだフレッド・ウルフだった。彼の見立ては正しく、彼女はその後、「原始家族」、「シー・ラー（She-Ra）」、「ゴーストバスターズ（Ghostbusters）」など、数多くのＴＶアニメを手がけている。

　ビアーズがニルソンの依頼で着手した梗概は一九七〇年の早い時期に完成し、彼女は主としてキャラクターの命名に貢献した。[70]主人公の名前はオブリオ。とんがり村《ポインテッド・ヴィレッジ》で、とんがり頭の両親のあいだに生まれた男の子だ。そこでは誰もが、そしてなにもかもがとがっている——ただしオブリオをのぞいて。彼の頭はとんがっていないが、その事実を隠すために帽子をかぶり、忠実な愛犬のアローが、本当なら丸い頭のせいで参加できないゲームや行事に加わるオブリオの手助けをする。地元の伯爵の息子はオブリオの人気に嫉妬し、〝トライアングル・トス〟のゲーム（その名の通り、空中に投げた三角形をキャッチするゲーム）でオブリオとアローに敗れると、父親と共謀して彼を村から追放しようとする。

　オブリオに好意的な、慈愛深いが力のない王様は邪悪な紫の伯爵に意見を封じられ、法廷で追放が命じられる。オブリオと彼の愛犬は悄然として、とんがっていない森に向かう。そこでさまざまな出会いを果たした少年と犬は、岩にも、木々にも、踊る娘たちにもとんがり《ポイント》がある〔「一理ある」という意味もある〕ことを知り、人工のとんがりをつけた三つ首のとんがっていない男《ポイントレス・マン》を大いに悔しがらせる（「どの向きにもとんがりがあったら、どこにもとんがりがないのとおんなじだ……〔A point in every direction is the same as no point at all...〕」）。少年と犬が森のはずれに行き着くと、石の指が帰り道を指し示し、とんがり村に帰還したオブリオはヒーローとして歓迎される。ふたたび彼を追い出そうとする伯爵のたくらみをよそに、王様はオブリオに話を聞かせてくれと頼む。するとなんにでも一理《ポイント》はあるけれど、かならずしも外側にあるとは限らないと話しているうちに、彼の頭にもとんがりが生えていることが明らかになり、その瞬間、ほかのみんなのとんがりは魔法のように消えてしまう。

それはチャーミングで風変わりな教訓話だ。ニルソン自身が十代のころに経験したアメリカ横断ヒッチハイク旅行を視覚化したものだという説もある。オブリオの追放を、キャディの職を失った若きハリーにもう養っていけないと告げたフレッド・ヘイファーの苦渋の決断になぞらえるのは、たしかに魅力的な考えだろう。しかしウルフは、この物語の自伝的な内容が意図的なものだったのかについては明言せず、ただ彼とニルソンの共同作業があんなにもうまく進んだのは、どちらもブルックリンの最貧困地域で労働者階級の家庭に育ったおかげだと考えている。彼によると、そうした子ども時代を経験したニルソンのいちばんの目的は、あらゆる形態の不正に抗議することだった。[71]

TV局への売りこみはしかし、ニルソンが考えていたほど容易ではなかった。たしかに彼はミリオンセラーを記録したポップ・アーティストだったかもしれない。だがABCで編成を担当するマーティ・スターガーは、それがどうしたと言わんばかりにこの企画のために組まれた打ち合わせを次々とキャンセルした。スターガーの直属の上司、同局副社長のバリー・ディラーは「ムーヴィー・オブ・ザ・ウィーク（Movie of the Week）」という九十分番組を立案した人物で、スターガーはこの番組に新たな才能を迎え入れる役目を担っていた。スターガーが三度、ニューヨークの緊急会議に呼ばれたという理由で打ち合わせをキャンセルすると、激怒したニルソンは、スターガー氏の予約を確認させてほしい、とロスアンジェルス国際空港からニューヨークに飛ぶすべての航空会社に電話をかけた。そのうちのひとつから、たしかに予約が入っているという返答を得た彼は、彼のとなりの席を予約して空港に急行した。飛行機に搭乗して席に座ると、スターガーはいなかった。すでにドアは閉じられていたが、ニルソンは離陸前にどうにか機を降り、ターミナルに駆け戻った。

大急ぎで公衆電話を見つけた彼は、スターガーのホテルを呼び出した。スターガーは何時間も前にチェックアウトしていたものの、ホテルが彼の同僚につないでくれたおかげで、ニルソンはその男から、彼が別に予約した便の詳細を聞き出すことができた。もう数分の余裕しかなく、その便を予約し直したニルソンはゲートに向かってダッシュした。その時、彼は自分が一度もスターガーに会ったことなく、その顔をきちんと識別できないことに気づいた。ところがまったくの偶然で、彼が搭乗の列に並んでいたとき、スターガーはニルソンが会ったことのあるパラマウントの重役と話していた。ふたりはおたがいに紹介され、ニルソンはこう告げた――「ぼくはハリー・ニルソンです。あなたは打ち合わせを三回キャンセルしました。まったく、知り合うだけでも大変なお方ですよ、あなたは[72]」

六時間のフライト中に、ニルソンは映画（とほかにも種々雑多なアイデア）をじっくり売りこむことができ、二週間後、ABCは『オブリオの不思議の旅』の放映を正式に決定した。当初は一九七〇年のクリスマスに予定されていたが、結局は七一年の二月二日に落ち着いた。フレッド・ウルフが監督とアニメーターを務めることは決まっていたが、それ以外にもニルソンはナレーターを必要としていた――「あのアイデアが売れたとき、ぼくはダスティン・ホフマンのところに行って、ただでナレーターをやってくれないかと頼んでみた。当時はたしか、映画一本で百万ドルぐらい取っていたはずだ。でも彼はうんと言ってくれた[73]」

ホフマンはちょうど、『ケラーマン（Who is Harry Kellerman and Why Is He Saying Those Terrible Things About Me?)』と題する映画の仕上げに入っていた。この作品でホフマンは、ポップなラヴ・ソングを次々にヒットさせる作曲家のジョージー・ソロウェイを演じた。当の本人は人を愛することができず、けれどもそれはハリー・ケラーマンという謎の――そしてどうやらほぼ実在しない――男が邪魔立てするせいだと考えている。新たな仕事の依頼が入ったのは、その映画の出番がもうじき終わるタイミングでのことだった[74]。おそらくはニルソンと似たような曲を書くソングライターの役を演じていたせいか、あるいは単純に長篇アニメーションの声をやるという考えが気に入ったせいか、ホフマンは『オブリオの不思議な旅』のナレーター役ばかりか、息子の想像力を刺激するために、お話を読んで聞かせる父親の役も引き受けた。不思議なことにその子どもは、お話の中でくり広げられる冒険をベッドの上のTVで見ることができ、ウルフのアニメーションは彼の見た（あるいは想像した）通りに、その冒険を映像化する。

ＡＢＣが放映を決めた一九七〇年の晩春から、ニルソンはこの企画に本腰を入れはじめた。脚本の細かな打ち合わせが再開されると、キャロル・ビアーズがこの物語をＳＦの領域に持っていこうとしはじめたため、彼女は急遽、解雇された。代わりにニルソンはライターのノーム・レンツァーと一緒に脚本に磨きをかけた。フレッド・ウルフの見たところ、ニルソンのアイデアを実現可能な——忘れがたいこととは言わないまでも——脚本に仕上げる人物として、レンツァーはまさに理想的な存在だった。

> 彼はショウのマジックだった。いつも地に足がついていたし、ハリーとつきあっていくためには、いろいろと心得ておかなきゃならないことがあった。というのもハリーは、これはいいねと言っておきながら、なにか別のやり方はできないかな？　と言いだすタイプなんだ……レンツァーは物語、脚本、セリフと、とにかくすべてにホンモノのウィットをもたらしてくれた。洗練されたヒップさをね。全部が少しずつ染みでてくる感じで、その間にはかなりお酒も飲んだけれど、おかげで全員がこれならいけそうだと思える脚本ができた。でも前に進んでいくためには、適当な長さにカットされた承認ずみのサウンドトラックが必要で——全部、前編集がすんでいないと駄目だった。[75]

制作の進行に弾みをつけるために、ウルフは画を描きはじめた。余裕のないスケジュールだったため、サウンドトラックを少しでも先行させるためには、単体のシーンをいくつか仕上げておく必要があることが彼にはよくわかっていたのだ。そこでウルフは映画の後半部に登場する、踊る三人の太った女性を描いた。その間にニルソンはＲＣＡでサウンドトラックのレコーディングを開始し、その音楽は映画とそれに伴うアルバム（そこでは彼がナレーターとキャラクターの声を担当する）の両方で使用されることになった。彼は一九六九年十二月、ソンドハイムの〈マリー・ミー・リトル〉用のセッションで、〈涙のゆくえ（Think About Your Troubles)〉という曲のラフ・ヴァージョンをレコーディングしていた。四月十六日にジョージ・ティプトンとスタジオ入りした彼は、この曲の改訂版と〈アローは友だち〉のファースト・ヴァージョンをレコーディングする。映画の音楽的なトーンを設定したのは、この二曲だった。後者はオブリオとアローが小走りで冒険にくり出す物語の中で、何度もくり返し流れるのんびりしたナンバー。ティーカップにこぼれ落ちる涙を通して、生命のサイクルという物語を追ってゆく前者はもっと複雑な作品で、劇中では多くの視覚的イメージのきっかけになっている。涙をお茶を注いだ際に出る泡にたとえ、腐乱したクジラを物語の中心的な——かなり風変わりかもしれないが——要素に据えた歌詞の全編を彩っているのは、ＬＳＤのトリップに特有の、変化に富む、くっきり焦点の合ったディテールだ。

一九七〇年五月七日、レコーディングの作業は一時中断された。この日、ロスアンジェルスのセンチュリー・プラザ・ホテルで開かれた大々的なセレモニーで、ニルソンに六九年度のグラミー賞が授与されたのだ。[76]〈うわさの男〉の大ヒットによる「最優秀男性コンテンポラリー・ヴォーカリスト」部門での受賞だった（最終的にグラミー・ホール・オブ・フェイム入りを果たすこの曲は、ＢＭＩ〔著作権使用料の管理団体〕によると、二〇〇五年までにＴＶとラジオで六百七十万回オンエアされている）。受賞後には一連のインタヴューやＴＶ出演などがあり、ニルソンは七月のなかばになるまで『オブリオの不思議な旅』の作業を再開できなかった。しかしインタヴューでは当然のように、彼にグラミーをもたらした過去のヒットよりも、現行のプロジェクトに話題が集中した。曲づくりの作法を問われて、彼はこう語っている。

> アイデアは急に浮かんでくるし……実際のはなし、ぼくが書いたいちばん上出来な曲は、一分とかからずに書いたものなんだ。たいていはまず曲の本体、メインの部分、アイデア、いろいろと選択肢がある中で、いちばん自分が興味を持てるところを書く……で、そのあとじっくり時間をかけて、その部分を展開したり、引き伸ばしたり、不具合を直したりするわけだ。そこが仕事のしどころだね。曲にはひとつの型があるし、音楽的になんらかの秩序を求めている。（その曲というのは）当然のように新曲で、〈涙のゆくえ〉というタイトルだ。[77]

この曲は『オブリオの不思議な旅』の物語のまん中あたり、オブリオが追放される直後に登場し、さまざまな問題の循環的な性質について、じっくり考えてみる機会を視聴者（あるいはアルバムのリスナー）にもたらす。ウルフにとっては、存分に想像力を駆使したイメージを追加するチャンスだった——物語にいくつか登場する、自由気ままに奇想を展開させたシーンのひとつを。

映画はこれもまた強力なニルソンの新曲、〈眠っているの？（Are You Sleeping?）〉に前後をはさまれている。ラヴ・ソングとして書かれ、眠っているパートナーを見つめる側の視点から、いつ壊れてしまうとも知れない関係のはかなさを描いたこの曲は、同時に寝る前にするお話《ベッドタイム・ストーリー》としての『オブリオの不思議な旅』という見方を示すことで、映画の多義性を暗に伝えている。冒頭の問いかけ——

眠っているのかい？　ぼくの声が聞こえる？
わかっているのかな、ぼくがとなりにいることが？
(Are you sleeping? Can you hear me?
Do you know if I am by your side?)

は、おさない息子に物語を読み聞かせる父親が発したものだとしても、決して不自然ではないからだ。その後、オブリオとアローがとんがっていない森を出る直前に、彼らが眠りに落ちる場面でこの曲がふたたび登場し、創意に富んだ夢のシーンの舞台を設定する。

　ニルソンの楽曲が完成すると、それ以外のサウンドトラック——セリフと劇伴音楽——がレコーディングされ、その後、視覚的なイメージがつけ加えられた。ニルソンの曲と、ティプトンがアレンジした一連のつなぎの音楽のほかにも、映画は優秀な声優を何人か起用していた。メル・ブランク以降ではハリウッド一多才な声優だったポール・フリーズは、王様、木の葉男《リーフ・マン》、そしてその他の小さな役を演じた。彼は一九六九年の傑作児童アニメ『フロスティ・ザ・スノーマン（Frosty The Snowman）』でサンタを演じたばかりだったが、ニルソンが彼の起用にこだわったのはむしろ、フリーズがTVの「アニメ・ザ・ビートルズ（The Beatles）」でジョン・レノンとジョージ・ハリスンの声を演じ、六〇年のカルト映画『ザ・ビートニクス（The Beatniks）』の脚本と音楽を書いていたからだった。やはりおなじみの声優だったレニー・ワインリブは邪悪な伯爵役にキャスティングされ、『素晴らしきヒコーキ野郎（Those Magnificent Men In Their Flying Machines）』で卑劣なパーシー・ウェア＝アーミテイジ卿に扮したテリー・トーマスをお手本にして、わざとらしい英国訛りを披露した。これはワインリブの多才さの証だった。というのも彼はNBCで三年にわたるオンエアの最中だった人気番組「怪獣島（H. R. Pufnstuf）」のスター、オレンジ色の等身大パペットの声を演じ、子どもたちには南部風の人なつこいのんびりしたしゃべりで親しまれていたからだ。

　ビル・マーティンはアフリカン・アメリカンからアフロ・カリビアンへといささか唐突になまりを変える岩男《ロック・マン》を演じ、ジョディ・フォスターの兄の子役俳優、バディ・フォスターは伯爵の邪悪な息子を演じた。ジョーン・ガーバーはオブリオの母親、そして「ゆかいなブレディー家（The Brady Bunch）」のボビー役だったマイク・ルッキンランドは、スケジュールをやりくりしてオブリオとダスティン・ホフマンの息子の声を入れた。ハリウッドでのセリフ入れが完了すると、ニルソンとウルフはニューヨークに飛び、ホフマンのパートを録音した。タイミングを取りやすくするために、ふたりは俳優のアラン・バーズマン（声はどちらかと言うとコメディアンのジャック・ベニー似だった）に依頼して仮のナレーションを入れていたが、それを聞いたホフマンはその響きをすっかり気に入り、「あの声のどこがいけないんだ？」と問いかけた。[78]ホフマンのナレーションには、バーズマンとベニーの名残がある。

　サウンドトラックが完成すると、ウルフはひとりで映画全編のアニメーションを手がけるという、向こう見ずとは言わないまでも、大胆な挙に打って出た。彼がその意向を伝えると――

　ハリーは全部の曲を自分でうたうと言いだした。それを聞いてぼくは「こいつはムチャクチャすごいことになるぞ！　きみがうたい、ぼくが描く！　ぼくはこれから何か月も描き続けるんだ！」と言った。でも実際にそれでうまく行ったし、実際にぼくが全部のアニメーションをやったんだ。独り身だった時期のことで、スタジオを出て、ハリウッドとは別のところで過ごすために、ぼくは浜辺の家を見つけた。「夜働いて、昼間は寝る」と宣言して、仕事の八十五パーセントは、実際にそうやってこなしていた。それ以外の制作の遅れに関しては、全部ハリーの責任だよ。彼はよく「どんな感じ？」と浜辺に様子を見に来た。

　ぼくは「上々だよ。でももう寝るところでね。ハリー、きみの徹夜とぼくの徹夜は種類が違うんだ」と答えた。ときどき休むこともあったけれど、ハリーと一緒に過ごす週末の休みは、まるで一か月みたいな感じだった。たとえばハリーと二日外に出ると、回復には三日かかる。そうするとぼくのスケジュールは、トータルで五日押してしまうわけだ。最初のうちはまだ許容範囲だったけれど、こういった〝休暇〟のせいで、それがとんでもない日数になってしまった。ぼくらのスタイルは単純で、すごくストレートだった。ディズニーのプロジェクトには欠かせない規律も、ぼくらのやり方には関係ない。ルーズで、様式的で、単純化されていて、すべては自分たちの態度次第だった。いちかばちか、という感じで。もちろん、世界一のアニメーションとは呼べないけれど、これはぼくにとってのチャレンジだったし、七十四分のアニメーションを通じて、ずっと一貫したスタイルを持たせたいと思っていた。言いかえるとぼくは、三十四週間で都合二万八千枚の画を描いたわけだ。考えただけでも、手の感覚がなくなってきそうな枚数だろう。でも全部自分でやったおかげでスタイルが決まったし、その甲斐はあったと思う。[79]

ノーマン・レンツァーの脚本が、セリフにウィットに富んだヒップさをつけ加えてくれたのと同じように、フレッド・ウルフの画は一九七〇年代の夜明けの空気感をとらえ、独自の路線を行きつつも、同時にビートルズの長篇アニメーション映画『イエロー・サブマリン（Yellow Submarine）』におけるハインツ・デエデルマンのアート・ディレクションや、イギリス人画家ブリジット・ライリーのサイケデリックな〝オプ・アート〟、そしてのちにニルソンの仲間となるベーシストのクラウス・フォアマンがビートルズの《リボルバー》のレコード・ジャケットなどで用いたスクラッチ・コラージュと細いペン画の技法に敬意を表していた。

巨大な低音管楽器の奏者が、いきなりベルの先から舌を突き出すシーンは、明らかにフォアマンを連想させるし、村の密集したとんがりや、とんがっていない森に向かう途上で定期的にあらわれる若木は、ライリーの高度に様式化されたグラフィック作品を参考にしている。またとんがり村の多忙な住民たちは、『イエロー・サブマリン』の視覚的言語と多くの共通点を持っている。ただしその映画にはビーチハウスで寝泊まりするひとりの男ではなく、二百人のアニメーターが関わっていた。ウルフはまた、初期のマンガ映画のスタイルからも多くを吸収していたようだ。アローがあやうく落ちそうになる深い穴の底で「ＨＥＬＬＯ（やあ）」、「ＢＯＴＴＯＭ（底）」、「ＣＯＬＤ（寒い）」などの言葉が反響して跳ねる場面は、『ダンボ（Dumbo）』や『ファンタジア（Fantasia）』のファンタジー・シーンに多くを負っているし、〈Ｐ．Ｏ．Ｖ．ワルツ（P.O.V. Waltz）〉に合わせて「空高く飛びながら（flying high up in the sky）」踊る覆面のネズミたちにも、ディズニーからの影響は顕著だった。

とんがった国のサイケデリックな世界には、スタンダップ・コメディと古典的な映画に対する、ニルソン自身の愛着心も入り交じっている。オブリオを〝木の葉製造〟に誘いこもうとする山っ気たっぷりな木の葉男のネタは、いかにもレニー・ブルースがやりそうなものだし、岩男と彼の〝一族郎党〟は、一方で黒人俳優の先駆けだったステピン・フェチット、そしてまた一方では『ダンボ』の無口なウシたちに声を当てたクリフ・エドワーズへのオマージュだろう。円を描いた自作の画を展覧会の会場から放り捨てられ、けれども三角形に描き直したとたん、温かく迎えられる画家といった芸術がらみのジョークもある。キャラクターの個性はその外見に反映され、優柔不断な王様は青白くて白髪、また怒れる伯爵は紫色で、オレンジ色の細いまゆ毛と頬髭がはえている。

『オブリオの不思議な旅』は、日曜日の「ムーヴィー・オブ・ザ・ウィーク」のために特別につくられた史上初の長篇アニメーションだった。放映された映画はマスコミにも一般層にも受けがよく、アルバム（ウルフの画をもとに、物語を八ページに要約した特製のコミック・ブックがついていた）は三十二週にわたってチャートにランクされ、最高位二十五位を記録。シングル・カットされた〈アローは友だち〉もトップ40入りを果たした。「愚かしさや過剰な自意識抜きで、無邪気さをここまでみごとに描けるポップ・パフォーマーは彼しかいない」と「ロック」誌は断言し、次のように続けている。「デリケートでシンコペーションの効いた流れるような曲たちは、このおとぎ話を通じてずっと、そのコンテクストを超越し——ポピュラーな楽曲にはめったにない形で美しかった」[80]。ニルソンがほぼ半年近い時間をかけて完成させた『オブリオの不思議な旅』は、その後の年月で独自の生命を持ちはじめた。再放映されたヴァージョンの中にはアラン・シックがナレーターを務めたものもあり、のちにはリンゴ・スターが声を入れたヴィデオ版も発売された。数年後にはミュージカルの舞台にも移し替えられて成功を収めている。

　まだ『オブリオの不思議な旅』の作業が続いていた一九七○年秋、ロンドンのＢＢＣで働くプロデューサーがニルソンのもとを訪ねてきた。目的は彼を口説いて、ＴＶの特番に出演させること[81]。やって来たのはスタンリー・ドーフマンという南アフリカ生まれの画家で、デザインとアート・ディレクションに手を染めたのちに、イギリスを代表するポップ・ミュージックのＴＶプロデューサーになった男だった。彼はジョニー・スチュアートと組み、サマンサ・ジューストが番組のスターだった時期に、マンチェスターで毎週「トップ・オブ・ザ・ポップス」をつくっていた。ほかにもダスティ・スプリングフィールドとルルのシリーズ番組をプロデュースし、後者ではゲスト出演したジミ・ヘンドリクスが〈ヘイ・ジョー（Hey Joe）〉の演奏を途中でやめ、予定外のクリーム讃歌を熱演しはじめるという悪名高い事故が発生したこともあった。

　ドーフマンの新企画は、彼のプロデュースで成功を収めたレナード・コーエンとジョニ・ミッチェルの特番を踏襲していた。どちらも自分の曲の中からよりすぐりをうたうという内容で、ＢＢＣはローラ・ニーロやジミー・ウェッブのようなシンガー・ソングライターをもっと出演させるように彼をうながしていたが、ドーフマンは「コーエン・シングス・コーエン（Cohen Sings Cohen）」のような個々のアーティスト名を冠したタイトルの代わりに、「イン・コンサート（In Concert）」という共通の番組名を考え出した。アメリカを初訪問した目的は、フルシーズンでの放送が決まったこの番組のためにスターたちを勧誘することで、初回の出演者にはランディ・ニューマンが予定されていた。ニルソンを番組に推薦したのは、彼の曲をイギリスであつかう音楽出版業者のテリー・オーツだが、人前でうたうのを嫌がる男だけに、内心、この企画はきっと実現しないだろうと思っていた。ドーフマンはニルソンが『オブリオの不思議な旅』の完成したシーンをフレッド・ウルフとチェックするために、編集室を設置していたウッドロー・ウィルソン通りの家まで足を運んだ。以下はドーフマンの回想である。

> ハリーは会うなり、「ぼくがうたうなんてことは絶対にありえない。人前じゃうたわないんだ」と言った。
> わたしは「人前でうたう必要はない」と答えた。
> 「でも『イン・コンサート』という番組だろ？　コンサート番組じゃないのか？」と彼。
> 「そうだ。でもその形にこだわる必要はない。どうするかはその場で考えていこう」とわたし。あの当時のＢＢＣは、そういったやり方が許される場だったからね。うまく行けば「すばらしい」と言ってもらえるし、失敗したら「しくじったな」と言われるけれど、視聴率を気にする必要はない。広告を気にする必要もない。だからとにかくやりたいことをやればよかったし、それで結果さえ出ていれば、あとはこっちの勝手にやらせてくれたんだ。[82]

ニルソンは実際にはコンサートではないコンサートに出演するというアイデアに興味を惹かれた。そしてなんとも意外なことに、一九七一年にロンドンで番組を収録することに同意した。もうしばらくロスアンジェルスに滞在する予定だったドーフマンは、その時間を利用して、さまざまなアーティストから出演の確約を取りつけたが、余暇の時間は大部分、すぐさま意気投合したニルソンと過ごしていた。ただしドーフマンは早いうちから、いつも自分の車を出すようになった。そうしないと単純なディナーの招待が、サンタバーバラかサンディエゴへの、二日間にわたる大騒ぎの旅と化してしまうからだ。

かくして一九七一年のニルソンは、若手のシンガー・ソングライター時代をこの上なく完璧にとらえた映像をＢＢＣ－ＴＶの番組という形で後世に残すことになるのだが、それは同時にひとつの時代の幕引き、そして新たな時代の幕開けでもあった。この年のうちに彼は創作の拠点をロンドンに移し、ＲＣＡ側のプロデューサーの交代とともに、レパートリーはよりロック志向になる。そして彼の生涯で最大の商業的成功を収めるアルバムが誕生するのだった。

昔のオレたちは十時十五分前まで
　踊り続けたもんだ
終わりが来るなんて思いもしなかった
　終わりが来るなんて

第五章
ガッタ・ゲット・アップ

一九七一年はニルソンとダイアンの息子、ザックの誕生で幕を開けた。彼はその直前まで、映画の作業で家にこもっていた。赤ん坊は一月十七日に届けられ、体重は七ポンド七オンスあった。生涯、数字に魅了されていたニルソンは、その一環として、男の子のミドルネームを数字にしたいと考えていたが、誕生日の日付と体重の対称性を考えると、その数字は7にするのがいちばん理に適っていそうだった。しかし病院ではじめて息子を目の当たりにしたニルソンは、帰る直前になってダイアンのもとに駆け戻り、「いや、7じゃだめだ。9にしよう」と告げた。彼がそう決めた理由については、家族の誰も明確な答えを持っていない。後年、ザックは父親に、自分の名前はその当時五歳だったリンゴ・スターの息子、ザック・スターキーにちなんでつけられたのかと訊いたことがある。それはありえない、とニルソンは断言した。[1]

　ダイアン・ニルソンは、「ハリーの一部は親になりたいと思い、一部はパートナーになって、結婚生活を送りたいと思っていましたが、大部分の彼はそう思っていませんでした」とふり返る。[2] しかしながら一九七一年の最初の数か月、彼は家庭と家族中心の生活を送り続けた。とはいえ家庭の要求と、外に出て友人たちとテキーラを痛飲する楽しさとのあいだにはつねにせめぎ合いがあった。サンディと結婚していたころの彼は、義理の父親だった。しかしザックは実の息子だけに、今回は違ってくるのではないかという期待もあった。

　ニルソンは生まれたばかりの子どもをつぶさにながめ、その一挙一動に驚嘆した。眠っているザックを見て感動した彼は、大人になってから読ませるつもりで、こんな手紙をしたためた。

愛するザック
　ぼくは今朝、眠っているおまえを三十分ほど上からながめていた。いつの日か、おまえにも、こんな文章を書いているぼくの気持ちが理解できるだろう。おまえは美しい。おまえはぼくの立てる音に合わせて足やつま先を動かした。おまえは毛布の上に乗っていた。黄色いデイジーの柄が入ったオレンジ色の毛布だ。そしておまえのおしゃぶりは、口から一インチ離れていた。きっと眠ったときに取れたんだろう。

愛している。

ビッグ・ダディ・シュミルソン[3]

息子の誕生後、二月に入るとニルソンは、『オブリオの不思議な旅』の放映に向けて最後の準備に取りかかった。新聞のイラストレーションにも使えるフレッド・ウルフの個性的なヴィジュアルをたっぷり用意して、ニルソンは一連のインタヴューを受けた。彼はウルフを手放しで賞賛した。「普通ならこの映画は絶対に完成しなかったはずだ。ウルフは毎日十二時間から十六時間ぐらい、五人のスタッフとひたすら画を描き続けていた」。またダスティン・ホフマンの貢献についても、彼の声が「映画の味わいを一定に保つ」助けになってくれたと熱をこめて語っている。[4] ＡＢＣ-ＴＶのマーティ・スターガーにも怠りなく、自分が『オブリオの不思議な旅』の仕上がりにどれだけ満足しているかを伝える手紙を書いた。「あなたは本当にいい人だ」と彼は書き、「一緒に束に飛べて本当によかった！」と締めくくった。[5]

映画のプロモーション活動がまだ続いているうちから、ニルソンの関心はレコードづくりに戻っていた。彼は〈うわさの男〉のヒットと、《ハリー・ニルソンの肖像》で達成したかなりの売り上げのおかげで、ＲＣＡから出した最初期のアルバム二作に新たな市場が生まれたことを感じ取っていた。そのままの形で再発する代わりに、彼は会社を説得し、二枚のＬＰからのよりすぐりをリミックスした上で、その成果を《ニルソンの詩と青春（Aerial Pandemonium Ballet)》という〝新しい〟レコードとしてリリースした。

当時のマスコミは、彼が「あえてノスタルジアの領域に踏みこみ、そこから新しいなにかを生みだした[6]」と書き、このアルバムを「これまでの楽曲に対する新たなアプローチ[7]」として賞賛した。レコードの売り上げは、オリジナルのアルバム二作の売り上げを合わせた数を歴然と上回っていた。だがこれは基本的に過去のちょっとした改竄で、ティプトンの凝ったアレンジの一部がはぎとられたり、ジャラードの力の入ったヴォーカル・オーヴァーダブの一部がカットされたり、果ては音色とピッチを変えるために、そこここで再生スピードがいじられたりしていた。今の目でふり返ると、《ニルソンの詩と青春》は、たしかにニルソンとＲＣＡの口座を多少うるおしたかもしれないが、当初リリースされていた形態のアルバム二作にあった新鮮さとクリエイティヴな独創性には欠けている。またこのプロジェクトに時間を取られた彼は、しばらく純然たる新作の作業ができなくなった。しかしそのおかげで彼が、ザックが生まれた最初の数か月を主に自宅で過ごすことができたのは、間違いのない事実だった。

　完全な新曲を集めたニュー・アルバムの作業を、ニルソンは新しいプロデューサー、リチャード・ペリーと組んで進めることにしていた。彼がいつ、どうしてこの決断を下したのかは定かでないが、『オブリオの不思議な旅』の制作が最終段階に入っていた時期、どうやらニルソン・ハウス・プロダクションズでは、万事が順調というわけではなかったようだ。一九七〇年九月にニルソンはデレク・テイラーに手紙を出しているが、その中で彼は、アレン・クラインの新社長就任を機にはじまったアップルの再建——混乱をきわめていたこの会社に管理会計を持ちこんだ——に触れて、テイラーに同情していた。

　傘がたたまれるという話を聞いて、残念に思っている。しかしながら歴史的に見ると、アップルはイートン、いや、食べられ《イートゥン》てしかるべきものだ。クソったれな連中はもう、そいつが熟れるのを待つ気もないんだろ?……ニルソン・ハウスもアップルを食ったのと同じ人種に食われていた。けれどもぼくはひと口かふた口食われただけで、どうにか逃げ切ることができた。[8]

　五十万ドルというABCの予算内で『オブリオの不思議な旅』を完成させたニルソンは、それなりに鋭い経済感覚の持ち主だった。だが自分の制作会社については、そこまで効率的に管理できなかったようだ。そのため第三者にふたたび自分のレコードの監修を委ねるのは、十分前向きな行為のように思えた。ニルソンとリチャード・ペリーが仕事上のパートナーとなったのは一九七一年一月のことだったが、このふたりが創作面で新たな方向性を見いだすまでには、しばしの時間が必要とされた。その理由の一部はニルソンによる初期作品のリミックス、そして一部は赤ん坊の誕生だった。

　ニルソンとペリーはその一年ほど前、シンガーのタイニー・ティムがトルバドールでLAデビューを飾った際に、ほぼ偶然で顔を合わせていた。八人編成のバンドをバックに、裏声でうたう長髪のヴォーカリストは〈女の子でいるのは《アイ・エンジョイ・ビーイング・》ステキ《ア・ガール》（I Enjoy Being a Girl）〉〈男の子でいてよかった《アイム・グラッド・アイム・ア・ボーイ》〔I'm Glad I'm a Boy〕〉と続けてうたわれた）、〈ユー・アー・マイ・サンシャイン（You are My Sunshine）〉、そしてチャートにも入った〈チューリップ畑でお散歩（Tiptoe Through the Tulips）〉などのキャンプな懐メロを楽しげに披露して、客席を爆笑させた[9]。その後、マスコミが呼ぶところの〝ミスター・ティム〟は、フィル・スペクターが主催するパーティーの主賓となった[10]。その彼と一緒にいたのが、キャプテン・ビーフハート、エラ・フィッツジェラルド、ファッツ・ドミノなどの驚くほど多種多様なアーティストを手がけたのちに、マサチューセッツ州ケンブリッジの街頭でうたっていた無名のシンガー、タイニー・ティムの人生をがらりと一変させ、世界的な成功を収めるレコーディング・アーティストにのし上がらせたペリーだった。ペリーはニルソンがその晩のうちに自己紹介をしてきて、タイニー・ティムのアルバムを絶賛したとふり返っている。お返しにペリーは、《パンディモニアム・シャドウ・ショウ》はよかったとニルソンに告げ、このやり取りをきっかけに友情がはじまった。ニルソンはやがて、友情をさらに一歩押し進め、仕事の上でも関係を結ぶことにした。プロデューサーとして協力を仰ぐという具体的な目的を持って、彼はローレルキャニオンのペリー宅を訪ねた。ペリーは「よろこんで引き受けたいところだけど、いくつか条件がある――ぼくを信じることと、ぼくに仕切らせることだと言うと、彼も賛成してくれてね。でもしばらくのあいだは、ほとんど進展らしい進展がなかった」とふり返る[11]。

『オブリオの不思議な旅』の作業と初期のアルバムのリミックスに追われていた期間、ニルソンにはいっさい新曲を書く時間がなかった。にもかかわらず一九七一年一月十二日、ザックが生まれるほんの数日前に、彼はごく短時間だけＲＣＡのスタジオに入り、リチャード・ペリーと〈アーリー・イン・ザ・モーニング（Early in the Morning）〉をレコーディングした。彼らがふたりでつくる予定だったニュー・アルバムのために、最初に用意された楽曲である。この曲はニルソンのオリジナルではなかったが、彼がキャリアの最初期にモンキーズのためにつくったデモの、ルーズでリラックスしたサウンドに感触的にはかなり近かった。これはその二十五年前、曲を共作したサックス奏者兼シンガーのルイ・ジョーダンによって、正統派のリズム&ブルース・ナンバーとしてレコーディングされた楽曲だった。ニルソンのヴァージョンも基本的な十二小節の構造は引き継いでいるが、同時にいくつか改変を加えている。オルガンで伴奏をつけながら、歌詞をわずかに長くした箇所や、フレーズのくり返し、あるいは「ハリー、あなたどう見てもボロボロよ！（Harry, you sure look beat!）」と彼に告げるウェイトレスの声を模して高音域に遠征する部分などでは、コード進行を引き伸ばしているのだ。オケのシンプルさと、ニルソンがかねてから認め、だがめったに表に出すことのなかったレイ・チャールズからの影響を明確にうかがわせる唱法と語り口は、それまでのアルバムに収められたどの曲にも増して土臭く、ロック、ソウル、ブルースと強く結びついたサウンドへの志向を示していた。

このペリーとの初セッションをふり返って、ニルソンはライターのドーン・イーデンに「リチャードの考えていることは、ぼくの考えていることと同じだった。つまり、ここらでいっちょロックンロールをぶちかましてやろうぜ！　ってことだ[12]」と語っている。

一か月後、ザックの誕生と映画のＴＶ初放映を経て、ニルソンとペリーはＲＣＡに戻り、ジョージ・ティプトンがアレンジしたニルソンの新曲〈アイル・ネヴァー・リーヴ・ユー(I'll Never Leave You)〉をレコーディングした。低音のストリングスとチューバを二重にした興味深いアレンジや、『第三の男(The Third Man)』のテーマでアントン・カラスが弾いたツィターを思わせる風変わりな効果音をよそに、そのパフォーマンスはいつになく貧弱だった。〈アーリー・イン・ザ・モーニング〉ではオルガンの伴奏で解放されたように聞こえたニルソンの声が、ここでは逆にアレンジのせいで、拘束されているように聞こえてくる。ニルソンがアルバムの収録曲をティプトンとレコーディングするのは、この時が最後となった。タワー・レコード時代から『オブリオの不思議な旅』にいたるニルソンの活動を中心となって支えてきた共同作業と友情に、いきなり終止符が打たれてしまったのだ。ニルソンとペリーはどちらも、大いに有望だった〈アーリー・イン・ザ・モーニング〉のブルージーなサウンドをさらに追求するために、方向性を転換する必要性を痛感していた。

リック・ジャラードの時と同じように、ニルソンがここまで大胆な動きを取ることは、ティプトンにはいっさい予告されなかった。ニルソンがギタリストのハワード・ロバーツやデニス・マディマーのような初期作の常連たちを起用し、全曲ティプトンのアレンジで《ニルソン・バイ・ティプトン(Nilsson by Tipton)》と題する自作曲のインストゥルメンタル・アルバムを（ニルソン・ハウス・プロダクションズを通じて）プロデュースしたのは、まださほど遠い昔ではない一九七〇年七月のことだった。ある評論家が「一般向け音楽の上出来なアルバム[13]」と呼んだこの作品は、ふたりの創造的なパートナーシップを、それまで以上に強固なものとしたかに見えた。しかしこの協力関係は、そのわずか八か月後に終わってしまう。ダイアン・ニルソンはその別れが、ティプトンにとって大きな痛手になったはずだと考えていた。

ハリーが……ロック的な方向に行ってしまったとき、ジョージはさぞかしガッカリしたはずです。なにしろジョージはハリーの曲と、彼のやっていることが大好きでしたから。これはあくまでもわたしの想像ですが……彼はすっかり傷ついてしまって、もう元に戻れなくなったんじゃないかしら。[14]

ふたりが別々の道を行くようになって以来、ティプトンはニルソンとの仕事について、ほぼノーコメントを通してきたが、リー・ニューマン（一九九一年に舞台化された『オブリオの不思議な旅』でオブリオ役を演じた）にあてた手紙の中では、彼らがふたりで成し遂げた仕事を誇らしく思うと認めている。彼はこう書いていた。「一九六四年から七一年にかけての時期は、幸運にも当時のレコード産業に関わることのできたわれわれ全員にとって、すばらしい時代だった。想像しうるすべてが可能になり、実行することができた。われわれはやれるうちに実行し、さらに前に進んでいった……われわれは〝陽の当たる大通り〟に立つことができ……ハリーとわたしはしばらくのあいだ、たしかにそこを歩いていた」[15]

ティプトンがニルソンとのかつての関係を取り戻せなかった主な理由は、ペリーの仕事の進め方が、それまでとはまったく別物だったことだ。ニルソンとティプトンとのスタジオ・ワークに際して、スタッフ・プロデューサーのリック・ジャラードは基本的にチームの一員となり、ＲＣＡのお偉方たちとニルソンのあいだを取りもつ調整役をもって任じていた。ジャラードの離脱後はティプトンがニルソンの相談相手となり、ある程度の商業的成功を収めたおかげで、ニルソンは少なくとも自分の考えの一部を、レコード会社に直接伝えられる立場になった。しかしニルソン・ハウスでの諸問題とはまったく別のところで、彼はランディ・ニューマンとのセッション中に次第に明らかになってきた、みずからのプロデューサーとしての欠点に気づいていた。

リチャード・ペリーの職能は、スタッフ・プロデューサーのそれとも、アーティスト・プロデューサーのそれとも異なっていた。彼の外見を「腰まではだけたシャツ、はでな髪型、などなど」と評した「ニューヨーク」誌は当時、それを次のように説明している。

> 彼はここ数年でレコード・シーンに台頭してきた新人種のひとり。ペリーは会社に所属せず、フリーランスで仕事をするレコード・プロデューサーだ。アーティストとともに仕事を進めながら、レコード全体のプランを練り、アレンジを手がけ、方向性を指示し、完成した製品をレコード会社に引き渡す。すると会社はその製品をプレスし、各地に配給するのである。[16]

ニルソンはＲＣＡと契約を結んでいたが、ペリーはプロデューサー役を引き継いだとき、個々のアルバムづくりについて、その契約をのぞくほぼ全権の委任を彼に求め、承諾を得ていた。ペリーはタイニー・ティムのヒットしたレコードやコンサートを手がけただけでなく、バーブラ・ストライサンドのキャリア再建にも取り組み、ニルソンとの仕事をはじめたのは、ちょうど彼女のアルバム《ストーニー・エンド（Stoney End）》を仕上げたばかりのころだった。五年ぶりに彼女をポップ・チャートのトップ10に返り咲かせたアルバムである。

彼は意外な、そして興味深いレパートリーをアーティストにあてがうことで定評があり、エラ・フィッツジェラルドを説いてニルソンの〈窓をあけよう〉をうたわせたり、ストライサンドに彼のバラード〈メイビー〉をうたわせたりしたこともあった。ファッツ・ドミノにビートルズの〈レディ・マドンナ（Lady Madonna）〉を――このニューオーリンズのピアニスト兼シンガーに歌詞がきちんと理解できていないことは百も承知の上で――カヴァーさせたのも彼で、このヴァージョンは首尾よくヒットを記録した。タイニー・ティム、キャプテン・ビーフハート、カーリー・サイモン、あるいはストライサンドと多岐にわたるペリーの仕事に共通する原則があるとすれば、それに彼が個々のアーティストに見合った構想を打ち立て、その構想をレコードで実現するために全力を尽くすということだった。ことニルソンに関しては、彼にはこうすべきだという道筋が完全に見えていた。ふたりはどちらも大のビートルズ・ファンで、ペリーはニルソンこそ、〝彼の〟ビートルズになれる男だと見こんでいた。

彼にそれまでとは別のレヴェルに行くために必要とされる能力、少なくともヴォーカルの能力と、曲づくりの能力があることはわかっていた。すでに十分尊敬を集めていたし、LPは平均で七万五千枚、いや、十万枚ぐらい売れていたかもしれない。でもふたりでつくった《ニルソン・シュミルソン（Nilsson Schmilsson）》のアルバムは、たぶん五百万枚以上売れたと思う。

本当の意味で彼をアメリカ版のビートルズにギリギリまで近づけようと思ったら、方程式にひとつ、足りない要素があることはわかっていた。アルバムをイギリスでつくることだ。というのもこの時点で、長年LAの音楽シーンを見守ってきたわたしには、ロンドンこそが創造的なレコーディングの本当の中心だということがわかっていた――テクノロジーもそうだし、エンジニアやアレンジャーの鍛え方にしても、完全にお手本にしたくなるようなもので、アメリカにいる連中よりもずっとわたしの性に合っていたんだ。[17]

ペリーは別のプロデューサーから、彼の求めるサウンドを手に入れたければ、ぜひともロビン・ジェフリー・ケーブルというエンジニアと組むべきだと勧められていた。トライデント・スタジオを本拠地に、エルトン・ジョンの初期のアルバム数作を手がけていた男である。[18] 一九七一年二月にLAのRCAスタジオではじまったニュー・アルバムのセッションを完全にロンドンへ移行させるまでには、数か月の時間が必要とされた。ニルソンはまた、ザックがダイアンと旅行をしても問題がない程度に成長するのを待っていた。やがてすべての準備が整い、六月にトライデント・スタジオが、数回の連続的なセッション用に押さえられた。これは見かけほど簡単なことではなかった。スタジオの人気があまりにも高かったせいで、二十四時間営業だったにもかかわらず、ペリーの希望通り、まとまった時間で押さえるのはむずかしかったのだ。最終的に彼は一部のセッションを、午前二時から八時の時間帯に組むしかなくなってしまう。しかし大半は午後七時から午前二時の時間帯に予定されていた。スタジオそのものは細長い部屋で、演奏用のエリアを見下ろすコントロール・ボックスには階段を使って登る構造だった。ミュージシャンたちはこのスタジオに、複雑な感情を抱いていた――たとえば一部のギタリストは、この部屋で音の分離をよくしようと思ったら、アンプを遮音板《バッフル》で覆い隠す必要があるという事実を嫌った。そうすると自分の演奏が、聞こえにくくなってしまうからだ。大量の機材をスタジオに運びこむ必要があったミュージシャンたちはみんな、セントアンズコートにあるトライデントが（当時も今も）とにかく車を停める場所に苦労するソーホーの中心に位置することを嘆いていた。かりに貴重なスペースが見つかっても、プレイヤーがひとり、またひとりとパーキング・メーターに小銭を入れに行ってしまうため、セッションは何度も中断の憂き目をみた。入口までの狭い路地をどうにか通過できても、スタジオはトライデント・ハウスの何階か上にあり、旧式なエレヴェーターでしか行き着けなかった。[19]

ペリーはすでにロンドンのほかのスタジオで、たとえばエラ・フィッツジェラルドのリプリーズ盤のようなレコードを何枚かつくったことがあったので、ロンドンに拠点を置くセッション・プレイヤーの力量はしっかり把握していた。彼はニルソンのアルバム用に、エリック・クラプトンとのツアーを終えたばかりで、ジョー・コッカーやトラフィックとのツアー経験もあるアメリカ人ドラマーのジム・ゴードンを起用した。のちにジョージ・ハリスンのプロジェクトに数多くかかわるジム・ケルトナーも、やはりドラムで起用された。ベースとギターはマンフレッド・マンの元メンバーで、数多くのアルバム・ジャケットをデザインしたことでも知られるベルリン生まれのクラウス・フォアマン。ほどなくルー・リードの〈ワイルド・サイド（Walk on the Wild Side）〉のベースを弾いた男として名を上げるハービー・フラワーズも数曲で参加し、ジャズとパンクをまたにかけ、当時はイアン・カーのロック・フュージョン・グループ、ニュークリアスの一員だったギタリストのクリス・スペディングも同じくだった。ニルソン自身はピアノ、オルガン、エレクトリックピアノを演奏したが、ゲイリー・ライトとジミー・ウェッブも追加のキーボード業務を受け持っている。一部の曲ではアメリカ人のブラスの名手、ジム・プライスがみずからのアレンジでトランペットとトロンボーンを重ね、サックスのパートはセッションで長年、彼とコンビを組むボビー・キイズが担当した。ストリング・オーケストラを使った曲では、エルトン・ジョンのセッションに数多く参加し、デイヴィッド・ボウイのレコーディングにも協力していたアレンジャーのポール・バックマスターが招き入れられた。

　ペリーとニルソンがロンドンに到着した時点で、どちらもぜひアルバムに（ロスアンジェルスでレコーディングずみだった二曲とともに）入れるべきだと考えていた曲がひとつあった。ニルソンがその曲を耳にしたのは、ローレルキャニオンで開かれたパーティーでのことで、当初、あまり知られていないビートルズの曲ではないかと考えた彼は、レコード店で探し出そうとした。しかしやがて自分が耳にしたナンバーは〈ウィザウト・ユー〉といい、しばらく前にアップルと契約したイギリスのロック・バンド、バッドフィンガーのトム・エヴァンズとピート・ハムが書いた曲だったことを知る。[20]新しくリリースされた彼らのサード・アルバム《ノー・ダイス（No Dice）》に収められていた曲だが、シングルの座は〈嵐の恋（No Matter What）〉に譲り、やはりハムが書いたこの曲はイギリスでトップ10ヒットを記録していた。

〈ウィザウト・ユー〉の可能性を見抜くためには、ある程度の洞察力が必要とされた。なぜならバッドフィンガーのヴァージョンでも、ヴァースと「もし生きていくのがきみ抜きなら、生きていけない（Can't live, if living is without you）」とくり返すサビには多少のめりはりがつけられているものの、それ以外はところどころにギター・ソロが入るだけの、さほど目立ったところのないミディアム・テンポのロック・ナンバーにすぎなかったからだ。しかしこの曲をどう料理すればいいかを本能的に察知したニルソンは、ロンドンに着くのとほぼ同時に、自分のピアノだけをバックにした情感あふれるデモ・ヴァージョンをレコーディングした。「生きていけない……」のくだりから甘酸っぱい情熱を搾り取りつつも、彼はピアノのコードをいくつかこっぴどく間違えている。けれども彼はひとつ、バッドフィンガーにはできなかったことをやってのけた。心からの確信をこの曲に行き渡らせることだ。

ほんの数小節聞いただけで、われわれはこの男が自分の壊れやすい心をむき出しにしていること、そして「別れるしかなかった（had to let go）」相手抜きでは、本当に生きていけないことを知る。うたわれているのは別れた恋人のことだが、父親に捨てられた彼の個人的な苦悩をぶちまけていると解釈することもできた。そのデモにおける自分の歌、とりわけ「もし生きていくのがきみ抜きなら、生きていけない」のくだりで、この自然体のレコーディングが自分の個人的な痛みをみごとにとらえきっていることにいたく感動したニルソンは、粗いつくりのデモをそのままリリースしたいと言いだした。おかげでペリーは持てる力の限りを尽くして、ちゃんとしたバックをつけたスタジオ・ヴァージョン、ただしこのソロ・ヴァージョンにある確信と情熱はそのまま活かしたヴァージョンをレコーディングをするべきだ、とニルソンを説得する羽目になる。[21]

その結果、ロンドンで最初にバッキングのオケをレコーディングする曲には〈ウィザウト・ユー〉が選ばれた。メンバーはギターのジョン・ウライブとピアノのゲイリー・ライト、それにフォアマンとケルトナーのリズム隊。ガイド・ヴォーカルの録りが終わると、ポール・バックマスターがストリングスのパートを書き、レコーディングでもその指揮を取った。[22]すべては順調に進んでいたが、セッションが進むにつれて、次第にニルソンはこの曲をうたうことに気乗りがしなくなってきた。リチャード・ペリーは不快感を覚えた。というのもひとつのテイクを録り終え、ミュージシャンたちを集めてプレイバックを聞くたびに、ニルソンがこの曲をこきおろしはじめたからだ。ニルソンはとくに別れた夜や、去っていく恋人のことが忘れられないと言っておきながら、「それが物語というものなんだろう（That's just the way the story goes）」と受ける、彼からするとまるで辻褄の合っていない箇所を嫌っていた。セッションに不穏なものを感じ取ると、とたんにミュージシャンが全力を出さなくなることをよく知っていたペリーは、懸命にニルソンを説得して、非難を口にさせまいとした。

もしかする彼はまだ、デモのレコード化を諦めていなかったのかもしれない。だがわれわれはふたりの立派な紳士らしく、ドーチェスター・ホテルで午後のお茶を飲みながら、この先どうすべきかを話し合うことにした。わたしは「ハリー、きみがプロデュースの依頼に来たとき、こっちの条件はひとつだけ、作品づくりの権限を全部もらうことだと言ったのを覚えているかい？」と切り出した。

すると彼はわたしの顔をまっすぐ見つめて、「嘘をついたのさ！」とうそぶいた。そのタイミングでわたしたちは同時に腕時計に目をやり、彼が〈ウィザウト・ユー〉にヴォーカルを入れる予定のセッションに遅刻しているのに気づいた。わたしたちはなにも言わずにタクシーに飛び乗り、スタジオに急行した。そして車から駆け出した彼がうたったのが、レコードで聞けるあのヴォーカルなんだ。[23]

その成果を最初に耳にしたのはデレク・テイラーだった。彼はすでにアップルからワーナー・ブラザースのイギリス支社、WEAに籍を移し、プロデューサーとタレント・スカウトとパブリシストを兼ねる特別企画担当重役を務めていた。彼自身が抱えるアーティストの中には、古くから活動していたイギリス人ブルース・シンガー（兼ポップ文化評論家）のジョージ・メリーや、当時は舞台化されたザ・フーの『トミー（Tommy）』に出演中で、ほどなくデビュー・アルバム《ベット・ミドラー・デビュー（The Divine Miss M）》をリリースする予定のベット・ミドラーらがいた。新たに設立されたローリング・ストーンズ・レコーズの配給と密に関わり、ビートルたちとも相変わらず良好な関係を保っていた彼は、その当時の音楽シーンのあらゆる側面にどっぷりと深入りしていた。朝の八時まで続いたトライデントでのオールナイト・セッションでようやく完成させた曲のラフ・ミックスをニルソンとペリーが聞かせに来たのは、そんなテイラーが自分のオフィスに到着した直後のことだ。彼はニルソンの来訪を鮮明に記憶していた。

彼はあのバッドフィンガーの曲、ハムとエヴァンズの〈ウィザウト・ユー〉を取り上げて大ヒットさせた。まさしく圧巻だよ。それを可能にしたのが、ハリーとリチャード・ペリーの完璧主義だった。あのふたりは……とても上出来なデモをつくっていて、わたしからすると、そのままでもヒット性は十分だった。だが彼らは最高音《トップ・ノート》にもっともっとパワーがほしいと考え、そのために必要なことをやった。ハリーはあの最高音で、いきなりこの上なく不快な痔に苦しみはじめる。あそこを聞くと、わたしはいつも痔を連想するんだ。なのにぜんぜん感動は損なわれない——そうなってしまうのが普通なのに。[24]

ペリーは自分たちがヒットをものにしたことを確信した。それはこの曲がやがてミリオンセラーを記録し、イギリスとアメリカのチャートで首位に立ち、ニルソンに二度めのグラミーをもたらしたことで証明された。ピアノと声だけのデモにあったむき出しの情熱はいくぶん薄められていたものの、ちゃんとしたオケを録り、オーケストラのバックをほどよく配したペリーの判断が正しかったことは、火を見るよりも明らかだった。ニルソンが弾くオープニングのピアノ・コードの素人っぽい雰囲気はデモ通りだが、彼としてもとりわけ完成度の高いヴォーカル・パフォーマンスをくり広げるその声は、素人っぽさをみじんも感じさせない。オープニングのヴァースのなめらかさと無邪気さは、「いや、明日のことは忘れられない……（No, I can't forget tomorrow...)」というくだりの背後にそっと忍び入ってくるストリングスにも助けられて、徐々により激しい情熱に取って代わられる。「もうこうするしかない……（And now it's only fair...)」ではじまる次のくだりでは、ニルソンがひとり二重唱を聞かせ、彼のバックアップ・ヴォーカルは、原曲のメロディが持つニュアンスを完璧に写し取っている。

「生きていけない……」のくり返しは、ニルソンがデモに注ぎこんでいた激情のかなりな部分を感動的に再現し、バックマスターによるバッキングのアレンジは、そのムードを正確にとらえている。ティプトンのさりげないストリングスが、ニルソン版の〈うわさの男〉をフレッド・ニール版の原曲から飛躍的に進歩させていたのと同じように、このレコードもバッドフィンガー版の原曲が、極彩色の絵画のこの上なくラフな下描きのように聞こえてしまう仕上がりだ。ロンドンのアイランド・スタジオでおこなわれた最終的なミキシングの最中に、ペリーはバッドフィンガーがとなりのスタジオでレコーディングをしていることを知った。ライターのカーティス・アームストロングによると、「ハリーとリチャードは彼らを招き入れ、軽くシャンペンを注いでから、この曲をフルヴォリュームで再生した。この曲を共作したトム・エヴァンズとピート・ハムは、伝えられるところによると、言葉を失っていたという[25]」。バックのミュージシャンとスタジオの両方から別種のフィーリングを引き出すために、ロンドンでレコーディングすることを決めたペリーのおかげで、ティプトンと組んでいた時代のニルソン作品に比べると、はるかに現代的な切れ味を持つパフォーマンスが生まれたのだ。

初期作品との差異はそれだけに留まらなかった。というのもロンドンのセッションで取り上げられた曲には、ニルソンがもともと一九六八年の三月にティプトンとレコーディングし、だが《空中バレー》にも《ハリー・ニルソンの肖像》にも収録されなかった曲のリメイクもふくまれていたからだ。〈ガッタ・ゲット・アップ（Gotta Get Up)〉という彼の自作曲である。ティプトンがアレンジしたこの曲は、アップビートで威勢よく鳴り続けるタンバリンと、「終わるなんて思いもしなかった、ぼくらはそのまま飲み続け、ロックンロールをやっていた（We never thought it would end, we used to carry on and drink and do the rock and roll)」とひとり二重唱でうたうニルソンのヴォーカルとコール&レスポンスをくり広げる派手なブラス・セクションに引っぱられて、いくぶん走り気味に前に進んでいく。

ペリーがプロデュースしたヴァージョンは、それに比べると暗くて軽みに欠け、そうした雰囲気をクリス・スペディングが弾く冒頭の引っかくようなギター・コードが助長する。それは曲がエンディングの混乱状態に向かうにつれて消え失せ、バンドはらせん状に上昇するニルソンのピアノを追って、混沌の中に飛びこんでいく。「とにかくやたらとテイクを録らされた」とはスペディングの回想だ。「おかげでストレスのたまったオレたちがガス抜きのつもりでふざけはじめたら、ハリーがそのイカれた感じを曲に採り入れたんだ」[26]。ニルソンがピアノで弾くイントロの鋭角的なコードに続く曲の中心的なパートでも、ヴォーカルはティプトンのヴァージョンほどいい加減にも皮相的にも聞こえない。事実、この新しいパフォーマンスでは、ニルソンが「街にやって来て二日ほど女とやりまくると、また泡だつ波の向こうに旅立っていく（come to town and he would pound her for a couple of days, and then he'd sail across the bubbly waves）」水夫の話をしていくうちに、彼の主要な自伝的テーマのひとつに焦点が当てられる。商船員にせよシービーにせよ、この男がベット・マーティンの視点、あたかもお楽しみが「いつまでも終わらない（never end）」かのように、ひと晩中踊り続けることがもはや叶わなくなった女性の視点から見たニルソン・シニアであることは間違いない。「遅刻するとみんなに伝える（let the people know I'm gonna be late）」電話をかけなければならなかったニルソンの銀行マン時代を連想させる部分もある。ティプトンのプロデュースしたヴァージョンが隙のないきっちりしたつくりだったのに対し、ペリー版はもっとルーズで、ヘンリー・クレインのアコーディオンがときおり立てるあえぎ声や、ジム・プライスのジャジーな間投詞もかなりお目こぼしされていたため、それらはもはや小ぎれいなアレンジの中心的なパートというより、歌詞に対する皮肉なコメントのように聞こえてくる。冒頭に配されることによって、この曲は《ニルソン・シュミルソン》がこれまでの作品とは大きく異なる、より成熟した作品になることを宣言していた。

この曲が仕上がった時点で、ペリーとニルソンの手元には一月に録った二曲とこの〈ガッタ・ゲット・アップ〉のリメイク、それに〈ウィザウト・ユー〉というヒット曲候補の四曲があった。ミュージシャンとスタジオはすでに押さえてあったものの、彼らはアルバムの残りの部分を、未完成のデモ数曲でなんとかやりくりしなければならなかった。デモはトライデントに入った直後、バンドのほかのメンバーたちが召集される前にニルソンのピアノと声だけの〈ウィザウト・ユー〉ともども二日間でレコーディングされた。ペリーによると――

実のところ、ハリーはいっさい新曲を書いていなかった。しばらく前から放ってあった断片がいくつかあるだけで、しょせんは〝昔の曲〟だったから、本人はあまりやりたがっていなかった。それでセッションの前日にふたりでオックスフォード街のいろいろな音楽出版社を訪ね、そのセッションで使えそうな外部の曲を土壇場で探し回ったんだ。[27]

この探索からはなんの成果も上がらなかった。しかし結局アルバムには、昔の曲――一九五六年にシャーリー&リーが放ったトップ20ヒット〈レット・ザ・グッド・タイムズ・ロール（Let the Good Times Roll）〉が追加されることになる。ペリーによると「スタジオで、衝動的に[28]」やることになった曲で、ジム・ケルトナーのヘヴィなバックビートと、ビートを叩き出すニルソンのピアノ、そしてスペディングの野放図なギターによって、あえてニルソンの初期のアルバムよりもロックンロール的な雰囲気に仕上げられている。ニルソンはスタジオの棚から思いつきで手に取ったハーモニカで、雰囲気のあるブルージーなソロを吹いているが、この曲の主力はドラマティックなヴォーカルのオーヴァーダビングだ。ただしリック・ジャラードのプロデュース作品で聞けた天使のようなコーラスに比べると、こちらははるかにロック色が濃い。〈ウィザウト・ユー〉の冒頭で聞けるニルソンの声の比類のない清澄さは、よりハードな切れ味に取って代わられ、「カモン・ベイビー（C'mon baby）」という耳につくフレーズでは、エヴァリー・ブラザーズ的なハーモニーが用いられている。しかしクリス・スペディングによると、この雰囲気をものにするには、それなりの代償が必要とされた。

ハリー・ニルソンの暮らしぶりを知ってる人間なら、彼のレコーディング・セッションはどんちゃん騒ぎだったんじゃないかと思うかもしれないが、実際にはいたって真面目だったし、肝心なのは職業倫理だった。オレがはっきり覚えていることのひとつは、とにかく何度も何度も何度も録り直した曲があったことだ。〈レット・ザ・グッド・タイムズ・ロール〉では彼がピアノを弾き、オレたちは一日中、この曲をプレイしていた。二インチのテープに、五十ぐらいテイクが入っていたはずだ。[29]音楽に対する客観性もやる気も全部なくして、ヘトヘトになって家に帰ったのを覚えている。翌朝、スタジオに戻ってみると――スタジオのよどんだ空気と、朝の十時なのにもうあふれかえっていた灰皿のせいもあって――ハリーとリチャードとエンジニアからは、どれにするか選ぶためにひと晩中そこで全部のテイクを聞き返していたような印象を受けた。オレたちがまた集まってきたのに気づいたリチャードが、「わかった、テイク3で行こう」と言ったのをはっきりと覚えている。50やったうちのテイク3だ。エネルギーと才能の無駄遣いでしかなかったから、こんな仕事のやり方を認めるミュージシャンはひとりもいなかった[30]。

一方でリチャード・ペリーは、可能な限りテイクの数を重ねるべきだと固く信じていた。バランスの微妙な変化に敏感で、バンドのメンバー全員が彼の思い描く全体像に沿ったサウンドをきちんと出しているかにどうかに強くこだわった。たいていは自分の求めるものを具体的に指示していたが、それがバンドのミュージシャン全員に関わっているとは限らず、おかげで彼が別のパートに細かな調整を加えるあいだ、何度も何度も同じプレイをくり返す羽目になるミュージシャンもいた。「ニルソン時代のわたしは、やたらとテイクを積み重ねていた」と彼は語っている。「それはたぶん、完璧なテイクと呼ぶにはまだ、なにが足りていないかを察知する第六感があったからだと思う。わたしとしてはその判断が間違っていないときのほうが多かったと思いたいし、中にはわたしの追いこみがキツすぎると感じるミュージシャンもいたが、そんな彼らもいつだって、わたしのセッションに戻ってきてくれた」。彼はまた、テイクの重ねすぎで自分の求める〝感触〟が薄れてきたら、すぐにやめさせるようにしていた、ともふり返っている[31]。

アルバムの中で、もっともあからさまにロックンロール的な感触を持つ曲が、〈レット・ザ・グッド・タイムズ・ロール〉に続けて収録された〈ジャンプ・イントゥ・ザ・ファイアー（Jump Into The Fire）〉だ。ハービー・フラワーズが弾くパンチの効いたベース・リフで威勢よくスタートするナンバーで、彼の回想によると――「いたのはピアノのハリーと、ドラム・ブースのジム・ゴードン、それにギターのクリス・スペディングだけ。ぼくらは『たっぷりのトムトムと、Dメジャーのベース・リフ』という指示通りに演奏し、ハリーがそれに合わせてヴァースとかサビをちょこちょこっとうたっていた[32]」。フラワーズの拍動するベースラインがペースを設定し、曲の後半では彼がジム・ゴードンの重いドラム・ソロのあとで弦をゆるめ、チューニングを狂わせることによってめざましい効果を上げている。

「たしか、すごく上出来なテイクを三分の二ぐらいまで録ったところで、ハーゴーがわざとふざけはじめて、リチャードにもう一テイクやらされたんだと思う」とクリス・スペディングは回想している。「でもハービーの選んだタイミングは完璧で、そのテイクが本チャン《キーパー》になったんだ[33]」。実のところ当のハービーには、変わった真似をするつもりなどさらさらなかった――ただただ、本気でふざけていたのだ。「フェイドアウトの部分がちょっと長くてね、普通ならエンジニアからヘッドセット越しに『お疲れ』と声がかかって演奏を止めるタイミングになっても、その指示がとんと出なかった。それでちょっと笑わせてやろうと思って、いちばん低い弦のチューニングをぶらぶらになるまでゆっくりゆるめていったのさ。正直、ちょっとバカバカしい――あの当時のぼくらミュージシャンがいかにもやりそうなことだった。コントロール・タワーにいた連中からはこれといって反応はなかったけど、ネットのフォーラムやディスカッション・グループやベースの雑誌からは、あれ以来ずっとインサイダー情報を教えてほしいと言われ続けている」[34]。完成したオケにはスペディングのバッキングに乗せて、ジョン・ウライブの荒々しいギター・ソロがフィーチャーされ、そこにクラウス・フォアマンの弾くリズム・ギターが追加されている。スペディングによると――「ウライブはずっとスタジオで、オレたちのオケ録りが終わるのを待っていた。自分のパートをあとで入れるためだ。オレたちと一緒にオケを録ることはなかった」[35]

アルバムに収められた長尺版は、まる七分続くロック・ジャムだ。しかしこの曲でなにより注目に値するのは、ニルソンのヴォーカルだろう。ジャラードと組んだ初期作品における天使のように完璧なコーラスの代わりに、ここで聞けるのは猛スピードで回転する聴覚の万華鏡よろしく、声の断片があらゆる方向に飛び散っていく砕けた音のシャンデリアだ。比較的シンプルな歌詞の音節が強調され、エコーをかけられ、〝ウォオオア〟という叫びだけが、ディレイのかかったオーヴァーダブの森の中で屹立している。

ＲＣＡはジャム・セッションの要素を切りつめ、ヴォーカルのリプライズが最後のフェイドアウトを導く三分半のシングル・ヴァージョンをリリースした。〈ウィザウト・ユー〉からの劇的な変化をよそに、この曲は全米チャートを二十七位まで上昇した。そうした対比に関するコメントを求められて、ニルソンは「ぼくの初期の曲にはもっとソウルがあった。ただ、もっとさりげなかっただけだ」と答えている[36]。

ロンドン・セッションの残り時間は、ニルソンが非常にラフな状態で録っていたデモの中から選ばれた四曲のオリジナル作品に充てられた。完成度はまちまちだったものの、大半は一分前後の断片だった。しかし音楽出版社での曲あさりは無駄足に終わっていたため、ペリーはどれだけ大ざっぱだろうと、とりあえずニルソン自身の曲からなにかを仕立てあげるしかなかったのだ。以前からペリーは、レコーディングされた断片から美しい仕上がりのパフォーマンスをつくりあげることを得意技のひとつにしており、このテクニックをさまざまなシンガーに用いて多大な成功を収めてきた。だがそんな彼にとっても、アルバムのかなりな部分をこの手に頼って制作するのは危険性の高い行為だった。ヴァースだけでサビのない曲もあった。サビはあってもブリッジがない曲もあった。にもかかわらずペリーはその作業に着手し、バッキング・ミュージシャンたちとともに、ニルソンのアイデアを具体的な形にしていった。

　わたしはすべてのオケを完全にできあがった曲のつもりで録音した。ところがハリーがヴォーカルを入れる段になったとき、ちょっとした問題が持ち上がった。歌詞がない。すると彼はスタジオの床で腹ばいになり、ひじをついた手で頭を支えながら、その場で歌詞を書きはじめた。そして十五分もすると歌詞ができていた。ほかに手はない。そうする以外になかったし、わたしたちはとにかくヴォーカルを入れて、前に進まなければならなかった。だからあのアルバムの曲は、大半がそんな感じでできあがっている。いわゆるマジックというやつだが、それがいつあらわれるかは予想のつかないものなんだ[37]。

　歌詞を入れる以前にまず、ニルソンは曲をバンドに教える必要があった。クリス・スペディングはそのプロセスをこうふり返っている。「ハリーはオレたちがやる曲をピアノで弾き、時には曲の感じがつかめるように、うたってくれることもあった。譜面はない。リズム・セクションだけで、ホーンはいなかった。オレたちがいわゆる〝完璧なテイク〞をものにすると、たいてい、オーヴァーダビングやパンチインはしなかった[38]」。ペリーがその後、こうしたリズム・セクションだけのオケを引き伸ばしてより通常の曲らしい形態に仕立て、そこにニルソンが新しい歌詞をつけていったのだが、デモの完成度がもっとも高かった〈ココナッツ（Coconut）〉は、その時点で歌詞もほぼできあがっていた。「ココナッツにライムを入れてどっちとも飲み干せ（Put the lime in the coconut and drink them both up）」というくだりのくり返しは、新ヴァージョンのほうが多くなっていたものの、曲に基本的な変化はなく、ニルソンはナレーター、その混ぜものを飲む女性、そして彼女にアドヴァイスをする医者の三役を演じている。彼はもともと地声だけで全部うたうつもりでいたが、デモを録っていたとき、対照的な声を使ってみては？　とペリーに提案され、それが思いのほかうまくいったため、最終的なレコードにも活かされたのである[39]。

　前年、彼とダイアンはハワイで短い休暇を過ごし、その際に彼は、〝ココナッツ〞という単語をブックマッチに書き留めていた。歌詞に使うと最高だろうと考えたのだ。そして家に帰ると――

　LAのフリーウェイを走っていたとき、そのマッチを手に取ったぼくは車の中で曲を書きはじめた。そしてそれを原因が治療になる話にした。つまりココナッツにライムを入れると気分が悪くなり、でも医者に電話をすると、「ココナッツにライムを入れて、朝になったら電話してください」と言われてしまうんだ。[40]

　これはニルソンがしばらく前から漠然と温めていたアイデアだった。彼が残した書類の中には雑多な〝引用、洒落、考察〟のコレクションがふくまれているが、この時期のさまざまな下書きのひとつには、こういうくだりがあった。

　気分がいいときのウィスキーは気分を悪くする。
　気分が悪いときのウィスキーは気分をよくさせる。[41]

〈ココナッツ〉にも同じアイデアが採り入れられ、ペリーの創意に富んだプロデュースによって、いくぶん深みに欠けるデモに一気に命が吹きこまれた。デモでニルソンが弾いたフィンガーピッキングのギターは、カレブ・クエイ（イギリスの有名なジャズ・シンガー、キャブ・ケイの息子）のエレキギターに差し替えられ、イアン・ダックのアコースティックギターがそこに加わる。このふたりのミュージシャンはどちらも、一九六〇年代末にエルトン・ジョンのバッキングを務めたバンドから派生したフックフットのメンバーだった。ジム・ゴードンとハービー・フラワーズに支えられて、二本のギター間の繊細なインタープレイはピンと張りつめたオケを築きあげ、そのおかげでニルソンは、医者を前にした女性の叫び声が次第に激しさを増す中、花火のように派手なヴォーカルをエンディングに向けて引き伸ばすことができた。フラワーズによると、これは複数のテイクから完璧なオケをコツコツと組み立てていくペリーの忍耐力のたまものだった。

　ぼくらは〈ココナッツ〉を何度も演奏した。RP（リチャード・ペリー）のセッションでは、それが当たり前になっていたからだ。ちょっとした冗談みたいな曲で、キーも変わっていたし（全曲がC7のワンコード）、同じパターンをくり返す以外に、ベースはあまりやれることがなかった。でもその場合にむずかしかったのは――今もそうだけど――よけいなひねりを入れないようにすることなんだ。

　というわけでRPは、全部のテイクの中からいちばん出来のいい部分をつなぎあわせ、後日、ほかのプレイヤーたちに、それぞれのパートをオーヴァーダビングさせた。そして歌を入れ直すと、もうなんの問題もない。またしても傑作の誕生だった。[42]

この曲はアルバムからのサード・シングルとなり、一九七二年に全米チャートを八位まで上昇した。[43]

〈ドライヴィング・アロング（Driving Along）〉の大ざっぱなヴァースふたつを完全な曲に仕立てあげる作業はずっと手のかかるものになるが、ここではペリー／ニルソンの共同作業がもっともいい形で機能した。ニルソンのオリジナルのヴァースには、Cという本来のキーからDメジャーに一音上がる予想外のコード進行がある。だがペリーが導入した新たなブリッジのセクションは、キーを八小節にわたって一音低いBフラットに下げ、その後徐々にCに戻っていくことで、あえてそれとは逆の効果を生む。こうしてつくりだされる一時停止の瞬間が、それぞれの車でフリーウェイを渋滞させ、ますますおたがいから孤立していくすべての人々について、夢見心地に考察する機会をもたらすのだ。ニルソンがそそくさと書き上げた、「時速五万七千マイルで（fifty seven thousand miles an hour）」で走ることについてうたい、禅的な「花びらの上に立つあの人たちをごらん（Look at all those people standing on the petals of a flower）」というくだりが「金属《メタル》に花びら《ペタル》（petal to the metal）」という語呂合わせを導く幻覚的なつなぎの歌詞は、この新しい音楽的なセクションのムードを完璧にとらえ、それが終わるとギター・ソロが原曲のヴォーカルを再開させる。そして初期の歌詞をもとに、「なにも言っていないみたい／どこにも行けないみたい（They seem to say nothing / They seem to go nowhere）」のくり返しに再構成された最後のサビが、ダイナミックな締めくくりのセクションをつけ加える。この機をとらえて曲の新たなセクションをつくりだしたペリーと、原曲のメッセージを拡大し、深化させた当意即妙のヴァースでそれに応えたニルソン――おたがいに対する本能的な理解の事例として、これに勝るものはないだろう。ティプトンとの共同作業でも、ニルソンの大ざっぱなアイデアを完全な曲に仕上げるケースは少なくなかったものの、それはつねにもっと凝っていて、ここまで自然な感じがすることはなかった。

〈ムーンビーム・ソング（The Moonbeam Song）〉につけ足された新しい歌詞は、実のところ、とうてい歌詞とは呼べないものだ。だがペリーは曲の構成に手を入れ、ふたつの主要な節《スタンザ》がくり返される部分を一番の歌詞の「下のほうにちょっとウンチがついた塀の上で（On a fence with bits of crap around its bottom）」という歌詞と同じような形でつなぐ、新たなヴァースを必要としていた。結果的にニルソンは「月の光を見たことがあるかい（Have you ever watched a moonbeam)」というメイン・セクションがくり返されるあいだにするりと入りこみ、やがてはつなぎ部分の抽象的な音楽的コラージュに変わっていく。〝ウウ〟と〝アア〟をマルチトラックで重ねたみごとなコーラスを提供した。ペリーはこう説明している。

わたしはいまだに、あれがなにをうたっているのかわからない。でもハリーの曲ではときどきそういうことがある。でもたとえなんのことだかわからなくても、ヴォーカルのまざり具合を聞くだけでいい。なにしろ並みの歌唱力じゃなかった。ハリーはレノンとマッカートニーがやらなかったことだってやれたんだ。[44]

彼らが次に取りかかったのは、〈ムーンビーム・ソング〉とは対照的な〈ダウン（Down）〉というガッツのあるブルージーな曲のオケだった。ニルソンのロックするピアノが土台を支えるこの曲では、ケルトナーとゴードンふたりのドラム、フォアマンのベース、そしてスペディングのギターに加え、ときおり挟まれるオルガンが推進力になっているが、本格的にロックしはじめるのは、オーヴァーダビングされたジム・プライスのブラスが入ってからだ。やはりメインのセクションが十二小節のブルースだった〈アーリー・イン・ザ・モーニング〉のミニマリズムとは対照的に、この曲はレイ・チャールズの唱法というより、彼のバッキング・バンドの雰囲気を写し取っている。ローリング・ストーンズのツアーにブラス・セクションの一員として参加し、エリック・クラプトンとも共演したばかりのプライスは、一九七一年のこの時点で、世界でもトップクラスのセッション・プレイヤーになろうとしていたが、ここでも彼の貢献が、曲を非凡さの域に高めている。「愛を与えなければ、愛は去ってしまう（You've gotta give love, or love will walk away）」のくだりが追加されたことをのぞくと、歌詞はほとんどデモのままだ。しかしこの一行を加えたことで、そのままだと罪悪感に彩られたオーラル・セックスの描写とも取られかねなかった歌詞（「石鹼を使わないと、その罪は洗い流せない……〔You gotta have soap to wash your sins away...〕」）に、より深い意味合いがもたらされた。

アルバムに収録される曲はこの〈ダウン〉が最後となる。ペリーの次なる仕事は、曲順を決めることだった。ＬＰの時代、この作業は現在とは大きく異なっていた。彼はアナログ盤のアルバムに二幕劇的な手法で臨むのが好きで、それぞれの面、あるいは幕に、意図して連続性を持たせるようにしていた。こうしたことを本気で考えるようになったのは、タイニー・ティムと仕事をしていた時期のことで、《ニルソン・

シュミルソン》をつくるころには、アルバム全体がひとつの長い連なりとなっているCD時代のリスナーにはとても想像がつかないくらい、曲順とそれぞれの面のはじまりと終わりが重要なものになっていた。[45]

《ニルソン・シュミルソン》のふたつの幕は、念入りに配列された。ペリーはすでに〈ムーンビーム・ソング〉から〈ダウン〉への流れでサイド1をしめくくり、オープニングには〈ガッタ・ゲット・アップ〉、そしてそのあとにやはり張りつめた、けれども多少気まぐれな感じもする〈ドライヴィング・アロング〉を入れ、〈アーリー・イン・ザ・モーニング〉に続けるつもりでいた。サイド2は〈ウィザウト・ユー〉ではじまり、ティプトンの〈アイル・ネヴァー・リーヴ・ユー〉で締めくくられる。その間に〈ココナッツ〉、〈レット・ザ・グッド・タイムズ・ロール〉、〈ジャンプ・イントゥ・ザ・ファイアー〉が徐々に緊張感を高めていくのだ。この狙いがみごとに当たり、アルバムはこの年の大半を通じてチャートにランクされ、最高位三位を記録した。

一般層に受けたからと言って、評論家筋に受けるとは限らない。とくにニルソンの初期のアルバムや、より内省的な歌詞を持つ楽曲を好む評論家の中には、厳しい評価をくだす者もいた。たとえばニルソンの強い支持者だった音楽ライターのデイヴィッド・プロクターは、全米の新聞に配信されるコラムに次のように書いている。

このアルバムのなにが違っているのかをひとことで指摘するとしたら、それは知的さが足りないということになるだろう。たしかにリチャード・ペリーのプロデュースにはまったくぬかりがない。たしかに参加しているミュージシャンは腕利きぞろいだ。幾重にも重ねたニルソンの繊細な声を聞くこともできる。聞いていて楽しいアルバムなのは間違いない。だがそれでおしまいなのか？　このアルバムの場合は、そう思わざるを得ないようだ。[46]

しかし彼は少数派にすぎず、レコードの幅広いスタイルによって、ニルソンはそれまで以上に分類しづらい存在となっていたものの、穏やかなカントリー系フォーク系ロックの領域から、ロックンロール・シンガーに軸足を移したことははっきりしていた。しかもそこには〈ウィザウト・ユー〉が、どんなジャンルのどんなポピュラー・シンガーでも誇りに思うようなバラードの名唱だったというおまけまでついていた。「〈ウィザウト・ユー〉をやったとき、わたしは仮がこの地球上でも指折りの白人男性シンガーだと思っていた」とペリーは語っている。[47]それ以前のアルバムのニルソンが、〈1941〉、〈ウィザウト・ハー〉、〈ダディズ・ソング〉などの曲で自分の人生のある面における苦悩を直接的に表現していたのに対し、《ニルソン・シュミルソン》は全体的に、もっと複雑な心理をないまぜにしていた。「ローリングストーン」のバド・スコッパはその意味で、正鵠を射ていたと言えるだろう。「彼は曖昧で――支離滅裂という人もいるかもしれない――苛立たしい、けれども同時に幅が広く、驚くほど魅力的なパフォーマーとしての個性を伸ばし続けている。子どものようにあけっぴろげな曲をうたうことがあっても、ニルソンの核となる部分は謎に包まれているのだ[48]」

　これがニルソンの活動における、ひとつの転機となることを少しでも感じさせるものがあったとしたら、それは今回もディーン・トレンスが撮った、ジャケットの写真の中に秘められていた。ジャケット裏には食べものと飲みものをつめこんだ冷蔵庫がドアを開けた状態で写っている。RCAはその写真をもとに、ニルソンの冷蔵庫の中身をアルバムから次々にカットされるシングルに見立てた、創意に富んだ広告キャンペーンを展開した[49]。

　しかしジャケットの表には、《パンディモニアム・シャドウ・ショウ》のこざっぱりしたスーツ姿のニルソンや、《空中バレー》と《ハリー・ニルソンの肖像》のボーイッシュなイメージの代わりに、茶色のローブをまとい、パイプを手に持ってカメラからわずかに目を逸らす、だらしのない髭面のニルソンがいた。音楽のスタイルをロックンロールの領域に移行させたのは、彼がますますロックンロール的な生き方をするようになっていたという事実のあらわれでもあった。ダイアン・ニルソンは《ニルソン・シュミルソン》のセッションでロンドンに降り立った瞬間、「わたしたちは会ったこともない人たちから、いきなりアッパー〔覚醒剤〕やダウナー〔鎮静剤〕を渡されたんです」とふり返っている[50]。

　ダイアンによると、ニルソンのコカイン使用量もニューマン・セッション以降増加していた。しかし彼は錠剤とハードなドラッグに加え、アルコールが欠かせないロンドン音楽シーンの生活様式にも染まっていた。たとえセッションには全日参加していなくても、トライデントにほど近いソーホーには常時、ニルソンとレコーディングをともにしたミュージシャンがひとりかふたりたむろしていた。イギリス人プレイヤーの大部分、とりわけ家族持ちたちはまっすぐ帰宅した。「ダラダラしてる暇はなかった」とはクリス・スペディングの回想だ。「家に帰るか、でなきゃ別のセッションに向かっていた[51]」。当時は三時間のセッションで、十二ポンドものギャラが受け取れたというフラワーズは、幸運にもブルー・ミンクやエルトン・ジョンのヒット・レコードに参加できた自分ですら、街に何十人といた同程度のプレイヤーのひとりにすぎなかったと語っている。彼らの多くはフラワーズと同様、ソーホーが伝統的なジャズやモダン・ジャズのプレイヤーたちにたっぷり仕事を提供してくれた六〇年代の「残りもの的なジャズ・ミュージシャン」で、全員が「おそろしく忙しい、シラフの家庭人タイプ」だった。「ぼくは自分の楽器を片づけると、ハリーとジムと握手し、リチャードとエンジニアに手をふって家に帰った[52]」

しかし《ニルソン・シュミルソン》のセッションに参加したミュージシャンの一部、とりわけボビー・キイズのようにアメリカからロンドンにやって来たミュージシャンたちは、二ブロックほど歩いて午前三時半までやっていたフリス街のジャズ・クラブ、ロニー・スコッツに向かったり、逆向きに数歩歩いたところにあるマーキーで新しいバンド――一九七一年六月の主な出演者は、キーフ・ハートレー、マンゴ・ジェリー、そしてアメイジング・ブロンデルだった――をチェックしたりしていた[53]。これらのクラブはいずれも深夜に酒類を販売する許可を得たばかりで、そのバーでは実質的にセッション・プレイヤーなら誰でも歓迎を受けた。ダイアン・ニルソンにとって、それは目からウロコが落ちるような経験だった。

LAではついぞ見かけたことのない光景でした。なぜって向こうのミュージシャンはとにかく、ハリーだって酔いつぶしてしまいそうな勢いだったんです。LAのミュージシャンがボトルを持ち歩いているところなんて一度も見たためしがありませんでしたが、向こうにはそういう真似をする人たちがいて。いえ、もしかするとLAにもいたのに、わたしが気づかなかっただけかもしれませんが、でもとにかくロンドンにはそういう人たちがいたんです。みんな、ボビー・キイズのように底なしの大酒飲みばかりでした[54]。

七月の終わりに、ニルソンとダイアンはイギリスからロスアンジェルスに帰った。ロンドンでの夜更かし生活は本拠地での大騒ぎにその座を譲り、イギリスのビールとスコッチ・ウィスキーはワインとテキーラに取って代わられた。サマンサ・ジューストはイギリスから帰ってきたニルソンの変化を見て取った。彼女は彼がダイアンとは対照的に「破滅的なコース」をたどっていたと回想している。

彼女はとても素敵だったし、とても辛抱強くて、とても落ち着いていた。ダイアンのことよ。とてもうまく対処できていたわ。あのころはまだ小さな赤ちゃんを抱えていたのに。それはわたしもなんだけど。でも彼女はすばらしかったと思う。ドラッグもあまりやってなかったし。彼女が取り乱したところなんて、一度も見た覚えがない。でもやっぱりその影響はあったのね。普段とは様子が違っていたから。ダイアンはハリーよりずっと沈着冷静なタイプだった。彼にはお似合いの女性だったと思う。でも彼はとにかくマトモじゃなくなっていた。ハリーは大きく変わってしまったし、それは決していい変化じゃなかった。ハリーは破滅に向かっていたし、それは自分でもわかっていた。彼の魂にはどこか、悲劇的なところがあったのよ。きっと彼の育ちのせいね。よくその話をしてくれたんだけど、すごく心が痛んだわ。[55]

アメリカに戻ってほどなく、ロンドンのスタンリー・ドーフマンからニルソンに電話があった。BBCのTV特番を忘れないでくれ、という確認の電話である。ニルソンは再度、BBCであろうとどこであろうとライヴをやるのは気が進まない、と答えた。しかしドーフマンはその前年、シンガーの家を訪ねてきたときと同じように説得力満点だった――「彼は優しい、なだめるような口調で、だったらぼくらで最初に客のいない『イン・コンサート』をやってみようじゃないかと言ってきた。それならやれるし、おもしろいと思った。大好きな街のロンドンにファーストクラスで戻れるし」[56]

「イン・コンサート」のシリーズは、西ロンドンのシェパーズブッシュにあるテレヴィジョン・シアター――もともとは一九〇三年建造のストールという劇場で、それをBBCがテレヴィジョン・センターの複合スタジオに近いという理由で買収した――で録画されていた。通常のスタジオと異なり、ここは最大で二千人の観客を収容することができた。スタンリー・ドーフマンはほかの番組用にそこで撮影された客席の映像を切り貼りして、ニルソンの観客をでっち上げた。ニルソンは曲と曲の合間にそれらしくおじぎをし、あたかもそこに観客がいるかのように感謝の言葉を述べ立てたが、ドーフマンはときおり水道の蛇口をひねるように歓声を止め、それが録音であることをばらしている。

コンサートではほぼ全編にわたり、ニルソンがピアノかギターでみずからの伴奏を務め、《ニルソン・シュミルソン》をふくむそれまでの全アルバムから、さまざまな曲を披露した。ピアノの上に置かれた小さなTVのモニターが『オブリオのふしぎな旅』のクリップをいくつか映し出し、それ以外にもニルソンとドーフマンは二か所でテクノロジーの限界に挑戦した。エヴァリー・ブラザーズの〈ウォーク・ライト・バック（Walk Right Back）〉のカヴァーでは、ピアノの前に座ったニルソンのとなりにもうひとりのニルソンが座り、クローズ・ハーモニーのセカンド・パートをうたいながら、有名な兄弟よりも彼のほうが歌詞をよりみごとに表現できるところを見せつける。最初のサビが終わると、ピアノの向こうで頭しか見えない三人目のニルソンが画面の右側にあらわれ、別のエヴァリー・ブラザーズ作品、〈キャシーズ・クラウン(Cathy's Clown)〉の歌詞を織りこんでいく。ニルソン一号と二号が当初の曲をうたい続ける中、三号はその下を支えるハーモニーの役割を務め、ニルソン二号と三号はハーモニカの短いソロも吹く。また中央のニルソンが青いセーターを着ているのに対し、両側のニルソンたちは淡黄褐色のジャケット姿だ。三人のニルソンは、メドレーを〈レット・ザ・グッド・タイムズ・ロール〉で締めくくる。一九七一年以来、TVのテクノロジーはかなりの進化を遂げてきたが、スタンリー・ドーフマンが指摘するように、その当時、ブルーバックで撮影して画面を合成する手法がポップ・ミュージックの番組で用いられたことは一度もなかった。

> 実際のはなし、わたしたちはあの三人のハリーではじめてブルーバックを使ったんだ。同じBBCでもニュース部門ではすでに使っていたんだが、わたしたちは一度もああいった手をためしてみたことがなかった。だからすごく楽しくてね。テレヴィジョン・シアターにはブルーバックの設備がなかったので、外から持ちこむことになった。細心の注意を払って最初のテイクを撮ったら、今度はテープを巻き戻さなきゃならない。編集でどうにかできることじゃなかったから、全部その場でやるしかなかった。テープを巻き戻して次のテイクを撮ると、またテープを巻き戻して最後のテイクを撮った。[57]

アイデアを出したのはニルソンだが、実現させたのはドーフマンと技術チームだった——ただし三人目にして最後のニルソンが登場すると、中央のニルソンはいくぶん影が薄くなっている。この手法を用いる際に、彼らはその七年前に交通事故で亡くなった実験好きのアメリカ人コメディアン、アーニー・コヴァックスを参考にした。中でもニルソンが片手をあげて歓声を鎮め、〈ウォーク・ライト・バック〉のイントロをピアノで弾きはじめる場面や、眠っている観客(撮影班のメンバーが扮した)を前に、ひとりぼっちのニルソンが自分に拍手喝采する最後のカットは、画面上で演者と客席の壁を取り払うことに腐心していたコヴァックスの影響を強く感じさせるものだ。ローレル&ハーディに憧れていたニルソン(三人目のニルソンの合成シーンは、彼がスタン・ローレル風に頭をかく場面で終わる)は、同時にコヴァックスのファンでもあり、とりわけゴリラのバレエ団が演じる『白鳥の湖』のネタが大好きだった。そこでさらなる賛辞として、ニルソンはゴリラの着ぐるみをまとい、〈ココナッツ〉で再度、三つのキャラクター——ピアノを弾いているのがひとり、ギターがひとり、そしてパーカッションを叩いているのがひとり――を演じた。

「あの曲では最後に」とドーフマンは語っている。「ゴリラの正体を明かすのを忘れてしまった。本当は全員ハリーだったと観客に知らせたかったのに。べつに三人の役者を使ってもかまわなかったんだ。全部こっちで好きなようにつくれたんだから[58]」

　観客はライヴが終わる前に退出してしまう。しかしニルソンが考案した自虐的なエンディングは、まだはじまったばかりだった。ドーフマンは彼を次第にスターらしく描き出すべきだと思っていたが、ライヴを嫌うニルソンの考えは違っていた。

　わたしたちは最初の番組を、一から十まで彼が考えたアイデアで締めくくった。「オーソン・ウェルズの『市民ケーン（Citizen Kane）』に、女が舞台でうたっているシーンがあるだろう？」と言われてね。その女はオペラ歌手という設定だった。「そしてカメラがゆっくり、その女から垂木に向かってパンしていく。すると足場の上に裏方の男がふたり立っていて、その片方が鼻をつまむんだ。あれが使えたら最高だと思わないか？　ぼくの番組は、ぜひあの場面で締めくくろう！」

「どうしてそんなに自分をコケにしたいんだ？」とわたしは訊いた。

「おもしろいからさ！」が彼の答えだった。

「そんな真似ができるわけないだろう？　著作権料を山ほどムシリ取られるのがオチだ」

　でもわたしたちはＢＢＣにそのコピーがあることに気づいた。それで結局その映像を無断で使い、それからもずっと黙っていたんだ。今の今までね！　というわけで『市民ケーン』の一シーンが入ることになり、するとハリーが今度は「クリームパイはないかな？　最後にそのクリームパイをぼくの顔にぶつけてくれ！」と言いだした。

「どういうつもりだ？　こんなのバカげてる。こっちはきみを売り出そうとしているんだぞ。まだ誰も知らないきみを。なのにきみは道化師になりたがっている」

「いや」と彼。「ぼくは本気でそうしたいんだ」

　というわけでエンディングでは、わたしの名前が入ったクリームパイを彼の顔にぶつけることになった[59]。

「イン・コンサート」の一環として「ザ・ミュージック・オブ・ハリー・ニルソン」がＢＢＣで放映されたのは、一九七二年一月一日、大晦日があけた直後のことで、その年最初の番組だった[60]。《ニルソン・シュミルソン》のジャケットでのだらしない姿とは対照的に、この番組での彼は若々しく、痩身で、きれいに髭を整え、髪の毛も短めだった。それはまさしく「ミセスと幽霊」に出演したのと同じ、あるいは六八年に二度めのロンドン訪問をした際に、《パンディモニアム・シャドウ・ショウ》と《空中バレー》の曲を口パクで披露したのと同じ若者だったのである。この番組は初期の楽曲を数多く実演する（当てぶりではなく）ニルソンの姿をとらえた唯一の長い映像で、もし彼がライヴ・パフォーマーの道を選んでいれば、非常に人目を引く存在になっていたのではないかと思わせる内容だった。現にロンドンでこの番組を録画し、編集していた時期のニルソンは、「トップ・オブ・ザ・ポップス」のような生音楽番組の前説役を嬉々として務めていた、とスタンリー・ドーフマンは回想する。ステージにあらわれた彼は歌をうたい、ギャグを飛ばし、スタン・ローレルの物まねを披露して客席を温めたが、同じことをカメラの前でくり返してくれと言われると、とたんに拒否するのだった。[61]

「イン・コンサート」は放送の数か月前に録画されたため、実際に放映されたのは、《ニルソン・シュミルソン》のリリースからほぼ三か月が過ぎたころだった。十月にリリースされたアメリカでは、ジェファスン・エアプレインの《バーク(Bark)》、デイヴィッド・ボウイの《ハンキー・ドリー(Hunky Dory)》、そしてジョン・デンヴァーの《友への誓い（Aerie)》ともども、RCAの〝降誕祭の新作《ニュー・フォー・ユール》〟キャンペーンに組みこまれている。[62] このアルバムの制作期間中に、ニルソンとリチャード・ペリーは固い友情で結ばれ、ロンドンでのレコーディングが終わるとすぐに連れ立って休暇に出かけた。ロスアンジェルスに戻ってからも、このふたりの交流は続いた。「わたしたちは親友だった」とペリーは回想している。「四六時中一緒につるんでいた。一緒に旅行し、とても楽しい時間を過ごし、一緒に大騒ぎをした。なにをするにも一緒だった。そしてわたしたちは一緒に仕事をし、一生ヒットを出し続けていけるものと思っていた[63]」

　このふたりがアルバムをRCAのお偉方に聞かせたのは、リリース前の初秋のことで、その際にペリーは〈ウィザウト・ユー〉をアルバムからのファースト・シングルにするべきだと主張した。カップリング曲には〈ガッタ・ゲット・アップ〉が選ばれたが、クリスマス商戦の主力曲リストを見たとき、ペリーは我が目を疑った。会社が「ラジオでかかりやすい」という理由で、B面曲のほうを強く押していたからだ。[64] 最終的にはRCAが正しい曲に力を注いでくれたおかげで、〈ウィザウト・ユー〉――「ビルボード」誌からは「彼のロック・バラードとしては、ここしばらくで最高にドライヴ感のあるナンバー[65]」と評された――は一九七三年二月十三日に全米ポップ・チャートの首位に立つ。ニルソンにとっては初のナンバー1ヒットだった。

この曲のヒットを受けて、RCAはシングルとアルバムの両方を本腰を入れて売り出しはじめた。三月のなかばになると、この曲はイギリスでも首位を獲得した。その売り上げをさらに伸ばすべく、ニルソンとペリーは一九七二年のはじめに日本に飛んだ。ペリーは向こうにいるあいだに、RCAの副社長、ロッコ・ラジネストラと立ち話になった。副社長は彼とニルソンがつくる次のアルバム用に、なにか必要なものはないかと訊いた。ペリーは自分の印税率を上げてほしいと冗談を飛ばしたが、翌日になるとあらためて、アルバムの制作過程を撮影させてほしいと申し出た。RCAは同意した。[66]

最終的に《シュミルソン二世》と題される二作目のLPは、一九七二年三月から四月にかけて、四週間にわたってレコーディングされた。その九か月前にはじめてロンドンでセッションをしたペリーとニルソンは、今回もトライデントを使うことにした。撮影隊を入れたレコーディングはより困難を伴うことが予想されたが、ペリーはこの作業全体が、自意識過剰気味になることは避けたいと考えていた。しかし彼は自分自身を、《ニルソン・シュミルソン》はより偉大な作品に向かうための踏み石にすぎない、と納得させた——プロモーション用の映画がおまけにつけば、売れ行きの面でも評価の面でも前作と同様にかなりの成功を収められるだろう。〈ウィザウト・ユー〉が最優秀男性ヴォーカル部門でグラミー賞を獲得し、年間最優秀レコード部門の候補になったこともそうした気持ちをあと押しした。《ニルソン・シュミルソン》もやはり年間最優秀アルバム部門にノミネートされたが、僅差でジョージ・ハリスンの《バングラデシュ・コンサート(A Concert for Bangladesh)》に敗れた。

しかしペリーはニルソンの劇的な変化を予測していなかった。ますます摂取量が増えていたアルコールと麻薬に焚きつけられて、彼は別人と化しつつあった。ダイアン・ニルソンはそんな彼の変化を間近で目の当たりにした。

ハリーは成功にうまく対処できなかったんだと思います。成功すればするほど、お酒の量も増えるという感じでしたし。そして《ニルソン・シュミルソン》が彼にとって最大のヒットを記録すると、ハリーはほしいものをすべて手に入れました。グラミーも獲得し、でもそこからは一気に下り坂でした。一九七二年に入ると、彼はいつもイライラした、怒りっぽい人になってしまって、健康的にも見えませんでした。太りすぎてしまったんです。彼はとにかく、やたらとお酒を飲んでいました。昔の写真を見直してみると、七一年になっても彼はまだ健康的です。でも七二年になると、もうそうは見えませんでした。[67]

ふたりがロンドンに着いたとき、ニルソンは一日に一本のペースでブランデーを飲んでいた。ダイアンは前年、セッション・プレイヤーたちの酒豪ぶりにショックを受けていたが、彼女は今や、夫の酒量がその彼らをも上回っていることに不安を覚え、たった一度とはいえ、自分の目の前でヘロインを吸うニルソンとデレク・テイラーの姿に怖気をふるった。じきに彼はセッションが終わっても家族のもとには戻らず、ミュージシャンやその他の友人たちと飲み歩くようになった。セッションが続く中、ダイアンは忠実な妻であり続け、レコーディングの途中で中華料理を注文したり、不揃いのベースボール・シューズ（片方はストライプ入りで、片方は無地）をはく彼のおかしな性癖をみんなと一緒に笑ったり、「ニュー・ミュージカル・エキスプレス」のキース・オールサムのようなマスコミ関係者の応対をしたりしていた。オールサムは彼女のことを、「長髪で歯のきれいな魅力あふれる女性で、八方美人的なほほ笑みが与えるイメージよりもずっと頭が切れる」と評している。[68]

その八方美人的なほほ笑みの影で、彼らの結婚生活は崩壊に向かいつつあり、レコーディングが完了するやいなや、ダイアンは荷物をまとめ、ザックを連れてロスアンジェルスに帰ってしまう。彼女はそのままニルソンのもとを去った。〈1941〉でうたわれた出来事から三十年を経て、ニルソンの妻が「なにもいわずに出て行ってしまった（walked right out the door）」のだ。ふたりは一九七二年六月一日に別居し、ニルソンは翌年の七月二十五日に離婚届を提出した。[69]

結婚生活が危機に瀕していることは、ニルソンも十二分に意識していたが、ロンドンでの行状をあらためる代わりに、彼は酒を飲み続け、差し出されたドラッグをなんでもかまわず摂取し続けた。仲間のミュージシャンたち、そしてなによりも自分のプロデューサーとともに過ごしながら、彼はそれまでのように自分の苦しみを冗談で紛らす代わりに、精神的にボロボロになっていた。ペリーは驚きを隠せなかった。

> わたしは《シュミルソン二世》にこの上なく期待をかけていた。だが残念なことにハリーは、そのタイミングで底を打ってしまった。というか、底を打ちはじめていた。ちょうど奥さんのダイアンと別れるところで、それが大きな痛手になってしまったんだ。わたしはいまだに、それがどうしてあそこまで大きな痛手だったのかがわからない。ハリーはとくに心を痛めているようには見えなかったからだ。だからわたしとしては、「なにが問題なんだ？　きみにはきみの、彼女には彼女の人生がある。たまたまうまく行かなかったけれど、これは誰の身にも起きることだ」と言っ

てやりたい気分だった。でも彼は……もしかするとそれを、自分の欠点として解釈したのかもしれない。わたしにはなんとも言えないが。その件で彼と話をしようとしたこともある。だが残念なことに彼はそのせいで一生続く悪循環にハマってしまう。それは終わりのはじまりだった。彼は半分しか入っていないコニャックの瓶を片手にスタジオにあらわれる。でもそれはその午後のうちに、最初の半分をもう飲み干していたからなんだ。[70]

過度の飲酒と、妻と息子に去られたことから来る精神の動揺が、ニルソンの人格の不安定な側面を刺激してしまったのだ。成功から自信を得る代わりに、彼は引きこもり、非協力的になった。前作と同様、ペリーとの五分五分の共同作業としてはじまったアルバムづくりは、ニルソンがヴォーカルの録り直しを拒否したり、曲の構成を考え直す作業を嫌がったりしたせいで、次第にバランスをくずしはじめた。一年前ならペリーが新しいブリッジを提案したり、ヴァースの構成を変えたりすることもあった。だが今や、彼の案はすべてにべもなく拒絶されていた。ペリーはさりげなく説得をこころみ、自分たちはチームだとくり返したり、彼らの傑作を生んだのは対決ではなく協力だと訴えたりしたが、しょせんは無駄な努力だった。[71]

ペリーがどれだけ突っついても、ニルソンの態度は変わらなかった。彼がアルバムからのシングル候補に考えていたのは、怒りに満ちた、荒々しい〈傷ついた心（You're Breakin' My Heart）〉だった。この歌詞は通常、ダイアンに去られたことに対する彼の苦悩を吐露したものと解釈されている。だがそこには同時に、起こったことに対する自責の念もこめられていた。というわけで彼のお尻を踏んづけたり、彼の眼鏡を割ったり、彼の車を勝手に運転したりしたことで自分の妻を責め立てながら、ニルソンはきっぱりとこう言い切る。

ぼくはただ
楽しい時間を過ごしたかっただけ……
おかしくなってしまいそうだ
誰も悪くないのに
（All I want to do
Is have a good time...
I'm goin' insane
There's no-one to blame）

ここまでならまだ売れなくもない曲だろう。だが一九七二年の時点で、こんなサビのある曲をかけるラジオ局は世界中どこを探しても存在しなかった。

おまえはぼくの心を傷つける
ぼくの心をバラバラにする
だからクソくらえ《ファック・ユー》
(You're breakin' my heart
You're tearing it apart
So fuck you)

この曲がレコーディングされたスタジオの張りつめた雰囲気は、『ディド・サムワン・ドロップ・ヒズ・マウス（Did Somebody Drop His Mouse?）』〔誰か、ネズミを落としたやつはいないか?〕と題する、（ロッコ・ラジネストラとの合意によって）撮影はされたものの、未公開に終わったドキュメンタリー映画にとらえられている。バッキングのオケ（元ビートルズのジョージ・ハリスンがスライド・ギターで参加した）を録り終えると、ニルソンはプライス、キイズ、そしてクラウス・フォアマン（テナー・サックスを担当した）からなるホーン・セクションとともに、カメラの前で酔っぱらいのダンスを披露した。ホーンの三人がジミー・ランスフォード・オーケストラの時代に逆戻りしたようなステップを踏んでふらつく中、ニルソンは古いラジオ用のマイクを、あたかも一種の細長いサキソフォンのようにスタンドを軸にして旋回させる。ニルソンが映画のサウンドトラック（一年後に彼とペリーがダビングした）で白状しているように、ダンスの最終ヴァージョン——そのラストでフォアマンは瀕死のサックス奏者を演じ、床に倒れ伏す——は、ブランデーを四本空けたあとで撮影された。

大半の評論家は〈傷ついた心〉を、もっぱらダイアンとの別れに関するニルソンの感情的な苦悩を表現した曲と見なしている。しかしこの曲には別の解釈も可能だ。彼が元ビートルズのメンバーの中で、もっとも長期にわたり、もっとも深い関係を結ぶ（そしてこのアルバムでも一部の曲でバッキングを務めた）男、すなわちリンゴ・スターとの最初のいさかいを表現した曲という解釈である。歌詞にはスターと、彼らふたりのつき合いを暗示している部分があるのだ。

ブーガルーを踊りたいなら
トランプの店まで駆けていって
軽くひと踊りすればいい
(You wanna boogaloo
Run down to Tramps
Have a dance or two)

ビートルズの〈ドライヴ・マイ・カー（Drive My Car）〉

に触れた箇所も、この解釈を裏づける手がかりのひとつだ。しかしこの時期の彼にとって、ダイアンとの別れが心を大きく揺さぶられる出来事だったことはたしかで、それが証拠に《シュミルソン二世》には、この別居の苦しみから、問題の多い育ち、過去の女性関係、さらには将来と老齢に対する不安まで、赤裸々なテーマを取り上げた曲が数多く収められている。だが当時、こうした感情の振れ幅が即座に理解されることはほとんどなく、たとえばニルソンの初期作品が持つ気まぐれな雰囲気に慣れっこになっていた評論家のスティーヴン・ホールデンは、「ローリングストーン」誌にこう書いた。「なるほど、人生は夢や思い出の、愚かしい、無意味なごちゃ混ぜにすぎないわけだ——だがそうした幻想をにじみ出させる、心の傷や失望はどこにあるのか?」。彼はこのアルバム全体を、表層的な部分以外では感情移入しづらい、ブラック・ユーモア的な作品集と見なしていたのだ。とはいえホールデンはわれ知らず、ニルソンが抱える心の傷のひとつをえぐっていた。というのも彼はこのレヴューを、アルバム・タイトルの「二世（Son of…）」〔「～の息子」〕に引っかけて、「子どもっぽいいたずらで〝パパ〟の気を惹こうとするのは、そろそろやめにしたほうがいい」と締めくくっていたのである。[72]ニルソンはずっと、自分の真情をある程度までユーモアの影に隠していたが、アルバムのサイド1に収録された五曲はどれも、なんらかの形で拒絶、誤解、あるいは失われた時への郷愁を鮮明に描き出している。

　冒頭の〈テイク54（Take 54）〉（タイトルはやたらとテイクを重ねる癖があったペリーに対する皮肉で、現に映画にも彼が「四十九番目のテイクで行こうと思う」と口にするシーンがある）は、曲だけを取り上げると〈傷ついた心〉なみに強力な作品だが、やはりその歌詞が原因でヒット性はほとんどなくなっていた。これはボビー・キイズのパワフルなサックスと曲を引っぱるリンゴ・スター（〝リッチー・スネア〟という偽名を使っている）のドラム、そしてニッキー・ホプキンスのみごとなピアノをフィーチャーした昔ながらのロックンロール・ナンバーだ。ニルソンの歌詞——レコーディング・スタジオを舞台にしている——は、「ベイビー、ベイビー、帰ってきてくれ、おまえがいないといいオケが録れないんだ（Baby, baby come back, I need you to make a good track）」と訴える。たしかにスタジオで上出来なテイクを録るために最善をつくす男というのは、歌詞のテーマとしては異色かもしれない。だがこの曲が一般受けするヒットとなる可能性を完全に絶っていたのは、〈傷ついた心〉で見られたのと同種の、反商業主義的な色合いとお下劣な内容だった。曲はニルソンがひとりの娘に目を留め、こう考える場面からスタートする。

中に入りたいと思ったら
その前に乗っからなきゃならない
オレはおまえのためにタマが吹っ飛ぶまでうたい
指を骨まで届かせた
（If I wanted to get in it
Then I'd have to get on it
I sang my balls off for you baby
I worked my fingers to the bone）

およそ〈ウィザウト・ユー〉でニルソンのロマンティックな声に恋をしたリスナーを魅了できるとは思えない歌詞だ。しかし少し読みこめばわかるように、この歌詞はまるごと、ずっとスタジオで一緒にいて、もっといいアルバムをつくる手助けをしてほしいというダイアンへの呼びかけだった。最後の高音に達すると彼は目を覚まし、自分がひとりきりで、この経験はすべて夢だったことに気づく。

アルバム二曲目の〈想い出（Remember（Christmas））〉は、〈グローイング・アップ〉から〈ウィザウト・ハー〉にいたる、初期のノスタルジックな追想路線に立ち返った曲だ。セッションのドキュメンタリー映画を見ると、ニルソンはピアノのニッキー・ホプキンスと横並びに座ってこの曲をレコーディングし、バッキングのバンド抜きで、別のピアニストが自分のために演奏するという珍しい経験に盛り上がっている。スタジオにいたキース・オールサムによると、彼らは二十五回の試行錯誤を経て、「この上なく美しいテイク」に行き着いた。[73] しかし彼らはなおもテイクを重ね、その中には「彼がありえない高音を出す、普通の人なら口をあんぐりさせずにはいられない、超人的なヴォーカル」が聞きもののヴァージョンもあった。作業自体がもともと苛酷だったところにカメラの存在が加わったおかげで、明らかにニルソンはやりにくそうにしており、現に映画のサウンドトラックでも、彼とホプキンスがおたがいの出方をうかがうか、前に出るのをしぶるようになったせいで、最終的にリリースされたヴァージョンにも、普通ならありえない音量のムラが出てしまった、とコメントしている。しかしその歌詞は愛など夢にすぎないという〈テイク54〉のコンセプトをそのまま引き継ぎ、リスナーはあらためて「人生はただの想い出（life is just a memory）」だと思い知らされる。ここでもやはり、「人生の可能性（all that life can be）」を活かしきれなかったことへの悔悟と喪失感があらわにされているのだ。

しかしニルソンが自分の声域をすべて駆使したこの曲の歌唱はすばらしい。ヴェテランのストリングス・アレンジャー、デル・ニューマンが繊細な弦楽四重奏のバッキングを提供し、ペリーが二重奏による最初のレコーディングにつけ加えた。クリス・スペディングがデリケートなブズーキを弾く場面もあるが、当人はこうふり返っている。「たぶん、たまたまスタジオにブズーキを持っていったんだと思う。で、適当にいじっていたら、リチャードがむりやり使い道を考えだしたのさ！」[74]。この曲は結局アルバムからのセカンド・シングルとなるが、全米ポップ・チャートでは最高位五十五位と、いささか期待はずれの結果に終わった[75]。

次の曲は、まったく対照的な雰囲気の〈ジョイ（Joy）〉――ニルソンがおふざけすれすれの歌を聞かせる、皮肉っぽいカントリー&ウェスタンのパロディだ。歌詞の一部はジョニー・キャッシュ顔負けの低音で語られ、サビの部分ではまたしても、自分のもとを去ったガールフレンドに関する歌詞が、ふたりのニルソンによるクローズ・ハーモニーで（おまけにホンモノのすすり泣きもつけて）うたわれている。

世間からするとジョイ〔歓び〕は美しい娘だった
でもぼくからするとジョイは哀しみしか意味しない
(Joy to the world was a beautiful girl
But to me Joy meant only sorrow)

ニルソンはその後ＲＣＡを説得し、同社のカントリー部門からこの曲をシングルとしてリリースする。その際に彼は〝バック・アール〟という名義を使ったが、それはこの曲にカウボーイっぽい雰囲気があることに引っかけた内輪のジョークだった。というのもジョン・ヴォイトが『真夜中のカーボーイ』で演じたキャラクターは〝ジョー・バック〟といい、このシングルのB面には、〈孤独のニューヨーク〉がなんの手も加えずに収録されていたのだ。

〈傷ついた心〉の先触れ役を務めるのが、〈ラジオをかけろ（Turn on Your Radio）〉という優しいタッチのニルソン作品で、表向きは別れたガールフレンドに宛てた公開状の形を取り、こんなふうにはじまっている。

自分がどこに向かっているのかわからない
自分がいなくなった今となっては
(I don't know where I'm going
Now that I am gone)

ニルソンとダイアンが別居状態だったことを考えると、これはかつての恋人にラジオかレコード・プレイヤーで自分の声を聞いてほしいと訴える、ミュージシャンの曲という解釈ができる。ではなぜ聞いてほしいのかと言うと、それは彼の人生がじきに「消え去ってしまう（will be gone）」からなのだ。控えめなバッキングは、クラウス・フォアマンと二十一歳のギタリスト、ピーター・フランプトンが繊細にプレイするくり返しのフレーズで構成されている。フランプトンはすでにジョージ・ハリスンとの共演経験があり、当時はハンブル・パイに在籍していた。「ピーターとはあの時が初対面だった」とクリス・スペディングは語っている。「あいつのことはずっと残念に思っていたんだ。いいギタリストだし、腕前もしっかりしてるのに、見すごされていたというか、過小評価されていたからね[76]」。ニッキー・ホプキンスが必要最小限のピアノを弾き、ペリーがハリウッドに戻ったとき、ヴェテランのカービー・ジョンソンの指揮で、さりげないブラスが追加された[77]。

　アルバムのサイド2は、くり返しあらわれる別れと喪失のテーマからいくぶん距離を置いていた。たとえば〈宝くじの歌（The Lottery Song）〉では、もしくじに当たったら、その賞金をどう使おうかと考える若いカップルの夢が次々に語られる。これを「人生がただのギャンブル（life is just a gamble）」だとしたらもう一度愛するチャンスがほしいという、ニルソンの願いをうたった曲と解釈するのも一興だろう。セッションの映像を見ると、ニルソンはこの曲をレコーディングの前日に書いたと説明し、明らかにカメラと「じっとぼくを見ているバンド」に気圧されながら、バッキングのミュージシャンたちに曲の内容を教えている[78]。しかしいざレコーディングする段になると、メインのヴォーカルをうたう彼の声は、〈想い出〉や〈ラジオをかけろ〉に負けず劣らず澄んでいて正確だった。さらにニルソンはこの曲で、アルバム中もっとも野心的なヴォーカルのオーヴァーダブをいくつか披露している。オケにはその一年ほど前に、ジョージ・ハリスンの紹介でニルソンと知り合ったパーカッショニストのレイ・クーパーも参加した。彼はニルソンのヴォーカル入れを鮮明に記憶していた。

　あの声は尋常じゃなかったし、とても澄みきっていた。大人の身体に聖歌隊の声が宿っていたんだ。とにかく美しい――手術器具のような声だ。こっちを治癒してくれるからさ。温かみが波のようにどっと押し寄せてくる。バックのオケで弾くときは、ハリーがブースに入るのと同時に（あのころはほとんどの曲が一発録りだった）ヘッドホンを装着するんだが、あの声が聞こえてくると、とにかくあまりに美しすぎるせいで、ほとんどプレイできなくなった[79]。

ニルソンの声質についてはまさしくクーパーの言う通りだが、バッキングのハーモニーに関しては、いくつか録り直すべきだったかもしれない箇所があった。普段は完璧なニルソンのピッチが、何度かかすかにふらついているからだ。だがリチャード・ペリーはそれどころではなかった。シングル候補を探そうにも、アルバムにはヒット間違いなしと断言できる〈ウィザウト・ユー〉のような曲が、いっさい収録されていなかったのだ。

　あのアルバムでの彼は、とにかく自分のやりたいようにやる決意を固めていた。たしかにたとえ出来が最悪でも、彼の曲にはたっぷり魅力があった。たとえばあのアルバムには〈宝くじの歌〉という曲が入っている。愛すべき小品だが、わたしは彼に「いや、これはぼくらのやるべき曲じゃない。〈宝くじの歌〉をレコーディングするのはよそう」と言った。アルバムの十一曲目か十二曲目に入っている曲なら、問題はなかったかもしれない。だがあのアルバムには決め手になる曲がなかった。どうしても必要な、これだという曲がなかったんだ。[80]

　ペリーは自分たちがアルバムの締めくくり用に選んだ曲に、大ヒットの可能性を見いだした。大まかに言うとこの惑星に対するラヴ・ソングだった〈世界のなかで最も美しい世界(The Most Beautiful World in the World)〉である。だがこの曲を書いたニルソンは、ロマンティックな要素の前に、中途半端にコミカルなレゲエのパロディを割りこませていた。ペリーは即座にこのふたつは分けるべきだと考えた。三分間のポップ・ソングのうち、最初の半分がジャマイカのもじりだとしたら、大半の人々の記憶に残るのはその部分だということが、彼にはよくわかっていたのだ。ペリーはその部分をカットすべきだとニルソンに進言したが、彼は聞く耳を持たなかった。

　前半はまるでピンと来なかったけれど、後半にはジンと来た。なのに彼は前半を切ろうとしなかった。いかにもハリーらしい話さ。自分で自分の足を撃つような状況を、わざわざつくりだしてしまうんだよ。彼がこの曲にはこういうレゲエっぽい感じの前半部が必要だと言って聞かなかったせいで、〈世界のなかで最も美しい世界〉はまったく別の曲を二曲くっつけたような感じになってしまった。でもこの歌詞とメロディは、彼が書いたもの中でも傑作の部類に入ると思う。とにかくすばらしい。[81]

　この曲を自分の考える、あるべき姿にできなかったことに加え、ペリーはニルソンが書いた最後の歌詞も受け入れざるを得なかった。

彼女にきれいだと伝えてくれ
世界をひっくり返して
そのケツにキスとおさわりを
(Tell her she’s beautiful
Roll the world over
And give her a kiss and a feel)

きらびやかなオーケストラが伴奏をつける、みごとにプロデュースされたバラードの最後に登場するこうした下品な捨てゼリフには、二重人格的な曲構成とともども、この曲からヒット性を奪い取る効果があった。その当時の映像を見ると、ニルソンはこの締めのセリフを、トップハットに燕尾服姿、ただし下半身はパンツ一丁でしゃべっている——はからずもそれは、ハリウッドのラヴ・ロマンス映画を締めくくるハープやコーラスで包みこまれたこの曲のオチに対する適切なコメントとなっていた。それでもペリーはそのレコーディングに持てる力のすべてを注いだ。同じロンドンのもっと広いCTSスタジオに制作の拠点を移し、シンフォニー・オーケストラを招き入れて、ニルソンの周りを囲ませたのだ。当の本人は《ニルソン・シュミルソン》のジャケットで着ていたバスローブ姿で、優雅にタバコをくゆらせながら、マイクに向かって歌を吹きこんだ。四十人編成のオーケストラと二十四人のシンガーを用意したのは、ストリングス・アレンジャーのデル・ニューマンだった。ニューマンは午前中のセッションで彼らにリハーサルをやらせ、午後に入ると最初の部分だけ指揮を取り、その先はペリーに任せた。タイニー・ティムのロイヤル・アルバート・ホール公演（ニルソンも観に行っていた）と同じパターンである。撮影班の到着待ちで、最終的なレコーディングは深夜ぎりぎりまでずれこんでしまったが、その仕上がりはペリーが曲のロマンティックな後半部にあんなにもこだわっていた理由を如実に示している。[82] ペリーはその数か月後、スタンダードの楽曲に同様のオーケストレーションをほどこすというアイデアに断固として反対することになるが、多くの面でこの曲は、ペリーとニルソンが袂を分かったあとでゴードン・ジェンキンズが指揮を取るシンフォニー・オーケストラをバックにレコーディングされた、翌年の《夜のシュミルソン（A Little Touch of Schmilsson in the Night）》を先取りしていた。

〈世界のなかで最も美しい世界〉の次に複雑な手順を必要とされた曲が、〈死んだほうがましだ（I’d Rather Be Dead）〉だった。これはもうろくしてベッドでおもらしをしたり、朝、自分で自分のネクタイを結べなくなったりするのは絶対にごめんだという、老齢に対する怒りをうたったナンバーだ。「一聴すると、冗談かと思ってしまう曲だ」と評論家のデイヴィッド・プロクターは書いている。「けれどもいきなり、冷や水を浴びせられる[83]」。冷や水を浴びせられるのは、この曲をうたっているのがニルソンだけではなく、ロンドン郊外のピナーとステップニーにある養老院から連れてこられた、六十歳から九十歳の高齢者五十五人からなる大編成のコーラスも一緒だからだ。老人のコーラスに「ベッドでおもらしするぐらいなら死んだほうがましだ (I'd rather be dead than wet my bed)」とうたわせるのは、悪趣味のきわみと思われるかもしれない。しかし(『ディド・サムワン・ドロップ・ア・マウス』でも一連のシーンに記録されているように)年金生活者たちがスタジオへのバス旅行で大いに盛り上がり、ニルソンがレコーディングを一種のパーティーにしてしまった結果、この曲からは死を笑い飛ばし、人生の最晩年を精いっぱい楽しもうという前向きな姿勢が伝わってくる。全員に紙の帽子とバッジが配られ、シェリー酒がふんだんにふるまわれたおかげで、ニルソン(新しいスーツに幅広のネクタイ姿だった)が姿をあらわすと、誰からともなく「みんなが《エヴリワンズ・》ハリーに夢中《ワイルド・アバウト・ハリー》」の合唱がはじまった[84]。

レコードに収録されたヴァージョンには、養老院の夜の社交タイムを思わせる雰囲気がある。ニルソンはみんなの合唱をリードするエンターテイナーの役どころだ。そうした効果をさらに強調するのが意図的にシンプルな演奏で、ベースにクラウス・フォアマン、そしてエレガントな装いをして胸ポケットに花を差したリチャード・ペリーをピアノに擁するカルテットの中でも、アコーディオンのヘンリー・クラインがとくに目立っている(ハリウッドでおこなわれた追加のセッション中に、カービー・ジョンソンがブラスのコードをエンディングにさりげなくつけ加えた)。最終的には未公開に終わったセッション映画用のエピソードとして見ると、この曲は大成功を収めた。だがそれは、ペリーの求めるヒットではなかった。これで残された可能性は四つ——〈きみの星座は?(What's Your Sign?)〉というテンポの早いブルージーなナンバー(映画でも大々的に取り上げられている)と、エル・ドラドズが一九五五年に放ったドゥーワップ・ヒット〈ぼくの家の玄関で(At My Front Door)〉のリメイク、〈待ち伏せ(Ambush)〉という反戦歌、そして最後に〈スペースマン(Spaceman)〉と題するニルソンの新曲である。

今にしてふり返ると、チャート入りする可能性がもっとも高そうだった曲は〈きみの星座は?〉ということになるだろう(ニルソンはペリー・ボトキンが追加のアレンジを加えたリメイク・ヴァージョンを一九七五年のアルバム《俺たちは天使じゃない〔Duit On Mon Dei〕》に収録した)。かすかに腹黒い(今なら性差別的だと言われかねない)歌詞を持つこの曲の中で、ニルソンは踊っている娘にコナをかけ、彼女といい仲になる。その理由は「きみは一度も双子座とやったことがないと聞いた（they say you never made it with a Gemini）」からだった。軽量級だが効果的なバッキングは、ニッキー・ホプキンスの生き生きしたピアノを中心に据え、ピーター・フランプトンのギター、バリー・モーガンのピアノ、クラウス・フォアマンのベース、レイ・パーカーのパーカッションがわきを固めている。[85]ペリーは明らかにこの曲に力を入れ、〝完璧なテイク〟をものにしようと奮闘していた。たとえば彼はその翌月、ハリウッドでカービー・ジョンソンがアレンジした金管と木管を追加し、だが最終的なミックスではそれをまたはずすような真似までしている。理由はまったく不明だが、この曲は結局、最終的なアルバムには収録されず、二〇〇六年に再発された《シュミルソン二世》のボーナス・トラックとしてようやく日の目を見ることになった。

〈ぼくの家の玄関で〉は、〈レット・ザ・グッド・タイムズ・ロール〉が《ニルソン・シュミルソン》に入ったのと同じような意味あいでこのアルバムに収録された昔ながらのロック・ナンバー。ふたりのあいだでどんなもめごとがあったにせよ、この曲のリンゴ・スターはみごとなドラミングを披露し、フォアマン、フランプトン、スペディングがニルソンのヴォーカルを手堅く支え、リード・ギターはジョン・ウライブ、そしてプライスとキイズが金管と木管で上出来なプレイを聞かせている。アルバムのサイド2をまん中で支える曲としては申し分がなかったものの、もとよりシングルには不向きだった。〈待ち伏せ〉についても同じことが言えた。これはうたいながら戦場に近づいていく小隊を描いた風変わりな曲で、敵の攻撃を受けると、兵士たちはとたんにうたう気をなくしてしまう。ジャズ色の濃いトランペットのソロをふくむ、アルバムのほかの曲とはいささか毛色が異なる演奏に乗せて、ニルソンは——その演奏と同様——前後の曲とは対照的なヴォーカルを披露する。それはデイヴィッド・ボウイが一九六九年の〈スペース・オディティ（Space Oddity）〉などの曲で用いた、単調で無感動な語り口によく似ていた。

ペリーはニルソンのカメレオン的な性向と曲によって大きく異なる声質が不利に働く可能性を意識していた。そこでまだアルバムが完成しないうちから、ジャーナリストたちにこの点を利点としてアピールしはじめ、スタイルの不一致を、むしろ前向きに受け取らせようとした。たとえば「レコード・ミラー」での彼は次のように語っている。

ハリーは曲ごとに違って聞こえる。たぶんその点で彼に匹敵するアーティストは、マッカートニーぐらいなものだろう。彼も同じことができるからね。ハリーは普通とは違ったことをやる。ありがちなことはやりたがらないし、すばらしいアーティストになれたのも、この生まれつきの性分があればこそなんだ。結果として彼の音楽は変わっている。彼は予想外な真似をするエキセントリックな人間だが、それはどれもとても微妙なもので、もともとのコンセプトを邪魔するようなことは絶対にない[86]。

このインタヴューがおこなわれたのは、折りしもペリーとニルソンが、セッションを締めくくる、ふたりとも大いにヒットの手応えを感じていた曲をレコーディングしていた時期のことだった。〈スペースマン〉は、軌道に乗って「ぐるぐるぐるぐるぐるぐるぐるぐる（round and around and around and around）」回り続けることの無意味さに目を向けたナンバーだ。この曲は〈ウィザウト・ユー〉で奇跡を起こしたポール・バックマスターが指揮するオーケストラをバックに、「バン、バン、打ち上げろ（Bang bang shoot 'em up）」という歌詞がくり返されるドラマティックなオープニングで幕を開けた。さらにニルソンはこの曲を、彼の〝ノーマル〟な声に近い歌声でうたっていた。言いかえるなら、たまたま耳にしただけのリスナーにも、その声の持ち主は〈うわさの男〉や〈ウィザウト・ユー〉をうたっていたシンガーだと認識できる曲ということだ。最後のヴォーカルを入れるニルソンの姿を目のあたりにしたジャーナリストのロン・ゴダードも、あきらかにそう考えていた。

このシンガーのとてつもない才能は、見る者を圧倒した。自分の声とユニークなアイデアを統率する力は、依然として高いレヴェルにあった。彼は自分がなにを望み、どうすればそれが可能になるかを知ってたし、リチャード・ペリーはそれを、どうプロデュースすればいいかをわきまえていた……自信を持って予言しよう。このアルバムはリリースされるやいなや、首位の座に上りつめるだろうし、かくもみごとなタッグを組んでいるふたりは、この先も次々に非凡な作品を生みだしていくはずだ[87]。

ニルソンとペリーの仕事ぶりを見ていたゴダードほかのジャーナリストたちは、一見すると完全に取り散らかっていたセッションをコントロールするペリーの力量に、とりわけ大きな感銘を受けた。ピアノの上には空のビール瓶が林立し、窓台やスタジオの棚には、吸いさしのタバコがフィルターを下にして立てられていたにもかかわらず、あるいはさまざまなミュージシャンが出入りし、出前の中華料理、アッパー、ダウナー、コカインのライン、ブランデー、マリファナがあらわれたり消えたりしていたにもかかわらず、ペリーは――ある記事の描写を借りると――「総合的な客観性を求められる、外交家の資質をスタジオ内で体現していた」のだ。

つくられていく過程を見る限りでは、〈スペースマン〉は間違いなく、決め手の曲になってくれそうだった。そして「ファック・ユー」の歌詞もそのまま残した〈傷ついた心〉をB面にシングルとしてリリースされ、全米トップ40の二十三位に達した。もっと上位にランクされていてもよかったかもしれないが、ペリーとニルソンのあずかり知らぬところで、エルトン・ジョンはすでにこれとほぼ同一のテーマ、つまりかつては英雄的だった仕事がただの決まりきった手順と化してしまった宇宙飛行士の曲を、ニュー・アルバムの《ホンキー・シャトウ（Honky Chateau）》用にレコーディングずみだった。〈ロケット・マン（Rocket Man）〉は〈スペースマン〉を飛び越え、全米チャートを三位、そして全英ポップ・チャートを二位まで上昇した。

大ヒット曲は出なかったものの、ニュー・アルバムはかなりの好成績を残した。タイトルに関しては、《ブッシュウィック・ボマー（Bushwick Bomber）》（ニルソンが子ども時代を過ごした界隈にちなむ）、《ハ・ハ・ハリー（Ha-Ha-Harry）》（興奮すると、ときおりペリーの言葉がつっかえていたことから）、そして《バイ・マイ・アルバム（Buy My Album）》（ニルソンが数年前にレコーディングしたシングルのB面曲から）など、いくつかの案が検討された。しかし最終的に決まった《シュミルソン二世》は、彼のもとを去った妻と息子（彼は息子に宛てた手紙に、〝ダディ・シュミルソン〟と署名していた）とも密接に関係したタイトルだった。別居はニルソンの中に潜んでいた自滅のメカニズムを始動させた。アルバムは彼の私生活で起こっていたもろもろを見過ごせないレヴェルで映し出し、リチャード・ペリーとの協力関係にも影が射しはじめていた。

第六章
もしあなただったら

さまよい続けて、ようやく見つけた
心を捧げたいと思える人を

乱痴気騒ぎに次ぐ乱痴気騒ぎだった《シュミルソン二世》の制作中に、ダイアンとの関係は修復不能になってしまったものの、ニルソンはこの時期、いくつか親密な友人関係を築き、ロンドンは実質的に彼の第二の故郷となる。まず彼はデレク・テイラーとの旧交を温め、ロンドンから西におよそ二十五マイルの距離にあるバークシャー州サニングデールのテイラー宅をひんぱんに訪れた。テイラーはニルソンがやろうとしてできなかったことを、みごとに実現させていた――ロックンロール的な生活様式と家庭生活の両立である。ドラッグとアルコールに耽溺しつつも、彼は安定した家庭を保ち、六人の子どもを育てていた。

それでもテイラーの妻のジョーンは、ニルソンが姿を見せると、自分とデレクの関係が多少ないがしろにされることもあった、とふり返っている。「彼はよく、わたしたちの家を訪ねてきました。たぶん、ジョージ・ハリスンを別にすると、あんなに子ども好きな人はいなかったと思います……彼と一緒にいると、とにかく楽しいことばかりでした。困ったのは彼がわたしの夫をしょっちゅう外に連れ出していたことです。ふたりとも、遊びに出るのが大好きでしたから」[1]。《シュミルソン二世》の制作中にも、ニルソンとテイラーがたっぷり遊んでいたのは間違いない。しかしこのふたりの友情はニルソンが亡くなるまで続き、全体として見ると、実りの多いものだった。一九七三年にはそれが、彼のアルバムの中でもとりわけ世評の高い《夜のシュミルソン》を生み出している。その後、ニルソンがウーナ・オキーフと三度めの結婚をしたのも、もしかするとテイラーの大家族に憧れてのことだったのかもしれない。

一九七二年のニルソンはまた、《シュミルソン二世》に参加したふたりのミュージシャンとともに親交を深めた。その一人目がパーカッショニストのレイ・クーパーで、彼はこうふり返っている。

> ソーホーのスタジオで……バッキングを録り終えると、

みんな家に帰ってしまう。でもパーカッショニストはいろいろオーヴァーダブの仕事があるから、たいていハリーとわたしが居残ることになった。楽しかったよ。深夜にキッチンでいろんなものを叩いたりしてね。ハリーは夜がふけてくると、ますます生き生きして、冒険的になるんだ。ほかの連中はみんな船を漕いでいたし、エンジニアは「ＯＫ、これで決まりだ」と言っていた。でもわたしたちは時間がたつのも気にせず、ありとあらゆることを話題にしてしゃべり続けた……ハリーはとても優しい男だった。スタジオを出がけにコートを羽織り、その辺の適当なバーに入るんだが、あれは本当に最高だった。おかげでハリーととても親しい仲になれたからだ。ほかのみんなが帰ってしまったあとでね。[2]

こうした深夜の語らいを通じて、クーパーとニルソンはどんなことでも話せる仲になり、ニルソンはテムズ川を臨むクーパーのアパートをひんぱんに訪れるようになる。その後もこのふたりは同時にロンドンに居合わせたり、ツアーに出たクーパーがロスアンジェルスに立ち寄ったりするたびに顔を合わせていた。

じきにニルソンの生活の大きな要となる、もうひとつの友情が実際に開花したのは一九七二年の後半のことだ。お相手は《シュミルソン二世》に〝リッチー・スネア〟とクレジットされたドラマー——一般にはリンゴ・スターの名で知られる男だった。

「リンゴとぼくは、数え切れないほどの時間を笑いながら過ごした」とニルソンは書いている。「ぼくらのやってたことはみんな……中には友だちっぽいものもあったし、ローレル＆ハーディっぽいものもあった」[3]前夜の名残を隠すために、しばしばミラーサングラスを着用していたリンゴは、夜更かしや高級なバーやナイトクラブやブランデーを愛好する交際仲間の中心にいた。ニルソンとリンゴ以外のメンバーは、Ｔ・レックスのマーク・ボラン、ザ・フーのドラマー、キース・ムーンと、「モンティ・パイソン」のグレアム・チャップマン。たいていは午後の早い時間に集まって、ブランデーを飲みながらおのおののエピソードを交換し、あとで合流するメンバーは、決まって「お邪魔してもいいですか？」というフレーズを口にしていた。ニルソンの回想によると——

飲むのはたいてい午後九時ごろまで。つまりブランデーを六時間ということだ。そして九時から十時までのあいだに、トランプという、世界でいちばん騒がしい超高級なディスコ・レストランに行き着く。王族や映画スターや世界チャンピオンが常連の店だ。あのころはほとんど毎晩のようにそういう名士たちに会い、底抜けのどんちゃん騒ぎをしていたわけで、本当にノリノリだった。[4]

その夏、ニルソンがロンドンで自分のアパート購入を決めた際にも、リンゴは深く関わっていた。それは寝室がふたつのフラットで、カーゾン・プレイス九番地にそびえ立つ十八世紀の屋敷の最上階に位置していた。メイフェアの南端にあるシェパード・マーケットからは歩いてすぐの距離だ。ロンドンならではの黒みがかった煉瓦で建てられ、オフホワイトのスタッコで仕上げた窓が正面から張り出していた。通り側にはジョージア王朝様式の明かり取りがついた格式の高い玄関口があり、内装は第二次世界大戦後のある時期に、完全に様変わりしていた。エレヴェーター・シャフトが中央に設置され、そこから各階の部屋に行けるようになったのだ。ただしフラット12は出窓の上にあるという点でほかとは異なり、部屋の両サイドにオープンエアのバルコニーがついていた。片方からはウエストミンスターの国会議事堂を見下ろすビッグベンの時計が見え、もう片方からは近所のプレイボーイ・クラブに出入りする〝バニー〟ガールたちの姿をたっぷりと拝むことができた。最初にこの場所を見つけたとき、模様替えの必要を感じたニルソンは、〝ROR〟またの名を〝リンゴ・オア・ロビン〟なるデザイン会社を彫刻家で家具作家のロビン・クリュックシャンクと共同で設立したばかりのリンゴに相談を持ちかけた。

あのフラットを買ったとき、「きみとロビンで好き放題にしてくれないか?」と言ったんだ。ロビンはこのすばらしい、最高のアジトをつくってくれた。あそこは全部がガラスとクロームとフェルトとヴェルヴェットだった。値段も見積もりの倍になっていて、そしたらミスター・R・スターキー(リンゴ・スター)がその差額、というかその大半を負担してくれた。ぼくがはじめて足を踏み入れた時点で、あのフラットは完全に仕上がっていた。アメリカからやって来たばかりのぼくは、それを見て呆気にとられた。どう受け止めていいのかわからなかったからだ。それで一瞬だけ考えて、その部屋が大好きになった。リンゴとロビンはちょっとしたプレゼントのつもりで、ダブルシンクのバスルームに特別な鏡を取りつけていた。エッチングガラス仕上げで、片方には樫の木の画があしらわれている。でももう片方は首つり縄の画だった。ロビンは罪のない冗談のつもりだったけれど、ぼくはいい気がしなかった。毎朝、歯を磨こうとして鏡を見るたびに、自分が首つりになった図を見せられたからだ。それでリンゴに電話でその話をしたら、彼もやっぱり気に入っていなくて、翌日、首つり縄

はりんごの木に差し替えられた。〔5〕

首つり縄に象徴される暗鬱さはやがて復活を遂げ、このフラットに取り憑くことになるのだが、ニルソンは一九七八年まで、一年のおよそ半分をここで過ごした。折しもロビン・クリュックシャンクが模様替えを進めていたころ、ニルソンはリンゴが企画した映画『吸血鬼ドラキュラ二世（Son Of Dracula）』〔日本未公開〕に出演する。が、これは誰がどう見ても、観る側よりもつくる側のほうが楽しんでいる映画だった。のちにはモンティ・パイソンの映画『ライフ・オブ・ブライアン（Life Of Brian）』に出資する目的で、一九七八年にハンドメイド・フィルムズを設立するジョージ・ハリスンが映画界ともっとも関わりの深いビートルとなるが、まずは俳優として、そしてその後はアップルの映画部門の中心的なプロデューサーとして、先陣を切ったのはリンゴだった。

彼は一九六八年にはじめて、ビートルズとは関係のない映画――ヴォルテールの『カンディード（Candide）』を現代的にアレンジしたクリスチャン・マーカンド監督の『キャンディ（Candy）』に庭師の役でカメオ出演した。脚本は部分的にテリー・サザーンの小説を原作としており、同年、リンゴはやはりサザーンの小説を映画化した『マジック・クリスチャン（The Magic Christian）』で、主演のピーター・セラーズの相方というより重要な役を演じた。一九七一年にはフランク・ザッパの『２００モーテルズ（200 Motels）』とマカロニ・ウエスタンの『盲目ガンマン（Blindman）』に出演。こうして貯えた映画界での経験をもとに、彼はマーク・ボラン＆Ｔ・レックスの音楽に焦点を当てた、ところどころにシュールな場面もある映画『ボーン・トゥ・ブギー（Born To Boogie）』の製作と監督を務めた。映画の大きな部分を占める、七二年三月十八日にウェンブレーでおこなわれたＴ・レックスのコンサートも、ステージの真下にあるカメラマン用のピットからリンゴ自身が撮影した。

映画には自動車のサイドミラーを食べるいたずら好きなこびとにちょっかいを出されながら、車で滑走路を引き回されるトップハット姿のボランのロング・ショットや、弦楽四重奏と尼僧たち、それに執事も登場する屋外のお茶会などの風変わりなシーンもある。後者はイカれた帽子屋のお茶会をシュールに描いて強い印象を残した、一九六六年のジョナサン・ミラー監督によるＢＢＣ－ＴＶ版『ふしぎの国のアリス（Alice in Wonderland）』からの影響が色濃い。しかし映画全体をひとつにまとめていたのは、音楽の熟達したあつかいだった。『ボーン・トゥ・ブギー』の全編を通じて、スターは監督としてのたしかな力量を感じさせた。編集のペースを観客の映像をたくみに織りこんだ演奏シーンと合わせることにこだわり、ティティンハーストのレノン宅で撮影された、エルトン・ジョンのピアノの内側からうたうボランなどのエキセントリックなスタジオ・パフォーマンスを手際よく処理してみせた彼には、長篇劇映画を撮る資格が十分備わっているように思えた。しかしライヴ・バンドの興奮をスクリーンで再現するにはどうすればいいかを本能的に理解していた彼のおかげで、七〇年代ロックを撮ったものとしては屈指の出来栄えを誇る映像が残された一方で、対象が音楽を離れると、この本能はとたんに役に立たなくなった。

にもかかわらず、このプロジェクトのうわさが流れると、マスコミはすぐさまスターとニルソンの組み合わせに色めき立った。

アルバム《シュミルソン二世》のジャケットでドラキュラの扮装をしたニルソンが、新作映画『カウントダウン(Countdown)』の主役を演じる。アップルが送り出すこの映画は、ドラキュラのアップデート版だ。リンゴ・スターも魔法使いの役で出演する。[6]

皮肉にも、殺害されたドラキュラの息子、ダウン伯爵《カウント》の役をニルソンが依頼されたのは、スターが《シュミルソン二世》のジャケットに吸血鬼姿の彼の写真が使われていたことに気づくずっと前のことだった。[7] 完成した映画には、深夜にロンドンのウエストエンドを徘徊するニルソンがレコード店の前で立ち止まり、アルバムのジャケットで同じような格好をしている自分を一瞥する楽屋落ち的なシーンがある。

夜のロンドンのシーンには、ピカデリー・サーカスを中心とするウエストエンドの劇場やクラブやバーのネオンを、劇的かつ色彩豊かに美しく編集したモンタージュが出てくるという点で、ボランの映画とスタイル的に似通ったところがある。また映画の中心には、一九七二年の八月にイーストロンドンのサレー・ドックスで撮影されたコンサートのシーンが据えられている。吸血鬼の衣裳を着たニルソンが、オールスターのバンドをバックに、〈ぼくの家の玄関で〉、〈思い出〉、〈ジャンプ・イントゥ・ザ・ファイアー〉などの近作を口パクで披露する、雰囲気満点な一連のシーンだ。目端のきくニルソン・ウォッチャーなら、少し前にレコーディング・スタジオで撮影された『ディド・サムワン・ドロップ・ヒズ・マウス?』の一シーンを、ボビー・キイズ、ジム・プライス、ピーター・フランプトン、そしてクラウス・フォアマンが再演していることに気づくだろう。しかしここには大きなオマケがある。〈ジャンプ・イントゥ・ザ・ファイアー〉では白の上下を着たキース・ムーンがドラムを叩きまくり、そのムーンがヨーロッパにいたザ・フーと再合流するために、映画のセットを早退すると、それ以外の曲ではレッド・ツェッペリンのジョン・ボーナムが同じ役割を演じているのだ。

コンサートとロンドンでのロケ・シーンを別にすると、『吸血鬼ドラキュラ二世』は最初から、ジェイ・フェアバンクの冴えない脚本と低予算怪奇映画のヴェテラン監督だったフレディ・フランシスの凡庸な演出という、大きなハンディを背負っていた。演技面で不安を感じたフランシスは、当時イギリスのTV界でいちばんの人気を誇っていたふたりの俳優を起用すべきだ、とスターに進言した。BBC－TVの歴史劇「ザ・シーザーズ（The Caesars）」でクローディアスに扮し、オフビートな演技で評論家たちを驚嘆させたフレディ・ジョーンズと、BBCがTV化したP・G・ウッドハウスの有名な小説に登場するバーティ・ウースターの物腰柔らかな執事、ジーヴスの役でおなじみだったデニス・プライスである。しかしジョーンズはここぞとばかりに大仰な演技に走り、フランケンシュタイン男爵を、極端なまでに芝居がかった殺人願望のあるサイコパスに仕立てあげた。一方で押さえた演技を得意とするプライスは、いつも以上にリラックスし、ずっと車椅子に座ったままでヴァン・ヘルシングの役を演じた。そこに巨大な白髪の鬘と口髭をつけて、魔法使いのマーリンに扮したスターのロボットじみた演技と、ダウン伯爵の恋愛対象となる、巨乳だがそれをのぞくと魅力に乏しいスザンナ・リーをつけ足すと、たとえどんなプロデューサーであっても、この映画を救える可能性はほとんどないに等しかった。

実務的な面で見ると、これは決してスターの力の入れ方が足りなかったせいではない。報じられるところによると、彼は八十万ドルの私財をこの映画のために投じ、大部分の仕事をひとりで引き受けていた。「全部自分でやったんだ」と彼はふり返っている。「キャスティングも、俳優や電気技師たちとの面接も。撮影所も決めた。オレはイギリスで映画をつくりたかった。自分の国にいるほうが、いろんなことを覚えやすかったからだ」[8]。撮影の早い段階で得られた教訓が、T・レックスのライヴ・コンサートを撮影するスタッフを雇うのと、通常の交代勤務のパターンで一般の映画を撮影するのとでは、まるで勝手が違うということだった。サレー・ドックスでの撮影では、ミュージシャンたちがようやく撮影に慣れはじめたところで、音声と撮影のスタッフが引き上げる時間になってしまった。スターは当惑気味にこう語っている。

あれにはすごく悩まされた。みんながオレに向かって怒鳴るんだ。深夜十二時までに家に帰して寝かせてやらないと、次の日、そのクルーが働けなくなることを知らなかったのさ。だってほら、オレはミュージシャンだからね。仕事をはじめて乗ってきたら、場合によっては三日間ぶっ続けで作業することだってあるし。[9]

夜、撮影が終わったあとで、スターとニルソンがセントジェームズ街にあるアップルの新オフィスに向かうことが多かったのは、もしかするとこれが理由だったのかもしれない。そこでクリス・オーデルとパティ・ボイド（ジョージ・ハリスンの妻）は、ある晩、たまたまこのふたりと顔を合わせた。オーデルはこうふり返っている。「音楽がかかり、灯りがともされ、デスクの上にはコカインのラインが何本も引かれていた」[10]

　映画の最終的に公開されたヴァージョンを観ると、ほぼ全編にわたって黒の夜会服と赤い裏地のケープ姿で通しているわりに、ニルソンはかなりの好演を披露している。セリフ回しはきわめて自然で、脇を固めるヴェテラン俳優たちの芝居がかったトーンとは一線を画し、長身の体軀もスクリーンの上で強い存在感を放っているのだ。ニルソンはノーギャラで映画に出演したが、リンゴはその埋め合わせとして、彼の前歯を矯正する美容歯科手術の費用を負担した。映画では何度かニルソンの口がクローズアップになり、デニス・プライスの手で彼の義牙が〝摘出〟されるシーンでは、それ以前のどんな写真でも目についていた不ぞろいな歯とは対照的に、きれいにそろった歯を見ることができる。

　ニルソンの親しい友人たちの中には、この曲がった歯に対する劣等感が、ライヴをやらないと決めた大きな理由だったのではないかと考える向きもあった。彼がどのアルバムのジャケットでもなんらかの変装をし、その画像を見ただけでは、通りでほぼ顔がばれないようにしていた理由も、そう考えると説明がつく。たとえばサマンサ・ジューストは、次のように語っていた。

　彼の歯はあまりきれいじゃなかった。だから歯を治したおかげで、彼はかなり変わったと思う。最初のころはほとんど笑ってなかったし。でも歯を治してからは、ぐっと自信をつけていたわ。以前はぜんぜん外向的なタイプじゃなかったのに。つまり彼は自信を持ちはじめたのよ。[11]

映画は一九七四年四月十九日にジョージア州のアトランタでプレミア公開され、そのころにはニルソンの新しい顔貌も、すっかり板についていた。だがその意味で彼を大いに助けた映画は、じきにアメリカでほぼ跡形もなく消え去る定めにあり、イギリスでは配給業者のウケが悪すぎたせいで、公開すらされなかった。

　ニルソンのアルバムをプロデュースしていたのは、依然としてリチャード・ペリーだったため、『吸血鬼ドラキュラ二世』のサウンドトラック・アルバム（アップル・フィルムと提携したＲＣＡから、一九七四年に〝ラップル〟・レーベル唯一の作品としてリリースされた）は、七二年の終わりごろにペリーが取りまとめることになった。〈ウィザウト・ユー〉のストリングスをアレンジし、映画本体の劇伴音楽も手がけたポール・バックマスターの助けを借りて、ペリーはいくつかの曲を仕上げ、そのあいだにリンゴのセリフや劇中で使用されたニルソンの曲のオリジナル・ヴァージョンをちりばめた。脚本家のジェイ・フェアバンクが、主に〈彼こそは王様（It Is He Who Will Be King）〉や〈みんな夢かも知れない（Perhaps This Is All A Dream）〉といったタイトル案を出したおかげで、新たな劇中曲の共作者としてクレジットされているが、実際の音楽――その一部は非常に雰囲気のあるものだった――はすべてバックマスターが手がけている。ただしビリヤード台の上に設置されたあり合わせの手術室で、ダウン伯爵が普通の人間になる興味深いシーンの劇伴は別で、〈ダウン伯爵の退位（The Count's Vulnerability）〉と題されたこのシーンの音楽は、七〇年にアップルと契約し、アルバム《くじら（The Whale）》と《セルティック・レクイエム（Celtic Requiem）》をリリースした新進気鋭のクラシック作曲家、ジョン・タヴナーが書いている。

《シュミルソン二世》のレコーディング中に、ニルソンとリチャード・ペリーの仕事関係は何度か緊迫した局面を迎えていたが、それでもふたりの友情に変わりはなく、現にアルバムが完成すると連れ出って休暇に出かけていた。何か月かが経過しても、ニルソンは十分すぎるほどの才能に恵まれ、《ニルソン・シュミルソン》に匹敵するヒット・アルバムを新たに生み出す、曲づくりと歌唱の能力があるというペリーの確信に揺るぎはなく、そうしたアルバムがふたりの次のプロジェクトとなることを願って、新曲を書くように彼をうながし続けた。その間に、自分たちの協力関係は依然として健在であることを証明するために、ペリーはドラキュラ映画の撮影が終わった直後、ニルソンをロンドンのトライデント・スタジオに呼び寄せた。一九七二年九月のことで、このセッションでは彼がプロデュースしていたカーリー・サイモンという若手シンガーのアルバムにバッキング・ヴォーカルを追加する予定になっていた。

のちに《ノー・シークレッツ（No Secrets）》と題されるアルバムの中でとくに際立っていた曲が、サイモン自身の作品で、一九七三年一月に各国のチャートで首位に輝く〈うつろな愛（You're So Vain）〉だった。ペリーはすでに二回、この曲のレコーディングに挑んでいたが、どちらも彼が望むような、次第に緊張感が高まる仕上がりにはなっていなかった。

今回、ニルソンのアルバム二作をレコーディングしたのと同じスタジオにふたたび陣取った彼は、もう一度ためしてみることにした。[12]

当のサイモンは三度めのレコーディングに決して乗り気ではなかったが、トライデントでプレイバックを聞いて、すぐさまペリーが、それまでは欠けていたヒットの要素をようやく探し当てたことに気づいた。バッキング・ヴォーカルを入れるためにニルソンがスタジオを訪れたのは、ベーシック・トラックの録りが終わった数日後のことで、その場には偶然もうひとりのスター、すなわちミック・ジャガーが居合わせ、その聞きちがえようのない声を〈うつろな愛〉のマルチトラック・コーラスに追加していた。結局、自分なりに何度かハーモニーをうたったあとで、ニルソンは賢明にもセッションの場を辞す。そして歌声を重ねる作業をジャガーとカーリー・サイモンに任せた結果、この曲の謎めいた歌詞がうたっているのは、ジャガーその人のことなのではないかという憶測を呼ぶことになった。[13]

一九七二年の秋になると、ロンドンに居残ったニルソンはようやくカーゾン・プレイスのアパートに移り、ひんぱんにリンゴと飲み騒ぐようになった。十月にリンゴは新たな映画の仕事に入り、クロード・ワタム監督の映画『マイウェイ・マイラブ（That'll Be the Day）』で、マイク・メナリーの役を演じた。バーテンダー兼遊園地の遊具係に扮し、大部分のセリフを即興でこなしたスターは、『吸血鬼ドラキュラ二世』とは雲泥の差がある説得力満点の演技を見せた。撮影はワイト島のバトリンズ・キャンプで十月から十一月にかけておこなわれたが、映画は夏の盛りを舞台にしていたため、俳優たちはTシャツ姿でブルブル震えながら、肌寒い秋のイギリス沿岸部の気候に耐える羽目になった。

『吸血鬼ドラキュラ二世』の時と同じように、キース・ムーンもチョイ役で出演した（共同プロデューサーのデイヴィッド・パットナムに、ホリデー・キャンプを舞台にしたレイ・コノリーの小説を映画化するように勧めたのは彼で、サウンドトラックの選曲もアップルのニール・アスピノールと一緒に手伝っている）。彼はふたたびドラマーを演じ、今回はビリー・フューリーのバッキング・バンドのメンバー、J・D・クローヴァーというキャラクターに扮した。ムーンとスターがカーゾン・プレイスから二時間程度で行き着ける場所で映画の仕事をしているとなれば、ニルソンがそのセットに姿を見せないわけがない。キャストが泊まっていたシャンクリン・ホテルの屋上にヘリコプターで到着するという、ど派手な登場をムーンが飾って以来、現場では何度もどんちゃん騒ぎや深夜のセッションがくり広げられていた。ニルソンもその一翼を担い、映画に主演したデイヴィッド・エセックス、スター、ムーン、そしてサックス奏者のグレアム・ボンドとのジャム・セッションでは、ホテルの宿泊客たちを朝の四時まで眠りに就かせなかった[14]。

ロンドンに戻ると、ムーンはロスアンジェルスに行き来したり、ウェールズでラリーを開催したり、地中海に小旅行をしたり、ドラッグの過量摂取で応急処置を受けたりしていた（そういうことが複数回あった）とき以外は、毎晩のようにニルソンと連れ立って飲み歩いた。

一九七三年はじめのある夜、ムーンはニルソンのアパートに泊まった。前夜、街にくり出していたふたりは、ニルソンのいう「氷でしか冷ませない土曜の二日酔い」を抱えて目を覚ました。彼らはもうろうとした状態で、どちらも大好きだったローレル＆ハーディのギャグをおさらいし、近くのイン・オン・ザ・パークというホテルに向かった。

ぼくらはソーセージとタマゴとコーヒーとクロワッサンのすばらしい朝食をたいらげ、コーヒーの代わりにブランデーをオーダーしようとしていた。でもぼくは急に気が変わって、こう言った。「こんなのはおかしいぜ。だってぼくら、ずっとこんな調子じゃないか。シラフでいるのって、どんな感じなんだろう？　正直、最後にシラフだったときのことも思い出せない」

キースは耳を傾け、適当なジョークを飛ばしてから真顔になった。

「まっとうになって、この週末を乗り切れるか確かめてみよう。どうだ？」とぼくは訊いた。

「決まりだ」と彼は手を差し出した。彼はぼくと同じく本気だった。お昼ごろ、ぼくらは現実の人間らしく、映画を観に行くことにした。土曜日に映画を観る。ぼくらはレスター・スクエアに向かい、切符を買って映画館に入った……外に出たのは午後二時ごろだった。「次はどうする？」「まるでわからん！」「もう一本映画を観るか？」「そうだな」。というわけでぼくらは広場を横切り、また別の映画を観た[15]。

二本目の映画を見終わったニルソンとムーンはカーゾン・プレイスに戻ることにした。ロウワー・リージェント街の商店街に近づいたとき、ブロンドの娘が彼らのいるほうに走ってきた。背後には路肩に乗り上げた車が迫り、運転している男はどうやらその娘を殺す気らしかった。娘とニルソンとムーンは横っ飛びに車をよけ、運転手はそのまま店のウィンドウに突っこんだ。衝撃のあまり、シラフの誓いなど完全に忘れ去ったニルソンとムーンは、数分のうちに近くのバーでブランデーを痛飲していた。だがイン・オン・ザ・パークの払いをニルソンのツケですませ、その後、映画二本の料金をふたりぶん支払った彼らには、いっさい現金の手持ちがなかった。ムーンは自分の着ていたミンクのコートを担保としてバーテンダーに預けようとしたが、彼のことに気づいたバーテンダーは「キース・ムーンさんですね？」と訊ね、じきにふたりの前には店のおごりや、セレブと一緒の時間を過ごしたいと願うほかの客たちからのふるまい酒が、次々とあらわれるようになった。

ブランデーをしこたま飲んだ彼らは、千鳥足でイン・オン・ザ・パークに向かった。するとホテルはふたりを歓迎し、以前の宴会場が今夜からディスコとして新装開店するので、彼らを〝来賓〟あつかいにして、飲みものや食べものの類は全部、こちらで面倒を見させてほしいと申し出た。ふたりが新しいディスコのある上の階に向かっていると、ボーイ長が来賓として、彼らのほかにニール・セダカも招かれていることを伝えた。料金を支払った客たちにニルソンとムーンの姿を見せたかったホテルは、彼らにレミー・マルタンのボトルを手渡し、ＤＪのスピーカーのすぐ隣にある正面の席に座らせた。するとＤＪがムーンの存在に気づき、音量をどんどん上げはじめた。

キースはいつだって最高の仲間だった。ただし例外は……二本目のボトルに手をつけたときだ。半分ぐらいまで飲むと、なにかがはじまる。プツンと切れてしまうんだ。しかもＤＪはすぐそばで〈ステイン・アライヴ（Staying Alive）〉みたいな曲を、ノンストップのメドレーでかけ続けている。キースの身体がこわばった。ぼくは不安を感じはじめ、「そろそろはじまるぞ」と思っていた。その瞬間、キースが立ち上がり、音楽に負けない大声で「もういい！もうたくさんだ！」と叫んだ。ボトルの飲み口をつかんで投げ、それはまるで弾丸のようにＤＪの頭上をかすめた。ボトルは奇跡的にはね返り、ターンテーブルの上に着地した。キィィィィという音がして、そのあとは無音状態。「たくさんだと言ったらたくさんなんだ！」。だしぬけにウェイターやバーテンダーが群れをなしてぼくらのテーブルに駆け寄ってきた。キースはそのひとりにパンチをお見舞いしようとしたが、連中はいっせいに彼につかみかかった。まるでネズミ一匹に何匹ものネコが飛びついているような感じだった。テーブルがひっくり返った。ぼくはその下から手を伸ばし、誰かの脚をつかんで叫んだ。「大丈夫、大丈夫だから落ち着いてくれ！」。ちょうどそのとき、あおむけになっていたぼくは、文字通り六人のウェイターの頭上で運び出されていくキースを見た。それは硫黄島での国旗掲揚、でなければあおむけになって手脚をバタバタさせるカフカの虫のように見えた。その虫は声も限りに叫んでいた――「勘定はニール・セダカに回せ！」[16]

テーブルの下から這い出したニルソンは、落ち着いた態度でボーイ長を探し、損害を弁償したいと申し出た。チップを渡そうとしてポケットに手を突っこんだ彼は、いっさい現金の手持ちがないことを思い出し、その男から二十ポンド借りる羽目になる。ボーイ長はこの皮肉な成り行きに苦笑いを浮かべたが、同時にニルソンが金払いのいい常連客になりうることにも気づいていた。彼はニルソンに大広間のある方向を指し示した。見るとミンクのコートに包まれたキースが床のまん中で寝そべり、非常口の標識が発するかすかな光の中で、積み上げた椅子に取り囲まれていた。「キース、連中は警察を呼んだぞ。とんずらする時間は四十秒しかない」とニルソンはあおむけの人物に告げた。それを聞いたムーンはよろよろと立ち上がり、ふたりは腕を組んで中央の階段を堂々と降りていった。警察が到着したのは、彼らが正面のドアを出た直後のことだ。その後はとくにこともなく、カーゾン・プレイスに帰り着いた。

ムーンやリンゴと浮かれ騒ぐ合間に、ニルソンは次のアルバム用のアイデアをリチャード・ペリーと検討しはじめた。カーリー・サイモンとの経験を経て、ニルソンが《シュミルソン二世》よりもコマーシャルなアルバムづくりを指向してくれることをペリーは期待していた。そのため彼はロンドンでニルソンと定期的に会い、さまざまなプランを話し合った。一九七三年のはじめには、映画『ディド・サムワン・ドロップ・ヒズ・マウス？』の編集とアフレコの作業をふたりで手がけている。ようやく次のアルバムの内容を細かく打ち合わせる段になると、ペリーはスタンダードのアルバムをつくるというニルソンのアイデアに難色を示した。ペリーからするとニルソンの最大の強みは、シンガーとソングライターの理想的な融合である点、そしてグラミーを獲得した二曲のカヴァー・シングル――オリジナルはそれぞれフレッド・ニールとバッドフィンガー――にも決してひけを取らないオリジナルを書ける点にあった。だが新しいオリジナル作品をつくるべきだとペリーが主張すればするほど、ニルソンは偉大なるアメリカのソングブックの探究というアイデアに強くこだわった。結局ペリーは健闘を祈るという言葉を残して、ニルソンのプロデューサーから身を退いた。[17]

ブロードウェイとハリウッドの有名なスタンダード（イギリスの曲も数曲ふくむ）を集めたレコードづくりのプランが固まると、ニルソンは友人のデレク・テイラーに声をかけ、当時はＷＥＡのスタッフだったにもかかわらず、テイラーはＲＣＡからリリースされるアルバムのプロデュースを引き受けた。これでリチャード・ペリーとの仕事関係は完全に断たれたかに見えたが、実際にはテイラーおよびシンフォニー・オーケストラとともにロンドンのＣＴＳスタジオに入って過ぎ去った時代の楽曲をレコーディングする何週間か前に、ニルソンはペリーとリンゴに力を貸し、元ビートルズのドラマーによるソロ・アルバムに参加していた。

皮肉にも、ニルソンのプロジェクトに一貫して異を唱えていたペリーは実のところ、三年前にリンゴがリリースしたスタンダードのアルバムに参加し、タイトル曲の〈センチメンタル・ジャーニー（Sentimental Journey）〉をアレンジしていた。アルバムは大西洋の両岸でまずまずの売れ行きを示したが、二十二位というアメリカでの最高位はある意味、スタンダードのアルバムでは《ニルソン・シュミルソン》のような大売れは期待できないというペリーの主張を裏づけるものだった。しかし〈センチメンタル・ジャーニー〉の仕事を終えたとき、ペリーはリンゴに、もしジョージ・マーティンを総合プロデューサーの座から外し、別の誰かと仕事をしてみたいという気になったら、ぜひとも声をかけてほしいと申し出ていた。すると運命のいたずらか、一九七三年のグラミー賞で、主催側はニルソンにプレゼンター役を依頼したいと考えた。彼自身も《ニルソン・シュミルソン》で、いくつかの部門にノミネートされていたからだ。ペリーは主催側に、ニルソンと親しいリンゴにも依頼してみてはどうかと提案した――ふたり一緒のほうが引き受ける公算は大きいだろう。ペリーの勘は当たり、彼らはどちらもプレゼンター役を務めることになった。その時点でリンゴはペリーに連絡を取り、どうせアメリカにいるのなら、この機会を利用して何曲か一緒にレコーディングしてみないかと持ちかけた。グラミーが終わるとすぐ、彼らは五日間にわたってスタジオに入った。[18]

三月三日に開かれた授賞式は、ニルソンにとって痛し痒しの結果となった。幅広い部門でノミネートされていたわりに、獲れたのはベスト・ヴォーカル・パフォーマンス部門（対象曲は〈ウィザウト・ユー〉）だけ。彼の受賞スピーチは、ごく短い「サンキュー」だった。しかしリンゴとのコンビで務めたベストR&Bパフォーマンス部門（〈ミー・アンド・ミセス・ジョーンズ〔Me and Mrs. Jones〕〉でビリー・ポールが受賞）のプレゼンター役は、ちょっとした見物となる。彼らは歩調を合わせてステージに立ち、口上も完全なユニゾンで――ときおり、クスクス笑いで流れが途切れることもあったが――でしゃべりきった。このふたりのあいだにとても特別な絆があるのは誰の目にも明らかで、それは授賞式の直後、三月五日にロスアンジェルスのサンセット・スタジオで再結集した彼らが〈ユア・シックスティーン（You're Sixteen）〉をレコーディングした際にあらためて証明された。

ペリーは《シュミルソン二世》の時とよく似たバッキング・バンドを召集していた。メンバーはニッキー・ホプキンス、クラウス・フォアマンとジム・ケルトナーに加えて、ギタリストのジミー・カルヴァートとヴィニ・ポンシア。その後、ロンドンでポール・マッカートニーが口まねのサックス・ソロを追加するが、ロスアンジェルスのセッションで生み出されたバッキング・トラックは、ジョニー・バーネットが一九六〇年にヒットさせた、ロバートとリチャードのシャーマン兄弟の手になる曲を躍動感たっぷりにアップデートしていた。オリジナルのレコードがバックにオーケストラを配していたのに対し、ペリーがプロデュースしたヴァージョンは、ホプキンスが弾く騒々しいピアノと、ニルソンによるマルチトラックのバッキング・ヴォーカルを軸としていた。ニルソンは自分のアルバムでも声をいくつも重ねたバッキング・ヴォーカルを多用していたが、その中でもこの曲のヴォーカルは群を抜いて完璧に近い仕上がりだった。マルチパートのハーモニーをうたうほかにも、「ぼくのもの、全部ぼくのもの（Mine, all mine）」というフレーズをさりげなく織りこみ、マッカートニーによるカズーっぽいソロのバックでも極上のコーラスを披露。そして次のコーラス部では、声域の下限ぎりぎりで深みのある低音を聞かせている。たしかに彼はペリーのために、自前の〝決め手の曲《キラー・ソング》〟を用意することはできなかったかもしれない。しかし少なくとも自分の才能を提供して、リンゴがそうした曲をものにする手助けをすることはできた。事実、そうして生まれたシングルは一九七三年の暮れに全米チャートの首位に立ち、全世界で二百万枚以上を売り上げている。それは同時に、ニルソンにはまだ、本当に大事な局面では自分を律する力があることを十二分に証明していた。対照的に前年の暮れ、ジミー・ウェッブとロンドンでレコーディングした〈ラヴ・ハーツ（Love Hurts）〉のデュオ・ヴァージョンは、ニルソンのつけ足したヴォーカルがあまりにもお涙頂戴的すぎるという理由で、当時はお蔵入りの憂き目を見た。だがバッキング・ヴォーカリストとしての彼がリンゴの曲で見せた不敵なまでのプロ意識は、いまだに無類の輝きを放っている。

一九七三年初頭のこの時期、ニルソンは自分の声がまだ、スタンダードの曲集をうたうのにうってつけの状態にあることを知っていた。彼はまた、ますます快楽主義的になっていく暮らしぶりのせいで、自分の歌のうまさを実証する時間が残り少なくなっている可能性も意識していた。グラミーの授賞式で渡米する前にデレク・テイラーと話し合ったニルソンは、ロンドンでおこなうスタンダード・セッションの指揮を執る男としてゴードン・ジェンキンズに白羽の矢を立て、プロジェクトの打ち合わせをするために、彼を大西洋の向こう側から招聘した。八八年に当時をふり返って、ニルソンはこう語っている。「少年合唱隊の声は消えた。それはもうわかっていた。ぼくはデレクとゴードンのふたりに、これが最後のチャンスだと告げた。あの驚異的な、変幻自在の、輪ゴムのような声――ぼくはそれをギリギリで、あのアルバムにどうにか紛れこませることができた」[19]

一九三〇年代から活動していたジェンキンズはネルソン・リドルと並び、当時のアメリカにおけるもっとも高名なオーケストラのアレンジャーだった。彼が最初からニルソンのプロジェクトに好印象を抱き、参加を決めた大きな理由のひとつに、テイラーの持てなしのよさがあった。空港にはTVの取材陣が待ち受け、ホテルへの送迎にはリムジンが使われ、スイートにはスタインウェイ、そして冷蔵庫の中にはウィスキーが用意されていたのだ。ルイ・アームストロング、ビリー・エクスタイン、エラ・フィッツジェラルド、ジュディ・ガーランド、ディック・ヘイムズ、そしてフランク・シナトラらとともに、数々のベストセラー・レコードをつくってきたジェンキンズは、品のよさと趣味のよさにほどよく大衆性をまぶすことのできる男だった。ただし現代的なポップ・ミュージックについては決して熱心な支持者とは言えず、ジェンキンズのピアノの譜面台にニルソンの《オブリオの不思議な旅》が立てかけられているのを見て、彼の息子は驚きを隠せなかった。またジェンキンズはニルソンの声についても、一緒に仕事をしてきたアーティストたちに比べると一段落ちると感じていた。それでも彼は労を厭わずニルソンのアルバムを聴き、「ピッチとフィーリングは悪くないし、やる気もある」と判断した。[20]

こうしたロンドンでの初期の会合で選曲が練られ、ジェンキンズはすぐさま〈ヘイ・ジュード〉と〈オールド・ラング・サイン（Auld Lang Syne）〉を取り上げる案を没にした。一方でニルソンは〈煙が目にしみる（Smoke Gets In Your Eyes）〉を拒んだ。これはジェンキンズがロンドンに戻ってきた三月末の時点で、彼には選ばれた曲のストリングス・アレンジを完成させる時間、そしてニルソンにはそれらの曲を覚える時間がたっぷりあったことを意味した。そのためにニルソンは、ジェンキンズお抱えのリハーサル用ピアニスト、チャーリー・ラヴァーとともにえんえんとセッションをくり返した。テイラーの本業はパブリシストで、一度もアルバムをプロデュースした経験がなかった点を考えると、このプロジェクトは多くの危険をはらんでいた。彼はこう語っている。

わたしのようなアマチュアのプロデューサーは一度も足を踏み入れたことにない場所に、われわれは雄々しく向かって行った……というわけでわれわれはゴードンを呼び寄せ、たっぷりともてなし、愛情と熱意漬けにした。それにわれわれはこのジャンルについて、ハンパじゃない知識を持っていた。言いかえるならわれわれは全員、スタンダードを信じていたが、それでも時代遅れとは思われていなかったわけだ。そしてそれが全部いい目に出た。われわれは《アビイ・ロード（Abbey Road）》を手がけたフィル・マクドナルドをエンジニアに迎えた。彼は二十代、ハリーは三十代、わたしは四十代、オーケストラは五十代、そしてゴードンは六十代。こんなふうに考えたんだ——全部ちゃんと押さえてあるか？　そしてわれわれはみんな酒好きだった。そこで二十四時間営業のバーがあるウェンブレーのCTSスタジオを選び、とびっきりのオーケストラを使うことにした。なぜならゴードンは遠くアイシャム・ジョーンズやアル・ジョルスンの時代から仕事をしているヴェテランだからだ。彼は自分のほしいものがわかっていたし、誰もが彼のことを知っていた。[21]

セッションはリチャード・ペリーのアルバムとは対極に位置するものだった。バッキングのオケを何度も録り、その後こまごまとディテールをつけ加えていくペリー流のやり方の代わりに、ウェンブレーでのオケは、オーケストラのミュージシャンに囲まれたニルソンが間に合わせのブースの中で演奏と同時にうたうという、こうしたレコードの伝統に沿ったスタイルでレコーディングされた。セッションを取材した「ニュー・ミュージカル・エキスプレス」紙のダニー・ハロウェイは次のように書いている。

> 仕事中のニルソンはかなりな量のアルコールを消費している様子だったが、それでも手を抜くことはなく、音楽面のささいなミスも見逃さなかった。これらの曲に対する彼の真摯な気持ちは、曲ごとにぴったり合ったムードを生み出そうと懸命に努力していることからも伝わってきた。午後のあいだ、生で演奏するバンドに囲まれて、彼はヴォーカルに専念した。[22]

イギリスの別の音楽誌「レコード・ミラー」も同日のセッションを取材し、もし少しでも音をはずしたと思ったら、ニルソンは即座にセッションを中断したと報告している。[23]中には数多くのテイクを要した曲もあり、最終的な形に仕上げるために、フィル・マクドナルドはテープ手術とオーヴァーダビングの両方を駆使することになるのだが、テイラーはアーティスト、アレンジャー、オーケストラ、そしてエンジニアの組み合わせに、絶対的な自信を持っていた。ニルソンもやはり、歌のニュアンスにひとつひとつ応えるジェンキンズの繊細な指揮に慣れなければならなかった。たとえばニルソンがテンポを落とすと、ジェンキンズも彼にオーケストラを合わせる――ちょうど、シナトラやフィッツジェラルドの現場でやっていたように。そうしたやり取りがいっさいありえない、レコーディングずみのオケに合わせてうたうやり方に染まっていたニルソンは当初、このスタイルに違和感を覚えた。にもかかわらずテイラーは、セッションの進み具合に満足していた。

オーケストラと一緒に小さなブースで、ウィスキーや、とにかくなんだろうとその時飲んでいたものを片手に生で録ったんだ。ウィスキー&ミルクのこともあった。ゴードンはウィスキー&ミルク、で、ハリーはウィスキー&ウィスキーだったかもしれない。それに大量のタバコだ。彼の息づかいはひどかった。このレコードからブレスをカットしたのは、わたしのお手柄と言っていい。フィルとわたしで全部とっぱずしたんだ……実際にゴクリと息を飲んでいる箇所もいくつかあって、そういうのは全部カットした。なにしろハリーは大変なヘビースモーカーだったからね。ロックならそれは問題にならないし、どんな息づかいをしてもかまわない。でもこのアルバムがその場でうたっているように聞こえることについては、われわれの手柄と言っていい部分もあると思う。なぜならわれわれは正直なやり方をしていたからだ。それはつまり、生でうたうということなんだが、これはもう古くさい手法で、あのころにはほぼ廃れていたんじゃないかな。でもとにかく、あのパフォーマンスに嘘はなかったし、深い息づかいをカットしたおかげで、切れ目もなくなっている。[24]

オリジナルのアルバムに収録された十二曲は、ジェンキンズのウィットに富んだスコアでたくみに結びつけられていた。アルバムを締めくくる〈時のたつまま（As Time Goes By）〉はレコードの冒頭にも登場し、そのヴァース部が少しずつ、比較的無名な〈レイジー・ムーン（Lazy Moon）〉へと変化する。五曲目の〈メイキン・ウーピー（Makin' Whoopee）〉でも、最初の数小節で〈時のたつまま〉のテーマがわれわれの意識にまぎれこんでくる。さらにジェンキンズ自身が書いた、最後から二番目の〈願いのすべて（This Is All I Ask）〉の直前にも、〈時のたつまま〉の「キスはただのキス（A kiss is just a kiss）」というフレーズが登場するのだ。テイラーはセッションをふり返って、左利きのせいか、いくぶん左に傾いた文字ですべての注意点を万年筆で書き出したジェンキンズの優雅なスコアが印象的だった、と語っている。[25]アルバムの音楽的な質感が完全に統一されていることからも、ジェンキンズとテイラーが、あらかじめ曲の順番と曲間のつなぎを考えていたのは明白だが、その作為の度合いは最高に鋭い耳の持ち主以外、聞き逃していても不思議がないぐらいさりげないものだった。ニルソンはこのプロジェクトに全身全霊で臨んだテイラーの姿勢を高く評価し――ペリーがあんなにも否定的だったぶんだけ余計に――当時のインタヴュアーたちには「自分が信じるものはきっちり護ってくれる男だ」と語っている。ニルソンがいつもの伝で、いくぶん自信を喪失し、すべてをふざけたジョークにしてしまうパターンにはまらずにすんだのは、一貫してこのレコードを擁護し、レパートリーの選択については彼とじっくり話し合い、しかもジェンキンズのような大ヴェテランの全面的な参加を得ることに成功したテイラーのおかげだった。[26]

　オリジナル版のアルバムには、当時、彼の声がベストの状態にあったというニルソンの見方を裏づけるようなパフォーマンスがいくつか収められている。みごとなファルセットが披露されるアーヴィング・バーリンの〈どうしたらいいの(What'll I Do?)〉や、三オクターヴ半の声域をフルで堪能できるカルマー＝ルビーの〈ネヴァーザレス(Nevertheless)〉などがそれだ。また〈もしあなただったら(It Had To Be You)〉とラストの〈時のたつまま〉では、とりわけ自信にあふれるバランスの取れた歌を聞くことができる。

　一九八八年には、やはり七三年にレコーディングされたものの、当時は陽の目を見なかった楽曲を中心とするアルバム《夜のシュミルソン～レア・トラックス(A Touch More Schmilsson In the Night)》がリリースされているが、ここではじめて登場した七曲にも、いくぶん浮き世離れした〈チェイシング・レインボウ(I'm Always Chasing Rainbows)〉から、切ない〈サンクス・フォー・ザ・メモリー(Thanks for the Memory)〉まで、それぞれに聞きどころがあった。しかしこれらの曲にはどれも、ささいなものとはいえ欠点がある――〈ペイパー・ムーン(It's Only a Paper Moon)〉の冒頭における瞬時の途切れや、〈メイク・ビリーヴ(Make Believe)〉のかすかな震え、そして〈トラスト・イン・ミー(Trust In Me)〉での一瞬のためらいのように。LPの両面に注意深く曲を振り分けたオリジナル版のアルバムは、リチャード・ペリーの手がけたそれ以前のアルバムに負けず劣らず構成に気が配られ、〝第一幕〟と〝第二幕〟に即して、入念に曲順が決められていた。

　アルバムのタイトルは、テイラーが学生時代に学んだシェイクスピアの『ヘンリー五世』、具体的には第四幕の冒頭で、アジャンクールの戦いを前にした若き王が、夜明け前、兵士たちにはっぱをかけるシーンにつけられた説明役の台詞に由来する。

その寛大なまなざしは太陽にも似て、ゆたかな恩恵を
一人一人にあまねくわかち与え、霜のような恐怖を
たちまち溶かし去るのです。どうか、皆様、
その夜の国王ハリーの面影（A little touch of Harry in the
night）を、
未熟ながらせいいっぱい写してみるつもりですので、
ご高覧願います。〔小田島雄志訳〕

これを聞いて、ウェンブレーのセッションを見学していたスタンリー・ドーフマンが〝ハリー〟を〝シュミルソン〟に変えてみてはどうかと提案し、かくして〝A Little Touch of Schmilsson In the Night〟というタイトルが生まれたのである。レコーディングのプロセスをつぶさに見ていたドーフマンは、BBCの番組にすれば、大当たりを取る可能性があることに気づいた。彼はすぐさまニルソン、ジェンキンズ、テイラーを口説き、このアルバムのレコーディングがTVの特番用に再現される運びとなった。

アルバムがレコーディングされたのはウェンブレー・スタジオだが、われわれの撮影ではテレヴィジョン・シアターを使った。ハリーはブースかなにかに入る代わりに、オーケストラのまん中に座った。この件について我を通そうするようなことはいっさいなく、フレーズの区切りなどに関してはゴードンから指示を受けていた。ゴードンの助けを借りたのは、どれも彼にはなじみのない曲ばかりだったからだ。いや、曲自体にはなじみがあったかもしれないが、ロックンロールのスターがそういったスタンダードをうたうのは、当時としては異例だった。われわれは文字通り、ウェンブレーにいたオーケストラをテレヴィジョン・シアターのステージに移し替えた。そしてそこがスタジオのつもりで撮影したんだ。撮ったのは1テイクだけ。スタートのミスもふくめて、全部一気に撮影した。するとドラマーとベーシストの隙間から撮っていたとき、曲と曲との合間に片方がもう片方にマリファナたばこを手渡し、それが画面に大写しになってしまった。そもそもコンサートの途中でたばこを吸うこと自体がおかしな話じゃないか？　でもカットはしなかったし、誰も気にしなかった。[27]

こうして完成したTV特番は、ニルソンにとって、ドーフマンとの二度めの本格的な共同作業となり、その秋のアルバム・リリースに合わせてBBCで放映された。前回の作品がシンガー・ソングライターとしての若くて無邪気なニルソンをとらえていたように、こちらも成熟したヴォーカリストと

しての彼の力量を記録した、最良のドキュメンタリー映像となっている。アルバムには暖かい、愛情のこもったレヴューが数多く寄せられた。シングル・カットされた〈時のたつま〉も同様に好評を博し、ある新聞は「この曲がヒットした二十年後にもまだ、生まれてすらいなかった若者たちのあいだで、意外にも大ウケしている」点に着目していた[28]。

ロンドンで数か月を過ごしたニルソンは、五月に入ると短期間だけアメリカに帰国する。アルバムの最後から二番目に収録されている〈願いのすべて〉のヴォーカルを一、二語だけ差し替えるために、デレク・テイラー、フィル・マクドナルドとの三人でニューヨークに飛んだのだ。アルゴンキン・ホテルに一週間泊まった彼らの滞在費はRCAが支払い、その間にニルソンは不満のあったくだりを修正した。テイラーによると、三人は四六時中酒を飲み、「まるで正気を失ったように、ニューヨーク一帯を飛ばしまく」った。RCAのビルでコカインを吸っているところを警官隊に踏みこまれ、危うく逮捕されそうになったこともある。だが向こうが悪徳警官だったおかげで、ドラッグを持ち逃げされるだけですんだ。発音ミスをひとつだけ訂正することが目的だったこの冒険をふり返って、テイラーは「あのたったひとつの単語が、二万ドルの飲み代に化けてしまった」と書いている[29]。

一九七三年の夏、ロスアンジェルスに向かったニルソンは、七月二十五日にダイアンとの離婚を申請した。この月の終わり、BBCの「イン・コンサート」に出演するミュージシャンを新たに勧誘する目的で、ドーフマンがみずからロスアンジェルスを再訪した。前回と同様、彼はかなりの時間をニルソンとともに過ごした。ドーフマンがイギリスに帰る日が来ると、ニルソンは「車でこの国を横断してみないか？　飛行機にはニューヨークから乗ればいいんだ」と提案した[30]。

アメリカという国のサイズをまったく把握していなかったドーフマンは同意した。当初、ニルソンはこの旅のために車を借りようとしたが、レンタカー会社は州外へのドライヴを禁じていた。そこで冒険家志望者たちは、ジミー・ウェッブに頼ることにした。真新しいバーガンディ色のジャガーXJ6を持っていた彼は、自宅の玄関口にあらわれたニルソンに「今日の午後、きみの車を使わせてほしい」と言われたときも、とくに動揺した様子は見せなかった。「いいよ。これがキーだ。持って行ってくれ。楽しんでこいよ[31]」

ニルソンは念入りに、旅の準備を整えた。

ぼくらは酒と食べものとクスリ（LSD、コカイン、各種錠剤、マリファナ）を積みこみ……軽い嵐の中、ニューヨークに向かって国を横断しはじめた……笑いながら、怖いもの知らずでハイウェイに乗り、途中、どこでどれだけ停車できるかを計算した。なにが見られるんだろう。なんという冒険！　スタートは上々だったけれど、LAを出て、東に向かいはじめたところで雨が激しくなった。ヴェガスを通ったときもまだ雨が降っていたけれど、広々とした道とジャガーに力を得て、ぼくは嵐の中を時速九十五マイルで飛ばし続けた。ぼくが気づいていなかったのは、嵐が時速約三十四マイルで西に移動していたことで、それは途中でLSDをキメたりしていたぼくらの平均速度と同じだった。ぼくはスタンに、車をちょっと停めてもいいかと訊いた。彼はいっさいクスリをやらず、デレク・テイラーのいう「おそるべき天国と地獄を少々」がなにを意味するのかも、いっさい理解していなかった。スタンはずっと冷静なままだった――ただしあとで、あれだったらヤムルカをかぶってベイルートを歩くほうがマシだった、と言っていたのはたしかだ。あるいはそれと似たようなことを。[32]

ニルソンは旅の回想録に、ラスヴェガスで彼とドーフマンが全財産を失ったことを書き漏らしていた。しかしニルソンにとってはそれもささいな障害にすぎなかった。ドーフマンはこうふり返っている。

うん、わたしたちは全財産を失った。手持ちの現金を全部。そこで彼は弁護士のブルース・グラカルに連絡を取り、次の目的地だったソルトレイクシティに電信為替で金を送らせたんだ。わたしたちはソルトレイクシティに向かい、その金を受け取った。ハリーは飲みたがっていたが、ソルトレイクシティじゃ酒は飲めない。禁酒の街だからだ。それに泊まったハワード・ジョンソンも、とにかくひどいところだった。いくら探しても飲める場所がなかったので、わたしたちは早々にソルトレイクシティを出た。でもハリーはその前に髪を切りに行った。ロスアンジェルスを出たときの彼は長髪だった。そしてわたしたちがソルトレイクシティをあとにしたとき、彼は短髪だった。ロックンロール野郎の中で髪を切ったのは、彼がいちばん早かったんじゃないかな。[33]

彼らはソルトレイクシティから北に向かい、少しだけコースをはずれた州間八〇号線に乗って、ユタ州のローガンという小さな町に到着した。ニルソンはここで数時間休み、不快な一夜の疲れを癒そうと考えていた。

道が広く、たくさんの清潔で古い建物と、ふたつの大学、そして二万五千人の人口を擁する美しい町の三面を山並みが取り囲んでいた。木彫りのインディアンや、「ポリス・

ガゼット」〔一九七七年に終刊したメンズ・マガジンの元祖〕が置いてある（賭けてもいい）床屋、そしてなによりも、時間つぶしをしていたぼくらにはうってつけの、パンチカード──五十個ぐらい穴があいたトランプ大の分厚い段ボールで、それが薄紙で覆ってある──を揃えた酒場があった。穴にうまくペグを入れると、酒がタダで飲める。ぼくは三回連続で勝ち、するとなぜだか店主がぼくらと握手を交わして、ぼくの手の中にきれいに巻かれたマリファナたばこを入れた。いやはや！[34]

ユタ州とネヴァダ州には砂漠地帯もあり、最初の仮眠を取ろうとして彼らが道路脇に車を停めたとき、車内の温度はあっという間に四十度近くまで上昇した。ニルソンはもう少し先まで車を走らせようと提案した。砂漠のあるところにはオアシスありというのがその根拠だった。はたして彼らはカーヴの向こうにオアシスを発見した──日陰をつくってくれる木々、冷たい飲みものを宣伝する巨大な看板、そしてフラミンゴ、白鳥、各種の動物や聖人たちの奇妙な石膏像で取り囲まれた場所を。ニルソンはとりわけ高さ二フィートのヴィーナス像に心を惹かれ、ＲＣＡの副社長だったロッコ・ラジネストラのために買うことにした。しかし代金の支払いがすんだとたん、店主は奇妙なふるまいを見せはじめた。「思い出の品々を矯《た》めつ眇《す》がめつするぼくを見て、彼は不安そうな顔になった」とニルソン。「ぼくは満面に笑みを浮かべていた。原因はもちろんＬＳＤで、立ち止まって目を凝らすと、ほんとにビックリするようなものが見えてくるんだ」[35]。男がナイフを手に取ったので、ふたりはかさばる彫像を抱えて、あわてて車に駆け戻った。ドーフマンがその先を引き継ぐ。

> わたしたちは相変わらず砂漠の中にいた。そしてハリーは先に進むにつれて、どんどんハイになってきた。わたしたちは車を停めて休憩を取った。どこにいようと関係なく、百マイルごとに運転を交代することに決めてあってね。それで車を停めたんだが、とにかく暑かった。あの時の暑さはもう言葉では言いあらわせない。わたしたちは車内で寝そべってしゃべり、そのあとで外に出た。すると彼がウサギの死骸を食べているアリたちの巣を見つけた。アカアリだった。そのあと、わたしたちはもうひとつの巣、今度はクロアリの巣を見つけた。そこでウサギをふたつの巣のあいだに置いて、戦争をはじめさせることにした。わたしたちはアリたちの闘いを見ながら、どっちのアリがより多く相手を殺すかという賭けをはじめた。[36]

この一件に関するニルソンの述懐は、あまりにも高く「飛んで」しまったせいで、自分の〝ハイド氏〟的な側面でドーフマンを脅かすことがないように、車の外に出なければならなくなったというものだ。だがアリたちを見ているうちに、より理性的な〝ジキル博士〟が呼び覚まされ、ＬＳＤのフィルターを通じて、彼のいう「ＳＦ的な自然番組のすばらしい場面」を楽しむことができたのだった。

　そこから彼らは西に向かい、シカゴに近いある場所で、ニルソンはドーフマンを、彼にとっては初となるアメリカンフットボールの試合に連れて行った。少しずつ彼らはニューヨーク州に近づいていた。このころになると、車は世界でも有数の荒れ地を走り抜けてきたような見てくれだった。ボンネットのラッチは壊れ、だが道中にはいっさいまともな修理工場がなかったため、田舎の鍛冶屋が車の鼻先に、まにあわせの鍵を不格好に溶接していた。さらにスピードメーターが動かなくなり、ドラッグがニルソンの知覚におよぼしていた影響と相まって何度か問題を引き起こした。しかしスピードメーターのせいで窮地に追いこまれたのは、皮肉なことにドーフマンだった。

　警官に停車を命じられたのは、わたしに運転する順番が回ってきたときのことだ。自分たちがどれぐらい飛ばしているのか、わたしたちにはこれっぽっちもわかっていなかったが、警官に言わせると、時速九十八マイルぐらいだった。「一緒に来るんだ。車に乗れ」と言われたので、イギリスに帰らなければならないと説明すると、「あんなスピードで飛ばしていたら誰だって法廷行きだ」。ハリーが代わりに行くと申し出たが、警官は彼にそこを動くなと命じた。わたしはパトカーに乗せられて、ブルータスという場所に連れて行かれた。まるで映画の一場面のようだった。わたしたちはそこで裁判官の家に入った。裁判官は昼食の最中だった。彼が警官に「やあジム、どんな調子だい？」と訊くと、警官は「上々ですよ。今日は大勢連行できそうです」と答えた。[37]

　やがて罰金が支払われ、ドーフマンはニルソンと再会を果たすのだが、その前に彼はありえない光景を目撃した――自分の次に連れてこられた罪人がニワトリで罰金を支払ったのだ。ジャガーのところに戻ってみると、ニルソンは車から少しだけ離れた場所に座り、そばの背が高い草むらの中にひと山のマリファナたばこを隠していた。そればかりか彼は警官が戻ってきた場合に備えて、一部のドラッグを土の中に埋めていた。おかげでふたりは地面を嗅ぎ回る羽目になり、全部のありかを突き止めて、ふたたび走りだすことができたのは、かなりたってからのことだった。マンハッタンが近づいてきたとき、ニルソンがドーフマンに、ナイアガラの滝を見たことはあるかと訊いた。ドーフマンは当然のようにないと答え、おかげで家路を急ぐ監督は今一度、興味深い回り道をすることになる。だが最終的には一日かそこらでロンドン行きの飛行機が待つ空港に送り届けられた。

ニルソンはヴィーナス像をＲＣＡに持ちこみ、いくつかの会合に出席したあとで、ジム・ウェッブのジャガーをカリフォルニアに送り返す手続きを取った。しかし当のウェッブは、かならずしも喜んでいなかった。

　平台型の貨車に乗せて送り返してきたんだ。「きみの車は金曜の午後三時にこれこれの列車で到着する」という連絡があって、ぼくは待ちきれない思いだった。本当にイライラしていた。そこでぼくはユニオン・ステーションに向かい、貨物ヤードへと足を踏み入れた。列車はすぐに見つかった。ブレーキ係も見つかったので、そこいらじゅうの男たちの助けを借りて、ぼくの車が乗っている車両を探した。すると車は平台の貨車に鎖で縛りつけられていた。雨風にさらされながら、むき出しの状態で大陸を横断してきたわけで、まるで世界一周のラリーに出走していたみたいだった。とても見られたシロモノじゃない。もはや完全にジョークと化していた。ただの笑えるネタだった。ただ、これはぜひ言っておきたいんだけど、ハリーはこの車を完璧なコンディションに戻してくれた。この車をまるごと、つくり直してくれたんだ。インテリアも全部。ステレオも前より上等なのが入っていた。だから結局は彼が借りていったときよりも、もっと上等な車になっていたのさ。[38]

ニルソンが車を返した次の日は日曜だった。パークレイン・ホテルにチェックインしていた彼は夜になると、片方のポケットに巻いた新聞、もう片方のポケットにはブランデーのフラスコ瓶をつっこみ、マンハッタンをそぞろ歩いた。軽く酔っぱらい、長旅の仲間がいなくなったせいで急にさびしさを感じていた彼は、ぶらぶらとパークレインに戻る途中でホテル・サンモリッツの前を通りかかった。一階はランプルメイヤーズというアイスクリーム店。衝動的に店に入った彼はテーブルの前に座った。

カウンターのそばで若いアイルランド人のウェイトレスがふたり、客が来るのを待ちながら立ち話に興じていた。そのうちのひとりがやって来たので、ニルソンはブランデーとアイスクリームを注文した。やがて別のひとりが注文品を持ってきた。彼女はウーナ・オキーフという十九歳の学生で、大学に入る前に、友人のグローニャとアメリカで二か月の夏期労働プログラムを経験しているところだった。ふたりの二か月はほぼ終わろうとしており、その夜もニルソンが店にあらわれて少しずつ彼女たちの会話に加わってくるまでは、なにごともなく、静かに暮れようとしていた。その次に起こったことは、まったく彼女の予想を超えていた。

　彼はわたしをじっと見て、「こんなに美しい目の持ち主に会ったのははじめてだ。結婚してくれないか？」と言ったんです。友だちもわたしも、そのころは人生でいちばん幸せな時期でした。わたしたちは十九歳で、アメリカとアメリカ人が大好きで、とにかく楽しく過ごしていました。だからわたしたち、それをただの冗談にしてしまって、冗談で返したんです。もちろん、それまで一度もそんなことを言われたことはありませんでしたし、あれはとても特別な言葉でした。すると彼が、「いや、どうしたらぼくが本気だということがわかってもらえるかな？」と言ってきたので、「そうね、わたしたちは花とメロンが好きよ」と答えました。ずいぶんとおかしなことを、と思われるかもしれませんが、わたしは一度もハネデューメロンを食べたことがありませんでしたし、ニューヨークにいたわたしたちにとっては、とても珍しいものだったんです。そしたら彼が「ぼくぐらい前途有望な独身男には、たぶんもう二度と会えないぞ！」と言いだして。とにかくわたしたちは仕事に戻り、しばらくすると彼もいなくなっていました。[39]

ウーナとグローニャはこのやり取りをただの冗談だと考え、もう二度とこの客に会うことはないだろう、と思っていた。その夜の終わり、ふたりがチップを数えていると、マネージャーがやって来て、「キッチンの外できみたちを待っている男がいるぞ」と告げた。五八丁目に面したレストランの裏口のすぐそばに、黒の巨大なリムジンが停車し、その横の歩道には花かごとメロンの山、それにぬいぐるみがいくつも置かれていた。車にすまし顔で寄りかかっていたのはニルソンだった。

　店を訪れてから二時間ほどのうちに、ニルソンはパークレインに戻ってシャワーを浴び、酔いを覚まして着替えていた。リムジンを雇った彼は、最初にマジソンの五四丁目にあるスマイラーズ・デリでメロンを調達した。日曜の夜十一時に花を買うのはもう少し厄介な問題だった。まず波止場に向かった彼は、翌朝の葬儀に備えている花屋に偶然行き当たった。「最初は断られた」とニルソン。「ぼくはリムジンを指さし、百ドル札をちらつかせた。彼は抵抗するのをあきらめてドアを開けた……」[40]

　ふたりの娘はクスクス笑いながら、裏口から出てきたところだった。車と贈り物とニルソンを見て、彼女たちは立ち止まり、口をあんぐりとさせた。「ふたりは何度も何度もぼくをハグしてくれた」と彼は語っている。「あんなに甘いハグは生まれてはじめてで、その時、ぼくはウーナと結婚すると確信した[41]」

夏の
　プールサイドで
ホタルがきみのまわりを
　舞っているころ
心さびしいぼくはきみが恋しくなる

第七章
僕を忘れないで

もともとウーナ・オキーフは、長くアメリカにいるつもりはなかった。訪米のお膳立てをする学生連合から提供されたのは、訪問前の簡単な説明と往復の航空券、それにニューヨークのホテルで受ける二夜の基本的なオリエンテーションだけだった。あとは自力で仕事を探し、新学期で帰国する秋までの二か月、食いぶちを稼がなければならない。アイルランド人学生の多くはキャッツキルのサマーキャンプを選び、野外のリゾート地で子どもたちの相手をすることになった。しかしウーナと友人のグローニャは、大学でのプレゼンに参加した時点でもう、本丸のニューヨーク・シティに行こうと――かなり衝動的に――決めていた。彼女はこう振り返っている。

両親に「夏のあいだ、ニューヨークに行ってもいいかしら？」と訊いたんです。父親はとても口数の少ないタイプでしたが、旅の大切さはよく理解していました。ですからすぐに賛成してくれましたし、とくに心配はしていませんでした。ただ、あとで母から聞かされたんですが、その晩、皿洗いをしていたとき、父親に「どうかしら。ずいぶん遠いところでしょ。もしかするとアメリカ人と結婚しちゃって、わたしたち、もう二度とあの子に会えないかもしれないわ」と言ったそうなんです。たしかにわたしはアメリカ人と結婚しました――両親とは再会できましたが！[1]

ふたりが実際に結婚するのは、ニルソンのプロポーズからおよそ三年後のことだ。その間、ウーナは学業を終えるために大半の時間をアイルランドで過ごすことになる。ただしアイスクリーム屋での仕事が終わったら、彼女は一週間、北アメリカを旅して回るつもりでいた。するとニルソンが、だったら一緒にアメリカを横断しようと提案した。つい先ごろスタンリー・ドーフマンとたどった旅路の、実質的な逆向きヴァージョンである。ただし今回は自家用機か、運転手つきの車を使うところが違っていた。最終的に彼女はロスアンジェルスから飛行機で帰国する。ニルソンはまず、馬車で夜のセントラルパークを回るツアーにウーナを招き、この旅を古風かつロマンティックなスタイルでスタートさせた。

二日後、ニルソンとウーナはワシントンDCに到着する。ニルソンがそこで上院ウォーターゲート特別委員会の公聴会に出席するためだ。再選を目指すニクソン大統領に成り代わって、賊が民主党本部に侵入した事件を調査する公聴会がはじまったのは一九七三年五月のことで、八月になるとマスコミの報道はかなり過熱していた。何週間かが過ぎ、委員会が決定的な証拠を次々に開示していくにつれて、エンターテインメント業界のリーダー的存在たちも公聴会に顔を出すようになった。一連の査問は最終的にニクソンの弾劾と辞任を招く。ニルソンはこの物語に魅了された。現に《夜のシュミルソン》のジャケット写真で彼が襟につけているバッジのひとつは、この侵入事件に気づいたアフリカ系アメリカ人の警備員、フランク・ウィリスの顔写真だった。

ニルソンの出席が叶ったのは、コネティカット州選出の上院議員、ローウェル・P・ウェイケルのおかげだった。なにかと物議をかもしていた中道左派の政治家である。彼は委員会に参加した三人の共和党員のひとりだった。傍聴券は引く手あまたで、ウェイケルはニルソンのために二枚確保するのがやっとだった。委員会の部屋では、『スキドゥ』の監督の息子で、この映画の撮影中にニルソンと固い友情で結ばれたエリック・プレミンジャーが彼と合流した。

ニルソンとウーナはポトマック川を見下ろすウォーターゲート・ホテル——侵入事件の現場——のスイートに宿泊した。ふたりでアメリカを横断する旅の幕開けにふさわしい、ロマンティックなロケーションである。彼らはまず車でヴァージニア州を西に横断し、その後は車と飛行機を乗り継ぎ、激しい砂嵐で閉鎖される寸前のラスヴェガス空港に自家用ジェット機で到着した。空港からホテルを予約しようとしたニルソンは、嵐のせいでこの街には空き部屋がいっさいないことを知る。さいわい、ロスアンジェルスで知り合ったライザ・ミネリが、カジノホテルのフラミンゴでジム・ベイリーと共演する〝ジュディ&ライザ・コンサート〟の公演中だった。ニルソンが連絡を取ると、彼女はすぐさまふたりのための部屋を取ってくれた。砂嵐の中、困難な着陸を成功させた彼らのパイロットは、さっそく何杯か聞こし召していたが、ミネリが真夜中のショウのかぶりつき席を用意していると聞くと、一緒についていくと言いだした。

軽くメシを食い、シャワーを浴びて着替えると、ぼくらは下に降りてパイロットに会った。彼は今やならず者《ゴンゾー》と化し、曲芸飛行をしていたころの思い出話をろれつの回らない舌でくり返していた。ウーナとぼくと〝ゴンゾー〟は、やがて新しい友人になるトニー・マーティン・ジュニアと同じテーブルに着き、そのとなりにデジ・アーネス・ジュニアとディーン・マーティン・ジュニアが座った。そしてぼくらはみんなでジュディ・ガーランド・ジュニアを観た。ショウが終わると、ライザのバンガローにお邪魔して楽しいひとときを過ごしたが、さいわい〝ゴンゾー〟はその途中で行方知れずになっていた。ほっ。[2]

ウーナはわずか一週間で、安っぽいアイスクリーム屋のウエイトレスから、ラスヴェガスでも有数の高級ナイトクラブでスターたちと交際する身になっていた。翌日、彼女とニルソンは車でロスアンジェルスに向かい、ラシエネガ大通りとファウンテン街の交叉点にほど近いファウンテン・ビルのペントハウスに腰を落ち着けた。ダイアンと別れた彼が移り住んでいたアパートである。ウーナはそこで旅の疲れを癒し、最終的にはアイルランドに帰国して勉強を続けた。

ニルソンはクリスマスにアイルランドで彼女と会い、その後ロンドンを訪れるつもりでいたが、その間に、ロスアンジェルスにおける彼の日常生活は、一九七三年の初秋にジョン・レノンがこの街にあらわれたことで劇的な変化をとげた。そこからはじまったのが一年半にわたる放蕩三昧の生活――元ビートルのいわゆる〝失われた週末《ロスト・ウィークエンド》〟である。〝ホワイト・アルバム〟のレコーディング中にレノンの自宅でともに過ごして以来、ニルソンと彼のあいだには強い友情の絆が結ばれていた。しかし対等の友人関係だったリンゴとは異なり、ニルソンはつねにレノンを英雄視しているようなところがあり、どちらも突拍子のないことを愛するこのふたりが一緒になると、その傾向には拍車がかかった。これは大いに危険をはらんだ関係で、現実にもしばしばそうした事態を招くことになる。

レノンの人生は十字路にさしかかっていた。十月にリリースされたアルバム《マインド・ゲームス（Mind Games）》は冷淡な評価を浴びるが、それは主としてこのアルバム・セッション中の六月に彼が妻のヨーコ・オノと別れ、そうした個人的な動揺の一部が、「ローリングストーン」誌のいう「リスナーの知性を過小評価した……彼としてはこれまでで最低水準の曲」[3]に映し出されていたからだった。彼はオノの元個人秘書だったメイ・パンとほとんど身ひとつでニューヨークから西海岸に逃亡したレノンは、そこでロックンロールのクラシックを集めたアルバムをつくるつもりでいた。プロデューサーに予定されていたのは、フィル・スペクターだった。

レノンはこのプロジェクトに前向きで、たとえば「メロディ・メイカー」のクリス・チャールズワースのようなジャーナリストには、「フィルとオレは何年も前から、こいつをやる気でいたんだ……なんの意味もない〝ウー・ウィー・ベイビー〟タイプの曲をうたうってことさ」[4]と語っている。ただしそこにはビジネス上の責務もからんでいた。というのも彼はアルバム《アビイ・ロード》に収録の〈カム・トゥゲザー(Come Together)〉をめぐる訴訟に敗れたばかりだったのだ。この曲はチャック・ベリーの〈ユー・キャント・キャッチ・ミー(You Can't Catch Me)〉の盗作だとする音楽出版業者、モーリス・レヴィの訴えに示談でケリをつけたレノンは、その条件として、レヴィの会社が管理する楽曲を三曲レコーディングし、それを次のアルバムに収録することに合意していた。[5]となると曲目はおのずとロックンロールに限定されてしまう。なぜならそれ以外のレヴィのカタログは、大半がレノンには不向きなジャズのスタンダードだったからだ。このプロジェクトには〝古くても輝き続ける曲《オールデイーズ・バット・ゴールデイーズ》〟というニックネームがつけられた。ただしそのタイトルはすでに、ビートルズが一九六六年にリリースしたヒット曲集で用いていたため、当のレノンはもっぱら〝古くてコケの生えた曲《オールデイーズ・バット・モールデイーズ》〟という、あまり先行きに期待の持てないタイトルで呼んでいた。

セッションがはじまると、ほとんどその場でひと筋縄ではいかないことが明らかになった。スペクターは以前ニルソンと仕事をしていたころにも増して、世捨て人的な色合いを濃くしていた。ロニーとの離婚訴訟は泥沼化の様相を呈し、レノンがスペクターと仕事をするのはこれがはじめてではなかったものの、今回は彼に全権を委ねるという、決して賢明とは言えない決断が下されていた。普段なら他人に舵取りを任せることなどありえなかったレノンだけに、これは意外な行動だった。しかもスペクターは時流に合わせようとする動きをいっさい見せず、依然として〝音の壁〟的な手法に頼り、レノンが最初に組んだロックンロール・バンド、クォリーメン時代のシンプルな――少なくともレノンはそう思っていた――ヒット曲に、交響楽団に相当するバッキングをつけるつもりでいた。

音楽的なエゴのぶつかり合いだけでも、このプロジェクトを破綻に導く要素は十分すぎるほどだった。その上にレノンとスペクターはどちらも深酒に耽り、スペクターは〝ポッパー〟を常用して、すでに不安定だった性格をさらに改悪させていた。口に放りこん《ポップ》で飲みこむと、筋肉が弛緩し、血圧が上って、急に快楽が押し寄せてくる硝酸アミルのカプセルである。メイ・パンによると、それは男の子の汚れた靴下のにおいがした。[6] ニューヨークでは歯止めがかかっていたレノンの酒量も、ヨーコ・オノから遠く離れたロスアンジェルスに移ると劇的に増加した。その大きな理由のひとつが、この街に足を踏み入れた直後からニルソンと定期的に飲み歩くようになったことだ。ニルソンは毎日のようにセッションに顔を出し、ひんぱんに吸入するコカインにも助けられて、驚くべき量のブランデーを摂取していた。メイ・パンはそんな彼に負けまいとするレノンの姿を、なすすべもなく見つめていた。

ハリーは魅力的な人でした。無駄話の天才で。誰とでも親しくなれましたし、どんなところにも入っていけました。彼のことは大好きでした。大好きです――わたしたちは本当に、彼のことが大好きでした。今もいい思い出はたくさんあります。でも彼の行動パターンはほとんど自滅的でした。限界までやらないと気がすまないんです。ほどほどなんて絶対にありえない。彼は極端に走りましたし、そこには危険が待ち受けていました。極端な部分にこそ、すべての危険が潜んでいたんです。それがハリーという人でした。[7]

スペクターのセッションからは、予想外の副産物も生まれている。アルバム《ロックン・ロール（Rock'n'Roll）》のセッションを見学に来ていたシェールとニルソンがシングルをレコーディングすることになったのだ。その日、レノンは気分が悪いと言ってスタジオを早退していた。以前、ティナ・ターナーにうたわせた〈ひとりぼっちの夜（A Love Like Yours (Don't Come Knocking Every Day)）〉をレノンに覚えさせようとしていたスペクターは、彼用のデモをうたってくれないか、とシェールに持ちかけた。やはりスタジオにいたニルソンも一緒にうたうことになり、完成したヴァージョンでは、スペクターが録ったエコーまみれのオケの渦中で、ふたりの声が妖しく溶け合っている。だがどうやら本来の目的では使用されなかったらしく、スペクターは結局この曲を一九七五年にワーナー・ブラザースからリリースした。[8]

スペクターに言わせると、それ以外の時のニルソンは基本的にセッションの邪魔になる存在で、過激な悪戯を好み、一度などは休憩中のミュージシャンたちがよくコーヒーやスナックを買いに行っていたセブンイレブンを強盗しようと提案したこともあった。むろんニルソンに言わせると、スペクターの無軌道ぶりも決して負けてはいなかった。彼はさまざまな扮装をしてスタジオにあらわれるようになり、最初は医者、次には空手のインストラクター、そして最後にはカウボーイに扮して装塡されたリヴォルヴァーをスタジオに持ちこんだ。スタジオでもめごとがはじまると、実権を握っているのは自分だと言わんばかりに、彼はその銃を天井に向けて発砲した。

スペクターの人生がその後、装填された銃器の誤用によって悲劇的な局面を迎えることを思うと、彼はその際にレノンが見せた唖然とした表情をしっかり記憶に留めておくべきだったのかもしれない。密閉された空間で、銃は耳をつんざくような音を立て、レノンは両耳を手でおおって衝撃を和らげようとした。彼は結局、「フィル、オレを殺したけりゃ殺してくれ。ただ耳を痛めつけるのだけは勘弁だ。使えなくなると困る」と冗談に紛らせた[9]。

この事件は本質的に相容れなかったふたりの関係悪化を加速させ、一九七三年十一月、ロスアンジェルスの法定で開かれたスペクターの離婚審問にレノンが性格証人として呼ばれると、その流れには拍車がかかった。この朝、スペクターは彼の眼前でわれを忘れ、自分の妻にえんえんと罵詈雑言を浴びせるという、取り返しのつかない失態を演じてしまったのだ。十二月に入ると、レコーディング・セッションは無期延期になった。

どれだけニルソンと飲み歩き、野放図な夜を過ごしていても、レノンはスタジオでの時間を生産的に費やすことにこだわった。メイ・パンはこう述べている。「たいていの人は誤解していますが、スタジオでの彼は本物の仕事中毒でした。七時なら七時にはじめないと気がすまない。七時半や八時じゃ駄目なんです。その点についてはすごく厳格でしたし、とても強固な職業倫理の持ち主でした[10]」。対照的にスペクターは当たり前のように何時間も遅刻し、前もって準備をする代わりに、スタジオで耳にしたサウンドに反応しながら、自分の頭の中にあるイメージに近づけるために、あっちにちょっと足したり、こっちからちょっと引いたりといった手直しをいつまでもやめようとしなかった。無数のオケに手がつけられ、けれども完成したものは実質的に皆無だった。結局レノンは、うち四曲はまだ使いものになると判断し[11]、マスター・テープの引き渡しを求めた。スペクターは拒み、テープを持って自分の邸宅に引きこもった。キャピトル・レコードがテープを回収できたのはその半年後のことで、スタジオ使用料の見積もりは九万ドルという途方もない額に達していたが、この金はテープとの引き換えでスペクターに支払われた。

セッションが中止になると、レノンはこれといった目的もなく、ロスアンジェルスをうろつきはじめた。同居人はメイ・パンだったものの、彼はより多くの時間をニルソンと過ごすようになり、ニルソンは夜の行きつけだった店を次々と彼に教えた。そのひとつだったハリウッドのレインボウ・バー&グリルの二階の部屋には今も、深夜の飲酒クラブ〝ハリウッド・ヴァンパイアーズ〟を讃える飾り板がある。〝ヴァンパイアの巣〟にはレノンとニルソンのほかに、ミッキー・ドレンツやキース・ムーンやアリス・クーパーがしばしばたむろしていた。[12] この時期にはほかのナイトクラブでも、ニルソンとレノンの姿がしばしば見かけられるようになった。とくに多かったのがトルバドールで、感謝祭とその数日後、〝キャピトルが誇るカナダの歌姫〟アン・マレーが十二月の上旬におこなったシリーズ公演の初日にもまた、ふたりでいるところを撮られている。[13]

当時のニルソンはワーゲンのビートルをベースにした小型の軍用ジープを所有していた。ロンメルが戦時中に砂漠で乗っていたキューベルワーゲンの流れを汲むフォルクスワーゲン・クーリエワーゲンである。大酒盛りの合間に彼は、レノンを〝あいつ《シング》〟と呼ばれるこの奇妙な車に乗せてロスアンジエルスを案内した。

ぼくらはどこかで一緒にうたい、ピアノを弾いたり、しゃべったりしていた。もう夜明けが近く、するとジョンが「女とLSDがほしい」と言いだした。

「任せてくれ。電話一本でことは足りる」とぼく。

「ハリー、でたらめを言うんじゃない」とジョン。

知り合いの女の子に電話をかけ、こんなに遅くにすまないと言うと、かまわないと言ってくれた。「いやね、今、友だちとぼくで賭けをしてるんだ。なにしてた？」

「シャワーを浴びようとしていたところよ。女の子の友だちが来るんで、ふたりでLSDをやろうと思って。だって、こんなにすてきな日なんだもの」

ぼくは自分の耳が信じられなかった。「二十五分でそっちに行くよ。ビックリさせることがあるんだ。じゃあ」

ぼくはジョンを見て言った。「決まりだ」

「ハリー、でたらめを言うんじゃない」

そこでぼくらはちっちゃなあいつ《シング》に乗りこみ、彼女の家までドライヴした。中に入るとふたりの女の子がいて、準備万端整っていたし、ついでにお茶も用意してあった。バスローブ姿のふたりはすごく素敵で清潔な感じがした。ジョンは眼の玉をひんむいて、もみ手をしはじめた。それはだいたい二日ぐらい続き——正真正銘の〝失われた週末〟だ——一日めが終わると、ぼくらは自分たちがいったいどこにいるのかもわからなくなった。ぼくらはとにかくやり続けた。すると途中でバカみたいな気がしてきて——おたがいのつま先を吸ったり、マッサージしたり、バックでは音楽が流れ、冷たい水を浴びて、ぼくは笑っている。ジョンはノリノリだったし、ぼくらは止めどなく笑っていた。どっちも笑いが止まらなくなり、とうとうぼくが「ジョン、もうこれ以上の快楽には耐えられない。止めよう！ 止めなきゃだめだ！」と呼びかけた。

彼は「うん、うん、うん」と答えた。

そのタイミングで電話が鳴り、ジョンが取った。「うん？　うん。いや。うん。うん。もちろん、チーズ、チーズ」
「誰だった？」
「知らない。外人だった」[14]

ジャズとブルースをうたうイギリス人シンガー、ジョージ・メリーが泊まっていたシャトー・マーモント・ホテルのバンガローを午前中の早い時間に急襲され、すっかり出来上がったニルソン、レノンとデレク・テイラーの三人に眠りを破られたのは、こうした快楽主義の冒険がくり広げられていた時期のことだ。メリーと彼のバンド、フィートウォーマーズはイギリスでカルト的な人気を博していたが、その仕掛け人だったテイラーは、この機に乗じてワーナー・ブラザースに全米ツアーを組ませようとしていた。当然のように彼は、ハリウッドにいる時間を利用して、友人たちとの旧交を温めたいと考えた。だがホテルに戻ってくるころには、ジョンがとりわけ不機嫌で攻撃的な気分になっていた。

メリーはこうふり返っている。「どんな薬物のせいでああいう心持ちになったのかは定かでないが、そこに酒が絡んでいたのは間違いない」[15]。それ以前の出会いでメリーは、トラッド・ジャズが廃れてからも、彼と彼のジャズ仲間たちがずっとリヴァプールのキャヴァーンに占拠していたせいで、ビートルズは名声への道のりを妨害されたとレノンに激しく責め立てられていた。そのためメリーは最悪の事態を覚悟していたが、つねに愛嬌を忘れない、同じリヴァプールっ子の彼がふと、今のレノンはまるで同郷のヴェテラン・レスラー、ダーティ・ジャッキー・パイさながらだと口にすると、さいわいにもレノンのセンチメンタルな側面が顔を出した。対決ムードは一気にかき消え、彼は腹を抱えて笑いだした。

しばらく前からニルソンは、かつてのニューマン作品集と同じパターンで、アラン・トゥーサンの曲を集めたレコードをつくるというアイデアを漠然と温めていた。だが一九七三年の末ごろにはレノンと同様、これと言ってレコーディングの予定がなく、ニルソンを知る人々はみんな、八月にニューヨークでウーナ・オキーフと出会ったときの前向きな気持ちとはうらはらに、彼がまた自滅ボタンを押してしまったことに気づいていた。たとえばサマンサ・ジューストは、ニルソンのドレンツ宅訪問を怖れるようになった。

彼はどんどんおかしくなっていた。しかもミッキーも同じ道を進んでいたの。だから余計に気が滅入ってしまって。ふたりとも、手がつけられないほどおかしくなっていたし、そのまわりにいた人たちもみんなそうだった。そこにはジ

ヨン・レノンもいたわ。彼だけは、なんとか対処できているような感じだったけど。〔16〕

その年の十二月、レノンは少なくとも人前ではなんとか自分を抑えていた。クリスマスになるとニルソンは、ウーナのいるアイルランドに向かい――彼女はダブリンのブラックロック地区にある実家に戻っていた――彼とレノンはひさびさに、どちらも大いに必要としていた別々の時間を過ごすことになる。レノンにかかり切りになっていた秋のあいだも、ニルソンはウーナとの文通を絶やさず、彼の手紙が入った封筒には、エアメールのロゴの下に「大至急でお願いします！」と書きこまれていることもあった。同じように愛情に満ちた手紙で彼女がそうした愛情表現に応えていたことは言うまでもない。「きみがぼくの心に届く言葉を探して、筆を止めている姿が目に浮かびます」と彼は書いている。「でもちゃんと届いていますよ。本当です！」。彼は「言葉のひとつひとつに百万もの思い」をこめて手紙を書くのが、どれだけむずかしいかを彼女に訴えた。〔17〕しかしこうして定期的に連絡を取っていても、このアイルランド訪問に不安が隠せなかったニルソンは、ミッキー・ドレンツとサマンサ・ジュースト に同行を依頼した。ウーナの父親に結婚の許しを得る際の応援団役になってほしいと考えたのだ。ウーナによると――

彼が両親に会うのはその時がはじめてでした。ワクワクしましたね。ミッキーとサマンサとハリーはダブリンのセントスティーブンスグリーンにあるシェルボーン・ホテルに泊まっていて、両親を夕食に招待してくれたんです。ふたりは彼のことが大好きになりました。無理もない話です――彼は信じられないぐらいチャーミングな人でしたから。それに彼はとてもやさしい人でした。とてもすてきなことを言ってくれて、母親はすっかり気をよくしていました。ですからふたりともこの件については大賛成だったんです。おかしいですよね、本当におかしい。だって彼はミッキーとサマンサをわざわざ連れてきたんですよ。それ自体、とてもチャーミングなことでした――彼はあのふたりの応援を必要としていたんです。たぶん、ちょっと緊張していたんでしょう。兄弟のひとり、兄のポールは彼の人となりに少し警戒心を抱き、彼とふたりで話をしました、ハリーが「いや、ぼくはきみの妹が大好きなんだ！」と言い張ると、ポールも「ぼくらだって彼女が大好きなんだ！」と言い返していたんです。〔18〕

ダブリンに到着したとき、サマンサ・ジュースト はニルソンがウーナにすっかり夢中になっていることを知って喜んだ。

そしてこの関係が彼を、レノンと一緒に陥っていた悪循環から救い出してくれることを願った。

わたしはウーナが大好きだった。清潔感のある生き生きした愛らしい娘だったし、アイルランドに行って、彼女の両親にも会ったわ。彼に一緒に来てほしいと言われたからよ。「きみに会ったら、向こうも彼女を手放す気になるだろう！」って。付き添い役のようなものね。それでわたしもご両親に会って。彼は変わるつもりでいたし、なにもかもうまくいくはずだった。これはハリーにとって、またとないチャンスになると思ったものよ。彼はクリーンになる気でいたし、それはみんな、この娘のためだったの。[19]

アイルランドで数日を過ごしたニルソンは、ウーナを連れてロンドンに向かい、カーゾン・プレイスに一週間ほど滞在した。ふたりはロンドンのジョー・コッカー宅で、ジョーや彼の友人たちと一緒にクリスマスを祝った。その後、ニルソンはロスアンジェルスに戻り、ウーナは学業に復帰した。だがサマンサ・ジュースストに立てた、ウーナのために生活を改めるという心からの誓いもむなしく、彼はわずか数日のうちにまたレノンと出歩くようになった。

パラマウント・シアターで働いていたころからずっと、スタンダップ・コメディのファンだったニルソンは、一九七三年のある時、ジョージタウンのクラブに立ち寄り、新ネタを披露するトム・スマザーズ――その時点ではまだ弟のディックとよりを戻していなかった――のステージを見た。その時のトムは過度の緊張で早口になっていたため、ニルソンはウィットに富んだ野次を飛ばし、おかげで得意の寸言で反撃する機会を得たこのコメディアンは、自分の出番を適度なタイミングで終えることができた。[20]

ロスアンジェルスに戻ってまださほど日がたっていなかった一九七四年三月十三日、ニルソンはレノンを連れて、再結成したスマザーズ・ブラザーズの初舞台をトルバドールまで観に行った。ニルソンが留守にしているあいだにも、何度か街を出歩いていたレノンの飲酒はエスカレートし、一度などは――かなり酩酊した状態で――生理ナプキンをひたいに貼りつけてレストランに入り、そのままトルバドールに向かったこともあった。クラブの世に倦んだようなウェイトレスのひとりがわざと彼を無視すると、レノンはこっちが誰だかわかっているのかと訊ね、すると彼女は「ええ、ひたいにナプキンを貼ったどこかのマヌケでしょ」と答えた。[21] この一件は表沙汰にされず、おかげで彼の面目は保たれたが、深夜にはじまるスマザーズ・ブラザーズのショウを観るためにニルソンと再度このクラブを訪れたとき、レノンは前回に負けず劣らず泥酔し、明日などもう来ないかのようにブランデーベースのアレクサンダー（コニャックと生クリームとクレーム・ド・カカオをミックスした、アルコール度数の高いカクテル）をガブ飲みしていた。トルバドールに向かう途中、ニルソンはその前年、トミーに気の効いた野次を飛ばした話でレノンを楽しませ、今夜のスマザーズ・ブラザーズにも客席からせいぜい声をかけてやるといい、とけしかけるような真似までしていた。しかしそのあとで起こったことは、さすがのニルソンも予想していなかったに違いない。翌日のマスコミは次のように報じた。

　込み合ったナイトクラブの客たちは、コメディアン兄弟の二回目のショウのあいだ、レノンが皮肉なコメントを飛ばし、卑猥な言葉を叫んでいたと不満を訴えた。スマザーズのマネージャー、ケン・フリッツは語る。「わたしはハリーのところに行って、レノンを黙らせてくれと頼んだ。ハリーの答えは『オレだってそうしたいんだ――責めないでくれ！』。レノンが黙ろうとしなかったので、わたしは静かにしてくれと言った。彼は腕を振り上げて、わたしの顎を殴った。殴り返したわたしが最初に聞いたのは、ガラスの割れる音だった[22]」

クラブの用心棒たちがすぐさまレノンをクラブからつまみ出し、早くも十二時二十分の時点で彼は外の歩道に立っていた。中にいた時間は全部で二十分足らず。ブレンダ・メアリー・パーキンスという女性カメラマンがポラロイドで彼のスナップを撮ろうとしたが、怒り狂ったレノンは拳を振り上げ、伝えられるところによると、それが彼女の右目に接触した。その直後、彼女は保安官事務所で彼を訴えた。

　レノンはみずからの行動で、アメリカからの追放処分を受ける危険性を一気に高めていた。ニクソン政権はマリファナの不法所持という大昔の罪状を理由に、かなりの労力を払って彼をイギリスに送還しようとしており、もしレノンがこの国を離れたら、もう二度と戻って来られなくなるのは必至だった。たったひとつの軽罪でも、それが犯罪記録につけ加えられるだけで故郷に送り返される公算は大きくなる。そのためレノンはすぐさまマスコミを通じてキャンペーンを張り、自分はたしかに酔っていたが、問題のカメラマンには近づいてもいないと主張した。

　騒ぎのあと、レノンを追って外に出たニルソンは、彼の名誉を守るためには、自分だけでなく友人たちも総動員する必要があると考えた。彼がまっ先に思い浮かべたのは、ジミー・ウェッブの名前だった。当のウェッブの回想によると――

あの事件のことはとてもよく覚えている。ふたりが翌朝、ぼくを訪ねてきたからだ。またかという感じだったけれど——朝の九時にハリーに起こされたら、それは即トラブルを意味する。なにかの事件がはじまることをね。車を盗まれるといった類の、厄介ごとに巻きこまれるのは目に見えていた。彼はぼくを朝の九時に起こして、「どうしてる？今すぐ一緒に来てほしいんだけど」と言った。

　ぼくは「本気で言ってるのか？　なにがあったんだ？」と訊いた。

　彼は「車の中にジョン・レノンがいるんだ」と言って、「早く、早く！」とぼくを急かした。下に降りるとたしかにそこにはリムジンが駐まっていて、後部座席にはミスター・レノンがいた。するとハリーが、「ぼくらと一緒にダウンタウンに行ってくれ。ジョンは弁護士の前で宣誓供述をしなきゃならないんだ」。「どうしてぼくが行く必要があるんだ？」と訊くと、「きみも昨日の晩、ぼくらと一緒にトルバドールにいて、一部始終を見ていたからさ。ジョンは誰にも手を出さなかった。わかったな？」。というわけでぼくもリムジンの後部座席に乗りこみ、ジョンとハリーと一緒に弁護士のところに行ったんだ。「もう一度教えてくれ。ぼくはどうしたことになってるんだ？」と訊きながら。怖かったよ。なにせ偽証をさせられるんだから。でもほら、そこには掟があった。決して曲げられない、破れない掟が。そしてそれがハリーに備わっているパワーであり、強味だった……彼を愛し、彼の友だちになった人間は、なんだろうと彼が望んだ通りにする。いつだろうと、彼がそう望んだときにね。[23]

スマザーズ・ブラザーズとクラブのオーナー、ダグ・ウェストンの怒りを鎮める目的で、レノンとニルソンは謝罪のメモを添えたカーネーションと菊の花束を贈った。[24] 結局二週間の捜査を経て、副地方検事のロバート・イマーマンは、証拠不十分を理由にレノンに対する告訴を取り下げた。[25] 彼はもう少しアメリカにいられることになり、その間に国外退去令に対する控訴と、グリーンカード取得のための手続きが、入国管理局を通じてのろのろと進められた。

　レノンに比べるとさほどアレクサンダーの影響を受けていなかったニルソンは、この一件に関わっていたせいで、マスコミが自分をお騒がせ屋あつかいしはじめたことに驚きを隠せなかった。後年、彼はBBCにこう語っている。


　いつからだったのかはわからない。でもいつの間にかそうなっていた。〝ハリーと一緒に乱痴気騒ぎ〟が、その月のキャッチフレーズになっていたんだ。たぶんジョンと一緒だった時期、トルバドールでおいたをした彼が店から追い出され、でもその罪を全部ぼくに着せたころのことだったと思う。ぼくがただの役立たずで、彼ほど有名じゃなかったからさ！　で、それからはもう大酒飲みのイメージがすっかり定着してしまって。それはたぶんキース・ムーンやリンゴが友だちで、ぼくらがご機嫌な時間を過ごしていたからだと思う。こっちがご機嫌に過ごしていると、世間は騒がせ屋のレッテルを貼るんだ。これだけははっきり言える――ぼくらは騒がせ屋じゃないけれど、ご機嫌に過ごしているのは間違いない！[26]

　トルバドール事件の余波を受けて、レノンとニルソンは、外で野放図に飲み歩くよりも、もっと前向きなことに時間を費やすべきだという結論に達した。そのうちにニルソンがRCAで新しいアルバムのレコーディングを開始し、そのプロデュースをレノンが手がける話が本決まりになった。これはかならずしも目新しいアイデアではなかった。前年秋の《ロックン・ロール》セッションで、レノンはフィル・スペクターと部屋いっぱいの証人たちを前に、ニルソンのレコードをプロデュースしたい、といくぶんおぼつかない口調で公言していたからだ。ニルソンは「ああ、酔ってるんだな。どうせすぐに忘れてしまうだろう」と思っていた。[27]　しかしメイ・パンがふり返っているように、そのアイデアがレノンの脳裏を去ることはなかった。「ジョンとわたしはよく、彼の声のすばらしさについて話していました。ジョンに『ハリー、きみをプロデュースしたいんだ』と言われたとき、彼はきっと絶対に実現するわけがない、と思っていたんじゃないかしら。で、そのあとでひどく緊張しはじめたんです[28]」

　彼らは主だったミュージシャンたちとともに、サンタモニカにほど近いビーチハウスを借りることにした。そうすれば創造性を存分に発揮できると考えてのことだが、これはいささか浅はかな決断だった。彼らは昼間、そこでアルバム用のオケを練り、夜になるとスタジオに出向いて、レコーディングに取りかかるつもりでいた。

　その家は海に面した二階建ての上品な別荘で、壁は白く、屋根はテラコッタのタイル貼りだった。背の高い生け垣と木々が、浜辺を歩く人々からその庭とプールを覆い隠していた。裏手にはマリブに向かうハイウェイが走り、道を渡るとサンタモニカまで続く茶色の高い断崖があった。もともとは映画界の大立者、ルイス・B・メイヤーのために建てられた家で、その後ピーター・ローフォードの手に渡った（皮肉にも、トルバドールであの悪名高い事件が起こったとき、レノンとニルソンのとなりのテーブルに座っていたのがローフォードで、静かにしろとこの元ビートルをたしなめていた）。

ローフォードはこの家をしばしば義理の兄弟のロバート・ケネディとジョン・F・ケネディに貸し、大統領はそこでマリリン・モンローと秘密の逢瀬を楽しんだと言われている。メイ・パンと主寝室に入ったレノンは中をぐるりと見回し、すました顔でコメントした。[29]「なるほど、あのふたりはここでやってたのか！」

レノンがこの家に移り住んだのは三月二十二日のことだったが、じきにキース・ムーン、リンゴ、クラウス・フォアマン、そしてニルソンも居を移し、リンゴのビジネス・マネージャーを務めるヒラリー・ジェラードが彼らに付き添った。「あの家にはあっち方面の歴史の中で最高にワイルドな面子が集まっていた」とニルソンは語っている。「円卓だって毒キノコに見えてくるんだ[30]」

アルバムのセッションは、ハリウッドのレコード・プラントで、三月二十八日――トルバドールでの一件に関するレノンの尋問がすべて終了する翌日から開始される予定になっていた。スタジオの予約時間は毎夜、午後五時半ごろから深夜十二時まで。レコーディングの前週にひとつのパターンができあがり、実際の作業がはじまってからも、そのパターンはほぼ守られた。家の住人たちは一団のリムジンに乗って、深夜から未明にかけて街をうろつき、家に帰ると本腰を入れて酒やドラッグを楽しむ。午前中の遅い時間に目を覚まし、午後のあいだはプールのまわりで、二日酔いや、もっとタチの悪い症状からの回復に費やす。その後、家で曲のおさらいをするか、レコーディングが本格的にスタートすると、宵のうちにスタジオに向かうのだ。メイ・パンはムーンが持ちこんできた薬物の量に仰天し、大半の朝を別の娘と迎えていた彼の行状にも呆れ果てていた[31]。

数々の誘惑をよそに、レノンとニルソンはなんとか最終的に《プシー・キャッツ（Pussy Cats）》と題されるアルバム用にレコーディングする曲のリストをまとめ上げた。まず、レノンがスペクターと手をつけていたロックンロールの名曲の記憶がふたりともまだ鮮明だったことから、ボブ・ディランの〈サブタレニアン・ホームシック・ブルース（Subterranean Homesick Blues）〉、ジミー・クリフの〈遥かなる河（Many Rivers to Cross）〉、ドック・ポウマスとモート・シューマンの〈ラスト・ダンスは私に（Save the Last Dance For Me）〉、そしてジャム・セッションで演奏されることの多い〈ループ・デ・ループ（Loop De Loop）〉と〈ロック・アラウンド・ザ・クロック（Rock Around the Clock）〉が選曲された。

それと同時にニルソンは、いつものように、それぞれに完成の度合いが異なるオリジナル曲のアイデアをいくつか携えていた。〈月光に黒い帆（Black Sails in the Moonlight）〉は数か月前、デレク・テイラーの友人がつくる海賊映画のサウンドトラック用に書かれた曲だった。ニルソンはこの曲を「アタマのおかしい、イカれた、最高に胸の悪くなる曲――ある種ブルースの血が入ったバラードだ」と評している。[32] 映画からはずされると、これはすぐさまアルバムの候補曲になった。この曲の歌詞は少なくとも二曲の先行作品を参考にしている。一曲目はアイラ・コスロフとモーリス・マイセルがエルヴィス・プレスリーに提供した一九五六年のヒット曲〈アイ・ウォント・ユー、アイ・ニード・ユー、アイ・ラブ・ユー（I Want You, I Need You, I Love You）〉で、タイトルがそのまま引用されていた。二曲目はニルソンがバッキング・ヴォーカルで参加したカーリー・サイモンのヒット曲で、「おまえはすごく血管が浮いてるから、たぶんこの地図は自分のものだと思ってるんじゃないか（You're so veiny you probably think this map belongs to you）」というくだり（女の脚の静脈で描かれた宝の地図という、映画の設定をネタにした言葉遊び）は、〈うつろな愛〉のサビのもじりだった。

彼とレノンは、〈ムーチョ・ムンゴ／マウント・エルガ（Mucho Mungo / Mt. Elga）〉を共作した。その成立過程をニルソンは「彼は半分までつくった曲を持っていて、ぼくも子ども時代に聞いた古いカリプソをパクった曲を半分までつくっていた。そのふたつがうまくフィットしたんで、くっつけることにしたんだ」とふり返っている。[33] それ以外のニルソンのオリジナル三曲――〈僕を忘れないで（Don't Forget Me）〉、〈オール・マイ・ライフ（All My Life）〉、〈忘れられた老兵（Old Forgotten Soldier）〉はいずれもアルバム用に急遽仕上げられた曲で、多分に自伝的な要素をふくんでいる。〈僕を忘れないで〉は「プールサイドの脇（beside the poolside）」から失敗した結婚をふり返る曲だ。またサンタモニカのビーチハウスにおける生活のもうひとつの側面をかなり正確に描写した〈オール・マイ・ライフ〉では、「打ちまくり／飲みまくり／クスリを飲んで／バカ騒ぎ（Shootin' them up / Drinkin' 'em down / Takin' them pills / Foolin' around）」してきたことへの後悔が描かれ、〈忘れられた老兵〉はニルソンの過去にさらに深く踏みこんで、「忘れられた古い鉄道（old forgotten railroad）」のように「雨の中に取り残されて（left out in the rain）」色あせた栄光という、彼にとってはおなじみのテーマに立ち返る。もうひとつ、多大な労力が費やされたものの、結局アルバムには収録されなかった〈空飛ぶ円盤を見た（Flying Saucer Song）〉という曲があった。これはＵＦＯの目撃談をサカナに、バーで飲む三人の男をニルソンが演じ分けた曲で、ところどころに彼の歌が、オーヴァーダビングで散りばめられていた。

この曲が没になった理由のひとつは、ときおりニルソンの舌が回らなくなり、台詞が聞き取れなくなっていたことで、彼の歌声も、ファルセットのオーヴァーダブという課題に応えきれていない。事実、連夜の夜更かしと飲酒とドラッグが肉体的にも彼をむしばみはじめ、前年、リンゴの〈ユア・シックスティーン〉で聞くことのできた高音域の美しく澄んだ声は、もはやなくなっていた。《プシー・キャッツ》のセッションがはじまったときも、依然として彼は、駆け出しのころと同じようにレノンに畏敬の念を抱いていた。そのため自分の声帯をひどく傷める危険性があることを認める代わりに、レコーディングとパーティー三昧の暮らしを続け、セッションが進行しても、自分の喉がどんどんひどい状態になっていることを——激しく痛み、出血することもあった——レノンに伝えようとしなかった。スタジオでのセッションがはじまると、レノンはいつもの職業倫理を導入したが、それはニルソンのやり方とは対極に位置するものだった。現場を見ていたメイ・パンによると——

　ハリーは自分に問題があることを、本当の意味で理解できていませんでした。彼のことは長年見てきましたが、いつもお酒やドラッグの問題を抱えていたんです。わたしたちが彼のアルバムをつくったときも、彼がそのことを言ってくれなかったせいで大変なことになりました。あの時期、ジョンはほぼシラフでしたが、ハリーはそうじゃありませんでした。相変わらずお酒を飲んでいて、声帯から出血していたことをジョンに隠していたんです。それはもうひどい声でした。まるで使いものにならなくて、ヴォーカルの大半はニューヨークで録り直す羽目になりました。なのにハリーはせっかく昼のあいだに針治療を受けておきながら、夜になるとコカインを吸い、ブランデーを飲んでいたんです。さあ、そんな真似をしていると、いったいどうなると思います？　そう、彼の声はつぶれてしまったんです！　でも彼は出血していることを、わたしたちにはいっさい話しませんでした。[34]

最初にレコーディングされた曲、《ニルソン・シュミルソン》の〈ジャンプ・イントゥ・ザ・ファイアー〉を思わせるヘヴィなロッカー・モードのニルソンをフィーチャーして三月二十八日の木曜日に録られた〈サブタレニアン・ホームシック・ブルース〉を聴く限り、これと言って声のダメージは感じられない。セッション・シートを見ると、この日のミュージシャンを手配したのはジム・ケルトナーとなっているが、ニルソンがサンタモニカで同居していたリンゴ・スターとクラウス・フォアマン（オケからはどちらのプレイもはっきりと聞き取れる）の名前は、RCAの保管庫にあるリストから洩れている（ただしライナーのクレジットには、どちらの名前も入っていた）。ニルソンのヴォーカルはダブル・トラックで、これはほぼ間違いなく、フォアマンの性急なベースと、スターとケルトナーの渾然一体化したドラムが下で支える、バッキング・バンドの深くて暗いサウンドに負けないようにするためだろう。

しかしながらこの曲は、《プシー・キャッツ》セッションを取り巻く謎のひとつの典型例ともなっている。四チャンネル盤のミックスが、最初にリリースされたステレオ盤のミックスとはまったく異なっていることだ。四チャンネル盤に使われたヴァージョンでは、概してニルソンのヴォーカルがより際立ち、よりエネルギッシュに響いてくるが、この〈サブタレニアン・ホームシック・ブルース〉では、ベースとドラムのバランスにも大きく手が加えられている。四チャンネルのアルバムはドラムのエコーを減らし、ベースを前面に押し出しているのだ。熱心なニルソン・ファンは、もっぱら四チャンネル・ミックスのほうが声の状態がいいことから、これらのヴォーカル・トラックが先に、彼が声帯を痛める前に録られたのではないか、と主張してきた。しかしこれを裏づける証拠はなく、いずれにせよ三月の末にはまだ、ニルソンが歌を入れられる状態のオケは存在しなかった。というのもオケのレコーディングは、およそ一日に一曲のペースで四月十日まで続けられているからだ。その時点でレノンは作業の終了を宣言し、メイ・パンを連れてマリブのビーチハウスを出た。その後、レノンとパンはニューヨークに戻り、レコード・プラントの東海岸支店を押さえた彼は、以後二か月間、そこで大半のヴォーカルを録り直し、ミキシングの仕上げをすることになる。

ＬＡセッションの二日目と三日目、三月二十九日の金曜日と四月一日の月曜日は〈遥かなる河〉と〈空飛ぶ円盤を見た〉に費やされたが、この週末のあいだにニルソンの声は、一気に劣化していた。これは一部に三月二十八日、木曜日の深夜十二時ごろ、最初のセッションがお開きになる直前に、ポール・マッカートニーがスティーヴィー・ワンダーとプロデューサーのエド・フリーマンを連れて、いきなりスタジオにあらわれたことが原因だった。ふたりの元ビートルのあいだで軽く嫌味なやり取りが交わされたのちに、ポールもなにかやってみればどうかという話になり、彼とワンダーはケルトナー、ニルソン、レノン、ボビー・キイズ、そしてジェシ・エド・デイヴィスとともに、何曲かをとりとめなく、ぞんざいに演奏した。レノンは全員にコカインを回し、スティーヴィー・ワンダーにも〝吸引《トゥート》〟を勧めたことから、これらの演奏を収めたブートレッグには《ア・トゥート・アンド・ア・スノア・イン・74（A Toot and a Snore in '74)》〔一九七四年の吸引といびき」というタイトルがつけられている。本来なら喉を休めるべきだったニルソンは必要以上に声を張り上げ、もっと抑えたヴォーカルを聞かせるレノンと〈スタンド・バイ・ミー（Stand By Me）〉をうたい、スティーヴィー・ワンダーがそのあとを受けて、比類のない歌声をつけ加えた。レノン、マッカートニー、ワンダーと〈チェイン・ギャング（Chain Gang）〉とうたった際にも、興奮を隠せないニルソンはしわがれ声で熱唱している。ふたりの元ビートルがスタジオで共演するのはこの時が最後となるが、マッカートニーは翌日曜日の午後も大半の時間をこのビーチハウスで過ごし、ニルソン、ムーン、リンゴが外出しているあいだに、レノンと気軽なジャム・セッションを楽しんだ。

《プシー・キャッツ》のレコーディング中におこなわれた課外セッションは、この《ア・トゥート・アンド・ア・スノア》だけではない。ムーンとレノンとリンゴがビーチハウスに移ってくる前の週に、彼らとベヴァリー・ウィルシアに泊まっていたミック・ジャガーのためにレノンがプロデュースした〈トゥー・メニー・クックス（Too Many Cooks（Spoil the Soup））〉にも、ニルソンはしわがれ声のバッキング・ヴォーカルを提供した。ジャガーのバッキング・バンドはいずれも《プシー・キャッツ》に参加していたボビー・キイズ、ダニー・コーチマー（またの名をダニー・クーチ）、ジェシ・エド・デイヴィス、ジム・ケルトナーに加え、アル・クーパーとジャック・ブルースというラインナップだった。キイズの堂々たるソロと、ジャガーのうなるようなヴォーカルをフィーチャーしたこのシンプルなロック・ナンバーは四月二日にレコーディングされるが、大半のメンバーがその夜の早い時間に〈空飛ぶ円盤を見た〉で苦労させられていたことを思うと、これはおそらく格好の気晴らしになったのではないか。熱心なニルソン・ファンは、もっぱらこの曲を一九七三年暮れの作品と見なしてきたが、レコード・プラントでレコーディングの現場に居合わせたアップルの元アシスタント、クリス・オーデルは、ありがたいことにその日付を日記に記録していた[35]。

その時間外レコーディングがおこなわれたスタジオには、レノンとニルソンの仕事ぶりをチェックするために、夜の早い時間に顔を出したリチャード・ペリーの姿もあった。ペリーはこの完全に非公式なレコーディングに臨むレノンの姿を見て、スタジオの外でどれだけ放縦な暮らしを送っていても、いざ仕事となれば、百パーセントの集中を見せる男だということを思い知らされた。「ジョンとミックにもわかっていたはずだ」とペリーは語っている。「自分たちがいくらがんばったところで、それぞれのレコード会社を説得して、この曲をリリースさせるのは不可能だということが。でもジョンはそれを、生涯でいちばん大切な曲のようにあつかっていた。スタジオでの彼は完全に入りこんでいた。わたしも編集に関してはひとつ、役に立ちそうな提案をして受け入れられたが、それにしてもほとんどリリースされる可能性がない曲にあれだけの情熱を注ぐ彼を見ていると、それだけで次の日にレコーディングする予定になっていたハリーのアルバム曲にも、さぞかし力を入れてくれるに違いないと確信できた[36]」

《プシー・キャッツ》用にレコーディングされた最初の二曲、〈サブタレニアン・ホームシック・ブルース〉と〈遥かなる河〉は、ニルソンの歌唱に関する限り、このアルバムでもっとも出来のいいカヴァー・ヴァージョンだ。〈ラスト・ダンスは私に〉でのハスキーな声は聞くに堪えず、〈ループ・デ・ループ〉ではすり切れているように聞こえ、〈ロック・アラウンド・ザ・クロック〉では実質的に単調なつぶやきと化している。しかしこの最後の曲はボビー・キイズ、トレヴァー・ローレンス、ジム・ホーンの鳴り響くサックスと、ジェシ・エド・デイヴィスの舞い上がるようなギター・ソロのおかげで生き生きした仕上がりになっていた。

ニルソンの自作曲はそれに比べると健闘しており、たとえばリチャード・ペリーのようなより経験のあるプロデューサーの手にかかっていたら、大ヒットしていても不思議はない出来のオリジナルが二曲ふくまれていた。そのうちの一曲目、〈僕を忘れないで〉でのニルソンは自分で弾く素朴なピアノをバックにうたい、そこにアレンジャーのケン・アッシャーがさりげなくも鮮やかなストリングスを添えている。ニルソンのいくぶんぎごちないピアノが〈ウィザウト・ユー〉に欠かせない要素となっていたのと同じように、ここでもそれが重要な役割を果たし、かすかに揺れ動くテンポと奇妙なためらいがこの哀切な曲の魅力を高めている。さらにアルバムの中では唯一、以前の声の音色や清澄さや音域をしのばせる曲でもあり、ヴォーカルは彼の声帯が四月初頭の荒れ野状態からある程度回復した、五月ないしは六月にダビングされた。

レコード・プラント・ウエストでの初期セッションでレコーディングされた〈僕を忘れないで〉のデモ・ヴァージョンはもっとテンポが早く、ケルトナーとスターの狂躁的なドラムとフォアマンのベースラインが目立っている。レノンは賢明にもこうした伴奏をすべて取り去り、曲のふたつのセクション間にあるダイナミックな動きをストリング・セクションで強調した。しかしペリー、あるいはジャラード／ティプトンの洗練されたプロデュースに比べると、この曲はまだいくぶん未完成な印象を与える。リリースされた二つのヴァージョンのうち、ヴォーカルがよりクリアに聞こえるのは四チャンネル・ミックスで、とくに「ぼくを楽にさせてくれ（Make it easy on me）」というくだりでは、喉声になる部分が回避されている。「夏のあいだに（in the summer time）」ではじまるヴァースでニルソンの声にほどこされたさりげないダブル・トラッキングは、〈ウィザウト・ユー〉のサビを連想させ、老齢と癌に関する最後の悲しい考察とともに曲が終幕を迎えると、ニルソンはわざと一瞬だけしわがれ声を表に出す。オリジナルのステレオ・ヴァージョンで聞ける彼の声は四チャンネル・ヴァージョンほど澄んでいないが、そのぶんエモーショナルなパンチ力があり、彼の傑作のひとつとして、またこのアルバムの中では間違いなくもっとも上出来なパフォーマンスとして、十分再評価する価値はある。

〈オール・マイ・ライフ〉は独創的だがキャッチーな曲で、うなり声のようなフォアマンのベースと、震えた音を立てるケルトナーとスターのスネアに乗せて、キース・ムーンの叩くウッドブロックが索引するテンポのいい伴奏が言葉数の多いニルソンのヴォーカルを支えている。これはニルソンの唱法――ここでも彼の歌声はかつての彼のように聞こえる――と早口の歌詞に盛りこまれた細々としたネタの両面で、〈ガッタ・ゲット・アップ〉と共通点のある曲だ。しかしこの曲が傑作になり損ねているのは、ストリングスのアレンジが原因だった。ほぼすべての音が正しい音程に向かってスライドする、すくい上げるようなグリッサンドで入ってくるため、仕上がりが横揺れする船のデッキで直立しようとしているような感じ、いや、より正確には「飲みまくった（drinkin' them down）」り、「クスリを飲んだ（takin' them pills）」りしたあとで、世界を直視しようとしているような感じになってしまったのだ。この曲には、それを本当の意味で展開させるしっかりとしたセカンド・セクション、あるいはこうした不快な縦揺れからひと息つかせてくれるセクションが欠けている。ここでも曲を再構成するペリーの才能が大いにものを言っていただろう。ただしこのアルバムのレコーディング全般が混迷を極めていたことを思うと、レノンはおそらく半分でも使えるオケができれば、それで御の字だと考えていたのではないか。

一部はバーバンク・スタジオでおこなわれたウエスト・コーストでのセッションが進行するにつれて、常軌を逸した行動の報道も増えはじめた。バイクを乗り回すレノンとニルソンの話、酒を飲んで浮かれ騒ぐ、大盛り上がりの夜の話……一時はニルソンの声がほぼ完全に出なくなったこともある。そこで彼は喉の病気を専門に診る医師のもとを訪ねた。以下はクラウス・フォアマンの回想である。

医者に行くのが怖かった彼は、バンドのメンバーだったわたしたちに「一緒に来てくれないか？」と言ってきた。それでつき合うことになってね。医者の名前はカンターといったと思うけれど、椅子に座ったハリーの喉を医者がのぞきこむあいだ、わたしたちはずっと診察室に突っ立って、彼の肩越しに様子を見ていた。いたのはジョン・レノンとジェシ・エドとヴァン・ダイクとわたしだ。医者はニルソンに厳しい声でこう言い渡した。「二週間しゃべってはいけません。うたうのも駄目です。なにか伝えたいときは、紙に書いてください」。もちろん、ニルソンが従うわけはない。少なくとも、長くは無理だった。でも最初の一日か二日は、店でメモ用紙のブロックを買って、全員なにもしゃべらずに、おたがいにメモをやり取りしていた。ハリーもいくつかすごく笑えるネタを書いていたけれど、いちばんおかしかったのは、みんなで彼と一緒にズボンを買いに行ったときのことだ。わたしたちがなにをするにも小さなメモ用紙にいちいち用件を書いていたせいで、店の連中はこっちのことを完全にキジルシあつかいしていた。実際のはなし、店に入った瞬間から出て行くまで、全員、一度も口をきかなかったんだ！[37]

同様の浮かれ騒ぎが続いた二週間の終わりに、レノンの自己防衛本能が作動しはじめた。メイ・パンによると――

LAではみんな、レコードづくりにもっとリラックスした態度で臨んでいました。それがわたしの受けた印象です。きびしい状況でしたね。せっかく自分の歌をもっとよくしたり、声を取り戻したりするための努力をしていても、ハリーは夜になるとまた飲みに行って、全部を台無しにしてしまう。そしてこれがひとつのサイクルになっていたんです。とうとうジョンは言いました。「ここじゃ無理だ。ヴォーカルは全部ニューヨークに戻ってやり直そう。もうこれ以上LAにはいられない[38]」

《ロックン・ロール》のテープをめぐってスペクターと大もめにもめていたレノンは、その代わりに新しいアルバムをつくるプランを立てていた。ロスアンジェルスにも帯同していたエンジニアのロイ・シカラとマンハッタンのレコード・プラント・イーストに入った彼は、そのカッティング・ルームに引きこもった。そこで《プシー・キャッツ》を可能な限り手直ししながら、《心の壁、愛の橋（Walls and Bridges）》となるアルバムにも着手し、レノンはそのリハーサルを七月十三日に開始した。[39] 当時のインタヴューで彼は次のように語っている。

LAではビーチに行くか、あの絶対に終わらないショウビジネスのパーティー仲間に入るしかない。そういうシーンにいると緊張して、緊張すると飲まずにはいられなくなるし、飲むとオレはケンカっ早くなる。だからオレとしてはニューヨークにいるほうがいいのさ。ここじゃぜんぜん飲まないようにしてるし。[40]

ニューヨークという比較的落ち着いた場所で、レコーディングの実作業をふり返ったレノンは、LAにおけるニルソンの行状を冷静に分析してみせた。「あれは心因性のものだったんじゃないかな。たぶん緊張していたんだと思う。オレがプロデュースしていたせいでね。ほら、銀行で働いていたころのあいつはビートルズのファンだったから……でもオレはこの仕事に本腰を入れていたし、バンドもちゃんと揃っていた。なのにあいつは声が出なくなっていたから、その状況でオレたちは最善をつくしたんだ」[41]。レノンはまた複数のインタヴューで、最終的にはファンとメディアの両方からアルバムが貧弱な出来になった責任を負わされ（彼の予想した通りになった）、ニルソンを自分の色に染めようとした、と非難されることになるだろうと述べている。だが後者はとくに、彼からすると心外なコメントだった。なぜなら〈遥かなる河〉のエンディングで聞ける絶叫にはたしかにレノン的な側面があるものの、そもそも彼がニルソンのレコードをつくりたいと思った理由は、ニルソンが非常に個性的なサウンドの持ち主だったからなのだ。

レノンがニューヨークに戻ったのは四月の終わりごろのことで、ニルソンは同行しなかった。アイルランドからやって来たウーナと、LAで再会したばかりだったからだ。ふたりはリンゴとアトランタに飛び、四月十九日に開かれた『吸血鬼ドラキュラ二世』のプレミアに出席した。いくぶんおざなりだったとはいえ、宣伝のキャンペーンには霊柩車や熱気球が登場し、悪霊メイクのコンテストまで開催された。にもかかわらずマスコミの反応は冷淡で、「彼らがアトランタでプレミアを開いたのは、ほかではどこでも相手にされなかったからだ」と指摘する記事も出た。[42]ある評論家は、ニルソンとスターという主役ふたりの威光を除くと、この映画には「TVで放映される吹き替えのメキシコ産怪物映画程度の魅力しかない」と書いた。[43]何度か地方限定で公開され、一瞬はマンハッタンの興味を惹いたものの、この映画は結局そのまま永久に埋もれてしまう。ニルソンと共演したスザンナ・リーによると、ようやくニューヨークから届いたレヴューは「史上最悪の内容」だった。[44]

プレミアが終わると、ウーナは学校の最終学期でアイルランドに帰国したが、ニルソンはニューヨークに向かって《プシー・キャッツ》の作業を続ける前に、今一度リンゴと劇場映画の撮影にチャレンジした。彼らが考えていたのは、LA

における自分たちの夜の社交生活をドキュメントしたマルチメディア映画だった。アニメと実写をミックスしたこの映画には、『ハリー・アンド・リンゴズ・ナイト・アウト（Harry and Ringo's Night Out)』〔ハリーとリンゴの夜遊び〕という仮題がつけられた。資金を提供するのはマイク・ヴァイナーという、自分のレーベル、プライド・レコードの配給契約をアトランティックと結んだばかりの野心的なプロデューサーで、一九七四年の基準からすると、彼のアイデアはかなり時代の先を行っていた。映画のために百五十万ドルの予算を用意したヴァイナーは、四月のなかばにパイロット版の撮影を開始した。彼がマスコミに語ったところによると、それは「３Ｄや四チャンネルのサウンドといった今までとは違うテクニックをテストする」ことが目的だった。パイロット版だけで二万五千ドルもの経費がかかり、そのさわりは六月十七日、音楽業界の招待客を前にベヴァリー・ヒルズ・シアターで上映される予定になっていた。ヴァイナーはその客たちが、プロジェクトに追加の投資をしてくれることを期待していた。どうやらその目論見は叶わなかったらしく、映画はそこまで止まりだったものの、ヴァイナーは一時的にニルソンと音楽出版のパートナーを組み、彼がペリー・ボトキン・ジュニアと共作したいくつかの曲の権利を買い取っている[45]。

ニューヨークに戻ったレノンが主に考えていたのは、できるだけ効率的にアルバムを仕上げることだった。だが彼はすぐさまＬＡでの自分たちがとても危ない橋を渡っていたことに気づいた。ニルソンが一九六七年にＲＣＡと結んだ七年契約のオプションはすでに失効し、新たな契約書の草稿はできあがっていたものの、まだ署名はされていなかったのだ。もしロッコ・ラジネストラが依然としてＲＣＡのレコード部門を取り仕切っていれば、なんの問題もなかっただろう。彼はずっとニルソンのことを高く買っていたからだ。しかしラジネストラは一九七三年の末に親会社に復帰して企業再編の指揮を取ることになり、ケネス・グランシーが彼の後任に就いていた[46]。

マスコミ雀たちは、グランシーがレコード部門に大ナタを振るうと予想していた——ほどほどの実績しかないアーティスト、あるいは先行きが不透明なアーティストは一気に首を切られてしまうだろう。ニルソンが《ニルソン・シュミルソン》の大ヒットをくり返すことができていれば、その地位も安泰だったに違いない。しかしその歌詞で数々の物議をかもした上に、一曲もヒット・シングルを生み出せなかった《シュミルソン二世》に続いて、売れ行きのかんばしくない——何十年も時代の先を行ってはいたが——スタンダード集のアルバムを出した彼は、窮地に立たされていた。

四月の末にニルソンがニューヨークに到着すると、レノンはそれから一両日のうちに、ロックフェラー・センターのRCAタワーにいるグランシーにふたりで会いに行くべきだと決断した。契約書に署名してほしいというニルソンの要求は、三か月以上にわたって無視されるか、先送りにされていたが、レノンはもし自分が直接ニルソンと一緒に会社に出向き、RCAとのソロ契約をほのめかせば、グランシーも彼を無視できないだろうと考えたのである。夜を徹して浮かれ騒ぎ、一睡もしていない状態で午前十時にRCAのビルに到着したレノンとニルソンは、どちらも帽子をかぶって、サングラスをかけたまま、グランシーに会いたいと受付に告げた。ふたりはすぐさま彼のオフィスに通され、シガーとブランデーを勧められた。レノンは持ち前の説得力を駆使して、RCAには偉大なアーティストがふたりしかいない、それはエルヴィス・プレスリーとニルソンだとグランシーに訴え、もしニルソンと契約してくれたら、その契約金と同じ額で自分もこの会社と契約する用意があると続けた。それを聞いてグランシーは契約書を出してくれとニルソンに告げ、その場ですぐさま署名した。「ゴールドマイン」誌のドーン・イーデンで受けたロング・インタヴューをふくむ数々の回想の中で、ニルソンはそれが、五百万ドル相当〔当時の日本円で十五億円〕の契約だったと語っている[47]。実際にはもう少し額が少なく、総額は四百五十万ドル――アルバム八作の契約で、それぞれについて五十六万二千五百ドルの前払い金を印税との相殺で受け取るという内容だった。グランシーはこの契約に、一九七四年四月二十六日に署名した[48]。後年のニルソンは、この交渉が成功したのはすべてレノンのおかげだったと語っている。ただし彼がこの四百五十万ドルを全額受け取ったわけではない。各アルバムの前払い金から、レコーディングの経費が〔数々の異説とはうらはらに〕差し引かれていたからだ。さらに彼は《プシー・キャッツ》にはじまる、この契約に明記されたアルバム八作のうち、五作を完成させることしかできなかった[49]。

契約が成立すると、ニルソンは自信と声を取り戻しはじめた。マンハッタン・レコード・プラントの十階にあるスタジオCに入った彼とレノンとロイ・シカラはアルバムをミキシングし、アレンジを仕上げ、一部の楽器をオーヴァーダビングし、多少なりともしわがれていないヴォーカルを追加する作業に取りかかった。レノンの過去のアルバム四作に参加していたヴェテランのシカラは、当時、次のように語っている。「彼らは真剣だった。楽しんではいたけれど、基本的にはずっと仕事に専念していた[50]」

ニューヨークのレノンは、ニルソンがカリフォルニアでつき合っていた男とは別の人格をまとっていた。ニルソンはすぐさま、彼がやすやすと街の雑踏に溶けこんでいけることに目を留めた。「透明になれるんだ。帽子をぬいで、違う眼鏡をかけると、もうすっかり別人になってしまう。ゆっくり歩きだすと、もうジョン・レノンは存在しない」[51]。ニルソンもロスアンジェルスで、まさしくそうした匿名性を享受していた。一度もライヴのステージに立たず、アルバムのジャケットでもさまざまな変装をしていた彼は、たいていの場所を誰にも気づかれず、自由に歩き回ることができたのだ。ニルソンとレノンはピエール・ホテルに泊まり、ミキシングとダビングが進行するにつれて、アルバムのジャケットとタイトルに使えそうな画像やスローガンでレノンの部屋の壁を飾りはじめた。サンタモニカの家で同居し、大陸の両岸で多くの時間をともにしていてもなお、ニルソンはレノンの新たな側面に気づかされた。たとえばある晩、ふたりで冗談を飛ばしながらアルバムのタイトルを考えていたとき、途中でくしゃみをしたレノンはすたすたと窓に向かい、そこにかかっていた高価なブロケードのカーテンで鼻をかんだ。ニルソンは唖然とした。「ハリー」とレノンは言った。「なんて顔をしてるんだ？　どうせちょっとしたら塵になってしまうんだぜ。なんの価値もありゃしない」[52]。ニルソンはまた、尿意をもよおすと、ところかまわず小便をするレノンの性癖にも閉口していた。

オーヴァーダブが完了すると、レノンとシカラはミックスに専念した。「ぼくは余計な腕になった。使い道のない耳に」とニルソン。「ニューヨークでのぼくは、ジャケットやタイトルや中身のアートワークといったことに専念し、ライナーを依頼するデレク・テイラーの居所を探した」[53]

ある日、ニルソンはピエールの近所の薬局で、上品なドレスを着て、おたがいの髪を整える二匹の擬人化された仔猫を画柄にあしらった子ども向けの絵はがきを見つけた。そのとたんに彼は、これでジャケットのアートワーク問題は解決したと思った――この猫たちの顔を自分とレノンの顔にすげかえれば完璧だ。《ストレンジ・プッシーズ（Strange Pussies）》という当初のタイトル案には反対していたRCAのマーケティング部門も、《プシー・キャッツ》はすんなりと受け入れたが、ジャケットに配された子ども用のブロックが暗号になっていることには気づかなかった。〝D〟と〝S〟の文字が入ったブロックが敷物（rug）の両脇に置かれ、〝クスリ（d-rug-s）〟と読めるようになっていたのだ。アルバムのリリースは八月十九日だが、それに先だって二枚のシングルが発売された。七月なかばの〈遥かなる河〉とその直後に出た〈サブタレニアン・ホームシック・ブルース〉で、後者の業界向け広告には、レノンとディラン両名の名前が大書されていた。どちらのシングルも売れ行きは不振で、《プシー・キャッツ》もトップ200アルバム・チャートの六十位まで這い上がるのが精いっぱいだった。

《プシー・キャッツ》の作業を終え、《心の壁、愛の橋》に着手してからも、レノンは空き時間の多くをニルソンと過ごしていた。ただしLAにいたときのような酒びたりの日々とはおさらばすると宣言し、現に月曜から金曜までは九時五時できちんと仕事をしていたが、週末になるとときたま、はめを外す夜もあった。折しもデレク・テイラーが、この街のマイケルズ・パブに出演するジョージ・メリーと彼のバンドに帯同してアルゴンキン・ホテルに宿泊していた。テイラーは小太りの中年イギリス人ジャズ・ミュージシャン揃いだったメリーとその郎党を、いささか場違いなレコード・プラントに伴い、《プシー・キャッツ》のセッションを見学させた。ニルソンはちょうど〈ラスト・ダンスは私に〉のヴォーカルを入れ直しているところだった。しかし彼らはレノンに静かにと制され、すぐさまスタジオから追い立てられた。「実際にはひとこともしゃべってない」とテイラーは語っている。「ほとんど息もできなかったし、マッチも擦れなかった。誰ひとりね[54]」。しかしその二日後の深夜、ニルソンを連れて、テイラーが泊まっていたホテルのスイートに姿をあらわしたレノンは、かけらもそうした慎みを見せず、部屋のシャンデリアを叩きこわそうとした。テイラーに追い出されたレノンは、同じホテルに泊まっていたメリーの女性パブリシストに電話をかけ、セックスをさせろと迫った。「彼女は『もう寝てるの、寄ってこないで』と答えた」と、メリーはかなり興味を引かれた様子で報告している。「翌朝、その話を聞いたとき、わたしはジョン・レノンに電話をもらって、こんなにそっけない返事を返す若い娘が世界中にいったい何人いるのだろう？　と考えずにはいられなかった[55]」

ニルソンは自分のアルバムが仕上がってもニューヨークに居残り、レノンの《心の壁、愛の橋》に収録される〈枯れた道（Old Dirt Road）〉に歌詞の一部とバッキング・ヴォーカルを提供した。そこでの彼は「風の中、熊手で煙をかこうとする（trying to shovel smoke with a pitchfork in the wind）」といったくだりで、無意識のうちにアメリカの田園地方を言葉で描き出している。その後はロスアンジェルスに戻り、そこで合流したウーナとハワイで短い休暇を取った[56]。休暇から戻ってくると、アイルランドでの学業を終えたウーナはそのまま彼と暮らしはじめた。

その年の八月、ニルソンはリチャード・ペリーとリンゴ・スターのふたりと手を組み、リンゴのアルバム《グッドナイト・ウィーン（Goodnight Vienna）》に参加した。まったくの偶然から、彼はそこで今一度レノンと組んで仕事をすることになった――ただし、今回は多少なりとも距離を置いた形で。そのきっかけは七月にレノンが《心の壁、愛の橋》の仕上げ作業を一時中断し、リンゴに提供する曲のデモづくりに取りかかったことだった。メイ・パンによると——

ジョンはすでに〈グッドナイト・ウィーン〉という曲を、リンゴのために書き上げていました。それで《心の壁、愛の橋》の作業をはじめる前に、バンドに「聞いてくれ、ひとつやりたい曲がある。デモをつくろう——リンゴに送るつもりなんだ」と言ったんです。コード進行がかなり複雑な曲だったので、たぶんLAに行って本番のオケを録る前に、リチャード（・ペリー）にきちんとおさらいさせておきたかったんじゃないでしょうか……で、なにがあったのかと言うと、リンゴのアルバム用の曲が一曲足りなくて、みんなどうしていいかわからなくなっていたんです。するとジョンが「《ロックン・ロール》用にやるつもりだった曲をおまえにやるよ。キーを合わせれば、きっとおまえにもうたえるだろう。〈オンリー・ユー（Only You）〉という曲だ」と言いだして。プラターズの古い曲です。アレンジはもうできていたので、彼はミュージシャンたちと車座になり、こんな感じのアレンジにしてほしいと説明しました。ガイド・ヴォーカルをうたったのはジョンです。ジョンがリンゴと一緒にうたい、ジム・ケルトナーがドラムを叩いていました。で、そのあと、リンゴが正式なヴォーカルを入れたんです。[57]

八月にサンセット・サウンドでレコーディングされたアルバム《グッドナイト・ウィーン》にニルソンが貢献を果たしたパートを聞くと、彼の声は《プシー・キャッツ》当時の荒れに荒れた状態から、かなりの回復を見せている。最初に彼が存在感を発揮するのは、反ドラッグとアルコールのメッセージをえんえんと——いくぶん皮肉気味に——並べ立てるホイト・アクストン作の〈ノー・ノー・ソング（No No Song）〉。曲は〝ウーアー〟とうたう彼のコーラスでスタートし、〝ノー・ノー・ノー・ノー〟というコーラスになると、ニルソンはそのたびに、リンゴのヴォーカルをみごとなまでに霞ませてしまう。ヴァースとヴァースをつなぐ〝アイ・アイ・アイ・アイ〟のパートをうたっているのも彼だ。スタジオでのレノンがいかに情熱的でやる気まんまんだったとしても、プロデューサーとして見た場合、彼とペリーに力量の差があることは歴然としていた。ここでもヴォーカルのバランスに細心の注意が払われているほかに、フォアマンのベースラインは、ニッキー・ホプキンスのデリケートなエレクトリック・ピアノとシャープな対比をなすような形で浮き彫りにされ、すばらしくきめの細かいジェシ・エド・デイヴィスのギターが随所に差しはさまれている。トレヴァー・ローレンスとボビー・

キイズが吹くホーンのパートもひかえめだが効果的だ。参加メンバーは《プシー・キャッツ》の一部の曲とほぼ同一だが、違いはスタジオで可能な限り完璧なテイクをつくり上げようとするペリーの執念と、苦労を厭わない姿勢にあった。この曲は翌年、全米チャートを三位まで上昇する。

　レノンがニューヨークでレコーディングしたデモをもとに、リンゴがいくぶん頼りないリード・ヴォーカルを入れていた〈オンリー・ユー〉に、ニルソンは前年の〈ユア・シックスティーン〉と同様、大量のバッキング・ヴォーカルをつけ加えた。音域は狭まっているが、音色はまろやかで、声のコントロールもすばらしい。またリンゴがインク・スポッツ風に低音で歌詞を語るパートでは、ニルソンが〝ウー〟や〝アー〟を駆使して印象的なハーモニーをつけている。大いに魅了されたリンゴは当時こう語っていた。「あの曲のバッキング・ヴォーカルはハリーが全部ひとりでうたっている。彼はまるで千の声を持つ男のようだ。ハリーの才能には本当にビックリさせられる」[58]。この曲はアルバムに先駆けてリリースされ、ポップ・シングル・チャートの六位に達した。

　リンゴの声はかならずしもロマンティックなバラードには適していないと思われるかもしれない。だがニルソンがこのアルバムに提供した曲――詞と曲の両方を手がけ、彼にうたわせた〈イージー・フォー・ミー（Easy For Me)〉は、まさしくそうした作品だった。リンゴがほとんどニルソンの物真似をしているように聞こえる瞬間もないわけではないが、リチャード・ペリーはこの曲がパスティーシュと化してしまわないように最善の努力を払っている。それがニルソンお得意の母音省略《エリジオン》を用いた歌詞と、いくぶん意外な構造を持つヴァースをフィーチャーした極上のバラードだったからだ。この曲のオケをつくる際に、ペリーはニルソンがみずから弾いていたピアノを、セッション・ミュージシャン（そして後年のガーシュイン専門家）のリンカーン・メイヤーガが弾く上品なコンサート・スタイルのピアノに差し替えた。リンゴはイギリスのラジオ・リスナーたちに、この曲を次のように紹介した。

　次の曲はニルソンが書いてくれた曲で、フルオーケストラを起用したアルバム中唯一の曲でもある。ピアノとオレの声とオーケストラだけだ。ベーシック・トラックはピアノだけで録って、そのあとオーケストラをオーヴァーダビングした。この曲のストリングスをアレンジしたのはトレヴァー・ローレンスとヴィニ・ポンシアで、指揮はリチャード・ペリーが取っている。すてきなスロー・バラードで、オレはこの曲を書いてくれたハリーに心の底から感謝した。なにしろ美しい曲だからね[59]。

レノンが威勢のいいタイトル曲を提供し、ほかにもニルソンに加え、エルトン・ジョンや、スタックスの名ギタリスト、スティーヴ・クロッパー、そしてドクター・ジョンらがゲスト参加したアルバム《グッドナイト・ウィーン》は、全米アルバム・チャートを八位まで上昇した。それはニルソンとペリーの関係がいまだに良好であることを示していた。彼の声に起こったことを考えると、ペリーはニルソンからほとんど不可能としか思えないパフォーマンスを引き出していたのだ。そしてペリーはこの時もまた、彼のやり方がシングルとアルバムの両レヴェルでチャート・ヒットを生み出せることを証明した。対してニルソンとレノンのコンビは、素材的には決して劣らなかった《プシー・キャッツ》をもってしても、そうすることができなかった。

リンゴのレコードはほかに、ふたたびスタンリー・ドーフマンと仕事をする機会をニルソンにもたらした。一九七四年のドーフマンはもはやBBCの正式な社員ではなかった。イギリスの音楽番組「トップ・オブ・ザ・ポップス」で音楽ヴィデオの新たな側面をいくつか開拓した彼は、もっぱらアルバムのプロモーション・フィルムを手がけるようになり、その流れで《グッドナイト・ウィーン》のCM撮影を依頼されたのだ。アルバムのジャケットには、映画『地球の静止する日（The Day the Earth Stood Still）』のポスターをもとに、エイリアンのクラートゥに扮したリンゴの写真があしらわれていたが、空飛ぶ円盤のモチーフは、ジョン・レノンのナレーション（「あれはニュー・アルバムを宣伝しているリンゴ・スターなのか……」）を使ったコマーシャルにも引き継がれた。いかにも未来的な建物のとなりに宇宙船が着陸すると、リンゴがそれに乗りこみ、都市の上空を飛んでいく。撮影用に選ばれた建物はハリウッドにあるキャピトル・レコードの本社で、その白い塔は、遠目には山積みにしたレコードに見えるようにデザインされていた。建物の屋上に集められたのは、リンゴ、ニルソン、キース・ムーンほかの面々だった。ドーフマンの回想によると――

キャピトル・ビルの屋上で撮影したんだが、あの屋上は傾斜していた。まん中から下向きに傾いていて、みんな、落ちるんじゃないかとビクビクしていたんだ。全員が飲んでいて、そのうちにちょっと千鳥足になってきた。わたしは誰かが落ちてしまうんじゃないかと、本気でビクついていた。それだけじゃない。わたしたちはヘリコプターの使用許可を取っていた。普通だとありえない話だ。どうやって取ったのか知らないが、とにかく撮影隊は駐車場から離陸し、カメラで連中をとらえると、そのままどんどん上昇した。すごく胸がドキドキした。連中はそこで踊り、所狭しと跳び回っていたが、実際にはそれはゾッとするようなことだった。わたしも屋上で演出したが、一応は彼らの背後で、そこにあった小さな建物の中にいた。でもとにかく、そうやって撮ったんだ。それとあと、マーチング・バンドも出した。あれは最初期のミュージック・ヴィデオのひとつだろう。でもあのころはまだＭＴＶがなかったから、コマーシャルとしてオンエアされたんだと思う。[60]

ニルソンはこのヴィデオ撮影を大いに楽しんだ。ビルの屋上には空飛ぶ円盤（つくりは軽く、本番になるとドーフマンのヘリコプターから空中に放り出された）のほかにも、ゴートという四十フィートのロボットや宇宙服姿のリンゴ、そしてロッキングチェアがさまざまなタイミングで登場した。ニルソンは茶色のローブ姿で椅子に座り、その朝の「ロスアンジェルス・タイムズ」を読んでいる――ただしその一面には宇宙服を着たリンゴの写真が載っていた。はるか下方の地面では、ドーフマンが触れた通り、鮮やかなオレンジ色の衣裳に身を包んだマーチング・バンドと四十人のこびと《ミゼット》たち――そのほとんどは以前、映画『オズの魔法使（Wizard of OZ）』でマンチキンに扮していた――で元気よく行進中。ドーフマンはとなりのビルから、リンゴの胸当てに向けてレーザー光線を照射する手はずを整えていた。こうしたすべてを撮影し、ニルソンのロッキングチェアが屋上から滑り落ちないように気を配りながら、ヘリコプターに搭載されたカメラ用に照明とレーザーを調節する作業は煩雑を極め、一日がかりの大仕事となってしまう。撮影中のキース・ムーンは、仲間の演者たちに向かってウィットに富んだ野次を飛ばし、だがテイクとテイクの合間になると屋上の下の階に降りて、次第に酩酊の度合いを高めるマンチキンたちと酒を酌み交わしていた。「隙あらばブランデー、ブランデー、ブランデーという感じだった」とニルソンは回想している。「キースは水を得た魚のようだった。いや、それを言うならぼくら全員がそうだったのかもしれない。ようやく酒が回ってきたぼくは、楽しんでやろうという気分になって、不安定なロッキングチェアを引っくり返し、リンゴと踊りだした。スタンはその全部をどうにかカメラに収めているけれど、いったいどうしてそんな真似ができたのやら！」[61]

一分間のＴＶコマーシャル用に最後に撮られた、ニルソンとロッキングチェアのカットは未使用に終わった。マンチキンやキース・ムーンも登場しない。しかしガタガタ揺れながらキャピトルの駐車場に着陸したリンゴの宇宙船が再度、ドライアイスの雲に包まれて離陸する場面では、世に倦んだような表情の馬と時代物のロールス・ロイスが画面に奇妙な趣きを添えている。

《グッドナイト・ウィーン》のコマーシャル撮影を最後に、ニルソンと元ビートルズの面々との深いつき合いはひとまず幕となる（ただしリンゴはその翌年、この厚意に対する返礼として、ニルソンのプロモーション・フィルムに出演した）。次第に声を取り戻し、新たな契約も手にしたニルソンは、スタジオに復帰し、彼自身の新作アルバム《俺たちは天使じゃない（Duit On Mon Dei）》に取りかかった。どれだけ時間がかかろうと、さほど金銭的な心配をする必要がなくなった彼は、一九七四年七月の小手調べ的なセッションを経て、九月のまるごとと十月の一部を厖大な数のミュージシャンやエキストラとともに、ひさびさにＲＣＡのハリウッド・スタジオで過ごすことになった。

決して眠らない男は
決して夢を見られない

第八章
灯りを消して

一九七四年七月三十日の火曜日、のちに《俺たちは天使じゃない》となるアルバムのセッションがロスアンジェルスのＲＣＡスタジオで正式にスタートする予定になっていた日の前日に、ヒラリー・ジェラードは至急の用件でニルソンに電話をかけた。ジェラードはその前夜、カーゾン・プレイスにあるニルソンのアパートでシンガーの〝ママ〟・キャス・エリオットが遺体となって発見された、という報せを受けたばかりだった。ニルソンがロスアンジェルスで彼女に招かれ、夕食をともにしたのはその一か月あまり前のことで、その時の彼女はロンドン・パレイディアムでの二週間公演のために、もうすぐイギリスに向かうと話していた。

ぼくは彼女に、ロンドンでホテル代を払うのはバカげていると話し、ナンバー9に泊まるのはどう？と提案した。「留守を預かってほしいんだ」とね。彼女も喜んでくれて、ぼくらはキスをして別れた。ぼくはポケットから出した鍵を彼女に手渡した。[1]

全十四回の公演は、ママス＆パパスのメンバーとして名を上げたのちに、ソロ・アーティストとしての地位を確立したエリオットにとって、ことのほかうまく運んでいた。キャリアを絶たれる可能性もあった体重過多の問題と何か月も闘ってきたあとだけに、イギリスの聴衆には強力なステージを見せる必要があることを――依然として身体は重く、ペース配分に注意する必要はあったものの――彼女は強く意識していた。パレイディアムでの公演は完売となり、彼女は夜ごと総立ちの拍手喝采を浴びた。マネージャーのアラン・カーは、こんなに幸せそうな彼女は見たことがないと語っている。最後のショウが幕を閉じたあと、打ち上げを前にしたエリオットは彼にこう告げた。「ここまで気持ちのいい仕事ができたのははじめてよ」[2]

打ち上げが終わると、日曜の夜、彼女は強い疲労を感じながらカーゾン・プレイスに戻った。翌日、彼女のアシスタントのドット・マクロードと、やはりパレイディアムのショウに来ていたシンガーのジョー・クロイルはアパートの中を抜き足差し足で歩いていた。決して早起き型ではなかったエリオットを起こさないようにするためだ。しかし月曜の午後六時半になると、いくら宵っぱりのエリオットにしても起きるのが遅すぎると考えてマクロードは寝室に入り、遺体となった彼女を発見したのだった。「ダブルベッドの中で、少しだけ身体を上げていました。脇の枕にはハム・サンドイッチとソフトドリンクが置かれ、TVはつけたままでした[3]」。世間一般のイメージでは、その食べものが彼女の死を招いた原因とされている。なぜなら遺体の検視に先だって、彼女の主治医のアントニー・グリーンバーグがマスコミに「このシンガーはおそらくハム・サンドイッチのせいで窒息死したのだろう」と語っていたからだ[4]。この報道は世界中を駆けめぐり、病理学者のキース・シンプソン教授が彼女は自然死ではなく、さらなる検査が必要かもしれないとロンドンで「ザ・タイムズ」紙に語ったことで、なおのこと信憑性を増した。新聞の記事はその次の段落でも、このサンドイッチ説をくり返していた[5]。

エリオットの死因には疑わしい部分があったため、検視がおこなわれた。一週間後、彼女は病的な肥満から来る「脂肪性の心筋変性」が原因で自然死したという裁定が下されるが、その報道はほかのニュースに埋もれてしまい、ファンの多くは真相に気づかないまま、現在も彼女はサンドイッチのせいで死んだと信じている。だがそれは実際のところ、五フィート五インチ〔百六十五センチ〕の身長に対し、体重が（食事療法を経てもなお）二百三十八ポンド〔百八キロ〕もあったことが原因だった。シンプソン教授が検視官に伝えた無情な診断によると、こんなにも体重過多だったことが「心筋繊維の脂肪変性」を招いてしまったのだ[6]。

ニルソンはアパートの浴室の鏡にエッチングされていた首つり縄のことを思い出した。しかしすぐさまフラットからキャス・エリオットの名残を一掃する手配が取られ、彼はひとまずこの悲劇を脇に置いて、ニュー・アルバムのレコーディングを開始した。

多くの面で《俺たちは天使じゃない》は、せいぜい断片ぐらいしかない歌詞やメロディをスタジオでほかのミュージシャンたちと膨らませていくという、《プシー・キャッツ》収録の自作曲で取られた方法論の延長形だった。ミュージシャンの一部も共通していたが、プロデューサー役はレノンに代わってニルソンが務め、エンジニアのリッチー・シュミットがその副官に就いた。ニルソンの声はこの年のはじめの荒れ果てた状態からかなり回復し、すでに何度かやってきたように、彼は以前のレコーディングで未完成に終わっていた曲、あるいは満足の行く出来にならなかった曲を現行のプロジェクト用によみがえらせている。しかし七月三十一日にスタジオに持ちこんだのは、まっさらの新曲だった。

そうして生まれたのがニルソン版の〈イージー・フォー・ミー〉だが、彼が最初に取った行動は、そのレコーディングを《グッドナイト・ウィーン》用のデモとして、リンゴに渡すことだった。〈孤独な彼女（Easier For Me）〉と（ニルソンお得意の内輪のジョークとして）微妙に改題される自分自身のヴァージョンのために、彼はやはり古くからつき合いのあったブラス奏者のジム・プライスに同じ七月のデモを渡し、プライスは彼を手助けして、まったく異なるアレンジをつくり出した。最終的にプライスのスコアは、ストリングスを使って九月十四日にレコーディングされ、それと同時にヴォーカルも録り直されている。声にはもはや、《夜のシュミルソン》当時のような艶やかさはなく、高音では少しだけしわがれているものの、リンゴよりも多少力量のあるシンガーの手にかかれば、この曲には十分すぎるぐらいの魅力があることを彼は証明してみせた。プライスのストリングス・アレンジは、トレヴァー・ローレンスとヴィニ・ポンシアが《グッドナイト・ウィーン》用にやったものに比べるとずっと音数が少ない。ピアノが（あるいはペリーが追加した、いくぶん多動症的なハープも）入っていないせいで、オケはもっぱらリスナーの注意を、オーケストラの繊細な質感とニルソンの声のバランスに集中させる。これは空間の使い方と音楽性の点で、ニルソンがゴードン・ジェンキンズとの仕事から、いかに多くを学んでいたかをありありと示した作品だった。

しかしこの上出来な曲ですら、全盛期のニルソンの声のすばらしさを知る者には物足りなさを感じさせた。アルバムのより野心的な作品の一部で、ニルソンは旧友のペリー・ボトキン・ジュニアに助けを求めた。アレンジャー兼音楽監督として、彼とまた仕事とする機会をふたつ返事で受け入れたボトキンはしかし、レノンの影響と〝失われた週末〟、そして長々と続いた《プシー・キャッツ》の制作が、この地球上でも指折りの白人男性シンガーというニルソンの地位をほぼ完全に台無しにしてしまったと感じていた。

あれは終わりのはじまりだった。少なくともわたしの見る限り、あのふたりを結んでいたのは、地獄で生まれた友情だったんだ。ジョンは彼なりにトラブルを抱えていた。ハリーも彼なりにトラブルを抱えていた。そしてこのふたりが一緒になると、ハリーはとうとう完全に声をつぶしてしまった。わたしが言いたいのはつまり、喉から出血するぐらいひどい状態になり、まともにうたえなくなったということだ。そしてあのあたりのアルバム――わたしも何作かに参加した《プシー・キャッツ》以降のアルバムでのハリーは、もう本来のハリーじゃなかった。今、初期の作品と聞き比べてみると、彼がごまかそうとしているのがわかる。あのころの彼はずっとファンキーになっていて……自分の声からもっとソウルとか、その手のものを引き出そうとしていた。いや、実際にはもっとソウルフルになろうとしていたわけじゃない。自分の問題を回避して、うたおうとしていただけだ。でもそれは無理な相談だし、彼も結局はできなかった。彼が本当にうまくうたえていたころ、そのすぐそばにいたわたしにとっては、ただただ辛いばかりだった。でもやることはやらなければならない。彼は相変わらず笑っていたし、おかしなジョークを飛ばしていた。[7]

ボトキンの作業がはじまったのは九月十日のことで、最初に手をつけたのは、〈きみの星座は?〉(リチャード・ペリーが《シュミルソン二世》のセッションですばらしいヴァージョンをプロデュースしたにもかかわらず、なぜか未発表に終わっていた曲)の改訂版と、〈海のほとりで(Down By the Sea)〉という新しめの作品の二曲。事実、新たなアルバムの収録曲は、すべてニルソンの作品だった(〈サーモンの滝〔Salmon Falls〕〉だけは、クラウス・フォアマンとの共作)。ロンドンでレコーディングされた〈きみの星座は?〉の初期ヴァージョンが軽やかに浮き立ち、ニルソンがいとも涼しげにうたう高音のファルセットのたくみなオーヴァーダブが、いかにもニッキー・ホプキンスらしいブルージーなピアノと絶妙のコンビネーションを見せていたのに対し、新ヴァージョンは一九五〇年代のパーティー・レコードをぎごちなくよみがえらせたように聞こえる。とくに耳につくのはタンバリンと、響き渡るバリトンサックスを軸にしたリード楽器のセクションだ。ゾディアック・シンガーズの過剰な裏声をバックに、ニルソンが挑む高音のヴォーカルはよけいな力みを感じさせ、全体的な雰囲気も、まるで映画のパーティーのセットのようにつくりものじみている。実のところ、気前のいい契約を新たに結べて気が大きくなったニルソンは、レコーディング・セッションそのものを五週間のパーティーにしてしまった。「彼はスタジオにいる全員がハッピーになってほしいと思っていました」とウーナはふり返っている。彼女は何夜か、まだ早い時間だけセッションにつき合い、そのあとは早朝まで作業を続けるニルソンほかの面々を残して家に帰っていた。「もしみんながハッピーじゃなかったら」と彼女。「曲をレコーディングする意味なんてありませんからね。でもバカ騒ぎとはいっさい無縁でしたし、彼は懸命に仕事をしていました」[8]。しかしボトキンに言わせると、少しでもまともな作業ができたとしたら、それは一種の奇跡だった。

まず第一にハリーは、オードブルも出す本格的なバーをスタジオの中にしつらえた。嘘じゃない。コーンビーフからベーグルまで、それこそなんでもござれだったし、どんな酒でも注文できた。正直言ってオーケストラは、最初の一時間が過ぎるとかなりいい加減になっていた。なにをするにも大量の時間がかかっていたんだ。そりゃ楽しかったさ。全員が酔っぱらって、笑い転げながら仕事をしていた。でもレコードをつくるやり方としては、どう考えてもバカげていた。[9]

ニルソンはまた、ロンドンでジェンキンズと組んだときのように、アルバムのできるだけ多くの部分をバッキング・ミュージシャンの前で、生歌をうたってレコーディングしたいと考えていた。しかしボトキンと、大部分の曲をアレンジし、アルバムの大半でピアノを弾いたもうひとりの音楽監督、ヴァン・ダイク・パークスにとって、これはちょっとした問題を意味した。一部の曲ではニルソンが完成した歌詞を書き出していたものの、一部の曲ではまだ部分的にしかできておらず、その先のアイデアはあり合わせの紙に殴り書きしていた。そしてたとえ彼がメロディの断片を録っていたり、頭の中でメロディを思い浮かべていたりしても、それを拾い出し、ますます酩酊の度合いを高めていくミュージシャンたちでいっぱいになったスタジオに伝えるのは、決してたやすいことではなかった。ボトキンにはこれが十数年前、フィル・スペクターの下で経験した状況と酷似しているように感じられた。

曲選びの段階では、たいていこまごました断片しか持ってこなかったので、わたしが彼と一緒に座って「こういうのはどうだろう？」とアイデアを出していた。「ここにストリングスを入れよう」「ああ、いいね」。わたしはたいていのアーティストと、そうやって仕事をしていた。でもこの時に限っては、整理したり、引き伸ばしたりする作業がえらく大変だったんだ。アイデアはどんどん短くなり、もしわたしが引き伸ばすことができたら、彼がその場で歌詞かなにかを思いつくこともあった。わたしたちはそうやって作業を進めた。「すばらしい。そのまま本番に持っていこう」と言ってね。最終的にはそこから、どうにか三十分ぶんの音楽を引っぱり出すことができた。[10]

ボトキンが参加した二番目の曲で、〈きみの星座は？〉の翌日にレコーディングされた〈海のほとりで〉は、ある意味でアルバム全体のトーンを決めた曲だ。この曲の試演版は四月の《プシー・キャッツ》セッションでレコーディングされたが、ニルソンの声にパワーがなく、エネルギッシュなバッキングに埋もれていたせいで没になった。ボトキンのヴァージョンはデモの要素の一部、とりわけカリブ諸島的な軽いタッチを活かしているが、その多くはニルソンがヴァン・ダイク・パークスから紹介されたトリニダード人の名匠《マエストロ》、ロバート・グリニッジのすばらしいスチールドラムがもたらしたものだ。一九五〇年に生まれたグリニッジは故郷の島で数々の賞に輝いたバンド、ザ・デスペラードーズの一員となったのちにニューヨークで音楽を学び、カリフォルニアに移って、ロスアンジェルスのミュージック・メイカーズ・スティール・オーケストラに加入した。ニルソンは彼のことを「現存する最高のスチールドラム奏者」[11]と評しているが、現にリズム的に正確で、メロディ的に創意あふれる彼のプレイは、アルバムのかなりの部分に活を入れている。ニルソンは当時、「彼のプレイは音楽に新たな次元をつけ足してくれる。色をつけてくれるんだ。それにどの曲にも、ぴったり合う感じがした。それは軽やかな感じの曲ばかりだったからで、スチールドラムが曲のよさを引き出してくれたんだ」と語っている。[12]現に初期のレヴューはすぐさまこの点に注目し、「レゲエ・ミュージックを研究し、その使い方にはヴァラエティがあることを証明した作品」と書かれたものもあった。[13]しかしすべての評論家がそう認めていたわけではなく、「カリプソの貧弱な模倣品」と酷評するレヴューも出た。[14]ニルソンも容赦のない言葉で反論した。「あのケツの穴野郎ども！　ピアノみたいな楽器だったら、ずっと使われていても聞き慣れているから気にしない。ぼくがギター一本だけで通したとしても、連中はギター・アルバムとは呼ばないだろう。でもスチールドラムをひとつ使っただけでカリプソ・アルバム呼ばわりなんだ。そんなの、おかしいと思わないか？[15]」

　グリニッジはボトキンが多大な貢献を果たした三番目の曲――オーケストラのアレンジを手がけた〈サーモンの滝〉の冒頭部で、もっとも印象的な即興のソロを聞かせる。このパワフルな作品のメロディを書いたのはフォアマンだった。オーケストラの奏でる、引き伸ばされたまがまがしい低音に乗って登場し、冒頭のセクションでは弦楽器のカウンターメロディを押し分け、その後ジェーン・ゲッツのピアノとフレーズをやり取りする電光のように速いグリニッジのスティール・パンは、「頭から腕に伝わる正確さと速さが名演奏家の基準だとすれば、彼には間違いなくその資格がある」[16]というヴァン・ダイク・パークスの言葉を裏づけるものだ。この曲には「最後の目的地に向かって上流へと旅する鮭（a salmon travelin' upstream to its final destination）」の物語を借りて、単に失われた子ども時代の諸問題を訴えるだけでなく、生と死そのものにも考察を広げたニルソンとしてもとりわけ内省的なムードが色濃い歌詞がつけられている。降りかかる雨だれのメタファーは、《オブリオの不思議な旅》に収録の〈涙のゆくえ〉に出てくる「ティーカップの中の泡（bubbles in a teacup)」のイメージを受け継ぎ、そのアイデアをさらに展開させる。作品全体が規律のある曲づくりとパフォーマンスのみごとな事例という印象を与え、ニルソンは自分の声のハスキーさを活かして痛みと生々しい感情を伝える。しかしこの曲がレコーディングされた一九七四年十月二日のセッションは、最終的なミックスにはっきりとあらわれている強固な自制心や構成力を、みじんも感じさせないものだった。その現場に立ち会ったジミー・ウェッブは、次のようにふり返っている。

〈サーモンの滝〉か。あの曲を聞いた夜のことは忘れられない。そのパワーにぼくは心を揺すぶられた。でもこの夜自体はシッチャカメッチャカで、スチールドラムがいたるところに転がっていたし、サックス奏者もやたらとウロウロしていた。どうやらハリーは連中になにをやらせたらいいのか、さっぱりわかっていなかったらしい。スタジオの奥のほうでは、ブライアン・ウィルソンがB３（オルガン）をもてあそび、まわりの音に対抗しながら〈ダ・ドゥー・ロン・ロン（Da Doo Ron Ron）〉をうたおうとしていた。ダニー・ハットン（スリー・ドッグ・ナイト）とミッキー・ドレンツがなにをしていたのかは知らない。とにかくぼくがスタジオに入ると、こういった陽気な面々が盛大にトンカンやっていたわけで、ぼくはその光景を、十五分から二十分ほど、なかば唖然とした気持ちでながめていた。その間、ヴァン・ダイク・パークスはオーケストラのパートをハミングでプレイヤーに伝え、なんとか全員をまとめようとしていた。とうとう我慢ができなくなったぼくは、となりに座っていたハリーの顔を見て、「どうしてちゃんと譜面にしないんだ？」と訊いた。すると彼はつくづくつまらないやつだという顔でぼくを見て言ったんだ。[17]「おまえならそう言うと思ったぜ！」

曲を書いたコンビの片割れも、スタジオの混沌とした雰囲気をはっきり感じ取っていた。フォアマンはもともとニルソンのヴォーカルを曲の最初のパートからスタートさせるつもりでいたが、完成したヴァージョンにはグリニッジのソロが入っている。「わたしはむずかしいコードを使った長いメロディを書き、ニルソンがそれを最初からうたう予定になっていた」とフォアマン。「でもずっと飲み続けていたせいで、うまくうたえなかったんだ。結局ハリーは途中からうたいだし、そのテイクがレコードにも使われている」[18]。しかし最終的な成果が作品として成功していることは否定のしようがなく、これはニルソンの後期を代表する、強力なパフォーマンスのひとつとなった。

　このアルバム中もっとも大がかりな三曲、〈きみの星座は？〉、〈サーモンの滝〉、〈海のほとりで〉のアレンジと指揮はボトキンが担当したが、残りの収録曲の大半で、ニルソンの断片的なアイデアを形にする仕事を託されたのはヴァン・ダイク・パークスだった。一九六七年に自分のソロ・アルバム《ソング・サイクル（Song Cycle）》（ニルソンのヴァージョンとは大きく異なる〈ヴァイン・ストリート〉のカヴァーが収録されていた）を完成させて以来、彼はもっぱらカリブ海音楽の熱烈な愛好家として知られていた。七二年にワーナー・ブラザースからリリースされたパークスの《ディスカヴァー・アメリカ（Discover America）》は、主としてトリニダードとトバコ起源のさほど知られていない曲の数々をよみがえらせ、《俺たちは天使じゃない》の直前にレコーディングされた《ヤンキー・リーパー（Clang of the Yankee Reaper）》も同じ路線を継続していた。ニュー・アルバムは西インド諸島の文化に踏みこみ、全体的にカリブ的な雰囲気を持つ作品にしたいと考えていたニルソンにとって、パークスは理想的な協力者だった。そしてパークスが説明している通り、このパートナーシップは両者にとって吉と出た。

　彼はわたしと同じように、カリブ音楽の知的設計《インテリジェント・デザイン》に本気で感心していたと思う……自己紹介の段階が過ぎると、わたしは彼の音楽秘書的な存在になった。わたしたちはますます、おたがいを必要とするようになった。わたしが彼を必要としていたのは、ワーナー・ブラザースでの仕事を辞めたばかりで、ほかにこれといった働き口がなかったからだ。そこでスタジオでわたしの能力を示し、彼の称賛を浴びることが、とても大事な仕事になった。それがわたしたちのやったことだ。わたしたちはスタジオに入り、いろいろなことをためした。わたしが音楽秘書と言ったのは、彼が自分のアイデアをブックマッチに書き留めながら、セッションがはじまる予定時間の五分前まで一、二ブロック離れたバーで飲み続け、そのあとブックマッチをバー――マルトーニの店だ――からＲＣＡスタジオに持ってきて、こうしてくれと言いだすようなことがあったからだ。[19]

パークスの見たところ、ニルソンの「完全無欠な楽器」、すなわち彼のファルセット・ヴォイスは、取り返しのつかないダメージを受けていた。それでもそれ以外の音域のヴォーカル・サウンドを模倣する非凡な能力に衰えはなく、パークスの近年のレコーディング作品が持つカリブ的な雰囲気を、彼はやすやすと再現することができた。この年のニルソンとパークスが、ジェシ・エド・デイヴィス、ジム・ケルトナー、ボビー・キイズ、そしてクラウス・フォアマンといった共通のセッション・プレイヤーを数多く起用していたこともレコーディングをより容易にした。「彼とミュージシャンたちとの息はぴったりだった。全員と仕事をしたことがあったし、アレンジもその場で決めていた」とパークスは語っている。[20]さいわいパークスはスタジオを、気持ちを同じくする仲間たちと音楽をつくるための白紙のカンヴァスとして用いる、自然発生的なセッションのヴェテランだった。ことにブライアン・ウィルソンと組んだ《スマイル（Smile）》——なにかと物議をかもした末に放棄されてしまったビーチ・ボーイズのプロジェクトで、そうしたセッションの経験をたっぷりと積んでいた。[21]そのため酒や食べものがふんだんに用意された、パーティーじみた雰囲気の中で、ミュージシャンたちを気前よくもてなし、かなりゆったりとしたペースで進められたニルソンのセッションでも、パークスが仕事の重圧を感じることはいっさいなかった。

　わたしは比類がないほど実験的で即興的な音楽へのアプローチを目の当たりにしてきた男だ。曲の構造に関して言うと、ハリーとやったときぐらい自然発生的だったことはない。けれどもああいうヴェテランのミュージシャンたちがそれに合わせるのを見ていると、そこには不安のかけらもなかった。競争心は脇に置かれていた。ハリー・ニルソンのセッションがはじまると、堅苦しさはいっさいなくなり、とても気さくな雰囲気がその場を支配した。[22]

　パークスが音楽監督として参加した最初のセッションは、九月十二日、〈灯りを消して（Turn Out the Light）〉のためのもので、《プシー・キャッツ》時にレコーディングされた荒削りなデモに比べると、はるかに効果的でリラックスしたカリブ風の感触をものにしている。スタジオに復帰する前に、ニルソンはこの曲やそれ以外の《プシー・キャッツ》で没になった曲をどうよみがえらせるべきかについて、真剣に、じっくりと考えこんでいた。ウーナ・ニルソンはのちにこうふり返っている。「彼はいつも……カセットを持ち帰って、何度も何度も何度も聞き返していました。ですからふたりでどこかにドライヴするときも、決まってそのカセットを聴いていたんです。それが彼にとっては創造のプロセスの、とても大切な部分だったんでしょう。何度も何度も聞き返すことが」[23]

　このリメイク版のオーケストレイションは、クラシックの素養があり、数々の映画のスコアを手がけたほかに、以前はニューヨーク・フィルハーモニックでレナード・バーンスタインとともにコンポーザー・イン・レジデンス〔座付きの作曲家〕を務めていたフレドリック・マイローが担当した。スチール・パンとツィンバロムを重ね合わせたのは妙案だが、バストロンボーンの耳障りな音をバリトンサックスの持続低音で増強して使うというマイローのアイデアは、曲の勢いをいくぶん削いでしまっている。それでもこれはニルソンがこのアルバムで披露した、もっともすばらしく、またもっとも一貫性のあるヴォーカル・パフォーマンスのひとつで、若かりしころの声が持っていた質感もかなりの部分健在だ。歌詞は〈サーモンの滝〉と同様、《オブリオの不思議な旅》で最初に浮上した自伝的なアイデアを追求し、ただしこの曲の場合には、並んで横になる恋人たちというテーマが〈眠っているの?〉から受け継がれ、さらに深く掘り下げられている。しかしウーナとの暮らしはニルソンの人生に安心感をもたらし、それが歌詞にも反映されていた。暗闇に対する恐怖心を払いのけたおかげで、ふたりはなんの憂いもなく、並んで横になって夢を見ることができる。対照的に以前の――ダイアン時代に書かれた――曲では、恋人たちが別れの予感に怯えていたのだ。

　パークスによると、ニルソンが旧曲の改訂を終え、新曲づくりに本腰を入れるようになると、彼とその他のミュージシャンたちのあいだには、それまでにも増して共生的な関係が打ち立てられた。

　スタジオはだんだんひとつの色に染まってきた。面子はたぶん一か月にわたって変わらなかったと思う。アンサンブルになっていたんだ。ハリーは全員が全員を知っているアンサンブル的な状況をつくり出し、たとえば……〈遠いジャングル（It's a Jungle Out There）〉をやりだすころにはもう最高の状態になっていた。

　ターザンとツタ。あんな真似ができるのはハリーだけだろう。ターザンとジェーンにツタの話をさせるんだ。出てくる管楽器は七本ぐらい――サックスを四本にペットを二本とボーンかなにかを一本。で、今度はリズム・セクションだ――席に着いたドラマーがひとりかふたり、なんならジム・ケルトナーとリンゴ・スターに一緒に叩かせてもいい。というわけでもうかなり騒々しくなっている――それをたっぷり木材を使った部屋でレコーディングするわけだ。ほかにベーシストとピアニスト、場合によってはオルガニストも……そしてそれが……当時のわたしには全部まっとうに思えていた。本当に。〝非即興的〟な環境では、決して同じ結果は得られなかっただろうし、出来もあそこまではよくならなかったはずだ。[24]

　とはいえすべてのミュージシャンが、こうしたやり方に乗り気だったわけではない。中でもニルソンにもっと集中心があり、スタジオ作業の準備もたいていはちゃんとすませていたリチャード・ペリー時代に彼と仕事をした経験のあるミュージシャンたちの不満は大きかった。たとえばクラウス・フォアマンは次のように語っている。「はじまるのは夜の七時ごろで、わたしたちは準備万端整えていた。わたしたちというのはかくいうわたしと、ダニー・コーチマー、ドクター・ジョン、ヴァン・ダイク、ジム・ケルトナーのことだ。だがハリーの気前がいいもてなしのせいで――バーと食べものとクスリの費用は全額彼の負担だった――たいていは十時になってもまだ、誰ひとり音を出していなかった。今になって聞き直してみると、わたしはとてもいいプレイをしていると思う。でもあのダラダラした時間は本当に嫌だった。それにハリーは軽く酔うと、すごく口うるさくなって、次々にリテイクを要求するんだ。それはもう、しつこいぐらいに[25]」

　しかしオケの仕上げがどれだけ間延びした作業になろうと、確実に結果は生み出された。アルバム用に一からつくり出された新曲は〈遠いジャングル〉のほかに、〈ホーム（Home）〉、〈コジャック・コロンボ（Kojak Columbo）〉、〈神さまのため（Good For God）〉の三曲。ヴァン・ダイク・パークスの見立てによると、最初の曲は子ども時代の家、ダイアンとの離婚、それに大人――とりわけ大金持ちの大人にとっての家が持つ意味という、ニルソンがくり返し追求し続けるテーマを取り上げた曲のひとつだった。二番目の曲はＴＶ受像器に宛てたノリのいいラヴ・ソングで、パークスとドクター・ジョンの二台のピアノが盛り上げる、エネルギッシュなニューオーリンズ・ファンク・ビートが弾みをつけている。「ドクター・ジョンと一緒にふたりであれやこれやとプレイしながら、テープを録ったのは覚えている」とパークス。「これはブックマッチの表紙か、数枚のナプキンに書かれていた曲だ……だからこのプロセスに、まっとうなところはなにひとつなかった[26]」。三番目の曲は会話の中にふと出てきたフレーズをふくらませた歌詞を持ち、メロディは〈ハウ・キャン・アイ・ビー・シュア・オブ・ユー？（How Can I Be Sure of You?）〉と題する、《ニルソン・シュミルソン》時代に録られ、だが未使用に終わったデモの流れを汲むものだった。

　パークスの回想によると――「なにかの拍子にわたしが『神様のためにはよかった《グッド・フォー・ゴッド》』と口にすると、彼が『使ってもいいか？』と訊いてきたんだ。わたしは『かまわんよ』と答えた。彼がどういうつもりだったにせよ、わたしはただの冗談だと思っていた[27]」

　このフレーズにニルソンがその場で返した答えは、「神様のためにはいいことだ、次から次へとナンセンスの尻ぬぐいをさせられて、さぞかしつらい思いをしているはずだから」だった。[28]旧曲のメロディの骨子を使って、彼は新しい歌詞を書き、その中で〈世界のなかで最も美しい世界〉に出てくる、泣いている川とまっ青な海のアイデアを展開させた。それはじきに、「わざわざこの星を青くして……スズメが落ちるたびにハッとなり、でも誰もその呼びかけには答えてくれない(goes and makes the planet blue...who knows each time a sparrow falls, but who can answer all His calls?)」神様を遠回しに讃えた曲となっていた。

　この曲をつくりあげ、アルバムの最後に配したニルソンは、やはり宗教とのつながりを持つ——少なくともそのタイトルでは——別の曲で、レコードをスタートさせることにした。〈のっぽのキリスト (Jesus Christ You're Tall)〉がその曲だが、このアルバムで使われたのは、ニルソンがピアノで弾き語りをするラフなつくりのデモ・ヴァージョンだった。とはいえそこにはたっぷり情熱がこめられている。とても背の高い子どもを未来のバスケットボール選手に見立て、試合のイメージからいくつか効果的な洒落を引き出した歌詞も気が効いていた。「ぼくらは求愛期間《コートシップ》をドリブルでやり過ごし……ぼくはきみのバスケットに、ちょっとした愛をシュートするのさ(We could dribble our way down a courtship...I would shoot a little love inside your basket, mama)」。この曲はニルソンの次なるアルバム《眠りの精 (Sandman)》で、ヴァン・ダイク・パークスの手厚いもてなしを受けることになるのだが、ここで幕開け役を務めたデモ・ヴァージョンは、エンディングの〈神さまのため〉ともども、このレコードにうってつけなタイトル案を生み出した。ニルソンはBBCのインタヴュアー、スチュアート・グランディに完璧な名前を思いついたと語っている。

> 《ゴッズ・グレーテスト・ヒッツ (God's Greatest Hits)》〔神様のベスト・アルバム〕、ぼくはこれが最高のタイトルだと思っていた。でも自分たちはともかくほかの連中が……気分を害するんじゃないかと言いだす連中がいたのさ、ね？　というわけでぼくらは妥協し、外側のジャケットでは……《ゴッズ・グレーテスト・ヒッツ》というタイトルにしたせいで、ユタ州で気を悪くする人がいたらマズいだろ、だってほら、そういうのは思い上がってるとかなんとか言われそうじゃないか……タイトルを変えなきゃならなかったけど、デザインはもうできてたから、文字だけ"Duit On Mon Dei"に変えたんだ……これはリンゴのロゴから拝借したんだけど、ぼくらは〝以前は《ゴッズ・グレーテスト・ヒッツ》〟と書いてある内側のジャケットの上

に妥協案でもう一枚のジャケットをかぶせたのさ、ね？うまく行ったと思うし、かえってよくなったんじゃないかな。[29]

ニルソンが言及したロゴは、リンゴ・スターのソロ・アルバム《リンゴ（Ringo）》の表ジャケットに載っている。参加ミュージシャンの群れを描いたトム・ブラックナーの画の上方に、悲劇と喜劇をかたどる劇場のマスクに囲まれたボードが浮かんでいるのだが、そこに記されているのが“Duit On Mon Dei”の文字なのだ。その文字は紋章のモットーよろしく、巨大な林檎の下に広げられている。現にそれは英国王室の紋章に記されている“Dieu et mon Droit”、すなわち〝神とわが権利（は護られなければならぬ）〟というモットーのもじりだった［“Do it on Monday”（月曜日にやれ）のもじりでもある］。ニルソンは《リンゴ》と秘密のつながりができたことを喜んでいたが、アルバムのジャケット・デザインはＲＣＡがタイトルの変更を求める前にできあがっていたため、裏ジャケットを飾った二十枚のパスポート・サイズの写真――どの写真でもニルソンは頭上に金色の光輪をまとっている――も完全に《ゴッズ・グレーテスト・ヒッツ》を意識したもので、“Duit On Mon Dei”とはなんの関係もなかった。

《俺たちは天使じゃない》の最終レコーディングは、一九七四年の十月初頭におこなわれた。スタジオでの作業を終えるのとほぼ同時に、ニルソンはリンゴ・スター（十月七日の最終的なセッションのひとつで、〈コジャック・コロンボ〉に参加した）と組んで、アルバム用の低予算プロモーション・フィルムをつくった。これはスターが《グッドナイト・ウィーン》用に撮った宇宙船のフィルムにニルソンが出演したことへの返礼で、あの野心的な作品に比べると、予算は雀の涙ほどでしかなかったものの、撮影には今回もスタンリー・ドーフマンが参加した。ＣＭは〈のっぽのキリスト〉の、バスケットボールのイメージを引き継ぐことになる。ニルソンの回想によると――

> ぼくはＲＣＡと、五千ドルで史上最安のヴィデオがつくれるかという賭けをした。もし向こうが最高の出来だと思わなかったら、この賭けは流れてしまう。でももし最高の出来だったら、ＲＣＡはニュー・シングル〈コジャック・コロンボ〉のＴＶスポットの時間を三倍にすることになっていた。というわけでぼくは五千ドルで、なにかをでっちあげる必要があった。勘を頼りにレイカーズとキングスのホームだったロスアンジェルス・フォーラムに電話をかけ、使っていないときのレンタル料はいくらかと訊いた。感じのいい女性が、使用目的を訊いてきた。ぼくは音楽のアル

バム用に、バスケットボールをハーフコートのうしろから撮影したいのだと説明した。彼女はしばらく考えてから、誰のためにと訊いてきたので、ぼくは賭けの話をした。すると彼女が「三時間で八百ドルではいかがですか？」と言った。自分の耳が信じられなかった。スタンに連絡を取ると、彼も卒倒しそうなぐらい驚いていた。これは照明、プラグイン・システム、それにスコアボードやメッセージボード等々の使用料もふくめた料金だった。[30]

　ティーンエイジャー時代の球技の才能をよみがえらせて、コートのまん中から正確なシュートをねらう、というのがニルソンのアイデアだった。唯一の観客はすぐにわかる変装をしたリンゴ・スターで、スタンドの高い席に座り、もしニルソンが首尾よくボールをバスケットに入れることができたら、拍手喝采することになっていた。イングルウッド地区にある広大なフォーラムのスタジアムが空いていたウィークデイのある朝、ニルソンはアルバムの最終調整で徹夜仕事をしていたスタジオからまっすぐそこに向かった。[31]一方でドーフマンは、照明や撮影の機材、それにスタッフを山積みにしたトラックで登場した。彼はどうにかすべての準備を、予算を大きく下回る三千ドルですませることに成功していた。機材のセットが完了すると、からっぽのスタジアムの高い席に座っていたリンゴが、急ごしらえのコントロール・ブースに向かって、最初のシュートを撮り逃さないように気をつけろ、と声をかけた。この種の即興ネタではニルソンにツキがあることを、彼はよく知っていたのだ。ドーフマンが「アクション！」と声を上げた。ニルソンがその先を続ける。

　ぼくはNBAのバスケットボールをハーフコートに置くと、いったんコートを去り、シャツとセーターとサングラスにベースボール・キャップという出で立ちで、選手用のトンネルから入ってきたようなふりをした――フォーラムで迷子になった観光客だ。両手をポケットに入れ、口笛を吹いて、あたりを見回しながら歩いているうちに、ぼくはふとボールに目を留める。左右をさっと見たあとで、前かがみになってボールを拾い上げ、サイドラインまでドリブルしてから投げる。最初のテイクで、シュートは成功。というわけでぼくはみんなに、「よし、これで決まりだ。家に帰ろう！　とっとと酔っぱらおうぜ」と声をかけた。[32]

　あいにくとドーフマンはリンゴの言葉を聞き逃し、その最初のシュートでは、カメラの動きやアングルにかまけてフィルムを回していなかった。その後は二十二回連続でミスショットが続いた――ただしリムに当たったシュートも十八本ぐらいあった、とニルソンは語っている。彼は毎回とぼとぼとトンネルに戻り、帽子とセーターとサングラスをもとに戻してまた一からやり直した。リンゴは呑気に「時間には時間がかかる《タイム・テイクス・タイム》」とコメントした。[33]失敗に失敗を重ねていくうちに、ドーフマンは自分たちに与えられた三時間のチャンスが急速にしぼんでいることを強く意識しはじめた。なのにまだなにも撮れていない。そこで彼は最後にもうひとがんばりしてくれ、とニルソンにはっぱをかけた。

いったいコカインを何グラム吸ったのか知らないが、彼はとうとうまたやってのけた。それからリンゴにズームインすると、もう完全に眠っていた。それでしょうがなく揺り起こして、彼のパートを別撮りしたんだ。でもハリーは一発目でみごとにシュートを成功させた。彼は人並み外れた驚異的な運動選手だった。[34]

完成したフィルムは綿密に編集されていたが、中心に据えられているのはまる八秒をかけて、きれいにネットに吸いこまれるニルソンのシュートをリアルタイムのワンカメラで追った映像だった。秒数は重ねて合成されたスコアボードの時計でカウントされ、最終的なスコアは〝ニルソン：1、RCA：0〟。すると《俺たちは天使じゃない》のジャケットが一瞬だけ映し出され、ニルソンがRCAのベースボール・キャップを軽く傾けてコマーシャルは幕となる。仕上がりを気に入ったRCAは、取り決め通り、CMのオンエア時間を予定の三倍にすると約束した。ドーフマンは個人的な報酬として、予算の五千ドルと経費の三千八百ドルの差額を受け取った。だがのちにニルソンが実際の数字を確認すると、残念ながらRCAは約束を違え、CMは予定の回数しか流されていなかったことが判明した。[35]

このヴィデオの撮影をもって、《俺たちは天使じゃない》の制作は正式に完了し、ニルソンは「親しい友人とバンドのメンバーたち」[36]を招いて打ち上げのパーティーを開いた。出席者はチャーターしたバスに乗せられ、会場のレストランに連れて行かれた。店にはアルバムの完成と、RCAのスタジオで一か月にわたってくり広げられたパーティーの閉幕を祝して、第一次世界大戦をモチーフにした装飾がほどこされていた。

浪費三昧だったレコーディングのうわさは、マスコミの耳にも届いていた。もしも《俺たちは天使じゃない》が一般受けのするアルバムだったら、スタジオでのパーティーや豪華なゲスト陣の話題が取り沙汰されることもなかっただろう。けれども内容的に分類しづらく、あまりにも多くのスタイルに足を踏み入れていたせいで、ロックやポップの評論家の多くは、戸惑うだけならまだしも、この作品を駄作と決めつけてしまう。そうした評論家は自分たちの厳しい評価を正当化するために、レコードの制作にまつわるうわさ話を利用した。「ディスク」誌のロン・ゴダードは「これはなんだったんだろう？　一か月がかりの酒とタバコのパーティーかなにかなのか？」と問いかけた上で、ニルソンに直接、最後通牒をつきつけた。「以前のきみは、ほんものの美しさとめったにない鋭さを併せ持つ、生き生きとした描写に長けた曲を書いていた……昔むかしの話だ。わたしはもうたくさんだし、もうこれ以上、この種の乱行を弁護することはできない……才能が尽きたと考えたくはないが、もしきみが自分でできないのなら、そろそろほかの誰かに、しっかり手綱を握らせるころあいだろう。後生だからどうか立ち直ってくれ[37]」。ゴダードは〈孤独な彼女〉とプライスの繊細なアレンジを称賛したが、褒めているのはほぼそこだけだ。同様に「ステレオ・レヴュー」誌のジョエル・ヴァンスも、〈灯りを消して〉を一級品のニルソンと讃え、だがそれ以外のアルバム収録曲は、ゲストの多種多様なスタイルにおもねりすぎている、と指摘した。ヴァンスはこう書いている。

彼はどうやら音楽を、自分のためではなく（ということはつまり、ぼくらのためでもなく）、リンゴやヴァン・ダイクやドクター・ジョン——ほかにもいろいろいるが、こっちの知ったことじゃない——のためにつくっているらしい。そういった連中を全部スタジオから追い出すんだ、ハアリー。楽しかったけど日曜は終わったし、ぼくらは仕事に戻らなきゃならない。それと今度は、ぼくらのためにやってくれ《ドゥイット・フォー・ウィイ》（duit for wei）[38]。

RCAが毅然とした態度を取り、もう一度外部のプロデューサーを立てるべきだと主張するのは、ニルソンが次のアルバム《眠りの精》を完成させてからのことだ。その間にニルソンは一瞬だけ、決してライヴのステージには立たないという誓いを破りそうになった。ハリウッド大通りのグローマンズ・チャーニーズ・シアターで、このアルバムのバッキング・バンドを起用した一度きりのコンサートを開くというアイデアを思いついたのだ。舗装された前庭にスターの手形が数多く飾られていることで有名なこの映画館こそ、「神様のベスト・アルバム——一夜限りの公演！　ステージにはオリジナル・キャストが勢ぞろい！」と銘打つつもりでいたコンサートの会場にはうってつけではないか、とニルソンは考えた。彼は劇場に電話をかけ、スケジュールを押さえることは可能かと訊いた。電話に出た人間は無理だと答えたので、最終決定権のある人物と話をさせてほしいと言うと、「わたしだ！」という答えが返ってきた[39]。彼は自分のバンドのほうが、いつも劇場でかかっている映画よりずっと上等なエンターテインメントを提供できる、とその名前のわからないマネージャーを説得しようとしたが、向こうにその気がないのははっきりしていた。ニルソンはライヴァルのパンテージ・シアター・チェーンにも同様の問い合わせをしたが、色よい返事がなかったため、このアイデアそのものを放棄した。しかしごく短期間とはいえ、彼がパークス、デイヴィス、ケルトナー、フォアマン、スターほかからなるレギュラーのバック・バンドとステージをともにするアイデアを真剣に検討していたのは間違いのない事実だ。実際にはそれからほどなくして、彼は次のアルバムのために、彼らとまたスタジオに入ることになった。

《眠りの精》のセッションは一九七五年四月十五日にスタートする。だがニルソンはその前に、彼の初期作品のひとつをはなばなしく復活させるプロジェクトに関わった。七四年の暮れも押しつまったころ、ボストン・レパートリー・シアターを運営するプロデューサーのエクスクワイア・ジョーセムがニルソンに連絡を取り、《オブリオの不思議な旅》を舞台化したいと申し出た。この手の話はそれ以前からニルソンのもとに持ちこまれていたが、元来がとっぴな物語だけに、彼はたして舞台で実演しても、おもしろさが十分伝わるだろうかと不安に思っていた。しかしジョーセムの提案には、普通とは違う、独創的なアイデアが満載されていたため、彼は大方の予想を裏切って舞台化を承諾した。

ボストン・レパートリー・シアターはジョーセムと、オハイオのディファイアンス大学で出会った三人の友人たちのアイデアの結集だった。大学の同期生だったデザイナー兼人形師のピエール・ヴイユミエ、ウェンディ・クラウス、ジュディ・トランサーがジョーセムと組み、一九七一年にケープコッドのハイアニスで劇団を発足させたのだ。初期の舞台は、ごく少数の観客を集めることしかできなかった。しかし不屈の闘志を持つ彼らは、劇場を転々としながら徐々に支持を集めはじめた。デイヴィッド・ズッカーが脚色したサン＝テグジュペリの『星の王子さま（Little Prince）』やコクトーの『円卓の騎士たち（Knights of the Round Table）』、あるいはニクソン大統領を主人公のブタ、ナポレオンに重ね合わせたオーウェルの『動物農場（Animal Farm）』の実験的なヴァージョンのような、ひと味違う作品を創意に富んだデザインと演出で見せる彼らは評論家筋からも高く評価され、時を重ねるうちにかなりの動員力を誇るようになった。

『オブリオの不思議な旅』の試験公演《プレヴュー》は二月末におこなわれ、本公演は一九七五年の三月四日に、七三年以来この劇団の本拠地となっていた、バック・ベイ地域のバークリーとマルボロ通りの角に建つザ・ファースト&セカンド・チャーチで幕を開ける予定になっていた。当時、この建物はまだ毎週日曜日になると教会として使われていたため、劇団は土曜日の最終公演が終わるたびにセットをバラし、翌水曜日にまた幕を開けるまで、「舞台セット、照明ボード、階段客席《ライザー》、椅子」[40]を別の場所で保管しなければならなかった。キャストとスタッフはそうやって空いた日々を利用して、ボイルストン・プレイス一丁目にあったレコーディング・スタジオを常打ちの劇場に改装する。劇場は結局七六年に完成し、最初に上演されたのは、カート・ヴォネガットの小説『プレイヤー・ピアノ(Player Piano)』の舞台版だった。

　しかし教会で公演を打っていたころからすでに、ボストン・レパートリー・シアターは完全にプロフェッショナルな劇団で、ニルソンの物語を舞台化した彼らの新作は、大いに評論家筋の注目するところとなった。これには一九七四年のクリスマスに先立ち、全国のさまざまなTVチャンネルでアニメーション版の『オブリオの不思議な旅』が再放送されていたという事実が間違いなく寄与しており、プレヴュー評の多くはこのアニメ版を「内容と趣味のよさとイメージの豊かさを伴った、歓迎すべき子ども映画」[41]と讃えていた。

　舞台用に脚色するにあたり、ジョーセムはウルフのアニメーションにあった視覚的な工夫の数々を、通常とは異なるところに発想の源を求めることでおぎなおうとした。全国に記事が配信されていたAP通信の評論家、ジョン・L・マリンズのプレヴュー評にはこうあった。

> 　とくにすばらしいのは日本の文楽の手法を採り入れた部分だ。たとえば黒い服を着て、舞台にいるほかの演者たちのうしろでできるだけスポットライトを避けるようにしている俳優が、二本の棒で実物大の犬の人形を操るシーン。あるいは同じ服装をした俳優が、穴に落ちてあと戻りで《ポイント・オブ・》きない段階《ノー・リターン》へを追いこまれていく若者を描いたスローモーションのバレエを踊るオブリオを、持ち上げたり、支えたりする場面もある。[42]
>
> 映画を知る人間にとってはこのほかに、三つの巨大な風船が〈P・O・V・ワルツ〉の踊る女性たちへと変形していく場面や、〈涙のゆくえ〉が流れる中で泡がステージ一帯をただよう場面、あるいはミラーボールのまたたく光が木の葉男《リーフ・マン》の売り買いする葉っぱをかたどる場面などのお楽しみがあった。大人であれ子どもであれ、はじめてこの物語を経験する人間にとっては、興味を引かれる要素がさらに山盛りだった。性格俳優のジェラルド・バーンズが、ゴムの〝岩〟の着ぐるみに入って岩男《ロック・マン》に扮し、舞台のはじまりと終わりには、

ボストン・ポップスの指揮者、アーサー・フィードラーがこのお話を寝物語として語るおじいさんの役でカメオ出演した。主演のオブリオ役は若手俳優のデイヴィッド・モース（一部の文献は当時の年齢を十八歳と記しているが、実際には二十歳になったばかりだった）。『星の王子さま』のキツネ役でこの劇団での初舞台を踏み、のちにTVドラマ「セント・エルスウェア（St. Elsewhere）」のジャック・モリソン医師役で有名になる彼を、マリンズはオブリオに「うってつけの顔」をしていると評し、ほかのコラムニストたちは彼の歌のうまさに着目した。ボストン劇評界のドン、「ボストン・ヘラルド＝トリビューン」紙のエリオット・ノートンもこの舞台を称賛し、期間限定の公演は夏まで延長された。最終的にはロードアイランド州プロヴィデンスのレーデラー・シアターに会場を移し、八月末まで続演されている。[43]

ニルソンはボストンでのプレミアにウーナを連れて出席し、作者の思いをみごとにくみ取った舞台版の出来にいたく満足した。翌年にはイギリスの俳優兼演出家、サー・バーナード・マイルズをみずから口説き、少しだけ内容が異なるヴァージョンをロンドンのマーメイド・シアターで上演させることに成功する。それからかなりの年月を経た一九九一年にも、ジョーセム自身のヴァージョンがニルソンのあと押しで再演された。

アルバム《眠りの精》の作業を開始する前に、ニルソンにはもうひとつ果たさなければならない責務があった。今一度ジョン・レノンと、彼がアメリカに留まる権利を得るための闘いを支援することだ。二月二十四日、ニルソンはカリフォルニア州選出の上院議員、アラン・クランストンに手紙を書き、レノンへの支持を訴えた。ニルソンはこの元ビートルを滔々と弁護し、レノンがおこなってきたチャリティ活動の数々（その中には前年、セントラル・パークで開かれ、ニルソンとレノンが短時間だけ同じステージに立った〝マーチ・オブ・ダイムズ〟〔新生児の救護活動をおこなうボランティア団体〕の資金集めコンサートもふくまれていた）を議員に思い出させた。彼はその手紙を「この男は酒すら飲まないと断言できます」と締めくくっている。[44]思わずトルバドールでの一件は？　と問いかけたくなる一文だが、これはむしろ、RCAとの契約を再交渉してくれたレノンに、彼がどれだけ深い恩義を感じていたかを示すものと言えるだろう。

《俺たちは天使じゃない》が三月にリリースされると、ニルソンはようやくスタジオに戻って、《眠りの精》の作業を開始できる状態になった。彼は今回もまたペリー・ボトキンとヴァン・ダイク・パークスをパートナーに迎え、古い曲の即興的な改訂版と、自然発生的に生み出される新曲のミックスに取りかかることにした。セッションは四月十五日、RCA

で〈のっぽのキリスト〉の完全なリメイクからスタートした。

この最終的なヴァージョンは、《俺たちは天使じゃない》に収録のデモ・ヴァージョンよりも軽快で勢いがあり、バンド全員がアレンジャーとしてクレジットされているものの、曲を取りまとめる作業の大半は、今回もキーボード奏者にして〝巨匠《マエストロ》〟のヴァン・ダイク・パークスに託された。彼はふたたびニルソンの音楽秘書役を務めたが、バンドにはこのころすでに熟練のアレンジャーとなっていたリード奏者のトレヴァー・ローレンスや、名目上はこの日のミュージシャンを手配したことになっているクラウス・フォアマンがふくまれていたため、とりわけサックスやブラスのリフについては、スタジオで自分からアイデアを提供してくれるミュージシャンに事欠かなかった。このアルバムをふり返ったパークスも、誰がなにをやったかということについては、いっさい功績をひとり占めしようとしなかった。

ハリーの作品ではアレンジャーたちが全員とてもすばらしい仕事ぶりを見せてくれた。彼はとても共同作業向きな男だ。彼と仕事をともにした者はみんな、誇りを持って、自分の仕事がハリーのためにどれだけ大きく役立っているかを指摘することができた。これは音楽的なレヴェルでの話だが、友だちが友だちのためになにをできるかという話でもある。それはハリーがまわりの人間から最良の部分を引き出すことができたからだ。それが彼の才能のひとつだった。「ほら、きみだってひとかどの人間なんだ。いいところを見せてくれ」。彼にかかると誰もが大物のような気分になれた。最後に彼を見送るドアマンにいたるまで、誰もが[45]」

じきにニルソンの次なるアルバム《ハリーの真相（…That's The Way It Is)》のプロデューサーに抜擢されるトレヴァー・ローレンスは、〝バンド〟とクレジットされている楽曲について、ニルソンはホーン用の細かいパートではなく、紙切れを一枚だけ持ってセッションの場にあらわれたと回想している。「彼が頭の中で考えをまとめていたのは間違いない」とローレンス。「だがわたしたちのところに来た段階では、まだアイデアでしかなかった……それをこっちで形にしていったんだ。わたしたちのやっていた音楽はロックンロールだし、ロックンロールというのは元来、そういうものだからね。こっちはそのアイデアをもとに、『じゃあこれをここに入れたらどうだろう？』と提案する。彼はそれをとてもオープンに受け入れていた[46]」。当のニルソンは、こうした共同作業的なやり方が作品づくりにはプラスになるという確信をますます深めていた。《プシー・キャッツ》、《俺たちは天使じゃない》、《眠りの精》の三作をふり返って、彼はこう語っている。「アイデアの集合体を曲に合わせていったのが、このあたりのアルバムだった。グループの作品という色合いがすごく強いし、知的なユーモアもふくまれているけれど――少なくともぼくらはそう思っていた――そのメッセージやジョークを理解してくれた人は、あまり大勢いなかったようだ」[47]

アルバムの中でもっともあからさまにジョークじみた曲は、〈のっぽのキリスト〉の二日後に仕上げられている。この日、リリースに耐えるだけのまとまりを持った〈空飛ぶ円盤を見た〉のヴァージョンをつくり出す最後のこころみが、大半は失敗に終わった前二回のセッションと同じミュージシャンを集めておこなわれたのだ。夜の六時にスタートした彼らは、真夜中をすぎてもずっと作業を続け、ニルソンによるバーの会話と歌のごちゃ混ぜ《メレンゲ》に、リズム・セクションとホーンがバックをつけた。前作ではだらだらしている時間が長かったのに対し、この時は集中的に作業がおこなわれ、九時ごろの短い休憩では、ミュージシャンたちが全員、一杯飲むために「道を渡ってマルトーニの店に急行した」とローレンスは回想している。[48]今回の歌――オケの最初の三分の一が終わらないうちに入ってくる――は以前のヴァージョンよりも際立って聞こえ、ニルソンがアフリカ系アメリカ人の呑み助ふたりとバーテンダーの三役を声ではっきり演じ分ける会話のパートも以前よりは聞き取りやすく、タイミングもより芝居がかっていた。追加の声を入れたのはジョー・コッカー。ニルソンも認めているように、このコミカルなナンバーを成功させるためには、彼が望んでいた即興主体のやり方の代わりに、もっときちんとしたプランを立てる必要があった。

〈空飛ぶ円盤を見た〉。ぼくはこの曲に三度チャレンジした。違う面子で、違うバンドと三回。ジョンとぼくは《プシー・キャッツ》用にこの曲をやったけどうまくいかなかった。ヴァン・ダイクとマック〔ドクター・ジョン〕とぼくは《俺たちは天使じゃない》用にこの曲をやったけどうまくいかなくて、最後にようやく同じキャストで《眠りの精》に収録することができた。違いはぼくが単純に脚本を清書したことだ。でもぼくとしては脚本を読んで、それをうたうなんて手に頼るのはいやだった。わかるだろ？　ぼくはやっていくうちにできあがるというふうにしたかった。あの曲はずいぶん変化してるんだ。いや、あの曲の歌詞の場合は、検閲の問題じゃなくて……ただ、いくつか危ないくだりがあったのはたしかだ。痔に触れてるところとか……「女房はどうしてる？」「ああ、元気さ。たまに痔でちょっとつらそうにしてるけど、べつにたいしたことじゃない」。そして男がことのいきさつを話しはじめる。ぼくからするとそれはバーにいるふたりの男が、自然と話題にしそうなことだった。[49]

当時のインタヴューのひとつでは、彼のハスキーな声と、それに輪をかけてしわがれたコッカーのバッキング・ヴォーカルが比較されていた。しかしニルソンは自分たちふたりにさほど音楽的な共通点を認めず、「そんなに似ているとは思わない。単純にぼくらがどっちも、ときおりブランデーの音色を出せるというだけの話だろう。ぼくらはウィスキー喉のテノールだ。『市民ケーン』に出てくるオーソン・ウェルズ・タイプの男なんだ」と語っている。[50] 公式には真夜中までの六時間という契約だったこのアルバムの参加ミュージシャンたちにとって、こうした夜のセッションは職業上の危険をはらんでいた。黄信号が灯るのは、ニルソンが長年の懸案事項だったこの種の曲を完璧に仕上げようとしはじめたときだった。「永遠に終わらない」とパークスは回想している。「つまりわたしたちは朝の四時まで、あそこを出られないこともあったということだ」。[51] 誰もが翌日の午後六時にはまたRCAに戻ってこなければならないことを知っていた。そのため仕事が終わったあとで、ニルソンにつき合って軽く飲むのは決して得策とは言えなかった。ニルソンが生存者をかき集め、窓が朝日の昇る東側に面したスポットライト・バーにくり出していく前に、プレイヤーたちはスタジオを出て、ベッドの待つ家に帰ろうとした。「バーで迎える夜明けは、あまり美しくなかった」とパークスはものうげに語っている。[52]

〈空飛ぶ円盤を見た〉がようやく使える形に仕上がった数日後、ペリー・ボトキンがこのアルバムの大作、〈愛のやさしさ (Something True)〉、〈緑の壁 (The Ivy Covered Walls)〉、そして〈夜は恋に迷いて (Will She Miss Me?)〉の三曲でニルソンとの仕事に復帰した。《俺たちは天使じゃない》の時と同じく、ボトキンはミュージシャンの大群を率いることになり、まず四月二十二日に〈愛のやさしさ〉で三十五人編成のオーケストラの指揮を取った。このバラードをうたうニルソンの声は、近年のほかのレコーディングに比べると澄んでいて軽く、彼が意識して、ボトキンと最初に組んだ時代に逆戻りしようとしているように聞こえる。しかし肝心の曲からは――アレンジがいくぶんもたつき気味なことともあって――ニルソンが一九六〇年代に書いていた曲の多様性や創意が感じられない。次のように語ったボトキン自身、その点は百も承知していた。

彼はわたしたちが最初に出会った六〇年代初期の時代に戻りたがっていたし……このままではいたくないと思って

いた。あのころのようにうたいたがっていたんだ。あのころのようにもっと長い、もっとこみ入った曲を書きたがっていた。彼はそのすべてを望んでいたが、できなかった。手のつけようがなかったし、彼にはなにも打てる手がなかった。それでひたすら、微笑みを浮かべ続けたのさ。しかもあの通り、性格も最高だったから……たぶん中には何人か、彼の手助けをしようとした人間もいたと思う。でもそれは無理な相談だった。どうしたってうまく行くはずはなかった。だから彼のやり方につき合って、それをできるだけ楽しめるようなものにするしかなかったんだ。[53]

ボトキンとニルソンが組んだ作品の中で、ヴォーカル的にもっとも完成度が高かったのは〝ペリー・ボトキン・ジュニア・シンガーズ〟がアカペラでうたう〈緑の壁〉だった。これが《ランディ・ニューマンを歌う》の時代であれば、ニルソンはほぼ間違いなく、ヴォーカルの全パートをひとりでオーヴァーダビングしていただろう。しかし今回の彼はスタジオ・シンガーのコーラス隊を伴い、レコーディングはほぼ、あるいはまったくオーヴァーダブを加えることなく、リアルタイムでおこなわれた。そして以前ならニルソンが、自分自身のリード・ヴォーカルのバックに苦心惨憺してつけていたハーモニーのパートも、今回はボトキンが書いていた。曲は基本的にアイヴィー・リーグと、バーバーショップ・グリークラブ唱法の気の効いたパロディだ。しかし回りくどいストーリー――〝「暗い嵐の夜だった」と大佐が兵曹に言った〟的な、いつまでも終わりが見えない話のひとつ――は、ニルソンがちゃんとしたエンディングを思いつけなかった可能性を示唆し、彼は話を締めくくる代わりに、そのまま切れ目なく次の曲に入った。それでもこの曲は六〇年代におけるニルソンの全盛期をよみがえらせるために、ボトキンが最善の努力を払っていたことを示す事例のひとつとなっている。

ふたりが手を組んだ最後の作品、アルバムを締めくくる〈夜は恋に迷いて〉にボトキンはハリウッド・スタイルのフルオーケストラを導入し、おかげでこれはほかをはるかに圧して壮大なつくりの作品となった。プライドが邪魔をして、おたがいに正直になれない恋人たちを描いた歌詞の荘厳な雰囲気には〈サーモンの滝〉の力強さを思わせるところがあるが、オケを支配しているのはウエスタン・スウィングのヴェテラン、ボビー・ブルースが弾く名人芸的なヴァイオリンだ。さっと舞い降りてくる彼のメロディックなラインやエレガントなカデンツァは、ニルソンの苦悩する声と対話しはじめ、エンディングではスタジオにいるミュージシャンたちが総出で彼の非凡なパフォーマンスに喝采を送っているように聞こえる。

それ以外の曲はどれも、ニルソンとスタジオ・バンドとの共同作業から生まれた作品だ。〈地球最後の日（Pretty Soon There'll Be Nothing Left for Everybody）〉は未来の環境破壊を描いた曲で、まん中とエンディングの近くに再度あらわれる短い対照的なセクションをのぞくと、歌詞は基本的にくり返しだった。渦を巻くように下降するサキソフォンのリフは、スタジオで効果的なサウンドをつくっていく作法の好例だが、この曲にはいっさい展開らしい展開がない。一方〈歌の書き方（How to Write a Song）〉には、明確なストーリーラインがある。だがこの曲のメッセージには賛同する気十分だった人々も、さすがに「きみがただのケツの穴野郎だとしよう／そしてきみの頭の中はからっぽだと（Let's assume that you are just an asshole / And there's nothing in your brain）」というくだりには、さすがにげんなりさせられたのではないか。いずれにせよこの曲の本当に創意あふれる瞬間は、ダビングされた歓声のＳＥと、全般的な背景の雑音の渦に大部分埋もれていた。

こうした即興的なセッションから生まれた傑作が、なぜ木曜日がかくも「だらけたイカれた日（lazy crazy day）」なのかを哲学的に分析した〈物憂い木曜日（Here's Why I Did Not Go to Work Today）〉だ。ニルソンが書いたものとしては、もっともジャズのスタンダードに近づいた作品だが、コード進行や構成は無数の先行作品の要素を借用し、たとえば最後の転換部は、ハリー・M・ウッズの一九三五年の作品〈ホエン・サムバディ・シンクス・ユアー・ワンダフル（When Somebody Thinks You're Wonderful）〉にかなり似ている。この曲でのニルソンは、《夜のシュミルソン》のスタイルで、ピアノ、ギター、ベース、ドラム、それにテナー・サキソフォンだけをバックに、マイクに口を近づけてうたっている。ピアニストのジェーン・ゲッツは、繊細な伴奏をつけながら独自性をはっきり主張するという、微妙なバランスを取って数々のニルソン作品に参加してきた彼女としても水際立ったプレイを披露する。気まぐれで遠回しでウィットに富んだ歌詞はかつてのニルソンを彷彿とさせ、「木曜日は人知れずユニークだ（Thursday's surreptitiously unique）」という、一聴しただけで忘れられないくだりもある。これは彼の一九六〇年代の作品の中でも、とくにボトキンが高く評価し、けれども今の彼の曲づくりからはおおよそ失われてしまったと感じていたタイプのオリジナル曲をつくり出す能力が、まだニルソンには残されていたことをうかがわせる作品で、たとえばトレヴァー・ローレンスは次のように語っている。「たいていの人間は愛のことしか書いてなかった。全部がラヴ・ソングだったわけだ。でもハリーは限界に挑んでいた。ほかの連中とはずいぶん毛色が違うし、曲もかなり変わっている。でもそれは彼の場合、ホンモノのアーティストになることが、なによりも大事だったからなんだ[54]」

《眠りの精》のジャケットには、浜辺に座ったニルソンの写真が使われている。撮ったのは以前ビートルズのローディをしていたマル・エヴァンズ。エヴァンズ（ニルソンがつけたニックネームは〝マル・ザ・パル〟〔ダチのマル〕）は初期の時代からずっとビートルズについていたリヴァプールっ子だった。エヴァンズとニール・アスピノールはこのバンドと世界中を旅し、彼はみずから雑用を買って出て、メンバー全員が快適に過ごすための手助けをした。彼はまた、一九六〇年代なかばの苛酷なツアー・スケジュールにバンドが耐えていけるように、各地のドラッグ・ディーラーたちとコネをつくり、覚醒剤やその他の薬物を入手していた[55]。

髭面の巨漢で、メガネをかけていたエヴァンズは、かわいげがあるクマのような男で、ライターのレニー・ケイはそんな彼を、いつも笑顔を浮かべ、それに見合った魅力もたっぷり備えた「人たらし」と評した[56]。しかしビートルズが解散すると、それとともにエヴァンズの存在意義もなくなってしまう。以前は電話の技師をしていた彼は、スタジアム・ツアーやTV出演前後の盛り上がりと落ちこみ、ティーンエイジャーのファンにもみくちゃにされるのを防ぐための狂ったようなダッシュ、そして人目にさらされながらキャリアを進めていくうちに、ジョン、ポール、ジョージ、リンゴが送るようになったなかば人生とは言えない奇妙な人生を彼らとともに経験していた。だがアスピノール（エヴァンズと同様リヴァプール出身のローディだった彼はその後、バンドのアップル帝国を切り盛りするようになった）の言い方を借りると、「彼はいきなり、ただの男に逆戻りしてしまった[57]」。彼のために仕事を見つけてくるのは、主としてリンゴの役回りとなり、リチャード・ペリーがプロデュースし、ニルソンもヴォーカルで参加した彼のアルバム二作では、エヴァンズが舞台裏でさまざまな手伝いをしていた。《グッドナイト・ウィーン》がつくられるころには、妻のリルをイギリスに残して完全にロスアンジェルスに居を移し、新しいガールフレンドのフラン・ヒューズと暮らすようになる。リンゴとしょっちゅう顔を合わせ、いつも社交的な冒険の機会をうかがっていたニルソンも、多くの時間をエヴァンズとともに過ごすことになった。ワインのボトルを手にして浜辺に座るニルソンを撮った飾りけのないジャケットの写真は、《眠りの精》のセッションがおこなわれていた時期の楽しげな雰囲気をとらえている。それはまた、どうやらジーンズとソックスとスニーカーだけを浜辺に残してニルソンをむさぼり食ってしまったとおぼしい巨大なカニを描いた、ジャケット裏の、どちらかと言うとぞんざいなフォト・モンタージュの素材ともなっていた。

そうしたお気楽な日々から数か月のうちに、エヴァンズの人生は唐突に幕を閉じた。ニルソンは一九七五年の夏をロスアンジェルスから離れて過ごし、リンゴはアメリカとイギリスのあいだを行き来していた。エヴァンズは秋のあいだに、ビートルズと過ごした年月をドキュメントした本に着手するが、次第に薬物に依存しはじめ、自分が大男だったことから、少しぐらい量を増やしても大丈夫だろうと高をくくっていた。七六年一月四日、共同執筆者のジョン・ホーニーがロスアンジェルスの西四番通りにあったエヴァンズのアパートを訪ねると、彼は大量のヴァリウムを服用した状態で、わけのわからないことをわめきながら、ライフルを四方八方に振り回していた。武器を捨てるように説得しようとしても聞き入れず、フラン・ヒューズはやむなく警察を呼んだ。だが警官を前にしてもなお武器をふりかざし続けたため、彼はその場で射殺された。《眠りの精》のジャケットは、急速に悲劇的な人生を歩みはじめた彼が、最後に心底陽気でいられた瞬間のひとつを後世に遺すことになった。

呑気そうな浜辺の写真以外にも、このアルバムのパッケージングは、多くの側面でアルバムが制作されていた時期のニルソンの生活を反映していた。見開きジャケットの内側を飾るのは、ヴィクトリア朝時代のリトグラフを模したクラウス・フォアマンの線画。元ネタは彼が古い本の中で見つけた、エリス島に向かう蒸気船のデッキですし詰めになる三等船客を描いた版画だった。[58] 全員が寒さをしのぐために厚着をしているが、彼のヴァージョンでは人々の顔が、たくみにバンド・メンバーほかのセッションに参加した人々のポートレイトに差し替えられていた。帽子をかぶった髭面のニルソンが船の煙突の数歩前に座り、そのそばでボンネットにエプロンドレス姿のウーナが本を読んでいる。彼女のスカートのひだのうしろからトゥールーズ・ロートレック風に顔を出しているのが、トップハット姿のヴァン・ダイク・パークスだ。さらに目を凝らしていくと、ほかのミュージシャンたちも、大半がさまざまな衣裳やポーズで船上の群衆に紛れているのがわかってくる。

五月末、最後のダビングと手直しのために、ボトキンがもう一度オーケストラをスタジオに招いたセッションをもってレコーディングは完了し、ニルソンはそれを祝して、船というフォアマンの画のテーマを引き継いだパーティーを開くことにした。今回、彼はバスの代わりに百十フィートのクルーザーをマリナ・デル・レイから借り入れ、「映画とステレオと酒」[59]をたっぷり載せた上で、参加したミュージシャンや友人たちをサンタクルーズ諸島へ向かう二日間の航海に招待した。

この洋上での祝宴を終え、アルバムをＲＣＡに送り届けると、ニルソンとウーナは休暇に出かけた。ふたりは六月にカーゾン・プレイスに到着し、ロンドンでしばらく過ごしてから、スイス旅行に出かけた。自分の声に与えてしまったダメージのことをますます懸念するようになっていたニルソンは、声帯だけでなく、放蕩三昧の暮らしのせいでガタが来はじめていた身体全体を復活させる、ある種の代替療法を受けるつもりでいた。「睡眠療法の話は聞いていた」と彼は書いている。「ぼくは、やってみるのも悪くないんじゃないかと思った。アルバムとアルバムの端境期で、とくにやることもない。だったらちょっと休みを取って、若返りの治療を受けてみよう」[60]

彼とウーナは、ポール・ニーハンス博士が設立したクリニック・ラ・プレリーのあるモントルーに車で向かった。フォーマルなフランス風の庭園で三十五人の患者が寝泊まりする別館《シャレー》とつながっているこの瀟洒な病院は、長年、少しでも若さを買い戻そうとするハリウッドのスターたちの最終的な目的地となっていた。一九七一年に八十九歳で亡くなったニーハンスは、広い人脈を誇る貴族的な男で、〝細胞療法の父〟として知られていた。彼の治療法は主に、動物の胎児から取ってきた細胞を患者の血流に注入するというものだった。すると患者の肉体はその細胞を損傷のある部分に運び、それが細胞構造の再生を手助けする、という理屈である。その後の医学研究によって、ニーハンスの治療はひいき目に見ても科学的に疑わしいことが判明し、それが取り返しのつかない深刻なダメージを招いた事例もいくつか報告されてきた。この治療は現在アメリカでは禁止されている。[61]にもかかわらずニーハンスとその後継者のフランツ・シュミットはPRの達人で、ニルソンはマレーネ・ディートリッヒやマイルス・デイヴィスのような人々のあとを追って、彼のクリニックのドアを潜り、一週間コースの細胞療法を受けることになった。到着するなり彼は、禁煙し、アルコールも避けるように言い渡された。

するといよいよ注射を打つ日が来た。医者とふたりのナースが編み針ぐらいの長さと太さがある注射針を何本か持ってあらわれた。医者はきっと痛いはずですと警告し、できるだけ手早くすませますからと言った。医者がその針をぼくのケツに刺して、ナースたちが抜くわけだ。まるで牛を刺す闘牛士《トレアドール》のように。十二本の針を。[62]

痛みは激しく、生まれたばかりのヒツジの胎盤から取った細胞を血の中に注入された彼は、最後の何本かの注射を無理やり抑えこまれた状態で打たれる羽目になる。三日間は腹ばいでしか横になれず、だが一週間の治療（費用はひと晩あたり千ドル）が終わるころには、彼もどうにか普通に動き回り、旅行にも耐えられる状態になっていた。医師たちは彼に、この治療が効いてくるのは何か月か先なので、その間はアルコールと喫煙と過度の運動は避けること、と厳しく警告した。

せっかくの治療を台無しにしたくなかったニルソンは、実際に酒とタバコを止め、アムステルダム旅行で心身を休めたあと、ウーナとともにロンドンに戻った。当初スイスで受けるつもりでいたのはヒツジの療法ではなく睡眠療法だったため、ロンドンで過ごす夏の残りはもっぱらそちらに費やそうと考え、ヴァリウムとジアゼパムを使った治療を提供する、ハーレイ街のピーター・ニクソンという医師を探し出した。それは患者を数日にわたって昏睡状態にさせ、食事は静脈注射で送りこむという内容だった。後年、ニクソンはニーハンスと同じように、決して信頼の置けない医師だったことが判明する。彼はイギリスのチャンネル・フォーに対して起こした二百万ポンドの名誉毀損訴訟――このTV局は彼が医療雑誌に寄稿した記事とそこに記述されていた治療成果の一部が〝いかさま〟だったことを暴露した――に敗れた。[63]

数日間眠り続けるつもりでいたニルソンは、新しいパジャマとバスローブ、スリッパを持参して、ロンドンの中心部にあるニクソンのクリニックに入った。初回のヴァリウム注射を終えて、最初の夜を過ごす彼をリラックスさせるために、医師はワインの小壜を処方していた。別の患者を訪ねてきたふたりの娘がニルソンに気づいてサインを求めてきたため、彼はそのワインを一緒に飲んだ。このふたりがいなくなると、彼はナースに、予定外の来客たちに飲ませたボトルの代わりをくれと頼み、彼女が断ると、もしこっちの要求は容れられないと言うのならここを出て行くと脅しをかけた。彼女は再度断った。するとすでに睡眠を強制的に誘発する注射を打たれていたにもかかわらず、彼は服を着替え、もう二度と戻ってこないつもりで外に出た。ウェイマウス街のクリニックの数ブロック南、スタッフォード街のゴート・タヴァーンを行きつけにしていたニルソンは、音楽出版者のテリー・オーツに連絡を取り、家に帰るリムジンを手配してもらうつもりでその店に向かった。

手首に病院のブレスレットが巻かれているのを見ると、飲みこみ顔のバーテンダーはニルソンにツケで酒を飲ませ、じきに元患者はモントルーでのおぞましい注射や、ロンドンのクリニックにおけるワイン規定の不当さの話でバーの人々を楽しませはじめた。そのうちにオーツがあらわれて飲み代を払い、彼を車に乗せた。ヴァリウム注射のことなどなにも知らなかったオーツは、古い友だちが誕生日のお祝いをしているので、ロンドンのイーストエンドにあるちょっと荒っぽい感じのパブに寄り道していかないか、とニルソンを誘った。

じきにニルソンはボロボロになった酒場のピアノを叩きながら、「おまえはオレの心を傷つける、だからクソくらえ(You're breaking my heart so fuck you!)」という彼自身の曲の悪名高いくだりをふくむ、〈ハッピー・バースデイ(Happy Birthday)〉の一風変わったヴァージョンをうたっていた。これはことのほかウケがよく、途切れなく酒が供される中、ニルソンは誕生日パーティーのためにワンマンでキャバレー・ショウをくり広げた。

閉店の時間になったとき、彼はオーツとリムジンの両方が姿を消していることに気づいた。パブの主人がタクシーを呼んでくれたが、外気の衝撃に触れたとたん、ヴァリウム注射が一気に効きはじめ、それと同時に何週間も禁酒を続けていた空っぽの胃袋に、ひと晩で大量のアルコールを詰めこんだ影響が一気にあらわれてきた。

ぼくはどうしても眠りたかったし、と同時にどうしても小便がしたくて、ゲロを吐きたかった。惨めな気分でぼくは、車を停めてくれ、と運転手に頼んだ。彼は「あともう数分で着きますよ」と言った。

ぼくは聞く耳を持たなかった。「いや、きみにはわかってない。今すぐ小便がしたいんだ。どうしても」

「我慢してください。あと十分で着きます。それまでの辛抱ですから」

「十分なんて無理だ」

その時点でぼくはズボンのジッパーを半分下ろしたまま、眠りに落ちた。目を覚ますと監獄にいて、いったいなにがあったんだろうと首をひねった。頭を動かそうとして、顔を殴られているのに気づいた。腕も、脚も、背中も、胃袋も、腎臓も。誰かがぼくを思い切り蹴りまくっていた。誰かいませんかと言うと、警官のひとりがやって来て、なにが望みだと訊いた。それで自分が投獄されている理由を訊いた。彼の答えは、「おまえは警官の顔を蹴ったんだろ、違うか?」

正直言ってぼくにはなんの記憶もなかった。覚えているのはタクシーに乗り、小便がしたいから車を停めてくれ、と頼んだことだけ。すると、「ああおまえはたしかに小便をしたさ。タクシーの車内で盛大にな。それもおまえがここにいる理由のひとつだ」

「なんてこった、本当にごめんなさい。実を言うと退院したばかりで、ヴァリウムをたっぷり飲まされてましたし、お酒も少し飲んでいて……すいませんが、タバコを一本もらえませんか?」

「いいぜ」。ぼくはタバコに火をつけて吸い、じっくりと味わった。すると激しい痛みを感じた。動くたびに痛い。

警官はぼくがその日の朝九時に、治安判事の前に出頭する予定になっていると教えてくれた。もう朝の六時近かった。きっと放免されるだろうと言われたので、もう一本タバコをくれと頼んだ。すると彼は氷のように冷たい表情でぼくをふり向いて、「もう一本やっただろうが」

「ひえっ」とぼくは思った。「これが監獄暮らしというものか[64]」

六時二十分にニルソンは留置場を出ることを許された。家に帰って、出廷の準備をするためだ。財布は空っぽで、ロンドンのイーストエンドの中でも、それまで一度も足を踏み入れたことのない地域で道に迷った彼は、ある家の玄関前に配達されていた牛乳を盗んで飲み干し、幹線道路を探しはじめた。じきに広い道に行き当たり、しかもなんともありがたいことに、ロンドンの赤い二階建てバスが次第に視界に入ってきた。ただし持ち合わせは一銭もない。車掌にことの次第を話すと、バスに乗せてくれたばかりか、彼の友人のロイが乗っている別のバス路線に乗り換えるための手順も教えてくれた。「ロイにボブに言われて来たと話し、事情を説明してください。彼がちゃんとメイフェアに連れて行ってくれるでしょう」[65]。七時、ニルソンはふらつく足で、ようやくカーゾン・プレイスのアパートに帰り着いた。居心地のいいクリニックで安らかに眠っているはずのニルソンがボロボロになって帰ってきたのを見て、ウーナは仰天した。全身が傷だらけで、服には小便のシミがついていた。

ニルソンはすぐにこの国を出るとわめき立てたが、彼女は彼をなだめ、傷の手当に取りかかる前に、テリー・オーツに連絡した。オーツは彼に道理を説いて聞かせた。「いいか、身ぎれいにして治安判事のところに行くんだ。さもないともう二度とイギリスには戻ってこられなくなるだろう。それが嫌なら行くしかない」。痛む身体をスーツに押しこみ、ひどい擦り傷だけはなんとか消毒、乾燥させた上で、ニルソンは時間通り法廷に足を運んだ。マスコミの目を避けるために、オーツは二台のリムジンを手配し、おとりの車が法廷の前に横着けして、スターが出廷するといううわさを聞きつけた記者やカメラマンの群れを引き寄せた。その間に二台めのリムジンが、そっとオーツとニルソンとウーナをボウ・ストリート治安判事裁判所の通用口に運んだ。

列に並んで治安判事と会見する順番を待つあいだに、ニルソンはおとり車の計略を見抜いて法廷内に忍びこんできたフリート街のジャーナリストと手短に話し、彼の側から見たことの次第を、言葉を選んで用心深く伝えた。次に彼は、自分のうしろに並んでいた不心得者のサインの求めに応じた。男は武装強盗の罪で呼ばれたのだとニルソンに打ち明けた。法廷に入ると、首席治安判事がニルソンの有罪答弁を聞き違え、あやうく新たに裁判の開廷を命じそうになるひと幕もあったが、このシンガーが実際には罪を認めていることを確認すると、少額の罰金と警告だけで放免した。おかげでこの一件はさほど話題にならなかったものの、ニルソンが話をした記者は、その日の「イヴニング・スタンダード」紙に短い記事を書いた。

　昨夜、公然わいせつの罪で逮捕されたアメリカのポップ・シンガー、ハリー・ニルソン（34）は、本日、ボウ・ストリート裁判所で一・五ポンドの罰金刑を受けた……それによると薬物療法を受けていた彼は、月曜日の夜遅くにハーレイ街のクリニックを出た。〝かなりな量〟のヴァリウムを処方されていたにもかかわらず、この薬と酒の相乗効果を完全に見くびっていたニルソンは、ウエストミンスター街で小便をしているところを警官に見とがめられたのだ。[66]

　この騒動にけりがつくと、ニルソンは彼を助けるために最善の努力を払ってくれたテリー・オーツとウーナに感謝しながら帰宅した。彼はセラピーを打ち切り、派手な行動は慎んで、ロンドンのアパートでウーナと静かな夏を過ごすことにした。ふたりは結局十月にアメリカに帰国する。しかしそれまでは単純に国を出入りするだけですんでいたのに、入国管理官のひとりが、ウーナはどうやって自活していくつもりなのかと疑問を呈したせいで、ことは一気にややこしくなった。ニルソンがデレク・テイラーに伝えたところによると――

　その入国管理官は、ウーナのねらいが米国政府から甘い汁を吸うことだと思っていた。居住者でもないのにその公共サーヴィス――ゴミ集めとかフリーウェイとか――の恩恵にあずかろうとしている、というわけだ。彼女にはこれといった収入の道がないし、帰りの航空券も持っていなかったので、入国管理局側は彼女がぼくと仲たがいし、すぐさまアメリカで福祉のお世話になるような事態を懸念していた。ぼくは係員にぼくとウーナの名前が書いてある小切手帳を見せ、ぼくには五百万ドルの所持金があることを伝えた。ウーナはぼくの口座で小切手が書けることを説明し、なんだったらぼくと仲たがいしても彼女が帰国できるように、外に出てダブリン行きのファースト・クラスの片道切符を買ってきてもいいと言った。係員はここは税関なので、そのドアを通らせるわけにはいかない、と言い返した。最後にぼくが、ぼくらはなにか違法なことをしているのかと訊くと、係員は「厳密にはそうとは言えないが、それに類するものとは言えるかもしれない」と答えた。そして別のデスクにいた男に、「おい、この男は五百万ドル持っていて、ふたりは同居しているんだそうだ。フィアンセ・ヴィザだったら出せるかな？」と訊いた。男は「いや、そのためには九十日以内に結婚する必要がある」と答えた。ぼくは彼に、すぐに結婚する予定はないと伝えた。すると彼は、それだと同棲になってしまうと言った。ぼくは彼にありがとうと言い最終的に彼は、ウーナがこの偉大な国にさらに九十日間滞在する許可を与えてくれた。[67]

その年の十一月、ベルエアーのストラーダ・ヴェッキア・ロードにある貸家に戻ったふたりは、以後三か月をロスアンジェルスで過ごすことになる。それが過ぎるとウーナはヴィザの再延長手続きを取る必要があった。帰国からまだ三日とたたないうちに、ニルソンとリンゴは連れ立ってデイヴィッド・エセックスのコンサートを観に行った。花火やスモークで派手に盛り上げていたわりに、本編はわずか十五分で終わり、これにはさすがのふたりも呆気にとられた。しかしニルソンには他人のコンサートの長さよりも、もっと気がかりな問題があった。

《俺たちは天使じゃない》も《眠りの精》も売れ行きはかんばしくなく、ＲＣＡの経営サイドは不満に思っていた。《眠りの精》は「ビルボード」のアルバム・チャートを百十一位まで上昇するのが精いっぱいで、《俺たちは天使じゃない》もやはりトップ１００には入っていなかった。にもかかわらずニルソンは、契約によってアルバムをつくり続けなければならず——直近の事例から判断すると——その経費は今や彼のレコード会社の大きな不安材料となっていた。ＣＢＳから移籍したばかりのA&R担当副社長、マイク・バーニカーにとって、これはとくに頭の痛い問題だった。彼はホール&オーツのようなアーティストをＲＣＡと契約させることで快調かつ印象的なスタートを切り、そうしたアーティストたちは彼の部門に利益をもたらしつつあった。だがしばらく前からレーベルに在籍し、しかもレコードが売れていないアーティストは、彼からするとお荷物でしかなかった。彼はニルソンをはっきりと、そのカテゴリーに分類した（翌年、バーニカーはポップとR&Bのカタログを一体化させ、プロモーションの経費をより効率的に使うことで、この問題を部分的に解決しようとするが、その直後に退社してコロムビアに復帰し、大々的な成功を収めるジャズ・マスターピース・シリーズをスタートさせた[68]）。バーニカーを嫌うニルソンは、〝クズ野郎を燃やせ《バーン・ア・カー》〟というあだ名をつけ、アーティストとしての自分の地位をめぐって一度ならず彼と対立したが[69]、最終的に唯一の現実的な戦略は、向こうに歩み寄ることだと判断した。

　あの時点でぼくは、もしかしたら自分が完全に間違っていたのかもしれないと考えた。向こうの言うことにも耳を貸す必要があるんじゃないかと。向こうがアーティストを雇うか買うかして、そのアーティストに金とスタジオでの時間を与え、なんらかの形で契約上の配慮をした場合、原則としてアーティストは、その見返りに、会社と自分双方の利益となるレコードをつくるために能力の限りをつくすべきなんだ——作品としても、ビジネス的な観点から見た商品としても。それなのにぼくはもっぱら、自分がアーティストとしてやりたいことを優先してきた。でも《眠りの精》と《俺たちは天使じゃない》が思っていたほど売れていないのを見て、もしかしたら向こうが正しかったのかもしれないと思った。それであえて屈辱を舐めることにして、こっちから「ぼくにどうしてほしいんだ？」と訊いてみた。向こうからはなにを言われても不思議はなかった。「きみが正しいと思うことをやってほしい」と言われる可能性もあったし、「七時に来るようにしてほしい」と言われる可能性もあった。でも実際にはその中間という感じだった。基本的には、ぼくが自分のアルバムをプロデュースすることに関しては疑問があるし、一部の曲の歌詞についても疑問がある、というところに話は落ち着いた。そこでぼくは「わかった。じゃあ他人のつくった曲をやるし、プロデューサーも外から呼ぶ。そしてストリングスとホーンを入れて、いかにもアルバムらしいサウンドにしよう」と言った。[70]で、現にぼくらはそうしたわけだ。それがことの真相だよ。

　しばらく前からニルソンは、ニューオーリンズのピアニスト、作曲家、シンガーのアラン・トゥーサンが書いた曲を集めてレコードをつくるというアイデアを温めていた。最初にこのアイデアを口にしたのは、《プシー・キャッツ》セッションよりも前のことだったが、彼は今こそその機が熟したと考えた。デレク・テイラーに手紙でトゥーサンのレコードの「準備」に入ったと伝え、だが自分の計画を長々と説明したその文面には、「来週になったらぼくに復活する気があるのかどうかを知りたがっている連中のために、〈セイル・アウェイ（Sail Away）〉を録るつもりだ——ランディの書いたすばらしいクロンボ《ウォグ》の歌詞を」[71]とも書かれていた（これはランディ・ニューマンの曲にある「船に乗るんだ、チビのクロンボ、オレと一緒に出かけようぜ（Climb aboard little wog, sail away with me）」という歌詞に言及したもので、“wog”はアフリカの黒人をあらわす侮蔑的なスラングだった）。

　結局、一見するとまったく異なるふたつのプロジェクトにどう時間を分割すればいいかを決めかねたニルソンは、新しいアルバム用（この時点では無題だったが、最終的に《ハリーの真相〔...That's the Way It Is〕》と命名された）に選んだ他人の曲に、トゥーサンの作品を織りまぜることにした。プロデューサーが必要だというバーニカーの意見を容れて、ニルソンはつき合いの長い仲間のひとり、トレヴァー・ローレンスにその仕事を任せた。彼はただの多才なセッション・サキソフォニストではなく、リチャード・ペリーのためにアレンジを書き、リンゴ版の〈イージー・フォー・ミー〉でも、その任についている。ローレンスの見たところ、彼が選ばれた理由はそれだけではなかった。《プシー・キャッツ》を皮切りに、彼とニルソンはここ数作のアルバム・セッションでかなりの時間を一緒に飲み歩き、人間的にもウマが合っていたのだ。新しいレコードに取りかかる前に、彼らはハリウッドのヴァイン通りにある有名なブラウン・ダービーで何度か顔を合わせ、曲とアーティストの選択について話し合うと同時に、アレンジにも早々と手をつけはじめた。ローレンスはこう語っている。

> わたしが託された仕事は、アレンジを手がけて彼に知恵を貸すことだ。そしてわたしはプロデューサーだった。ハリーのプロデュースをするというのは、わたしの場合、あしろこうしろと指図することではなく、彼の希望をくみ取り、それを彼のために実現することなんだ。[72]

スタジオでのセッションは——ニルソンがテイラーに手紙で伝えていた通り——一九七五年十一月十二日に、ＲＣＡがアルバムからの先行シングルとしてリリースするつもりでいた〈セイル・アウェイ〉でスタートした。以前にもローレンスはこの曲をエタ・ジェイムズのためにアレンジし、レコーディングしたことがあった。しかし今回はニルソンのために四十人編成のオーケストラを使ったシンフォニックなアレンジを一から書き直した。スタジオにはハリウッドを代表するスタジオ・プレイヤーがほぼ全員顔をそろえていたが、ローレンスの回想によると、彼らは一音も奏でないうちから、あやうく骨抜きにされてしまいそうになった。「スタジオに入ると」と彼はふり返っている。「ハリーがコーヒーのディスペンサーを借り入れていた。中に入っていたのは日本酒の瓶で、コーヒーマシーンはその酒がずっと冷めないようにしていたんだ。スタジオには大勢のミュージシャンがいて、たっぷりの酒があった。ハリーはひたすらパーティーを続行し、全員が最高の時を過ごしたが、全員がきちんと仕事をしてくれた」[73]

たしかにミュージシャンたちは、かなり酩酊していたのかもしれない。しかし無知なアフリカ人にアメリカン・ドリームを売りつける奴隷商人をニューマンが皮肉たっぷりに描いたこの曲で、彼らは荘厳な演奏を聞かせ、ニルソンの声もすこぶる調子がよさそうだ。レコードでは《夜のシュミルソン》以来となる、彼としても最高の音域に楽々と達し、そればかりか各ヴァースの終わりでは自分のヴォーカルをもう一度重ね、サビの部分に情熱を注入している。しかし終わり近くになると、ロッド・スチュアートの声に似ていなくもない、しわがれた音色が入りこんでくる。これはほぼ間違いなく、彼がロンドンでゴードン・ジェンキンズと組んだときのように、フルオーケストラをバックにして自分のヴォーカルを一発録りすることにこだわったのが原因だろう。しかしあの時の穏やかなアレンジとは異なり、ローレンスの譜面はプレイヤーたちが大いに力を入れ、大音量で演奏することを要求していたため、それをバックにうたうとなると、どんなシンガーでも本能的に声を振り絞らずにはいられなかった。しかもロンドンの時に比べると、セッティングは決して理想的とは言えず、密集したストリングスとブラスに対して、ニルソンは音響的にうまくバランスを取ることができなかった。アルバム全体の主任エンジニアを務めたのは、ニルソンとはつき合いの長いリッチー・シュミットだが、RCAのスタジオBには専任の技術スタッフがいた。ローレンスの回想によると——

　わたしたちについたのは、誰もが使いたがっていた人気のエンジニアだった。でもスタジオに入って大編成のオーケストラを見たとたん、その男はがっくりひざをついた。誰もが楽器をひとつずつオーヴァーダビングするようになっていたのに、そこにはいきなり四十人のミュージシャンがいたんだ。わたしたちは結局、以前このスタジオで仕事をしていたヴェテランに来てもらうことにした。その男にはどうしてもできなかったからで、そいつはいつの間にか姿を消していた。[74]

　完成したニルソン版の〈セイル・アウェイ〉は、一九七二年にニューマンが発表した自作自演ヴァージョンとははっきり異なる独自の個性を持ち、シングルに必要なヒット性も十分兼ね備えているように思えた。しかしそれに見合ったB面曲を探す必要があったため、当初の計画とは異なり、アルバムよりも先に世に出ることはなかった。カップリングには結局〈ムーンシャイン・バンディット（Moonshine Bandit）〉が選ばれるが、ニルソンとギタリストのダニー・コーチマーの手になるこの曲がレコーディングされたのは翌年の二月なかばになってからだった。

　それ以外の曲のレコーディングは、十二月二日、一九五七年にR&Bチャートを五位まで上昇し、もっと近いところでは一九七三年の映画『アメリカン・グラフィティ（American Graffiti）』のサウンドトラックに使われていたハートビーツのなつかしのヒット曲、〈サウザンド・マイルス・アウェイ（A Thousand Miles Away）〉のカヴァー・ヴァージョンで開始された。ヴォーカルのトラックは当初、ニルソンがひとりで録っていたが、その十二月初頭のセッションが終わったあと、急遽招かれたソウル・シンガーのトニー・ル・ポーが追加のヴォーカルを入れ、結果的にニルソンの特徴的な個性を大部分、この曲から消し去ってしまう。リンゴ・スターやカーリー・サイモンのために完璧なバッキング・シンガーを務めた男が今や、他人にその仕事をしてもらわなければならない立場に追いやられていたのだ。これ以上の皮肉もないだろう。

その決断を下したのはローレンスだった。単に〝神様のベスト・アルバム〟バンドでプレイしたミュージシャン仲間の一員ではなく、RCAに完成した製品を送り届ける立場となった今、自分には別種の責任があることを彼は強く意識していた。彼が別のヴォーカリストの導入を決めたのは、ほんの三週間前にはすこぶる好調に聞こえたニルソンの声が、いざこの曲をうたう段になると、とてもその任に堪えられる状態ではなかったからだ。「彼の声はかなり悪くなっていた」とローレンスは回想している。「それでサンフランシスコに行って、喉の専門医に診てもらうことにしたんだ」[75]。さいわい、この治療は功を奏したらしく、それ以降はニルソンも納得のいく歌をうたうことができた。しかし喉はまだ回復の途中だったため、アルバムは以後三か月にわたり、ぽつりぽつりとレコーディングされた。

意外にも〈サウザンド・マイルス・アウェイ〉のレコーディングから一週間もしないうちに、ニルソンは自分の声をどうにか復調させ、騙しだましとはいえ、初期作品の特徴だった輝かんばかりの高音に今一度挑んでみせた。ジョージ・ハリスンの〈ザット・イズ・オール（That Is All）〉（原曲はこの元ビートルが一九七三年に発表したアルバム《リヴィング・イン・ザ・マテリアル・ワールド〔Living In The Material World〕》に収録）を悠揚たるペースでカヴァーしたこのヴァージョンでの彼は、一時的に絶好調の状態を取り戻している。ハリスンの鼻声のファルセットに比べると、ニルソンの声は音域に切れ目がなく、「ぼくはそのためだけに生きている（That is all I'm living for）」というフレーズでやすやすと最高音に駆け上がる部分は、彼がそれまでにレコーディングしたものの中でも屈指の出来栄えだ。「テイク数はそれほど多くない」とローレンス。「彼はホンモノのアーティストだった」[76]。十二月八日におこなわれたこのセッションでは、アメリカのジェリー・ベックリーが書いた〈アイ・ニード・

ユー〈I Need You〉のカヴァーもレコーディングされた。しかし最高の状態にある声を披露していた〈ザット・イズ・オール〉に対し、この曲でのニルソンは疲労の色を見せている。明らかに〈ウィザウト・ユー〉を大ヒットさせたリチャード・ペリーの線を狙って、ローレンスは〈アイ・ニード・ユー〉にポール・バックマスター風の重厚なオーケストラのバッキングをつけた。

しかしニルソンが導入部のヴァースを優しくうたい終え、そのバックでオーケストラの音が膨れあがってくると、パワーとコントロールに欠ける彼の声ではサビの部分を引っぱっていけなくなる。曲のひとつひとつの行をきちんと聞かせようとしすぎるあまり、それは分断されたフレーズの連なりと化し、終わり近くになると、普段は完璧な彼のチューニングが、くり返される「きみが必要なんだ（I Need You）」の決めフレーズで大きく的をはずしはじめる。おそらくは一度のセッションで複数の曲をレコーディングしようとしたこと自体、そもそも間違いだったのだろう。ニルソンが〈ザット・イズ・オール〉で見せたヴォーカル・コントロールの確実さを保持できていれば、その晩、二番目に録ったこの曲もずっといい仕上がりになっていたはずだからだ。彼はもともとこの曲を、リチャード・ペリーと組んだ初のロンドン・セッションの最中に、ジェリー・ベックリーやそれ以外のアメリカのメンバーたちとはじめて顔を合わせた一九七一年にレコーディングするつもりでいた。ベックリーによると――

> 彼はあの曲が大好きだったし、ぼくらが一緒になると、毎回のようにピアノの前に座らされて――ピアノがあったらの話だけど――あの曲を何度も何度も弾く羽目になった。そして彼はぼくらに、この曲をシングルにする予定はあるのかと訊いた。その時はそのつもりはなかった。曲と曲の狭間だったからだ。いくつか別々のアイデアが浮上していたけれど、そのひとつが「スタジオに戻って新曲をレコーディングしよう」で、その新曲のひとつだった〈名前のない馬（Horse With No Name）〉がぼくらのニュー・シングルになった。そしたらこの曲がアメリカでヒットして、急遽第二弾が必要になったんだ。で、結局〈アイ・ニード・ユー〉がリリースされ、ハリーはカヴァーするのをあきらめたのさ。[77]

ベックリーはその後、ニルソンが一九七五年まで彼自身のヴァージョンにトライしなかったことを惜しむようになる。七〇年代のはじめなら、彼の声がこの曲にもっと活かされていたはずだからだ。

そのセッションのほぼ一週間後、ニルソンはドクター・ジヨン〈マック・レベナック〉のピアノが主導するレギュラーのスタジオ・バンドをバックに、はじめてトゥーサンのレパートリーを正式にレコーディングすることになった。さまざまなアイデアをためすニルソンとドクター・ジョンのジャム演奏を収めた非公式のテープも存在するが[78]、トゥーサンが一九六六年に書き、リー・ドーシーとレコーディングした〈ホリー・カウ（Holy Cow）〉を主に取り上げたこの日のセッションをもって、このプロジェクトはＲＣＡスタジオで本格的なスタートを切った。同じ十二月十二日の夜にはトゥーサンの〈フーズ・ゴナ・ヘルプ・ブラザー・ゲット・ファーザー？（Who's Gonna Help a Brother Get Further?）〉も取り上げられたが、セッション・シートには「街角に立って（Standing on the Corner）」という歌詞の最初の一行がタイトルの代わりに記載されている。この二曲はどちらも完成したアルバムには収められていない。ただしドクター・ジョンとの共同作業はアルバムのレコーディングを通じて続行され、そのクライマックスが七六年三月十九日、最後のセッションのひとつでレコーディングされたニルソンとレベナックのパワフルな共作曲〈真昼のまぶしさ（Daylight Has Caught Me）〉だった。

　興味深いことに、この曲の成立過程は当時の非公式なジャム・セッションのテープでたどることができる。それによると「お日様の光に捕まって、どこにも行けない（Daylight has caught me, can't go nowhere）」というニルソンの歌詞の中核をなすフレーズ（もしかすると以前、ダウン伯爵を演じていたころのことをふり返っていたのかもしれない）には、まったく別のコード進行とメロディがつけられていた。デモ・ヴァージョンのドクター・ジョンは、小節から小節へ、半音階で力強く下降するコード（ファッツ・ウォーラーが〈ブルー・ターニング・グレイ・オーバー・ユー［Blue Turning Grey Over You］〉で使ったコードに似ていなくもない）を用い、ニルソンはそれに乗せて、ホワイティング＆モレットの一九二八年の作品〈シーズ・ファニー・ザット・ウェイ（She's Funny That Way）〉を明らかに模したバラードのメロディをうたっている。そうやってスローなヴァージョンをためす合間に、彼らはニューオーリンズ風のシャッフル・ビートで、コードの変化ももっと少ないアップテンポのアレンジ――完成形により近いアレンジにも挑んでいた。途中、レベナックがニルソンを一時的に無視して、マイナーのキーに移動する部分もある。「違った感じにしようと思ってね」と彼はコメントし、同じコード進行を何度も何度もくり返し弾くのは、どちらかと言うと退屈なのだと説明する。完成した曲は最初の八小節で、四度離れたふたつのコードをシンプルにくり返し、リリースされたヴァージョンは、アルバムの中でもとりわけ強力な曲のひとつとなっている。それはニルソンが前のアルバム三作で用いたのるかそるか的な手法よりも、スタジオから離れた場所で実験し、曲を練り上げていく作業のほうがより大きな成果を生むことの証だった。

ほかにこれらのジャムの中で同様に興味深いのが、いずれもかなりの可能性を感じさせる三つの曲の断片だ。一曲目は感情的なトラブルをやり過ごすことを、テープを止めて巻き戻す手順をたとえ、二曲目は「重要な四つのことがら、すなわち病、健康、富、死（the four things that are important, sick- ness, health, wealth and death）」を探究し、「オレは以前、黒人だった（I used to be a black man）」とうたわれる三曲目は、アフリカ系アメリカ人の文化と主流文化の融合を分析する。この共同作業を双方が楽しんでいたのは明らかで、こうした新曲のデモのほかにも、ニルソンとドクター・ジョンがピアノの連弾でデュエットする、スコット・ジョプリンやジョージ・ガーシュイン作品のさまざまなレコーディングが残されている。そこでのドクター・ジョンは、ニルソンが習得していたラグタイムのトリッキーな指づかいにくり返し驚嘆し、ニルソンはニルソンで、ドクター・ジョンがコード進行を自分のものにし、そこに彼特有の転がるようなベースラインをつけ加えるスピードに圧倒されていた。

トゥーサン作品のレコードをリリースという当初の計画にもっとも近づいたこのふたりの共作曲〈真昼のまぶしさ〉以外にも、このアルバムにはさらにもうひとつ、共同作業の名にふさわしい曲が収められている。女性シンガー、リンダ・ロウレンスとのデュエット曲だ。ロウレンス（Laurence）は実のところトレヴァー・ローレンス（Lawrence）の妻で、結婚したときには「名前をひと文字変えるだけですむ」とジョークを飛ばしていた。[79] シュープリームスのメンバーだった彼女とニルソンは、彼がトレヴァーと仕事をはじめたときからの知り合いだった。このふたりがうたう〈ジャスト・ワン・ルック（Just One Look）〉と〈ベイビー・アイム・ユアーズ（Baby I'm Yours）〉のメドレーからは、真の意味での音楽的な相性のよさが伝わってくるが、ここでもまたニルソンの声のひ弱さが仇となった。「あのヴォーカルは一発録りだった」とトレヴァー・ローレンスは回想している。それはつまり、オーヴァーダブはいっさいなく、ふたりのあいだのやり取りも、まがいものではなかったということだ。[80] 最初の曲のオープニングと、二番目の曲につながる部分では、声質と音色がみごとに溶け合っているが、いずれの曲でもニルソンがオーケストラに負けまいと声を張り上げた結果、最後のセクションではしわがれ声になってしまっている。本人からすると不本意な比較かもしれないが、ここでの彼は明らかに、一九八二年にジョー・コッカーがジェニファー・ウォーンズとのデュエット曲〈愛と青春の旅立ち（Up Where We Belong）〉で聞かせるハスキーなヴォーカルを先取りしていた。

アルバムの最後のピース、彼とコーチマーが共作した〈ムーンシャイン・バンディット〉とコンラッド・モージ・ジュニアの〈ゾンビー・ジャンボリー（Zombie Jamboree）〉は、どちらも《俺たちは天使じゃない》のカリブ風味に立ち返った作品だ。

最終的にできあがったのは、前の三作に比べるとムラのないアルバムで、〈セイル・アウェイ〉と〈ザット・イズ・オール〉のカヴァーや悠揚とした新曲の〈真昼のまぶしさ〉では、リチャード・ペリー時代以来ひさびさにニルソンのすばらしい歌唱を聞くことができる。しかし焦点を絞りこみ、ファンに一貫したイメージを提示するという意味では、ローレンスのような熟練のプロデューサーと組んでカヴァー曲をうたうという戦略をもってしても、RCAの抱えるマーケティングの問題を解決することはできなかった。「彼の作品には実にたくさんの面というか、実にたくさんのアングルがあるから、一般的なリスナーには把握しきれないんだ」とクラウス・フォアマンは語っている。[81] ローレンスも同意見だった。「向こうがほしがっていたのは《ニルソン・シュミルソン》のようなアルバムだったけれど、ハリーはそれが気に入らなくて、アーティストでいる権利のために闘っていた」[82]

闘いはこのアルバムのタイトルを決める段階になっても続いた。スカトロ的な歌詞がいっさい出てこない、彼としては目いっぱいラジオ向きな曲をレコーディングすることで、マイク・バーニカーに歩み寄ったつもりでいたニルソンは、ここぞとばかりに男子学生的なユーモアのセンスを発揮し、《エルドリッジ&ビーヴァー・クリーヴァーUSA（Eldridge and Beaver Cleaver USA）》というタイトルを提案した（このフレーズは結局、ニルソンの部屋に張られたポスターの文言というかたちでジャケットに登場した）。〝ビーヴァー〟〔「女性の陰毛」という意味もある〕という言葉に難癖をつけられることがないように、ニルソンはバーニカーに宛てた提案書の中で、ブラック・パンサーの活動家〔エルドリッジ・クリーヴァー〕と一九五〇年代のTVに出ていた架空のキャラクター〔「ビーバーちゃん」のセオドア・クリーヴァー〕にちなんだ名前をレコードにつければ、現代のアメリカ社会を表現すると同時に「建国二百周年にふさわしいすてきなタイトル」になるだろうと説明した。RCAはうんと言わず、ニルソンが次に出した《ザ・レッグズ・ゴー・ファースト（The Legs Go First）》〔最初に脚がダメになる〕という、いくぶん高齢者寄りの案にも同様に気乗り薄だった。結局TVのニュースを観ているニルソンの写真をジャケットにあしらい、タイトルにはヴェテランのニュース・アンカー、ウォルター・クロンカイトの締めの言葉「……それが現実なのです（...that's the way it is)」を使うことになった。残念ながらクロンカイトからは、彼の画像をジャケットに使用する許可が下りず、ときおりこのフレーズを使っていたジョン・チャンセラーにも断られたため、タイトルの意味は伝わりにくくなってしまう。結局デザイナーはもうひとりの有名なニュースキャスター、エドワード・R・マローの画像を合成ではめこんだ。六五年に亡くなっていた彼なら、クレームをつけられる心配はなかったからだ。アルバムは七六年六月にリリースされ、そのすぐあとに〈セイル・アウェイ〉のシングルが続いた。だがバーニカーの思惑とはうらはらに、レコードはアルバム・チャートを百五十八位までしか上昇できず、売れ行き的には《俺たちは天使じゃない》や《眠りの精》を下回る結果になった。

第九章
パーフェクト・デイ

一緒にドライヴしよう、一緒に飛ぼう
ひと晩中ずっと、ぼくのとなりにいてほしい

《ハリーの真相》に対するマスコミの反応は、売り上げ数字に比べると悪くなかった。たとえば評論家のデイヴ・マーシュは、全国的に配信されていた「ローリングストーン」誌のコラムで「上出来な曲はすべて他人の作品だが、このレコードでのニルソンの歌唱——とりわけ、友人でもあるランディ・ニューマンの〈セイル・アウェイ〉での歌はここ数年でベストと言える」[1]と評している。おそらくはすでに世評が高かったおかげだろう、この曲はアルバムを代表するパフォーマンスに挙げられることが多く、後年のあるレヴュアーは「やみくもな愛国主義の誘惑をことごとく回避しつつ、この曲の高度なドラマを表現できる唯一のシンガー」と書いていた。[2] アレンジに細かく気を配り、おなじみの楽曲の上出来なカヴァーにオリジナルを入り交ぜたアルバムは、業界の関係者たちに、ニルソンがまだ無視できない創造力の持ち主であることをはっきりと思い知らせた——たとえ《ニルソン・シュミルソン》以降のアルバム五作は、以前の彼に期待されていたような大衆の支持を集めることができていなかったとしても。

「ステレオ・レヴュー」誌のノエル・コッページは、一九七〇年代中期のマーロン・ブランドやオーソン・ウェルズが映画の演技で遊んでいるように見えたのと同じように、ニルソンは今や遊び半分でアルバムづくりに臨み、結果的に自分自身を戯画化しているのではないか、と考えた。しかしコッページは〈セイル・アウェイ〉の〝原初の叫び《プライマル・スクリーム》〟だけでなく、〈真昼のまぶしさ〉にもアルバムを代表するオリジナル曲として高い評価を与えている。中でもとくに重い意味を持つのは、《ハリーの真相》やその直前のアルバム数作に「なんらかの意味を持たせる仕事は、もっぱらわれわれリスナーに任されていた」という彼の指摘だろう。[3] しかしニルソンに言わせると、それは完全に意図的なものだった。ＲＣＡや「ステレオ・レヴュー」のような雑誌が一貫性を求めていたのに対し、ニルソンは自分自身をそれとはまったく逆にとらえていた——「ぼくはゴードン・ジェンキンズやジョン・レノンと

仕事をしたり、《オブリオの不思議な旅》や《ランディ・ニューマンを歌う》をつくってきた自分のことを、ずっと史上最高の多角経営シンガーだと思っていた[4]」
しかし大多数の評論家がはっきりと復調を認めていたにもかかわらず、三月に《ハリーの真相》が完成すると、レコーディング・アーティストとしてのニルソンは、その年いっぱい活動停止期間に入ってしまう。その代わりに彼は家庭内のプロジェクトに取りかかった——彼自身とウーナのために、ロスアンジェルスでもとびきり風変わりな家を建てることだ。彼は一九七五年末にデレク・テイラーに出した手紙の中で、すでにこの計画に触れていた。「ぼくらの家を建ててくれる、建築家たちに会うつもりだ[5]」。だがウーナ・ニルソンによると、これは「建築家たち」というよりあるひとりの建築家——ニルソンがふと思い立って購入を決めた土地とはほとんどなんのつながりもなかった建築家との、思いがけない出会いがきっかけになっていた。

たぶん彼はまず、「家があったら素敵じゃないか？」と思ったんでしょう。ベルエアーのストラダ・ヴェッキア・ロードにあった貸家に暮らしながら、わたしたちは家探しをはじめましたが、どの家を見ても気に入りませんでした。そんなある日、ストラダ・ヴェッキアのデッキに立って外を見ていると、空き地が見えて、「ここにしよう！」となったんです。それでちょっと調べてみることにして。ハリーはベルエアーで暮らすというアイデアが気に入りました。とても美しい場所だったからです。それに建てられる住宅の数に制限があったので、あまり建てこんでいませんでした。で、空き地を見にいったら、売りに出ていることがわかったので、わたしたちが買い取って、すると……ちょうどその下の空き地で、家が建てられているところでした。その家を設計したのはＵＣＬＡで建築を教わっている学生だったので、わたしたちは彼の教師と話をしました。ユージン・カッパーというのが彼の名前ですが、そのユージンがわたしたちの家を設計することになったんです。家を建てたことのある人なら誰でもご存じのように、完成までには何年もの時間がかかります。それまでのあいだ、わたしたちはいろいろな家を借りて住みました。でも家を建てるというプロジェクトを体験したおかげで、本当に楽しい思いができたんです。あの建築家はメンバーが四人ぐらいいる建築家グループの一員で、シルヴァーズと呼ばれ、ポスト・モダニストの一派と見なされていました[6]。

カッパーはＵＣＬＡ建築学科の准教授で、ニルソンと出会ったころには、すでにいくつかの栄誉ある賞に輝いていた。

アカデミックな仕事と、ロスアンジェルスのさまざまなパートナーと組んで進める現役の建築家としてのプロジェクトを並行させていたため、シルヴァーズのほかのメンバーとは異なり、特定の事務所や特定のスタイルとの結びつきがなく、建築家の世界では「どの線にもコンセプトがあり、どの壁にも理論があり、どの建物にも哲学がある」という独自の設計哲学で知られていた[7]。ベルエアーのロッカ・プレイス一〇五四九番地の空き地は、彼にとってひとつの挑戦となった。岩がちな丘の斜面なので、家はほとんど、あるいはまったく平坦な部分がない土地に建てる必要がある。また山並みと街と海という、三つの方角を見晴るかした露頭にまたがっているので、理想を言えばその三つがすべてメインの居住スペースから見えるつくりにしなければならない。家は四エーカーの土地に囲まれ、外のスペースを最大限活かすためには、どこにどう配置するかも重要な問題となった。カッパーの解決策は、露頭の軸に沿って長い廊下を走らせ、その両端に眺めのいい部屋を広げていくというものだった。ウーナ・ニルソンの回想によると——

　この家を設計したとき、建築家は段ボールの小さな模型をつくったんですが、もうなにからなにまで楽しかったですね。彼はフロアープランを添えて、この模型を恩師のひとりに見せました。するとその恩師は「ふうむ、うん、うん、いやどこもかしこもおもしろい。でもいったいどこで、こんな家を建てさせる人間を見つけてきたのかね？」。でもそれをやらせるのがハリーという人でした。彼はあらゆる人たちが創造性を発揮してほしいと思っていましたし、その意味で建築家と仕事をするのは、彼からすると願ったり叶ったりだったんです。そして彼は、自分のやりたいことを追求する建築家に出会えたことを喜んでいました。もうとにかくすばらしい家で、違った方向から見るたびに違った形に見えてくる。早い時期の打ち合わせで建築家に希望を訊かれたとき、テーブルにはアルバムのジャケットが置いてあって、そこにニルソン・ハウス・プロダウションズの小さなロゴが載っていたんですが、それがまさしく〝ニルソン・ハウス〟でした。四つの窓と煙突があるだけの……それがとっかかりになったんです[8]。

カッパーはそのアイデアをもとに、どの高さから家を見ても、そのテーマが伝わってくるような設計を考えた。「これは子どもが画で描きそうな家だ」と彼は語っている。「玄関の庭は、家というものの原型的な物語を伝えている——ドア、窓、屋根、そして煙突だ[9]」。玄関の扉は（彼はあえて口にしなかったが）高さ九フィート、幅五フィートもあり、この建物のあらゆる部分で、彼は次元をもてあそんだ。玄関から続く広々とした廊下は建物を貫くようにして走り、だが次第に冗談かと思えるぐらい細くなって、バスルームに行き着く。キッチンは二倍の高さがあり、頭よりずっと高いところにシャッターで開閉する明かり取り用の窓がある。いくつかある二階建てのバスルームのひとつでも、一階の窓の一部はシャッターつきだった。カッパーの言によると、ニルソンの曲に触発されたという風変わりな意匠もあった――ドアのないポーチや、さまざまな空間に通じている柱列などがそうだ。しかしこの家が総体的に放っていたのは、陽気さと冒険の感覚だった。

基礎工事からおよそ三年を経て、ついに完成した家は建築評論家の注目するところとなった。それは主に、このスケールの私的なプロジェクトで建築家が自由にポストモダン的な実験をためせるケースは珍しかったからだ。細かな点についてはいくつか食い違いがあるかもしれないが、全体的にはスザンヌ・スティーヴンスがほぼ完成した建物について、「プログレッシヴ・アーキテクチャー」誌に寄せた文章が正鵠を射ていた。「実質的にこれは一種の舞踏譜だ。そこではうまく考え出されたステップが、ほかのステップと、目を見張るほどみごとなコンビネーションを織りなしている。そこからは強力な振りつけも生み出されるだろう。その土地に特有の素材、原型的な形態、そしてある種のモダニスト的な指針の適用は、こうした作業の統合と展開が、やがてはわれわれを〝モダニズムの彼方〟に誘ってくれることを示している」[10]

作業が本格的に開始されると、ニルソンはひんぱんに現場を訪れた。一九七六年の二月と三月におこなわれた《ハリーの真相》の最終的なセッションの最中にも、彼とトレヴァー・ローレンスはよくこの土地に寄り道していた。「土台に座って、飲みながらしゃべったんだ」とローレンスは回想している。[11]完成はまだずっと先だったものの、ニルソンはすでにそこが自分の家だと思っていたのではないか、というのが彼の見方だった。完成した家はやがて彼とウーナにとって、子育てにうってつけの場所となる。彼女はそこを〝ベビーサークル〟と評し、自分たちはきっと、おそろしく甘い親だったに違いない、とふり返っている。「やわらかい家具がたくさんあって、子どもたちはよく、ロフトからリヴィングに飛び下りていました」とウーナ。「廊下は百八十フィートぐらいあって、子どもたちはそこを自転車で行き来していたんです」[12]

ユージン・カッパーがしっかりと手綱を握る中、すでにニルソン・ハウスと呼ばれていた家の基礎が丘の斜面を掘ってつくられ、一九七六年の三月末に《ハリーの真相》が完成すると、ウーナとニルソンは四月いっぱいニューヨークで休暇を取ることにした。このふたりの訪問はたまたま、メンバーがロック・スター的な人気を獲得していたイギリスのコメディ一座の公演がこの街でおこなわれる時期と、タイミングが一致していた。『モンティ・パイソン・ライヴ！（Monty Python Live!）』は四月十四日にマンハッタンのシティ・センター・シアターで幕を開けた。ニルソンはすでに、リンゴやキース・ムーンやマーク・ボランとの酒宴を通じてグレアム・チャップマンと知り合っていたが、ここで彼は〝フライング・サーカス〟チームのそれ以外の面々とはじめて顔を合わせることになった。カーゾン・プレイスでイギリスのＴＶ番組を視聴し、アメリカでも一九七三年にＡＢＣ－ＴＶではじまった再放送を観ていたニルソンは、彼らの仕事ぶりをよく知っていた。ぞんざいに編集されてはいたものの、アメリカでの再放送はカルト的な人気を獲得し、熱狂的なファンは彼らの有名なスケッチを一語一句間違えずに暗誦することができた。パイソンズがＴＶと映画で披露した爆笑スケッチの選りすぐりを集めたステージは、その春の演劇界でもっとも話題を集めたイヴェントとなる。チャップマン、ジョン・クリーズ、テリー・ギリアム、エリック・アイドル、テリー・ジョーンズ、そしてマイケル・ペイリン（および常連の女性共演者、キャロル・クリーヴランド）のチームは「死んだオウム」、「バカ歩き省」、「ガンビー」、「討論教室」などのネタを披露し、観客は有名な台詞を一緒に口にした。毎晩、舞台はアイドルがうたう、女性の服を着たいと願うカナダ人の木こり男の物語〈木こりの歌（Lumberjack Song）〉で幕を閉じ、この曲には王立カナダ騎馬警察の隊員に扮した男性合唱隊がコーラスをつけた。

公演初日のパーティーにはコメディアンのチェヴィ・チェイスとジョン・ベルーシのほかにも、レナード・バーンスタインからポール・サイモン、ヴェテラン・ソングライターのアドルフ・グリーンからヴェルヴェット・アンダーグラウンドのジョン・ケイルまで、ありとあらゆる人々が顔をそろえた。ニューヨーク劇評界のドン、クライヴ・バーンズも彼らの舞台を激賞し、この期間限定公演はすぐさま完売になった。[13]

この街にはもうひとり、ジョージ・ハリスンというパイソンズ・ファンがいた。初日はパスしたものの、彼はその後、日程が中盤にさしかかったあたりで舞台を観に来た。彼はすでにエリック・アイドルと親交があった。この元ビートルがアイドルに出会ったのは、一九七五年にロスアンジェルスで開かれた映画『モンティ・パイソン・アンド・ホーリー・グレイル（Monty Python and the Holy Grail）』の試写会でのことで、アイドルはその後、ハリスンのソロ・アルバム《ジョージ・ハリスン帝国（Extra Texture）》の広告コピーを書き、〈ディス・ソング（This Song）〉という曲では、パイソンズ的な声をつけ足していた。劇場で再会し、ふたりでしゃべっていたとき、アイドルが急にあるアイデアを思いついた。

ぼくは「どうだろう、ステージに出てみないか？　ほら、木こりの格好をしてさ」と提案した。すると彼もやってみたいと言ってくれてね。木こりの格好をしてステージに立ったんだけど、誰にも気づかれなかった。ぼくはちゃんとその時の写真を持ってる。彼はその翌日から休暇に出かけ、ぼくとは一週間後に合流する予定になっていた。そんな時、六番街の通りでハリーに会ったんだ。俳優のエド・ベグリー・ジュニアと一緒で、たしか、ぼくともちょっとした知り合いだったエドがぼくらを紹介してくれたんだと思う。ハリーはジョージがステージに立った話を聞いていて、自分でもやってみたいと言いだした。そしてもちろん、彼はステージに立った……何杯か飲んだあとで。ハリーは千鳥足でステージに上がってきた。帽子はどうにかかぶっていたと思う。でも衣裳は全部前を開けたままで、サングラスをかけ、片手に酒瓶を持っていた。彼が千鳥足で動き回ると、みんな、「おいおい、誰がこんなやつを連れてきたんだ？」となった。パイソンズはすごく規律が厳しくて、いい加減な真似をするのは御法度なんだ。でもとにかく、ぼくらはそのネタをやり終えた。普通なら幕を下ろせるように、全員が一歩うしろに下がる。でもぼくらはみんな、「ハリーはどこだ？」となっていた。どうやら彼はまっすぐ客席に向かい、そのままステージから転落して、手首の骨を折ってしまったらしい。それっきり彼には会えなかった。[14]

ほかのパイソンズのメンバーたちは、彼ほどニルソンに寛容ではなかった。マイケル・ペイリンは「客席の最前列に向かってくずおれ、オーケストラ・ピットの木の縁から片脚を垂らしてなすすべもなく横たわる」前のニルソンが、「完全にラリった状態で、酒のにおいをプンプンさせていた」とふり返っている。ミュージシャンとしてパイソンズのライヴ・ツアーに参加していたソングライター兼シンガーのニール・イネスによると、〈木こりの歌〉でカナダの騎馬警察に扮して人知れずステージに立った〝高貴なゲスト〟はニルソンとハリスンだけではなかったが、ニルソン以外のゲストは全員、赤い衣裳を着たレギュラーのコーラス隊に紛れている自分のことを悟られないようにしていた。「ボタンの留め方を間違え、おしゃれすぎる帽子をかぶっていたのは彼だけだった。お辞儀をしたあとで立てなくなり、オーケストラ・ピットに姿を消したのも、ちょっとやりすぎな感じだったね[15]」

ほどなくニルソンとウーナはロスアンジェルスに戻り、ニルソンはそこで手首の回復を待った。西海岸に戻ってきた直後の彼が楽しんだ気晴らしのひとつが、レコード・プラントのオーナーたちが主催する沿岸クルーズだった。ビジネス・パートナーのひとりだったゲイリー・ケルグレンが百十フィートのヨットを水上スタジオに改装し、海でレコーディングしてみないかと、ミュージシャンたちに声をかけていたのだ。ケルグレンの最新型二十四トラック機材がもってしても、船のモーター音の問題をどうやって解消していたのかは定かでないが、彼はジム・ウェッブを口説いて水上でのレコーディングに挑ませ、ニルソンもグレン・キャンベルやスライ・ストーンといったスターたちとともに、少なくとも一回、サンフランシスコからメキシコのバハまでの海岸沿いを旅する、長めのレコーディング・クルーズに乗客として参加した。[16]

一九七五年の終わりに入国した時点では、ウーナとすぐに結婚する予定はないと移民局の役人に話していたニルソンだが、ふたりがそうできなかったのは、彼とダイアンの離婚訴訟がまだ最終的な審理に入っていないからだった。しかし七六年六月二十三日にようやく判決が出され、[17]ふたりは自由に結婚できる身分となった。しかも新居を建造中だったところに、ウーナの妊娠というニュースが届いたため、彼らはその夏のうちにそうすることにした。しかしこの結婚は、こうした事情から察せられるほど周到に計画されたものではなかった。ウーナによると、「ほんの気まぐれで決めたんです。月曜日に決めて、火曜日にはもう結婚していました」[18]。その火曜日とは七六年八月十二日のことで、セレモニーはロスアンジェルスのエアポート・マリオット・ホテルにあるパイロット・ラウンジのレセプション・スイートで開かれ、そこからニルソンとウーナはニューヨークに飛び、その足でロンドンに旅する予定になっていた（ロンドンのアパートは十二月から八月にかけて長期貸し出しされていたため、彼らがそこに戻るのは前年の秋以来のことだった）。ウーナはヴァン・ダイク・パークスがセレモニーを取り仕切る牧師を推薦し、式で音楽を演奏するアコーディオン奏者とヴァイオリニストを見つけてくれたと回想している。ケイタリングを担当したのは、以前アップルの有能な女性アシスタントだったクリス・オーデル。彼女とビジネス・パートナーのティナ・ファイアストーンは、リンゴの長年にわたる仕事仲間、ヒラリー・ジエラードの出資を得て、ロスアンジェルスでブレインズ・アンリミテッドというイヴェント会社を発足させていたが、この結婚はふたりの会社がはじめて手がけるショウビジネス界の大イヴェントだった。[19]新郎の介添人に予定されていたのはリンゴ・スターで、ニルソンはこうふり返っている。

結婚式の前日、リンゴはベヴァリー・ヒルズのティファニーに入り、指輪を見せてくれと頼んだ。いくつか見たあと、彼は店員に言った。「じゃあ全部持っていくことにしよう。使わなかったのは明日返すから。いいだろ？」。店員がなにか言おうとすると、リンゴはサングラスを下ろしてにっこり笑った。店員は彼にありがとうございますと言った。その後、リンゴはぼくとあと何人かとで酒を、それもしこたま酒を飲んだ。

　翌日、結婚式当日のぼくは二日酔いで地獄の思いをしていた。その日、最初にオーダーしたのはブランデーの大きめのショットを三杯。まだブルブル震えながら服を出し、さらにショットをもう二杯飲んで、まずは熱いシャワーを長めに、それから冷たいシャワーを浴びた。着替えをはじめるとマイク・タイソンのように汗が噴き出し、シャツを着るのはしばらく待つことにした。ナイトテーブルにすてきなコークのラインが八本あるのに気づいたぼくは、「かまうもんか、結婚するのは三度きりだ」となった。汗は止まらなかったけれど、少なくとも歩けそうな気はしてきた。リムジンが到着した。リンゴが幸運を祈ってコカインをくれ、リムジンの運転手も幸運を祈って一グラムくれた。ぼくはありがたく彼と一緒にもう少しやって、ついでに牧師も……一緒に一グラムやった。このころになるとぼくの震えはひどくなり、ほとんど立っていられなかった。リンゴがポケットから八個か十個の指輪を出した。二度ほどためして、彼はぴったりのサイズを見つけ出した。となると今度はぼくが金の四角いきれいな指輪を、生涯の恋人の震えていないデリケートな指にはめなきゃならない。リンゴがそんなぼくに気づき、「見ろよ、震えてるぜ」と言った。どうやら緊張しているせいだと思ったらしく、彼はぼくの震える手を止め、指輪を彼女の指にはめる手助けをしてくれた。[20]

　クリス・オーデルがまっ先に拍手し、ゲストたちにワインが出された。ニルソンは最後まで持ちこたえるために、ブランデーのフラスコ瓶をポケットに忍ばせていた。じきに彼とウーナは会場を離れ、ニューヨーク行きの飛行機に乗る空港までリムジンで急送された。ケネディ空港に着いたふたりは別のリムジンに迎えられ、マンハッタンでの定宿にしていたピエール・ホテルに運びこまれた。ベルボーイたちに名指しで挨拶をしながら、ニルソンは自分の部屋にレミー・マルタンのボトルを取り寄せ、友人たちを何人か呼んだ。スイートではじきに、本格的などんちゃん騒ぎがはじまった。ウーナは深夜十二時ごろベッドに退散したが、ニルソンは夜明けの銀色の光が分厚いカーテンの下から見えてくるまでずっと酒を飲み、タバコを吸い続けた。友人たちを送り出すと、ベッドルームに入って、花嫁を見下ろした。「なんてことをしてしまったんだろう？」と彼は思った。「なんたるマヌケ。なんたるスタートなんだ！」[21]。ヴァリウムを飲んで深い眠りに入った彼は、その日の朝、彼とウーナがキュナード・ラインの豪華客船、クイーン・エリザベスⅡ世号でイギリスへ旅立つ前に、客がひとり訪ねてくる予定になっていたことをすっかり失念していた。

　その謎めいた訪問客は、ＲＣＡのニューヨーク支社を通じてニルソンにコンタクトを取ってきた。ファンレター担当の秘書が一か月ほど前、目を通しておいたほうがよさそうな手紙があると連絡してきたのである。その手紙はかなり短く、差出人は彼の兄弟だと称する、ドレイク・ニルソンなる人物だった。興味を引かれたニルソンが電話をすると、ドレイクは彼に、一九五二年にシカゴのスティーヴンズ・ホテルに泊まったときのことを覚えているかと問いかけた。ウィンディ・シティをごく短期間だけ訪ねた子ども時代の思い出は脳裏にまだはっきり残っていたため、ニルソンはこのドレイクの話を真剣に聞きはじめた。電話からほどなくして、出生証明書の入った大判のマニラ封筒が届き、そこにはドレイクの生誕地が、ブルックリンのジェファーソン街七二六番と記されていた。これはマーティン家のアパートの住所で、そればかりかこの証明書には、ニルソンのおじのジョンが証人として署名していた。

　ではなぜニルソンがいっさいその存在を知らなかった兄弟が――異母兄弟のゲイリー以外に[22]――いきなりあらわれることになったのか？　ベット・ニルソンには明らかに、ことの事情をあまりつまびらかにしたくない理由があり、そのため出生証明書には、わざと混乱を招くような記述がなされていた。ドレイク・ニルソンがその先を引き継ぐ。

　母親はわたしのことを、長年、ハリーとミッシェル〔ニルソンの異父妹〕から秘密にしていました。わたしは一九四九年十一月二十一日生まれです。出生証明書によると、わたしは〝フローレンスとウルフ・ニルソン〟の子どもということになっています。生まれたのはブルックリンのブッシュウィック地域でした。両親の当時の住所はブルックリンのジェファーソン街七二六番。わたしの出生証明書は何か所かで間違っています。わたしを生んだ母親の名前はエリザベス、またの名をベット・ニルソンでした。父親の名前はハリー・E・ニルソンです。出生証明書ではフローレンス（わたしの母方の祖母の名前）とウルフ（母親の親友だったマーガレットのラスト・ネーム）になっていますが。養子に出されたことはありません。母親の友人や家族に預けられていましたが、それはあのころの母親が、母親になりたがっていなかったからなんです。ハリーと同じようにわたしもしばらくはシシーおばさんとフレッドおじさんに預けられ、ウルフ家にいたこともあります。マーガレットの旧姓はメリットといって、ヴィオラ・ラッシャーは彼女の妹でしたが、結局その彼女がわたしと暮らすことになりました。もし飲み代を出さなかったらこの子を殺す、とチャーリー・ウルフが妻のマーガレットを脅したからです。わたしは十八歳になるまでラッシャー家で過ごし、それから家を出て、ヴェトナム戦争中に海軍に入隊しました。一九七三年に復員すると、幼なじみのリンダと再会し、結婚しました。地元の花屋での仕事も再開し、一九八〇年には店のオーナーになっています。でもハリーが《ハリー・ニルソンの肖像》というアルバムを出したとき、そのアルバムのジャケットがあまりにわたしにそっくりだったせいで、それを買った友だちが「けっこういいぜ。名字もおまえとおんなじだし」と言ってわたしにもプレゼントしてくれたんです。アルバムを家に持ち帰ったわたしは、その音楽と恋に落ちました。この男にどことなく親しみを感じたんです。わたしは妻に背中を押されて、ようやくニューヨークのRCAのA&Rに連絡を取りました。するとハリーから電話があって、ふたりで会うことになったんです。[23]

一九七六年八月十三日の金曜日、ピエール・ホテルに到着したドレイクがスイートに向かったとき、ニルソンはとうてい彼を出迎えられる状態ではなかった。二時間眠ったか眠らないかで、四十八時間以上におよぶブランデーとコカインびたりに加え、ヴァリウムの効果を振りはらうのは容易なことではなかったのだ。ウーナが懸命に揺り起こそうとしたが、彼はなかば朦朧とした状態で、ドレイクにコーヒーを出してくれ、あとはシャキッとするまで十分の猶予がほしい、と彼女に告げた。最終的にニルソンはどうにか立ち上がり、バスローブをはおると、ウーナが置いていったオレンジ・ジュースのグラスを飲み干した。彼はこう語っている。「ぼくは足を止め、二度深呼吸してからリヴィング・ルームに入り、この一度も会ったことのない男と目を合わせた。彼が前に出てきて、ぼくらは抱き合った。彼はとても興奮している様子だったけれど、ぼくはこの哀れな身体が彼になにをされているのかもわからなかった[24]」

次第に正気を取り戻したニルソンは、それから二時間ほどコーヒーを飲み、ロールパンを食べながら、ウーナとともにドレイクの話を聞いた。ドレイクが友人から《ハリー・ニルソンの肖像》を入手したのは、ヴェトナムで負傷し、本国に送還された彼が回復に努めていた時期のことだった。RCAと連絡を取る前にも、多大な努力を払って家族の消息をつかもうとし、電話帳に載っているニューヨーク、ブルックリン、ニュージャージー在住のマーティンとニルソン全員に電話をかけるような真似までしていたが、なんの成果も得られずに終わっていた。ニルソンとドレイクは、ニルソンがロンドンから帰ってきたら、また連絡を取り合うことにした。だがドレイクのことを問い合わせようにも、もはやそれが叶わなくなっていた人物がひとりいた。ハリー・ニルソン・シニアである。彼は一九七五年の十一月二十五日に亡くなっていた。その月、ヨーロッパから帰ってきたニルソンは、すぐさまゲインズヴィルに飛び、亡くなる直前の父親に会うことができたのだが、その時の彼はまだドレイクの存在を知らなかった。

しかしドレイクに会ったあと、イギリスに出発する前に、ニルソンは母親に彼女なりの言いぶんを聞かせてほしいという手紙を出した。当時の彼女はLAエリアに腰を落ち着け、小さなアンティーク・ショップを経営していた。この手紙をきっかけに、ふたりはしばらくのあいだ、以前よりもひんぱんに連絡を取り合うようになり、そうする中で彼女は少しずつ、自分の過去を彼に打ち明けはじめた。

ロンドンに届いた最初の手紙のひとつは、ドレイクの問題に触れず、けれども結婚式をふり返って、ウーナが家族のメンバーに加わったことを、彼女がいかに喜んでいるかが記されていた。「わたしにもアイルランドの血が流れていますから」とベット・ニルソンは書いている。「あえて言わせてもらうなら、レプラカーン〔アイルランドの伝説に登場する妖精〕たちもこの結婚を知って、きっと緑の上で踊っていることでしょう！」。彼女はさらにこう続けた。「ウーナはこの世界の正しくて善良なものすべてに似ていました。彼女を正式に娘にすることができて、わたしは本当に幸せでした[25]」。自伝の草稿にニルソンは、ベットが「最終的には」ドレイクのことを彼に打ち明け、再会を果たしたあと、「彼女はドレイクを自分の息子として受け入れ、連絡を取り合っていた」と書いている[26]。しかし一九七六年八月の彼女がまず気にしていたのは、以前、ニルソンが借りていたストラダ・ヴェッキアの家からフォルクスワーゲンの〝あいつ《シング》〟を回収し、彼がヨーロッパにいるあいだ、異父妹のミッシェルに使わせるためにはどうすればいいのかという問題だった。もうひとつ、帰国後の彼がすぐに使えるタイミングで届く予定になっていたメルセデスの新車を、一時的にどこに置いておくかという問題もあった。この車はプリマス・アローの新車のTV‐CMに〈アローは友だち〉を使ったクライスラー社の現地ディーラーから彼に贈られたものだった。ヴァン・ダイク・パークスの回想によると――

連中はハリーに会いに来て、「どうしても〈アローは友だち〉を使いたいんです。あの曲はまさにうってつけだ」と言った。たしかにモーター・シティが打つ、大規模な広告キャンペーンにはうってつけの曲だった。ハリーはひとつだけ条件を出した――トップクラスのメルセデスがほしい、それで話は決まりだ、と。むろん最初にこの条件を聞いたとき、向こうはひどく侮辱された気分になって（彼がほしがっていたのは競合他社の車だった）、この話をご破算にしようとしたが、結局は彼の曲を使ったんだ。[27]

　ニルソンに宛てた手紙の中で、ベットが最大の失望を表明していたのは、舞台版『オブリオの不思議な旅』のイギリス公演が当初の十月から延期されたことだった。それに合わせてロンドンを訪ねるつもりでいたからだ。しかし延期にはなったものの、十二月の末にはバーナード・マイルズ卿のマーメイド・シアターでプレヴュー公演がおこなわれ、彼女も希望通り観ることができた。パドルドックにある、このいくぶん陰鬱な雰囲気のモダニスト的な建物は、ブラックフライアーズのテームズ川沿いに位置し、第二次世界大戦中に爆撃を受けた倉庫の敷地に建てられた、シティ・オブ・ロンドンで最新の劇場だった。

　もしかすると舞台の開幕が十月以降に延期されたのは、幸運なことだったのかもしれない。十一月に生まれる予定だったニルソンの新しい赤ん坊が無事十四日に誕生したからだ。ウーナによると――

> 長男のボウは、ウィンブルドンのセント・テレサ病院で生まれました。そこにわたしたちがどうしてもお願いしたい産科医の先生がいたんです。その先生はハーレー街に住んでいましたが、働いていたのはウィンブルドンでした。ほら、最初の子どもを身ごもったときは、誰でも理想に走りがちじゃないですか？　そしたらたまたま穏やかな出産のことを書いた本、フランスの本を読んで、それによると分娩室は静かであるべきだし、照明はあまり明るくせず、出産もあまり苦痛が残るような経験にしてはならないということだったので、わたしたちもそれに興味を持ち、あの先生に行き着いたんです。わたしたちが探していたのは、このやり方に沿ってくれる先生でした。[28]

　ボウが生まれると一家はカーゾン・プレイスに戻り、赤ん坊が飛行機でアメリカに帰れる歳になるまで、ここで暮らすことにした。翌月にかけてニルソンは、ウーナと息子と一緒に過ごし、と同時にイギリス版の『オブリオの不思議な旅』を軌道に乗せるために、家とマーメイド・シアターを忙しく行き来していた。ベットが新しい孫に会い、その舞台を観るためにアメリカから到着すると、ニルソンは大枚をはたいて、アパートにほど近い一流ホテル、イン・オン・ザ・パークに彼女を宿泊させた。しかしながら彼女は彼が「多忙すぎてほとんど会えない」と不満顔だった。ただしウーナや孫と過ごす時間はたっぷりあり、「ボウは太っていてハンサムで、アメリカの親戚たちにはまるっきり無関心だった」と報告している。[29]

開幕が遅れ、結果的にニルソンが予想よりもはるかに長い時間を劇場で過ごすことになったのは、イギリス版の舞台の音楽に彼が不満を覚えていたからだ。なにかがしっくり来なかったが、はっきりとは指摘できなかった。主要な役のオーディションにはすべて出席し、そんな中で彼は葉っぱ男役に起用されたデイヴィッド・デルヴの唄に伴奏をつけた男のことが忘れられずにいた。そのプレイには、彼がこの舞台に足りないと感じていたある種の趣きがあったのだ。その伴奏者がマイク・マクノートで、一九七〇年代の初期にロニー・スコットのクラブでロンドン・ジャズ・フォーなるグループを率い、この街ではすでに、かなり広く知られた男だった。このグループはビートルズの楽曲を洗練されたジャズのアレンジでレコーディングしていた。またもっと近いところでは、小さな木の玩具のノディ、手づかい人形のスクーティ、そしてクマのルパートといった有名なイギリスのキャラクターをフィーチャーした子ども向けのアルバムにデルヴと組んで曲を提供しており、オーディションでデルヴと披露したのも、そうした子ども向けの曲のひとつだった。マクノートの回想によると——

> 友だちの俳優のオーディションではけっこう弾く機会が多くてね。『オブリオの不思議な旅』の時は、いつもの家畜市場方式の代わりに、俳優たちはそれぞれ三十分の時間を与えられた。デイヴィッドが葉っぱ男（彼はその役をものにし、すばらしい演技を見せた）のセリフを読み上げ、わたしたちが書いた曲をうたっていると、だしぬけにニルソンがあらわれた。なぜか、わたしは彼がオーディションにやって来るとはこれっぽっちも思っていなかった。だが彼は誰がこの曲を書いたのかと訊ね、すごく気に入った、と言ってくれた。そしてほかにはないのか？　と訊いた。
> 「引き出しにいっぱいある」とわたしは答えた。
> 「ぜひ一緒にランチに行こう」と彼。
> 「いいとも」とわたしは答え、その時はそれきりだった。
> 一か月後に監督のロン・ペンバーから、昼食に招待された。なんでもリハーサルの途中なんだが、音楽的に少し問題があるようなので、ちょっと観に来てくれないか？　という話だった。ＭＤ（音楽監督）はまだ若く、とても才能

のある男だったが、なぜだか〝フィーリング〟をまるごとつかみ損ねていたので、わたしはその点を監督に指摘した。彼は「ハリーに話してもらったほうがいい」と言った。

ハリーは「どこで飲もうか？」と切り出し、それからわたしに引き継いでほしいと言ってきた。[30]

マクノートはこの仕事を引き受け、ニルソンのオリジナル曲と、舞台に必要とされる新たな楽曲の両方をアレンジした。イギリスのマスコミは、最初のプレヴュー公演が一九七六年の十二月十六日にはじまると報じ[31]、舞台はクリスマスの直後にマーメイド・シアターで正式に幕を開けた。これはこの年のマーメイドを代表する児童劇となった。

ロンドンの一般的な演劇界とはひと味違う、新鮮で風変わりな作品を提供する劇場として定評があったマーメイドが一般的にも人気を得ていたのは、一部に伝統的なパントマイムに新鮮な光を当てた季節限定の舞台のおかげだった（毎年恒例で上演される、J・M・バリの『ピーター・パン』のような作品のよりオーソドックスなヴァージョンはウェストエンドで観ることができた）。

マーメイド・シアターを設立したバーナード・マイルズ卿が広く知られるようになったのは、この劇場のもっとも有名な子ども向けエンターテインメント、ロバート・ルイス・スティーヴンソン原作の『宝島』で極悪非道な海賊のロング・ジョン・シルヴァーを演じたことがきっかけだった。はじめてこの役に扮したのは一九五九年。以来、彼は毎年のようにこの役を再演していたが（六八年だけはバリー・ハンフリーズがシルヴァーを演じた）、長年のあいだに舞台での人気は、ある評論家に言わせると「新次元の狂気[32]」をもって漂流者のベン・ガンを演じたコメディアンのスパイク・ミリガンにさらわれるようになる。それでも毎年恒例の海賊の舞台がまだ高い人気を誇っていたこの時期に、それとは別の舞台を上演するのは、劇場がニルソンに高い信頼を寄せていることの証だった。当の本人はマスコミにこう語っている。「開幕するのはクリスマスだけど、内容はパントマイムじゃない。ぼくらはそれとは別のことをやろうとしている。おもしろいのはイギリスの人たちがいつも、軽やかさや快活さをクリスマスと無条件で結びつけていることでね。アメリカとはそこが違っている[33]」。マーメイドはエクスクワイア・ジョーセムの脚色版ではなく、イギリス版の監督を務めるロン・ペンバーと、バーナード・マイルズ卿による新たな脚本を使うことにした。

この舞台でマイルズは、最初と最後に物語を読み聞かせるおじいさんを演じ、この役に関しては――ボストンの本公演におけるアーサー・フィールダーと同じように――映像で登場する。ただし実際の舞台でも、王様の役を演じて大いに存在感を発揮した。「ぼくは音楽と曲とダンスとジョークとTVと映画を全部同時に使いたいんだ」とニルソンは説明している。[34]コリン・ベネットが伯爵、オスカー・ジョーンズが岩男を演じ、オブリオ役はロイヤル・バレエ団のカリスマ的なプリンシパル、ウェイン・スリープ。マスコミは彼が自分の才能を最大限に活かすために、「ニルソンの楽曲を膨らませたナンバーに合わせて、みずから回転や旋回を多用したふりつけをつけた」と報じた。[35]

こうしたナンバー——自分では「見せびらかし」用と称していた——を手がけたマクノートは、全アンサンブルが強力な演技を見せ、スリープが空気より軽やかにオブリオを演じるロンドン版の舞台が「原作のマジックに近い」ところまで来ていると感じた。現にはじめて公開されたときからずっと映画版の大ファンだったマクノートは、効果的で現代的な子ども向けの楽曲の実例として、レコードやラジオのプロデューサーたちにしばしばニルソンのサウンドトラック・アルバムを聞かせていた。[36]

評論家にはおおむね好評を博し、客足も好調だったため、マーメイドはすぐさま翌年のクリスマスにもこの舞台を再演することにした。しかし全員が気に入っていたわけではなく、中でも批判派の急先鋒に立っていたのが、影響力の強い「パンチ」誌の劇評家、シェリダン・モーリイだった。舞台の「胸が悪くなるような愛嬌のふりまき方」を非難した彼は、なおも攻撃の手をゆるめず、「履き古した靴下の展示会並みにワクワクできて独創的な一夜の舞台」と酷評した。岩男に扮したオスカー・ジョーンズ、とりわけモーリイが「ルイ・アームストロングの上出来な物真似」といくぶん不正確に評した彼の歌唱と、フワフワでいささかとんがりの足りない犬のアローを操る人形師のポール・アイレットには、わずかに褒め言葉がかけられているが、そのあとはまた悪口雑言に逆戻りし——

> 全体的にはなんのまとまりもなく、最後まで見通すにはかなりの忍耐が必要とされる。だがそれはいかなる種類の忍耐なのか？　人種的？　性的？　政治的？　経済的？　たぶんその四つすべてだろう——これは最低限の説明すら省き、平均的な二歳の外国人に把握できる程度のディテールしか描こうとしていない作品なのだ。[37]

この舞台が十一週にわたって再演された翌年になると、モーリイは読者たちに「とうとう頭がおかしくなったマーメイドの経営陣は、ミュージカルの『オブリオの不思議な旅』をまた引っぱり出してきた。去年もひどかったが……」と報告した。彼に言わせると「元モンキーズのふたり、ミッキー・

ドレンツとデイヴィー・ジョーンズの参加」もこの作品を救うことはできなかった。[38] しかし彼はあくまでも少数派に過ぎず、たとえば「ザ・リスナー」誌は唯一の注意点として、「マーメイドで上演中の『オブリオの不思議な旅』は、実のところ非常に道徳的な作品だが、その理由で観に行かないのは間違っている」と書いた。「プレイズ＆プレイヤーズ」誌もやはり高い評価を与えている。[39]

一九七七／七八年の再演では舞台にかなり変化があり、中でもとくに大きかったのが、もともと『オブリオ』用に書かれた音楽のほかにも、ニルソンの曲がいくつか追加されたことだった。《ニルソン・シュミルソン》からは〈ガッタ・ゲット・アップ〉、そして《シュミルソン二世》からは〈想い出〉が採り入れられた（逆に、岩男に扮するオスカー・ジョーンズがソロでうたっていた《眠りの精》に収録の〈物憂い木曜日〉はカットされた）。七六年の舞台で追加された新曲の〈ブランケット・フォー・ア・セイル（Blanket for a Sail）〉はそのまま残され、ジョーンズをフィーチャーしたナンバーになった。舞台が再構成された理由は、ウェイン・スリープが再演には出演できないと発表したことを受け、新たにオブリオ役に起用されたデイヴィ・ジョーンズが、ドレンツも一緒に出せないだろうか、とニルソンに打診したことだった。

ローレルキャニオン時代からずっと、ニルソンはドレンツと固い友情で結ばれていたが、ジョーンズがメインでうたう曲をモンキーズに二曲提供していたわりに、彼とジョーンズはさほど親密ではなかった。その関係が変化したのは、一九七七年夏、リンゴ・スターが日本のレジャーウェア・メイカーのためにつくった一連の風変わりなＴＶ－ＣＭにバッキング・ヴォーカルをつけるために、ニルソンとジョーンズがごく短期間だけ日本を訪れたことがきっかけだった。スターはドーフマンのヴィデオで演じた宇宙船パイロットの役を再演し、このふたりはリンゴがリード・ヴォーカルを取る〈アイ・ラヴ・マイ・スーツ（I Love My Suit）〉に、〝ウー〟と〝アー〟で斬新なハーモニーをつけた。『オブリオ』のキャストにドレンツを参加させるというジョーンズの提案を、ニルソンはふたつ返事で受け入れた。

だが葉っぱ男と伯爵の息子のふた役にキャスティングされたとはいえ、ドレンツはしょせん端役だった。その一方で彼とジョーンズは、ロンドンに来る前に〝ドレンツ＆ジョーンズ〟名義でかつてのモンキーズのヒット曲をうたう一連のコンサートをおこない、デュオとしてある程度の地位を確立していた。そのためこのふたりが一緒にうたう曲を追加する運びとなったのである。〈ガッタ・ゲット・アップ〉は舞台の終盤に、このふたりの歌と踊りを前面に出したナンバーとして挿入され、振付はザ・フーのロック・オペラ、《トミー(Tommy)》の舞台化に協力したジリアン・グレゴリーが担当した。

舞台が開幕する数日前、一九七七年十二月十七日の土曜日にロンドン・ウィークエンド・テレヴィジョンの番組「アワ・ショウ(Our Show)」に出演したおかげで、ふたりの元モンキーの演目は後世に残された。彼らはまず十歳のスーザン・テリー(のちにBBCの昼メロドラマ「イーストエンダーズ〔East Enders〕」で主役を務める子役俳優)にインタヴューを受けたあと、マイク・マクノートの伴奏で曲を披露した。犬のアローがふたりにちょっかいを出す場面もあったが、この番組に登場した犬の人形はとても明るい青色で、体つきもひどく尖っていた。ちなみにこの人形を動かしたデイヴィッド・クラリッジはその後、イギリスの有名なパペット・キャラクター、ローランド・ラットの人形師としてかなりの名声を獲得している。[40]

画面で観る若々しいスターふたりは好感度満点で、実際にはしばらく前から、ほぼ完全に没交渉だったかつてのバンド仲間たちに関する質問にも如才なく答えていた。ふたりは見るからに相性がよく、舞台にとってはまたとない前ふりとなった。一九七八年がはじまると、サマンサと別れたばかりでしばらく陰々滅々とした日々を送っていたドレンツは、ニルソンのカーゾン・プレイスのアパートに移り住み、舞台俳優として新境地を切り開く日を心待ちにしていた。彼はこう書いている。「『オブリオ』は……軽やかですっきりとした空気の中で幕を開けたが、次第に感情面が汚染され、重苦しく曇ってきた」[41]。一、二週間のうちに彼とジョーンズの関係はこじれ、ふたりは舞台裏で激しい殴りあいを演じた。そして公演が終了すると、以後九年間、おたがいに口をきかなかった。バーナード・マイルズはこの再演に際し、ウェストエンドの劇場に場所を移して追加公演をおこなう計画を温めていたが、それが叶わなかったのは、もしかするとこのふたりの嵐のような関係が原因だったのかもしれない。それでもこのミュージカルは全公演が完売となり、その売り上げ金のおかげで、マーメイドは『オブリオ』に続く作品の上演が終った直後、しばらく改修のために劇場を閉鎖する余裕ができた。[42]

『オブリオ』への出演を経て、イギリスでTVと舞台の熟練した監督となるドレンツは、ステージ・ミュージカルとして見た場合、この舞台には欠点があったとふり返っている。かりにマーメイドよりももっと広い、そしてそのぶん客席との距離がある劇場に移ったとしても決してうまくいかなかっただろう、と彼は考えていた。TV映画ではフレッド・ウルフの視覚的な創意をさらに強調していたいくつかの曲も、舞台上で必須とされるストーリー運びにはかならずしも貢献していなかった。「舞台の劇的な場面の中には、曲がついていないものもあった」と彼は語っている。「それにそもそもミュージカルと呼ぶには曲の数が少なすぎたんだ。ウェイン・スリープがうまくいったのは、たぶん彼がこの作品をバレエにしてしまったからだろう」[43]

　両方の公演に参加したマイク・マクノートも同意見だった。彼からすると、ドレンツ／ジョーンズのヴァージョンは――オリジナル・キャストのアルバムに収録されたおかげで、ずっと広く知られてはいるものの――一九七六／七七年の舞台ほど満足の行くものではなかったのだ。彼はこう書いている。「デイヴィとミッキーの出たショウが、〝デイヴィ＆ミッキー・ショウ〟と化してしまったと言いたいわけではない。だがオリジナルにあった無邪気さは大部分失われてしまった。ふたりは懸命にがんばっていたが、物語から浮いているような感じは最後まで消えなかった」[44]

　しかしながら当のマクノートは一九七七年のはじめ、ニルソンの物語の中で中心的な役割を果たすことになる。四月に一家でロスアンジェルスに戻る前に、彼がＲＣＡでの新作アルバムをロンドンでつくることになったのだ。マクノートはこう語っている。

　一年目の上演の時、わたしがウェインのために書いたストリングスをとても気に入っていると言われたんだ。春になったらロンドンで新しいアルバムをレコーディングするという話だった。ストリングスとリズム・セクションを使う予定で、もう別のアレンジャーに依頼ずみだと言っていたけれど、その男のスケジュールが結局合わなくなってね。新年早々にハリーから新しいアルバムのアレンジを依頼されたんだ。[45]

　まったく名前が知られていないイギリス人アレンジャーの登用は、当然のようにＲＣＡの本社を狼狽させた。とくに《ハリーの真相》の売れ行きがそれ以前の作品にも増して思わしくなかったことから、余計にリスクが大きいと考えられたのだ。しかしながらニルソンは今や、他人の曲をカヴァーしたからといって自作曲をうたったときよりも売れるとは限らないと主張することができた。さらに彼はロビン・ジェフリー・ケーブルをエンジニア兼共同プロデューサーに起用するつもりでいた。リチャード・ペリーと組んだ二作のヒット・アルバムで仕事をともにした男である。またロンドンで『オブリオ』が上演され、〝ボウ〟がすくすくと育っていくかたわらで、曲づくりに割く時間がたっぷりあったニルソンは、ジョージ・ティプトン時代以降のどのアルバムよりも準備が整った状態でレコーディングに臨むことができた。マクノートによると——

わたしたちは上演期間中に曲を固めた。片隅でハリーがギターを出し、彼が弾いてくれる新曲をわたしのウォークマンで録音したんだ。曲の中で、使いたいコードが「楽器に載っていない」部分に行き当たると、彼は「きみが見つけてくれ！」と言って、そのまま弾き続ける。いくつかの例外をのぞくと、彼はそれぞれの曲の形を決めていく作業をわたしひとりに任せてくれた。それはもう徹底していて、たとえば最初に〈想いは君だけに（All I Think About Is You）〉をバンドでリハーサルしたとき、彼はそれがどの曲かわからなかったんだ！[46]

二月、ロンドンのオーディオ・インターナショナル・スタジオにストリング・オーケストラが召集され、ニルソンはもはや習い性となっていた手法を採用して、全曲をミュージシャンたちと生でうたった。午後七時から十時までのセッションで二曲を仕上げるのが目標とされ、ニルソンの声を護るために、レコーディングは二週間をかけて飛び飛びにおこなわれた。ニルソンのレコーディングの例にもれず、この時もパーティーじみた雰囲気が漂い、有名人の友だちや『オブリオ』のキャストが顔を見せていたが、ロスアンジェルスでのセッションに比べると落ち着いたもので、より集中した作業がおこなわれた。ある晩、グレアム・チャップマンがスタジオに立ち寄り、アルバムのタイトルは《プリック・アップ・ユア・イヤーズ（Prick Up Your Ears）》〔直訳すると「耳をそばだてろ」だが、“prick”には“ペニス”という意味もある〕にしてはどうかと提案したが、ＲＣＡに却下された[47]（その翌年に刊行された、ジョン・ラーの手になるロンドンの劇作家、ジョー・オートンの評伝のおかげで、このタイトルは広く知られるところとなった〔同タイトルで映画化され、邦題は『プリック・アップ』〕）。

セッションの模様の一部がポラロイド写真で記録された《プシー・キャッツ》の時と似たような形で、ニルソンは参加したミュージシャン全員に呼びかけ、毎晩、レコーディングの現場を撮影させた。《俺たちは天使じゃない》の内見開きでやったように、写真のコラージュをつくりたいと考えたのだ。その結果、ギタリストのフォギー・リトルとポール・キオウ、ベーシストのクリス・ローレンスとデイヴ・オルニー、パーカッショニストのトニー・カーとレイ・クーパー、そしてドラマーのバリー・デズーザとバリー・モーガンに加え、ローリー・ルイスが率いるストリングス・セクションを素のまま撮影した写真が残された。ルイスとマクノートはどちらもマーメイドで『オブリオ』の音楽を演奏するバンドのメンバーだったため、レコーディングの夜になると、ステージには代役を立てる必要があった。トータルで六回のセッションが予定されていたが、アルバムは思いのほか滞りなく進行し、五回ですべての作業が終了した。にもかかわらずニルソンは、最後のレコーディングが予定されていた夜にも、バンドをもう一度呼び集めてほしいとマクノートに依頼した。マクノートによると――

翌晩、全員がスタジオに到着すると、そこはパーティー用に飾り立てられていた。食べものも飲みものもなんでもあり。みんな大喜びしていたよ。ハリーもだけど。レコーディングは本当に順調だった。そう言えばあの晩は、パーカッショニストのトニー・ケイが途中で「マイク、ひどく気分が悪いんだ」と言ってきてね。少し飲みすぎたのかと思って理由を訊くと、「こんなにすてきなパーティーを開いてくれたハリーに楽器の運搬代を請求しなきゃならないからさ！」だとさ。[48]

オープニングの〈想いは君だけに〉が、アルバムのトーンを設定する――デイヴ・オルニーのフレットレス・エレキベースが奏でる洗練されたフレーズがストリングスのイントロを下から支え、ロンドンのセント・ポール大聖堂少年聖歌隊が高音をえんえんと引き伸ばす。もともと少年聖歌隊はクロージングの〈パーフェクト・デイ（Perfect Day）〉だけに登場する予定だった。だがそれがあまりに印象的だったので、ニルソンとマクノートはこのオープニング曲にも起用したのである。するとそこにわざとバリトンの音域に設定されたニルソンの声が入ってくる。力み返った高音や、〝ソウルフル〟な粗さはいっさいない。半オクターヴ下がってはいるものの、それは初期の時代における甘美な響きを奏でる楽器への回帰で、ストリングスと少年の合唱がその周囲に舞い降り、あるいは滝のように降り注ぐ。オーケストラがテーマを引き継ぐと、クリス・ローレンスのダブルベースがその下で即興を披露し、冒頭で聞けるオルニーのサウンドと繊細で微妙なコントラストを織りなす。「わたしは低音部を使って全体が流れるようなサウンドにしたかった」とマクノートは回想している。「だから彼らには、好きなようにやってくれと言ったんだ」。[49]当初のレヴューはこの点を取り上げ、たとえばリチャード・S・ジネルは、マクノートの仕事ぶりを「彼はオーケストラの持つ音響的な可能性をフルに活かした、イメージ豊かなアレンジを書く」と評している。レヴューによるとニルソンは、そのおかげで「今一度、彼の少なからぬメロディの才を自由に追求できる」ようになっていた。[50]

それがこのレコード全体を評価するための鍵となる。これは《シュミルソン二世》の一部や《プシー・キャッツ》の流れを汲んだロックンロールのアルバムではない。むしろ《夜のシュミルソン》のリリシズムと、《パンデモニアム・シャドウ・ショウ》や《空中バレー》のような風変わりな初期作品の興味深い混合物なのだ。

二曲目の〈こんなに淋しくなるなんて（I Never Thought I'd Get This Lonely)〉は、ニルソンが一九七三年に最初の原型をつくった曲からアイデアを拾い上げていた。[51] 一瞬だけファルセットの音域に入るこの曲には、少量のオーヴァーダビングとニルソンの口笛が用いられている。エンディングではスキャットと、音節を区切るインドのカルナータカ音楽風のリズムを大ざっぱに混ぜ合わせたような歌を聞くこともできるが、曲全体を彩る軽快でリズミックな雰囲気は、リチャード・ペリーのプロデュース作以来ひさびさにニルソンと嬉しい再会を果たしたレイ・クーパーの、思わず引きこまれてしまうパーカッションが生み出したものだ。ペリーの時と同じように、クーパーの独創的なアイデアの大部分はあとで追加されていた。ふたたびマクノートの回想によると——

> オーケストラが帰ると、ハリーとレイ・クーパーは毎晩のように、数え切れないほどあるレイのおもちゃコレクションから、パーカッションをオーヴァーダビングしていた。ハリーが得意にしていたのはブランデーのボトルを結婚指輪で鳴らす技だったけれど、夜がふけるにつれてボトルの中身も減り、おかげでロビン・ケーブルに「ハリー、音が変わってるぞ！」と文句を言われていたよ。

ニルソンお気に入りの喜劇俳優コンビが主演した『ザ・ローレル＆ハーディ・マーダー・ケース（The Laurel and Hardy Murder Case)』〔極楽殺人事件／日本未公開〕のプロットをなぞり、カントリーハウスものの殺人ミステリーにありがちなパターンを総ざらえにしたしゃべり主体の曲〈誰のしわざ？（Who Done It?)〉でのクーパーとマクノートは、手に手を組んであらゆる種類の音楽的なジョークや当てこすりを次々に投入する。まずベートーヴェンを好き勝手に引用した彼らは、続いて映画のサスペンス・シーンで多用されるストリングスのアレンジを茶化しはじめ、いずれも歌と歌の合間にたくみに挿入された銃声や時計の鐘や走る足音などでその効果を強調するのだ。

やはり一九七〇年代の初頭には原型ができていた〈ぼくに寄り添って（Lean On Me)〉は、ふたたびメインのヴォーカルでバリトンの声域に下がるものの、曲の終わりに向けて通常のテナーの音域、さらにはもっと高い音域にも挑んでいる。マクノートはピッチ決めに細かく気を使い、ニルソンの声が活きる舞台を設定した。そのため二番目のセクションでオーケストラがかなり盛り上がる部分でも、彼の歌声からはいっさい力みが感じられない。

〈ゴーイン・ダウン（Goin' Down）〉は《俺たちは天使じゃない》のセッション中にデモがつくられた曲で、今回はそこにスリム・ホイットマン風のヨーデルがつけ足されていた。決して上出来な曲とは言えず、〈想いは君だけに〉、〈ぼくに寄り添って〉、〈スイート・サレンダー（Sweet Surrender）〉、そして〈パーフェクト・デイ〉といったアルバムの核をなす曲の、温かでロマンティックな雰囲気にはうまく合致していない。不思議なことに、老いの予感を取り上げた〈オールド・ボーンズ（Old Bones）〉のどちらかと言うと気が塞ぐ歌詞のほうが、ずっとアルバムのムードには合っている。これはひとつには創意に富んだアレンジのおかげだろう。曲はヴァイオリニストたちが弓で弦を叩いてもろい骨のような音を出すスピッカートという奏法でスタートする。そしてクーパーの引っかくようなギロと、〈ジャンプ・イントゥ・ザ・ファイアー〉を彷彿させる瞬間もある断片的なヴォーカルのオーヴァーダブが、曲を通じて新奇さと独創性の高いレヴェルを維持するのだ。

　アルバムの中でニルソンがとりわけ気に入っていた曲が、〈ブランケット・フォー・アセイル〉だった（後年になって再度レコーディングしたほか、舞台版の『オブリオの不思議な旅』にも追加している）。初期のアルバムに数多く見られる、子ども時代をテーマにしたイノセントな楽曲に立ち返ったような作品だが、父親の不在というほろ苦い裏テーマはふくまれていない。これを生後三か月のボウに宛てた子守唄と見なす向きも多く、とりわけニルソンが「枕に頭を乗せて／そしたらお話をしてあげよう（Rest your head on a pillow／and I'll tell you a tale）」とうたっているのを聞くと、そうとしか思えなくなってくる。同様にユーモアで憂鬱さを吹き払う〈笑う男（Laughin' Man）〉も、まさしく子ども向けの曲と言えるだろう。一方で最後の曲――少年聖歌隊がふたたび登場し、マラ・ギブが控えめなバッキング・ヴォーカルをつける〈パーフェクト・デイ〉は、幸福感と満足感をにじませる、少し前に結婚したばかりの男の曲だ。これは《オブリオの不思議な旅》以来はじめて、怒りや苦悩に覆われた曲が一曲も入っていないニルソンのアルバムだった。なにしろ自分の感情に溺れていく男をうたった〈ゴーイン・ダウン（Goin' Down）〉までもが、なぜか前向きに聞こえてくるのだ――もっぱら活気のあるアレンジのおかげだとしても。

　アルバムのサウンドとフィーリングに満足したニルソンは、ここ何年かでいちばんの傑作と見なし[52]、三月に入るとケーブルとともにロンドンのＡＩＲスタジオで最終的なミックスに取りかかった。問題が起こったのは、すべてをRCAに送る段になったときだった。マイク・マクノートの回想によると――

どういうタイトルになる予定だったのか知らないが、《クニルソン（Knnillssonn）》じゃなかったことはたしかだ。ハリーは見開きのジャケットに、ミュージシャン全員の写真と名前を載せたいと考えていたので、バンドのメンバーはみんな、しょっちゅう写真を撮り合っていた。アートワークがどの段階まで進んでいたのかは知らない。知っているのはひとまとめにしてアメリカのRCAに送られた写真などの素材が、丸ごとなくなってしまったということだけだ。[53]

代わりのジャケットを早急にデザインする必要があったため、急遽クラウス・フォアマンが呼び寄せられた。ジョン・レノンの《心の壁、愛の橋》の内見開きを飾っていた写真――メガネを四つかけたレノンのポートレートが横三段に分割されていた――からヒントを得たフォアマンは、それと似たようなニルソンのポートレートに二組の眼を合成し、内見開きではふたつの口があるポートレートと、ふたつの髭があるポートレートを向き合わせることにした――「きみはきみ自身を見る……ありのままのぼくとして」という、いささかややこしい説明文を添えて。このデザインは、子音をダブらせてつづったニルソンの名前というアルバムのタイトルに引っかけたもので、当人はデビュー以来、ずっと名前のつづりを誤記されてきたので、そろそろ自分でやってやろうと思った、と冗談交じりに語っている。

「ジャケットの写真を撮ったのはわたしじゃない」とフォアマンは語っている。「でもああいう写真にしたのはわたしのアイデアだ。撮影が終わるとわたしはすぐさまデザインに取りかかった」[54]。参加ミュージシャン全員が登場する、にぎやかで動きのある見開きジャケットというニルソンの当初の構想とはうらはらに、《クニルソン》には彼の顔だけに焦点を当てた、味気のないモノクロームのジャケットがあてがわれた。RCAは眼の穴を余計に開け、「わが耳を疑うがいい」という惹句を添えたニルソンのお面をプロモーション用に配布した。

アルバムは七月にリリースされ、当初のレヴューはどれもことのほか好意的だった。「もしニルソンがあなたのお気に入りで、彼の音楽はすばらしくロマンティックだと思っているとしたら、このアルバムには満足すること請け合いだ。彼としてもベストのひとつ」[55]はその典型例だ。「ハリー・ニルソンはようやく、《シュミルソン》時代のLPに匹敵するアルバムをリリースした」[56]という評文も同じくだった。かつて全国配信のコラムで、彼の歌唱は称賛しつつも《ハリーの真相》には控えめな評価しか与えなかったデイヴ・マーシュは、このアルバムにもやはり不満を抱いた。長年ニルソンに批判的だった彼のコメントの中で前向きな内容と言えるのは、せいぜい「全体的な真摯さのおかげで、クルーナーのパロディ的な要素が悪目立ちしていない」[57]ぐらいしかない。だが大半の評論家はマーシュと意見を違え、「ハリー・ニルソンの美しくてソフトなテナー・ヴォイスのおかげで、新曲はどれもなめらかで聞きやすく、このライター兼シンガーの代名詞ともなっている、きらびやかでカミソリのように研ぎ澄まされたオーケストレーションがヴォーカルを際立たせている」[58]という「ビルボード」の評文を支持していた。たとえばランディ・ニューマンの歌詞であつかわれている重みのある話題に比べると、一部の曲はいくぶん底が浅すぎるのではないかという見方もあった。だがもっとも正鵠を射ていたのは、「いにしえのニルソンのスタジオ・マジックこそが、《クニルソン》の本当の聞きどころなのだ」と述べた、「ステレオ・レヴュー」誌のノエル・コッページによるレヴューだった[59]。彼はこの「ぶしつけなまでに個人的な」アルバムを、その「ストリングスの知的な用い方」によって讃え、いくつかの曲でニルソンが、ステレオの音像を利用して自分のヴォーカル（とそれに伴うパーカッションの効果）を増強していることや、オーケストラと彼のやり取りがあっぱれなまでに複雑で、リズム的にもこみ入っていることを指摘した。

それ以外にもこのアルバムを取り上げたレヴューや記事は、《プシー・キャッツ》以来の多さとなり、フォアマンのアルバム・デザインをトランプやお面や紙媒体向けの広告に流用した販売促進キャンペーンは、十年前《パンデモニアム・シャドウ・ショウ》のために展開された〝ホンモノ《ザ・トゥルー・ワン》〟のプロモーションなみに規模が大きかった。六月、RCAはB面に〈ゴーイン・ダウン〉を収めた〈ぼくに寄り添って〉の限定版シングルを「一九七七年を代表する作品となること必至のアルバムからの極秘試聴曲《スニーク・プレヴュー》」と銘打ってマスコミに配布した。アルバムのリリースから数週間のうちに、〈オールド・ボーンズ〉をB面に収めた〈想いは君だけに〉と〈パーフェクト・デイ〉をB面に収めた〈誰のしわざ？〉が、これもまた複数の眼というフォアマンのテーマを引き継いだジャケットでシングル・カットされた。

だがそれ以上に異様だったのが〈想いは君だけに〉の映像版で、四分間にわたり、目を閉じてこの曲をうたうニルソンのクローズアップが映し出される。ただしその顔の下半分には二組めの眼が合成され、どことなく不気味なその眼は彼がうたうあいだ、ずっとあたりを見回しているのだ。ミュージシャンが口パクやライヴで最新シングルを披露するチャート番組の一部は、当該のミュージシャンが出演できない場合、代わりに短いフィルムを流すようになっていたため、この映像もそうした番組を放送していたTV局（たとえばロンドンのBBC）に送付された。アルバムがリリースされた時点では、ニルソンもレコード会社のあつかいに満足していた――少なくとも八月十六日にエルヴィス・プレスリーが亡くなるまでは。以来、彼の見るところでは、RCAは亡くなったベストセラー・アーティストに全力を投入し、生きているかつてのベストセラー・アーティストのことは完全に忘れ去っていた。ニルソンは数々のインタヴューで、契約より三枚早くレコード会社との関係を絶つことになったのは、エルヴィスの死が原因だったと語っている。

RCAがエルヴィスの死に乗じて過去の作品を大々的に売り出し、工場でも彼のシングルやLPの再プレスを最優先していたのは疑いのない事実だろう。とは言ってもこの会社がニルソンを完全に見放していたわけではない。現に紙媒体での広告は続行され、一九七七年のホリデー・シーズンに向けたプロモーション用のクリスマス・カード――「ハリー抜きのクリスマスなんでクリスマスじゃない」という惹句が添えられていた――もつくられている。だが実際には過去三作のアルバムよりもはるかに一貫性のある、ターゲットを絞ったマーケティングをよそに、《クニルソン》は大衆の関心を十分にとらえることができず、アルバム・チャートでは百八位にランクされ、十週間その座に留まったものの、《プシー・キャッツ》のように百位圏内に食いこむことはできなかった。よく言えば幅の広い分類不能なアーティスト、悪く言えば恐ろしく首尾一貫しないアーティストでいたいというニルソンの欲求が、ファンを彼から遠ざける結果となってしまったのだ。

一九七七年末、イギリスで二度めの開幕を迎える『オブリオの不思議な旅』のために、ニルソンとウーナとボウは短期間だけイギリスを訪れ――母子は数日ダブリンに寄り道をした――その後ロスアンジェルスに戻った。ベルエアーの新居は完成前だったので、一家は一九七八年をさまざまな貸家で過ごした。ニルソンは次第にRCAに対する不満をつのらせていたが、《クニルソン》のクリスマス・キャンペーンはまだ進行中で、新しい年に入るとすぐRCAのスタジオでレコーディング・セッションがおこなわれる予定になっていた。

一月三日、ニルソンは俳優のジーン・ワイルダーが監督、主演する映画『爆笑！世紀のスター誕生（The World's Greatest Lover）』のエンディング・クレジットで使うためにみずから書いた〈エイント・イット・カインダ・ワンダフル（Ain't It Kinda Wonderful）〉のシングル・ヴァージョンをレコーディングした。[60] 映画はトーキー直前のハリウッドが舞台で、ニルソンの歌声につけられたバッキングも一九二〇年代のジャズを模して、バンジョーがコードをかき鳴らし、うたっている最中もクラリネットとミュートしたトランペットが鳴り続ける。ニルソンの歌声は若かりしころのマジックをみごとに取り戻していた。一九六〇年代のレコードと同じくらい澄み切っていて、若々しく聞こえ、雰囲気は〈忘れられた鉄道〉のそれとよく似ている。映画ではヴァースがひとつ使われただけだが、公開に合わせてリリースされたシングルには、エンディングに追加のヴォーカル・セクションがあり、これがRCAスタジオにおける彼の最後のレコーディングとなった。皮肉にも、映画の予告編ではニルソンの声を聞くことができなかった。まだロスアンジェルスに戻っていなかったのでヴォーカル入れが間に合わず、そのため公開までの数か月間、映画館の観客たちは、ニルソンならこううたうのではないかと考えたジーン・ワイルダーの歌真似を聞かされる羽目になったのだ。

ニルソンの声がお世辞抜きで、初期の時代の美しさとしなやかさにかなり近づいたと言えるようになったとたん、彼とRCAの契約が唐突に打ち切られたのは、悲しい運命のいたずらだった。かりにニルソンが《クニルソン》に対する会社の力の入れように不満を抱いていたとしても、時がたてば彼らが実はそれなりにプロモーションに精出していたことを認めたかもしれない。しかしRCAはそうなる前に、こっそりと、彼の激しい怒りを買うような真似をしようとしていた。

会社は彼にはなんの相談もなく、《グレーテスト・ヒッツ(Greatest Hits)》と題する〝ベスト・アルバム〟を編集した。個々のアルバムをひとつのまとまった作品と考えていただけでなく、ひとつひとつの曲の順番や配置にも気を遣っていたニルソンのようなアーティストにとって、曲をランダムに集めたアルバムを出すのは作品に対する冒瀆にも等しい行為だった。RCAの側からすると、これはニルソンに支払った前払い金の一部を回収するために取った、苦肉の策にほかならなかったのだが、彼は自分が死ぬかRCAを離れない限り、〝ベスト・アルバム〟のリリースはありえないという姿勢を崩さなかった。

しかも彼をさらに侮辱するかのように、ジャケットには合成写真が使われていた。こちら側に背を向けて鏡を手にしているのは、RCAに配達に来たところをスカウトされた、ケン・ルペンズというそこそこニルソン似のメッセンジャーだったのである。彼が見ている自分の鏡像は、実のところ、《プシー・キャッツ》のジャケットから、帽子をかぶったニルソンの写真を裏焼きにして合成したものだった。「まさしくクズだ、そう思わないか？」とニルソンは、それからかなりの年月を経て彼にインタヴューしたドーン・イーデンに問いかけている。[61] 一九七四年四月の合意通り、残る三枚のアルバムをつくっていれば、彼はレコーディングの経費こみで、それぞれにつき五十六万二千五百ドルを受け取ることができた。しかし彼は百五百万ドルの支払いを受けて契約を打ち切った。[62] 十一年にわたる彼のＲＣＡ時代は終わったのだ。

第十章 イッツ・ソー・イージー

なにが見える？
ぼくのことを見透かしたとき

ＲＣＡを離脱した直後のニルソンは、別のレーベルに移籍する可能性を口にしていた。一九七八年四月、破局のわずか六週間後に受けたインタヴューの中で、イギリス人ジャーナリストのコリン・リチャードソンにどんな会社が念頭にあるのかと訊かれた彼は、ワーナー・ブラザース、Ａ＆Ｍ、コロムビアの名前を挙げている。彼はまた、自分にはこの先まだ何枚かのアルバムをつくる余力が残されていると思う、とくり返し主張していた。デレク・テイラー（依然として彼はロンドンのワーナーで特別企画部門を取り仕切っていた）との長いつき合いから、この会社がもっとも有望視されていたものの、ニルソンは決して自分がＲＣＡよりもはるかに規模が大きい会社と契約できるとは思っていなかった。

> ワーナー・ブラザースはアメリカで売られているレコードの六十パーセントに絡んでいる。言っとくけどアメリカにはレコード会社が一千二百社あって、毎年、六千二百枚のシングルがリリースされているんだ。ワーナーは大会社で、音楽の六十パーセントを管理している。しかもあそこはつい最近ポール・サイモンと契約した……思わず食いつかずにはいられない大物だよ。一方でぼくは冷え切っているし、もう何年もヒットを出していない……向こうがこんなぼくを引き取るとは思えないし、ぼくもそんなところでヒットを出すために無理はしたくないんだ。[1]

この発言は彼が自分の立場を驚くほどよくわかっていたことの証であると同時に、ベスト盤の《グレーテスト・ヒッツ》をめぐる騒ぎのあいだに、ＲＣＡとのあいだで交わされた議論をほぼ確実に引きずっていた（すったもんだのあげくにリリースされたアルバムは、チャートを百四十位まで上がるのが精いっぱいだった）。またＲＣＡを離れる過程にあった時期に、ニルソンがデレク・テイラーと詰めた話をしていた可能性もきわめて高い。彼はワーナーに所属したまま、他社で《夜のシュミルソン》をプロデュースするという羨むべき立場にあったため、ニルソンのレコードが売れようと売れまいと、自分ではいっさいリスクを背負う必要がなかった。この時期のニルソンの人生をふり返って、テイラーはこう語っている。

このころになるとハリーがやたらと方向性を変えたり、転換したりするせいで、リスナーはすっかり混乱して彼に対する興味を失ってしまった。ついていけなくなったんだ。むろん、ハリーにはもくろみがあった。それは自分のやりたいことを、自分の組みたい相手と、自分のやりたいときに、自分のやり方でやるということだ。でもこれはある一定の人々、そしてフォーマットの類に縛られていた放送局にとってもハードルの高すぎる要求だった。[2]

その結果、ニルソンがすぐさま新しいレコード契約を結ぶことはなかったものの、やがて実を結ぶその他のアイデアにはすでに手をつけていた。『オブリオの不思議な旅』が最初にロンドンで上演されたとき、彼は企画中のふたつの舞台、『サパタ』と『バーナム（Barnum）』のために曲を書いているところだ、とジャーナリストたちに語っていた。[3] このふたつのアイデアのうち、『バーナム』は結局企画止まりに終わったが――ただしニルソンは数点のスケッチを残している――『サパタ』は一九八〇年に日の目を見ることになる。

もうひとつ、やはり実現までに長い時間を要するプロジェクトが、しばらく前からゆっくりと始動していた。一九七七年のなかば、ロンドンからロスアンジェルスに戻っていた時期に、ニルソンは映画プロデューサー、ロバート・エヴァンズの自宅に招待された。エヴァンズはパラマウントを説得し、新聞コミックのキャラクター、ポパイの映画化権を買わせることに成功していた。エヴァンズはもともと主人公役にダスティン・ホフマンをキャスティングしていたが、彼はエヴァンズが脚本に迎えた風刺作家でコミック作家で劇作家のジュールス・ファイファーと反りが合わなかったせいで降板した。これでプロジェクトそのものも終わりかと思われたが、エヴァンズは折しもTVシリーズ「モーク&ミンディ（Mork and Mindy）」で人気上昇中だった若手コメディアンのロビン・ウィリアムズを抜擢して、映画会社の関心をつなぎとめた。音楽を依頼されたニルソンは光栄に思ったが、はたして自分は本当に、生身の俳優が新聞コミックの水夫を演じるミュージカル映画の曲を書きたいのだろうか、とおぼつかない気持ちでいた。

「ぼくらは二、三杯ウォッカを飲んだ」とニルソンは語っている。「そしてぼくは彼に『ポパイ』をやるのはあまりいいアイデアとは思えないと言った」[4]。どうせ投資するのなら、とニルソンは冗談交じりで代わりの企画をいくつかエヴァンズに提案し、もう二度と連絡はないだろうと思いながらその場を辞した。しかしその数か月後、エヴァンズが暫定的にロバート・アルトマンを監督に指名すると、ニルソンにお得意の子どもっぽい気まぐれなスタイルで曲を書かせるというアイデアに未練があったふたりは、ふたたび彼と連絡を取りはじめた。実際に作業がはじまるのは一九七九年のことだったが、ニルソンはとうの昔に、映画や舞台のミュージカルは一夜で実現するようなものではないことを骨身にしみて理解していた。

その間に彼は、これからの一年あまりをどうやって使うかについて、それ以外にもいくつかの決断を下していた。一九七八年に入ったら、ニルソンはロンドンとロスアンジェルスを行き来する代わりに、実質的にすべての時間をアメリカで過ごすつもりでいた。コンコルドのおかげで移動時間は恐ろしく短縮され、ニューヨークからロンドンにわずか三時間で行き着けるようになっていたが、それでも長年にわたる飛行機嫌いは治まらなかった。だがいかに彼とウーナがＱＥ２での船旅を楽しんでいようと、これは決して効率的な移動の手段とは言えなかった。そこで彼はミッキー・ドレンツが『オブリオの不思議な旅』への出演を終えると同時に、ロンドンのアパートをキース・ムーンに貸すことにした。ニルソンとムーンのコンビは長年のあいだに、何度か放蕩の限りを尽くした冒険をくり広げていたが、それでもニルソンは彼に任せれば、自分のフラットをきちんと管理してくれるだろうと確信していた。その大きな根拠のひとつが、そこを以前ムーンに短期間貸していたことで、ニルソンはコリン・リチャードソンにこう語っている。

キースはあそこにうってつけだった。つまり、キースは狂人として知られているけれど、はっきり言って紳士だし、善人なんだ。いい男さ。それに彼のハートはこの部屋よりもでっかい。キースはきちんとこの部屋の面倒を見てくれたけれど、それは彼がこの部屋を尊重し、理解していたからでね。彼はきちんと面倒を見てくれた。だから今回もキース・ムーンに貸すことにしたのさ。[5]

一九七八年春、ニルソンはロスアンジェルスで比較的安定した暮らしを送りはじめた。たいていの時間はウーナとボウとともに貸家で過ごしていたが、ときおりなんの前ぶれもなく友だちの家を訪ね、一緒に食事か飲みに行かないかと誘うこともあった。友人たちはそうした誘いを受けると、警戒心をあらわにした。たとえばジミー・ウェッブによると――

楽しかったよ。単純に家を出ると、いつ帰れるのかわからなかっただけで。そこがマイナス面だった。「じゃあちょっとハリーと出かけてくるよ」と奥さんに声をかけると、「まさか！　いつ帰ってくるつもりなの？」となっていたからね。[6]

ヴァン・ダイク・パークスもニルソンにかっさらわれ、人生を一、二日無駄にする羽目になった友人のひとりだった。

本当に楽しかった。すごく遠慮がない感じでね、彼はわたしの悪口雑言によく耐えてくれたし、逆にその影響を受けていた。だが……彼は権力をかさに着る人間に、ほとんど敵意に近いものを抱きはじめた。それは彼が愚かさに耐えられなかったからだ。彼はとにかくバカと一緒にいるのを嫌がった。だからすごく気が短かった。でもわたしたちはおたがいのことを深く尊敬し合っていたし、あれはとてもワクワクする関係だったと思う。ただしわたしはあらゆる点で、彼には正直に接していた。家に帰る時間が来ればそう言っていたし、車を呼ぶと「先に乗りなよ」と言ってくれた。いたってシンプルな話でね。彼は別の車をつかまえていた。[7]

こうした外出を友人たちは、〝ハリー・ライド〟と呼ぶようになった。午後遅くの〝ランチ〟のために、しばしばオフィスからニルソンのリムジンで連れ出されていた弁護士のリー・ブラックマンによると、誰もそうした冒険がいつ、どこで終わるのか知らなかった。[8] しかしニルソンの当意即妙のウィット、知性、そしてさまざまな層の人々と仲良くなる才能のおかげで、それらは決まって大いに楽しめるものとなり、それどころか本人の家族までが、こうしたイヴェントに対する彼の好みに巻きこまれるようになっていた。二度目に結婚したダイアンとのあいだに生まれた息子のザックは、北カリフォルニアに暮らす彼と母親が父親からの招待状を受け取ったのは、このころのことだったと記憶している。

ハリーに何日かディスニーランドで一緒に過ごさないかと言われたんだ。むろんそれはぼくからすると、幸せになることに興味があるか、と訊かれるようなものだった。というわけで話が決まり、ぼくは飛行機でハリーに会いにいった。ぼくらは一緒にディスニーランドに向かい、ディスニーランド・ホテルにチェックインした。部屋に荷物を持っていくと、そこはとてもすてきなダブルの部屋で、そのあとぼくらは下に降りた。最初の行き先？　バーさ。ぼくは喜んで彼のあとを追い、ラウンジ・エリアをウロウロしながら〝ハリー・ショウ〟のはじまりを見ていた。もう我慢できなくなっていたんだ。人としゃべるのが大好きだったし、ファンのことも大好きだった。バーの客たちが彼に気づきはじめると、彼は注目の的になり、じきにそのまわりには、人の群れができていた。みんなが彼のことを愛していたし、ぼくもその時は彼と同じ部屋にいられることを、心の底から嬉しく思った。でも二時間もすると退屈してきて、部屋に戻るから、とハリーに言いに行った。彼はわかったと言ってぼくの額にキスし、おやすみと言った。ぼくは彼をハグした。バーを出たときのハリーはピアノのところに行って、みんなのためにうたいはじめていた。

　ぐっすり眠っていた午前三時ごろ、ドアをノックする音と、「ザック？　ザック？　中に入れてくれ。部屋の鍵がないんだ。ザック？」という、ささやきとつぶやきが混じったような声が聞こえてきた。少したって事情を理解したぼくは、寝ぼけまなこをこすりながら彼を中に入れた。ハリーは「ありがとう」とろれつの回らない舌で言って、そのままベッドに倒れこんだ。ぼくは彼がちゃんと寝ているのを確かめてから、また眠りに就いた。

　次の日、ディスニーランドを歩いていたとき、これははっきり覚えているんだけど、ぼくがスペース・マウンテンに乗りたいと言いだして、彼にも一緒に乗ってほしいとせがんだんだ。今ならよくわかるんだけど、彼はたぶんひどい二日酔いだったんだと思う。眼を細めていたし、歩くのもひどくゆっくりだったからだ。彼は優しい声でひとりで乗りなさいと言って、自分は見ていようとしたけれど、ぼくは一緒に乗ってとせがみ続けた。知っての通りぼくの父親はとても心根の優しい男だから、はねつけるなんて真似はとうていできやしない。というわけでふたりでスペース・マウンテンに乗ったんだけど、彼はきっと地獄の思いだったんじゃないかな。でも精いっぱい気取られないようにしていたし、おかげでぼくはとても幸せな気分になれた。[9]

　一九七八年の初頭以降、ニルソンは多くの時間をベルエアー・ホテルのバーで過ごすようになり、ついにはそこを自分の〝オフィス〟と呼びはじめた。クラウス・フォアマンはニルソンが昼ごろ起き、「新聞を買ってくる」と言い残して外出すると、その足でベルエアーのホテルに向かって一杯めのブランデー・アレクサンダーを注文していた、と回想している。[10]ホテルはストーンキャニオン・ロードの坂の上にあり、現在はすっかり近代化されているものの、一九七〇年代当時はまだ独自の雰囲気を放っていた。建物の一部はもともとても美しい石造りの厩舎で、そこを念入りに改装して使っていたが、おかげでこのホテルには時代を超越しているようなところがあった。ホテルは当時も人目を忍ぶようにして建っている。だがそれでいてサンセット大通りには恐ろしく近かった。

一九七〇年代のある時期、バーが閉まってもまだ、そこでしばしば宴をくり広げていたニルソンは、スタッフが帰ったあとでも戸締まりができるように鍵を一セット手渡された[11]。ここが彼の主なもてなしの場――とりわけ、ニルソン・ハウスに移り住む前の数か月は――となり、彼の社交仲間たちは、陽気なおしゃべりや熱のこもった議論をくり広げた。ニルソンの新たな親友となったエリック・アイドルは、このころになるとロスアンジェルスに定住していた。

　ハリーとは何百万という夜をともにしたよ。彼の地元にあったベルエアーのバーでね。彼は〝カミカゼ〟のように議論をする男なんだ。まるでアイルランド人のボクサーだった。向こうから飛びかかってきて、次の瞬間にはどこを蹴られるのか見当もつかない。彼の議論はルール無用だった。なにしろ四回言い負かされても、また同じ議論を蒸し返そうとするんだ。ヨークシャーのブラスバンドじゃあるまいし、図々《ブラス》しいにもほどがある……でも引きこまれてしまうのさ。もう完全に引きこまれてしまう……とにかくこの男と一緒にいたい、とことん酔っぱらってしまいたいという気にさせられるんだ。実際にもよくそうなったし[12]。

ベルエアー・ホテル以外にも、ニルソンは街の内外にいくつか行きつけの場所があり、リンゴ・スターが街にやって来ると、たいていは彼の定宿だったベヴァリー・ウィルシア・ホテルに入りびたっていた。一九七八年九月七日、ニルソンがデレク・テイラーほかの友人たちとリンゴのスイートでくつろいでいると、ヒラリー・ジェラードがニルソン宛ての電話を取った。またしてもそれは、凶報を伝える電話だった。

　彼はぼくに駆け寄ってきて、「ハリー、キース・ムーンが死んだ。亡くなったのはきみのベッドの中で、警察はドラッグを捜している」と言った。その後、ピート・タウンゼンドから電話があって、キースはぼくらがアメリカにいるあいだに、あそこで過ごした期間分の家賃を払いたがっていたといったような話をした。彼はいつもその話をしていたけれど、当時のぼくにはぜんぜんピンと来なかった。でもピートはそうやって、ぼくの負担を軽くしてくれたんだ。ありがたいことに。彼はぜひにと言い張って、あのフラットを買い取ってくれた。ぼくはもうたくさんだったし、それ以外にもウーナとぼくは出産を控え、アメリカに自分たちの家を建てたいと思っていた。九番地のフラットはハンパじゃない笑いや楽しみ、そして哀しみの現場となってきた……あそこはもう歓びのための場所じゃなくなったんだよ。[13]

ムーンをきっかけに、ニルソンは自分たちが一緒にロンドンでくり広げた冒険の数々を思い出した。一度、週末のあいだはシラフでいようと決めていた時期に、ムーンが何週間かカーゾン・プレイスのアパートでニルソンと同居していたことがある。調理に挑んだふたりが茶色と緑の材料を混ぜ合わせると灰色になり、彼らはおたがいに美味しそうな顔をしながら、その料理を平らげた。行方知れずになったドラマーが、ニルソンのダイニングテーブルの下で大いびきをかいていたこともある。その時はマル・エヴァンスが「彼を人形のようにつまみ上げ」て下まで運び、ミンクのコートで身体を膨らませたムーンはふらふらとした足取りで道路を横断した。その先に駐まっていたピンクのロールス・ロイスの車内には個人秘書のドゥーガル・バトラーがいて、彼をそのまま家に連れ帰った。[14] ロンドンでは派手なパーティーが何度も開かれ、たとえばパーク・レインのロンドンデリー・ホテルで一週間にわたって開催されたイヴェントでは、コルクにさわらずにシャンペンの瓶を開ける方法をピーター・セラーズに伝授しようとしたムーンが、壁を殴って穴を開けるというひと幕もあった。ある晩、元ボンゾ・ドッグ・バンドのヴィヴィアン・スタンシャルを引き連れてスピークイージー・クラブにあらわれた彼とニルソンが、ハウス・バンドのベーシスト（ボンゾズ時代のスタンシャルの僚友）を人知れず酩酊させてしまったこともある。おかげで彼はまともに演奏できなくなり、バンドはステージから退散した。[15] また『オブリオの不思議な旅』がロンドンで幕を開けた際には、ムーンの新しいボディガード、リチャード・ドーズがマーメイド・シアターの込み合ったバーで、火のついたタバコをニルソンの口からものの見ごとに蹴り飛ばしてみせた。「半分でもまばたきしたら見逃してしまっただろう」とその現場を目撃し、いたく感動したグレアム・チャップマンは書いている。[16]

アメリカでのふたりは、《プシー・キャッツ》の制作中に、サンタモニカのビーチハウスで酒色に耽る日々を送った。彼らは数多くの夜を飲み仲間の、〝ハリウッド・ヴァンパイアーズ〟とともにレインボウ・バー&グリルで過ごした。一九七四年の秋にはレコード・プラントでキースのソロ・アルバム《トゥ・サイズ・オブ・ザ・ムーン（Two Sides of the Moon）》がレコーディングされ、長期にわたったそのセッションの中で、ニルソンは〈トゥゲザー〉のデモ・ヴァージョンをムーンと一緒にうたっている。そしてもっと最近では数多くの午後を、グレアム・チャップマンとの三人でテーブルを囲んで過ごしていた。三人は飲みながら、数年後『イエローパイレーツ（Yellowbeard）』として実現する海賊映画のプランを練った。チャップマンによるとニルソンは、「すばらしく頭が切れる、言葉もおこないも素早い男」だった友の死をありとあらゆる面で悼んでいた[17]。

決してロンドンに対する愛情を失うことはなかったものの、アパートを売却すると、それ以降のニルソンは毎回ホテルに泊まるようになる。一九七九年が幕を開けると、彼とウーナはようやくロッカ・プレイスのニルソン・ハウスに移り住んだ。二番目の息子のベンは六月二日にそこで生まれている。この時点でロスアンジェルスに安定した拠点を構えたのは、まさしく完璧なタイミングだった。なぜならニルソンはこの年に次のアルバムのレコーディングを開始し、と同時に映画『ポパイ』のための曲づくりにも着手することになるからだ。転居からごく短い期間で、彼は社交生活の舞台をほぼ完全に自宅に移した。リー・ブラックマンの回想によると――

もうパーティーのために出かける必要はなくなった。ベルエアーの自宅がその会場になったからだ。金曜の夜になるとパーティーが開かれ、その週のリストに上げられた人たちがこぞって訪ねてきた。ウーナが手料理をふるまい、彼はバーテンダーを呼んで飲みものを出させていたが、誰も飲みすぎるようなことはなかった。ロスアンジェルスきっての創造力豊かな人々と、才気に富んだ刺激的な会話を交わし、それが何時間か続いたら、今度は映画の時間だった[18]。

ウーナ・ニルソンが話を引き継ぐ。

あの家のとてもすてきな特徴のひとつは引き下ろし式の十六ミリ・スクリーンがついていたことです。とてもうまく設計されていました。それに十六ミリの映写機が二台置いてあるすてきな映写室があって、わたしたちはリストに載っている映画をオーダーすると、フィルムを送ってくれるサーヴィスを使っていました。今のDVDレンタルとちょっと似た感じですね。あのころはどんな形でも自宅で映画を観るということ自体が特別なことだったんです。三十五ミリじゃありません――そうなると、ぜんぜん話が違ってきます。映写技師を呼ばなきゃなりません。ユニオンやらなにやらのせいで、あのころは制約が多かったんです。でもこれでうまくいきましたし、スクリーンもきれいでした。大きなスクリーンが上から降りてきて、わたしたちはしょっちゅう映画の夜を開きました[19]。

家にはビリヤード室もあり、金曜の夜になるとさまざまゲストが腕前を披露した。またウーナの両親のオキーフ夫妻も、ニルソン家を訪ねた際には毎晩のようにゲームを楽しんだ。

　こうした安定した家庭生活を背景に、ニルソンはニュー・アルバムの作業を開始した。この作業には一九七九年の大半が費やされることになる。というのもこれは創造的なエネルギーを一気に噴出させ、数週間で完成させるといった類のレコードではなかったからだ。代わりにニルソンは折に触れて、以前はＭＧＭのレコーディング・スタジオだった印象的なビルの中でギタリストのブルース・ロブが経営していたチェロキー・スタジオに足を運んだ。ロブをエンジニア兼ビジネス・パートナー、そしてギタリストのスティーヴ・クロッパーをプロデューサーに迎え、ニルソンは準備のできた曲から順不同でレコーディングした。そうしてできあがったアルバム《フラッシュ・ハリー》（Flash Harry）は最終的に、その当時はポリグラムの子会社だった（そして近年はユニバーサル・ミュージック・グループの一部となっている）マーキュリー・レコードのイギリス支社に買い取られる。レコードは八〇年にリリースされるが、制作に長い期間を要したことから、今回はニルソンの多種多様なスタイルや趣味が一枚のアルバムに詰めこまれる結果となった。それまでのリリースがヒットしなかったのは、アーティストのイメージが一貫しなかったせいではないかとデレク・テイラーは考えていたが、これはまさしくその問題を凝縮したようなアルバムだった。

　プロデュース業に転じる以前、クロッパーはすでに世界を代表するギタリストのひとりで、スタックス・レコードのハウス・バンド、ブッカーＴ＆ザ・ＭＧズに在籍し、オーティス・レディングやサム＆デイヴのアルバムで忘れがたいソロを披露していた。その彼がロブとパートナーを組んだ結果、チェロキーは一九七〇年代後期のロスアンジェルスでもとりわけ需要の高いスタジオとなり、ニルソンも同業のミュージシャンをプロデューサーに迎えるというアイデアが気に入っていた。結果的にアルバムには、ペリー・ボトキン・ジュニア、ヴァン・ダイク・パークス、ドクター・ジョン、ジム・ケルトナー、ダニー・コーチマーといったＲＣＡ時代の常連メンバーが数多く再結集することになるのだが、同時にニルソンにクロッパーや彼の僚友、たとえばベーシストのドナルド・〝ダック〟・ダンのようなミュージシャンをバックにうたうはじめての機会をもたらした。

　《フラッシュ・ハリー》のスタイル的な幅の広さを示す一例が〈ベスト・ムーブ〉（Best Move）で、これは一九六〇年代のＲＣＡにおける最初期のセッションに立ち返ったような作品だ。唱法（とヴァースの構造）は〈子犬の歌〉に似ているし、ニルソンはティプトンのアレンジで用いた〝ドゥー・ドゥー〟や〝ウー・ウー〟といった歌詞のないフレーズをたっぷりと盛りこんでいる。ただしいつもならニルソンが自分でオーヴァーダビングしていたバッキング・ヴォーカルに、クロッパーは数人の女性シンガーを起用した。とはいえ初期のニルソンに親しんでいた人なら、間違いなくこの曲は彼の作品だと指摘できるだろう。セッションに参加したスタジオのシニア・エンジニア、ラロルド・レブハンによると、「どうしてそんなに時間がかかるの（How can it take so long）」というコーラスで聞ける〝シューッ〟というちょっと風変わりな音は、クロッパーが金属製の傘立てに消火器を噴射して得られていた。レブハンに言わせると、それは大した偉業だった。なぜなら「あのころは音をデジタルで編集するプロトゥールズなんてものはなかったから、スティーヴはビートに合わせて正確に噴射しなけりゃならなかった」からだ。[20]

ニルソンがボトキンと共作した〈アイヴ・ガット・イット（I've Got It）〉は、〈きみの星座は？〉にも似た、強めにアレンジされたボトキンの〝パーティー〟・サウンド的な雰囲気を完備し、ボビー・キイズが率いるリード楽器のセクションを導入する威勢のいいバリトン・サックスのソロと、たくみにアレンジされた女声のバッキング・ヴォーカルが聞きものとなっている。つまり《俺たちは天使じゃない》のファンも、決して場違いに感じることはなかったわけだ。ジゴロが自分のズボンの中に「ある」ものを女性の顧客に売りこむが、実のところその顧客は、「彼女の」ズボンの中に彼以上の逸物を忍ばせている女装愛好家だったという筋書きの曲で、《クニルソン》に収録の〈誰のしわざ？〉によく似たおしゃべり風の唱法でうたわれた。スラングをまぶしたストリートの会話は、少なくとも一部は実体験をもとづき、ニルソンが銀行で働きはじめたばかりのころ、小切手で売春婦に支払いをしようとしたエピソードを思い出させる。

〈チーク・トゥ・チーク（Cheek to Cheek）〉はアーヴィング・バーリンによる同題のスタンダードではなく、ヴァン・ダイク・パークスがリトル・フィートのギタリスト、ロウエル・ジョージ（一九七九年の中盤に亡くなる彼は、その直前にこのアルバムの数曲で演奏した）、そしてフレッド・マーティン（ジョージの曲づくりのレギュラー・パートナーで、〝マーティン・キビー〟というペンネームを使っていた）と共作した新曲だった。複数の作者がかかわっているせいか、この曲はいくつかの異なる文化からの影響が同時に進行しているような印象を与える。カリブ風味のスチール・パンとリズムに乗せて、ニルソンは〈ゴーイン・ダウン〉風のヨーデルを聞かせ、かと思うと今度はドゥーワップ風のクローズ・ハーモニーをつけ足し、あげくは彼が『サパタ』の音楽のことも同時に考えていた可能性をうかがわせる、メキシコ風の奇妙な楽節まで登場するのだ。

それに比べると、浮き世離れしたかすかにサイケデリックなヴァースと、レゲエの影響が色濃いコーラスが交互に登場するニルソンのオリジナル〈レイン（Rain）〉ははるかに一貫性がある。しかしもっとも強力なパフォーマンスが聞けるのは、リック・L・クリスチャンが書いた〈アイ・ドント・ニード・ユー（I Don't Need You）〉の真摯で情熱的なヴァージョンと、ニルソンとレノンが《心の壁、愛の橋》のために書いた〈枯れた道〉のパワフルなリメイク、それにスタジオでの即興的なジャム・セッションから生まれた雰囲気満点の〈イッツ・ソー・イージー（It's So Easy）〉だ。ニルソンによる〈アイ・ドント・ニード・ユー〉のガッツあふれるヴァージョンは、翌年ケニー・ロジャースがアルバム《愛ある限り（Share Your Love）》に収録するヒット・ヴァージョンに比べると、感情面ではるかに迫力がある。残念なことに《フラッシュ・ハリー》の収録曲は、一曲もシングルになっていない。だがもしもこの曲がなっていれば、ほぼ間違いなくニルソンにヒットをもたらしたはずだ。《プシー・キャッツ》以降のハスキー・ヴォイスを逆に活かした〈枯れた道〉についても同じことが言えた。

しかし中でもとくにヒット性が高かったのは、愛想のない、なかばしゃべるようなルー・リード風の唱法でうたわれる、彼としてもとりわけサイケデリックな〈イッツ・ソー・イージー〉だった。オリジナルの未編集テープを聞くと、スタジオにいるバッキング・バンドのメンバーふたりがマジックマッシュルーム（セッションにもしばしば顔を出していたローレルキャニオン時代からのニルソンの友人、ティモシー・リアリーの自慢の一品）をためしていたという事実に触れたくだりがある。しかしこの曲がレコーディングされたとき、当のニルソンは別種のサイケデリックな刺激物をためしていた。一九七九年十二月十一日のセッションは正午にスタートし、そのまま夜まで続行された。ミュージシャンたちが別の収録曲の作業を進める中、ニルソンはひたすら飲み続け、その途中で白いスーツのポケットに火のついたタバコで穴をあけてしまう。十二日の午前九時に全員がスタジオを退出し、大半のメンバーは家に帰った。ラロルド・レブハンの回想によると――

午後七時に全員が戻ってきた……だが一部のメンバーは、ずっとサンセット大通りのレストラン・バーに入りびたっていた。ハリーは寝ていなくて、相変わらずポケットに穴があいたかなりボロボロの白いスーツを着ていた。灯りをかなり暗くして音楽が流れはじめた。長くてスローな、夢見心地の曲だった。ハリーが夕食の時に使ったしわくちゃの紙ナプキンに殴り書きした歌詞を読もうとしていたので、わたしはもっと読みやすいコピーをみんなのためにつくってやろうと思ってコピー機に走った。いちばん下には「ハリー・ニルソン、十二月十二日」とある。曲が進み、するとハリーはみんなに向かってメスカリンをやったのはこのセッションがはじめてだと宣言した。わたしは「すばらしい！　さあいよいよ乗ってきたぞ！」と思った。

最後のヴァースに行き着くと、彼は自分の名前と日付も歌詞としてうたった。そこまで来るとわたしはもう腹を抱えて笑っていたが、あれはもう本当に魔法のようなイカれた瞬間だった。あれだけの才能がひとつの部屋に揃い、しかも全員が狂気との境すれすれにいた。でも時にはそういうやり方もありなんだよ。[21]

オケは曲を共作したポール・ストールワースが弾く力強いベースラインを基盤にして組み立てられ、そこに二本の対照的なギターと控えめなドラムが添えられている。クロッパーはその後、バッキング・シンガーとシンセサイザーのフィルをオーヴァーダビングしているが、この曲のエネルギーと力強さは、ニルソンのかすかにかすれた声ともの悲しいソロブルース・ギターとのからみ、そしてそのふたつの要素がミニマルなベース・パート、それに二本目のギターがえんえんと弾き続ける和音と織りなすコントラストから生じたものだ。未編集のセッション・テープを聞くと、この曲が全体的に抑え気味の、リラックスしたジャムの形で展開していったことがわかる。それはもしニルソンがこの先もアルバムづくりを続けていたら、たどっていたかもしれない道筋を示していた。

しかし《フラッシュ・ハリー》の最大の特徴は、エリック・アイドルによる曲ではじまり、終わっていることだった。アルバムのグランド・フィナーレは、映画『ライフ・オブ・ブライアン』のエンディング曲をリメイクした〈ブライト・サイド・オブ・ライフ（Bright Side of Life）〉。アイドルによると、ニルソンがこの曲を自分でうたう気になったのは、一九七九年八月にハリウッドでプレミア公開されたこのモンティ・パイソン映画（グレアム・チャップマンが、イエス・キリストをなぞったような人生を送るブライアン・コーエンの役で主演した）を観たことがきっかけだった。疑似聖書的な物語を風刺的に取り上げたパイソン・チームは世界中で道徳的な怒りを買っていたが、それが少なくとも部分的には彼の心をくすぐったのである。カリフォルニアのある新聞が「聖書的な世界に対する挑戦」と評した映画は、「入念なプランニングととんでもない瀆神行為」を合体させていた。[22]ニルソンは風刺的な物語と同時に、映画に対する過剰な反応にも興味をそそられた。「何千人もの人々が、『ライフ・オブ・ブライアン』の公開中止を要求する嘆願書に署名した」とある記事にはあった。「キリストを揶揄した内容だということだけで、多くのキリスト教徒はこの映画を観もしないで非難している」[23]。映画が巻き起こした論争のオーラをまとった曲を自分のアルバムに入れるというアイデアが、ニルソンにとっては魅力的だったのだ。アイドルの回想によると――

> 彼はあの映画が大好きだった。彼とティモシー・リアリーは「ブライアン、ブライアン、ブライアン、ブライアン……」となっていたからね。それに彼はあの曲が大好きだった。だから自分でレコーディングするしかなかったんだ。肝心なのはそこだった。自分でレコーディングするしかない、という。で、こっちも「わかった」となって。すると彼は巨大なスタジオを押さえ、ドナルド・〝ダック〟・ダンのような本格派のミュージシャンと一緒にレコードをつくりはじめた。しかもたったの一曲だというのに、作業がえんえん終わらなくて、何週間も続きそうな感じだった。ぼくはスタジオのような場所にいると、あっという間に退屈してしまう。二時間もするともう家に帰りたくなるんだ。とにかくあの作業は永遠に終わらず、でもできあがったのはまったく申し分のないヴァージョンだった。残念ながら彼の声がかつての状態じゃないことは、誰の耳にもはっきりしていたけれど。コーラスの部分で彼は、友だちをみんな呼び集めて一緒にうたわせることにした。というわけでぼくらはみんなで飲んだり、いつもやっているようなことをしたりしながら、すばらしい一夜を過ごし、それから「いつも明るいほうを見ていよう……（Always look on the bright side）」のコーラスをレコーディングしたんだ[24]。

長々と続く作業に対するアイドルの嫌悪感とはうらはらに、ニルソン版の〈ブライト・サイド・オブ・ライフ〉は、アルバムの中でもとりわけ引き締まった仕上がりになった。劇中でアイドルが演じるキャラクターは、この曲を磔にされたブライアンに向かって朗々とうたいあげるが、ニルソンのヴァージョンはそうしたロンドンっ子らしい陽気さを完全に排し、演奏面でもこの曲を共作したジョン・アルトマンによる映画のスコアとはまったく異なるアプローチを取っている。アルトマンのアレンジでは、舞い上がるようなストリングスと粛々としたフレンチホルンのセクションとのあいだにたくみな対位旋律が配されていた。しかしニルソンのヴァージョンは、上出来なポップ・ソングの典型とも言うべき仕上がりで、最初はピアノだけだった伴奏が次第に豪華になり、ついにはフルオーケストラとコーラスでニルソンの歌を大々的に盛り立てる。そうしたすべてを支えるのが、映画のヴォーカルにあったイギリスのミュージックホール的な雰囲気をそれとなく感じさせるチューバだ。ニルソンはいかにも楽しそうに、人生は「一片のクソ（a piece of shit）」だとリスナーに告げる。むろん、こんなフレーズの入った曲でオンエアを稼げるわけがない。だがアルバムの締めくくりとしては一級品だった。

アルバムの冒頭を飾る〈ハリー（Harry）〉は、アイドルと仲間のヴォーカリスト、チャーリー・ドアがうたう短いニルソン讃歌で、これはニルソンのレコードに本人がいっさい参加していない曲が収録された唯一の事例となっている。主な発想源になったのは、友人として、飲み仲間として、ニルソンとともに過ごしたアイドル自身の経験だった。「彼はかなり颯爽とした男で、いつもこっちの目を見てくる（he's a pretty nifty guy, always looks you in the eye）」。だが同時にそれは、彼からするとダラダラしているようにしか見えないロスアンジェルスのレコーディング事情を揶揄している。長年、BBCの厳しい予算で鍛えられていたアイドルにとって、スタジオというのは最少の時間で最大の成果を上げるべき場所だった。

彼は「いつも明るいほうを見ていよう……」とくり返した。するとぼくが「イェイ！」と応える。でも内心では「うん、ありがとう！」とかなんとか言うべきなんじゃないかと迷っていた。この曲をやっているハリーにどう反応するのが適当なのか、ぼくには判断がつかなかった。それでこの小品を書いたわけでね。書いたのはたしかカリフォルニアで、そのあとロンドンに戻ってからレコーディングした。かわいらしい小曲だよ。あのころ、ぼくはラトルズの一員だったリッキー・ファターとプレイしていた。それでふたりでレコーディングして、すばらしいシンガーのチャーリー・ドアにも参加してもらったのさ。あれはある意味、ぼくの気持ちを表明した曲だった――

これはささやかで優しい、ある意味センチな曲だ
少なくともたいして時間はかからなかったよ、ハリー
……
（Here's a little gentle song, a sort of sentimental song,
At least it didn't take us very long, Harry...）

デレク・テイラーがそのテープを、ハリーが『ポパイ』の仕事に取りかかっていたマルタ島に持参した。で、たぶんハリーはそれを聞いて感銘を受けたんじゃないかな。とにかく予想外のことだったから。そして彼はこの曲をアルバムの頭に持ってきたんだ。[25]

《フラッシュ・ハリー》はニルソンが映画『ポパイ』の仕事

を終える、一九八〇年のなかばまでリリースされなかった。マーキュリーはこの会社にしかわからない理由で《フラッシュ・ハリー》をイギリスと日本以外の国ではリリースせず、ニルソンのレコーディング活動は実質的に、アメリカではいっさい知られることなく終わったこのアルバムで幕を閉じる。ヒット性の高い三曲とパイソンズの曲を収録し、ニルソンの幅広いスタイルを各駅停車でめぐるような内容だっただけに、このRCA以降初となるアルバムで、アメリカのリスナーを再度ふり向かせ、《クニルソン》を買ってくれたファンたちに、一九八〇年代がはじまってもまだ言うべきことはたっぷりあると証明するチャンスが彼にもたらされなかったのは、まさしく悲劇としか言いようなかった。[26]

一方で『ポパイ』はニルソンに、少なくとも原理上では、『真夜中のカーボーイ』がフレッド・ニールのためにやったことを自分の音楽でなしとげるチャンスをもたらした。しかしロバート・アルトマンの作品は、通常のハリウッド映画とは作法が異なっていた。ハリウッドのスタジオを使う代わりに、アルトマンはマルタ島の海岸に一から街をつくり、その街を舞台にして、ポパイの物語を彼なりに伝えるつもりでいた。そこが傾斜のきつい小道経由か、ランドローバーでしか行き着けない場所であろうと、あるいは波がセットや俳優たちを押し流してしまうのを防ぐために、自分の選んだ入り江の入口に古いフェリーボートを沈める必要があろうと関係ない。アルトマンはスウィートヘイヴンという架空の波止場のために、どこをどう切り取っても違和感のない、完全に統一された雰囲気をつくりだそうとしていた。数か月にわたる準備期間を経て、一九八〇年一月三日、アルトマンは『ポパイ』の全キャストとスタッフをマルタ島に旅立たせ、彼らはそこにほぼ五か月滞在することになった。通常ならば考えられないことだが、彼はニルソンとサウンドトラックのミュージシャンたちもマルタ島に帯同するメンバーにふくめていた。

しかしながらニルソンはそのかなり前から映画の下準備を開始し、一九七九年の大半はアルバム《フラッシュ・ハリー》の制作と『ポパイ』用の曲づくりを並行して進めていた。七七年にロバート・エヴァンズと結論の出ない会話を交わして以来、ときおり友好的な電話がかかってくることを除くと、事態はほとんど進展していなかった。しかし七九年のはじめ、何か月か心を決めかねていたパラマウントがやっとのことでアルトマンを監督に指名すると、彼はさっそく自分の制作会社、ライオンズ・ゲイトのオフィスにニルソンを呼び寄せ、映画の細部に関する打ち合わせを開始した。それまでの数か月間、ニルソンにはもう、せいぜい酔っぱらうぐらいのことしかできないだろうと考えるスタジオの上層部は、アルトマンに彼の選んだ作曲家の起用をあきらめさせようとしていた。

アルトマン自身、この映画の監督に正式に起用されるまでには長い待ち時間があり、その間に自分にも似たような批判が浴びせられているのに気づいていた。「そこで一度も会ったことのないハリー・ニルソンに電話をかけてみたら、ふたりともビックリするぐらいウマが合ったんだ」[27]

この話は事実をいくぶん簡略化しすぎていた。というのもニルソンが新進気鋭のアーティストだった一九六九年に、アルトマンは『雨にぬれた舗道（That Cold Day In the Park）』という映画の音楽をやってもらえないだろうか、と打診していたからだ。これはサンディ・デニスが主演した性心理映画で、最終的にはジョニー・マンデルによるミニマリスト的なスコアがつけられた。アルトマンは父親のいない子ども時代をうたったニルソンの曲と、マイケル・バーンズが演じる若い主人公とのあいだに共通点を見いだしていた。ニルソンはこの依頼を断ったが、このふたりはその後もずっと、おたがいの存在とそれぞれの作品を意識していた。[28]

ロバート・エヴァンズと会い、『ポパイ』について煮え切らない返事をした一九七七年の時点で、ニルソンはまだRCAとレコード契約を結んでいたため、無理をして映画の仕事をする必要はなかった。しかし七九年の彼は、当初のRCAとの取り決め通りにアルバムをつくっていれば、七七年当時と同等の支払いを受けられる立場にあり、またすでに《フラッシュ・ハリー》に着手していたにもかかわらず、創造性に富んだ新プロジェクト全般に興味を持っていた。ライオンズ・ゲイトで顔を合わせた瞬間からアルトマンのことが気に入った彼は、自分を売りこむことにした。彼は監督に、レナード・コーエンなら「死ぬほど泣ける映画にしてしまう」だろうし、ジョン・レノンならこの仕事を「まず第一に受けない」し、「第二にできない」だろうと告げた。それにランディ・ニューマンがやるとも思えない。彼はポール・ウィリアムズの名前をあげ（ウィリアムズがちょうど『マペット・ムービー［Muppet Movie］』の音楽にかかり切りになっていたのを承知の上で）、「ぼく以外だと、彼がいちばん『ポパイ』にはうってつけでしょう。最高に頭の切れる、最高に明るい、最高にいい男ですから」と続けた。[29] だがアルトマンに説得はほぼ不要だった。七九年の五月初頭、パラマウントはニルソンに連絡を取り、三週間で三曲を用意してほしいと伝えた。それはニルソンの起用に対する自分たちのためらいが正しいのかどうか、そしてアルトマンが選んだ作曲家をそのまま起用しても大丈夫なのかどうかを確かめるためのテストだった。

彼はこの月のうちに〈スウィートヘヴン（Sweethaven）〉、〈俺はいやらしい（I'm Mean）〉、〈ヒー・ニーズ・ミー（He Needs Me）〉、〈スウィーピーのララバイ（Swee' Pea's Lullaby）〉の四曲を書き上げ、その作業中にはこれらの曲にちゃんと海を思わせる雰囲気があることを確認するために、弁護士のリー・ブラックマンのヨットに乗って、洋上でデモテープを聴き直していた。[30] 時間通りに成果を出すと、彼は正式にこの映画の作曲家となった。しかし映画づくりのペースは氷河のようにのろく、五月の末から八月の終わりごろまで、なにひとつ進展らしい進展は見えなかった。そんな時アルトマンから彼に、女優のシェリー・デュヴァルをオリーヴ・オイル役に起用したいのだが、映画会社がなかなか首を縦にふってくれなくて困っているという電話があった。ニルソンの解決策はいたってシンプルだった。デュヴァルをチェロキー・スタジオに伴い、すでに書き上がっていて、使われるときを待っていたオリーヴの見せ場曲〈ヒー・ニーズ・ミー〉をうたわせたのだ。[31] アルトマンを驚かせたかったニルソンは当初、このレコーディングを秘密にしていたが、結局デモを監督に聞かせ、ふたりはスタジオのお偉方を納得させるためのプランを練りはじめた。八月二十七日、会長のバリー・ディラー、社長のマイケル・アイズナー、そして会社を所有するガルフ&ウエスタンの取締役会のメンバーたちが経過報告を見る目的でライオンズ・ゲイトを訪れた。その夜のうちにアルトマンはデュヴァルの演技をスクリーンで見せ、彼女がうたうニルソンの曲をサウンドトラック代わりに流した。ヤナギのような身体つきの彼女はまさしくオリーヴ・オイルそのもので、震え声の素人くさい歌声も、逆にそれらしさをかもし出していた。もはや議論の必要はない。この役は彼女のものになった。[32]

次にニルソンが映画と接触を持ったのは九月、俳優やシンガーをテストするために、アルトマンがヴェニスビーチでワークショップを主催したときのことだ。ニルソン（ウーナと赤ん坊のベンも一緒だった）[33] はそれまでに書き上げた九つの曲をたずさえてあらわれ、実際に聞かせるために、ヴァン・ダイク・パークスとクラウス・フォアマン、それにバンジョー奏者のダグ・ディラードを招集していた。驚いたことにアルトマンは、ワークショップで力量を見ていた道化師やダンサーやシンガーたちとともに、このミュージシャンたちを俳優として映画にキャスティングした。

この時点でニルソンが書いていた曲は、どれひとつ、ジュールス・ファイファーの脚本で示された物語上の場所や歌詞のテーマに呼応していなかった。「わたしが指定した曲は、どれもハリーが絶対に書きそうにないものばかりだった」とファイファーは語っている。そのうちに緊張した空気が流れはじめ、とうとう彼とアルトマンとニルソンに、直接連絡を取り合う代わりに、もっぱらエヴァンズを連絡役にするようになった。[34] 最終的にエヴァンズはこの三人を一緒にマルタ島に送りこみ、セットを直接チェックさせると同時に、自分たち自身で不和を解消させることにした。かくして十一月のはじめ、三人の男は数日にわたってロケ地に旅し、奇跡的に仲を修復してその先のプランを考えはじめた。ニルソンはすぐさま五曲の新曲に取りかかるつもりでアメリカに帰国した。ところがちょうど調子が出はじめたところで、母親のベットが亡くなってしまう。結局ニルソンは手ぶらのまま、ウーナ、子どもたち、そして彼のミュージシャンたちとマルタ島に向かうことになった。

　ニルソンは母親が自分の小さなアンティークショップで働くのを本心では嫌がり、お金のことは彼に任せてのんびり暮らしてほしいと願っていた。だがそのおかげで彼女には目的意識ができ、晩年にはかつてないほど安定した、地に足のついた生活を送っていた。彼女はハリーやミッシェル、そして——予想外の再登場を果たしてからは——ドレイクとも良好な関係を保っていた。彼に宛てた最後の手紙のひとつに、彼女はこう書いている。

> わたしの人生はもう終わろうとしていますが、わたしが唯一幸せに思うのは、嘘いつわりなく、こんなにも多くのあやまちを犯したわたしを愛し、とても優しくしてくれるすばらしい子どもたちに恵まれたとわかっていることなのです。[35]

　葬儀からほどなくして、ニルソン一家はマルタ島に到着した。だがそこは太陽の下で過ごす理想的な冬の休暇というイメージとはほど遠い場所だった。嵐のせいでセットは損傷し、交通の便の悪さもつねに頭痛の種となった。そしてウーナと子どもたちは大半の時間、架空のスウィートヘヴンから数マイル離れた、デレク・テイラーのいう「陰鬱なアパート」[36]に閉じこめられていた。その間にニルソン、ヴァン・ダイク・パークス、レイ・クーパー、クラウス・フォアマン、そしてダグラス・ディラードは、映画の大工たちが建てた今にも壊れそうな村と、急ごしらえのレコーディング・スタジオをよろよろと行き来しながら音楽をつくり、（ニルソン以外は）それぞれの役を演じようとしていた。

　ロスアンジェルスのチェロキー・スタジオという贅沢な環境に慣れきっていたニルソンにとって、マルタ島のスタジオは、これ以上ありえないほど対照的な場所だった。間に合わせのビルの中には、今や業界の標準となっていた二十四トラックのテープレコーダーの代わりに、二台の原始的な八トラックのテープレコーダーがひとつなぎにして置かれていた。実用的な理由から、彼らはそのうちの一台しか使わず、しかも使えたのは七つのトラックだけだった。八番目のトラックは通常クリック・トラックか、映画にセリフをシンクロさせるために使われるからだ。最終的にはトム・ピアースンが叙述的なシーンの音楽をポストプロダクションでつけ足すことになるのだが、ニルソンも映画のミュージカル・セクションで流れる背景用の音楽の一部を現場でパークスと共作し、それとともに足りない曲の仕上げにも取りかかっていた。それが終わると彼の主な仕事は、キャストのうたうヴォーカル・ナンバー全曲のベーシック・トラックをレコーディングすることになる。おかげで仕事が途切れることはなかった。

実際のスタジオの内装はタマゴの仕切り箱《エッグクレート》でできていて、昼間はラッシュ・フィルムの上映室としても使われている。そしてこのコントロール・ルームは夜かその前の日に撮ったセリフのトランスファー・ルームを兼ねているので、午前中は使えない。使えるのは午後の一時半からだが、ウォルト・ディズニーの人間かボブ・エヴァンズが映画を観ていると夜まで使えなくなってしまう。つまり仕事がはじまるのは午後の七時半からだということだ。ぼくらはラッシュ上映用の椅子を引っぺがし、九時ごろ仕事を開始する。終わるのは朝の四時とかで、その作業がない夜はここでひとりで仕事をする。五時か五時半ごろまではなんの雑音も入らないからだ。でもネズミども！　ここにはでかいネズミがうようよしている。ある日、ネズミ取りを仕掛けた連中は十五分で九匹殺した。ぼくもある晩、小便をひっかけてやった。そいつは驚いたような顔で、ぼくを見上げた。[37]

こうした理想とはほど遠い環境で一心不乱に仕事に励むミュージシャンたちの姿勢は、映画の撮影に関わるすべての人々から称賛を浴びた。バンドはニルソンがＬＡで書いた曲の大ざっぱなデモや新たに書き上げた曲をほぼ完成に近い形に仕上げ、おかげでバーバンクのエヴァーグリーン・スタジオでおこなわれた最終的なミックスでも、ニルソンとパークスは結局ストリングスと木管楽器を追加するだけですんだ。「ほとんどセットにニルソンのクラブがあるような感じだった」とレイ・クーパーはふり返っている。「若手の俳優や女優たちがやって来て、わたしたちのつくる音楽をじっと聞いていたんだ。来たときはくたびれていても、出ていくときにはすっかり盛り上がって、いつでも次の日の撮影ができる状態になっていた[38]」

だが音楽の〝盛り上げ〟効果をよそに、ほぼ五か月におよんだ撮影は全員を疲弊させた。少なからぬ時間をウーナや息子たちと別れて過ごさなければならなかったニルソンは、暇を見つけては彼らに会いに行き、それ以外の時は夜のレコーディングあるいは昼間の撮影に耐え抜くために、手に入る刺激物をなんでもかまわず使用していた。こうしたプレッシャーを多少なりとも軽減するために、彼は自分のバンドをファルコンズという〝ギャング〟に仕立てあげ（ジョン・ヒューストンが監督し、ハンフリー・ボガートが主演した一九四一年の映画『マルタの鷹〔The Maltese Falcon〕』にちなんで命名された）、シェリー・デュヴァルはそれに対抗してファルコネッツという女ギャング団を結成した。どんちゃん騒ぎや悪ふざけがくり広げられ、デュヴァルがコピーを使ってつくり、彼女のギャングがキャスト間に配布した〝新聞〟には数々のおもしろおかしいイタズラが記録されている。だがミュージシャンたちはいら立っていた。ヴァン・ダイク・パークスの妻のサリーは二月にこの島で娘を出産し、ふたりともできるだけ早く帰国したがっていた。ダグ・ディラードは石造りの階段で転んで大きな怪我を負った。それでも彼らが居残ったのは、このプロジェクトを信じているからだった。ニルソンのファルコンズが演奏する音楽をすべてアレンジしたパークスの回想によると――

　アルトマンは音楽をハリーの完全な自由裁量に任せていた。曲のことをね。それをやったアルトマンはすばらしかった。アルトマンとハリーは共通点が多く、たとえば過程の抽象化、創造的な抽象化を深く理解していたし、どちらもコンセプトは前もって練るものではなく、むしろいずれ明らかにされるものだと理解することができた。ふたりともあのスキル、いわゆるぶっつけの才能に恵まれていたんだ。だからあのやり方はとてもうまくいっていた。たぶんアルトマンは大仰でロマンティックなスコアに飲みこまれてしまうのを怖れていたんじゃないかな。アクションの場面やセリフの背景ではその手の音楽が流れているが、あれはわたしがやったものじゃない。だがわたしはそれとは正反対のことが起きるんじゃないかと思っていた――曲が普通よりも目立っていて、スコアはミニマリスト的なものになる。そのほうがよくなるだろうと思っていたんだ。[39]

　アルトマンはもともとニルソンに「シンプルさを提供」してほしいと考えており、[40]本人もそういう指示を受けていた。その結果、彼が書いた曲の大半は必要最低限のパーツだけで構成されていた。ポパイの〈アイ・ヤム・ワット・アイ・ヤム（I Yam What I Yam）〉はほとんど展開のないシンプルなフレーズのくり返しで、三つのベーシックなコードを行き来し、同時期のニルソンがなおも自分の作品に盛りこんでいた意外なハーモニーのひねりはほとんど登場しない。オリーヴ・オイルの〈ヒー・ニーズ・ミー〉も同様にシンプルなメロディを持ち、こちらもまたコミックブックの流儀にそって、くり返しが中心になっている。シェリー・デュヴァルはニルソンが十八番とする歌詞のない〝ディー・ディ・ダム〟のコーラスに果敢に挑んでいるが、それはすぐさま「キャストには誰ひとりまともにうたえる人間がいない」[41]という「ニューヨーク・タイムズ」紙の映画評論家、ヴィンセント・キャンビーの意見を裏づける結果となった。

主要なレヴューの中では、キャンビーの見方はまだ優しいほうだった。彼は「ハリー・ニルソンが作詞作曲を手がけたスコアには、とてもすばらしい部分もある」と書き、だが「いくら映画がミュージカルにしかありえない賑々しさを噴出させる瞬間を待っていても、その瞬間は決して訪れない」[42]と続けた。

アルトマンが劇伴音楽にトム・ピアースンを起用し、ずっときらびやかなスコアをつけさせたせいで、本来なら映画の音楽的な核となるはずだった音数の少ないシンプルな曲は、全編を通じて影が薄くなっていた。また完成したニルソンの曲は、原作者のE・C・シーガーが描いた新聞コミック版の『ポパイ』における描線の簡素さを反映した映画にしたいというジュールス・ファイファーの意向に沿っていたため、パークスがほのめかしたように、映画全体の音楽が控えめなつくりになっていない限り、ほかからほどよく際立って観客に強い印象を与えることなどありえなかった。シンプルなコミックの風味を音楽で伝えようとしたニルソンの努力は、映画が全体的な音づくりを誤ったせいで台無しにされてしまったのだ。

たとえば〈でっかい彼（He's Large）〉は、スタンダップ・コメディアンのキャッチフレーズのように「でっかい」という言葉をただひたすらくり返すことで、コミカルな効果を狙っている。まずデュヴァル、続いて女性コーラスがこの言葉をくり返す構成は、ひとつの単語のくり返しがいずれそれ自体で笑いを呼ぶという前提に立ったものだ。節回しや伴奏の質感はニルソンの全盛期を思わせ、忘れがたいメロディやフォアマンによる創意に富んだベースを用いつつも、ヴォーカルはあえて素人くさい仕上がりにされている。同様にブルートの〈俺はいやらしい〉は、うまく構成されたしゃべり中心の曲だが、もっと流れが自然なそれ以外のスコアと対比すると、本来意図していた以上に平面的に聞こえてしまう。映画のミュージカル・ナンバーの中でも、この曲はとりわけその度合いが高かった。

「ハリー・ニルソンの曲と歌詞はクズだ」とダン・ガイアは「シカゴ・デイリー・ヘラルド」紙に書いた。「退屈で、平凡で、気が抜けていて、アルトマンの無気力な演出以上に素早く、観客のまぶたを閉ざしてしまう」[43]。彼はさらに、この映画がなによりも必要としているのはひと缶のホウレンソウなのではないか、と指摘した。デブラ・カーツは全国の新聞に配信されていたコラムで読者たちに、ロビン・ウィリアムズは本当に楽しませてくれるが、「残念なことにハリー・ニルソンの音楽が映画の足を引っぱっている」[44]と告げた。一方で、カナダでもとりわけ広く読まれていた映画評論家のレナード・クレイディはこの「大胆で型破りなエンターテインメント」について、「唯一の弱点はムラの多い音楽だ」と書いている[45]。

　マルタ島への移住や映画史に残る凝りに凝ったセットの建造、そして撮影に注がれた途方もない労力もむなしく、『ポパイ』は失敗作に終わってしまった。訓練を積んだシンガーがうたっていれば、ニルソンの曲ももっとよく聞こえていたかもしれない。もし彼がコミック調のくり返しやシンプルな唱法に縛られることなく、一部のメロディと同じように歌詞ももっと自由に展開させていれば、単独でも成り立つ曲になっていたかもしれない。だがダン・ガイアが指摘したように、スコアの中でベストと言える曲は、エンディングで流れる〈ポパイ・ザ・セイラー・マン（Popeye the Sailor Man）〉だった。映画館を出たときに、観客がハミングしていそうなメロディを持っていたのは、サム・ラーナーが何年も前に書いたこの曲だけだったのである。『ポパイ』の興行収入は最終的に六千万ドルを超えている。だが評論家の当初の評価があまりにも手厳しかったせいで、アルトマンは制作会社のライオンズ・ゲイトを売却し、一からキャリアを立て直す羽目になった。その時点でニルソンは、一九七九年と八〇年の大半を、アメリカでは誰も聞くことのできないアルバムと、自分の楽曲のせいで酷評を浴びる映画の仕事に費やしていた。そこで八〇年の後半に入ると、彼は方向性を完全に転換した。

　マルタ島から帰ってきた彼は、以後の数か月をもっぱら、数年前から構想を温めていたステージ・ミュージカル『サパタ』を完成させ、売りこむ作業に費やした。元々のアイデアを提供したのは、全国放送のクイズ番組「タトルテイルズ（Tattletales）」でエミー賞を獲得したばかりの俳優兼司会者、バート・コンヴィ。コンヴィはまず、チアーズ時代からの知り合いだったペリー・ボトキン・ジュニアのもとに、一九一〇年に農地改革を求めて革命を起こしたメキシコ人、エミリアーノ・サパタの生涯を舞台化するアイデアを持ちこんだ。ボトキンはその場で断り、本当に必要なのはメキシコ人のソングライターだ、と彼にアドヴァイスした。だがその数日後、コンヴィはふとニルソンに打診してみる気になった。ふたたびボトキンの電話が鳴った。

　バートから電話があって、こう言われたんだ。「ハリーはやりたがっているが、きみ抜きではやらないそうだ」
わたしは考えた。「ハリーとなら一緒にやれるだろう。

きっとうまくいくはずだ。それに自分のキャリアという意味で考えても悪くない話かもしれない」。それで「わかった。やろう」と答えたんだよ。[46]

最初にコンヴィがこのアイデアをふたりの男に伝えたのは一九七六年のことで、折しも『オブリオの不思議な旅』がロンドンで幕を開けようとしていたころ、ニルソンはマスコミにその話をしている。しかしいくつかざっくりとしたアイデアはあったものの、この企画が本格的に動きはじめたのは、彼がマルタ島から帰ってきた一九八〇年夏のことだった。ヴァン・ダイク・パークスとともに、『ポパイ』の音楽のポストプロダクション作業を終了させると、ニルソンは新しいミュージカルに全精力を注ぎはじめた。どうやらコンヴィはニルソンに話を持っていく何年も前から、サパタにまつわる舞台をプロデュースしたいと考えていたようだ。だがそれだけの長い準備期間があったにもかかわらず、プロットやキャラクターに関しては、ごく漠然としたアイデアしか持っていなかった。そこでファイファーの脚本を実質的に無視して『ポパイ』の仕事に取りかかったときと同じように、ニルソンはとりあえず曲を書きはじめ、その先は成り行きに任せていくことにした。ボトキンの回想によると――

ハリーがわたしの家にやって来て、たいていは昼食のあとですぐ仕事に取りかかっていた……持ってきた歌詞をうたいはじめるんだ。彼はひたすらうたい、わたしはピアノの前に座って伴奏をつける。そのうちに自分の仕事は、管理人の役だということがわかってきた。ハリーが吐き出す断片を掃き掃除して、それを舞台で使えそうな形にまとめるわけだ。でも彼の歌詞や、彼がうたっているメロディには手を出さなかった。ひとつやふたつ音は変えたし、ハーモニーをいじって、彼が自分でやったときよりちょっとだけ洗練された感じにしたりはしたけれど。それはわたしたちが狙っていたのが、ブロードウェイの舞台だったからだ。というわけでわたしたちは、そんな感じで仕事を進めた。彼はブランデーのボトルを持っていて、そこにわたしは彼の名前を書いた。彼はまずブランデーを飲みはじめ、たいていは一時間、いや一時間半かな、場合によっては二時間ぐらい仕事をする。でもじきにろれつが回らなくなり、それでその日の仕事はお開きになった。[47]

曲づくりの作業がはじまったばかりのころ、脚本家のアラン・カッツが招き入れられ、舞台の脚本を練ることになった。彼はマーロン・ブランドが主演した一九五二年の映画『革命児サパタ（Viva Zapata!）』のためにジョン・スタインベックが書いた脚本ではなく、映画作家ルイス・ブニュエルの息子、ラファエル・ブニュエルが同じテーマで書いた、さほど知られていないスペイン語の戯曲を翻案することにした。メキシコで小さな劇団を主宰していたラファエルは、同様の劇団を旗揚げするために、先ごろロスアンジェルスに移ってきたばかりだった。彼がメキシコのレパートリー劇団のために書いた脚本は、いかにも手作りめいていた。そのためカッツやコンヴィからすると、歌詞や音楽をつけ加える、あるいは曲がすでにできている場合には、それに合わせて改作するのにうってつけの素材と思われたのだ。

このころまでにカッツはニルソンの親友になっていた。ふたりはイギリス人脚本家、イアン・ラ・フレナイスの家——やはり常連のゲストだったエリック・アイドルに言わせると「毛足の長いオレンジ色のカーペットが敷いてあった家[48]」でひんぱんに顔を合わせた。アイドルが「とてもおかしなコメディアン[49]」と評したカッツは生来のユーモア感覚に恵まれた男で、TVドラマ版の「マッシュ（M*A*S*H）」や、長寿コメディ番組「オール・イン・ザ・ファミリー（All In The Family）」の脚本家チームの一員だった。また後年の一九九三年には、さまざまな賞に輝いたミュージカル『ソング・オブ・シンガポール（Song of Singapore）』の脚本を手がけている。

しかしもっぱらTVの経験しかない喜劇作家が、初挑戦で強力な舞台作品を書けるとは限らない。やはりほぼTVの仕事しかしたことのないコンヴィもミュージカル劇では求められるものが違ってくることを十分に理解しているとは言いがたかった。コネティカット州イーストハダムのグッドスピード・オペラ・ハウスで初演された作品のレヴューが出はじめると、その欠点が残酷なまでにあらわにされた。

これは土地の権利を求める男たちの闘いを先導する、高い理想を持った無知な農夫の、核心を突いた、手厳しい、劇的で、洞察に富んだ物語となるべき作品だった。

代わりにわれわれが見せられるのは、ハリウッドのクリシェめいた、古くさい赤と白と緑のメキシコだ。そこでは知性がないがしろにされ、原住民は〝アイ・アイ・アイ〟とうたい、決定は指をパチンと鳴らして、曲がはじまることを暗示しながら下される。これは個々のエピソードが十分できれいに片づく（あたかもCMを入れようとしているかのように）TVランドの物語だ。とめどのない饒舌さが支配し、人々は取るに足らないボケ役でしかない[50]。

この評文が必要以上に厳しく思えるとしたら、それはおそらくグッドスピード・ハウスが、のちにブロードウェイや世界各国の舞台で上演される極上のミュージカル劇を発掘し、育んでいくことで定評のある劇場で、そのぶんこの作品に対する期待も高まっていたからだろう。一九六五年のヒット・ミュージカル『ラ・マンチャの男（Man of La Mancha）』はここで初演されていたし、この年にニューヨークのアルヴィン・シアターで三年めの公演に入り、最終的には六年というロングラン記録を樹立する『アニー（Annie）』もやはりそうだった。八〇年夏、グッドスピードはジョージ・M・コーエンの『リトル・ジョニー・ジョーンズ（Little Johnny Jones）』をリヴァイヴァル上演していたが、前売りチケットの売れ行きが落ちこみを見せはじめたため、秋にかける新たな作品を物色していた。ニルソンとボトキンは七月にスタジオ入りし、『サパタ』用に書いた曲のデモを作成する。ふたりが最初に取りかかったのは、〈ディス・ミーンズ・ウォー（This Means War）〉と題する長尺の説明的なナンバーだった。ボトキンによると――

グッドスピード・オペラ・ハウスは地方劇場の最高峰に位置しているが、わたしたちがあそこに出られたのに、あのデモのおかげだった。あれは観客にこれがどういう舞台なのかを説明するための曲だ。うたっていたのはハリーだが、その状況がおもしろくてね。酒でとうとう喉をやられたあのころの彼は、やたらと叫びまくっていた。ロックっぽいうたい方だ。なにしろそれしかできなかったからさ。それでこの舞台のデモをつくる直前に医者の診断を受けた彼は、「ハリー、もし酒をやめなかったら、きみは死んでしまうだろう。もういつそうなっても不思議はない」と言い渡された。医者ははっきり彼を責め立て、もし三か月我慢すれば――三か月だけ酒を飲むのをやめれば――彼にとって大きな助けになるだろうと請け負った。そう言って医者はハリーに酒をやめさせたんだ。わたしたちがデモをつくったのはその時期のことで、ハリーの歌声はまさしく昔のハリーのようだった。彼は自分の声を取り戻していたが、あの時のデモを最後に二度とああいう歌声を聞かせてくれることはなかった。[51]

サパタと彼の村人たちが、「彼ら自身の豆を育てることを許さなかったすべての愚か者たちに、闘いを仕掛け（made war on all those fools who would not let them grow their own beans）」るまでの経緯を説明した曲に、ニルソンは深みのある、どことなくニコチンくさい、ヒスパニック風のアクセントを採り入れている。彼は二度揚げした豆を詰めたトルティーヤを、「自由保有農ですら自由でない（not even freeholders are free）」国における、料理面での独立のシンボルとして用いた。それは強力かつキャッチーな導入用のナンバーで、グッドスピードの制作チームも、この曲やその他の完成したデモには十分な感銘を受けた。そのうちの一曲、〈ディーズ・アー・ザ・ブレイヴ（These Are the Brave）〉では、ダブル・トラックのヴォーカルと、彼の声は回復したというボトキンの見方を雄弁に裏づけるファルセット、そしてすぐさま〈うわさの男〉を彷彿させる、歌詞のない〝アイ、アイ、アイ〟唱法を用いた一級品のニルソンのパフォーマンスを聞くことができる。『ポパイ』のブルートがうたう〈俺はいやらしい〉によく似た、バッファロー・ペペという悪役用の〈ビッグ・ホワイト・ホース（Big White Horse）〉というナンバーもふくめ、この作品でのニルソンはここ数年でもっとも上出来な曲の数々を生み出そうとしているかに見えた。

　しかし三か月の禁酒期間を終えると、ニルソンはまた飲みはじめた。ボトキンは彼が一週間ぶっ続けで酒びたりになったあげく、シアトルに行き着き、元ボンド・ガールのバーバラ・バックとの結婚を発表したばかりのリンゴ・スターと合流した、とふり返っている。その結果、九月の開幕を前にコンヴィがグッドスピードで最後のリハーサルを進めていたときもニルソンの姿はどこにも見当たらず、これがボトキンにとっては悪夢のような状況を引き起こした。というのもＴＶの連続ドラマ「モーク＆ミンディ（Mork and Mindy）」の音楽の仕事があった彼は、コネティカットに出向いて劇団と仕事をともにすることができなかったのだ。ボトキンの回想によると――

> 　幕を開けると、舞台はどんどん短くなった。バートがあっちやこっちをカットしていったんだ。そして上演の期間中、ハリーはずっと……リンゴと一緒にいた。リンゴが結婚するからさ。そしてロスアンジェルスに居残ったわたしとアラン・カッツは追加の曲を何曲か書く羽目になった。曲が九曲しかなかったせいだ。この舞台はたぶんミュージカルの歴史の中で、いちばんくり返しを多用していたんじゃないかな。アランとわたしはつなぎ用の曲を一曲書き、ハリーが戻ってくると、彼とわたしとで状況説明用の〈メキシコ！（Mexico!）〉という曲を書いた。ブロードウェイっぽい派手なショウ・ナンバーで、わたしたちはこの曲を舞台の幕開けに使った。[52]

ニルソンとスターは一九八〇年九月十八日に開かれた『サパタ』のプレミアにふたりで出席した。初期の公演のパンフレットには「内容は変更される場合があります」という注意書きが印刷され、おかげで劇評には「変更は『サパタ』がグッドスピードでの上演を終える前に加えられるのではないかと言われている」[53]と書かれる始末だった。曲やダンスはあらわれては消えたが、プロットは不変だった。幕開けでのサパタは、自分なら土地を人民の手に取り戻す革命を先導することができると確信している。彼は自分の部下が捕らえた元歌手のマギーに出会い、彼女と恋に落ちる。革命的な活動の数々を通じて、彼と友人のパンチョ・ヴィラは大統領を交代させるものの、それによって人民が土地を取り戻すことはなかった。そのため彼らはやむなく闘争を続行し、その中でサパタの理想主義がマギーに対する愛情とせめぎ合う。最後の説明的な曲で、彼がその後、暗殺されたことが知らされる。

　現存するスコアのデモ・レコーディングには、マリアッチ・バンドによるインストゥルメンタルの間奏曲がふくまれている。だが音の外し方がむしろ魅力的に聞こえるこれらの曲を演奏したのは、いかにもそれらしさを狙ったロスアンジェルスのスタジオ・ミュージシャンではない。ニルソンはユニオン・ステーションにほど近いロスアンジェルスのオルヴェラ街で出くわしたホンモノのメキシカン・バンドをチェロキー・スタジオに連れてきて、その場で何曲か演奏させた、とラロルド・レブハンはふり返っている。「ハリーは少しスペイン語が話せたので、一緒に来てくれと頼んだんだ」。スタジオにとってのいちばんの難題は、ギタリオン（アコースティックのベース・ギター）と甲高いトランペット群のバランスだった。[54]このメキシコ風味満点な曲のほかに、ニルソンはヒロインのマギーがうたう、ヒット性の高い曲を二曲レコーディングした。一曲目の〈ホワイ・ドント・ユー・レット・ミー・ゴー・フリー？（Why Don't You Let Me Go Free?)〉は、サパタに対するエモーショナルな呼びかけだ――「あなたが武器《アームズ》を捨ててくれたら、わたしもこの両腕《アームズ》を開くのに(Why don't you lay down your arms and I will open mine)」。一方で〈ベッドスプリングス（Bedsprings)〉――その歌聞きたさに男たちが列をなしていたシンガーのマギーが、今度はベッドのきしむ音聞きたさに男たちが列をなす娼婦に身を落とすまでの経緯を追ったナンバー――は十分シングルになりうる印象的なメロディを持ち、完全に仕上がった形でレコーディングされたものの、結局は未発表に終わっている。

　皮肉にも、コンヴィがカットした曲のひとつが、最終的には舞台とは別にヒット曲となった。〈ウエディング・ソング(Wedding Song)〉がその曲で、デモ・ヴァージョンのニルソンはシンガーのアンドレア・ロビンソンとともに美しい歌声を聞かせ、凝ったカウンターメロディをふたりで紡いでいく。ロビンソンは彼に「禁酒中なんだ」と打ち明けられ、酒を慎むことのむずかしさを切々と訴えられた、とふり返っている。しかしニルソンが一時的に歌唱力を取り戻してくれたおかげで、彼女は史上屈指のすばらしい声の持ち主と共演することができた。

わたしはなんとも幸運なことに、ほんもののハリーを体験することができました。それに彼は共同プロデューサーでもあったので、とても優しくて、とても支えになってくれましたし、わたしの歌にすごく感心して、惜しみなく賛辞を浴びせてくれたんです。おかげですごく認められた気分になれました。それもやっぱり忘れられないことのひとつですね。それとわたし、彼の靴を見たんです。彼はウィングチップをはいていました。片方は黒で、片方は茶色。彼はそれを見せびらかすように歩いて、「気に入ったかい？ こういう気分だったんだ」と言っていました。おかげでわたしたちは最高の形で、笑いながらセッションに臨めたんです。[55]

それは後期におけるニルソンのレコーディングの中でもとりわけすばらしいもののひとつで、その仕上がりに満足した彼は、ロスアンジェルスを訪れていたエジプト生まれのギリシャ人シンガー、デミス・ルソスに完成したばかりの曲を聞かせた。ルソスはその数週間後、自分のアルバム《マン・オブ・ザ・ワールド（Man of the World）》用に〈ウェディング・ソング〉をリンダ・テイラーとのデュエットでレコーディングし、彼の所属レコード会社が一九八〇年の末にシングルでリリースしたこの曲は、イタリアとフランスの両国でチャート入りするヒットとなった。[56]アメリカでは『サパタ』はわずか十六週で公演を終え、ブロードウェイへの進出は叶わず、その結果ニルソンがこの作品のために書いたそれ以外の曲は、ついにレコード化されなかった。『サパタ』に対する評論家の煮え切らない反応は『ポパイ』に対するそれを彷彿させた――「ニルソンは何シーズンか前の『オブリオの不思議な旅』でも明らかだったように、それなりにわかりやすい魅力のあるポップ作曲家だ。しかしこの作品での彼は無理をしているように思える。歌詞は陳腐で詩的さに欠け、余韻もニュアンスも感じさせず、そればかりかメロディもやたらと威勢がいいだけで記憶に残らない」[57]

いささか波乱の多い一年を送ってきたニルソンは、一九八〇年の暮れ、レコードのプロデュース業に手を染めることにした。最初のプロジェクトは《キャント・ファイト・ライトニング（Can't Fight Lightning）》と仮に題されていたリンゴ・スターの新作アルバム用に、〈ドラミング・イズ・マイ・マッドネス（Drumming Is My Madness）〉と〈バラの香りを（Stop and Take Time To Smell The Roses）〉の二曲を共作し、プロデュースすること。ニルソンはまた、スターがこのアルバム用にリメイクした〈バック・オフ・ブーガルー

〈Back Off Boogaloo〉〉のプロデュースも監修した。これらの曲はどれも、八〇年の十二月一日にから五日にかけて、にぎやかなホーン・セクションのバックに、バハマのナッソーにあるクリス・ブラックウェルのコンパス・ポイント・スタジオで、スターとともにレコーディングされた（大半のパートで彼はうたうと言うよりしゃべっていた）。アルバムは結局ニルソンとスターが共作した曲からタイトルを取って、《バラの香りを》と題されている。これらの曲を完成させると、スターはそのまま将来の妻とバハマで休暇に入った。予定では彼とニルソンは一月にまた顔を合わせ、ジョン・レノンがこのアルバム用に書き下ろす二曲の新曲をレコーディングすることになっていた。セッションにはレノン本人も顔を出すと約束していた。

休暇に入ったスターを残して、ニルソンはロスアンジェルスに戻り、レコードのプロデュースという新たな仕事を続行した。彼はそれから数日をかけて、シンガーのフランク・スタローンがつくっている新作レコードの一部を手がける予定になっていた。フランクはベルエアーのニルソン宅の隣に住んでいた映画俳優、シルヴェスター・スタローンの弟で、一九八〇年には彼もそこで暮らし、ニルソン一家の親しい友人になっていた。フランクがRCAでニルソンとはじめて顔を合わせたのはその数年前、彼がまだこのレーベルと契約していた《眠りの精》の時期のことだ。以来、手紙で連絡を取り合い、末尾にはそれぞれ〝シュミル〟、〝スタロネオーニ〟と署名していたふたりが、今度は隣人同士として、旧交を温めていたのである。酒の席で、スタローンはなかば無理だろうと思いながら、次のレコードをプロデュースしてくれないかとニルソンに持ちかけ、嬉しいことに快諾を得ていた。

スコッティ・ブラザーズ・レーベルからリリースされるレコードのセッションのために、ニルソンはヴァン・ダイク・パークス、ジェシ・エド・デイヴィス、クラウス・フォアマン、ジム・ケルトナーを呼び集めた。エンジニアはロビン・ジェフリー・ケーブル。この面々はジョニ・ミッチェルの〈ケース・オブ・ユー（Case of You）〉、ビング・クロスビーの〈ブルー・オブ・ザ・ナイト（Blue of the Night）〉、そしてフランク自身が書いた〈ザ・シー・ソング（The Sea Song）〉をレコーディングする予定だった。ニルソンは〈ケース・オブ・ユー〉に控えめなバッキング・ヴォーカルをつけ、パークスがアコーディオンでどことなく海を感じさせる伴奏をつけた〈ザ・シー・ソング〉には、膝を叩いていささか型破りなパーカッションを提供した。ニルソンはまた、この曲のコーラスでいかにも彼らしいクローズ・ハーモニーのバッキング・ヴォーカルをダブルトラックでうたっている。マルタ島の急造スタジオで『ポパイ』の俳優たちを楽しませた彼の

〝ファルコンズ〟も、おそらくはそれに近いサウンドを聞かせていたのだろう。続いて彼らは四番目の曲に着手した。スタローンの回想によると――

オレたちは〈テイク・イット・フロム・ザ・ボーイズ(Take It From the Boys)〉という曲をレコーディングしていて、ハリーはガラスの向こう側にいた。オレの友だちで、ハリーの大ファンだったマーク・ハドスンもそこにいた。ハリーはもう飲んでいて、この曲ではオレにさんざんな思いをさせた。あいつは双子座で、まるでふたりの人間がいるみたいだった。で、その時はレコードの細かな点にやたらとこだわり、たとえばオレが「オレに会いたきゃバーにいるぜ(If you want me I'll be in the bar)」というくだりをうたっていると、すぐにトークバックで「いや、スタロネオーニ、『バァアにいるぜ』だ、いいな?」みたいなことを言ってきたんだ。

するとオレは「途中で邪魔しないでくれ!」と言い返す。何回か挑戦して、ようやくものにできたオレはガラスの向こう側をのぞきこんだ。その前からずっと、ハリーがオレにケチをつけていたころからもう、あっちじゃいろいろ動きがあって、みんな楽しげに騒いでいたんだ。でもその時は「ドスン!」って感じで、ぴたっと動きが止まっていた。それで「どうしたんだ?」と訊くと、向こうにいた人間のひとりが「ジョンが撃たれた」と言う。「ジョンって、どの?」と訊くと、ハリーが「レノンだ」。連絡を受けたウーナからスタジオに電話があったんだ。オレはブースの中に入り、これでこのセッションは終わりだと思った。誰かが実際に泣いてたわけじゃない。だが全員が深い哀しみに沈んでいた。ハリーはウィスキーを飲んでいたが、今度はコカインを持ち出した。そしてこの事件が引き金になって、ジェシ・エド・デイヴィスのように長年クリーンだった男まで、またクスリを使いはじめた。ハリーはいつも前のポケットにコカインを入れていた。連中はラインをつくりはじめ、酒とコカインの時間になった。そしてそれがえんえんと続いた。その後、ハリーはオレたちをスタジオに戻らせようとしたが、あんなことのあったあとじゃ、なにをしたってうまくいくわけがない。翌日、スコッティ・ブラザーズがオレたちの録った音を聞きたいと言ってきたが、なにひとつ使いものにならなかった。悪夢だったよ。せっかく夜遅くまでセッションをやったのに、なにひとつ救い出せなかったからだ。当然、向こうはおかんむりだった。でもハリーは「クソ食らえ」と言い捨てた。スタジオじゃ自分のやり方を通すのに慣れていたし、あいつはハリー・ニルソンだった。たとえ二倍、三倍のギャラを取るミュージシャンを使っていても、規律なんてはなから無視していた。だからきっとかかった経費は莫大だったはずだ。でも心からジョンを愛していたし、たまたまあの時のスタジオには、プラスティック・オノ・バンドのメンバーだったやつも何人か一緒にいた。だからみんな、あんなにショックを受けていたんだ。[58]

夜は銀行で働き、昼間は曲を売り歩いていた若き日々以来、ニルソンがもっとも多忙な毎日を送った一年は、レノンの狙撃で唐突に幕を閉じた。映画、舞台のミュージカル、アルバム《フラッシュ・ハリー》、そしてプロデュースの仕事を経て、ニルソンはプロとしての活動を完全に停止した。

ジョンとリンゴとともに、一月にスタジオでレコーディングがおこなわれることはなかった。彼がその後、単独で新たなスタジオ・アルバムを完成させることもなかった。そしてレノンの死が持つ悲劇性と怖ろしさが実感されてくるにつれて、彼の人生は少しずつ、アメリカでの拳銃所持を禁止したいという激しい願望に支配されるようになった。

あなたが武器《アームズ》を捨ててくれたら
わたしもこの両腕《アームズ》を開くのに

第十一章
レイ・ダウン・ユア・アームズ

ジョン・レノンの殺害によって、ニルソンの人生は大きく変わった。一九八〇年十二月八日にあの事件が起こるまで、彼はこれと言って政治的な人間ではなかった。友人のマル・エヴァンズが非業の死を遂げたときですら、行動に打って出ることはなく、火器の規制強化を議会に要求する団体のひとつに、小切手を送るぐらいがせいぜいだったのである。しかしレノンが殺されたとき、ニルソンはすぐさま拳銃の規制を訴えはじめ、その運動に生涯、精力と情熱を注ぎ続けた。それは単に彼が、ＲＣＡとのあいだに有利な契約を結ばせてくれたレノンに恩義を感じていたからではない。あるいは《プシー・キャッツ》時代、この国の両側でともに浮かれ騒ぎに興じていたからでもない。ジミー・ウェッブが説明するように、レノンは彼の音楽的な魂に近しいなにかを体現する存在だった。

> ハリーはまず第一にビートルズ主義者だった。世界一のビートルズ・ファンだったんだ。彼と話をしていると、よくこう言われたからね。「ほかの連中が音楽をつくる理由がわからない。聞く価値のある音楽をつくっているのはビートルズだけだ。そしてもう二度とビートルズのようなバンドはあらわれないだろう」。するとぼくが「バカなことを言うな！」と言い返し、そこからしばらく議論がはじまる。彼は頑強に「いや、この世界にはビートルズしかいない。父と子と聖霊とビートルズだ。そしてぼくはこのことをおまえの記憶に刻みつけたい。これこそが真実なんだ」と言い張った。だからジョン・レノンとレコードをつくったり、リンゴ・スターと友だちになったりして、ある種〝五人目のビートル〟的な存在になると、ハリーの人生は完結した。それだけが彼の望みだったからだ。彼は自分のことを、あの四人に知ってほしがっていた。彼らの称賛を浴びたがっていた。それがすべてだったんだ。それ以外のことは全部、ただのオマケにすぎなかった。[1]

そのため自分の魂の一部がレノンの人生もろとも消滅してしまったように感じたニルソンは、自分の音楽活動を一時休止し、ワシントンDCにある拳銃所持を禁止するための全米連合《ナショナル・コーリション・トゥ・バン・ハンドガンズ》本部に、なにか自分が役に立てることはないかと問い合わせた。武器の規制強化と使用許可の厳格化を求める全国的なグループはふたつあり、この団体はもうひとつのHCI(拳銃規制法人《ハンドガン・コントロール・インク》)よりも規模が大きかった。合同メソジスト教会の教会と社会に関する総代委員会が音頭取りになって生まれた連合は、州によって大きく異なる銃規制法に取り組む活動を各地で別個に開始していた三十のメンバー団体で構成された。レノンの殺害をきっかけに、数多くのビートルズ・ファンがこの連合に賛同する活動を開始し、一九八一年三月に、ジョン・ヒンクリー・ジュニアによるレーガン大統領の狙撃未遂事件が発生すると、銃問題は全国的によりいっそう注目を浴びはじめた。このころすでにニルソンは、事実上、フルタイムの銃規制運動家となっていた。

団体のさまざまなメンバーと話した彼は、自分の持つショウビジネス界でのコネクションを使えば、この運動に対する注目度をかつてないほど高めることができることに気づき、ハリウッド支部の立ち上げに着手した。「彼らが必要としていたのは世論を形づくる人間だった」と彼は語っている。「ぼくは回転式の名刺入れ《ローロデックス》を回して、友だちにかたっぱしから連絡を取った」[2]

ニルソンは以前、メル・ブルックスの個人秘書をしていたシェリーを雇い、最終的にはかなりの量となる、影響力の強い知り合いやコネクションとの文通を担当させた。この運動のはじまりをふり返る手紙の中でデレク・テイラーに告げた通り、彼は『サパタ』を書いていた時期以来、ひさびさにシラフの状態に戻っていた。

ぼくは可愛さを取り戻す《プリティ・アゲイン》ダイエットをはじめている……十五年間の放蕩を経て、今度は八日間、砂糖も脂肪も酒も後悔もいっさい抜きだ、どうだいすばらしい話じゃないか、修羅場ともいっさい無縁。ぼくの狙いは鳩の影でつくった、ホメオパシー療法のスープ並みに薄くなることだ。きれいな若者や若い女性たちが言い寄ってきても「断る」と言ってやろう。それともやっぱり「ありがたいが、もうたくさんなんだ」かな。十時が二回来ることは知ってたけど、早いほうのすばらしさに、ぼくは気づいていなかった。[3]

彼の当面の目標は、注目度の高いスポンサーを探し、一九八一年の秋に全国展開される行動と集会の一週間のために、ロスアンジェルスのプログラムを推進する委員会を設立することだった。嘆願状、電話、そして個人的な説得などの手段を駆使することで、彼の委員会には最終的にエドワード・ケネディ上院議員、女優のキャロル・バーネット、喜劇俳優のスティーヴ・マーティン、元バスケットボール選手のジョー・ネイマス、ロック・バンド、シャナナのメンバー、そして元司法長官にしてヴェテランの運動家、ラムゼイ・クラークらが名を連ねることになる。ニルソンはリンゴ・スターにも助力を求め、やはりレノンの殺害を受けて、現状を改めたいという気持ちに強く駆られていたスターは、ハリー、ウーナ、ベン、ボウに個人的な挨拶を送ると同時に、明確なメッセージを伝える声の手紙でそれに応えた。「やあ、リンゴだ。十月二十五日から三十一日まで、拳銃の暴力を終える全国《ナショナル・エンド・ハンドガン・ヴァイオレンス》週間《ウィーク》はきみの街で集会を開く。仲間に入ってくれるかい？　ありがとう！」

　この日付を選んだのは、連合を設立したジェリー・S・フォーティンスキーだった。連邦議会が一九六八年に導入された銃規制の修正案を緩和する検討に入るのが、ちょうどその時期のことだったからだ。同様に、まもなく上院に提出される予定だった銃器所有者保護法の新たな修正案は、フォーティンスキーによると、たとえばチャールズ・マンソンの悪名高いコミュニティの元メンバー、スクィーキー・フロムのような人物が、一九七五年にフォード大統領の暗殺を企てていたにもかかわらず、なんの制限もなく新たな武器を買うことを合法化する危険性を秘めていた。そうした手ぬるい法律は、レノンの殺害のような事件をより安易に、そしてよりひんぱんに引き起こすことになるだろう、と連合は主張した[4]。

　アメリカ全土で一週間にわたっておこなわれた一九八一年十月の運動の直後、ニルソンは連合全国委員会の議長に選出された。彼はジャーナリストたちに、この活動に参加した最初の一年でひと財産を失ったと語り、だが自分はこの運動のために時間を割ける恵まれた立場にいる、と続けた。「誰かに頭を撃たれてしまったら、裕福でいても意味がないだろ？」と彼は問いかけた。「ジョン・レノンは世界中の金を持っていたんだ。人を怒らせるのは簡単だけど、どうしたら、もっと関心を持ってもらえるんだろう？」[5]。この疑問に対する彼の答えは、広く各地に旅をして、拳銃の使用を禁じる、あるいは制限しようとしている州議会に圧力がかけられた場合には、いつでも、そしてどこでも反対集会や抗議運動に参加することだった。長期的には連合を、全米ライフル協会（ＮＲＡ）以上に大規模で、裕福で、有力な団体にするのが自分の目標だ、と彼は語った。銃所持に対するすべての規制撤廃を主張するＮＲＡは、一九八一年の時点で二百万人の会員を擁し、年間の収入は三千五百万ドル――その大半はロビー活動に使われた――におよんでいた。ニルソンはあるインタヴューで次のように語っている。

> ぼくらもそれぐらいの力がほしい。そうすれば議員のそばに行って、「あなたは売りものですか？　わたしたちが買いますよ」と言えるからだ。そしてもし売りものじゃなかったら、ぼくらはそいつらが再選されないように、持てる力の限りを尽くす。[6]

レノンの殺害から一年が過ぎた一九八一年暮れ、その間、銃所持反対運動に対する支持を集めるためにたゆまず活動を続けてきたニルソンは、ようやく勇を鼓してヨーコ・オノに手紙を出した。彼女の夫の死に触れた手紙に、彼はこう書いていた。

> 親愛なる笑い袋《バッグ・オ・ラフズ》殿、もうふたりとも四十代なんだから、遠慮抜きで話しても大丈夫だろう。ジョンとぼくは一度、ヨーコ対ウーナというテーマで大論戦をくり広げたことがある。彼はあなたのことをブルースだと言い、ぼくは自分に言えることを言った……それからぼくはニルソンの第四法則について考えはじめた。そこには灯りが明るければ明るいほど、消される可能性が高くなると明記されている。[7]

レノンの輝かしい資質を強調したこのきわめて個人的な手紙は、ニルソンがこの運動に駆り立てられた理由を知るための手がかりとなっている。彼と会見するジャーナリストはたいてい、初期のレコードにおける気まぐれなウィットを体現したような人物か、〈傷ついた心〉のきわどい歌詞をうたった反逆児、あるいはタブロイド新聞で名を上げたお騒がせ屋があらわれるものと思っていた。そのため彼らは、銃所持や銃器の蔓延に関する統計の数字を細かく並べ立てる、熱心でひたむきな人物を前にして途方に暮れる羽目になった。銃所持反対運動のために自分の音楽活動を脇に追いやったニルソンは、誰がどう見ても真剣そのものだった。

一九八二年のはじめ、彼は複数の大会や集会に参加するほかにも、ロスアンジェルスで〝路上犯罪と隠した武器に反対するカリフォルニア人〟のパーティーを企画し、招待者のリストには彼に口説かれてこのイヴェントの資金を出した有名人の名前が並んでいた。[8]たとえばジーン・ワイルダーは千五百七十五ドル、レナード・ニモイは千九百七十五ドル、そしてアート・ガーファンクルは二千二百ドル。もしニルソンが絶えず銃反対論を唱えていなかったら、彼がパトロンとしてリストアップした音楽界、映画界のスターたちも、おそらくいっさい関与しようとはしなかっただろう。彼は機会のあるごとに政治家やスターたちと写真を撮り、自分のメッセージを浸透させようとした。とても一度もライヴをしたことのない、引退したミュージシャンとは思えないほど、彼の顔は報道で広く知れ渡り、それどころか運動のために、ときおり人前でうたうことすらあった。その春、ハワイで大規模な集会に参加した彼は〈平和を我等に（Give Peace a Chance）〉をうたい、前年、弁護士のデイヴィッド・シャッターがこの島での銃所持を包括的に禁止するために設立した慈善団体、シャッター・ファウンデーションを運営するマイク・ケラーと写真に収まった。[9]

およそ十四か月にわたり、ほぼフルタイムで連盟に関わってきたニルソンは徐々に、ごく小規模な音楽のプロジェクトにも時間を割きはじめた。映画のスコアや、舞台のミュージカルや、リンゴとフランク・スタローンのプロデュースを手がけた一九八〇年のようなスケールの活動はもはやありえない。その代わりに八二年の彼は、もっぱら初期のアイデアをリサイクルして過ごした。そのためたとえばトム・ウィルソンの描く人気コミック・キャラクター、ジギーを使った子ども向きクリスマス・アニメーションの音楽を一任されたペリー・ボトキンに主題歌を依頼されると、『サパタ』の〈ラヴ・イズ・ジ・アンサー（Love Is the Answer）〉を改作してそれに応え、「ちょうだい、ちょうだい、ちょうだい（Give! Give! Give!）」と唱える子どもたちのコーラスに、「ありったけの心をこめてちょうだい（Give with all your heart）」のような、歌としゃべりの入り交じったくだりを挿入した。そうしてできあがった〈ギヴ、ラヴ、ジョイ！（Give, Love, Joy!）〉は、エミー賞を受賞した短篇映画『ジギーズ・ギフト（Ziggy's Gift）』に背景となるテーマを提供し、ボトキンのスコアでも、そのメロディが随所で活かされていた。小柄なジギーと愛犬のファズがたまたま、心のねじまがったサンタのギャングの犯罪行為を妨害する物語の中で、創意あふれるボトキンは、コソコソ動く泥棒たちの伴奏を務めるウォーキング・ベースから、ほろ酔い声でうたわれる聖歌、あるいはジャズに乗ってスピードを上げるトラックから、牧歌的な木管楽器、ストリングス、ハープとともに暖炉脇でくり広げられるフィナーレのクリスマスのお祝いまで、映画のスコアにありがちな手法を実質的にすべてくり出してみせた。とはいえニルソンの主題歌も全編にわたって登場し、映画のメロディ的な支柱となっている。『オブリオの不思議な旅』の音楽と同じように、チャーミングに改作されたこの『サパタ』のナンバーは、子ども向けのアニメーションにうってつけの無邪気な音を響かせていた。

この仕事を別にすると、この年の彼の音楽活動は銃反対運動ともっと直接的にリンクしていた。一九八二年の春から秋にかけて、アメリカの各地で〝ビートルフェスト〟と呼ばれるビートルズ・ファンの年次集会が開催された。これらの集会――その一部は六〇年代にバンドが解散して以来、ずっと定期的に開かれていた――に集まっていたのは、彼の運動を支持する可能性がもっとも高そうな人々だった。そこでニルソンは銃反対運動への意識を高めるために、〈ウィズ・ア・ブレット（With a Bullet）〉と題するシングルをレコーディングし、会場で売ることにした。これは〈空飛ぶ円盤を見た〉にも似た会話主体の作品で、ただし今回は武器で襲われた犠牲者が、銃を持った犯罪者に道理を説こうとするという内容だった。この曲をつくるために、ニルソンは八二年六月二十八日、ロック・ヴィブラホン奏者のバジー・リンハートがロスアンジェルスで進めていたレコーディング・セッションに乱入する。ピアノの前に座った彼は、この曲と、ほかに数種類のイントロをレコーディングした。次の集会は七月九日からロスアンジェルスで開催される予定になっていたが、彼はビートルフェストの会場ごとに、イントロの異なるヴァージョンを売ろうと考えていたのだ。このシーズンの集会は十月末まで続き、最後の会場はニュージャージー州のセコーカスだった。

この曲は低予算でレコーディングされたもうひとつの新曲、〈ジュディ（Judy）〉とのカップリングでリリースされた。これはニルソンが三月にニューヨークで開かれたビートルズのファン集会で、拳銃所持を禁止するための全米連合に贈られた五百ドルの寄金に対する返礼として書いた曲だ。これらの低予算シングルは明るい赤のカラー・ヴィニールにプレスされ、現在では珍しいコレクターズ・アイテムとなっている。大半の集会に参加したニルソンはサインに応え、シングルを売り、なによりもビートルズの熱狂的なファンを、レノンの死に対する受動的な怒りから、二度とこうした出来事が起こらないようにするための、能動的な行動に導こうとした。ビートルフェストにはトリビュート・バンドのリヴァプールがしばしば出演していたが、ニルソンもやがてライヴ・パフォーマンスはしないというみずからの禁を破り、彼らとともにステージに立つようになる。それもやはり、銃反対のメッセージを浸透させることが目的だった。

一九八二年十二月、ニルソンはしばらく銃反対運動を休み、ウーナと子どもたちを連れてメキシコに旅した。そこでは元パイソンズのグレアム・チャップマンが『イエローパイレーツ』というコメディ映画を撮影中だった。これは彼が何年も前に、キース・ムーンやニルソンと飲みながら興じたバカ話をもとにした映画で、チャップマンの手紙やメモを見ると、明らかに彼はニルソンにスコアを依頼するつもりでいた。しかし評論家の酷評を浴びた『ポパイ』の記憶がまだ新しかったせいか、映画の制作陣は首を縦にふらず、ニルソンが数曲のスケッチを書き、〈メン・アット・シー（Men at Sea）〉という曲については、みずからカシオのキーボードで伴奏をつけたデモまでレコーディングしていたにもかかわらず、彼の曲はいっさい映画に使用されなかった。それでも撮影が完了し、ロスアンジェルスに戻ったあとで、ニルソンはチャップマンと俳優のマーティン・ヒューイット（『宝島』のジム・ホーキンスをヒントにしたダンというキャラクターを劇中で演じた）を自宅に招き、ほぼ全曲ができあがっていたサウンドトラックのデモを聞かせている。[10]

映画はヒットしなかった。コメディのスターを勢ぞろいさせた、まばゆいばかりのキャストは最初から最後までユーモアたっぷりな映画を期待させ、撮影の現場もそれなりにきちんと管理されていたものの、混迷を極めたリライト作業、土壇場でのキャスト変更、制作の遅れ、そして大量に消費されたアルコールがすべてを帳消しにしてしまったのだ。劇中でクレメント司令官を演じたエリック・アイドルは、ロック・スターの友人のひとりに、メキシコまで様子を見に来ないかと声をかけ、くだんのスターは結局ノンクレジットで通行人役を演じることになった。アイドルの回想によると――「ボウイを呼び出したんだが、あいつはベロンベロンになっていた」

サウンドトラックへの参加を拒まれたニルソンは、その代わりにいくぶん変わった形でBGMを提供した――大半のキャストが泊まっていたホテルに騒々しいマリアッチ・バンドを呼び、あちこちで演奏させたのだ。しかし撮影が終了する直前に、主要なキャストのひとりで、やはりニルソンの飲み仲間だったイギリスのコメディアン、マーティ・フェルドマンが心臓発作で急死を遂げると、現場は一気に暗い空気に包まれた。映画は結局一九八三年の夏に公開されたが、大半の評論家はカナダの高名な映画評論家、レナード・クレイディの「えんえんと続くギャグが、よくできたストーリーを探し求めている」[11]という妥当な見立てを支持していた。

一九八三年、ニルソンは『サパタ』の曲をまたひとつ映画のスコア用に改作する。今回はイギリス人監督、トニー・ガーネットの映画『ハンドガン（Handgun）』（最終的には『ディープ・イン・ザ・ハート〔Deep in the Heart〕』というタイトルで公開された〔邦題は『ハンドガン』〕）に提供するためだった。映画の主人公はテキサスに越してきた若い女性教師。デートした弁護士に銃で脅され、暴行された彼女はその後――火器のトレーニングをたっぷりと積んだ上で――暴力的な復讐を遂げる。銃反対のテーマに共感したニルソンは〈ホワイ・ドント・ユー・レット・ミー・ゴー・フリー？〉を改作し、原曲の「あなたが武器《アームズ》を捨ててくれたら／わたしもこの両腕《アームズ》を開くのに」という対句から催眠的なくり返しのリズムを築く〈レイ・ダウン・ユア・アームズ（Lay Down Your

Arms)〉に仕立てあげた。完成した彼のスタジオ・レコーディング（映画のサウンドトラックで使われたヴァージョンには、いくつか不手際な編集が加えられていた）は、《俺たちは天使じゃない》のカリブ的なムードを受け継ぎ、レゲエのリズムと、スカの影響がある心地よいホーン・セクション（クレジットはないが、サックス隊をリードしているのは、どう聞いてもボビー・キイズだった）が用いられ、さまざまな音域や訛りでうたうニルソン自身のヴォーカルがオーヴァーダビングされている。この時期のニルソンはデビュー以来、もっとも長期にわたって定期的なスタジオ作業から離れていたが、アイデアの豊かさやヴォーカルの多彩さに関しては、決して初期のレコーディングにひけを取っていなかった。

このことは一九八三年、ヨーコ・オノの曲を集めたアルバム《エヴリ・マン・ハズ・ア・ウーマン／ジョンとヨーコの仲間たち（Every Man Has a Woman）》に彼が三曲を提供した際にもはっきりと証明された。もともとはこの年の二月、彼女の五十歳の誕生日を祝してリリースされるはずだったレコードだが、予定よりも制作が長引き、結局は八四年に日の目を見ている。八一年にオノに手紙を出してからも、ニルソンはそれから一年、「なにも言うべきことがない」[12]という理由で彼女と面と向かって話すことはなかった。しかしついに再会を果たしたとき、ふたりはおたがいの腕の中にくずおれ、ニルソンはその時、「彼の出会った中で最高に魅力的な女性」から、彼女のアルバム用にいくつかの曲をレコーディングしてほしいと依頼された[13]。最終的に発売されたアルバムには、七〇年代にジョン・レノンがレコーディングしていた彼女の曲を新たに完成させたヴァージョンのほかに、ニルソンだけでなく、ロザンヌ・キャッシュ、エルヴィス・コステロ、ロバータ・フラック、ショーン・レノン、そしてエディ・マネーによるオノ作品の新たなカヴァーが収録されていた。ニルソンの提供曲（実のところ彼は、ほぼアルバム一枚ぶんに相当するオノ作品をレコーディングしていた[14]）の中からアルバムに選ばれたのは三曲だが、その一部ではいつもと大いに様相の異なる、彼の個性が示されている。彼がみごとな歌を聞かせる〈シルヴァー・ホース（Silver Horse）〉では、クリアな高音とたくみなヴォーカルのアラベスクが〝若い〟ニルソンの声を引き立てる。〈ドリーム・ラヴ（Dream Love）〉は《シュミルソン二世》のいくぶんラフな〝ロック〟っぽい声に近く、一方で〈ロンリネス（Loneliness）〉はより現代的な仕上がりだ。執拗なディスコ・ビートに乗せて、ニルソンは三人組の女性シンガーをバックに自分のヴォーカル・ラインをなかばしゃべり、なかばうたっていく。オノの所属レコード会社、ポリグラムはアルバムの発売後、この曲をニルソンのニュー・シングルとしてリリースすることに決め、プロモーション計画の一環として、ふたたびスタンリー・ドーフマンにこの曲をベースにしたショート・フィルムの撮影を依頼した。ドーフマンの回想によると――

わたしたちは三曲の中から〈ロンリネス〉を選び、そのころのニルソンはベルエアーにあるあのすてきな大邸宅で暮らしていたので、フィルムは彼の家で撮影した。ハリーはちょっと常軌を逸したローレル＆ハーディのファンで、彼らに関すること、彼らのやったことはなんだって知っていた。するとたまたまローレル＆ハーディの物真似をしているコメディアンがいてね、太ったコメディアンが。わたしたちはなんのあてもなく彼を押さえ、ハリーが自分の家に入ると、オリヴァー・ハーディが庭で水まきをしているという、かなりシュールな内容のミュージック・ヴィデオをつくった。実を言うとハリーはその前の晩にウーナと大喧嘩をして、彼女は家を出てしまった。とりあえずヴィデオ撮影のために帰ってきてくれ、と彼が説得したんだ。彼女には三人の子どもがいた。全員が歩けるようになっていて、ひとりはまだかなり小さかったけれど、あとのふたりはもう少し大きかった。というわけで彼女は愛らしい妻を演じた――前の晩にはふたりとも大声をあげて、口喧嘩をしていたというのに。ヴィデオにはティモシー・リアリーも出てもらったが、あまりにも演技が下手すぎて、カットせざるを得なかった。とにかくいろんな連中が出たり入ったりしていて、中にはそのまま出ているのもいるし、カットされたのもいる。でも最終的には上出来なミュージック・ヴィデオに仕上がった。[15]

プロモーション・フィルムの筋書きでは、誰もいない家にニルソンが帰り――どうやら妻と子どもたちのボウ、ベン、アニーは出て行ってしまったらしい――だが最後の場面では、全員が笑いながら戻ってくる。その途中でドーフマンは《俺たちは天使じゃない》のヴィデオを再現し、革のコートにサングラス姿で銀色のメルセデスを降りたニルソンが、バスケットボールを拾い上げざま、ガレージのリングにシュートを決めるシーンを盛りこんだ。オリヴァー・ハーディのキャラクターは、その様子をながめている。それ以降のシーンにも、『吸血鬼ドラキュラ二世』と『ジギーズ・ギフト』を視覚的に引用したわかる人にはわかるくすぐりが入り、続いてこのショート・フィルムは、一連の夢のエピソードの中でニルソン家の部屋をひとつずつ回っていく。家にいるニルソンと彼の家族を記録したフィルムとしては、これが現存するものの中でベストだろう――たとえその日の雰囲気はいくぶん、緊張をはらんでいたとしても。

このきわめて異例なウーナとのいさかいを除くと、ニルソンの家庭生活はドーフマンがこのフィルムのエンディング部で描いた通り、いたってほのぼのとしたものだった。そしてニルソンと先妻の息子、ザックの目にはそれがとりわけ魅力的に映っていた。

　ぼくはしょっちゅう彼のもとを訪ね、でもしばらくしたらまた母親のところに戻るという暮らしを送っていた。でもぼくは戻りたくなかった。ハリーや母親の違う弟や妹たちと暮らしたかった。一緒にいた家族じゃなくて、あの家族の一員になりたかったんだ。ぼくもハリーと同じように、母親との折り合いはあまりよくなかったし、あのふたりが別れた理由もよく理解できた。母親はとても一緒に暮らしにくいタイプだった。だからハリーのところに行くのは、ぼくからすると天の救いでね。一、二週間は幸せいっぱいに暮らし、ふだんの生活は全部忘れてしまえる。でも結局は夢を破られ、空港に向かうリムジンの中で、だんだん現実がよみがえってくるんだ。[16]

ニルソンの音楽活動の中で、一般向けにリリースされたシングルはこの〈ロンリネス〉が最後となる。一九八四年七月、ドーフマンはリリースに向けて、ようやくプロモーション・フィルムの編集を終えた。しかしその時点でニルソンは、もはやベルエアーには暮らしておらず、八三年暮れに、家族とニューヨーク・シティの近郊に引っ越していた。それからの数年間は東海岸がニルソンの本拠地となる。

当人は一九八四年の七月二十八日に開幕したロスアンジェルス・オリンピックを、この引っ越しの理由に挙げていた。オリンピックを取り巻く騒ぎを嫌ったニルソンは、街が熱狂に囚われるずっと前から、八月十二日に終わるイヴェントの開催期間だけでなく、それ以降もずっと完全に東海岸に居を移す決意を固めていたのだ。スタンリー・ドーフマンの記憶にあるニルソンとウーナの緊張関係も、それが原因のひとつだった。ウーナによると――

　わたしたちはベルエアーに、かなり長いあいだ暮らしていました。子どもはすでに三人いて、四人目の出産をひかえていたんです。そんな時オリンピックがロスアンジェルスで開催されることになって。たぶんハリーは変化がほしかったんでしょう。しばらくニューヨークで過ごしてみたくなったんだと思います。わたしはぜんぜん行きたくありませんでした。彼にどうしても行くべきだと説得されました。オリンピックの期間は街がすごくごった返すから、LAにいるべきじゃないと言われたんです。それでわたしたちはニューヨークに向かい、いくつか場所を転々としたあと、ニューヨーク・シティのすぐ北にあるママロネックで家を借りました。とても楽しく過ごせた家で、オリヴィアはそこで生まれました。[17]

一九八四年七月、オリンピックがはじまる月のはじめに、ニルソンはニューヨークでテリー・サザーンとひんぱんに会っていた。『キャンディ』の共作者、映画『マジック・クリスチャン』の原作者兼脚本家、そして『博士の異常な愛情(Dr. Strangelove)』と『イージー・ライダー』の脚本を共同で手がけた彼と、映画の制作会社をつくるアイデアを話し合っていたのだ。だがそれ以前からすでに、このふたりは定期的に飲み歩く仲だった。少し前まで「サタデー・ナイト・ライヴ(Saturday Night Live)」の脚本家チームにいたサザーンは、そのTV番組に関わっていた期間、つねに面白いことを考えなければというプレッシャーにさらされていたせいで、ニルソンにも負けない量のドラッグとアルコールを摂取するようになっていた。ニューヨークで合流したとき、サザーンはジム・モリソンの生涯を描いた映画の脚本を執筆中だった。また初期長篇の『閃光と銀細工(Flash and Filigree)』がウィリアムズ・バロウズの序文つきで再刊され、おかげでヒップな作家の中でもとりわけヒップな男という彼のイメージにはいっそう箔がついていた。

七月のはじめごろ、ふたりはマンハッタンのバーでシンガーのジミー・バフェットにばったり出くわした。バフェットはボストンで開催され、彼も出演する大規模なフリー・コンサートに彼らを誘った。だがなぜか到着が遅れ、ライヴを見逃したふたりは、終演後にようやくバフェットと顔を合わせた。その先はニルソン自身に語ってもらおう。


ぼくは「じゃあもう行かなくちゃ。さよなら」と言った。そしてテリーに向かって「行こうぜ!」

「どこに?」

「ワシントンさ。ビーチ・ボーイズのバックでドラムを叩くリンゴを観に行くんだ」

「うん、そうだな」

というわけでぼくらはボストンからワシントン行きの飛行機に乗った。あれはたぶん、史上最大規模のコンサートだったと思う。この路上コンサートには百万人以上の人間が集まっていた。[18] とても、とても暑くて、四十度近くありそうだった。もっぱら格好づけで黒いレザー・ジャケットにサングラス姿だったぼくは、もうどうでもよくなった。テリーはしわくちゃでも問題ないと思われる秘訣を発見したばかりの、年齢がはっきりしない若づくりな男のように見えた。裏口とおぼしきところに向かうと、そこにはあわれな警備員がいたので、ぼくらはふたりでネタを披露した。

「ほら、オレたちはどう見ても、サインをほしがってるガキじゃないだろ」とぼく。

「でもなんのパスもお持ちじゃないんで」と彼。

「だったらトレーラーにいるリンゴを呼んできてくれよ。それで万事解決するからさ」

「持ち場を離れるわけにはいきませんので」

「持ち場を離れるわけにはいかない？」

「ええ」

「わかった。じゃあオレの代わりに親父を見ていてくれ。人質として置いていくから。十分で戻ってくる。じゃあな」

　そしてぼくはそいつの脇を通り抜けた。ぼくを追いかけるわけにはいかない。そうすると持ち場を離れてしまう。一方でテリーは、ぼくに親父と呼ばれたせいでカンカンになっていた。中に入ったぼくは、二百台ぐらい並んでいたトレーラーのひとつに寄りかかって訊いた。

「リンゴ・スターの楽屋がどこかご存じじゃありませんか？」。すると男の声がして、「あんたが寄りかかってるのがそうだ」

　ドアを開けるとそこにはボーイズが勢ぞろいしていた。ビーチのボーイズが。そして全員でうたいながら、ある特別なパートでドラムをどう叩けばいいかをリンゴに手ほどきしようとしていた。ぼくが入ってくるのを見た彼は安堵の表情を浮かべ、同時にぼくがそこにいて彼がそこにいることが信じられないという顔になった。というわけで彼は全部をうっちゃってぼくと抱擁を交わし、ぼくが何者なのかを全員に説明した。ぼくは「ひとつだけ問題がある」と言った。「テリーがたった今、裏口で人質になっているんだ。誰か、彼を中に入れてやってくれないか？」

　ちょうどその時、誰かの声がした。「本番です！」。すると全員がトレーラーから駆け出し、ぼくは「誰か裏口まで彼を引き取りに行ってくれ！　ぼくは戻りたくない。今度はもう入れないだろう」と言っているうちに、人の流れに飲まれてしまった。

　で、ふと気がつくと、ほんの二、三歩しか動いた記憶はないのに、ぼくらはステージに立っていて、ビーチ・ボーイズは百万人を相手に演奏し、ぼくはステージに突っ立ったまま、親友のリンゴを見つめていた[19]。

　このイヴェントは撮影され、一九八五年一月に公開された[20]ドキュメンタリー映画『ザ・ビーチ・ボーイズ／アン・アメリカン・バンド（The Beach Boys - An American Band）』に、最後を締めくくるクライマックスとして収録された。大勢の見物人がステージの両側に立っているが、汗で髪の毛を黒くした、サングラスに黒いレザー・ジャケット姿のニルソンも三つのシーンではっきりと確認できる。

ショッピングモールで開かれたこのワシントンDCのコンサートにゲスト出演したリンゴは、三曲をバンドと共演した――〈バック・イン・ザ・USSR（Back In The U.S.S.R.）〉、〈ユー・キャント・ドゥ・ザット〉、そして〈デイ・トリッパー（Day Tripper）〉である。[21] ニルソンはふたたびリンゴがゲストとして、バンドのオリジナル・ドラマー、デニス・ウィルソン（前年の十二月に溺死した）の代わりにドラムを叩くフロリダでの公演にも誘われた。だがボストンに行ったばかりで、くたくたに疲れていたニルソンとサザーン（彼もどうにか入場していた）は誘いを断り、ニューヨークに戻った。ママロネックの家に帰り着いたときのニルソンは、多少なりともほっとしていた。しかしこうしてサザーンとの小旅行を終えた直後、ニルソンはその先もずっと東部に住み続ける決意を固めた。ウーナの回想によると――

だったら家を買ったほうがいいかもしれない、とわたしたちは考えました。それで結局ハドソン川の対岸にある、ロックランド郡ナイアック、ノースブロードウェイ四〇九番の家を買ったんです。とてもすてきな場所で、ハドソン川のすぐ近く。景色のすてきな、ヴィクトリア朝様式の家でした。[22]

ナイアックの家の改装が終わり、家族で移り住めるようになるまでの短い期間、ニルソン家は『ジギー』を描いたマンガ家、トム・ウィルソンが所有する家で仮住まいをした。家はニューヨーク・シティのすぐ北にある、ウエストチェスター郡に位置していた。おそらくそれまでの暮らしから、もっとも大きく変化したのが気候だろう。というのも冬になると、気温が急激に落ちこんだからだ。ウーナは東海岸で過ごした最初の冬のあいだ、ずっとひどく寒い思いをしていたとふり返り、若い家族の年長組は、オリヴィアが生まれた一九八四年一月二十二日前後の時期に、ふたり乗りのソリで雪景色を探索したと回想している。寒さはさておき、ニルソン一家がすっかりベルエアーに根を張っていたことを思うと、この引っ越しは意外なまでの大成功を収めた。ニルソンはニューヨークに行き来して、そこでの社交生活を楽しめるようになり、一家も急速に新しい、そして以前とは微妙に異なるリズムになじんでいった。ウーナはこう語っている。

わたしたちは相変わらず旅をしていました。わたしは毎年アイルランドに里帰りし、両親もわたしを訪ねてきました。ロンドンにもよく行きましたし、スイスで過ごした休暇のことはとくに忘れられません。ヴェンゲンに泊まったんですが、本当にうっとりするようなところでした。わたしたちが東部にいたのは、全部で四、五年だったと思います。ボウとベンはロックランド郡の昼間学校に通い、アニーはプレイガーテンという小さなプリスクールに通いました。それがわたしたちの方針だったんです。[23]

三男のキーフも、彼らがニューヨーク周辺で暮らしていた一九八五年六月に誕生した。しかしウーナが語っているように、旅をする機会も多かった。家族旅行のこともあれば、ニルソンとウーナのふたりだけで、あるいはニルソンがひとりで旅をすることもあり、そんな時の彼はたいてい銃反対運動を続けているか、でなければリンゴのような旧友と休暇を取っていた。晩年の冒険のひとつをふり返って、ニルソンはこう書いている。

　ぼくらは一度、パスポートを一枚しか持たずにバミューダに行ったことがある。リンゴは持っていたけれど、ぼくのは失効していることに、空港に向かう途中で気づいたんだ。「なんてこった、切れてるぞ！」。でもまあなんとか切り抜けられるだろう。というわけでぼくらの順番が来ると、リンゴはデスクに向かいはじめた。ぼくは「どうも」と言って自分のパスポートを置き、リンゴが彼のをその隣に置いた。すると男がぼくを見て顔を上げ、今度はリンゴを見て、自分が手にしているのはリンゴ・スターのパスポートだということに気づいた。じっとページを見ていたので、ぼくが「すいません、ちょっと遅れ気味なんですが」と言うと、「ああ、失礼」。彼はそのままぼくのパスポートを手に取ると、スタンプを押してぼくに返し、またリンゴのところに戻って、彼のにもスタンプを押した。そして「どうもありがとうございました」。これでぼくは天下晴れて、バミューダに入国できる身になった。出国するのはまた別の話で、そのためには領事館に行く必要があった。それにはこの程度だといいけどと思っていたのより、ずっと長い時間がかかった。でもぼくは最終的には、アコーディオン式のフォルダーが中についた新しいパスポートを手に入れて飛び立った。前のはもういっぱいだったので、新しいやつには「パスポート発行：バミューダ」と書かれていた。[24]

ニルソンとリンゴはしばしば、休暇の目的地にバミューダを選んだ。一度、リンゴが毎日泳ぎたいという妻のバーバラのために理想的な立地の家を借りたことがあった。ニルソンとウーナもフロリダ経由の飛行機でふたりに合流したが、その旅はチケットをめぐるゴタゴタや荷物の紛失で、さんざんなものとなってしまう。そしてどうにかリンゴの家に落ち着くと、初日の午後に停電が起こった。どうやらストライキがあったらしく、全島がまっ暗になり、うだるような暑さだというのにエアコンも冷蔵庫も使えなかった。四人はロウソクの光を灯した地元のレストランでその晩の食事をし、やがて帰宅した。そのあとに起こったことを、ニルソンはある特別な理由ではっきりと記憶していた。

ぼくらは二本目のブランデーを空けたあとで、おやすみを言うことにした。でもおやすみを言うのはむずかしい――とりわけ汗をかいている上に、熱気と虫のせいで部屋には入りたくもないという気分のときは。とりあえずやってみて、でも結局眠れなかったぼくはウーナを置いて別の部屋に行った。単純にぼくは「この部屋はかなり密閉度が高そうだ、虫がぜんぜん見えない、いいぞ、ここに殺虫剤も持ってきたし」と思っていた。でもそのうちに連中を感じはじめた、一か所、二か所、三か所――でも刺されたのはそれだけで、そんなに大したことじゃなかった。ときどきパンと叩くことはあったけれど、そんなに大変な感じはしなかった。とにかく目を閉じて、眠ることだけを考えていればいい。でも二十分もすると、ぼくはもう我慢できなくなった。今にも警察を呼ぶか、銃を持ってきてくれと叫びだしてしまいそうだった。あげくにぼくは、あの小さなロクデナシどもをたかるだけたからせ、そのあと近くの崖から飛び下りてやろうと考えた。ともかく次の日になると、完全に修羅場状態だった。連中はぼくを生きたまま食い尽くし、数えてみると脚は八百か所ぐらい刺されていた。信じられない。まるで両脚全体にひどい湿疹ができたみたいだった。身体のやわらかな部分や顔や腕のことは言うまでもないだろう。ぼくは気分が悪かった。連中に毒をたっぷり盛られ、血をたっぷり抜かれていたからだ。とにかくニューヨークの家に帰りたかった。するとリンゴがぼくらを車で送ってくれた。ぼくが「虫に刺された」と言うと、「そうかい、じゃあこれを見てくれよ」。彼が腕を見せてきたので、ぼくは浜辺でズボンを下ろし、ヒラリー〔・ジェラード〕とリンゴに「これを見てくれよ」と言った。彼はショックを受けていた。両方の脚が腫れあがり、ぼくは毒でいっぱいだった。それを全部抜くまでには、長い時間がかかったけれど、おかげでぼくにはあの旅のすばらしい思い出ができた。荷物をなくし、値段の違うチケットを渡され、動物たちに生きたまま食われ、停電に見舞われたんだ。すばらしい休暇をありがとう。[25]

ニューヨーク州への転居とともに、銃反対を訴えるニルソンのロビー活動はいくぶんペースがゆるやかになる。それでも相変わらず各地に旅してビートルフェストの集会に参加し、機会があれば政治家やTV番組の司会者と写真に収まって、メッセージの布教に務めていた。とはいえニルソンの将来に関する限り、もっとも意義深いものとなったのは、東部に移って数か月後の夏に彼が経験した、銃とはなんの関係もない旅だった。彼はヨーコ・オノのカヴァー・アルバムに収録された自分の曲をプロモーションするために、オーストラリアに旅立った。一九八四年八月十四日、シドニーのウォーターフロントに建つ高級ホテルに身を落ち着けたニルソンは、シングル〈ロンリネス〉(ようやく完成したドーフマンのフィルムつき)の宣伝のために、インタヴューやラジオ出演の苛酷なスケジュールをこなしただけでなく、社交活動にも大いに精を出した。たまたまジェリー・ベックリー率いるアメリカが同時期にオーストラリアをツアー中で、彼らはニルソンのすぐあとにシドニーに到着した。ベックリーの回想によると

ぼくらはセベル・タウンハウスに泊まったんだけど、そしたらフロントの男性に「ベックリーさん、あなた宛ての電報が五通届いています」と言われてね。ぼくは電報なんて一度も受け取ったことがなかった。これはeメール以前の話だったけれど、それにしても電報が五通？　それで最初のやつを開けると、そこにはひとこと「野郎ども(You)」と書かれていた。二番目のを開けると、「ようこそ(Welcome)」。むろん残りの三通も急いで開封した。そして全部をきちんと並べ替えると、「シドニーにようこそ、このロクデナシ野郎ども(Welcome to Sydney, you ass-holes)」。差出人はシドニーに泊まっていたハリーだ……セベル・タウンハウスのユニークな点は、そこに泊まっている人間の名前をなんの躊躇もなく明かしてしまうことだった……それと小さなアルファベットを自由に動かして、ホテル内でのイヴェントを告知できるボードがあってね。見ると〝ハリーはアメリカを歓迎する〟というイヴェントが部屋のひとつで予定されていた。ハリーがぼくらをシドニーに歓迎する、ケイタリングつきのイヴェントを手配してくれたんだ。これは本当にすばらしかった……そしてハリーも友人のひとりとそこにいた。アペタイザーやオードブルの類も全部そろえた、完全なバーのセットが用意してあって。あれはとにかくすばらしかった。[26]

ニルソンはシドニー郊外のバルメインでおこなわれるベッ

クリーの最初のコンサートにも同行した。そしてライヴがいったん幕を閉じると、ステージにあらわれたのはニルソンだった——おそらくは〈名前のない馬〉の激しいヴァージョンが披露される予定だったアンコールの紹介役を頼まれていたのだろう。だがバンドが戻ってくる前に、彼はピアノの前に座ってCメジャーのコードを叩き、〈平和を我等に〉をうたいだした。客席全体が唱和した。ベックリーによると、それは「ところどころで怪しくなる、五分間の長尺版」で、一部の観客は「ステージに駆け上って演奏に参加した」[27]。七〇年代初期にBBCのTV番組の前説で観客を乗せていくニルソンの姿を見て、意外な思いをさせられたドーフマンと同じように、ベックリーもライヴをやらないことで有名なこの男に客席を盛り上げる天賦の才があることを知って、思わず舌を巻いていた。しかしそれはニルソンからすると、銃反対のメッセージを新たな人々に伝えるまたとない機会だった。そこで彼はここぞとばかりにこの曲をうたったのである。

グループとともにホテルに戻った彼は、午前三時になっても相変わらず酒をがぶ飲みし、大いに浮かれ騒いでいた。しかしその翌朝に、TVのモーニングショウに出演するアメリカがABCスタジオに到着すると、セットにはもうすっかりシラフになったニルソンがいて、ヨーコ・オノのアルバムのすばらしさを滔々と語っていたのだった。

そうした社交的なイヴェント（この時期のシドニーにはアメリカのほかにも、グレアム・チャップマンと彼が面倒を見ていたジョン・トミジック、そしてハリウッド俳優のロバート・デニーロやハーヴェイ・カイテルといったニルソンの友人たちが滞在中だった）を別にすると、このオーストラリア訪問がニルソンの人生において、とても大きな意味を持つようになった理由は、彼がこの旅を利用して不動産に投資したことだった。彼はワイン生産地域のハンターヴァレーで、ひと区画の土地を購入した。二十一世紀に入ると世界中ですっかりおなじみになるオーストラリアのワイン産業だが、一九八〇年代の中盤にはまだ国際進出を果たしていなかった。ただし大々的な成長を遂げる条件は揃っており、ニルソンもその点を鋭く見ぬいていたのである。ウーナによると——

ハリーにはいくつもすてきなアイデアがありましたが、この場合はオーストラリアのこの土地を買えば、子どもたちの役に立つはずだ、というのが彼のアイデアでした。たとえわたしたちが使わなくても価値は上がっていく——ちょうどボブ・ホープのような人たちがこぞってロスアンジェルス周辺の牧場を買い、そのおかげでいい目を見たように。それがハリーの長期的なアイデアだったんです。彼はオーストラリアが次のフロンティアになる、と考えていました。[28]

この投資の正しさが証明されるのは、まだ何年か先のことになるが、ニルソンはＯＸＰＡ不動産株式会社を投資のパートナーに迎えて、非オーストラリア人を対象とする複雑な土地買収法をたくみにすり抜けていた。

やがてニルソンはニューヨークの新居に戻った。しかし一九八四年の秋にはロンドンを訪れて旧交を温め、かつての〝ハリーとどんちゃん騒ぎ〟時代をよみがえらせている。彼が最初に会った夜遊び仲間はエリック・アイドルだった。

ぼくらは結局トランプに行き着いた。ぼくはジョージと一緒だった。そこにはハリーがいたし、リンゴもいた。そのうちにかなり遅くなってきて。するとなぜだかぼくらはイタリア人のウェイターたちに〈ヴォラーレ（Volare)〉の歌合戦を挑んでいた。みんなでテーブルの上に登り、向こうも別のテーブルに登った。そしてぼくらは向こうよりも大声で〈ヴォラーレ〉をうたおうとした。あれは本当におかしかったな。そして全員がテーブルを降り、また椅子に腰かけると、マネージャーが「みなさん、ありがとうございます」と挨拶に来た。するとリンゴが「じゃあもう一本だけブランデーを！」。一瞬の間があって、全員が散り散りになった。[29]

ナイトクラブでのこうした出来事とは別に、ボビー・キイズと出歩いた夜、ニルソンはその数年前にヴァリウム治療から復帰した際の大騒ぎですら霞ませてしまいそうな事件を引き起こした。午前三時までミック・ジャガーの家にいたふたりは、その後タクシーに乗って、ハンバーガーを食べられる場所を探した。ニルソンは深夜の行きつけにしていた、カーゾン・プレイスの以前のフラットにもほど近い、パーク・レインにあるロンドンベリー・ホテルのペリカン・カフェに向かったが、店はすでに閉まっていた。そこで彼らの運転手は、ロンドンのタクシー関係者だけが使えるテムズ川沿いのダイナーにふたりを連れて行った。有名人のふたりなら、食事をさせてもらえるだろうと考えたのだ。だが料理が出される前に、彼らはほかの客たちと口論になった。結局ニルソンとキイズは怒り狂った十二人の運転手を相手取り、自分たちもひどく殴られたものの、拳をやりとりするうちに、ひとりの運転手が顎の骨を折り、もうひとりが心臓発作を起こした。警察はこれだけの多勢に無勢状態で喧嘩をはじめる愚か者がいたことを容易に信じようとはせず、もっぱらそのおかげでニルソンは、監獄で新たな一夜を過ごさずにすんだのである。[30]

同時期、ジミー・ウェッブがロンドンのイン・オン・ザ・

パークに泊まっていて、ニルソンはさんざん酒を飲んだある夜、自分のホテルに戻る途中で彼に会いに行った。朝のかなり早い時間のことで、ウェッブはバスローブ姿だった。バルコニーで煙草を吸おうとニルソンが言いだし、ふたりが外に出ると、背後でドアがカチャリと閉まった。時は十一月で、決してホテルの九階で外に締め出されるのに適した気候ではない。隣室のバルコニーが、ほんの数フィート先のいくぶん低い位置にあることに気づいたニルソンは、これなら飛び移れるだろうと考えた。彼はこうふり返っている。「酔っていたぼくは怖いもの知らずだった。どうにか鉄製の細い柵の上に立ち……ジャンプしようとした瞬間、ぼくが落ちるんじゃないかと心配していたジムが、とうとう我慢しきれなくなった。彼はぼくの脚をつかみ、おかげでぼくは大声で『頼むから離してくれ、ジム。大丈夫だから！』と叫ぶ羽目になった。ジャンプしたぼくは足から着地し、すぐに四つんばいになった。ドアノブを回すとカチャッと音がした。ぼくはドアを引き開けて、中に入った[31]」。ウェッブが話を引き継ぐ。

ハリーは新婚のカップルが添い遂げようとしていた部屋に入り、「失礼、気にしないでくれ。すぐに出て行くから続きをどうぞ！」と声をかけた。そしてその部屋を通り抜けてドアを閉めた。彼は今やとてもハッピーな気分だった。十一月の寒空の下、ぼくを非常階段に置き去りにし、一方で自分は完璧に安全だったからだ。そこで彼はロビーに降り、ぼくの弁護士のブルース・グラカルを呼んで「ジミーに会いに行こう」と誘った。ふたりはまたエレヴェーターに乗った。ふたりはエレヴェーターで上がってきた。そしてぼくの部屋に来た。どうにかしてぼくの部屋に入り、窓のところにやって来た。ふたりはまるで檻の中のサルを見るような目でぼくを見て、窓ガラスをトントン叩きながら、「どんな具合だ？」「そっちは少しは温かくなってるのか？」と訊いてきた。そんな感じでふたりはぼくをしばらくいたぶり、たしかロイヤル・アルバート・ホールのぼくのコンサートでハリーにMCをやらせるとかなんとか約束してようやく、彼が折れてホテルの部屋に戻れたんじゃなかったかな[32]。

その一、二年前、ニルソンはアパートを手放して以来、ロンドンでの定宿にしていたグローヴナー・スクエアのブリタニア・ホテルで、支配人から心にもない謝罪を受けていた。「スタッフの主要な仕事のひとつは」とホテルのミスター・ライトの手紙にはあった。「お客様を保護することです。そのためわたしたちは敷地内に〝夜の女性たち〟が立ち入ることを厳重に禁止しています。このことを意識するあまり、夜間のフロント係はニルソン氏のお客様にタックルを食らわせてしまいました……」[33]。夜更かしをし、トランプで深酒に耽り、ホテルの部屋に〝評判の悪い〟商売をしているとおぼしき女性を連れこみ、九階のバルコニーからバルコニーに飛び移り、殴り合いに巻きこまれていたニルソンは、全力で〝お騒がせ屋〟の評判を落とすまいとしているように見えた。それでもダイアンとの別離後に友人たちに見せていた陰鬱なキャラクターに比べると、今の彼は帰るところのある、地に足をつけた幸福な家庭人だった。しかしこうした彼の行状からすると、それが時としてウーナとの関係を必要以上に緊張させていたのではないかと考えるのは、決して無理な話ではない。だが彼女は断固として異を唱える。

みなさんはわたしたちがふたりとも、実際にはアイルランド系のカトリックだということを忘れています。わたしはアイルランド系では三代目のアイルランド系カトリックですし、彼もマーティン家の家系では三代目のアイルランド系カトリックでした。そしてあの時代、アイルランドで育った人間にとって、離婚は実際に国の憲法に違反する行為だったんです。ですからわたしは結婚を続けていくことに、なんの違和感もありませんでした。ハリーとは別れたほうがいいと言ってくる人たちがいたのは覚えています。たぶん、わたしのためを思って言っているつもりだったんでしょう。「いや、彼とは別れるべきだ。だってあんなに深酒をしてるじゃないか」とか。でもわたしには思いもよらないことでした。

わたしにとってそれは、とても微妙な問題です。理由はみんなが彼を批判しているからですが、あの人たちには本当のところがわかっていません。わたしはつまるところ、愛がすべてだと思っています。自分が愛し、結婚し、一緒に暮らしていく相手に出会ったとき、人はちょっとした見通しを描くものだと思うんです。誰もが、どんなふうになっていくのかについて。そしてわたしたちのちょっとした見通しは、彼の生活とは別に神聖な家庭生活を築いていくというものでした。彼はとてつもなくストレスの大きい、エンターテインメント業界にいましたから、家庭がわたしたちの小さなオアシスでした。それがわたしたちのやったことです。わたしたちは家族を持つのが大好きだったんです[34]。

ニルソンの家族は今や、彼の存在基盤となっていた。現に一九九〇年の「フロー＆エディ・ショウ（Flo & Eddie Show）」で受けたナショナル・パブリック・レディオの生放送インタヴューの中で、彼は子育てに専念するために、ピアノとギターは一九八〇年代のはじめに手放したと語っている[35]。

自分の家を建てて、子どもたちと過ごすことが――銃反対運動とならんで――彼の人生における最重要事項だった。そしてウーナがふり返っているように、何年も放蕩に明け暮れてきた彼は、失われた時間の埋め合わせをしたいと願っていた。「赤ん坊が生まれるたびに――わたしたちは四人の子どもを自宅で出産しました――彼はまだ生後数時間にしかならないちっぽけな新生児と一緒にベッドで横になって、とても感極まった表情を浮かべていました。それは彼が赤ちゃんを愛していたからです。そしてすぐに『もうひとりつくろう！』と言いだしました」[36]

ニューヨークに移ってからほどなく、一家がカナダとの国境にほど近い北部のシャンプレーン湖まで、ボート乗りに出かけたことがある。すると三歳のアニーが波止場から湖に転落し、ニルソンは娘を救い出すべく服を着たまま水中に飛びこんだ。その記憶はおさない娘の脳裏にしっかりと刻みつけられた。というのも彼が彼女をつかんで水面まで引っぱり上げたとたん、のぼろうとしていた波止場脇の梯子がはずれ、ふたりはまた水の中に叩き落とされてしまったからだ。しかしニルソンはそれにもめげず、みごとに娘を救出した。彼女からすると、これは彼がつねに子ども第一だったことを力強く証明する事件だった。成長するにつれて、アニーは彼がどれだけ強く家族のことを思っているのかを理解するようになった。彼女はこう語っている。「父は父親でいるのが大好きでした。わたしたちを見てワクワクしているのが、はっきり伝わってきましたから。しかもわたしたちは、とても大勢いたんです！　わたしたちがどうしているのか、いつもすごく知りたがっていましたし、自分の知恵をわたしたちに伝えたいと願っていました。とにかく優しくてすてきな父親でしたね」[37]

息子のベンとボウはともに、父親との関係を、とても強固で前向きなものだったとふり返っている。パッチワークのキルトを思わせた自身の育ちとは対照的に、ニルソンは子どもたちが成長していくための基盤として、安定した家庭生活を築くことに専心し、だが同時に彼らが自分らしくいられるように気を配っていた。ボウの回想によると――

> どんな形だろうとプレッシャーはいっさいありませんでした。ただ学校ではいい成績を取るように言われていて、それにはちょっと困りましたが。まわりの人たちに優しくしろ、面倒に巻きこまれたら拳よりも口を使って切り抜けろ、ともよく言われましたね。「人生を手探りしろ。どうなるか確かめるんだ。そうするとどういう道に連れて行かれるのかを。じきに悪いことには全部、悪くなる理由があるのに気づくだろう」と父は言っていました。あのアドヴ

ァイスのおかげでぼくはすごく気持ちが晴れたんです。父とのコミュニケーションはいつもとてもオープンで、言えないことはなにひとつありませんでした[38]。

ベンも彼に同意する。

ぼくがなにをしていても父ははげましてくれましたし、家族の誰かになにかを押しつけるような真似は、いっさいしようとしませんでした。どうせならシンガーやミュージシャンやダンサーを目指せと言われるようなことは、いっさいなかったんです……自分のやったことを家に持ち帰ると、父は喜んで見てくれました。すごくはげましてくれましたし、ああいう態度や方針で自分の子どもに接してくれたのは、すごくありがたかったですね[39]。

銃反対運動で旅をしているあいだに、しばしば家族に書き送った手紙以上に、ニルソンが子どもたちとの関係をどう見ていたのかを如実に示したものはないだろう。ホノルルからのフライト中に、自分の思いを手早く書きとめた手紙――途中で乱気流に巻きこまれたせいで、少し筆跡が乱れている――の中で、彼はベンとボウにこう語りかけた。「もしおまえたちにその必要と度胸があれば、ぼくはおまえたちふたりがママやぼくと分けあってくれるすべての問題を楽しみにしている。言っておくがぼくは本気だ。そしてぼくとママはどっちも、学校でのおまえたちが惨めな気分を味わっていても、家に帰ったらヒーローの気分になってほしいと思っている[40]」

子どもたちに対する思いの深さと、ナイアックの家にいるときは飲酒量を大幅に減らしていたという事実をよそに、彼の家族にはひとりだけ、ニルソンからまったく別種の反応を引き起こすメンバーがいた。息子のザックである。父親に対する気持ちには「複雑なもの」があると自認しつつも、ザックは自分が父親の不幸な過去と直接結びつく存在であることを十分に意識していた。ニルソンの傑作の一部を生んだのはその過去だったにもかかわらず、そのことを思い出されるのは、相変わらず彼からすると気まずい経験だったのだ。ザックはこう述べている。

彼はいつも、母と別れてぼくを父なし子にしてしまったことに罪悪感を覚えていた。それはまさしく子ども時代の自分が経験したことだったからだ。その時のことをうたった〈1941〉にしても、タイトルを〈1971〉に変えれば、そっくりそのままぼくの話になる。ハリーはぼくのことを気にかけているとはっきり言葉や行動で示していたし、一緒にいるときは彼のほうから罪の意識が伝わってきた。彼は決してぼくがこうなることを望んでいなかったし、ぼくも決して彼をそのことで責めなかった。それは彼にもわかっていたはずだし、わかっていてほしいと願っている。彼がニューヨーク州のナイアックに暮らしていたころ、一度、ぼくのほうから会いに行ったことがあってね。ふたりで出かけ、彼はまたバーで酔っぱらった。でもこの時は事情が違った。彼はずっと酒を止めようと努力していたからだ。健康の問題があって、ありがたいことにウーナもずっと、彼がきれいな身体でいられるように手助けしていた。

彼はぼくに「どうしようもないんだ。息子のおまえが訪ねてくると、どうしても飲まずにはいられなくなる。酒を飲まないと会えないんだ」と言った。そう打ち明けたときの彼は、今にも泣きそうだった。自分が子ども時代に受けた仕打ちを、ぼくにも受けさせてしまったと感じていた彼は、そのことを恥ずかしいと思う気持ちを最後まで克服できなかった。ぼくはまだ、彼の罪悪感を和らげ、ぼくにはなにも悪いことはしていないし、なにがあろうとぼくは彼を愛している、と確信させるために必要な言葉を紡ぎ出せる歳にはなっていなかった。だからぼくが訪ねていくと、毎回、彼がぼくを捨てたことをすまなく思い、ぼくも彼がそう感じていることをすまなく思うという罪悪感の連鎖反応がはじまり、毎回、空港に向かうぼくが彼の肩に顔を埋めて泣く場面で幕になっていたんだけど、それは事態を間違いなくかえって悪化させていたと思う[41]。

ほかの子どもたちは、一九八〇年代のこの時期になっても、ニルソンは依然として曲を書き続け、紙ナプキンやメニューといったあり合わせの紙に歌詞を書き留めていたとふり返り、その子どもたちを連れたドライヴでは、車中でよくうたっていたものの、音楽はもはや彼の活動の中心ではなくなっていた。銃反対運動以外にも、ニルソンはメディア・ビジネスに対する関心を高めていた。RCAとの契約解除で得た金の一部を映画とTVの会社に投資し、東部に移るずっと前の一九八三年七月には、ユタ州にあるシナモン・ブロードキャスティングが所属するビジネス・グループが再編されたのを機に、この会社の会長候補に挙げられたこともある。大株主の彼はマスコミからも順当な人選と見なされていた[42]。

翌年、いつもながらの大酒盛りの合間に、テリー・サザーンと組んで映画の制作会社をつくる計画が実現に向けて動きはじめ、一九八五年の秋になると、それがついに実を結んだ。ホークアイ・エンターテインメントはその年の十月二十三日に法人化され、ロスアンジェルスのスタジオ・シティ、ヴェンチュラ大通り一一三三〇番のビルにオフィスを構えた（数年後にはビルそのものを買い取っている）。しかしこの場所が選ばれたのは、映画の制作を手がけるからには映画産業の中心の近くにいるべきだと考えてのことだったものの、おかげで東海岸に暮らしていたニルソンは、最初から日々の経営には参加できず、その状態は最初の何年か変わらなかった。さまざまな映画の脚本執筆と、アイデア会議を兼ねたニルソンとの酒宴に時間を取られていたサザーンにも、やはり定期的な出社は期待できなかった。

会社の実務を担当するために雇われたジェイムズ・ホック・ジュニアも、もともとは東海岸の住人で、ホークアイの社長兼CEOを務めていた期間もロングアイランドの自宅は手放さず、ハリウッドでホテル暮らしをしていた。[43] かつては飛ぶ鳥を落とす勢いの投資銀行家だった彼は、ホークアイの設立を手助けする以前、ウォール街にあるシティコープの資本市場部で吸収合併を専門に手がけていた。[44] ホックは他社の買収が会社成長の鍵だと考えていたが、ニルソンとサザーンは、自分たちのクリエイティヴなアイデアを育んでいくことこそが重要だと考えていた。このことを念頭に置きながらも、彼らの活動のためには、強固な資本基盤の確立が急務だと確信していたホックは、一九八七年の株式上場を目指して、収入と資産を貯えはじめた。彼はホークアイの核となるビジネスとは直接関係のない、グラフィック・デザインの事務所や広告代理店などの会社を買収して、自社の資金基盤を拡大した。そして八七年三月二十五日には、ひと株二十五セントで一千四百万の株が売りに出された。いわゆる〝ペニー株〟である。ニルソンは自分で、そのかなりの部分――数百万株を買い上げた。だがニルソンとサザーンが会社の経営者として登用した男はこの年のうちに、彼らと根本的に相容れないことが明らかになった。[45]

ニルソンとサザーンがアイデアに不足することはなかった。ニルソンのファイルには、ふたりが共同で手がけた梗概やシノプシスや部分的な脚本が数多く保存されている。だが酔いが覚め、じっくり考えられるときが来ると、サザーンですらホークアイが上辺は競争力のある制作会社を装っていても、実際にはニルソンのお遊び的なプロジェクトにすぎないことを認めていた。

ニルソンはとてもクリエイティヴな男だった。彼のアイデアのひとつに、〝トップレス・バーで見つかった首なし男〟といった類の荒唐無稽な記事を書く「エンクワイラー」や「スター」のようなタブロイド紙の記者の話があってね。そこでわたしたちは『オビッツ（Obits）』〔死亡記事〕という映画の脚本を書いたんだ。脚本代はハリーが負担してくれた。[46]

『オビッツ』、『シルク・シティ（Silk City）』、『ロスト・ハイウェイ（Lost Highway）』、そして『ウイ・ザ・ジュリー（We The Jury）』〔裁くのは俺たちだ〕はいずれも、ニルソンがホークアイを通じて資金を出し、ニューヨークの彼らのエージェント、オスカード・アソシエイツがよりぬきのプロデューサーやスタジオに送った梗概のタイトルだ。脚本審査員《スクリプト・リーダー》のひとりは『オビッツ』（原案を考えたのはロジャー・ウォトキンスで、十年前とまったく同じ死亡記事が出ていることに気づいた新聞記者が、中途半端な幻想の世界に暮らす人々に出会うという内容だった）を、「曖昧で、幼稚で、不快」と評した。[47]その審査員がもっとも異を唱えたのは、人前でマスターベーションをしたり、失禁したり、裸になったりしても平気なストート家というおぞましい一家と関わりを持つ新聞記者、ハリーのキャラクターだった。一九八〇年代後半のリベラルな気風の中でも、実際に脚本を読む段階まで行ったプロデューサーたちが、そこになんらかの取り柄を見いだすことはなかった。

サザーンとニルソンが手がけた中で、唯一実際に映画化された脚本でも幻想の世界が中心的なテーマになっていた。閉所恐怖症になりそうなアパートを舞台にした『ザ・テレフォン（The Telephone）』がそれで、俳優が電話に向かって独白し、その中でさまざまなキャラクターの声を演じていくうちに、観客は徐々に自分たちが見せられているのは、失業と山積する借金に苦しむ男の個人的な闘いであることに気づく。最終的にはその電話も数か月前から止められていたこと、そして会話はすべて――再生される留守番電話のメッセージもふくめて――キャラクターの頭の中にしか存在しないことがわかってくるのだ。だが真相を俳優に伝えた電話会社の技師は、電話機で殴り殺されてしまう。これはロビン・ウィリアムズのはなれ業的なモノローグを想定した役柄だった。「わたしたちは彼のことを念頭に置いて脚本を書いた」とサザーンは語っている。「この脚本を彼のもとに届ける、あるいは少なくとも電話で彼としゃべるために、わたしたちは相当無理をした……だが彼のマネージャーは、はなっから彼にこの映画をやらせるつもりがなかったんだ[48]」

ニルソンとウィリアムズが親交を結んだ『ポパイ』の仕事は、もはや遠い過去の話となり、『ザ・テレフォン』の企画がマネージャーに持ちこまれたとき、ウィリアムズはすでに、彼にとってもいちばんの当たり役のひとつとなる『グッドモーニング，ベトナム（Good Morning Vietnam）』のエイドリアン・クロンナウア役に取り組んでいた。しかし運命のいたずらか、ある晩、ハリウッドにあるシャトー・マーモントの地下駐車場で、ニルソンとサザーンは偶然ウーピー・ゴールドバーグのとなりに車を駐めた。彼女と立ち話になった彼らは『ザ・テレフォン』のアイデアを説明した。すぐさま興味を持ったゴールドバーグは、階上のホテルで待っていたモンティ・パイソンの元スター、テリー・ギリアムとの打ち合わせをすっぽかし、ふたりと話しこみはじめた。[49]直近の主演作三作、『ジャンピング・ジャック・フラッシュ（Jumping Jack Flash）』、『バーグラー／危機一髪（Burglar）』、『危険な天使（Fatal Beauty）』はいずれも一九八五年の『カラーパープル（The Color Purple）』で彼女が収めた成功を再現するにはいたらず、評論家と観客両方の支持を取り戻すために、ゴールドバーグはシリアスな女優としての力量をわかりやすく伝えられる作品を探していた。

彼女は出資者が見つかれば映画に出るという同意書にサインし、最終的にはニュー・ワールド・ピクチャーズが、二百万ドルの予算でこのプロジェクトの金銭面を支えることに合意した。契約にサインしたサザーンとニルソンはそれぞれ十万ドルを受け取ったが、ニルソンの取り分はそのままホークアイ・エンターテインメントのふところに入り、それが実質的に一九八七年におけるこの会社の黒字額となった。[50]会社の脚本がはじめて映画になる――サンフランシスコでおこなわれる撮影にはサザーンが帯同する予定だった――という興奮に紛れて、どうすればホークアイのために長期的な収入を生み出せるのかという問題は脇に追いやられてしまう。その代わりに持ちあがったのが、どうすれば『ザ・テレフォン』を少しでもオリジナルの脚本に近い映画に仕上げられるのかという、アーティストとしての矜持に関わる問題だった。

監督は性格俳優のリップ・トーンで、舞台の世界では名のある存在だったものの、映画の世界では経験も知名度も不足気味だった。しかし彼にはゴールドバーグが無名の若手俳優だったころ、同じマンハッタンの二二丁目界隈で暮らしていた経験があり、この共通の基盤が彼女との仕事につながったのである。しかしニュー・ワールドはゴールドバーグとの契約の中で、彼女に脚本の変更に対する実質的な白紙委任状を与え、そのせいでパワーバランスは大きく崩れてしまう。彼女はほぼすべての局面でトーンの意見を覆すことができた。彼が使うつもりでいた撮影監督の代わりに、彼女の夫が起用され、サザーンの回想によると、ゴールドバーグはトーンの言葉にいっさい耳を貸そうとしなかった。

> 彼女は脚本を無視して、自由にねじ曲げることができた。とてもクリエイティヴな女性だし、即興も基本的にはみごとなものだったが、あの脚本を愛するあまり入れこみすぎてしまったんだろう。いきなりあちこちに変更を加えはじめた。だから彼女とリップがあるシーンのことで議論になると、彼女がいつも優位に立っていたんだ。で、彼女が自

分なりの即興をすませたあと、リップが「OK、じゃあ脚本家のためにこっちもやってみよう」と声をかけるのさ。[51]

撮影が終了すると、案の定、ゴールドバーグ、ホークアイ、ニュー・ワールドのあいだで最終編集権をめぐる争いが起こった。いずれの当事者もその権利を主張したが、最終的には金がものを言った。映画そのものの公開を阻むために、彼女がニュー・ワールドとホークアイに対して起こした訴訟は敗訴に終わったものの、プロジェクトの資金を調達した制作会社は、ゴールドバーグの即興演技が大半を占める映画を公開した。公開されたヴァージョンでなされた妥協のひとつが、サザーンの書いたとりわけ出来がいいシーンの削除で、その中にはゴールドバーグがアパートの窓を通じて、ホットドッグの扮装をした俳優といくぶんシュールな会話を交わすというものもあった。[52]公式編集版に満足できなかったトーンとサザーンは、各シーンの「脚本家のために」やったテイクをもとに独自の〝ディレクターズ・カット〟を完成させ、一九八八年一月のサンダンス映画祭に出品した。[53]各種の証言を総合すると、これはそこそこ出来のいいアートシアター系の映画だったようだ。しかし一般公開されたヴァージョンはマスコミの酷評を浴びた。

「ニューヨーク・タイムズ」は「映画としては安っぽい、俳優任せのアイデア」と評し、「どれだけ狂ったように工夫を重ねても、救うことはできなかっただろう」とこき下ろした。[54]そのアイデアがジャン・コクトーの『人間の声（La Voix Humaine)』のパクリであることを指摘した上で、このレヴューはダメを押すように、「金返せ」という観客の野次を引用する。だがもっとも意地が悪かったのは、明らかにニルソンとサザーンの飲酒癖をネタにした、このアイデアは「えんえんと飲み続けたあとの午前三時ごろなら、すばらしく思えたかもしれない」という一文だった。だがこれはこの評論家だけの意見ではなく、たとえば「サンフランシスコ・イグザミナー」紙のマイケル・スラゴウは「主演俳優がひどく不快に見える、もっともタチが悪い自主映画もどきの作品」と書いている。[55]彼はこの「貧弱な見せかけだけのドラマ」をクサし、「病的なキュートさをこじらせて死んだ映画」と斬り捨てた。

しかしながらニルソンとサザーンは、どちらも自分たちの制作会社の先が短いことに気づいていなかった。脚本のひとつが映画化されたことに力を得て、会社の理念は正しかったと確信し、この先も自分たちふたりの気に入ったプロジェクトを手がける〝エンターテインメント・ブティック〟[56]としてやっていけるに違いないと思っていたのだ。一九八七年の八月初頭、ふたりはニルソンの言う「ビジネスとクリエイティヴな決定に関する理念の食い違い」を理由に、ジェイムズ・

ホック・ジュニアと袂を分かった。[57] ニルソンはみずからをCEOに任命し、管理職専門の人材派遣会社にホックの後任を探させた。しかし八八年の一月になっても適当な候補者が見つからなかったため、ニルソンが常任でその職に就くことになり、彼は家族を連れて、再度ロスアンジェルスに引っ越した。八七年のホークアイ・エンターテインメントは、ニルソンが『ザ・テレフォン』で得た前払い金を投入しても、暦年ベースで二十四万ドルを超える損失を出していた。[58] これらの業績が発表になると、マスコミはホックが自分の解雇に不満を抱いていると報じた。彼はいくつかのインタヴューで、自分が会社を離れたとき、株価は三十八セントまで上昇し、収入も伸びていたが、『ザ・テレフォン』の最初のレヴューが出た一月になると六セントまで下落し、売り上げの伸びもいっさい見られなくなったと指摘した。[59]

新たなCEOとして、ニルソンは『オビッツ』に映画スタジオと配給業者の関心を集めることに全精力を注ぎはじめた。ハリウッドの脚本審査員による低評価にもめげず、彼は一九八八年四月、ロンドンに旅して出資者を募り、革新的なプロダクション・デザイナーのパブロ・フェロから、一時的とはいえ名前を貸りることができた。しかしかくも怪しげな内容を持つ脚本のために危ない橋を渡ろうとする者は、結局ひとりもあらわれなかった。ニルソンとサザーンによるその他のアイデアを展開させるために、ホークアイは経験豊かなプロデューサーのサイ・リトヴィノフ（物議を招いたスタンリー・キューブリックの一九七一年作品『時計じかけのオレンジ〔A Clockwork Orange〕』に資金を出した人物）を相談役として招き入れるが、その彼もじきにやる気をなくしてしまう。「ハリーは毎日のように気が変わったし、会議にも出ようとしなかった。あれはどう見ても沈没船だったね」[60]

リトヴィノフの離脱後もその船は水上に留まり続けたものの、赤字は増える一方で、一九八八年七月の報告によると、損益は六十三万七千五百九十五ドル、対してここ九か月の収益は皆無だった。最終的にはしゃべる本《トーキング・ブック》の制作でいくばくかの収入がもたらされ、一、二年のうちにティモシー・リアリー自身が朗読する自伝『フラッシュバック（Flashback）』や、デイヴィー・ジョーンズの『ゼイ・メイド・ア・モンキー・アウト・オブ・ミー（They Made a Monkee Out of Me）』〔やつらはボクをこけ猿にした〕など、ささやかながら個性的なラインナップが揃いはじめたが、映画の予算から得られる金額に比べると、この出版活動の収益は微々たるものにすぎなかった。しかし新たなホークアイの脚本に出資するリスクを引き受けようとする映画業界人は、大西洋のどちら側にも見当たらなかった。[61]

ニルソンはマスコミに、会社の経営にあたっては倹約を心がけていると語ったが、[62] 実状は違っていた。経費を惜しまずレコードをつくっていた時代の癖が抜けなかったニルソンは、ホークアイがごく簡単な発表をおこなう場合でも、なんのためらいもなくPR会社を雇い、ほとんど収入らしい収入がない会社にかなりの数のスタッフを抱えこんでいた。またニルソンは基本的に会社に私費を投じていたが、サザーンは毎月の固定給という形で逆にその金を引き出していた。ホークアイの顧問だったフィラデルフィアの弁護士、そしてこの会社の株主でもあったエリック・P・リップマンは、ニルソンとサザーンが「株主の利益を無視して、お気に入りのプロジェクトに会社の金を出資している」と警告を発した。[63] そこで実務担当として雇われたのが、財務管理者のシンディ・L・シムズだった。実質的に彼女は、ニルソンの個人資産も任されることになる。なぜならホークアイの財務を運営するだけでなく、レコーディングと音楽出版の印税で得られる彼の収入も管理していたからだ。

　シムズはニルソンから全幅の信頼を勝ち取り、ウーナ・ニルソンの説明によると、当のニルソンも、財務をすべて彼女任せにできたことを喜んでいた。彼は自分や家族の日々の必要に応じて、少額の現金を引き出すだけだった。ウーナによると――

　ハリーは自分の弁護士を信用し、会計士を信用していました。そして彼らにいつもこう言っていたんです。「もう二度と、アルヴォラード通りに戻って貧乏になるのは嫌だ。ぼくはずっと貧乏だった。ぼくの投資と、ぼくの財産を管理してくれ」。彼は「きみたちに任せた」と言って、いっさい関わりを持ちませんでした。[64]

　シムズはいかにもやり手的な雰囲気を漂わせ、ホークアイの採算悪化は避けようのない事態だとしても、彼女に任せておけば、この会社はなんとか持つのではないかという印象を内部と外部両方の人間に与えた。いずれにせよニルソン一家は、それとは別のことに気を取られていた。カリフォルニアに戻った直後、彼らはユージン・カッパーによるモダニスト建築の傑作とは別の家に引っ越した。ウーナ・ニルソンの回想によると――

　最初はベルエアーに戻ったんですが、わたしたちがヒドゥンヒルズに引っ越したのは、子どもが五人になって、家がはち切れそうだったからなんです。わたしは子どもたちをもっと普通の家で、学校や公園にも近いところで育てたいと思っていました。ずっと散歩が大好きでしたし。それがわたしたちの方針でした。経済的な理由で決めたわけじゃありません。それでわたしたち、ヒドゥンヒルズのロングヴァレー・ロードで家を買ったんです。とても広々とした感じがする、暮らしやすい、すてきな場所でした。[65]

東海岸で数年を過ごしたのちに、ふたたびロスアンジェルスに定住した今、ホークアイの仕事や引っ越しなどの雑務とは別に、ニルソンは音楽活動の再開を考えていた。彼は新たに曲を書き溜めはじめ、ずっと曲づくりの材料にしてきた自伝的な要素を否定するどころか、今回は自分のために書く――実際にはずっとそうしていたのだが――つもりだ、とジャーナリストたちに告げた。そのため彼は構想中のニュー・アルバムを《マイセルフ（Myself）》と名づけるつもりでいた。その中には今やかなりの巨漢となった自分の外見をネタにした〈ザ・245パウンド・マン（The 245-Pound Man）〉という曲がふくまれる予定で、ほかにも〈UCLA（U.C.L.A.）〉や、ヒップホップと精神分析の合体をこころみた〈シュリンク・ラップ（Shrink Rap）〉〔〝シュリンク〟には〝精神分析医〟という意味がある〕などの曲名が挙がっていた。[66] 以前に比べると声はずっと低く、ハスキーになっているが、若かりしころの〝少年聖歌隊〟サウンドとはまた違った形で使えるだろう、と彼はコメントした。

自分のアルバムづくりを進める前に、ニルソンはオーストラリアで、トロイア戦争をベースにしたロック・ミュージカル『パリス（Paris）』――タイトルは戦場で死亡したトロイアの王子に由来する――のアルバム・ヴァージョンに参加した。ロンドン交響楽団とイギリスのトップ・スタジオ・ミュージシャンからなるバンドが演奏するオケは、大半がロンドンでレコーディングずみだったものの、このミュージカルを書いたジョン・イングリッシュとデイヴィッド・マッカイは、スター・シンガーの大半をオーストラリアに呼び寄せ、そこでヴォーカルをオーヴァーダビングした。セッションの一部はシドニー・オペラ・ハウスでおこなわれた。一九八九年八月十九日にシドニーに到着したニルソンは、九月の初頭まで滞在する。[67] キャストには彼のほかに、ステイタス・クオのフランシス・ロッシ、デミス・ルソス、〝デイム・エドナ・エヴァレッジ〟〔オーストラリアの有名な女装キャラクター〕役で有名な俳優のバリー・ハンフリーズ、そしてイギリスのシンガー・ソングライター、ジョー・フェイギンらが名を連ねていた。帰国後、彼は娘のオリヴィアに「ぼくはシドニーから帰ってきた。言っとくけどこれは人名じゃなくて街の名前だ。そこでぼくはパリスを演じた。言っとくけどこれは街の名前じゃなくて人名だ」とジョークを飛ばした。[68] 実際にニルソンがうたったのはユリシーズのパートで、比較的マイナーな役柄とはいえ、彼のうたう〈プレイヤー（Prayer）〉は、もし本腰を入れていたら、さぞかしすばらしいミュージカル劇のシンガーになっていたのではないかと思わせる出来栄えだった。声質はより低く、よりハスキーになっていたものの、かつての柔軟性は大部分保たれ、生と死を感動的にうたっていたかと思うと、「この戦争は悲劇的な愚行だ、なんとかして終わらせないと（This war is a tragic folly, we must end it somehow）」のくだりで〈ジャンプ・イントゥ・ザ・ファイアー〉のしわがれ声にギアを切り替える。十年近く音楽と離れた暮らしを送っていたというのに、ニルソンは依然として歌で力強くコミュニケートする能力を失っていなかった。

　ニルソンがオーストラリアから帰国した直後の一九八九年十月四日、癌を患っていたグレアム・チャップマンがイギリスで死亡した。友人への手向けとして、ニルソンはアメリカで追悼式を主催し、カリフォルニアに暮らす彼の数多い友人たちが最後のお別れをする場を設けることにした。それがようやくＢＡＦＴＡ（英国映画テレビ芸術アカデミー）の地方支部との共催で実現したのは一九九〇年一月のことで、会場はロスアンジェルスのセント・ジェイムズ・クラブだった。このイヴェントの写真や記事を見ると、ニルソンが減量に努めていたことがわかる。この時期のほかの写真よりもほっそりしていて、記者たちにも「コカコーラしか飲んでない」と語っていたからだ。[69] しかしその数か月後には、また過度の飲酒に耽りはじめ、せっかく落とした体重も、あっという間にもとに戻っていた。この時期、彼はやはりパイソンズの元メンバーだったエリック・アイドルとのつき合いを復活させている。ニルソンが東海岸で暮らしていた時期も、彼はずっとロスアンジェルスの住人だった。アイドルの回想によると――

> 　ある時点で彼は太りすぎで汗かきのハリーになり、さして手間をかけなくても、彼が面倒の種になることはすぐにわかった。となるとこっちは逃げ腰になる。つまり、ぼくの妻は出産を間近に控えていたんだけど、そんな彼女に彼はコカインを四ラインぶんほど勧めたんだ。ぼくらが「もしもしハリー、このふくらみが見えませんか？」と言うと、彼は「あぁごめん、ほんとにごめん……」と小さくなっていた。でも彼は相変わらず気前がよかったし、すごく笑える男だった。[70]

最終的には彼にとって一般発売された最後の録音物となる作品をつくるチャンスをくれたのも、やはりモンティ・パイソンの元メンバーだった。「空飛ぶモンティ・パイソン」のアニメーター兼マンガ家から手練れの多才な映画監督に転じたテリー・ギリアムである。彼はニルソンに、一九九一年に公開される映画『フィッシャー・キング（The Fisher

King)』のエンディング・クレジットでうたってくれないかと声をかけた。曲はジュディ・ガーランドとミッキー・ルーニーが主演した『ブロードウェイ（Babes on Broadway)』のためにラルフ・フリードとバートン・レインが四一年に書いた〈ハウ・アバウト・ユー（How About You)〉。それは酸いも甘いもかみ分けた、ニルソンの成熟した歌声にうってつけの曲で、サウンドトラックのレコーディング時には、その二十年近く前にゴードン・ジェンキンズとの仕事を支えていたのと同じ、軽やかな無雑作さをよみがえらせることにも成功していた。ギリアムによると、この選曲はほぼ偶然のようなものだった。

　LAで撮影していたとき、ローレルキャニオンのどこだかでハリーと晩飯を食べたんだ。てっぺんの近くにイタリアン・レストランがあってね。わたしは「この映画をしめくくる曲がほしいんだ」と切り出した。脚本には別の曲の名前が挙がっていたが、それはしっくり来なかった。そこで彼とわたしは適当にアイデアを交換しはじめた。パイソンズに限らず、本当に才能がある人間と仕事をするときは、そうするのがいちばんなんだ。手柄はわたしのものだと言わせてほしい。この曲の名前を出したのは、たしかわたしのほうだったと思うからだ。完全にそうとは言い切れないが。「それだ！」とわたしが言うまでは、アイデアを並べ立てているだけだった。こういったことはひとりじゃできない。ふたりの人間がいるからこそ、アイデアが浮かんでくる。アイデアが浮かび、ハリーがそれをうたうことになった。わたしのやったすべての映画に参加してくれているレイ・クーパーが音楽に関わっていて、彼はハリーのことを遠い昔から知っていた。そこでわたしたちはハリーをロンドンに呼んだ。ジョージ・フェントンのアパートで――ジョージはこの映画の音楽を書いていた――四人だけで床に座って、ぴったりのテンポを探した記憶がある。ハリーはテープレコーダーを回していた。そこで決めることは全部決めて、セッションに入ったんだ。レイがすごく腕のいいミュージシャンを揃えてくれたおかげで、なんの問題もなかったね。いたって簡単だった。ほんの二、三テイクしか録らなかったはずだ。[71]

このレコーディングは一九九一年二月に、ロンドンのC.T.S.スタジオでおこなわれた。劇中では裸でセントラル・パークに寝そべったジェフ・ブリッジズとロビン・ウィリアムズが、空とニューヨークの摩天楼のシルエットを眺めながらこの曲をうたいはじめる。フェントンはその伴奏にシンフォニックな前奏を配し、それが俳優たちの歌声を引き継いで、最後のタイトル・シークエンスをスタートさせる。渦を巻くようなストリングスが、マンハッタンの上空に打ち上げられる花火に伴奏をつけ、けれどもニルソンの歌とスタッフ・ロールがはじまると、演奏はオルガン、ベースとクーパーのさりげないパーカションからなるリズム・セクションと彼の声だけに絞りこまれる。ニルソンの歌あるいは口笛と、ネイサン・イーストによるはなれ技としか言いようのないベース・プレイのあいだには、美しいバランスが保たれている。レイ・クーパーにとってこのレコーディングは、感動的な経験となった。

　ハリーぬきのエンディング・クレジットで、あの映画を締めくくることはできなかったはずだ。それはもう間違いない。あの映画全体が締めくくりを必要としていた。それはハリー以外に――彼のハート、彼のブレス、彼の口笛、そして彼の美しい声以外にありえなかった。だとしたら〈アイ・ライク・ニューヨーク・イン・ジューン〉（I Like New York in June）〈ハウ・アバウト・ユー〉に勝る曲があるだろうか？　たまたまネイサン・イーストがエリック・クラプトン・バンドの一員として街にいることがわかったので、わたしたちは彼をつかまえた。ハリーはむろんここにいる。あれは本当に夢のような日で、ハリーは体力的に弱っていた。だが偉大なアーティストには、往々にしてこういうことが起こる。なんらかの形で肉体的に障害があることを忘れさせてしまうんだ。ひとたび壇上に立つと十七歳に逆戻りして、ほおに赤みが差してくる。若くてやんちゃな男、あるいはすばらしい若者に逆戻りする。ヘッドホンをつけてブースの中のスツールに座ったとたん、そこには若いハリーがいた。彼の長男か末っ子がそのまま入れ替わったような感じだった。そして彼の歌声は、まさしくあの曲にうってつけだったし、映画館では間違いなく全員が席にくぎづけになっていたと思う。というのもわたしは最後の音の最後の名残が消え去るまで、この映画に背を向けられないんだ。観客はハリーの声のおかげで、ずっと席に座っていた。それはすばらしいことだ。そしてテリーも大喜びし、それと同時にホッとしていた。もしハリーぬきだったら、絶対にああはならなかったからだ。[72]

　ニルソンが肉体的な障害に直面していたというクーパーの指摘は、大きな意味を持つ。この一九九一年初頭の時点で、ニルソンの体重、飲酒、そして長年のコカイン吸引は、彼の健康に深刻な影響を与えはじめていた。九〇年の八月末に飲酒運転で有罪になった彼は、やむなくパサデナの近くにあるセイント・ルーク・リハビリテーション・クリニックに入院する。七月九日に警官から停車を命じられたとき、彼の血中アルコール濃度は法的基準の三倍をこえる〇・二三パーセントに達し、それを受けて彼が治療に同意していたことが、その数か月後にようやく開かれた公判で明らかにされた[73]。入院中にクリニックの経営陣に宛てて書いた手紙の中で、彼は入院時の自分が「怒りとたっぷりの現状否認」を抱え、インフルエンザにやられたばかりだったせいで、最初は落ち着かず、うまくなじめなかったと率直に認めている。しかし「第三段階」ではかなりの進歩を実感し、九月のはじめになると、「わたしは妻と家族から（会社のことは言うまでもなく）大いに必要にされている身なのです」と書いて、早く家に帰らせてほしいと懸命に訴えていた[74]。結局彼は退院し、ウーナと子どもたちのもとに戻ることを許された。しかし酒をブランデーからワインに変え、習いとなっていたドラッグの吸引量を減らしてもなお、彼の動きはよりゆっくりとした、時として苦痛を伴うものとなり、アニーを湖から引っぱり上げたり、五十フィート近く離れた距離からバスケットボールのシュートを決めたりできる運動の得意な男は、完全に姿を消していた。

『フィッシャー・キング』の仕事で彼がロンドンに向かった一九九一年のはじめ、ウーナは二月二十三日に生まれる四人目の息子、オスカーの出産を間近に控えていた。ほかにもまだ五人の子どもたちがいる家を離れて彼について行くことは、とうていできない相談だった。といって健康状態のよくない彼をひとりで行かせるのは不安が残る。というわけでいちばん上の息子のザックが、彼に同行することになった。ベルエアーやナイアックを訪れるほかにも、ザックはときおり父親と、子ども時代に行ったディズニーランドよりももう少し遠い場所に旅していた。八〇年代なかばのワシントン州旅行は、ホテルから閉め出される、途中で拾ったヒッチハイカーとへべれけになる、さらにはレンタカーで電柱に衝突するといった、いかにもニルソンらしい冒険がてんこ盛りだった[75]。

銃反対運動のためにさかんに旅をしていた一九八〇年代の初頭、ニルソンはちょっとしたジョークや所見を満載した手紙を移動中の機内でさかんに書き綴っていたが、ザックはそうした手紙の受け取り人のひとりだった。ロンドンで買ったリチャード・アダムズの小説『ウォーターシップ・ダウンのうさぎたち（Watership Down）』に、ニルソンが手描きのイラストやキャプションを添えて送ったこともあった。それでもザックは二十歳の時に行ったロンドン旅行が、大人として彼とまとまった時間を過ごした唯一の機会だったとふり返っている。

ぼくは九一年にロンドンに飛び、『フィッシャー・キング』のセッションをやる彼に付き添うことにした。それは結局とてもいい判断だったし、心から楽しめる経験になった。スタジオでの彼はとても居心地がよさそうだった。そこが本領を発揮できる場所だったからで、彼はただやるべきことをやっていただけだった。仕事ぶりはかなりスムースだったね。でもぼくにとっては、彼と一緒の時間を過ごせることが肝心だった。アメリカに帰る前の晩、フライトの時間の関係で朝の五時に起きなきゃいけなかったぼくは、そのまま徹夜することにした。もともとかなり夜更かしの癖がついていたし、ハリーもそうだったから、ふたりで徹夜しようという話になって、ぼくらはホテルの部屋でふたりきり、あれやこれやについて話をした。でも四時ごろになるとハリーがさすがにくたびれてしまって、もう起きていられなくなったので、ぼくは彼が寝たあと出発したんだ。[76]

夜明けまで酒を飲んで騒ぐ日々はもう終わっていた。二月なかば、ヒドゥンヒルズの家族のもとに戻ったニルソンは、オスカーの誕生を見届け、それ以降はまたホークアイの業務に本腰を入れるつもりでいた。喫緊の仕事は彼が書いた『ファイヴ・ハンドレッド・サンタス（500 Santas）』〔五百人のサンタ〕という新しい脚本の運命を見定めること。これは盗んだティファニーの袋に詰めものをし、フォーチュン５００〔経済誌「フォーチュン」が選ぶベスト五百社〕に名を連ねる大会社の社長たちに送って、豪華なクリスマス・プレゼントをせしめようともくろむふたりのホームレスの物語だった。こうした地位の高いビジネスマンは、なにかを贈られるとノーチェックで返礼のプレゼントを送ってくるに違いない、と見こんだ彼らは、その上がりを自分たちとホームレスの友人たちで分配するつもりでいる。ドナルド・トランプだけはこの策略を見抜くが、ビジネス・プランとしての巧みさに舌を巻き、あえて口をつぐむことにする。ニルソンがイギリスに行っているあいだに、この梗概は『オブリオの不思議な旅』の続編の簡単なあらすじを添えて、主要な全ＴＶネットワークの編成部長に送付された。[77]

この作品やその他のホークアイのプロジェクトをネットワークＴＶや映画プロデューサーに売りこむにあたっては、毎回のようにシンディ・シムズが中心的な役割を果たしていた。脚本やあらすじの配布先を決めるほかにも、彼女はメモや電話でニルソンに定期的な報告をおこない、彼は会社の活動の概要を十分把握しているつもりでいた。しかし一九九一年四月の時点で彼女は、彼に知らせることなく、彼の持ち金を実質的にすべて、会社の破綻を防ごうとする無益なこころみに注ぎこんでいた。全幅の信頼が置けるやり手の経営者どころか、彼女はこの何年か、会社が危機的な状態にあること、そして彼の資産を少しずつ、借金取りを遠ざけるために切りくずしていたことをニルソンから隠していたのである。「ある晩、財政的に安定した八人家族として床に就いたわたしたちが次の日の朝に目を覚ますと、口座の残高がたったの三百ドルになっていました」とニルソンは破産申請を余儀なくされた際に、法廷に宛てて書いている。[78] シムズを信じ切っていたニルソンにとって、それはとてつもない個人的、精神的なショックだった。ウーナ・ニルソンによると――

わたしたちがようやくそのことに気づいたのは、オスカーが生まれた二か月後のことでした。そしてそれはとても、とてもつらいことでした。でも考えてみてください、命を取られたわけじゃないんです。死は経済的な痛手よりも、ずっとつらいことですから。でもショックでした。いちばんのショックは、自分たちが嘘をつかれていたのを知ったことです。たしかにこちらから訊くようなことはしませんでしたが、わたしたちは真実を知らされないという形で、嘘をつかれていました。実際にはハリーの蒔いた種だったんでしょう。でもわたしたちは完全に、あの人を信頼していたんです。[79]

ニルソンが弁護士のリー・ブラックマンに語ったところによると、財政問題が発覚したのは、一家の新居に差し押さえ通知が届いたときのことだった。[80] どうやらローンの支払いがしばらく前から滞っていたらしく、それまでシムズはその手の通知を隠していたことが判明したのだ。[81] 専門の弁護士のアドヴァイスを受けて、ニルソンはある程度の保護が受けられ、債権者への債務支払いのために残余財産を現金化し、財政を再建する時間が与えられる破産法十一条の適用を申請した。債権者の数はおよそ七十五人。それに加えて差し押さえ通知を出したローン会社が、五万ドルという不動産価格の実質的に全額を請求していた。[82] もっとも高額の請求をしていたのは、シムズが未払いのままにしていた滞納税を要求した国税庁で、その一部は一九七九年までさかのぼっていた。さらにひとりの元従業員は、ホークアイによる不当解雇に対して六十五万ドルを請求し、破産や滞納税の処理をする弁護士たちの手数料は五万ドルを超え、ダイアンに対する未払いの扶養手当がさらに五万ドル、そして――なんとも信じがたいことに――ほかならぬシンディ・シムズからも、未払いの給料を総計して三十五万ドルが請求されていた。[83] 親しい友人たちや家族は彼の苦境を知っていたものの、第十一条のおかげでニルソンは壊滅的な財政問題の公表を免れ、マスコミも記事にはしなかった。やがてシムズに対する訴訟が起こされ、彼女は結局重窃盗罪で二年間服役する。[84] しかし発覚後もこのニュースは極力伏せられていた。それを知らされた数少ない友人のひとり、ペリー・ボトキンは意外の念に打たれた。

　あんなにクスリと酒をやっていたわりに、ハリーが誰かにだまされたのはあの時がはじめてだった。彼女は、つまりあの会計士はああいう女だったから、彼の弱みにつけこんだんだ。彼女は操作のし放題で、人から盗んだ金を別の人間に支払っていた。でもなにも知らないハリーは……テリー・サザーンと飲み歩いていたのさ。[85]

シムズがニルソンだけでなく、ほかのクライアントからも金をだまし取り、ホークアイ・エンターテインメントに注ぎこんでいたことが明らかになると、この会社はすぐさま崩壊し、ニルソンとサザーンの関係にも終止符が打たれた。[86] ニルソンは今や法廷に、残余財産以外にも印税収入で長期的に借金を支払う能力があることを証明する必要があった。ブラックマンによるとニルソンは、すべての正当な債権者とのあいだに満足のいく支払協定を結びたいと考えていた。[87] 彼はまた積極的に仕事を探しはじめ、法廷に宛てた手紙によると、「角が全部折れてしまうまで、ローロデックスを回し続けました」[88]。ベルエアーの家（一家が引っ越してからも、ニルソンはそのまま所有していた）は三百九十九万五千ドルで売りに出され、不動産会社のフレッド・サンズは〝建築界の名所〟と銘打って宣伝した。後日、ニルソンは「市場のタイミングが悪かったせいで、われわれは結局あの家を半値で売ることになった。売却は難航し、仲介業者も四回変わった」と残念そうに述べている。[89] ヒドゥンヒルズの家も、差し押さえに対応するために手放さざるを得なかった。

しかしニルソンには手を差し伸べてくれる友人たちがいた。過去に彼から恩義を受けた人々が、そのお返しをしてくれたのだ。小さな贈り物や融資は、不安な気持ちで住む場所を探していたニルソンとウーナの慰めとなった。最終的にはリンゴ・スターが、一家のためにそこそこ上等な家を買い入れた。その家はヒドゥンヒルズの旧居から西におよそ十マイルの距離にあるアグーラに建っていた。彼らはそこに移り住み、やがて事態が改善すると、リンゴから家を買い取った。法廷の記録によると、リンゴはほかに現金で二十五万ドルをこの一家に融資している。その間にヨーコ・オノは、彼女に言わせると次のプロジェクト用の「元手」として、かなりな額の小切手を、とても同情的な内容の手紙を添えて送った。「わたしはあなたが並はずれて賢いことを知っています。あなたならすぐにでも、また金鉱を掘り当てるでしょう。その生意気さをなくさずに、わたしたち人間みんなにとって癪に障る存在でいてください！　あきらめないで！[90]」。しかしそうした優しさや少額の印税小切手を別にすると、一文無しになりかかっていた一家に経済的な安定をもたらしたのは、つまるところニルソン自身だった。ウーナ・ニルソンの回想によると――

わたしたちを救ってくれたのはオーストラリアでした。というのもその少しあとにオーストラリアの土地が売れ、オーストラリアの投資家とわたしたちでそのお金を分配すると、だいたい十三万ドルぐらいになったんです。わたしたちはそのお金で食べていきました。それ以外に収入はいっさいありませんでしたから。[91]

RCAや音楽出版社からも少額の印税小切手が届いたが、その程度の額では破産手続きの費用すらまかなえなかった。しかも突然の破産によるショックで、ニルソンは単なる不健康な男から、本格的な病人に転じつつあった。慢性的に塞ぎこむようになっただけでなく、一九九一年から九二年にかけては、神経障害のせいでますます動きが不自由になり、苦痛を伴う裂孔ヘルニアを発症し、両脚と、より深刻なことに、肺にも血栓がある（脳卒中や心臓発作を引き起こす危険があった）と診断され、そればかりか本格的な糖尿病を発症した。九二年の秋までに、彼は三度、病院の集中治療室に緊急入室している。そのうちの二度は血栓のため、そして一度は直腸癌の疑いがあったからだ。彼は自殺したい気分になり、時には「誰かがぼくの古い曲をどれかひとつカヴァーしてくれることを願い」、眠れない夜に苦しみ、「滂沱の涙」を流しながら、ひたすらベッドカヴァーの下に隠れようとした。彼は精神分析医の診察を受けた（その医者を知ったのは、鬱病に苦しむ旧友のジェリー・スミスを診ていたからだが、スミスはその甲斐なく九〇年二月に縊死を遂げた）。彼女はニルソンにプロザックを処方し、おかげで彼はその薬を大量に飲まないとまともに身動きができなくなった。[92]一部の友人たちは金銭的な援助を申し出、また一部の友人たちは話し相手になって彼を励ました。ペリー・ボトキンの回想によると――

彼は結局サンフェルナンドヴァレーで暮らすようになり、わたしはよく彼をそこまで拾いに行って、昼食に連れて行った。彼はひどく具合が悪そうだった。糖尿病だったんだ。わたしもそうなので、この病気のことはある程度知っていた。でも彼はまったく関心を払っていなかった。神経障害もあって、レストランに着いたらまず、入口で彼を降ろしてから車を駐めに行くようにしていた。車からレストランまで、歩いていくことすらできなかったからだ。悲しかった。そしてわたしはあの時期、そんな彼にしょっちゅう会っていた。彼はいつも、あれやこれやのプランを抱えていた。[93]

それでも最終的にはニルソンのさまざまなプランが、おそらくは本人もボトキンも思い描いていなかった形で彼を救い、借金清算の手助けをすることになった。音楽活動の建て直しには、個人的なマネージャーが欠かせないと考えた彼は、ラジオＤＪとして有名になり、近年はコロムビア・ピクチャーズの上級幹部職を経て、アーティストのマネージャー業に転じていたデイヴィッド・スペロと契約した。スペロは元イーグルスのジョー・ウォルシュを傘下に迎え入れたばかりだった。彼のソロ・アルバム《オーディナリー・アベレージ・ガイ（Ordinary Average Guy）》は一九九一年にリリースされ、スペロは懸命にウォルシュをもう一度、イーグルス時代の同僚だったグレン・フライと組ませようとしていた。できうることならこのふたりを、儲けの大きいツアーに復帰させたいと考えていたのだ。一九七〇年代にシンガー兼ギタリスト、マイケル・スタンリーのマネジメントを手がけていたスペロは、その当時の経験から、ある程度の知名度を持つスターなら、ライヴ・コンサートを通じて少なからぬ稼ぎをあげられることをよく知っていた。スペロはニルソンを口説きにかかった――これまでの禁を破ってステージに立ち、自分のヒット曲をうたうこと以外に、彼が大いに必要としていた現金を手に入れる方法はないし、それがはじめてのツアーだということも、大きなセールスポイントになるはずだ。一九九一年の夏のあいだにスペロは何通か手紙を書き、ニルソンのツアーを組もうとしたが、この計画は結局彼の健康問題が原因で無に帰してしまう。[94]その代わりにニルソンの運が上向いてきたことを最初に実感させたプロジェクトは――映画のアイデアがいくつか短篇小説として売れたことを別にすると――ロスアンジェルスではじまった舞台版『オブリオの不思議な旅』の再演だった。

舞台は一九九一年九月二十一日にチャペル・コート・シアターで幕を開けた。今回も最初の舞台版と同様、演出はエクスクワイア・ジョーセムが手がけ、たまたま彼の新しい西海岸の劇団も、ボストン時代の彼の劇団がそうだったように、改装した教会――今回はハリウッド合同メソジスト教会――を本拠地にしていた。ジョーセムはこのずっと前から舞台の再演を希望していたが、ロンドン版の上演以降は権利の所有者をめぐってもめごとが続いていた。彼は「ロスアンジェルス・タイムズ」紙に、この問題は「解決に十年を要した」[95]と語っているが、今や明白な理由があって、この舞台の上演を熱望していたニルソンは、ジョーセムの妨げとなっていた煩雑な役所での手続きができるだけ手早く片づくように力を尽くした。デザイナーは今回もピエール・ヴイユミエが務め、新たな工夫を加えたフワフワの青いアローのパペットを製作しただけでなく、客席の三面をキャストで取り囲み、観客を事実上舞台の中心に配することで、円形劇場のコンセプトを逆転させたステージングを考案した。新たな舞台はジャネット・アイルバーの新しい振付、スタイル的にはロック寄りな生バンド、そして非常に野心的なパペットや効果を取り入れた、なんとも九〇年代らしいヴァージョンだった。蜂の群れが上空から観客を襲い、三人姉妹が客席を飛びこえ、その後、高さ八フィートのパペットに変身した。泡や、シャボン玉や、色つきの照明が多用された。ニルソンによると、この舞台はジョーセムとの長い話し合いから生まれたもので、ジョーセムは「ぼくらが長年かけて合意した通りに舞台づくりをして」いた。[96]

前回の上演では代役からスタートし、途中でオブリオ役に昇格したシンガーのリー・ニューマンは、ロスアンジェルスでこの舞台が上演されると聞いて、オーディションを受けるためにわざわざニューヨークから帰ってきた。

リハーサルにはハリーも立ち会っていた。ときどきオスカーを連れてくることもあったな。ロスアンジェルスでやるこの舞台は大きなチャレンジだった。というのもLAは、決して舞台のさかんな街とは言えないからだ。でもどんどん上演期間が延びて、半年のロングランになった。それはもちろん、ハリーの望みでもあった。彼はこの舞台の上演を心から喜び――ブロードウェイに持って行きたがっていた。[97]

ブロードウェイ進出は果たせなかったものの、ロスアンジェルスで数か月にわたり、プロの劇団がこの舞台を上演し続けたことは、キャリアを建て直そうとしていたニルソンにとって計り知れないほどの恩恵となる。その大きな理由のひとつが、オリジナルのTVアニメとRCAのサウンドトラック・アルバムに対する関心が再燃したことだった。一九九二年一月、『オブリオの不思議な旅』はサンタフェで開かれるアニメーション・フェスティヴァルの上映作品に選ばれ、主催者側の言葉を借りると「しばしば、劇映画にはできない形で想像力を刺激するアニメーション」の力を証明した。[98]

舞台版の『オブリオの不思議な旅』は、オリジナル・アルバムに対する関心を高め、ほかにも新たに出た二種類のレコードによって、なんとか過去のカタログから収入を得ようとしていたニルソンは大いに助けられた。

まず彼は破産のことを知る数週間前に、ウォルト・ディズニーがエリザベス・グレイザー小児エイズ財団に成り代わって販売するコンピレーション・アルバム《PAF《パフ》 AID《エイド》〜

子供達に未来を…（For Our Children）》用に〈ブランケット・フォー・ア・セイル〉（もともとは《クニルソン》用にレコーディングされ、その後、舞台版の『オブリオの不思議な旅』にも押しこまれた曲）を新録した。ボブ・ディラン、ポール・マッカートニー、ブライアン・ウィルソン、リトル・リチャードほかのスターが曲を提供したこのアルバムは好評で迎えられ、AP通信のレヴュー担当は、「完全になりを潜めていた」ニルソンも「復活した」と書いた。[99] このレコードの収益はすべて財団の手に渡ったものの、《クニルソン》に対する興味を再燃させる効果があったのはたしかだった。

次にニルソンは、テクノロジーの進歩に助けられた。一九八五年以来、CD革命は勢いを増し、コレクターが自分の所有するアナログ盤をCDで買い換えはじめたおかげで、自分たちの古いLPが新たに息を吹き返すという現象を多くのヴェテラン・アーティストが経験していた。九一年の秋になると、RCAが彼の編集盤《ベスト・セレクション（All Time Greatest Hits）》——その原型となったアルバムをニルソンは嫌い、それがこのレーベルと袂を分かつ原因ともなっていたのだが——をCDで発売した。彼の財政という視点で見ると、有名曲を集大成したアンソロジーが新たなフォーマットで世に出るタイミングとして、これ以上のものは考えられなかった。[100] 新しい仕事を募集していたニルソンにとって、このCDは説得力十分な名刺の役割を果たし、それをきっかけに彼とRCAのあいだで、より大規模な初期作品集の制作をめぐる、長々とした議論がはじまった。ニルソンは当初から三枚組CDボックスの構想を持っていたが、RCAのプロデューサー、ポール・ウィリアムズ（同名のシンガー・ソングライターとは別人）は頑強に、最大でも二枚組にするべきだと主張した——そのほうが売り上げは圧倒的によくなるだろう。

議論はほぼ二年にわたって続いたが、最終的には一九九四年のはじめを目指して、アンソロジーを完成させることになった。ニルソンは「リスナーにとってのぼくがどういう存在なのかを説明する」[101] ために、三枚組CD用の選曲をおこない、曲順は時系列ではなく、音楽的内容と「フィーリング」で決めた。しかしレーベルがどうしても彼のアイデアに乗ろうとしなかったため、土壇場で異議を取り下げ、もっと小規模なパッケージで行くという彼らの意向を受け入れた。すでに独自の選曲をすませていたRCAは、それなりに手間をかけてオリジナルのマスターを補修し、リリースに耐える品質のデジタルに変換した。

その間にニルソンは、新しいアルバムのレコーディングを決意していた。一九九〇年にもそのアイデアをジャーナリストたちの前で口にしていたが、九一年のなかばになると、これ以上健康状態が悪化する前に新たなレコードをつくることが、いよいよ急務となってきた。しかしレコード会社との契約はなく、新プロジェクトの受け皿になってくれそうなレーベルのあてもなかった。イギリスのマーキュリーからリリースされた《フラッシュ・ハリー》はなんら反響らしい反響を呼べず、それとともにこの会社との関係も完全に霧散していた。若いころのニルソンは、RCAのお偉方たちとも直接話をすることができた。だが最後にこの会社で新しいアルバムを出してから十年以上が経過し、過去の作品しか売りものにならないアーティストと見なされていた当時の彼は、自分ともっとも縁が深いレーベルから新しいレコードを出す手立てをなにひとつ持っていなかった。『フィッシャー・キング』の公開後に彼と会ったテリー・ギリアムによると――

映画業界と音楽業界の問題は、連中に記憶力がないことなんだ。二年ほどなりを潜めていたら、消えたことにされてしまう。もう存在しないのさ。そしてハリーは必要以上になりを潜め続けていた。だから復帰がむずかしくなったんだと思う。彼は金を稼ぐために、自分のカタログを売り歩いていた。とくに悲しい思いをさせられたのは、彼が自分のCDを持参して広告代理店をまわり、CMに使ってくれと売りこんでいたことだ。少しでも金になれば、とね。

そしてそんな日々がえんえんと続いたんだよ。[102]

一九九〇年にフロー&エディのラジオ番組でピアノとギターを売った話をしたとき、ニルソンはタートルズの元メンバー、アンディ・カーンの車に乗せられ、彼らがユニヴァーサル・シティ・スタジオの敷地内に構える、仮のスタジオに案内されていた。カーンとニルソンはすぐさま親しい仲になった。その後、自宅にスタジオをつくったカーンはニルソンとの交遊を再開させ、ふたりは一九九一年から九三年にかけて、そのスタジオで散発的にいくつかの曲のデモを作成した。そのうちの数曲、たとえば〈ミー・マイセルフ・アンド・アイ(Me, Myself and I)〉などは最終的に、映画、TV、あるいはCMのサウンドトラックとして日の目を見ている。一方で〈シュリンク・ラップ〉や〈ザ・245パウンド・マン〉のように、ニルソンが九〇年のインタヴューで語ったアイデアに磨きをかけたものもあった。

しかし一九九一年が暮れ、九二年が幕を開けると、ニルソンはカーンとの非公式なプロジェクトのほかに、プロ仕様の本格的なアルバムづくりに着手した。プロデューサーを務めるのは、ミュージシャンのマーク・ハドスン。離婚を経験したばかりのハドスンは当時、自分のスタジオに寝泊まりしていた。このふたりがはじめて出会ったのは六九年、マークのファミリー・バンド、ハドスン・ブラザーズ（当時はザ・ニュー・ヨーカーズと名乗っていた）がデッカで〈孤独のニューヨーク〉をレコーディングしたときのことで、彼らはそれ以来、ずっと連絡を取り合っていた。ニルソンがもっぱら銃規制問題に取り組んでいたころも、ハドスンはくり返しスタジオに復帰するようにせっついていたが、金を稼ぐ必要性に迫られた今、ニルソンはようやくそれを実行に移したのだ。

ニルソンは家で書いた新曲のカセットを携えて、定期的にハドスンのスタジオを訪れた。ハドスンによると一部の曲は、途中でベンやボウとの会話にすり替わっていた。ＴＶをつけたままレコーディングされていた曲もあった。[103]〈トライ・トライ・トライ（Try, Try, Try）〉という新曲の歌詞を手はじめに、ニルソンとハドスンはテープから完成した曲を抜き出し、それらをアルバムのレパートリー用にまとめる作業を開始した。完成した曲のひとつに〈ＵＣＬＡ〉があった。この曲は最終的に、ニルソン財団の出版権を管理するワーナー・チャペル音楽出版が、業界だけに配る限定版ＣＤ《パーフェクト・デイ（Perfect Day）》に収録するという形で世に出ている。ニルソンはそれ以前のインタヴューでもこの曲の話をしていたが、完成したヴァージョンは、ビートルズ関連のフレーズが複雑に絡み合った曲だった。

もう〈ペニー・レイン〉はないし
〈イエスタデイ〉もない
けれども彼女のちょっとした仕草が
ぼくを毎日支え続けてくれる
もうオイスター・バーはないし
もうリンゴ・スターもいない……
（There's no more Penny Lane
There's no more Yesterday
But something in the way she moves
Keeps me hanging on from Day To Day
There's no more Oyster Bar
There's no more Ringo Starr…）

この曲をつくりながら、マーク・ハドスンは、リチャード・ペリーやヴァン・ダイク・パークスと組んでいたのはもう何年も前のことだというのに、いまだにこうしたたくみな歌詞をほとんどその場で考えつけるニルソンの能力に、心の底から驚嘆していた。

一緒に歌詞を書いたんだけど、彼はとにかくすごいんだ。ぼくはもうとにかくうらやましくて、「いったいどこからこういうことを思いつくんだ？」と訊いた。すると「わからないんだ、マーキー。自然に出てくるんだよ」。そう言いながら彼は、煙草の煙のもやの向こうで、灰をそこいらじゅうにまき散らしていた[104]。

ニルソンの作品群をよく知っていたおかげで、ハドスンは彼を口説き、初期の曲で用いていた技の一部を新しいレコーディングでも使わせることができた。というわけで〈UCLA〉ではヴォーカルがファルセットの音域にジャンプし、オーヴァーダビングされた〝ウー〟と〝アー〟のコーラスで終わっている。ワーナー・チャペルはふたりが共同でつくりあげた（だが本書の執筆時点ではいまだにリリースされていない）ニルソン最後のアルバムから、もう一曲〈アニマル・ファーム（Animal Farm）〉を《パーフェクト・デイ》に収録した。どことなくマッカートニーを思わせる2ビートの伴奏がつけられたナンバーだが、そのしょっぱなでニルソンは、《フィッシャー・キング》の〈ハウ・アバウト・ユー〉の間奏部で聞かせたような、巧みな口笛を披露している。

進行中の健康問題をよそに、こうして新曲を書き、レコーディングしたことで、ニルソンは自分のキャリアを立て直せると考え――デイヴィッド・スペロの提案通り――ライヴ活動の準備も徐々に進めていた。ハドスンとカーンとの作業を通じて歌のスキルに対する自信も取り戻し、やがて一九九三年の初頭に、全国で一連のコンサートを開くプランが立てられた。その時が近づくにつれて、ニルソンは自分の健康問題をほとんど意に介さなくなった。九二年秋、最後に集中治療室に担ぎこまれた際にも、ヴァン・ダイク・パークスに電話で「救出」を依頼し、そのまま病院を立ち去っていた。パークスの回想によると――

退院すると彼が決めたので、わたしが迎えに行ったんだ。家に連れて帰る時間だった。看護師が廊下を駆けてきて、「やめてください！　退院なんて無理です」と言っていたのを覚えている。もちろん、彼は退院できた。わたしたちは病院を去り、彼は煙草をくれと言った。それからわたしは彼を家に連れて帰った[105]。

ニルソンが帰宅して休息を取り、外見上は回復すると、ニューヨークにあるインターナショナル・タレント・グループの出演契約担当、ウェイン・フォルトと、ライヴ活動におけるニルソンの利益を代弁する弁護士、キャンディス・ハンソンのあいだをメモが飛び交いはじめた。その間にハンソンはRCAのポール・ウィリアムズとも連絡を取り、ツアーのレパートリーと、ニルソンの過去を回顧する二枚組CDの収録予定曲に食い違いがないことを確認した。一九九三年二月十二日、フォルトはトロント、ヴァンクーヴァー、ボストン、ニューヨーク、ワシントン、デトロイトといったアメリカ、カナダの都市をニルソンにまわらせてはどうか、と提案する手紙を書いた。ハンソンはその二日後に返事を出すが、実は彼女の知らないうちに、ニルソンは重度の心臓発作に襲われていた。二月十四日のことだ[106]。

ニルソンはシダーズ＝シナイ・メディカル・センターに急送され、一命を取り留めた。翌週の週末になると、新聞は彼が「かなりいい状態[107]」にあると報じ、最終的にはパークスが今一度救出し、家に連れて帰られるまでに回復した。しかし連続してライヴのステージに立つなどということは、もはや夢物語でしかなく、ニルソンは人生の残された十一か月を重病人として送ることになる。ウーナ・ニルソンは彼の行く末を冷静に受け入れていた。

> 終わりが迫っていることは、みんなわかっていたと思います。けれども一部は子どもたちのために、そして一部は自分たち自身のために、わたしたちはこれから先もずっと一緒に暮らしていけるつもりで毎日を生きることにしたんです。でもその暮らしには制限がありました。彼がとても疲れていたからです。歩くのもやっとという状態でした。もっと若かったころは、散歩が大好きだったのに。ロンドンにいたころは夜に散歩して、たとえば公園の木を数えるような真似をしていました。そして翌朝、「バークレー・スクエアには木が何本あるでしょう？」と訊いてくるんです。答えは「三十三本と苗木が一本」。彼はその手のことが大好きでした。ほかの誰もやろうとしないようなことが[108]。

退院後もニルソンは何か月かマーク・ハドスンに会い続け、苦痛に耐えながらゆっくりと、ニュー・アルバムの作業を続行した。彼は何度かインタヴューを受けて、自分の来し方をふり返り、最終的には未完に終わる自伝の口述を開始した。ときおりヴァン・ダイク・パークス、ペリー・ボトキン、ジミー・ウェッブといった旧友たちと顔を合わせることもあったが、彼はもはやワインすら飲まず、長年、彼の人生に欠かせない要素だったドラッグをやることもなくなっていた。彼を知る人々はみな、外見の劇的な変化に気づいていたが、中でも彼の子どもたちは、とりわけ大きなショックを受けていた。アニー・ニルソンの回想によると――

> 十一歳だったわたしは、ある程度事情を察して父を避けるようになりました。怖かったんです。父の部屋には酸素タンクがあって、一時間ごとに何百粒もの錠剤を飲んでいました。それまでの強くてすばらしいおとうさん、という

ヒーロー的なイメージとはまったく対照的な姿でしたし、髪の毛もどんどん白くなっていました。とにかく見ていられなくて、ですから最後の何か月かは文字通り父から隠れるようにしていたんです。覚えているのはとにかく怖かったことぐらいで、衰えていく父の姿にわたしは耐えられませんでした。[109]

二番目の娘のオリヴィアは、自分の知っていたエネルギッシュでひょうきんな父親が次第に姿を消していった最後の数か月を次のように回想している。

父はよくベッドに伏していて、子どものわたしたちが水の入った大きなグラスを運んで行ったのを覚えています。氷入りの牛乳が好きな人には、父以外に会ったことがありませんが、よくそれを頼まれましたね。父の足は神経障害のせいで、いつも痛んでいました。ですからとにかく弱っていくところしか覚えていませんし、たまに歩くときは、杖を使わないと無理でした。[110]

一九九三年のクリスマス、ニルソン一家はアーティストのE・J・ゴールドに招かれ、ともに休暇を過ごすことになった。六〇年代にニルソンの写真を撮り、その後〈ムーンビーム・ソング〉に触発されて一連の絵画を発表したゴールドは、サクラメントの北西約二十マイルに位置する北カリフォルニアのグラスヴァレー近郊に暮らしていた。ウーナはフライトがニルソンの健康におよぼす影響を懸念したが、最終的には彼女もニルソンも、山のふもとのログキャビンで過ごすクリスマスを子どもたちはとても喜ぶだろうと考え、家族で訪ねることにした。ダイニングテーブルのまわりに座り、ゴールドや彼が主宰するアーティスト・コミュニティのメンバーたちと語らう、疲れ気味のニルソンを撮影したホーム・ムーヴィーが残されている。話題はしばしばニルソン自身の寿命におよんだ。彼はまた自分の古いレコードを聞き、過去をふり返りながら、それらについてコメントした。

一九九四年に入るとすぐ、ロスアンジェルスに戻ったニルソンは、その数日後、ライターのドーン・イーデンにインタヴューを受けた。彼女はRCAから出る彼の回顧的な作品集用に、ライナーノーツの執筆を依頼されていた。このふたりの会話を収めたテープを聞くと、ニルソンはまず、自伝のすでに完成していた部分の一節を彼女に読み聞かせ、それから彼女の質問に答えはじめている。それは実質的に自伝の短縮ヴァージョンとなり、二枚組CD《アンソロジー（Personal Best）》の分厚いブックレットに掲載された（イーデンはその後、このインタヴューの長尺ヴァージョンを「ゴールドマイン」誌に寄稿している)。青ざめ、依然として体重過多で、ゆっくりと動き、息をゼイゼイいわせながら、ニルソンはあらためて自分の過去をふり返った——その機会がこの先、急速に失われていくことを、本人も予感していたかのように。

　イーデンのインタヴューを受けた翌日ないしは翌々日に、彼とウーナはサンタモニカのジ・アイヴィでジミー・ウェッブ夫妻と会食した。この時点でニルソンは、自分が選曲した三枚組のCDをRCAから出すのはほぼ不可能だろうと諦めていた。彼が女性たちを先に帰し、ウェッブだけを自分の車に誘ったのは、どうやらこのとても個人的なアンソロジーのことが頭にあったからのようだ。ウェッブの回想によると——

　彼はロウズ・ホテルの前まで車を走らせ、「ぼくと一緒にこれを聞いてほしいんだ」と言った。二本か三本テープがあって、彼はそれをカーステレオに入れた。ぼくらはハリーの歌を聞きはじめた。たぶん、二時間ぐらい聞いていたと思う。彼は次々に曲をかけた——新しい曲、古い曲、聞いたことがある曲もあれば、書いたもののレコーディングはされず、彼がそうしたがっていた曲、そして完成させていなかった曲もあった。でもどれもみんな皮肉っぽくて、やさしくて、おかしくて、傷つきやすくて、甘くて、酸っぱい曲ばかりだった。テープが終わってカチッという音がすると、車の中は静まりかえり、ぼくらはあたりを見回した。サンタモニカは静かだった。通りには一台の車も見当たらず、車の中にハリーとぼくがいるきりだった。彼は「今のがぼくの一生の仕事だ。ご清聴に感謝する」と言った。そしてそれが彼に会った最後になった。[111]

帰宅したニルソンは人目を避ける生活を再開し、休息を取り、アンソロジーの作業を進め、短篇小説の執筆をふくむ将来のプランを練った。息子たちのために書いた「ザ・ボーイ・ザット・オールウェイズ・セッド・ノー」(The Boy That Always Said 'No')」〔いつも『いや』[112]といった少年〕という短篇が「ギャラクシー」誌に採用され、彼はそれに続く作品の概略を書き上げていた。しかし一月十五日の土曜日、彼はウーナに気分がよくないと告げた。彼女によると——

　その日の午後に彼の歯が痛みだし、歯医者に行かないと、という話になりました。本当ならかかりつけの歯医者か病院に行って歯を抜いてもらうべきだったんでしょう。でも彼は1-800-DENTIST〔症状に合った最寄りの歯科医を紹介するサーヴィス〕を使いました。その日が土曜日で、かかりつけの歯医者はやっていなかったからです。彼は口腔外科医に送りこまれて歯を抜き、そのあと家に帰ってきました。

その日の夜はＴＶで観たい映画があったので、わたしたちはベッドに入って観ていました。でもだんだん眠くなってきたので、ハリーに「最後まで起きていられそうにないわ。おやすみなさい」と言ったんです。

すると彼も寝返りをうっておやすみを言い、「知っておいてほしいんだ。きみを本当に、本当に愛している」と言いました[113]。そしてそれが彼の最後の言葉になったんです。

第十二章
エピローグ

ニルソンは一九九四年一月十七日の午前四時十分に亡くなった。その二日後、ロスアンジェルスは大地震に襲われた。震源地はサンフェルナンドヴァレーのレセダ地区だが、被害はそこから半径八十マイル以上の範囲に広がった。ビルが倒壊したほかにも、フリーウェイの多くがひどい損傷を受け、主要な道路のほとんどが閉鎖された結果、いつもは交通量の多い街は実質的に静止してしまう。ニルソンの葬儀は、数十億ドルと見積もられる被害を出した大スケールの天災がまだ尾を引いている中でおこなわれた。しかし運命の気まぐれか、アグーラのニルソン宅にほど近いヴァレー・オークス・メモリアル・パークに向かうフリーウェイはほとんど損傷を受けなかったため、弔問客は彼の葬儀に参列することができた。

　その地に向かった人々は、一種異様な気分を味わった。墓地に着くまでの道のりで、さんざん惨状を見せつけられてしまったからだ。ミッキー・ドレンツの回想によると、当の葬儀はとてもしめやかに開始され、彼が生前のニルソンとくり広げていたどんちゃん騒ぎとはまるで対照的だった。[1]代表で弔辞を述べたジミー・ウェッブにとって、それはことのほか辛い経験となった。というのも十四日の金曜日にロキシーでおこなわれた彼のライヴをニルソンは観に来る予定になっていたのだが、歯痛が原因で欠席し、本当ならそこで最後にもう一度会えていたはずのふたりは、結局会えず仕舞いになっていたのである。しかし激しい悲しみに囚われつつも、ウェッブは長年の親友との、たっぷりすぎるほどある思い出を深く掘り返し、数々のおかしな事件をよみがえらせて、このセレモニーにちょっとした笑いと明るさを添えた。「大いに笑ったよ」とペリー・ボトキン。「ハリーの思い出話はどれも、すごくおかしくてぶっ飛んだものばかりだったからだ[2]」。スピーチの最中もまだ余震は続いていた。ジェリー・ベックリーの回想によると——

　式のあいだ、ハリーはずっと蓋の開いた棺に横たわっていた。余震で地面がグラグラ揺れている中で、ジミーはしゃべり続けた……葬儀に出たのはあの時が生まれてはじめてだった。それだけでも、ハリーがぼくにとってどれだけ大事な存在だったかがわかるだろう。でも葬儀では基本的にみんな深い悲しみに沈むものだと思うけど、ほかにもいろいろな感情がわいてくる。正直、ぼくはあの場にいられることがうれしかった。すごくしっくり来る感じがした。出席者はとてもいい感じにばらけていて、みんなハリーととても親しいことを、ぼくも知っている人たちばかりだったんだ。ただ、ぼくらが彼を埋葬するあいだも、ずっと地面は揺れていたけれど。[3]

埋葬の前に棺の中のニルソンを見たとき、ペリー・ボトキンはひとつ足りないものがあると感じた。長年、ニルソンが習慣のように着用していた、トレードマーク代わりのサングラスである。地震と余震が発生したのは、天国に着いた彼が、バーが閉まっていることに気づいたせいだ、と冗談を飛ばす会葬者もひとりならずいた。

友人たちの中には、たかだか自然災害ぐらいでしりごみするわけにはいかない、と考えた豪胆な人々もいた。長年、ニルソンの音楽出版を手がけてきたテリー・オーツと妻のマンディは、もしかしたらロスアンジェルスには着陸できないのではないかという懸念をよそに、はるばるロンドンからやって来た。最終的にニルソンの親しい友人と一族のメンバーは、ほぼ全員が式に出ることができた。そんな中、エリック・アイドルは、自宅が地震で甚大な被害を受けたせいで出席できなかった。だが驚くべきことに、彼の場合は葬儀のほうが訪ねてきた。

ぼくは「どうせあいつはいないんだ。行ったたって意味がない」と思っていた。

するとドアのベルが鳴り、開けるとジョージ・ハリスンを筆頭に、葬儀に出席した連中が勢ぞろいをしていた。連中はぼくに元気づけてくれと言った。それがコメディアンの仕事だからだ。死に直面した人たちを元気づけるのが。そこでぼくらは彼のために、ちょっとばかり飲むことにした。みんなに会えたのは楽しかったし、葬儀でのジョークもいくつか聞かせてもらった。たとえばみんなが棺を下ろしはじめたところで、アラン・カッツが口にした「うん、ハリーはたしか、印税はぼくにもらってほしいと言ってたぜ」みたいなやつを。[4]

その後、ようやくお開きになったこの集まりを、ペリー・ボトキンは「長いあいだ会っていなかった人たちがひさびさに顔を合わせ、『もっと会うようにしよう』と言いながら、結局はそのままになってしまう」パターンだったと、いくぶん悲しげにふり返っている。[5]

一月の終わりになると、ニルソンの遺産はすでに不朽の地位を獲得しようとしていた。彼の死は、一九九三年の心臓発作後に出た一連の報道にはなしえなかった形で、その初期作品に対する幅広い層の関心をかき立てた。RCAはすぐさま《ベスト・セレクション》を改めてプロモーションし、おかげで新たなレヴューが各地の新聞に掲載された。マーケティングのチームはそれを、リリースを間近にひかえた《アンソロジー》の前哨戦と見なしていた。大半のレヴューは、「二十年前、ポップ・ミュージック時代を代表するシンガー・ソングライターのひとりという評価を確立したニルソンが、先週、名誉挽回のチャンスを得る前に亡くなったのは二重の意味で悲しいことだった[6]」という「ロスアンジェルス・タイムズ」の見方に沿った内容だった。

　二月二十七日、彼の死の三週間後に開かれたアメリカン・ミュージック・アウォードでは、一月のはじめにリンゴ・スターと撮った社会奉仕用のヴィデオ——ニルソンはスポーティな外見のダッジ・ヴァイパーを運転していた——が映し出された。ビートルズの〈ドライヴ・マイ・カー（Drive My Car）〉をうたうふたりをフィーチャーしたこのヴィデオは、飲酒運転に反対するロッカーたち《ロッカーズ・アゲインスト・ドランク・ドライヴィング》、またの名をRADDという全国的なキャンペーンの一環として制作されたものだった[7]。彼の死をよそに、ニルソンの遺族はこのキャンペーンの続行を希望し、クライスラー社がスポンサーとなって、ニルソンとリンゴが一緒に登場する全ページ広告が二月いっぱい全国の新聞に掲載された[8]。

　マーク・ハドスンがもうじきニルソンの最後のレコーディングを《ハリーズ・ガット・ア・ブラウン・ニュー・ローブ（Harry's Got a Brown New Robe）》なるタイトルでリリースするといううわさも飛び交ったが——一月十二日にニルソンが、曲のレコーディングを終えたという、非常に「上気して興奮した口調[9]」の電話をデイヴィッド・スペロにかけたことがその大きな根拠となっていた——実際にはなにも世に出なかった。ワーナー・チャペルがリリースした二曲を別にすると、そのレコーディングは現在も日の目を見ていない。しかし一九九四年四月にはRCAの《アンソロジー》がリリースされ、それに伴い大々的なプロモーションがくり広げられた。中には依然としてニルソン作品の多様性と幅の広さに困惑を隠せない評論家もいたが、以前は彼を分類しづらい、売りにくいアーティストにしていた作風の広さが、今では逆にセールスポイントと見なされていた。たとえば「ロスアンジェルス・タイムズ」でこの作品をレヴューしたデニス・ハントによると——

　彼のおそろしく折衷的な音楽の趣味は、ベーシックなロックからフォーク・ロック、フラワー・ポップ、さらには奇抜な小曲にまでおよぶ。多くのスタイルを流暢にうたいこなす彼は、ビートルズっぽい歌を聞かせていたかと思うと、ソウルフルなモードに移行し、さらには二〇年代のクルーナーを模倣することすらできるのだ。[10]

ドーン・イーデンのライナー・ノーツと「ゴールドマイン」誌に掲載されたその長尺版がニルソン作品の再評価という長期的なプロセスの端緒を開き、九〇年代の終わりには、彼のオリジナル・アルバムがほぼ全作、多くの場合はボーナス・トラックや、各種のジャケット写真などの資料つきでRCAから再発されるに至った。これと軌を一にするように、音楽ジャーナリストのあいだでも彼の再評価がはじまり、一九九五年五月にレコード・コレクターの雑誌「ディスカヴァリーズ」に掲載された全作品評価を皮切りに、彼の活動をふり返る記事が折にふれて発表されるようになった。[11]

RCAの再発シリーズはニルソン自身によるレコーディングを対象にしていたが、彼が亡くなったとき、ソングライターとしての彼の能力にスポットを当てたもうひとつのプロジェクトがすでに進行中だった。これは一九六七年にブラッド・スウェット&ティアーズで彼の〈ウィザウト・ハー〉をカヴァーし、その後、ソロでも〈モーニン・グローリー・ストーリー〉をうたったアル・クーパーの発案による企画だった。九三年の心臓発作の直後に、クーパーはニルソンを訪ね、彼が経済的な窮状に追いこまれていることを知った。彼はヴェテラン・プロデューサーのダニー・カプリアンと組み、ニルソンの友人たちや同業者たちを口説いて、彼の曲のよりすぐりをレコーディングさせようと考えた。いくぶん不安を覚えながら、クーパーはプロジェクトの承認を得るために、ニルソンに連絡を取った。「ハリーに電話をしたぼくは、この半世紀でもっとも心温まる会話を交わすことになった」と彼はふり返っている。「彼は興奮していた！　大喜びしていた！　そしてお気に入りのバンドのジェリーフィッシュを入れるといいんじゃないか、と提案してくれたんだ[12]」

プロジェクトの始動から四か月目に、ニルソンは亡くなった。その後、カプリアンとクーパーは目標をいささか高く持ち、リンゴ・スター、ランディ・ニューマン、ジミー・ウェッブ、ジェリー・ベックリー、そしてブライアン・ウィルソンらに参加を打診した。そうしてできあがったのは、実質的にニルソンの追悼アルバムだった。ウーナの提案で、彼らはこのプロジェクトの印税を全額、拳銃所持を禁止するための全米連合に寄付することに同意する。一九九五年にリリースされたアルバム《フォー・ザ・ラヴ・オブ・ハリー（For the Love of Harry）》は、デレク・テイラーのいうニルソン作品の「持久力」を、あらためて世間に知らしめることになった。[13]アルバムの冒頭と掉尾を飾るのは、ランディ・ニューマンによる〈想い出〉の非常に個人的なヴァージョンと、ジミー・ウェッブの〈ライフ・ライン（Life Line）〉。ブライアン・ウィルソンはお気に入りのニルソン作品〈ディス・クッド・ビー・ザ・ナイト〉をうたい、当のクーパーは〈サーモンの滝〉に果敢に挑んでいる。二十三曲にわたって極上のパフォーマンスが披露され、そのすばらしさは、ニルソンの曲をきちんと解釈できるのはニルソンだけだというペリー・ボトキンの見解が嘘に思えてしまうほどだった。むろんニルソン自身のレコーディングも、いまだに映画やTV－CMで使われ続け、彼がみずからの作品にもたらした独自のヴィジョンは、現代の音楽界でも有用であることを立証している。

彼の作品に対する新たな関心と、上々の売れ行きを見せた《アンソロジー》のおかげで、ニルソン家の財政状態は彼の死から数か月で改善された。一九九四年八月二十六日、カリフォルニア中央地区の破産裁判所は、破産法十一条による破産申告に決着をつけた。ニルソンの借金は免責されたのだ。[14]

当時出た追悼記事の大半は、ニルソンのキャリアをグラミーを受賞した二枚のレコードに集約させ、それ以降は自滅の道をたどり、自分の能力を生かし切れずに終わったと匂わせるような内容だった。ニルソン自身も多くのインタヴューで似たような見方を披露し、ロンドンのBBCには次のように語っている。

> 自分の希望は大部分叶えることができた。そりゃ失望することもあるけどね。たとえば〈うわさの男〉と〈ウィザウト・ユー〉をうたっただけの男にされてしまうとか。ぼくは決してそんなつもりでこの稼業をはじめたわけじゃない。でもたいていの人たちのイメージでは、そういうことになってしまうんじゃないかな。[15]

そうした状況を変えたのが、ドーン・イーデンが先鞭をつけたニルソン作品を再評価する動きだった。〈１９４１〉はまったく新しいなにかだったというデレク・テイラーの卓見は、彼の初期作品の奥深い感情や歌詞に再度関心を呼び寄せた。彼が曲の中で探究する個人的な喪失感、若すぎる恋、そして不在の父親といったテーマは、ポップ・ミュージック界有数の輝かしい声によって釣り合いが取られている。ランディ・ニューマンの曲を集めたレコードは、スタジオでのテクニックを限界まで拡張し、あの時代のどんな作品よりも先鋭的なオーヴァーダビングの実験に挑んでいた。またリチャード・ペリーと組んだアルバムは、レコーディングのテクニックから内容のスタイル的な幅広さまで、あらゆる面で新境地を開拓した。

　ＲＣＡ後期のアルバムでも実験精神が失われることはなく、ある時はゴードン・ジェンキンズの指揮下で三世代の音楽のつくり手を一堂に集めて――今や大いに人気の高い――偉大なるアメリカのソングブックへの回帰を先導し、またある時はヴァン・ダイク・パークスやロバート・グリニッジとともにカリビアン・サウンドの新たな融合を試みたニルソンは、今にして思うとポップ界におけるもっとも息の長い動き、すなわち文化の継承とワールド・ミュージックの担い手だったとも言えるだろう。舞台や映画での仕事でも新境地を開拓し、生気あふれるアニメーションを純真無垢な音楽的創意と融合させている。ニルソンがＲＣＡからリリースしたアルバムは、彼の死後、一度も廃盤になっていない。

　しかしそれでもニルソンが、逆説的な存在だったという事実は消えない――ポップ・アーティスト、それとも世捨て人？　家庭人、それともお騒がせ屋？　華麗なシンガー、それとも深遠なソングライター？　コメディアン、それとも悲劇役者？

　ニルソンはそのすべてであり、それ以上の存在だった。そしてかりにはるかに長い人生を送ったとしても、大半のミュージシャンにはとうてい望み得ないほど多くの要素を五十二年と半年の生涯に詰めこんだ。むろん二曲の大ヒットでしか彼の名前を知らないリスナーも多いだろう。しかし彼の作品群は、それよりもはるかに充実したものだ。ホークアイ・エンターテインメントが崩壊し、あらゆる面で打ちのめされるまでのニルソンは、いかにロックンロール的なライフスタイルを送っていても、私生活では家庭人でいつづけることができると身をもって証明していた。人前でうたうことを拒みつつ、六〇年代、七〇年代の偉大なレコーディング・アーティストたちと同等に張り合うことで、同時に彼は独自のスタンスでポップ界での成功を収め、業界からの指図を退け、膠着した考え方に挑み、二十世紀後半を代表する個性的かつ独創的な作品群として堂々とそびえ立つ遺産を残すことは可能だと証明してみせたのである。

ハリー・ニルソン・ディスコグラフィー

データについて——アルバムジャケットの下に原題、邦題、発表年、レコード会社、品番を掲載。曲目リストでは、邦題があるものは明記し（初出のみ）、作者名は曲名の後に掲載した（それ以外はすべてニルソン作詞作曲）。＊印は未発表・未音盤化だった曲を示す。

●オリジナル・アルバム

SPOTLIGHT ON NILSSON

(1966/Tower, T 5095)

A
1. The Path That Leads to Trouble (Johnny Cole)
2. Good Times
3. So You Think You've Got Troubles (Marvin Rainwater)
4. I'm Gonna Lose My Mind (Johnny Cole)
5. She's Yours (Harry Nilsson, J.R. Shanklin)

B
6. Sixteen Tons (Merle Travis)
7. Born in Grenada (Harry Nilsson, John Marascalco)
8. You Can't Take Your Love (Away from Me)
9. Growin' Up
10. Do You Believe

PANDEMONIUM SHADOW SHOW
パンディモニウム・シャドウ・ショウ

(1967/RCA Victor, LSP-3874)

A
1. Ten Little Indians
2. 1941
3. Cuddly Toy
4. She Sang Hymns Out Of Tune (Jesse Lee Kincaid)　調子はずれの讃美歌
5. You Can't Do That (John Lennon, Paul McCartney)
6. Sleep Late, My Lady Friend

B
7. She's Leaving Home (John Lennon, Paul McCartney)
8. There Will Never Be (Perry Botkin, Jr., Gil Garfield)
9. Without Her
10. Freckles (Cliff Hess, Howard Johnson, Milton Ager)　そばかす
11. It's Been So Long　ひさしぶりの口づけ
12. River Deep – Mountain High (Phil Spector, Jeff Barry, Ellie Greenwich)
河は深く、山は高く

AERIAL BALLET
空中バレー

(1968/RCA Victor, LSP-3956)

A
1. Daddy's Song
2. Good Old Desk　古い机
3. Don't Leave Me
4. Mr. Richland's Favorite Song
リッチランド氏の好きな歌
5. Little Cowboy
6. Together

B
7. Everybody's Talkin' (Fred Neil)　うわさの男
8. I Said Goodbye To Me
9. Little Cowboy
10. Mr. Tinker
11. One
12. The Wailing Of The Willow (Harry Nilsson, Ian Freebairn-Smith)　柳の嘆き
13. Bath

HARRY
ハリー・ニルソンの肖像

(1969/RCA Victor, LSP-4197)

A
1. The Puppy Song　小犬の歌
2. Nobody Cares About The Railroads Anymore　忘れられた鉄道
3. Open Your Window　窓をあけよう
4. Mother Nature's Son (John Lennon, Paul McCartney)
5. Fairfax Rag (Bill Martin)
6. City Life (Bill Martin)　都会の生活

B
7. Mournin'Glory Story
8. Maybe
9. Marchin'Down Broadway
ブロードウェイの行進
10. I Guess The Lord Must Be In New York City　孤独のニューヨーク
11. Rainmaker (Harry Nilsson, Bill Martin)
12. Mr. Bojangles (Jerry Jeff Walker)
13. Simon Smith And His Amazing Dancing Bear (Randy Newman)
サイモン・スミスと踊る熊

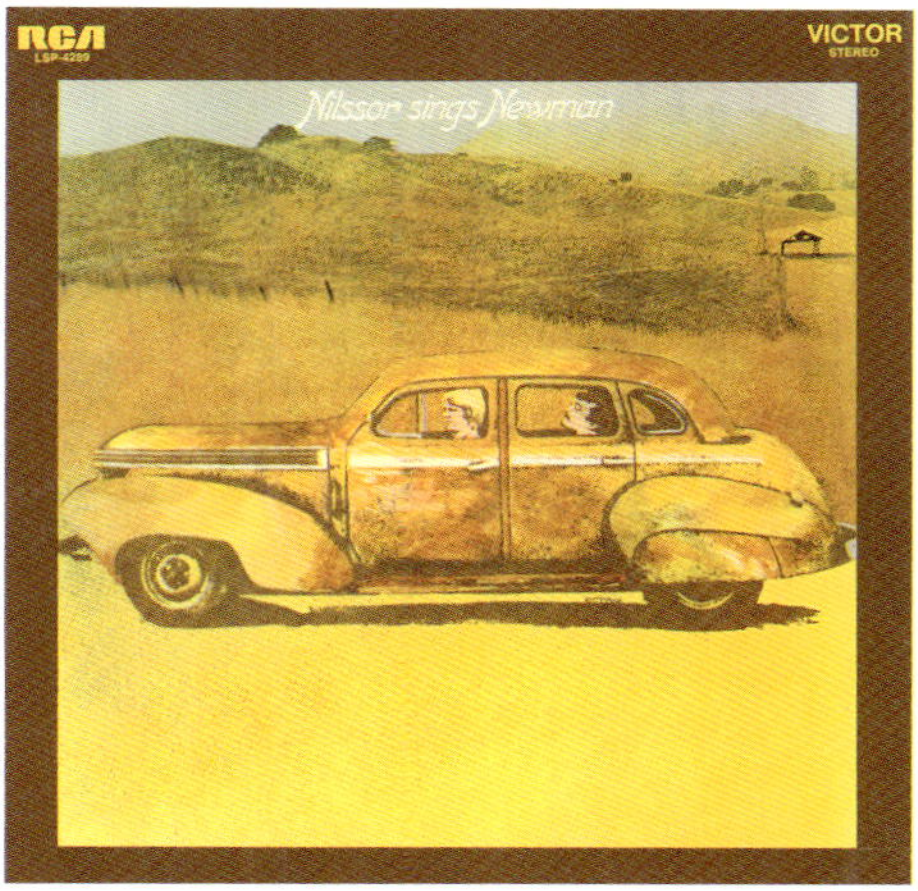

A
1. Vine St.(Randy Newman)　ヴァイン通り
2. Love Story (Randy Newman)
3. Yellow Man (Randy Newman)
4. Caroline (Randy Newman)
5. Cowboy (Randy Newman)

B
6. The Beehive State (Randy Newman)
7. I'll Be Home (Randy Newman)
8. Living Without You (Randy Newman)
あなたのいない生活
9. Dayton, Ohio 1903 (Randy Newman)
10. So Long Dad (Randy Newman)

NILSSON SINGS NEWMAN
ランディ・ニューマンを歌う

(1970/RCA Victor, LSP-4289)

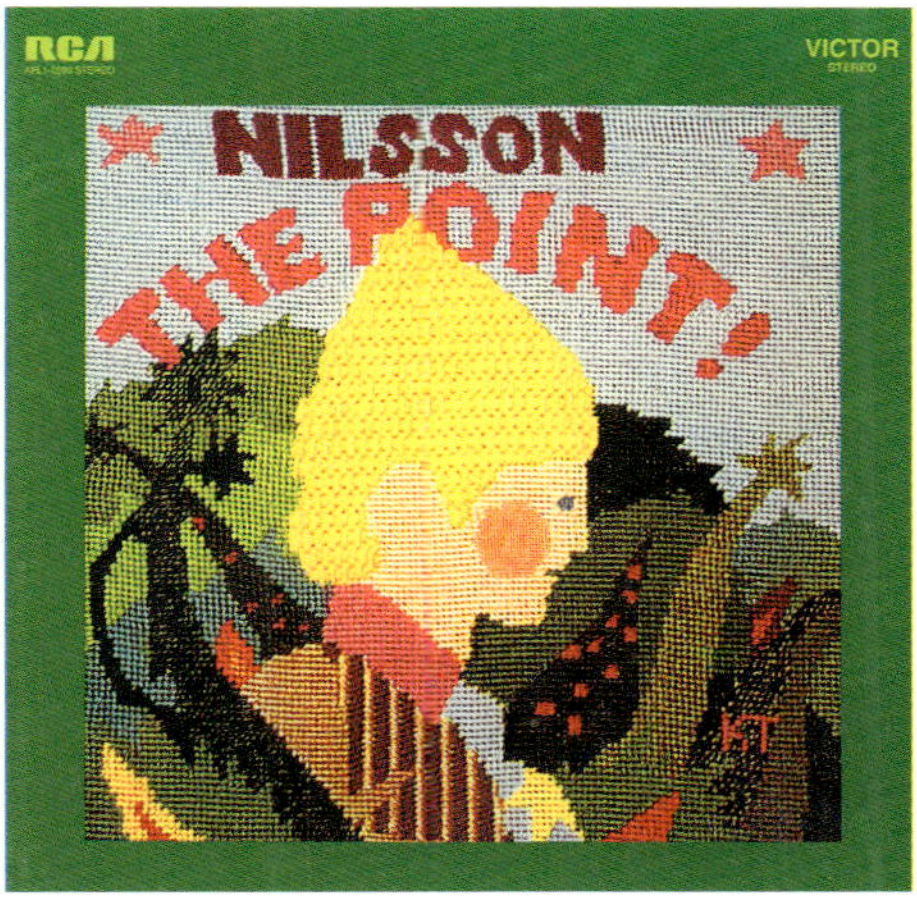

A
1. Everything's Got'Em　とんがり頭
2. The Town – narration　不思議な町（語り）
3. Me And My Arrow　アローは友だち
4. The Game – narration　とんがり遊び（語り）
5. Poli High
6. The Trial And Banishment – narration
裁判と追放（語り）
7. Think About Your Troubles　涙のゆくえ

B
8. The Pointed Man – narration
とんがり男（語り）
9. Life Line　恐ろしい地下道
10. The Birds – narration　おばけ鳥（語り）
11. P.O.V. Waltz
12. The Clearing In The Woods – narration
森の開墾地（語り）
13. Are You Sleeping?　眠っているの？
14. Oblio's Return – narration
帰ってきたオブリオ（語り）

THE POINT!
オブリオの不思議な旅

(1971/RCA Victor, LSP-4417)

AERIAL PANDEMONIUM BALLET
ニルソンの詩と青春

(1971/RCA Victor, LSP-4543)

A
1. Introduction
2. 1941 – slowed down track and remixed
3. Daddy's Song – new vocals, guitar/piano out of sync
4. Mr. Richland's Favorite Song – new background vocals and remixed
5. Good Old Desk – slowed down track and remixed
6. Everybody's Talkin' (Fred Neil) – dumped second voice and remixed
7. Bath – re-eq'd original tacks

B
8. River Deep–Mountain High (Phil Spector, Jeff Barry, Ellie Greenwich) – new vocals and remixed
9. Sleep Late, My Lady Friend – remixed
10. Don't Leave Me – remixed
11. Without Her – new vocals and remixed
12. Together – new vocals, edited out bridge and remixed
13. One – remixed
14. Closing

NILSSON SCHMILSSON
ニルソン・シュミルソン

(1971/RCA Victor, LSP-4515)

A
1. Gotta Get Up
2. Driving Along
3. Early In The Morning (Leo Hickman, Louis Jordan, Dallas Bartley)
4. The Moonbeam Song
5. Down

B
6. Without You (Pete Ham, Tom Evans)
7. Coconut
8. Let The Good Times Roll
9. Jump Into The Fire
10. I'll Never Leave You

SON OF SCHMILSSON
シュミルソン２世

(1972/RCA Victor, LSP-4717)

A
1. Take 54
2. Remember (Christmas)　想い出
3. Joy
4. Turn On Your Radio　ラジオをかけろ
5. You're Breakin' My Heart　傷ついた心

B
6. Spaceman
7. The Lottery Song　宝くじの歌
8. At My Front Door (Ewart B. Abner, John C. Moore)　ぼくの家の玄関で
9. Ambush　待ち伏せ
10. I'd Rather Be Dead (Harry Nilsson, Richard Perry)　死んだほうがましだ
11. The Most Beautiful World In The World　世界のなかで最も美しい世界

A LITTLE TOUCH OF SCHMILSSON IN THE NIGHT
夜のシュミルソン

(1973/RCA Victor, APL1-0097)

A
1. Lazy Moon (Bob Cole, J. Rosamond Johnson)
2. For Me And My Gal (Edgar Leslie, E. Ray Goetz, George W. Meyer)
3. It Had To Be You (Isham Jones, Gus Kahn)　もしあなただったら
4. Always (Irving Berlin)
5. Makin' Whoopee! (Gus Kahn, Walter Donaldson)
6. You Made Me Love You (I Didn't Want To Do It) (Joseph McCarthy, James V. Monaco)　恋のとりこに

B
7. Lullaby In Ragtime (Sylvia Fine)　ラグタイムの子守歌
8. I Wonder Who's Kissing Her Now (Joe Howard, Harold Orlob, Frank R. Adams, Will M. Hough)　誰とキスしているのかしら
9. What'll I Do (Irving Berlin)　どうしたらいいの
10. Nevertheless (I'm In Love With You) (Bert Kalmar, Harry Ruby)
11. This Is All I Ask (Gordon Jenkins)　願いのすべて
12. As Time Goes By (Herman Hupfeld)　時のたつまま

A
1. Many Rivers To Cross (Jimmy Cliff)
   遥かなる河
2. Subterranean Homesick Blues (Bob Dylan)
3. Don't Forget Me　僕を忘れないで
4. All My Life
5. Old Forgotten Soldier　忘れられた老兵

B
6. Save The Last Dance For Me (Doc Pomus, Mort Shuman)　ラスト・ダンスは私に
7. Mucho Mungo/Mt. Elga (John Lennon, Harry Nilsson)
8. Loop De Loop (Ted Vann)
9. Black Sails　月光に黒い帆
10. Rock Around The Clock (Jimmy DeKnight, Max C. Freedman)

PUSSY CATS
プシー・キャッツ

(1974/RCA Victor, CPL1-0570)

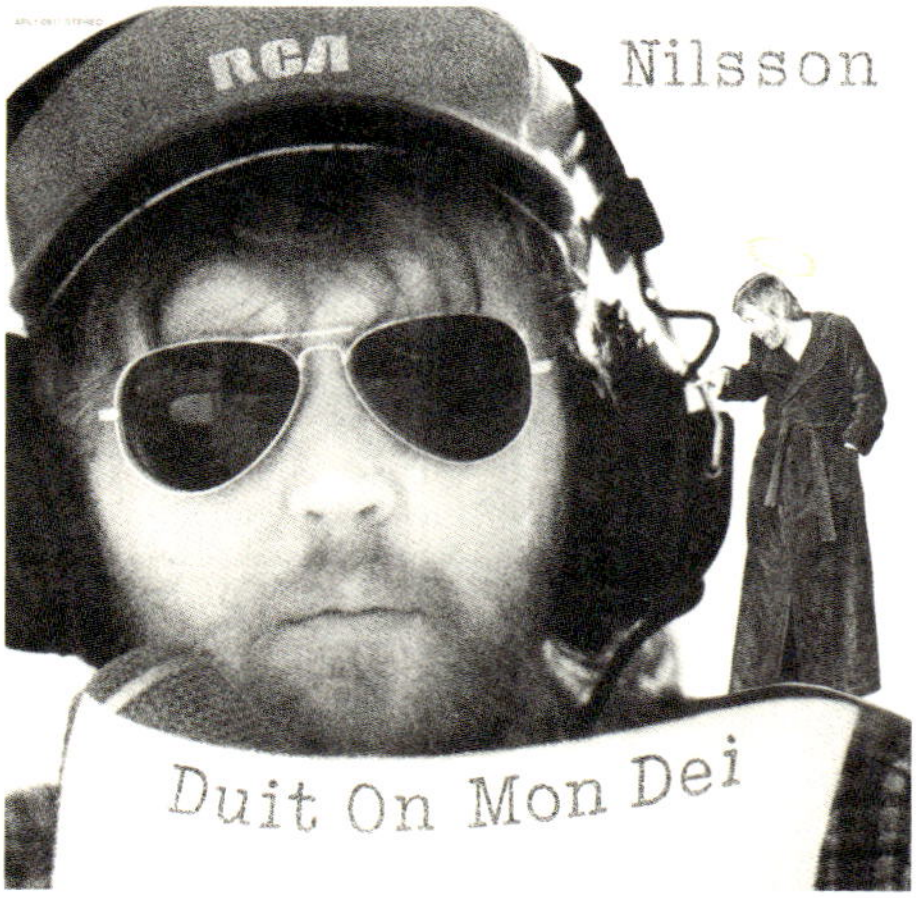

A
1. Jesus Christ You're Tall　のっぽのキリスト
2. It's A Jungle Out There　遠いジャングル
3. Down By The Sea　海のほとりで
4. Kojak Columbo
5. Easier For Me　孤独な彼女
6. Turn Out The Light　灯りを消して

B
7. Salmon Falls (Harry Nilsson, Klaus Voor-mann)　サーモンの滝
8. Puget Sound
9. What's Your Sign?　きみの星座は？
10. Home
11. Good For God　神さまのため

DUIT ON MON DEI
俺たちは天使じゃない

(1975/RCA Victor, APL1-0817)

内ジャケット

SANDMAN
眠りの精

(1976/RCA Victor, APL1-1031)

A
1. I'll Take A Tango (Alex Harvey)
   タンゴはいかが
2. Something True (Harry Nilsson, Perry Botkin,Jr.)　愛のやさしさ
3. Pretty Soon There'll Be Nothing Left For Everybody　地球最後の日
4. The Ivy Covered Walls　緑の壁
5. Thursday or, Here's Why I Did Not Go To Work Today (Harry Nilsson, Danny Kortchmar)　物憂い木曜日

B
6. The Flying Saucer Song　空飛ぶ円盤を見た
7. How To Write A Song　歌の書き方
8. Jesus Christ You're Tall
9. Will She Miss Me?　夜は恋に迷いて

内ジャケットイラスト

...THAT'S THE WAY IT IS
ハリーの真相

(1976/RCA Victor, APL1-1119)

A
1. That Is All (George Harrison)
2. Just One Look/Baby I'm Yours (Gregory Carroll, Doris Payne/Van McCoy)
3. Moonshine Bandit (Harry Nilsson, Danny Kortchmar)
4. I Need You (Gerry Beckley)
5. A Thousand Miles Away (James Sheppard, William H. Miller)

B
6. Sail Away (Randy Newman)
7. She Sits Down On Me (Austin Talbot)
   いれずみレディ
8. Daylight Has Caught Me (Harry Nilsson, Malcolm Rebennack)　真昼のまぶしさ
9. Zombie Jamboree (Back To Back) (Conrad E. Mauge,Jr.)
10. That Is All – Reprise (George Harrison)

KNNILLSSONN
クニルソン

(1977/RCA Victor, AFL1-2276)

A
1. All I Think About Is You　想いは君だけに
2. I Never Thought I'd Get This Lonely
   こんなに淋しくなるなんて
3. Who Done It?　誰のしわざ？
4. Lean On Me　ぼくに寄り添って
5. Goin' Down

B
6. Old Bones
7. Sweet Surrender
8. Blanket For A Sail
9. Laughin' Man　笑う男
10. Perfect Day

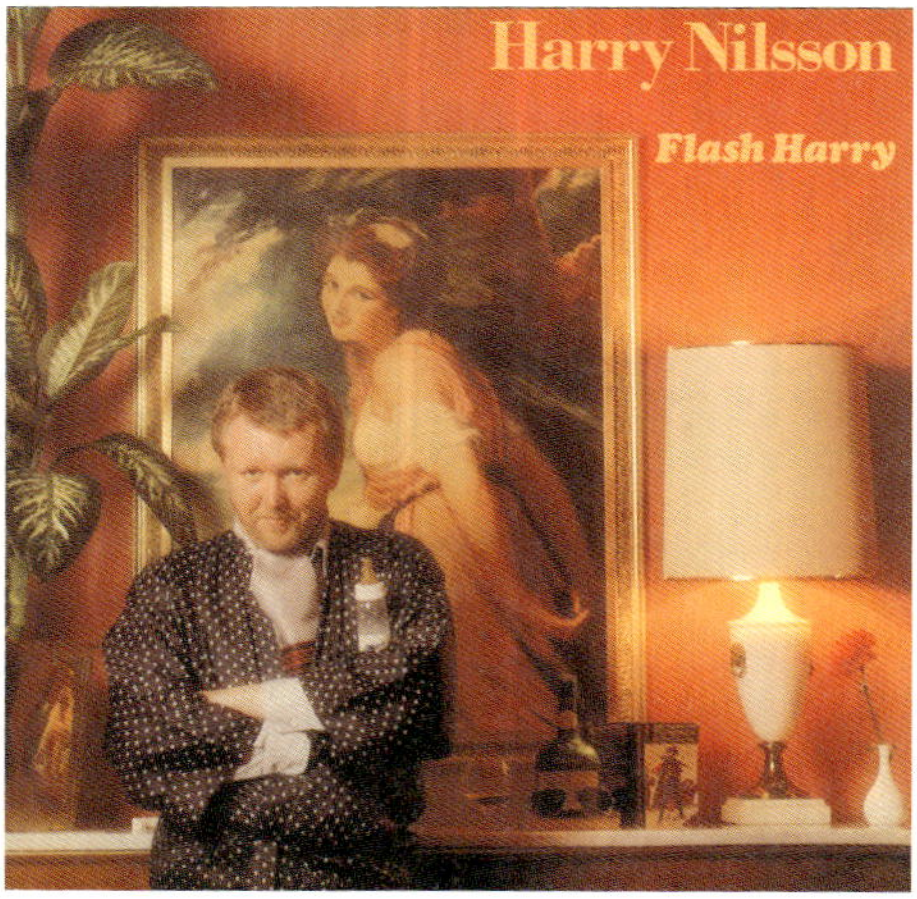

FLASH HARRY
フラッシュ・ハリー

(1980/Mercury Phonogram, 6302 022)

A
1. Harry (Eric Idle) – Eric Idle and Charlie Dore
2. Cheek to Cheek (Lowell George, Van Dyke Parks, Martin Fydor Kibbee)
3. Best Move (Harry Nilsson, Van Dyke Parks, Michael Hazlewood)
4. Old Dirt Road (Harry Nilsson, John Lennon)
5. I Don't Need You (Rick L. Christian)

B
6. Rain
7. I've Got It! (Harry Nilsson, Perry Botkin, Jr.)
8. It's So Easy (Harry Nilsson, Paul Stallworth)
9. How Long Can Disco On (Harry Nilsson, Ringo Starr)
10. Bright Side of Life (Eric Idle)

11. Old Dirt Road (Harry Nilsson, John Lennon) – alternate version＊
12. Feet (Danny Kortchmar)＊
13. Leave The Rest to Molly (Allen Toussaint)＊
14. She Drifted Away (John Lawrence Agostino)＊

11-14:FLASH HARRY(2013/Varèse Sarabande CD, 302 067 195 2)

●サウンドトラック盤

SKIDOO
スキドゥ

（1968/RCA Victor, LSO-1152）

A
1. The Cast and Crew
2. I Will Take You There
3. SKIDOO/Commercials
4. Goodnight Mr. Banks/Let's get the hardware/Murder in the Car Wash
5. Angie's Suite
6. The Tree

B
7. Garbage Can Ballet
8. Tony's Trip
9. Escape:Impossible/Green Bay Packers March
10. Man Wasn't Meant to Fly
11. Escape:Possible
12. SKIDOO – Carol Channing/Goodnight Mr. Banks

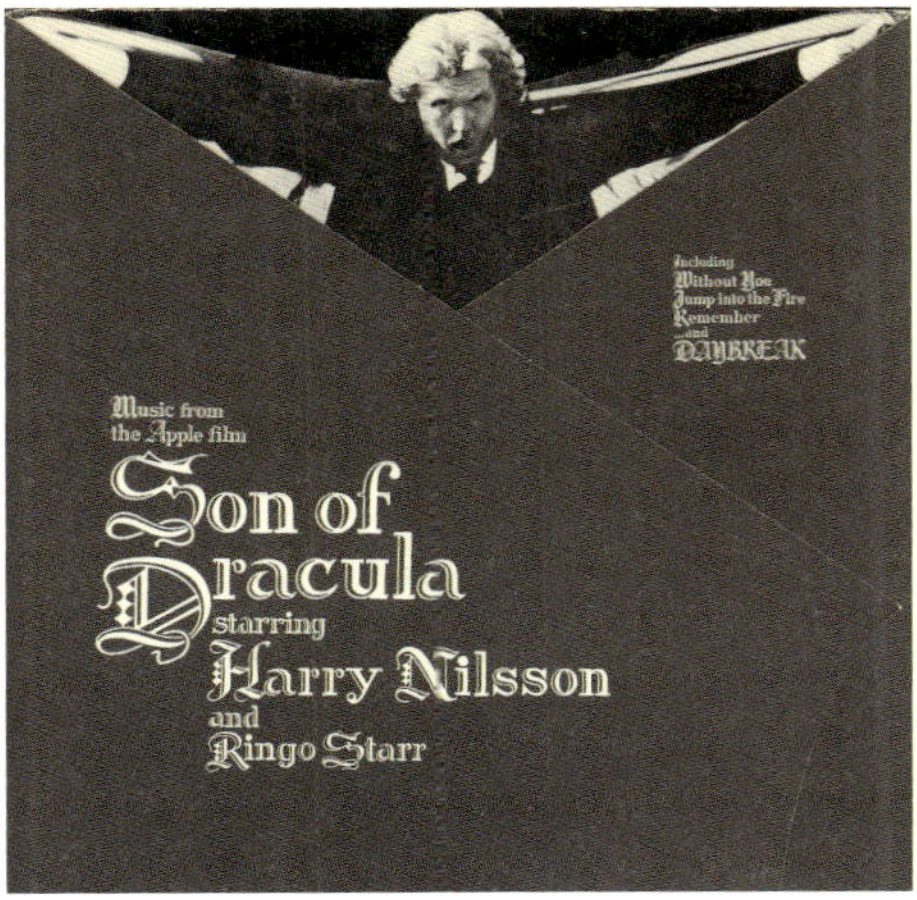

SON OF DRACULA
吸血鬼ドラキュラ二世

（1974/Rapple, ABL1-0220）

A
1. It is he who will be king（Paul Buckmaster）
彼こそは王様
2. Daybreak
3. At My Front Door（Ewart B. Abner, John C. Moore）　ぼくの家の玄関で
4. Count Downe meets Merlin and Amber（Paul Buckmaster）
ダウン伯爵とメランとアンバーの出会い
5. The Moonbeam Song
6. Perhaps this is all a dream（Paul Buckmaster）　みんな夢かもしれない
7. Remember（Christmas）

B
8. Intro, Without You（Pete Ham, Tom Evans）
9. The Count's vulnerability（Paul Buckmaster）
伯爵への攻撃
10. Down
11. Frankenstein, Merlin and the operation（John Taverner）
フランケンシュタインとメランと手術
12. Jump into the Fire
13. The abdication of Count Downe（Paul Buckmaster）　ダウン伯爵の退位
14. The End（Moonbeam）
ラスト・シーン（ムーンビーム）

POPEYE
ポパイ

(1980/Boardwalk, SW-36880)
・歌唱は映画キャストによる

A
1. I Yam What I Yam
2. He Needs Me
3. Swee'Pea's Lullaby　スウィーピーのララバイ
4. Din'We　昔は…
5. Sweethaven
6. Blow Me Down　嵐に吹かれてやって来た

B
7. Sailin'
8. It's Not Easy Bein' Me　自分でいるのも楽じゃない
9. He's Large　でっかい彼
10. I'm Mean　俺はいやらしい
11. Kids
12. I'm Popeye The Sailor Man (Sammy Lerner)

曲を増補し、ニルソンによるデモ・バージョンを収録した2枚組CDが2017年に発売（POPEYE Deluxe Edition[Varèse Sarabande, 302 067 430 8]）。

CD1
1. Sweethaven – The Citizens of Sweet Haven
2. Blow Me Down – Robin Williams
3. Everything Is Food – Paul Dooley, Allan F. Nichols, The Toughs, Barbershop and The Steinettes
4. Rough House Fight (Thomas Pierson) ＊
5. He's Large – Shelley Duvall
6. I'm Mean – Paul L. Smith
7. Sailin' – Shelley Duvall and Robin Williams
8. March Through Town (Thomas Pierson) ＊
9. I Yam What I Yam – Robin Williams
10. The Grand Finale (Thomas Pierson) ＊
11. He Needs Me – Shelley Duvall
12. Swee'Pea's Lullaby – Robin Williams
13. Din' We – Robert Fortier
14. It's Not Easy Being Me – Ray Walston
15. Kids – Ray Walston
16. Skeleton Cave (Thomas Pierson) ＊
17. Now Listen Kid/To The Rescue/Mr. Eye Is Trapped/Back Into Action (Thomas Pierson) ＊
18. Saved/Still At It/The Treasure/What? More Fighting/Pap's Boy/Olive & The Octopus/What's Up Pop/Popeye Triumphant (Thomas Pierson) ＊
19. I'm Popeye The Sailor Man (Sammy Lerner) – Robin Williams
20. End Title Medley (Harry Nillson, Thomas Pierson) ＊

CD2 The Harry Nilsson Demos ＊
1. Sweethaven
2. I'm Mean
3. Swee'pea's Lullaby
4. Blow Me Down
5. Everything Is Food
6. He Needs Me
7. Everybody's Got To Eat
8. Sail With Me
9. I Yam What I Yam
10. It's Not Easy Being Me
11. Kids
12. I'm Popeye The Sailor Man (Sammy Lerner)
13. I'm Mean
14. He Needs Me – Shelly Durall

Bonus Tracks
15. Everybody's Got To Eat – Paul Dooley
16. Din' We
17. Sailin'
18. I'd Rather Be Me

●ベスト盤・コレクション

GREATEST HITS
(1978/RCA Victor, AFL1-2798)

A
1. Everybody's Talkin' (Fred Neil)
2. Without Her
3. One
4. I Guess The Lord Must Be In New York City
5. Me And My Arrow
6. Coconut

B
7. Without You (Pete Ham, Tom Evans)
8. Jump Into The Fire
9. Spaceman
10. Remember Christmas
11. As Time Goes By (Herman Hupfeld)
12. Daybreak

日本では同ジャケット、別選曲の《ハリーは友だち（The Best of Nilsson)》が1977年にリリースされた。

ALL TIME GREATEST HITS
ベスト・セレクション
(1991/RCA, BVCP-2310)

1. Everybody's Talkin' (Fred Neil)
2. Sleep Late, My Lady Friend
3. Good Old Desk
4. Don't Leave Me
5. 1941
6. Cowboy (Randy Newman)
7. One
8. Coconut
9. Daybreak
10. Without You (Pete Ham, Tom Evans)
11. I Guess The Lord Must Be In New York City
12. Caroline (Randy Newman)
13. Daddy's Song
14. Jump Into The Fire
15. Without Her
16. Me And My Arrow
17. Nobody Cares About The Railroad Anymore
18. Spaceman
19. As Time Goes By (Herman Hupfeld)
20. Remember

PERSONAL BEST:THE HARRY NILSSON ANTHOLOGY
アンソロジー

(2CD/1995/RCA, BG2 66354)

CD1
1. 1941
2. Without Her
3. As I Wander Lonely (Perry Botkin,Jr, Gil Garfield) *
4. Ten Little Indians
5. You Can't Do That
6. Miss Butter's Lament (Harry Nilsson, Bob Segarini) *
7. One
8. Mr. Richland's Favorite Song
9. Everybody's Talkin' (Fred Neil)
10. Together
11. Don't Leave Me
12. Good Old Desk
13. I Will Take You There – alternate mix *
14. Girlfriend *
15. Wasting My Time
16. Mournin' Glory Story
17. Open Your Window
18. Maybe
19. Nobody Cares About The Railroads Anymore
20. I Guess The Lord Must Be In New York City
21. Vine St. (Randy Newman)
22. Me And My Arrow
23. Think About Your Troubles
24. Early In The Morning
25. Without You (Pete Ham, Tom Evans)
26. The Moonbeam Song
27. Coconut
28. Jump Into The Fire (Single Version)

CD2
1. Gotta Get Up
2. Joy
3. Turn On Your Radio
4. The Most Beautiful World In The World
5.You're Breakin' My Heart
6. Spaceman
7. Remember (Christmas)
8. It Is He Who Will Be King (Outro)/Daybreak
9. As Time Goes By (Herman Hupfeld)
10. Nevertheless (I'm In Love With You) (Bert Kalmar, Harry Ruby)
11. Over The Rainbow (E.Y. Harburg, Harold Arlen)
12. Many Rivers To Cross (Jimmy Cliff)
13. Don't Forget Me
14. Easier For Me
15. Down By The Sea
16. Salmon Falls (Harry Nilsson, Klaus Voormann)
17. Good For God
18. Thursday or, Here's Why I Did Not Go To Work Today (Harry Nilsson, Danny Kortchmar)
19. Sail Away (Randy Newman)
20. All I Think About Is You
21. Perfect Day

THE RCA ALBUMS COLLECTION

(17CDset/2013/RCA, 88697915502)

CD15ジャケット

オリジナル・アルバム14枚にそれぞれボーナス・トラックを収録。CD15-17は未発表曲やアルバム未収録曲、デモトラックを収録した特別ディスク。すでにベスト盤、リイシュー盤などに収録されているものはそのつど明記した。

CD1
PANDEMONIUM SHADOW SHOW
13-23: モノ・バージョン

CD2
AERIAL BALLET
14-26: モノ・バージョン
27. Aerial Ballet radio spot＊

CD3
HARRY
14. I Will Take You There – single mix
15. Waiting (from the motion picture *Jenny*)
16. Rainmaker – single mix
17. Mournin' Glory Story – single mix
18. Garbage Can Ballet – alternate version＊
19. HARRY Radio Spot＊
20. Voices Of Vista radio spots＊

CD4
NILSSON SINGS NEWMAN
11. Snow
12. Love Story – alternate version
13. Cowboy – alternate version
14. I'll Be Home – alternate version
15. Living Without You – alternate version

11-15:NILSSON SINGS NEWMAN (2000/Buddha CD,74465 99703 2)

CD5
THE POINT!
15. Think About Your Troubles – alternate version
16. Life Line – alternate version
17. Down To The Valley – alternate mix with extended ending
18. I'll Never Leave You
19. THE POINT! Travel Brochure radio spot with Bill Martin＊

15-18:THE POINT!(2002/BMG Heritage CD, 07863 65128 2)

CD6
AERIAL PANDEMONIUM BALLET
15. You Can't Do That – remix
16. It's Been So Long – Italian version＊

CD16ジャケット

CD17ジャケット

17. Sleep Late, My Lady Friend – Italian version＊
18. Without Her – Italian version＊
19. Cuddly Toy – Italian version
20. You Can't Do That – Italian version＊
21. BBC Saturday Club introduction by Brian Matthew＊
21. 1941 – Live on BBC's Saturday Club＊
23. Mr. Richland's Favorite Song – Live on BBC's Saturday Club＊
24. Nilsson talks with Brian Matthew＊
25. Together – Live on BBC's Saturday Club＊
26. Good Old Desk – Live on BBC's Saturday Club＊
27. AERIAL PANDEMONIUM BALLET radio spot＊

15:AERIAL PANDEMONIUM BALLET (2000/ Buddha CD, 74465 99704 2)

CD7

NILSSON SCHMILSSON

11. Si No Estas Tu – Spanish version Of "Without You"
12. How Can I Be Sure Of You
13. The Moonbeam Song – demo
14. Lamaze
15. Old Forgotten Soldier – demo
16. Gotta Get Up – alternate version
17. NILSSON SCHMILSSON radio spots

12-17:NILSSON SCHMILSSON (2004/RCA BMG Heritage CD, 82876 57265 2)

CD8

SON OF SCHMILSSON

12. What's Your Sign?
13. Take 54 – alternate
14. Campo De Encino (Jimmy Webb)
15. Daybreak – single version
16. It Had To Be You/I'd Rather Be Dead (Gus Kahn, Isham Jones/Harry Nilsson, Richard Perry)
17. SON OF SCHMILSSON radio spot＊

12-14&16:SON OF SCHMILSSON (2006/RCA CD, 82876 78249 2)

CD9

A LITTLE TOUCH OF SCHMILSSON IN THE NIGHT

13. I'm Always Chasing Rainbows (Harry Carroll, Joseph McCarthy)
14. Make Believe (Jerome Kern, Oscar Hammerstein II)
15. Trust In Me (Jean Schwartz, Milton Ager,

Ned Wever)
16. It's Only A Paper Moon (Billy Rose, E.Y. Harburg, Harold Arlen)
17. Thanks For The Memory (Leo Robin, Ralph Rainger)
18. Over The Rainbow (E.Y. Harburg, Harold Arlen)

13-18:A TOUCH MORE SCHMILSSON IN THE NIGHT (1988/RCA Germany, PL-90251)

CD10
PUSSY CATS
11. Down By The Sea
12. The Flying Saucer Song
13. Turn Out The Light
14. Save The Last Dance For Me (Doc Pomus, Mort Shuman) – alternate
15. Don't Forget Me – demo
16. Black Sails – demo
17. PUSSY CATS radio spots with Eddie Lawrence＊

11-16:PUSSY CATS (1999/Buddha CD, 74465996 15-2)

CD11
DUIT ON MON DEI
12. Goin' Down – alternate＊

CD12
SANDMAN
10. A Tree Out In The Yard (Central Park)＊

CD13
...THAT'S THE WAY IT IS
11. ...THAT'S THE WAY IT IS radio spot＊

CD 14
KNNILLSSONN
11. Ain't It Kinda Wonderful (Gene Wilder)(from the motion picture *The World's Greatest Lover*)
12. Sweet Lorraine (Cliff Burwell, Mitchell Parish) – Harry Nilsson and Dr.John＊
13. Shuffle Off To Buffalo (Al Dubin, Harry Warren)＊
14. Ballin'The Jack (Chris Smith, Jim Burris) – Harry Nilsson and Dr.John＊
15. All I Think About Is You – demo, Harry Nilsson and Dr. John＊
16. KNNILLSSONN radio spot＊

11:*The World's Greatest Lover*: Original Soundtrack Recording(1978/RCA Red Seal, 2709)

CD 15
NILSSON SESSIONS 1967–1968
1. 1941 – demo＊
2. World – demo＊
3. Signs – demo＊
4. Cuddly Toy – demo＊
5. This Could Be The Night (Harry Nilsson, Phil Spector)– demo
6. As I Wander Lonely (Perry Botkin,Jr., Gil Garfield)
7. The Family＊
8. Miss Butter's Lament (Harry Nilsson, Bob Segarini)
9. Mr. Tinker – alternate version＊
10. Leggenda (Morina, D'Ercole, Tomassini) – Italian Single
11. Sister Marie (David Morrow) – stereo remix＊
12. She Wandered Through The Garden Fence (Gary Brooker, Keith Reid)＊
13. One – alternate version＊
14. I Said Goodbye To Me – alternate version＊
15. Searchin'(Jerry Leiber, Mike Stoller)＊
16. She's Just Laughing At Me (Dick Addrisi, Don Addrisi)＊
17. Together – alternate version＊
18. Bath – alternate version＊

5:PERFECT DAY : THE SONGS OF HARRY NILSSON 1971–1993(2006/Retro Active Promo CD, 006)
6 & 8:PERSONAL BEST : THE HARRY NILSSON ANTHOLOGY

CD 16
NILSSON SESSIONS 1968–1971
1. You Are Here＊
2. The Cast And Crew
3. Garbage Can Ballet
4. I Will Take You There
5. Girlfriend (theme from *The Courtship Of Eddie's Father*)
6. Wasting My Time – alternate mix＊
7. Rainmaker (Harry Nilsson, Bill Martin) – alternate version＊
8. Open Your Window (Harry Nilsson, Bill Martin)– alternate take＊
9. Postcard (Brian Godding)＊
10. Think About Your Troubles – alternate version＊
11. Marry Me A Little (Stephen Sondheim)＊
12. Ballin' The Jack (Jim Burris, Chris Smith)＊
13. Gotta Get Up – demo＊

14. Down To The Valley – single mix
15. Buy My Album – single mix
16. Joy – alternate version
17. Blackbird (John Lennon, Paul McCartney)＊
18. Paradise (Gil Garfield, Perry Botkin,Jr., Harry Nilsson)＊
19. Lucille (Albert Collins, Richard Penniman)＊
20. Early In The Morning (Dallas Bartley, Leo Hickman, Louis Jordan) – alternate version

2-4:SKIDOO
5:PERSONAL BEST : THE HARRY NILSSON ANTHOLOGY
16 & 20:AERIAL PANDEMONIUM BALLET (2000/Buddha CD, 74465 99704 2)

CD 17
NILSSON SESSIONS 1971–1974
1. Walk Right Back (Sonny Curtis)
2. Jump Into The Fire – alternate version＊
3. Isolation (John Lennon)
4. Without You (Tom Evans, Pete Ham) – demo
5. Driving Along – demo
6. Gotta Get Up – demo
7. Coconut – demo
8. Old Forgotten Soldier – alternate demo
9. Down – demo
10. The Moonbeam Song – alternate demo
11. Jump Into the Fire – single version
12. Per Chi – Italian Version Of “Without You”
13. Joy – guitar demo
14. Joy – piano demo
15. You Made Me Love You (I Didn’t Want To Do It)(Joseph McCarthy, James V. Monaco) – alternate version
16. Lullaby In Ragtime (Sylvia Fine) – alternate version
17. Always (Irving Berlin) – alternate version
18. It Had To Be You (Isham Jones, Gus Kahn) – alternate version
19. I Want You To Sit On My Face＊
20. A Souvenir – Also Sprach Schmilsson Schmixon＊

1 & 3:AERIAL PANDEMONIUM BALLET (2000/Buddha CD, 74465 99704 2)
4-10:NILSSON SCHMILSSON (2000/Camden Deluxe CD, 74321 75742 2)
13 & 14:SON OF SCHMILSSON (2000/Camden Deluxe CD, 74321 75746 2)
15-18:A TOUCH MORE SCHMILSSON IN THE NIGHT (1988/RCA Germany, PL-90251)

●その他（編集盤、ソングブック、トリビュート盤など）

Early Tymes
(1977/Musicor, MUS-2505)

A
1. He Ain’t Gonna Get My Girl (He’s Got Everything) (Scott Turner)
2. I Just Ain’t Right (John Marascalco, Scott Turner)
3. Please Mr. Music Man (Audie L. Murphy, Scott Turner)
4. Learning From You(John Marascalco, Scott Turner)
5. The Will (Kevin Young, Scott Turner)

B
6. The Ash Grove (Diane Lampert, Scott Turner)
7. All For Your Love (Diane Lampert, Peter Farrow, Scott Turner)
8. There’s Gotta Be A Girl (John Marascalco, Scott Turner)
9. Building Me Up(John Marascalco, Scott Turn er)
10. Foolish Clock (Audie Murphy, Scott Turner)
11. Oh I Wonder(John Marascalco, Scott Turner)

1994年に NILSSON ’62: THE DEBUT SESSIONS(RPM, Retro 804)、2001年に HOLLYWOOD DREAMER (Varèse Sarabande, 302 061 117 2) とタイトルを変えて再発売。最終的に以下の曲が増補された。Oh Caroline (John Marascalco, Scott Turner) / Just Wait Till Summer Comes (Herb Alpert, Scott Turner) / The Only Light (Guy Mitchell, Audie Murphy, Scott Turner) / Once a Loser (Scott Turner)/ A Man and His Castle (Scott Turner) / My Baby’s Coming Home (Buddy Holly, Harry Nilsson, Scott Turner)/ Take This Heart (John Marascalco, Scott Turner) / Me Without You (Scott Turner) / My Girl (Harry Nilsson,Scott Turner) / Thank Heaven for Kathy (Harry Nilsson, Scott Turner) / On Time (Scott Turner)/ Nilsson’s Message to Scotty (Harry Nilsson)

A TOUCH MORE SCHMILSSON IN THE NIGHT
夜のシュミルソン〜レア・トラックス

(1988/RCA Germany PL-90251)

A
1. I'm Always Chasing Rainbows (Harry Carroll, Joseph McCarthy) ＊
2. Make Believe (Jerome Kern, Oscar Hammerstein II) ＊
3. You Made Me Love You (I Didn't Want To Do It) (Joseph McCarthy, James V. Monaco) – alternate version ＊
4. Trust In Me (Jean Schwartz, Milton Ager, Ned Wever) ＊
5. Lullaby In Ragtime (Sylvia Fine) – alternate version ＊
6. All I Think About Is You

B
7. Perfect Day
8. Always (Irving Berlin) – alternate version ＊
9. It's Only A Paper Moon (Billy Rose, E.Y. Harburg, Harold Arlen) ＊
10. It Had To Be You (Isham Jones, Gus Kahn) – alternate versions ＊
11. Thanks For The Memory (Leo Robin, Ralph Rainger) ＊
12. Over The Rainbow (E.Y. Harburg, Harold Arlen) ＊

FOR THE LOVE OF HARRY: EVERYBODY SINGS NILSSON

(1995/Music Masters Rock, 01612-65127-2)

1. Remember – Randy Newman
2. Turn On Your Radio – Marc Cohn
3. One – Aimee Mann
4. Coconut – Fred Schneider
5. Joy – Joe Ely
6. Lay Down Your Arms – Ringo Starr with Stevie Nicks
7. Without Her – Gerry Beckley/Carl Wilson/Robert Lamm
8. Jump into the Fire – LaVern Baker
9. The Moonbeam Song – Steve Forbert
10. You're Breaking My Heart – Peter Wolf and The Houseparty 5
11. Mourning Glory Story – Jennifer Trynin
12. Salmon Falls – Al Kooper
13. The Puppy Song – Victoria Williams
14. Don't Forget Me – Marshall Crenshaw
15. This Could Be The Night – Brian Wilson
16. Think About Your Troubles – Jellyfish
17. The Lottery Song – Bill Lloyd
18. Good Old Desk – Ron Sexsmith
19. Me and My Arrow – Adrian Belew
20. I Guess The Lord Must Be In New York City – Richard Barone
21. Spaceman – Mark Johnson with The Roches
22. Don't Leave Me – John Cowan
23. Life Line – Jimmy Webb

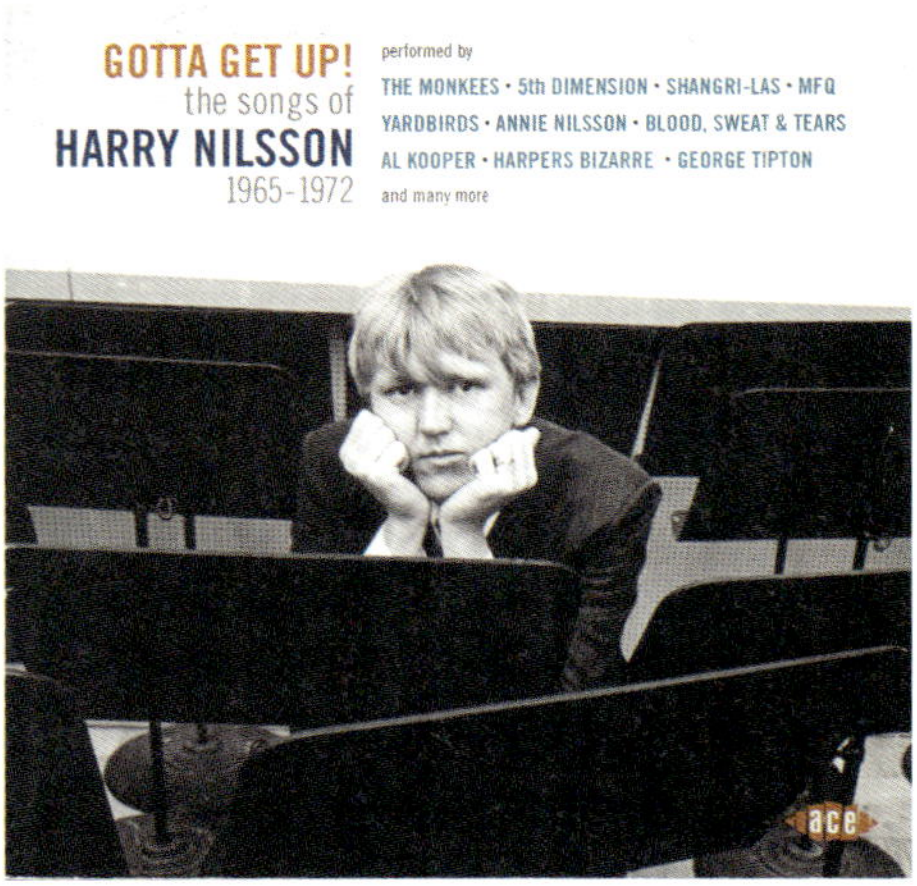

GOTTA GET UP! THE SONGS OF HARRY NILSSON 1965-1972

(2017/ACE, CDTOP1503)

1. Gotta Get Up – Annie Nilsson
2. Daddy's Song – The Monkees
3. Mournin' Glory Story – Al Kooper
4. This Could Be The Night – The MFQ
5. 1941 – Tom Northcott
6. Cuddly Toy – The Monkees
7. Bath – Doris
8. Butters Lament – The Family Tree
9. Good Times – Alan Lake
10. The Story Of Rock And Roll – Collage
11. Ten Little Indians – The Yardbirds
12. Hey Little Girl (Do Ya Wanna Get Married) – Jimmie Cross
13. Best Friend – Puppet
14. Poly High – Harpers Bizarre
15. Open Your Window – The 5th Dimension
16. Sleep Late, My Lady Friend – José Feliciano
17. I Said Goodbye To Me – The Glass Menagerie
18. Paradise – The Shangri-Las
19. Let Me Go – Pat & André
20. The Next Day – Debbie Burton
21. Together – Sandie Shaw
22. Without Her – Blood, Sweat & Tears
23. One – George Tipton
24. Remember – Andy Williams

GEORGE TIPTON NILSSON BY TIPTON

(1970/Warner Bros., 1867)

A
1. Rainmaker
2. Poly High
3. Nobody Cares About The Railroads Anymore
4. Think About Your Troubles
5. Marchin' Down Broadway
6. One

B
8. Maybe
9. Open Your Window
10. Without Her
11. Mourning Glory Story
12. Waiting

索　引

Ⅰ．人名・グループ名
Ⅱ．アルバム名・曲名（原題）
Ⅲ．映画・演劇・TV・書籍名（原題）

Ⅰ．人名・グループ名

オ

カ

キ

ク

ス

セ

ソ

タ

ネ

ノ

ハ

ヒ

フ

Ⅱ．アルバム名・曲名（原題）＊太字はニルソンのアルバム

And His Castle）　45, 46
アーリー・イン・ザ・モーニング（Early in the Morning）　180, 181, 196, 197
アーリー・タイムズ（Early Tymes）　46
アイ・ウォント・ユー、アイ・ニード・ユー、アイ・ラブ・ユー（I Want You, I Need You, I Love You）　258
アイ・エイント・ガット・ノーバディ（I Ain't Got Nobody）　149
アイ・ドント・ニード・ユー（I Don't Need You）　353
アイ・ニード・ユー（I Need You）　310, 311
アイ・ヤム・ワット・アイ・ヤム（I Yam What I Yam）　362
アイ・ラヴ・マイ・スーツ（I Love My Suit）　331
アイ・リヴ・イン・ア・ワールド（I Live in a World）　81
愛ある限り（Share Your Love）　353
アイヴ・ガット・ア・ウーマン（I've Got A Woman）　37
アイヴ・ガット・イット（I've Got It）　352
愛しておくれ（Send Me Some Lovin'）　56
アイド・ドゥ・イット・オール・アゲイン（I'd Do It All Again）　53
愛と青春の旅立ち（Up Where We Belong）　314
愛のやさしさ（Something True）　296
アイム・ゴナ・ルーズ・マイ・マインド（I'm Gonna Lose My Mind）　60
アイム・ダウン（I'm Down）　88
アイル・ネヴァー・リーヴ・ユー（I'll Never Leave You）　181, 197
アイル・ビー・ホーム（I'll be Home）　159
アウタ・ガス（Outta Gas）　60
灯りを消して（Turn Out the Light）　283, 290
会ったとたんに一目ぼれ（To Know Him Is To Love Him）　70
あなただけを（Somebody to Love）　78
アニタ（Anita）　155
アニマル・ファーム（Animal Farm）　417
アビイ・ロード（Abbey Road）　233, 247
嵐の恋（No Matter What）　185
アローは友だち（Me and My Arrow）　165, 170, 175, 326
アンソロジー（Personal Best）　142, 419, 424, 426

イージー・フォー・ミー（Easy For Me）　271, 277, 308
イエスタデイ（Yesterday）　77, 88, 110, 416
イエロー・サブマリン（Yellow Submarine）　127
イエロー・マン（Yellow Man）　158, 159
イッツ・ソー・イージー（It's So Easy）　353
イフ・オンリー（If Only）　142, 144
イフ・ゴッド・ハッド・ウォンテッド・メン・トゥ・フライ（If God Had Wanted Men To Fly）　138
イン・タイム（In Time）　46, 49

ヴァイン・ストリート（ヴァイン通り）（Vine Street）　155, 282
ウィザウト・ハー（Without Her）　68, 69, 77, 97-99, 101, 118, 125, 142, 143, 145, 209, 425
ウィザウト・ヒム（Without Him）　99
ウィザウト・ユー（Without You）　8, 159, 185-187, 189, 190, 192, 197, 203, 209, 212, 216, 225, 230, 262, 263, 311, 426
ウィズ・ア・ブレット（With a Bullet）　379
ウィッグ・ジョブ（Wig Job）　51, 52
ウェイティング（Waiting）　160-162
ウェディング・ソング（Wedding Song）　371
ウォーク・ライト・バック（Walk Right Back）　200, 201
ヴォラーレ（Volare）　391
歌の書き方（How to Write a Song）　298
うつろな愛（You're So Vain）　225, 226, 258
海のほとりで（Down By the Sea）　278, 279, 282
うわさの男（Everybody's Talkin'）　8, 105-109, 114, 131, 133, 150, 151, 161, 171, 178, 188, 216, 368, 426

エイント・イット・カインダ・ワンダフル（Ain't It Kinda Wonderful）　340
エヴリ・マン・ハズ・ア・ウーマン／ジョンとヨーコの仲間たち（Every Man Has a Woman）　381
エリナー・リグビー（Eleanor Rigby）　98, 103, 145
エル・シド愛のテーマ（The Love Theme from El Cid）　56

オーディナリー・アベレージ・ガイ（Ordinary Average Guy）　412
オール・オブ・ユア・トーイズ（All of Your Toys）　145
（オール・フォー・ザ・ビートルズ）スタンド・アップ・アンド・ハラー（(All For The Beatles) Stand Up and Holler）　56, 57
オール・マイ・ライフ（All My Life）　258, 263

カ

キ

ク

ケ

コ

オールド・ボーンズ（Old Bones）337, 339
オールド・ラング・サイン（Auld Lang Syne）
　232
男の子でいてよかった（I'm Glad I'm a Boy）179
オブリオの不思議な旅（The Point!）9, 139, 165,
　166, 169, 171, 174-176, 178-182, 200, 232, 281,
　284, 291, 292, 317, 327, 328, 330-334, 337, 340,
　344, 345, 349, 365, 370, 378, 408, 412-414
想い出（Remember（Christmas））209, 211, 222,
　331, 426
想いは君だけに（All I Think About Is You）334,
　335, 337, 339
俺たちは天使じゃない（Duit On Mon Dei）214,
　274-276, 282, 287, 289, 293-296, 306, 307, 314,
　315, 334, 337, 352, 381, 382
俺はいやらしい（I'm Mean）358, 363, 368
女の子でいるのはステキ（I Enjoy Being a Girl）
　179
オンリー・ユー（Only You）270, 271

カー・パーティー（Car Party）60
ガールフレンド（Girlfriend）141, 142, 145
カウボーイ（Cowboy）159
カウンティング（Counting）82
ガッタ・ゲット・アップ（Gotta Get Up）188,
　189, 197, 203, 263, 331
カドリー・トイ（Cuddly Toy）82, 83, 97, 101,
　112, 124, 134
悲しき天使（Those Were the Days）127
神さまのため（Good For God）285, 286
カム・トゥゲザー（Come Together）247
枯れた道（Old Dirt Road）269, 353
河は深く、山は高く（River Deep Mountain High）
　95
監獄ロック（Jailhouse Rock）67

ギヴ、ラヴ、ジョイ！（Give, Love, Joy!）378
木こりの歌（Lumberjack Song）320, 321
傷ついた心（You're Breakin' My Heart）206-208,
　210, 217, 377
きみの星座は？（What's Your Sign?）214, 278,
　279, 282, 352
キャシーズ・クラウン（Cathy's Clown）201
キャロライン（Caroline）159
吸血鬼ドラキュラ二世（Son Of Dracula）221,
　223, 225, 226, 265, 382

空中バレー（Aerial Ballet）5, 90, 101, 103-105,

109, 112-115, 121, 124, 127, 133, 140-142, 148,
　189, 198, 203, 336
くじら（The Whale）225
グッド・ゴリー・ミス・モリー（Good Golly Miss
　Molly）56, 58
グッド・タイムズ（Good Times）65, 66, 81
グッド・デイ・サンシャイン（Good Day Sun-
　shine）88
グッドナイト・ウィーン（Goodnight Vienna）
　269, 270, 272, 274, 277, 287, 299
グッドバイ・トゥ・ミー（I Said Goodbye To Me）
　105
クニルソン（Knnillssonn）338-341, 352, 357, 414
グリーン・グリーン（Green Green）50
グルーヴィ・リトル・スージー（Groovy Little
　Suzie）58-60
グレーテスト・ヒッツ（Greatest Hits）341, 343
グローイング・アップ（Growing Up）75, 104,
　209

ゲイラ（Gayla）163
ケース・オブ・ユー（Case of You）371
月光に黒い帆（Black Sails in the Moonlight）257
煙が目にしみる（Smoke Gets In Your Eyes）232

子犬の歌（The Puppy Song）127, 128, 130, 148,
　351
恋のあやつり人形（Puppet on a String）145
恋の終列車（Last Train To Clarksville）65
ゴーイン・ダウン（Goin' Down）337, 339, 352
告白（Confess）114
ココナッツ（Coconut）193, 194, 197, 201
心の壁、愛の橋（Walls and Bridges）264, 269,
　270, 338, 353
コジャック・コロンボ（Kojak Columbo）286, 288
孤独な彼女（Easier For Me）277, 290
孤独のニューヨーク（I Guess The Lord Must Be
　In New York City）108, 150, 151, 210, 416
子供は人類の父である（Child Is Father to the
　Man）99
小鳥と蜂とモンキーズ（The Birds, The Bees and
　The Monkees）137
コングラチュレーション（Congratulations）145
コンチェルト・フォー・ヘッドフォンズ・アン
　ド・コントラ・バフーン・イン・エイジア・マ
　イナー（Concerto for Headphonesand Contra-Buf-
　foon in Asia Minor）153
こんなに淋しくなるなんて（I Never Thought I'd
　Get This Lonely）336

サ
ザ・245パウンド・マン（The 242-Pound Man） 403, 415
ザ・シー・ソング（The Sea Song） 371
ザ・ストーリー・オブ・ロック・アンド・ロール（The Story of Rock and Roll） 77, 82
ザ・ドアー・イントゥ・サマー（The Door Into Summer） 145
ザ・パス・ザッツ・リーズ・トゥ・トラブル（The Path That Leads to Trouble） 66
ザ・ビートルズ（The Beatles）→ホワイト・アルバム
ザ・ビッグ・ビート・サウンド・オブ・ジェームズ・ラスト＆ジ・アメリカン・パトロール（The Big Beat Sound of James Last and the American Patrol） 100
ザ・ラ・ラ・ソング（The La La Song） 77
ザ・レディ・イズ・ア・トランプ（The Lady Is A Tramp） 37
サージェント・ペパーズ・ロンリー・ハーツ・クラブ・バンド（Sgt.Pepper's Lonely Hearts Club Band） 87, 94
サーモンの滝（Salmon Falls） 278, 280–282, 284, 297, 426
サイモン・スミスと踊る熊（Simon Smith and the Amazing Dancing Bear） 152, 154
サインズ（Signs） 81
サウザンド・マイルス・アウェイ（A Thousand Miles Away） 310
ザット・イズ・オール（That Is All） 310, 311, 314
淋しい町（Lonesome Town） 52
サブタレニアン・ホームシック・ブルース（Subterranean Homesick Blues） 257, 259, 260, 262, 268
サムバディ・ステップス・オン・ア・キャット（Somebody Steps on a Cat） 118
サンク・ヘヴン・フォー・キャシー（Thank Heaven for Kathy） 45
サンクス・フォー・ザ・メモリー（Thanks for the Memory） 235

シ
シーズ・ア・ウーマン（She's a Woman） 88
シーズ・ファニー・ザット・ウェイ（She's Funny That Way） 312
シーズ・マイ・ベイビー（She's My Baby） 44
シーズ・ユアーズ（She's Yours） 76
シーズ・リーヴィング・ホーム（She's Leaving Home） 94, 103
ジェントル・オン・マイ・マインド（Gentle On My Mind） 69
シスター・マリー（Sister Marie） 112
ジャスト・ワン・ルック（Just One Look） 313
ジャンプ・イントゥ・ザ・ファイアー（Jump Into The Fire） 191, 197, 222, 259, 337, 404
シュールレアレスティック・ピロー（Surrealistic Pillow） 78
ジュディ（Judy） 379
シュミルソン二世（Son of Schmilsson） 74, 204, 205, 208, 215, 217–219, 222, 225, 229, 231, 266, 278, 331, 336, 381
シュリンク・ラップ（Shrink Rap） 403, 415
ジョイ（Joy） 210
情熱の花（Passion Flower） 64
ジョージ・ハリスン帝国（Extra Texture） 320
ジョン・ゲイリー・オン・ブロードウェイ（John Gary on Broadway） 100
シルヴァー・ホース（Silver Horse） 381
シングミーボブ（Thingumybob） 127
人生の裏側（Other Side of This Life） 106
死んだほうがましだ（I'd Rather Be Dead） 213
シンデレラ・ロッカフェラ（Cinderella Rockefella） 149

ス
スイーター・ザン・ユー（Sweeter Than You） 52
スイート・サレンダー（Sweet Surrender） 337
スウィートヘヴン（Sweethaven） 358
スウィーピーのララバイ（Swee'Pea's Lullaby） 358
スーパーマン（Superman） 82
スキドゥ（Skidoo） 115–118, 120, 121, 129–131, 133, 137, 139, 245
スター・コレクター（Pisces, Aquarius, Capricorn and Jones） 137
スタンド・バイ・ミー（Stand By Me） 261
ステイン・アライヴ（Staying Alive） 228
ストーニー・エンド（Stoney End） 183
スペース・オディティ（Space Oddity） 215
スペースマン（Spaceman） 214, 216, 217
スポットライト・オン・ニルソン（Spotlight on Nilsson） 76, 77, 94, 97
スマイル（Smile） 283
スリープ・レイト・マイ・レディ・フレンド（Sleep Late, My Lady Friend） 95, 98, 145, 146

セ
ゼアズ・ガッタ・ビー・ア・ガール（There's Gotta Be a Girl） 45
セイル・アウェイ（Sail Away） 307–309, 314–316
世界のなかで最も美しい世界（The Most Beautiful

World in the World）212, 213, 286
セカンド・アルバム（The Yard Went On Forever）163
セルティック・レクイエム（Celtic Requiem）225
センチメンタル・ジャーニー（Sentimental Journey）230

ソ

ソー・ユー・シンク・ユーヴ・ガット・トラブルズ（So You Think You've Got Troubles）75
ソー・ロング・ダッド（So Long Dad）159
そばかす（Freckles）20, 96
空飛ぶ円盤を見た（Flying Saucer Song）258, 260, 261, 295, 296, 379
ソング・サイクル（Song Cycle）155, 156, 282
ゾンビー・ジャンボリー（Zombie Jamboree）314

タ

ダ・ドゥー・ロン・ロン（Da Doo Ron Ron）281
ダウン（Down）196
宝くじの歌（The Lottery Song）211, 212
抱きしめたい（I Wanna Hold Your Hand）44, 88
ダディズ・ソング（Daddy's Song）112–114, 134, 141, 142, 197
誰のしわざ？（Who Done It?）336, 339, 352
ダンシング・イン・ザ・ストリート（Dancing In The Street）82

チ

チーク・トゥ・チーク（Cheek to Cheek）352
チェイシング・レインボウ（I'm Always Chasing Rainbows）235
地球最後の日（Pretty Soon There'll Be Nothing Left for Everybody）298
チューリップ畑でお散歩（Tiptoe Through the Tulips）179
調子はずれの讃美歌（She Sang Hymns Out of Tune）96

ツ・テ

ツイスト・アンド・シャウト（Twist and Shout）60
デイ・トリッパー（Day Tripper）88, 387
ディーズ・アー・ザ・ブレイヴ（These Are the Brave）368
テイク・イット・フロム・ザ・ボーイズ（Take It From the Boys）373
テイク54（Take 54）208, 209
テイクス・オフ（Takes Off）78
ディス・クッド・ビー・ザ・ナイト（This Could Be The Night）71, 72, 81, 82, 426
ディス・ソング（This Song）320
ディス・ミーンズ・ウォー（This Means War）367
ディスカヴァー・アメリカ（Discover America）282
デイドリーム・ビリーヴァー（Daydream Believer）137
デイトン・オハイオ1903（Dayton, Ohio 1903）159
でっかい彼（He's Large）363
テン・リトル・インディアン（Ten Little Indians）87, 89, 90, 93, 95, 109, 117, 120
天使のハンマー（If I Had a Hammer）54

ト

トゥ・サイズ・オブ・ザ・ムーン（Two Sides of the Moon）349
ドゥ・ユー・ウォント・トゥ・ノウ・ア・シークレット（Do You Want to Know a Secret?）88
ドゥ・ユー・ビリーヴ（Do You Believe）75
トゥ・ラムール（Tout L'Amour）64
トゥー・メニー・クックス（Too Many Cooks (Spoil the Soup)）261
トゥゲザー（Together）105, 349
どうしたらいいの（What'll I Do?）235
ドゥユー・ウォナ（ハヴ・サム・ファン）？(D'You Wanna (Have Some Fun) ?）58–60
遠いジャングル（It's a Jungle Out There）284, 285
都会の生活（City Life）145, 150
時のたつまま（As Time Goes By）234, 235, 237
ドナ、アイ・アンダースタンド（Donna, I Understand）51–53
トミー（Tommy）187, 332
友への誓い（Aerie）203
トライ・ア・リトル・テンダーネス／スリー・ドッグ・ナイト登場（Three Dog Night）110, 111
トライ・トライ・トライ（Try, Try, Try）416
ドライヴ・マイ・カー（Drive My Car）88, 207, 425
ドライヴィング・アロング（Driving Along）195, 197
トラスト・イン・ミー（Trust In Me）235
ドラミング・イズ・マイ・マッドネス（Drumming Is My Madness）370
ドリーム・ラヴ（Dream Love）381
ドルフィン（Dolphin）105
ドント・リーヴ・ミー（Don't Leave Me, Baby）69, 105

33　索引

ナ

名前のない馬（Horse With No Name）311, 390
涙のゆくえ（Think About Your Troubles）170, 171, 281, 292

ニ

ニュー・ニルソン・ソングス（New Nilsson Songs）76
ニルソン・シュミルソン（Nilsson Schmilsson）183, 189, 197-200, 202-204, 213, 215, 225, 230, 259, 266, 285, 314, 316, 331
ニルソン・バイ・ティプトン（Nilsson by Tipton）181
ニルソンの詩と青春（Aerial Pandemonium Ballet）178

ネ

ネヴァーザレス（Nevertheless）235
願いのすべて（This Is All I Ask）234, 237
眠っているの？（Are You Sleeping?）171, 284
眠りの精（Sandman）286, 290, 291, 293, 295, 299, 300, 306, 307, 315, 331, 371

ノ

ノー・シークレッツ（No Secrets）225
ノー・ダイス（No Dice）185
ノー・ノー・ソング（No No Song）270
ノーウェジアン・ウッド（Norwegian Wood）88
ノーボディ（Nobody）110, 111
ノット・フェイド・アウェイ（Not Fade Away）57
のっぽのキリスト（Jesus Christ You're Tall）286, 287, 294, 295

ハ

ハ・ハ・セッド・ザ・クラウン（Ha Ha Said the Clown）89
バー・バー・ブラックシープ（Baa Baa Blacksheep）56-58
バーク（Bark）203
パースペクティヴ（Perspective）155
ハード・デイズ・ナイト（A Hard Day's Night）88
バード・ドッグ（Bird Dog）51
パーフェクト・デイ（Perfect Day）335, 337, 338, 416, 417
ハイ・プリーステス・オブ・ソウル（High Priestess of Soul）100
ハウ・アバウト・ユー（How About You）405, 406, 417
ハウ・キャン・アイ・ビー・シュア・オブ・ユー？（How Can I Be Sure of You?）285
（バズーン）アイ・ニード・ユア・ラヴィン（(Bazoom) I Need Your Lovin'）64
バック・イン・ザ・USSR（Back In The U.S.S.R.）386
バック・オフ・ブーガルー（Back Off Boogaloo）370
ハッピー・トゥゲザー（Happy Together）81
ハッピー・バースデイ（Happy Birthday）303
パピー・ソング→子犬の歌
パラダイス（Paradise）73, 74
バラの香りを（Stop and Take Time To Smell The Roses）370, 371
ハリー（Harry）356
ハリー・ニルソンの肖像（Harry）24, 129-132, 137, 141, 142, 145, 148, 150, 152, 153, 160, 161, 178, 188, 198, 325
ハリーズ・ガット・ア・ブラウン・ニュー・ローブ（Harry's Got a Brown New Robe）424
ハリーの真相（...That's The Way It Is）294, 308, 316, 317, 319, 333, 339
遙かなる河（Many Rivers to Cross）257, 260, 262, 265, 268
ハンキー・ドリー（Hunky Dory）203
バングラデシュ・コンサート（A Concert for Bangladesh）204
パンディモニアム・シャドウ・ショウ（Pandemonium Shadow Show）5, 20, 57, 81, 85, 86, 88-90, 93, 94, 97-100, 103, 104, 114, 119, 121, 123, 124, 130, 133, 144, 147, 148, 180, 198, 203, 336, 339

ヒ

ヒア・アイ・シット（Here I Sit）74
ヒー・エイント・ゴナ・ゲット・マイ・ガール（He Ain't Gonna Get My Girl）45
ヒー・ニーズ・ミー（He Needs Me）358, 359, 362
ビーハイヴ・ステート（Beehive State）159
ひさしぶりの口づけ（It's Been So Long）96, 125
ビッグ・ホワイト・ホース（Big White Horse）368
ひとりぼっちのあいつ（Nowhere Man）88
ひとりぼっちの夜（A Love Like Yours（Don't Come Knocking Every Day））248

フ

フーズ・ゴナ・ヘルプ・ブラザー・ゲット・ファーザー？（Who's Gonna Help a Brother Get Further?）312
フーリッシュ・クロック（Foolish Clock）45
フェアファックス・ラグ（Fairfax Rag）145, 150

フォー・ザ・ラヴ・オブ・ハリー（For the Love of Harry） 425
フォー・ノー・ワン（For No One） 146
プシー・キャッツ（Pussy Cats） 257, 259-262, 264-272, 276-279, 283, 294, 295, 307, 308, 334, 336, 339-341, 349, 353, 374
プライス・オン・ヒズ・ヘッド（A Price on His Head） 155
ブライト・サイド・オブ・ライフ（Bright Side of Life） 354, 355
ブラック・ジャック・デイヴィ（Black Jack Davey） 155
ブラックバード（Blackbird） 128
フラッシュ・ハリー（Flash Harry） 351, 353, 354, 356-358, 373, 415
ブランケット・フォー・ア・セイル（Blanket for a Sail） 331, 337, 414
ブリーカー＆マクドゥガル（Bleecker and Mac-Dougal） 106
プリティ・プリティ（Pretty Pretty） 53
古い机（Good Old Desk） 104, 105
ブルー・オブ・ザ・ナイト（Blue of the Night） 371
ブルー・ジェイ・ウェイ（Blue Jay Way） 91
ブルー・ターニング・グレイ・オーバー・ユー（Blue Turning Grey Over You） 312
プレゼンティング・ザ・ニュー・クリスティ・ミンストレルズ（Presenting the New Christy Min-strels） 49
フレンチ・プロダクション・ナンバー（French Production Number） 138
ブロードウェイの行進（Marching Down Broad-way） 20, 146, 150

へ

ヘイ・ジュード（Hey Jude） 127, 232
ヘイ・ジョー（Hey Joe） 175
ヘイ・リトル・ガール（Hey Little Girl） 81
ペイパー・ムーン（It's Only a Paper Moon） 235
ベイビー・アイム・ユアーズ（Baby I'm Yours） 313
平和を我等に（Give Peace a Chance） 378, 390
ペーパーバック・ライター（Paperback Writer） 88
ベスト・セレクション（All Time Greatest Hits） 414, 424
ベスト・フレンド（Best Friend） 140, 141
ベスト・ムーブ（Best Move） 351
ベット・ミドラー・デビュー（The Divine Miss M） 187
ヘッドラインズ（Headlines） 65

ホ

ホエン・サムバディ・シンクス・ユアー・ワンダフル（When Somebody Thinks You're Wonder-ful） 298
ホーム（Home） 285
ボーン・イン・グレナダ（Born in Grenada） 66
ぼくに寄り添って（Lean On Me） 336, 337, 339
ぼくの家の玄関で（At My Front Door） 214, 215, 222
僕を忘れないで（Don't Forget Me） 258, 262
ポパイ（Popeye） 344, 350, 356-358, 363-365, 368, 370, 371, 379, 398
ポパイ・ザ・セイラー・マン（Popeye the Sailor Man） 364
ホリー・カウ（Holy Cow） 312
ホワイ・ドント・ユー・レット・ミー・ゴー・フリー？（Why Don't You Let Me Go Free?） 369, 380
ホワイト・アルバム（The Beatles） 122, 125, 128, 246
ホンキー・シャトウ（Honky Chateau） 217

マ

マイ・ガール（My Girl） 45
マイ・ギャル・サル（My Gal Sal） 149
マイ・ベイビーズ・カミング・ホーム（My Baby's Coming Home） 45
マインド・ゲームス（Mind Games） 246
マジカル・ミステリー・ツアー（Magical Mystery Tour） 91, 126
待ち伏せ（Ambush） 214, 215
窓をあけよう（Open Your Window） 131, 146, 183
真昼のまぶしさ（Daylight Has Caught Me） 312-314, 316
マリー・ミー・ア・リトル（Marry Me a Little） 162, 170
マン・オブ・ザ・ワールド（Man of the World） 370

ミ

ミー・アンド・マイ・バンジョー（Me And My Banjo） 37
ミー・アンド・ミセス・ジョーンズ（Me and Mrs. Jones） 230
ミー・マイセルフ・アンド・アイ（Me, Myself and I） 415
「未完成」作品第1番～トゥー・ヴァージンズ（Unfinished Music no. 1: Two Virgins） 129
ミス・バターズ（Miss Butters） 103
ミス・バターズの嘆き（Miss Butter's Lament） 103

35 索引

ミスター・ティンカー（Mr. Tinker） 103
ミスター・ボージャングルス（Mr. Bojangles）
150
緑の壁（The Ivy Covered Walls） 296, 297

ム

ムーチョ・ムンゴ／マウント・エルガ（Mucho
Mungo / Mt. Elga） 258
ムーンシャイン・バンディット（Moonshine Ban-
dit） 309, 314
ムーンビーム・ソング（The Moonbeam Song）
195-197, 419

メ

メイキン・ウーピー（Makin' Whoopee） 234
メイク・ビリーヴ（Make Believe） 235
メイビー（Maybe） 150, 151, 183
メキシコ！（Mexico!） 368
メン・アット・シー（Men at Sea） 379

モ

モーニン・グローリー・ストーリー（Mournin'
Glory Story） 131, 145, 150, 425
もしあなただったら（It Had To Be You） 235
物憂い木曜日（Here's Why I Did Not Go to Work
Today） 298, 331

ヤ・ユ

ヤンキー・リーパー（Clang of the Yankee Rea-
per） 282
ユア・シックスティーン（You're Sixteen） 230,
259, 271
ユー・アー・マイ・サンシャイン（You are My
Sunshine） 179
ユー・キャント・キャッチ・ミー（You Can't
Catch Me） 247
ユー・キャント・テイク・ユア・ラヴ（アウェ
イ・フロム・ミー）（You Can't Take Your Love
(Away from Me)） 66, 68
ユー・キャント・ドゥ・ザット（You Can't Do
That） 5, 57, 87, 89, 90, 93, 94, 96, 120, 386

ヨ

夜のシュミルソン（A Little Touch of Schmilsson
in the Night） 213, 218, 245, 277, 298, 309, 336,
343
夜のシュミルソン〜レア・トラックス（A Touch
More Schmilsson in the Night） 235
夜は恋に迷いて（Will She Miss Me?） 296, 297

ラ

ライオネル・ハンプトン・アット・ニューポート
（Lionel Hampton at Newport） 100
ライフ・ライン（Life Line） 426
ラヴ・イズ・ジ・アンサー（Love Is the Answer）
378
ラヴ・ストーリー（Love Story） 155, 158
ラヴ・ハーツ（Love Hurts） 231
ラジオをかけろ（Turn on Your Radio） 210, 211
ラスト・ダンスは私に（Save the Last Dance For
Me） 257, 262, 269
ランディ・ニューマンを歌う（Nilsson Sings New-
man） 58, 155, 157, 160, 161, 297, 317
ランブリン（Ramblin'） 50

リ

リヴィング・イン・ザ・マテリアル・ワールド
（Living In The Material World） 310
リッチランド氏の好きな歌（Mr. Richland's Favor-
ite Song） 121, 126
リップ・イット・アップ（Rip It Up） 56
リトル・カウボーイ（Little Cowboy） 20, 104,
140
リトル・リチャード・イズ・バック（アンド・ゼ
アズ・ア・ホール・ロッタ・シェイキン・ゴー
イン・オン！）（Little Richard Is Back And
There's a Whole Lotta Shakin' Goin' On!） 59
リボルバー（Revolver） 98, 145, 174
リンゴ（Ringo） 287

ル・レ

ループ・デ・ループ（Loop De Loop） 257, 262
レア・マスターズ／幻のスペクター・サウンド
Vol. 2（Rare Masters 2） 72
レイ・ダウン・ユア・アームズ（Lay Down Your
Arms） 380
レイ・レディ・レイ（Lay Lady Lay） 108
レイジー・ムーン（Lazy Moon） 234
レイン（Rain）［ビートルズ］ 88
レイン（Rain） 353
レインメイカー（Rainmaker） 141, 145, 146, 150
レット・ザ・グッド・タイムズ・ロール（Let the
Good Times Roll） 190, 191, 197, 201, 215
レディ・テディ（Ready Teddy） 58
レディ・マドンナ（Lady Madonna） 183

ロ

ロケット・マン（Rocket Man） 218
ロック・アラウンド・ザ・クロック（Rock Aro-
und the Clock） 67, 257, 262
ロックン・ロール（Rock'n' Roll） 248, 256, 264,

270
ロンリネス（Loneliness） 381–383, 389

ワ
ワイプ・アウト（Wipe Out） 56
ワイルド・サイドを歩け（Walk on the Wild Side） 185
わが祖国（This Land Is Your Land） 50
忘れられた鉄道（Nobody Cares About the Railroads Any More） 149, 150, 341
忘れられた老兵（Old Forgotten Soldier） 258
ワン（One） 109–112

Ⅲ．映画・演劇・TV・書籍名（原題）

数字・アルファベット
200モーテルズ（200 Motels） 221
33⅓レヴォリューションズ・パー・モンキー（33⅓ Revolutions Per Monkee） 137

ア
アイス・ストーム（The Ice Storm） 8
愛の贈り物（Jenny） 160
アニメ・ザ・ビートルズ（The Beatles） 172
雨にぬれた舗道（That Cold Day In the Park） 358
アメリカン・グラフィティ（American Graffiti） 310
或る殺人（Anatomy of a Murder） 115

イ
イージー・ライダー（Easy Rider） 147, 384
イエロー・サブマリン（Yellow Submarine） 174
イエローパイレーツ（Yellowbeard） 350, 379
イン・コンサート（In Concert） 175, 176, 200, 202, 203, 237

ウ
ウォーターシップ・ダウンのうさぎたち（Watership Down） 407
ウッディ・ウッドベリー・ショウ 115, 124

エ
エディの素敵なパパ（The Courtship of Eddie's Father） 139, 142
エド・サリヴァン・ショー（Ed Sullivan Show） 56
絵本ジョン・レノンセンス（In His Own Write） 125
円卓の騎士たち（Knights of the Round Table） 291

オ
黄金の腕（The Man with the Golden Arm） 115
オーヴィル＆ウィルバー（Orville and Wilbur） 138, 139
オール・イン・ザ・ファミリー（All In The Family） 366
オズの魔法使（Wizard of OZ） 273
オブリオの不思議な旅（The Point!） 9, 139, 165, 166, 169, 171, 174–176, 178–182, 200, 232, 281, 284, 291, 292, 317, 327, 328, 330–334, 337, 340, 344, 345, 349, 365, 370, 378, 408, 412–414

カ
怪獣島（H. R. Pufnstuf） 172
革命児サパタ（Viva Zapata!） 365
カラーパープル（The Color Purple） 399
カルメン（Carmen Jones） 115
カンディード（Candide） 221
カンパニー（Company） 161

キ
危険な天使（Fatal Beauty） 399
キャンディ（Candy） 221, 384
吸血鬼ドラキュラ二世（Son Of Dracula） 221, 223, 225, 226, 265, 382

ク
グッドフェローズ（Goodfellas） 8
グッドモーニング，ベトナム（Good Morning Vietnam） 398

ケ
けっさくなエディ（The Courtship of Eddie's Father） 139
ケラーマン（Who is Harry Kellerman and Why Is He Saying Those Terrible Things About Me?） 169
原始家族（Flintstones） 166, 167

コ
荒野の用心棒（Fistful of Dollars） 100
ゴーストバスターズ（Ghostbusters） 167
コメディ・アワー（Comedy Hour） 138

サ
ザ・シーザーズ（The Caesars） 223
ザ・パラダイス・ハット（The Paradise Hat） 164
ザ・ビーチ・ボーイズ／アン・アメリカン・バンド（The Beach Boys – An American Band） 385
ザ・ビートニクス（The Beatniks） 172
ザ・ビッグ・TNT ショウ（The Big T.N.T. Show）

72
ザ・ボーイ・ザット・オールウェイズ・セッド・ノー（The Boy That Always Said 'No'）　420
ザ・ボックス（The Box）　166
ザ・モンキーズ／恋の合言葉 HEAD！（Head）　113, 137, 147
ザ・ローレル＆ハーディ・マーダー・ケース（The Laurel and Hardy Murder Case）　336
サタデー・ナイト・ライヴ（Saturday Night Live）　384
サパタ（Zapata）　67, 344, 352, 364, 367, 368, 370, 375, 378, 380

シ

シー・ラー（She-Ra）　167
ジギーズ・ギフト（Ziggy's Gift）　378, 382
市民ケーン（Citizen Kane）　202, 296
ジャンピング・ジャック・フラッシュ（Jumping Jack Flash）　399
シンプソンズ（The Simpsons）　8

ス

スキドゥ（Skidoo）　115–118, 120, 121, 129–131, 133, 137, 139, 245
素晴らしきヒコーキ野郎（Those Magnificent Men In Their Flying Machines）　172
スワミ（Swami）　144

セ

ゼイ・メイド・ア・モンキー・アウト・オブ・ミー（They Made a Monkee Out of Me）　400
閃光と銀細工（Flash and Filigree）　384
セント・エルスウェア（St. Elsewhere）　293

ソ

続・夕陽のガンマン（The Good, the Bad and the Ugly）　101
卒業（The Graduate）　108
空飛ぶモンティ・パイソン（Monty Python's Flying Circus）　404
ソング・オブ・シンガポール（Song of Singapore）　366

タ

第三の男（The Third Man）　181
大脱走（The Great Escape）　87
宝島（Treasure Island）　329, 380
タトルテイルズ（Tattletales）　364
ダンボ（Dumbo）　174

チ・テ

地球の静止する日（The Day the Earth Stood Still）　272
ディド・サムワン・ドロップ・ヒズ・マウス（Did Somebody Drop His Mouse?）　207, 214, 222, 229

ト

動物農場（Animal Farm）　291
時計じかけのオレンジ（A Clockwork Orange）　401
トップ・オブ・ザ・ポップス（Top of the Pops）　135, 175, 203, 272
トミー（Tommy）　187, 332

ナ・ニ

ナイトライダー（Knight Rider）　144
何かが道をやってくる（Something Wicked This Way Comes）　85
人間の声（La Voix Humaine）　400

ハ

バーグラー／危機一髪（Burglar）　399
バーナム（Barnum）　344
博士の異常な愛情（Dr. Strangelove）　384
爆笑！ 世紀のスター誕生（The World's Greatest-Lover）　340
白鳥の湖（Swan Lake）　201
ハンドガン（Deep in the Heart）　380

ヒ

ピーター・パン（Peter Pan）　329
ビバリーヒルズ高校白書（Beverly Hills, 90210）　8

フ

ファンタジア（Fantasia）　174
フィッシャー・キング（The Fisher King）　404, 407, 415, 417
フォレスト・ガンプ／一期一会（Forrest Gump）　8
ふしぎの国のアリス（Alice's Adventures in Wonderland）　221
フラッシュバック（Flashback）　401
ブリジット・ジョーンズの日記（Bridget Jone's Dialy）　8
プリック・アップ（Prick Up Your Ears）　334
プレイボーイ・アフター・アワーズ（Playboy After Hours）　105
プレイヤー・ピアノ（Player Piano）　292
ブレックファスト・ショウ（Breakfast Show）

124
フロー&エディ・ショウ（Flo & Eddie Show） 393
ブロードウェイ（Babes on Broadway） 405
フロスティ・ザ・スノーマン（Frosty The Snowman） 172

ヘ・ホ

ヘンリー五世（Henry V） 235
ボーン・トゥ・ブギー（Born To Boogie） 221
ポギーとベス（Porgy and Bess） 116
星の王子さま（Little Prince） 291, 293
ポパイ（Popeye） 344, 350, 356–358, 363–365, 368, 370, 371, 379, 398

マ

マイ・ギャル・サル（My Gal Sal） 149
マイウェイ・マイラブ（That'll Be the Day） 226
マグノリア（Magnolia） 112
マクベス（Macbeth） 85
マジック・クリスチャン（The Magic Christian） 221, 384
マッシュ（M*A*S*H） 366
マペット・ショー（The Muppet Show） 8
マペット・ムービー（Muppet Movie） 358
真夜中のカーボーイ（Midnight Cowboy） 8, 107, 108, 150, 159, 210, 357
マルタの鷹（The Maltese Falcon） 362

ミ・ム

ミセスと幽霊（The Ghost and Mrs. Muir） 142, 203
ムーヴィー・オブ・ザ・ウィーク（Movie of the Week） 168, 174

モ

盲目ガンマン（Blindman） 221
モーク&ミンディ（Mork and Mindy） 344, 368
モンティ・パイソン・アンド・ホーリー・グレイル（Monty Python and the Holy Grail） 320
モンティ・パイソン・ライヴ！（Monty Python Live!） 320

ユ

夕陽のガンマン（For a Few Dollars More） 100
幽霊と未亡人（The Ghost and Mrs. Muir） 143
ゆかいなブレディー家（The Brady Bunch） 172

ラ

ラ・マンチャの男（Man of La Mancha） 367
ライフ・オブ・ブライアン（Life Of Brian） 221, 354

リ・レ

リトル・ジョニー・ジョーンズ（Little Johnny Jones） 367
レザボア・ドッグス（Reservoir Dogs） 8

原　注

まえがき

1．BBC ラジオでの著者によるリチャード・ペリーのインタヴュー、2005年。
2．Joyce Haber, "Harry Nilsson—A Square in Hip Circles," *Los Angeles Times*［ニルソンがスクラップしていた1968年7月の切り抜き、日付不明］.
3．*High Fidelity*, November 1968.
4．Barrett Hansen, "Aerial Ballet," *Rolling Stone*, September 14, 1968.
5．Derek Taylor, *Nilsson Aerial Ballet*［RCA SF 7973のライナー・ノーツ、1968］.
6．Robert Kimball and Abigail Kuflik, "Harry Nilsson," *Stereo Review*, September 1973, p. 66.
7．同上。
8．LSL プロダクションズでのジョン・シェーンフェルドによるザック・ニルソンのインタヴュー、2006年。

第1章

1．ハリー・ニルソン・シニアは1917年1月20日生まれ。ハリー・エドワード・ニルソンⅢ世の出生証明書には父親の年齢が25歳と記されているが、実際には1歳若かった。ニルソンの名前はさまざまな資料で "Nelson" とつづられてきたが、これにはなんの根拠もない。
2．ニルソンの自伝草稿、18ページ。
3．著者によるゲイリー・ニルソンのインタヴュー、2011年7月10日。これによってハリー・ニルソン・シニアの職業は商船員だったことが確認された。この事実は彼が1975年11月25日に亡くなったフロリダ州パラトカにある墓石にも記されている。
4．Craig Steven Wilder, *A Covenant with Color—Race and Social Power in Brooklyn*, p. 196.
5．『ハリー・ニルソンの口述自伝』、63ページ。
6．ニルソンの自伝草稿、19ページ。
7．著者に宛てたゲイリー・ニルソンの手紙、2011年7月12日。
8．LSL プロダクションズでのジョン・シェーンフェルドによるヴァン・ダイク・パークスのインタヴュー、2003年。
9．LSL プロダクションズでのジョン・シェーンフェルドによるジミー・ウェッブのインタヴュー、2003年。
10. BBC ラジオでのスチュアート・グランディによるハリー・ニルソンのインタヴュー、1977年。
11. Dawn Eden, "One Last Touch of Nilsson," *Goldmine*, vol. 20, no. 9, issue 359, April 29, 1994.
12. ニルソンの自伝草稿、10ページ。
13. 同上、21ページ。
14. LSL プロダクションズでのデイヴィッド・リーフによるダイアン・ニルソンのインタヴュー、2005年。
15. ニルソンの自伝草稿、20ページ。
16. BBC ラジオ2でのスチュアート・グランディによるヴァン・ダイク・パークスのインタヴュー、1997年2月8日放送；パークス／シェーンフェルド、2003年。
17. ニルソンの自伝草稿、62ページ。
18.『ハリー・ニルソンの口述自伝』、63ページ。
19. ニルソン／グランディ、1997年。
20. ジョン・シェーンフェルドによるザック・ニルソンのインタヴュー、2004年。
21. Mr. Bonzai, "Adventures of Harry Nilsson," *Mix*, vol.7, no.5, May 1983, p. 74.
22. ニルソンの自伝草稿、63ページ。

23. 同上、64ページ。
24. 『ハリー・ニルソンの口述自伝』、63ページ。
25. 同上。
26. 同上。
27. 同上。
28. 『ハリー・ニルソンの自伝草稿』、4ページ。
29. Joyce Haber, "Harry Nilsson—A Square in Hip Circles," *Los Angeles Times*［ニルソンがスクラップしていた1968年7月の切り抜き、日付不明］.
30. ニルソン／グランディ、1977年。
31. 『ハリー・ニルソンの口述自伝』、2ページ。
32. 同上、7ページ。
33. 同上、8ページ。
34. 同上、5ページ。
35. 同上、6ページ。
36. Joyce Haber, 前掲記事。
37. 『ハリー・ニルソンの口述自伝』、83ページ。
38. ニルソンの自伝草稿、12ページ。
39. Dawn Eden, "The Harry Nilsson Anthology"［RCA 66354-2/4のライナー・ノーツ、1994］.
40. Robert Kimball and Abigail Kuflik, "Harry Nilsson," *Stereo Review*, September 1973, p. 63.
41. Joyce Haber, 前掲記事。
42. ニルソンの自伝草稿、11ページ。
43. 同上、11ページ。
44. 同上、12ページ。
45. 同上、13ページ。
46. 同上、16ページ。
47. Kurt Lassen, "A Banker Cashes In On Music," *Palatka Daily News*, March 6, 1969.
48. Dawn Eden, "One Last Touch of Nilsson."
49. ニルソンの自伝草稿、16ページ。
50. 同上、17ページ。
51. ウェッブ／シェーンフェルド、2003年。
52. Stephen E. Kercher, *Revel with a Cause: Liberal Satire in Postwar America*, p. 409.
53. Joyce Haber, 前掲記事。
54. Robert Kimball and Abigail Kuflik, 前掲記事。
55. Eugene N. White, *The Comptroller and the Transformation of American Banking 1960-1990*, p. 20.
56. David Sanjek, "Leeds Music Corporation," in Shepherd, Horn, et al., *Continuum Encyclopedia of Popular Music of the World, Vol. 1: Media, industry and society*, p. 558.
57. ターナーの発言は、Peter Doggett, "Harry Nilsson: the Debut Sessions"［*Nilsson* '62, Retro 804のライナー・ノーツ、1995］より。
58. Doggett（前掲）はアメリカン・スタジオと書いているが、イアン・マクファーレンによるターナーのオンライン死亡記事［http://launch.groups.yahoo.com/group/spectropop/message/45224、2010年7月にアクセス］はゴールド・スターではないかとしている。一部の曲の音響——とりわけ〈ゼアズ・ガッタ・ビー・ア・ガール〉——を聞くと、ゴールド・スターのほうが可能性は高そうだ。

第2章

1. LSLプロダクションズでのデイヴィッド・リーフによるダイアン・ニルソンのインタヴュー、2005年。
2. Michelle Stralibing, "Nilsson Speaks," TeenSet［ニルソンがファイルしていた日付不明の切り抜き、

1968年ごろ].

3．ニルソンの自伝草稿、75ページ。

4．Lewis Segal, "Everybody's Talking About Harry Nilsson: Can a successful writer-com- poser-performer-producer remain in, but not of, the music business?" *Entertainment World*, December 5, 1969, p. 7.

5．Michelle Stralibing, 前掲記事。

6．ターナーの発言は、Peter Doggett, "Harry Nilsson: the Debut Sessions"〔*Nilsson* '62, Retro 804のライナー・ノーツ、1995〕より。

7．Tom Nolan, "Nilsson, Randy Newman, Gordon Alexander: Bittersweet Romantics in a Hard Rock Candyland," *Eye*, December 1968, p. 44.

8．Peter Doggett, 前掲記事。

9．「ぼくが共作し、ランディ・スパークスのアルバムに収録された曲の前払い金として、5ドルの小切手を受け取った記憶がある」とニルソンは、Barry Alfonso, "The slightly warped Popeye of Harry Nilsson,' *Songwriter*, March 1981, p. 24で語っている。ニルソンのビジネス・ファイルに保存されていたニュー・クリスティ・ミンストレル・パブリッシング・カンパニーの小切手は、1966年8月16日づけだった。

10. http://fortheloveo arry.blogspot.com/2010/12/new-christy-minstrels-travelin-man-1963.html［2011年7月11日にアクセス].

11. この曲および1973年までの全ニルソン作品の著作権の日付は、米国議会図書館著作権からニルソンの弁護士、シーガル・ルービンスタイン＆ゴードンに宛てた1973年10月4日づけの手紙より。

12. Mr. Bonzai, "Adventures of Harry Nilsson," *Mix*, Vol. 7, No. 5, May 1983, p. 74; Tom Nolan, 前掲記事、p. 44.

13. Dawn Eden, "The Harry Nilsson Anthology."

14. Buddy Lewis, "Country Music has lost a great talent," 2007年4月17日づけの http://buddylewismusic.com/news.html に寄せられたバディ・ルイスの追悼書きこみ。

15. Dawn Eden, 'The Harry Nilsson Anthology."

16. BBC ラジオでのスチュアート・グランディによるハリー・ニルソンのインタヴュー、1977年。

17. Jacoba Atlas, "An Underground Artist Surfaces," *Beat*, January 27, 1968; Barry Alfonso, 前掲記事。

18. Mr. Bonzai, 前掲記事。

19. A. J. Morgan, "Nilsson—Dracula Meets the Sandman," *Circus*, October 1975, no. 120, p. 50.

20. Dawn Eden, "One Last Touch of Nilsson."

21. David Litchfield, "Harry Nilsson and Litchfield," *Ritz*, March 1985, no. 97, p. 28.

22. 〈イット・ジャスト・エイント・ライト（It Just Ain't Right)〉、〈ラーニング・フロム・ユー（Learning From You)〉、〈オー・キャロライン（Oh Caroline)〉、〈テイク・ディス・ハート（Take This Heart)〉、〈ゼアズ・ガッタ・ビー・ア・ガール〉および〈ビルディング・ミー・アップ（Building Me Up)〉。

23. "Marascalco: Atlantic Deal," *Billboard*, June 5, 1965, p. 6.

24. Dawn Eden, 'One Last Touch of Nilsson."

25. 〈(オール・フォー・ザ・ビートルズ）スタンド・アップ・アンド・ハラー〉は1964年5月20日に著作権登録された。

26. Dawn Eden, "One Last Touch of Nilsson."

27. 〈ドゥユー・ウォナ（ハヴ・サム・ファン）？〉の著作権登録は1964年8月3日。著作権はニルソンの単独名義だが、BMI にはマラスカルコとの共作曲として登録されている。〈グルーヴィー・リトル・スージー〉はマラスカルコの単独名義で登録された（ボー・ビートのレコード・レーベルでは "Suzie" だが、ここでは "Susie" とつづられている)。ただしニルソンは Dawn Eden（前掲記事）に、この曲は共作だったと語っている。

28. Dawn Eden, "The Harry Nilsson Anthology."

29. Dawn Eden, "One Last Touch of Nilsson."

30. 『ハリー・ニルソンの口述自伝』、78ページ。ここで触れられている本は McCabe, *Mr. Laurel and Mr. Hardy.*
31. 結婚の日付は2010年７月30日に、ニルソンの弁護士、リー・ブラックマンが手紙で確認。
32. 『ハリー・ニルソンの口述自伝』
33. 同上。
34. LSL プロダクションズでのジョン・シェーンフェルドによるダグ・ヘイファーのインタヴュー、2005年。
35. “Pop special merit: Jan Berry in Jan and Dean's Pop Symphony No.1,” *Billboard*, September 25, 1965, p. 42.
36. “Cavalier of the month: Nilsson,” *Cavalier*, May 1969, p. 69.
37. 著者によるペリー・ボトキン・ジュニアのインタヴュー、2011年２月21日；および BBC ラジオでのスチュアート・グランディのインタヴュー、1997年２月。ジョン・シェーンフェルドによる2003年のインタヴューで、ボトキンはニルソンが週に50ドル受け取っていたのではないかと語っているが、わたしは初期のインタヴューの25ドルを選ぶことにした。そのほうが時期的に、ここで描かれている一連の出来事にずっと近いからだ。
38. LSL プロダクションズでジョン・シェーンフェルドとリー・ブラックマンによるペリー・ボトキン・ジュニアのインタヴュー、2003年。
39. Barry Alfonso, 前掲記事。
40. Dawn Eden, “One Last Touch of Nilsson.”
41. 著者に宛てたペリー・ボトキン・ジュニアの手紙、2010年８月６日。
42. ボトキン／シェーンフェルド／ブラックマン、2003年。
43. 著者によるリー・ブラックマンのインタヴュー、2011年３月１日。
44. 著者に宛てたペリー・ボトキン・ジュニアの手紙、2010年８月６日。
45. Dawn Eden, “The Harry Nilsson Anthology.”
46. 同上；著者によるペリー・ボトキン・ジュニアのインタヴュー、2011年２月21日。
47. Barry Alfonso, 前掲記事。
48. 同上 ; Dawn Eden, “One Last Touch of Nilsson.”
49. イアン・マクファーレンによるターナーのオンライン死亡記事［http://launch.groups.yahoo.com/group/spectropop/message/45224、2010年７月にアクセス］。
50. Tom Wolfe, “The First Tycoon of Teen,” *New York Herald Tribune*, January 3, 1965.
51. Ribowsky, *He's a Rebel—Phil Spector: Rock and Roll's Legendary Producer*, p. 34.
52. 同上、p. 205.
53. 同上 ; Brown, *Tearing Down The Wall of Sound—The Rise and Fall of Phil Spector*, p. 193.
54. LSL プロダクションズでのジョン・シェーンフェルドによるブライアン・ウィルソンのインタヴュー、2004年。
55. Mick Brown, 前掲書 ; http://fortheloveoarry.blogspot.com/2008/04/this-could-be-night-acetate-1964-65.html［2010年８月６日にアクセス］.
56. 著者によるペリー・ボトキン・ジュニアのインタヴュー、2011年２月21日。
57. この件は Courrier, *Randy Newman's American Dreams*, p. 115のニルソンの章で論じられている。Dawn Eden の前掲記事も参照。
58. Dawn Eden, “One Last Touch of Nilsson.”
59. Rich Du Brow, “Nilsson—Quiet Man with a Big Talent,” *Palatka, Fla. Daily News*, December 18, 1968, 11.
60. ボトキン／シェーンフェルド／ブラックマン、2003年。
61. 同上。
62. Jackson, *Garcia: An American Life*, p. 116.
63. LSL プロダクションズでのジョン・シェーンフェルドによるリック・ジャラードのインタヴュー、

2003年。
64. 同上。
65. ニルソン／グランディ、1977年。
66. 契約書はリー・ブラックマンが2011年3月3日にチェックした。
67. ニルソン／グランディ、1977年。
68. Kubernik, Calamar, Diltz, and Adler, *Canyon of Dreams: The Magic and the Music of Laurel Canyon*, p. 161.
69. Dawn Eden, "The Harry Nilsson Anthology."
70. LSL プロダクションズでのジョン・シェーンフェルドによるミッキー・ドレンツのインタヴュー、2003年。
71. "Colgems maps total expansion," *Billboard*, December 9, 1967, p. 3.
72. Joyce Haber, 前掲記事。
73. 『ハリー・ニルソンの口述自伝』、88ページ。

第3章

1. LSL プロダクションズでのジョン・シェーンフェルドによるリック・ジャラードのインタヴュー、2003年。
2. *The Horn Call* (International Horn Society Journal), vols. 1-3, 1971, p. 39.
3. RCA のプレス・リリース、1967年10月。
4. ジャラード／シェーンフェルド、2003年。
5. Jacoba Atlas, "An Underground Artist Surfaces," *The Beat*, January 27, 1968, p. 8.
6. 同上。
7. "Link Nilsson as Dunbar Writer," Billboard, August 19, 1967, p. 6.
8. "Ten Little Indians," Billboard, October 21, 1967; Rawlings, *Then, Now and Rare British Beat* 1960-69, p. 204; Lewis, *Led Zeppelin—The 'Tight But Loose' Files: Celebration II*, p. 24.
9. Taylor, *Fifty Years Adrift* (*In an Open-Necked Shirt*), p. 333.
10. ニルソンの自伝草稿、78ページ。
11. Jacoba Atlas, 前掲記事。
12. Taylor, 前掲書、p. 332. テイラーはまた、ニルソンをこのイヴェントに招いたのはワイスではないかとしているが、わたしがここで典拠としたニルソン自身の回想は、それとは食いちがっている。
13. ニルソンの自伝草稿、77ページ。
14. 著者に宛てたティム・ブラックモアの手紙、2010年10月10日。
15. "Nilsson The True One," *Billboard*, October 21, 1967.
16. Andrea T. Sheridan, "Aerial Pandemonium Ballet Show" [RCA Victor 74321 757422のライナー・ノーツ、1999].
17. ジャラード／シェーンフェルド、2003年。
18. 著者によるデイリー・ニルソンのインタヴュー、2011年7月10日。
19. 〈1941〉は1967年11月2日に「未発表」のまま著作権登録された。登録番号は E 22540；レコーディングの日付は RCA のレコーディング台帳、UPA3-5568より。
20. ドーン・イーデンによるニルソンのインタヴュー・テープより、1994年1月。
21. *High Fidelity*, vol. 18 (issues 1-6) 1968 [ニルソンが保存していた切り抜きにはページ数の記載がない].
22. "Under the album covers: Pandemonium Shadow Show," *Appleton Post-Crescent* (Wisconsin), November 12, 1967.
23. ジャラード／シェーンフェルド、2003年。
24. RCA のプレス・リリース、1967年10月。
25. William D. Laffler, "Hi-fi & Low," *Statesville Record and Landmark* (North Carolina), November 18,

1967.

26. Carl La Fong, "Notes from the Underground," *Record World*, August 31, 1968.

27. "Nilsson Originals," in "Show Time" *Gazette-Mail* (Charleston, VA), March 10, 1968.

28. "Sunbury/Dunbar's First Year—'Ahead of Sked,'" *Cashbox*, August 31, 1968.

29. Jacoba Atlas, 前掲記事。

30. ジャラード／シェーンフェルド、2003年。

31. Ed Ochs, "Nilsson High-Rated Writer," *Billboard*, November 30, 1968.

32. *Nilsson v. Jefferson et al.*, Circuit Court, N.D. California, December 31, 1896, no. 12.296, *Federal Reporter*, vol. 78, F. 366.

33. Dawn Eden, "The Harry Nilsson Anthology."

34. Cresswell, *1001 Songs: The Great Songs of All Time and the Artists, Stories and Secrets*, p. 38.

35. LSLプロダクションズでのデイヴィッド・リーフによるダイアン・ニルソンのインタヴュー、2005年。

36. ジャラード／シェーンフェルド、2003年。

37. Eliot, *Paul Simon—A Life*, p. 93. Eliotはサイモンがシュレジンジャーの依頼を断ったことを認め、ニューマンの〈カウボーイ〉はこの映画のために書かれた曲ではないかとしている。

38. BBCラジオでのスチュアート・グランディによるハリー・ニルソンのインタヴュー、1977年。

39. Spencer, *Film and television scores, 1950-1979: a critical survey by genre*, p.99.

40. "Otto Preminger Signs Singer for 'Skidoo,'" *Joplin Globe* (Missouri) April 7, 1968, p. 4.

41. この歌詞に関するニルソンの狙いは、彼とその件について話したリー・ブラックマンが確認している；著者によるインタヴュー、2011年3月1日。

42. ニルソン／グランディ、1977年。

43. "Anatomy of a Three Dog Night," *Billboard*, March 9, 1974, p. 35.

44. Barry Robinson, "Today's music has shades of meaning and philosophy" [interview with Nilsson], *Lowell Sun*, September 11, 1969, p. 36.

45. たとえばEllison, *Loneliness, the Search for Intimacy*; Phillips, *Diversity and Groups*; Scevak and Cantwell, *Stepping Stones* など。

46. Stephen Holden, "Patti Page was first to overdub voice," *Chicago Tribune*, July 21, 1988.

47. "Cavalier of the Month: Nilsson," *Cavalier*, May 1969, p. 70.

48. Bill Yaryan, "Getting Better all the time," *Independent Star-News* (Pasadena, CA), July 27, 1968, p. 6.

49. M.A., "Nilsson: Aerial Ballet," *High Fidelity*, November 1968 [ニルソンの切り抜きファイルにはページ数の記載がない].

50. Dawn Eden, "The Harry Nilsson Anthology."

51. "Palatkan to make TV debut," Daytona paper (name unknown), June 19, 1968.「レコード・アーティストのニルソンが（中略）今日、マイアミでTVデビューを飾る。彼は『ウッディ・ウッドベリー・ショウ』に出演し、ファーストLP《パンディモニアム・シャドウ・ショウ》の収録曲〈1941〉をうたう予定だ。番組の初放映は5月22日のロスアンジェルスとニューヨーク。ボストン、シカゴ、デトロイトでは、先週放映されている」

52. "Otto Preminger Signs Singer for 'Skidoo,'" *Joplin Globe* (Missouri), April 7, 1968, p. 4.

53. 〈マイ・ラヴ・ソング・トゥ・ユー（My Love Song to You）〉は、グリースンとアート・カーニーが、1954年12月11日に初放映されたTV番組「ザ・ハネムーナーズ（The Honeymooners)」の「ザ・ソングライターズ（The Songwriters)」と題する回で披露したナンバーだった。この想い出を呼び起こしたのが、ニルソン自身の〈ガーベッジ・キャン・バレエ（Garbage Can Ballet)〉だった可能性もある。グリースンの曲は「ゴミ箱がガチャンと音を立て……（The garbage cans go clang...)」という歌詞ではじまるからだ。

54. ニルソンの自伝草稿、59ページ。

55. Roger Ebert, "On The 'Skidoo' Set with Otto Preminger," Chicago Sun-Times, June 16, 1968 [ニルソ

ンの切り抜きファイルにはページ数の記載がない].

56. Derek Taylor, *Nilsson Aerial Ballet* [RCA SF 7973のライナー・ノーツ、1968].
57. 『ハリー・ニルソンの口述自伝』、61ページ。
58. Dawn Eden, "The Harry Nilsson Anthology."
59. Kane, *Lennon Revealed* の DVD インタヴュー。
60. 『ハリー・ニルソンの口述自伝』、62ページ。
61. O'Dell, with Ketcham, *Miss O'Dell*, p. 47.
62. 『ハリー・ニルソンの口述自伝』、62ページ。会社は1968年7月、ニルソンの訪問のわずか数週間後にサヴィル・ロウ3番地に移転した。
63. ブラックモア、2010年10月10日。
64. 〈ひさしぶりの口づけ〉、MGM 1421の冒頭でエヴェレットが発するコメント。
65. 日付と一連の出来事は Coleman, *Lennon, the Definitive Biography*, p. 463；および1968年6月22日にBBC2で放映されたアート TV 番組「リリース（Release）」より。
66. 『ハリー・ニルソンの口述自伝』、63ページ。
67. 同上。
68. 同上。ニルソンはマッカートニーの当時のガールフレンドがリンダだったとしているが、それ以外の記述からすると、これはこのふたりがカップルになる直前のことだった可能性もある。
69. 同上。
70. BBC ラジオ2でのスチュアート・グランディによるデレク・テイラーのインタヴュー、1997年2月8日放送。
71. ジャラード／シェーンフェルド、2003年。
72. 日付は RCA のレコーディング台帳より。〈レインメーカー〉やその他の《ハリー・ニルソンの肖像》用の候補曲は、もっと早い7月24日のセッションでレコーディングされていた。
73. RCA のアーカイヴによると、ビルボードの写真は1968年7月25日にM・ニュートンが撮影。
74. リー・ブラックマンによるゲイリー・ニルソンのインタヴュー、2011年3月1日。
75. "Harry Nilsson's See Son, Premiere of 'Skidoo,'" *Daytona Beach Morning Journal*, December 19, 1968.

第4章

1. サンディは1967年11月22日にニルソンとの離婚を申請していた。ニルソンは1968年6月11日にサンディに対する交差訴訟を起こす。最終的な判決は、1969年5月26日に下された。ダイアン・ニルソンと結婚したのは1969年12月31日にラスヴェガスで。日付は2010年7月30日に、ニルソンの弁護士、リー・ブラックマンが手紙で確認。
2. セガリーニの発言は、Whistletaste music blog; http://whistletaste.blogspot.co.uk/2011/01/segarini-sings-nilsson.html より［2012年8月20日にアクセス］。
3. LSL プロダクションズでのデイヴィッド・リーフによるダイアン・ニルソンのインタヴュー、2005年。
4. 同上。
5. 同上。
6. 著者によるサマンサ・ジューストのインタヴュー、2011年2月20日。
7. Dolenz and Bego, *I'm a Believer, my Life of Monkees, Music and Madness*, p. 161.
8. 同上、pp.162-163.
9. 同上。
10. 同上。
11. ジュースト、2011年。
12. Ed Ochs, "Nilsson High-Rated Writer," *Billboard*, November 30, 1968.
13. 詳細はスミソニアンのウェブサイト（ライトがやりとりした手紙も見ることができる）より〔http://siarchives.si.edu/history/exhibits/documents/wright.htm〕。2011年7月20日にアクセス。

14. *Orville and Wilbur, A Play with Music in Two Acts*、作詞作曲ハリー・ニルソン；あらすじの原稿はニルソンの個人的なファイルに保存されていた。
15. Joyce Haber, "Harry Nilsson—A Square in Hip Circles," *Los Angeles Times*［ニルソンがスクラップしていた1968年7月の切り抜き、日付不明］.
16. Ochs, 前掲記事。
17. ニルソン／リーフ、2005年。
18. 日付と曲の詳細は RCA のアーカイヴより。
19. "Harry Nilsson to make debut on TV Series," *Joplin Globe*（Missouri）, February 16, 1969.
20. Tom Mackin, "Between a Ghost and Hope Lange," *Brief Encounters from Einstein to Elvis*, p. 238.
21. Ochs, 前掲記事。
22. 「（それは）レノン＝マッカートニーの〈フォー・ノー・ワン（For No One）〉に酷似しており、おそらくはもはやボーイフレンドを必要としなくなった彼らのヒロインの、暗澹たる将来を描いている」。Bill Yaryan, "Getting Better All the Time," *Star News*（Pasadena, CA）, August 9, 1969, p. 6.
23. Michael Ross, "His songs swing gracefully between compassion and observation: Harry Nilsson," *Los Angeles Herald Examiner*, section E1, January 25, 1970.
24. McDougal, *Five Easy Decades—How Jack Nicholson Became the Biggest Movie Star in Modern Times*, p. 85.
25. Lecowicz, *The Monkees Tale*, p. 53.
26. ジュースト、2011年。
27. James Goodfriend, "Stereo Review's Records of the Year Awards for 1969," *Stereo Review*, October 1969.
28. Peter Reilly, "Make Room For Harry," *Stereo Review*, February 1970, p. 108; Bill Yaryan, 前掲記事。Joan Crosby, "Singer Harry Nilsson Is Being Discovered," *Corpus Christi Caller-Times*（Texas）, October 26, 1969.
29. Bill Yaryan, 前掲記事。
30. Mary Campbell, "Neil Song is Nilsson Hit," *Janesville Gazette*（Wisconsin）, October 24, 1969, p. 18.
31. 同上。
32. "Cavalier of the Month: Nilsson, " *Cavalier*, May 1969, p. 71.
33. ジョン・シェーンフェルドによるビル・マーティンのインタヴュー、2004年。
34. Warner Brothers 1856, 1970年リリース、プロデュースはハンク・シカロ。
35. Richard Robinson, "Harry Nilsson's Talkin'," *Hit Parader*, June 1970, p. 12.
36. マーティン／シェーンフェルド、2004年。
37. Courrier, *Randy Newman's American Dreams*, p. 116.
38. Robert Windeler, "Randy Newman: If You're An American Composer, You're Blues-Oriented," *Stereo Review*, October 1971, p. 74.
39. BBC ラジオでのスチュアート・グランディによるハリー・ニルソンのインタヴュー、1977年。
40. 同上。
41. BBC ラジオ２でのスチュアート・グランディによるランディ・ニューマンのインタヴュー、放送は1997年２月８日。
42. Roger Smith, Nilsson Sings Newman［RCA 74321 757442のライナー・ノーツ、2000］.
43. ８月20日午後７時〜10時：〈ヴァイン通り〉、〈カウボーイ〉、〈スノー〉。８月27日午後７時〜10時：〈リンダ（Linda）〉、〈あなたのいない生活〉。９月22日午後２時〜５時：〈ソー・ロング・ダッド〉、〈ラヴ・ストーリー〉。９月23日午後２時〜５時：〈ザ・ビーハイヴ・ステイト〉。９月24日午後２時〜５時：〈アイル・ビー・ホーム〉。９月25日午後２時〜５時：〈デイトン・オハイオ1903〉、〈キャロライン〉、〈イエロー・マン〉。詳細は RCA のアーカイヴより。
44. Roger Smith, 前掲記事。
45. ニルソン／リーフ、2005年。

46. 同上。
47. Jacoba Atlas, "Nilsson Sings Randy Newman," *Melody Maker*, December 27, 1969, p. 14.
48. Roger Smith. 前掲記事。
49. ニューマン／グランディ、1997年。
50. Roger Smith. 前掲記事。
51. N.C., "Nilsson Sings Newman," *Stereo Review*, August 1970, p. 105.
52. "Cavalier of the Month: Nilsson," *Cavalier*, May 1969, p. 71.
53. http://fortheloveo arry.blogspot.com/2008/02/marry-me-little-unreleased-1969.html［2011年7月24日にアクセス］.
54. RCA の台帳によると、レコーディングは1969年12月16日。
55. Joan Crosby, 前掲記事。結婚に関するインタヴューには他に、たとえば Ritchie Yorke, "Everybody's Talkin' About Harry Nilsson," *Fusion*, December 12, 1969がある。
56. Crosby, 前掲記事。
57. ニルソン／リーフ、2005年。
58. ジュースト、2011年。
59. LSL プロダクションズでのジョン・シェーンフェルドによるジミー・ウェッブのインタヴュー、2003年。
60. Betty Martin, "Nilsson will film feature," *Los Angeles Times*, January 8, 1970, part IV, p. 12.
61. Jacoba Atlas, 前掲記事。
62. マーティン／シェーンフェルド、2004年。
63. "The unpublished interview" with Colin Richardson, April 10, 1978, http://fortheloveofharry.blogspot.com/2010/04/harry-nilsson-unpublished-interview.html［2011年8月6日にアクセス］.
64. Timothy Leary, "She Comes in Colors," *The Politics of Ecstasy*, p. 132 (originally published by *Playboy*, September 1966).
65. Turner, *The Fab Four—The Gospel According to the Beatles*, 2006; Ian Herbert, "Revealed: Dentist who introduced Beatles to LSD," *Independent*, September 9, 2006.
66. Dolenz and Bego, *I'm a Believer, My Life of Monkees Music and Madness*, p. 160.
67. ジュースト、2011年。
68. 著者によるフレッド・ウルフのインタヴュー、2011年10月8日。
69. ニルソン／グランディ、1977年。
70. 著者によるウルフのインタヴュー、2011年。
71. LSL プロダクションズでのジョン・シェーンフェルドによるフレッド・ウルフのインタヴュー、2004年。
72. Susan F. Schnelzer, "The Point"［RCA 7423 757432のライナー・ノーツ、1999］では重役の名前がマーティ・スターガーとされているが、フレッド・ウルフは著者が2011年10月8日にインタヴューした際に、ニルソンが追いかけていたのはディラーだったのではないかと語っている。ウルフはその後、ディラーと映画の詳細を詰めているが、1971年3月11日にニルソンがスターガーに出した手紙によると、「一緒に東部に飛んだ」のは彼とスターガーのふたりだった。
73, ニルソン／グランディ、1977年。前掲のリチャードスンとのインタヴューの中で、ニルソンはホフマンが2万ドルの支払いを受け、ABC はこの追加予算をやむなく承認したと語っている (http://fortheloveofharry.blogspot.com/2010/04/harry-nilsson-unpublished-interview.html［2011年8月6日にアクセス］)。つまり通常のギャラからすると、ホフマンは「タダ」同然でニルソンの仕事をしたことになる。
74. Lenburg, *Dustin Hoffman—Hollywood's Antihero*, p. 70. ジョン・シェーンフェルドによるニルソンの伝記映画 *Who Is Harry Nilsson (And Why Is Everybody Talkin' About Him)* (2010年) のタイトルは、映画『ケラーマン』の原題をもじったものだ。
75. ウルフ／シェーンフェルド、2004年。

76. "Palatkan's Son Wins Grammy," *Daytona Beach Morning Journal*, May 6, 1970.
77. Richard Robinson, "Harry Nilsson's Talkin'," *Hit Parader*, June 1970, p. 12.
78. ウルフ／シェーンフェルド、2004年。
79. 同上。
80. "Harry Makes his Point," *Rock*, March 15, 1971, p. 26.
81. デレク・テイラーに宛てた1970年９月の手紙の中で、ニルソンはドーフマンの来訪に触れている。Taylor, *Fifty Years Adrift*（*In an Open-Necked Shirt*）, p. 420に再録。
82. 著者によるスタンレー・ドーフマンのインタヴュー、2011年２月21日。

第５章

1．LSL プロダクションズでのジョン・シェーンフェルドによるザック・ニルソンのインタヴュー、2004年。
2．LSL プロダクションズでのデイヴィッド・リーフによるダイアン・ニルソンのインタヴュー、2004年。
3．ニルソン／シェーンフェルド、2004年。ハリー・ニルソン財団の許可を得て再録。
4．"Harry Nilsson Makes a Point," *Pasadena Star-News*, January 31, 1971, p. 82.
5．ニルソンがスターガーに宛てた手紙、1971年３月11日、ニルソンの個人的なファイルより。
6．Jeanne Harrison, "Under Twenty," *San Mateo Times*, July 15, 1971, p. 27.
7．"One of the Best," *Albuquerque Tribune*, July 1, 1971.
8．Taylor, *Fifty Years Adrift*（*In an Open-Necked Shirt*）, p. 420.
9．Jeff Sherwood, "Tiny Tim at Troubadour," *The Valley News*, January 16, 1970, p. 24.
10. Bronson, *Billboard's Hottest Hot* 100 *Hits*, p. 68; Clayson, *Ringo Starr, Straight Man or Joker*, p. 117.
11. LSL プロダクションズでのジョン・シェーンフェルドによるリチャード・ペリーのインタヴュー、2004年。
12. Dawn Eden, "The Harry Nilsson Anthology."
13. "Record Reviews," *Twin Falls Times-News*, June 23, 1970, p. 13.
14. ニルソン／リーフ、2005年。
15. ティプトンがリー・ニューマンに宛てた手紙、2002年２月10日。
16. Alan Rich, "Some Definitions Redefined," *New York*, March 13, 1972, p. 68.
17. 著者によるリチャード・ペリーのインタヴュー、2005年２月11日。
18. 同上。ペリーによると、アドヴァイスをくれたのはローリング・ストーンズのプロデューサー、グリン・ジョンズだった。
19, 背景情報は著者に宛てたクリス・スペディングの手紙より、2011年８月８日。
20. Curtis Armstrong, *Nilsson Schmilsson*［RCA 74321 757452のライナー・ノーツ、1999］.
21. ペリー／シェーンフェルド、2003年。
22. 2011年８月８日の著者とのインタヴューの中で、リチャード・ペリーはこう語っている。「ベーシック・トラックを録り終えたあとで、ポールにストリングスを依頼した。正確には覚えていないが、ハリーがラフなヴォーカルを入れて、ポールはそれを参考にしながら、ストリングスのパートを書いたんだと思う。ハリーはストリングスを入れたあとで、もう一度ヴォーカルを入れ直した。最終ヴァージョンのヴォーカルはたしか、一度しかうたわなかったはずだ」
23. ペリー／シェーンフェルド、2003年。
24. BBC ラジオ２でのスチュアート・グランディによるデレク・テイラーのインタヴュー。1997年２月８日放送。
25. Curtis Armstrong, *Nilsson Schmilsson*［RCA 74321 757452のライナー・ノーツ、1999］.
26. 著者に宛てたクリス・スペディングのｅメール、2011年８月８日。
27. ペリー、2005年。
28. 著者によるリチャード・ペリーのインタヴュー、2011年８月８日。

29. BBC ラジオ 2 でのスチュアート・グランディによるクリス・スペディングのインタヴュー。1997年。
30. 著者に宛てたクリス・スペディングの e メール、2011年 8 月 8 日。
31. ペリー、2005年。
32. 著者に宛てたハービー・フラワーズの e メール、2011年 8 月10日。
33. スペディング、2011年 8 月 6 日。
34. フラワーズ、2011年。
35. スペディング、2011年 8 月 6 日。
36. ドーン・イーデン、前掲記事。
37. ペリー、2005年。
38. スペディング、2011年 8 月 6 日。
39. ペリー、2011年。
40. ドーン・イーデン、前掲記事。
41. ニルソンの書類にあった下書き、ロスアンジェルス。
42. フラワーズ、2011年。
43. Chapman and Gilber, *Rock to Riches*, p. 42.
44. ペリー／シェーンフェルド、2003年。
45. ペリー、2005年。
46. David Proctor, “Nilsson Schmilsson,” *Salt Lake Tribune*, March 17, 1972, p. 2C.
47. ペリー、2005年。
48. Bud Scoppa, “Records,” *Rolling Stone*, February 17, 1972, p. 48.
49. たとえば "Jump Into The Fire,” *Billboard*, March 18, 1972, p. 17.
50. ニルソン／リーフ、2005年。
51. スペディング、2011年 8 月 6 日。
52. フラワーズ、2011年。
53. http://www.themarqueeclub.net/1971［2011年 8 月 4 日にアクセス］.
54. ニルソン／リーフ、2005年。
55. 著者によるサマンサ・ジューストのインタヴュー、2011年 2 月20日。
56.『ハリー・ニルソンの口述自伝』
57. 著者によるスタンリー・ドーフマンのインタヴュー、2011年 2 月21日。
58. 同上。
59. 同上。
60. Tape LLVT990P, 放映日は BBC ライブラリーズ＆アーカイヴスで確認、2011年 8 月 2 日。
61. LSL プロダクションズでのジョン・シェーンフェルドによるスタンリー・ドーフマンのインタヴュー、2004年。
62. “Firms Prime Big LPs for Xmas,” *Billboard*, November 27, 1971, p. 1.
63. ペリー／シェーンフェルド、2003年。
64. 同上。
65. “Top Sixty Pop Spotlight,” *Billboard*, December 4, 1971, p. 52.
66. ペリー／シェーンフェルド、2003年。
67. ニルソン／リーフ、2005年。
68. Keith Altham, “Come out Harry, the time is right,” *New Musical Express*, March 25, 1972, p. 12.
69. 日付は2010年 7 月30日に、ニルソンの弁護士、リー・ブラックマンが手紙で確認。
70. ペリー／シェーンフェルド、2003年。
71. 同上。
72. Stephen Holden, “Records,” *Rolling Stone*, August 17, 1972.
73. Keith Altham 前掲記事。

74. 著者に宛てたeメール、2011年8月9日。
75. ドーン・イーデン、前掲記事。
76. 著者に宛てたeメール、2011年8月9日。
77. 「甘味づけ」のセッションは1972年4月28日にRCAでおこなわれた。このときはほかに、〈死んだほうがましだ〉と、アルバムには入らなかった〈きみの星座は？〉にホーンが追加されている(大部分は最終的にカットされた)。
78. 『ディド・サムワン・ドロップ・ヒズ・マウス？』のサウンドトラックにニルソンが入れたコメント。
79. LSLプロダクションズでのジョン・シェーンフェルドによるレイ・クーパーのインタヴュー、2004年。
80. ペリー／シェーンフェルド、2003年。
81. 同上。
82. Newman, *A Touch From God—It's Only Rock and Roll*, p. 79.
83. David Proctor, " 'Son of Schmilsson' better than Dad," *Salt Lake Tribune*, July 21, 1972, p. C2.
84. *Record Mirror*, March 25, 1972の写真キャプション。
85. RCAのセッション台帳にはハービー・フラワーズがベースと記されているが、このセッションには不参加だったことを本人が認めている。画面に映っているのも明らかにフォアマンだ。
86. Lon Goddard, "Nilsson's New Album," *Record Mirror*, April 8, 1972, p. 15.
87. 同上。
88. Keith Altham, 前掲記事。

第6章

1. LSLプロダクションズでのジョン・シェーンフェルドによるジョーン・テイラーのインタヴュー、2004年。
2. LSLプロダクションズでのジョン・シェーンフェルドによるレイ・クーパーのインタヴュー、2004年。
3. ニルソンの自伝草稿、90ページ。
4. ニルソンの自伝草稿、28ページ。
5. 『ハリー・ニルソンの口述自伝』
6. "Youth Beat," *The Daily News* (Salisbury, MD), September 3, 1972.
7. Harry, *The Ringo Starr Encyclopedia*, p. 317.
8. 同上、p. 316.
9. *Rolling Stone*, April 30, 1981, Clayson, *Ringo Starr—A Life*, p. 238に引用。
10. O'Dell with Ketcham, *Miss O'Dell*, p. 234.
11. 著者によるサマンサ・ジューストのインタヴュー、2011年2月20日。
12. 著者によるリチャード・ペリーのインタヴュー、2005年2月11日。
13. Simpson, *The Rough Guide to Cult Pop*, p, 282.
14. Clayson, *Ringo Starr—A Life*, p. 238; Fletcher, *Dear Boy— e Life of Keith Moon*, p. 324.
15. ニルソンの自伝草稿、33ページ。
16. 同上、35ページ。
17. LSLプロダクションズでのジョン・シェーンフェルドによるリチャード・ペリーのインタヴュー、2003年。
18. ペリー、2005年。
19. Jenkins, *Goodbye—In Search of Gordon Jenkins*, p. 266.
20. 同上、p. 255.
21, BBCラジオ2でのスチュアート・グランディによるデレク・テイラーのインタヴュー。1997年2月8日放送。

22. Danny Holloway, "Nilsson Schmaltzon?" *New Musical Express*, April 7, 1973.
23. Rick Sanders, "A Little Touch of Harry," *Record Mirror*, April 7, 1973.
24. テイラー／グランディ、1997年。
25. Bruce Jenkins, 前掲書。
26. 1973年にラジオ番組「ナイトバード・アンド・コー（Nightbird and Co.)」でおこなわれたアリソン・スティールによるデレク・テイラーとハリー・ニルソンのインタヴュー。ウェブサイト For the Love of Harry［http://fortheloveofharry. blogspot.com/2008/12/nightbird-company-cosmic-connections.html］より、2011年10月10日にアクセス。
27. 著者によるスタンリー・ドーフマンのインタヴュー、2011年２月21日。
28. Jim Conley, "Recordings," *Albilene Reporter-News*, December 2, 1973, p. 130.
29. Bruce Jenkins, 前掲書。
30. ドーフマン、2011年。
31. LSL プロダクションズでのジョン・シェーンフェルドによるジミー・ウェッブのインタヴュー、2003年。
32. ニルソンの自伝草稿、49ページ。
33. ドーフマン、2011年。
34. ニルソンの自伝草稿、49ページ。
35. ニルソンの自伝草稿、51ページ。
36. ドーフマン、2011年。
37. 同上。
38. ウェッブ／シェーンフェルド、2003年。
39. ジョン・シェーンフェルドによるウーナ・ニルソンのインタヴュー、2005年。
40. ニルソンの自伝草稿、54ページ。
41. 同上、55ページ。

第７章

1．著者によるウーナ・ニルソンのインタヴュー、2011年２月23日。
2．ニルソンの自伝草稿、56ページ。
3．Jon Landau, "Mind Games," *Rolling Stone*, January 3, 1974.
4．Thompson, *Phil Spector—Wall of Pain*.
5．Urish and Bielen, *The Words and Music of John Lennon*, p. 65.
6．Kane, *Lennon Revealed*, p. 99.
7．著者によるメイ・パンのインタヴュー、2005年２月。追加の素材はパンが2012年９月５日に提供。
8．Adam Block, "Drunk with John, George, Ringo, and...," *Creem*, July 1975, p. 40.
9．Dave Thompson, 前掲書。
10. パン、2005年。
11. チャック・ベリーの〈ユー・キャント・キャッチ・ミー（You Can't Catch Me)〉と〈スウィート・リトル・シックスティーン（Sweet Little Sixteen)〉、ロイド・プライスの〈ジャスト・ビコーズ（Just Because)〉、そしてラリー・ウィリアムズの〈ボニー・モロニー（Bony Moronie)〉の４曲。2004年にはさらに３曲が CD でリリースされた。
12. Cooper and Zimmerman, *Golf Monster*, p. 125.
13. *Billboard*, December 8, 1973; *Billboard*, December 15, 1973.
14. ニルソンの自伝草稿、90ページ。
15. Melly, *Mellymobile*, p. 143.
16. 著者によるサマンサ・ジューストのインタヴュー、2011年２月20日。
17. ニルソンがウーナ・オキーフに宛てた手紙。消印は1973年10月。
18. ウーナ・ニルソン、2011年。

19. ジュースト、2011年。
20. Bianculli, *Dangerously Funny, The Uncensored Story of the Smothers Brothers Comedy Hour*, p. 333.
21. Larry Kane, 前掲書、p. 100.
22. “Beatle Bops Photog: Woman files police charge,” *Star-News*（Pasadena, CA), March 14, 1974, p. 61.
23. BBC ラジオ 2 でのスチュアート・グランディによるジミー・ウェッブのインタヴュー。
24. “Joyce Haber on Hollywood,” *Salt Lake Tribune*, March 26, 1974, p. 9.
25. “Trouble at the Troubadour: Lennon's Hard Day's Night,” *Rolling Stone*, April 25, 1974.
26. BBC ラジオでのスチュアート・グランディによるハリー・ニルソンのインタヴュー、1977年。
27. Adam Block, “Drunk with John, George, Ringo, and...,” *Creem*, July 1975, p. 40.
28. パン、2005年；2012年。
29. 同上。
30. Mr. Bonzai, “The Adventures of Harry Nilsson,” *Mix*, vol. 7, no. 5, May 1980, p. 78.
31. Fletcher, *Dear Boy—The Life of Keith Moon*, p. 386.
32. John Swenson, “Do You Want to Know a Secret,” *Crawdaddy*, September 1974, p. 34.
33. 同上。
34. BBC ラジオ 2 でのスチュアート・グランディによるメイ・パンのインタヴュー。
35. O'Dell with Ketchum, *Miss O'Dell*, p. 268.
36. 著者によるリチャード・ペリーのインタヴュー、2005年 2 月。
37. 著者によるクラウス・フォアマンのインタヴュー、2012年 2 月24日。
38. パン、2005年；2012年。
39. Dawson, *And on piano...Nicky Hopkins*, p. 167.
40. Blaney, *John Lennon—Listen to this Book*, p. 142.
41. “Lennon,” *Rolling Stone*, June 5, 1975［ニルソンの切り抜きファイルにはページ数の記載がない］.
42. Tom Dupree, “Dracula Schmacula,” *Zoo World*, June 6, 1974, p. 12.
43. 同上。
44. Weaver, “Suzanna Leigh,” *I Was A Monster Movie Maker*, p. 139.
45. “Pride Exits UA for Atlantic in Distrib Pact,” *Billboard*, May 4,1974, p. 3.
46. “Glancy job turnaround,” *Billboard*, December 15, 1973, p. 3.
47. Dawn Eden, “One Last Touch of Nilsson.”
48. 2011年12月 5 日および12月15日に、ニルソンの弁護士、リー・ブラックマンが手紙で確認。
49. Curtis Armstrong, “Duit on Mon Dei”［RCA 7432 1950242のライナー・ノーツ、2002］は、RCA がレコーディングの経費を負担していたのではないかとしている。だがリー・ブラックマンによると、たしかに当初は RCA が経費を支払っていたが、最終的にはアルバムが完成した時点で、ニルソンに支払った56万2500ドルの前払い金から差し引いていた。
50. John Swenson, 前掲記事、p. 34.
51. ニルソンの自伝草稿、88ページ。
52. 同上、86ページ。
53. 同上。
54. Derek Taylor, “Pussy Cats ”［RCA BVCM 35124のライナー・ノーツ、1974］.
55. Coleman, *Lennon: The Definitive Biography*, p. 618.
56. 日付はウーナ・ニルソンが確認、2011年12月12日。
57. パン、2005年；2012年。
58. BBC ラジオ 1 、“Rock Speak” でのマイケル・ウェイルによるリンゴ・スターのインタヴュー、1974年11月。
59. 同上。
60. 著者によるスタンリー・ドーフマンのインタヴュー、2011年 2 月21日。
61. ニルソンの自伝草稿、46ページ。

第８章

1．ニルソンの自伝草稿、38ページ。
2．"Cass Elliot, top singer dead at 33," A.P. report in *Vallejo Times-Herald*（California), July 30, 1974, p. 4.
3．同上。
4．同上。
5．"Pathologist raises query on 'Mama' Cass death," *The Times*, July 31, 1974.
6．"Inquest told obesity led to 'Mama' Cass death," *The Times*, August 6, 1974.　死亡証明書は http://www. findadeath.com/Deceased/e/Cass%20Elliot/DC.JPG にアップされている［2012年１月19日にアクセス］。
7．LSL プロダクションズでのジョン・シェーンフェルドによるペリー・ボトキン・ジュニアのインタヴュー、2003年。
8．LSL プロダクションズでのジョン・シェーンフェルドによるウーナ・ニルソンのインタヴュー、2005年。
9．ボトキン／シェーンフェルド、2003年。
10．同上。
11．A. J. Morgan, "Nilsson—Dracula meets the Sandman," *Circus*, no. 120, October 1975, p. 50.
12．同上、p. 52.
13．Robin Welles, "Nilsson in pain: Back at work," *Anderson Herald*（Indiana), May 25, 1975, p. 29.
14．A. J. Morgan, 前掲記事。
15．同上。
16．著者に宛てたヴァン・ダイク・パークスの e メール、2011年12月８日。
17．BBC ラジオ２でのスチュアート・グランディによるジミー・ウェッブのインタヴュー、1997年２月８日放送。
18，著者によるクラウス・フォアマンのインタヴュー、2012年２月24日。
19．著者によるヴァン・ダイク・パークスのインタヴュー、2012年２月22日。
20．BBC ラジオ２でのスチュアート・グランディによるヴァン・ダイク・パークスのインタヴュー、1997年２月３日放送。
21．ブライアン・ウィルソンは2004年にようやく《スマイル》の再レコーディング・ヴァージョンをリリースした。オリジナル・ヴァージョンのセッションは2011年に《スマイル・コレクターズ・ボックス（The Smile Sessions)》としてまとめられ、キャピトルからリリースされるが、パークスがニルソンと仕事をしていたころ、このプロジェクトは公式には封印されていた。
22．パークス、2011年。
23．ウーナ・ニルソン／シェーンフェルド、2005年。
24．LSL プロダクションズでのジョン・シェーンフェルドによるヴァン・ダイク・パークスのインタヴュー、2003年。
25．フォアマン、2012年。
26．パークス／シェーンフェルド、2003年。
27．同上。
28．BBC ラジオでのスチュアート・グランディによるハリー・ニルソンのインタヴュー、1977年。
29．同上。
30．ニルソンの自伝草稿、47ページ。
31．パークス／シェーンフェルド、2003年。
32．ニルソンの自伝草稿、47ページ。
33．同上。
34．著者によるスタンリー・ドーフマンのインタヴュー、2011年２月21日。

35. ニルソンの自伝草稿、48ページ。
36. A. J. Morgan, 前掲記事。
37. Lon Goddard, “Rock Bottom Harry,” *Disc*, April 12, 1975, p. 21.
38. Joel Vance, “’Arry Nilsson’s Peers,” *Stereo Review*, vol. 36, 1976［ニルソンの切り抜きファイルにはページ数の記載がない］.
39. Colin Richardson, “The Unpublished Interview”［http://fortheloveofharry.blogspot. com/2007/01/harry-nilsson-unpublished-interview_01.html］2012年2月24日にアクセス。
40. David Zucker, “Boston Repertory Theatre, 1971-1978” Part III［http://www. theatermirror.com/brt3.htm］2012年2月19日にアクセス。
41. *News Journal*（Mansfield, OH), December 7, 1974, p. 14に掲載された全国配信のTVコラム。
42. John L. Mullins, “‘The Point,’ once cartoon, comes to life on Hub stage,” *Newport Daily News*（Rhode Island), March 10, 1975, p. 7.
43. “The Stage,” *Harvard Crimson*, August 12, 1975.
44. クランストン宛ての手紙、1975年2月24日、ニルソンの個人的なファイルより。
45. パークス／シェーンフェルド、2003年。
46. LSLプロダクションズでのジョン・シェーンフェルドによるトレヴァー・ローレンスのインタヴュー、2005年。
47. Timothy White, “Harry Nilsson—Leave it to Beaver,” *Crawdaddy*, August 1976, p. 21.
48. ローレンス／シェーンフェルド、2005年。
49. ニルソン／グランディ、1977年。
50. A. J. Morgan, 前掲記事。
51. パークス／シェーンフェルド、2003年。
52. 同上。
53. ボトキン／シェーンフェルド、2003年。
54. ローレンス／シェーンフェルド、2005年。
55. Brown and Gaines, The Love You Make—An Insider’s Story of the Beatles, p. 139.
56. Kane, Lennon Revealed, p. 199.
57. Peter Brown and Steven Gaines, 前掲書、p. 139.
58. フォアマン、21012年。
59. A. J. Morgan, 前掲記事。
60. ニルソンの自伝草稿、65ページ。
61. J. Tierney, “Buying Time,” *In Health*, vol. 4, no. 1, 1990, p. 35; この理論のマイナス面はStephen Barrett, M.D., “Cellular Therapy”［http://www.quackwatch. org/01QuackeryRelatedTopics/Cancer/cellular.html］にまとめられている［2012年2月23日にアクセス］。より好意的に報じたものとしてはCarol Kahn, “Cell Therapy, an Exclusive Report from Europe,” *Life Extension Magazine*, November 1997がある。
62. ニルソンの自伝草稿、67ページ。
63. “Doctor loses C4 libel case,” *Independent*, May 16, 1997, p. 2.
64. ニルソンの自伝草稿、71ページ。
65. 同上、72ページ。
66. “Harry Nilsson fined,” *Evening Standard*, July 8, 1975.
67. デレク・テイラーに宛てたニルソンの手紙、1975年11月6日。
68. “RCA in merger of A and R,” *Billboard*, November 6, 1976; Stephen Holden, “Michael Berniker, 73, record producer, dies,” *New York Times*, July 29, 2008.
69. ローレンス／シェーンフェルド、2005年。
70. ニルソン／グランディ、1977年。
71. デレク・テイラーに宛てたニルソンの手紙、1975年11月6日。

72. ローレンス／シェーンフェルド、2005年。
73. 同上。
74. 同上。
75. 同上。
76. 同上。
77. LSL プロダクションズでのジョン・シェーンフェルドによるジェリー・ベックリーのインタヴュー。
78. これらの音源を収録したニルソンのカセット・テープを聞く機会を与えてくれたキーフ・O・ニルソンに感謝する。
79. “Cindy Birdsong to make brief return to the Supremes,” *Jet*, November 1, 1973,p. 84.
80. ローレンス／シェーンフェルド、2005年。
81. フォアマン、2012年。
82. ローレンス／シェーンフェルド、2005年。
83. Curtis Armstrong, “...That's The Way It Is”［RCA 74321950262のライナー・ノーツ、2002］.

第9章

1. Dave Marsh, “Rolling Stone,” *Corpus Christi Times*, August 20, 1976.
2. Rush Evans, “We're Just Wild About Harry,” *Discoveries*, May 1995, p. 35.
3. Neil Coppage, “Nilsson: Still Workin' On It,” *Stereo Review*, September 1976, p. 108.
4. Barry Alfonso, “The Slightly Warped Popeye of Harry Nilsson,” *Songwriter*, March 1981, p. 24.
5. デレク・テイラーに宛てたニルソンの手紙、1975年11月6日。
6. 著者によるウーナ・ニルソンのインタヴュー、2011年2月。
7. “The Nilsson House,” *Skyline*, September 1979［ニルソンのファイルにはページ数の記載がない］.
8. ウーナ・ニルソン、2011年。
9. Paul Goldberger, “Nilsson House,” *Architectural Digest*, November, 1979, p. 132.
10. Suzanne Stephens, “Nilsson House,” *Progressive Architecture*, December 1979［ページ数の記載はない］.
11. LSL プロダクションズでのジョン・シェーンフェルドによるジェリー・ベックリーのインタヴュー、2005年。
12. ウーナ・ニルソン、2011年。
13. Idle, ed., *Monty Python Live*, p. 26.
14. 著者によるエリック・アイドルのインタヴュー、2011年2月。
15. 著者とマイケル・ペイリンの会話、2011年11月23日；Idle, 前掲書、p.31.
16. Rich Wiseman, “Rolling Stone,” *The Advocate*（Ohio), May 28, 1976.
17. 日付は2010年7月30日に、ニルソンの弁護士、リー・ブラックマンが手紙で確認。
18. LSL プロダクションズでのジョン・シェーンフェルドによるウーナ・ニルソンのインタヴュー、2005年。
19. O'Dell with Ketchum, *Miss O'Dell*, p. 344.
20. ニルソンの自伝草稿、22ページ。
21. 同上、23ページ。
22. 彼の父親が2度目の結婚でもうけた息子のキースは、幼少時に死亡した。著者に宛てたゲイリー・ニルソンの手紙、2011年7月12日。
23. 著者に宛てたドレイク・E・ニルソンの手紙、2011年3月18日。ハリー・ニルソンは彼と自分の母親が同じだということは受け入れたが、ドレイクの父親については別の考えを持っていた。
24. ニルソンの自伝草稿、24ページ。
25. ニルソンに宛てたベット・ニルソンの手紙、1976年8月29日。
26. ニルソンの自伝草稿、27ページ。

27. LSL プロダクションズでのジョン・シェーンフェルドによるヴァン・ダイク・パークスのインタヴュー、2003年。
28. ウーナ・ニルソン、2011年。
29. ドレイク・ニルソンに宛てたベット・ニルソンの手紙、1976年12月24日。
30. 著者に宛てたマイク・マクノートの手紙、2012年２月27日。
31. David Wigg, "That Nilsson Touch Is Pointing to New Success," *Daily Telegraph*, November 1976［ニルソンの切り抜きファイルにはページ数の記載がない］.
32. Carpenter, *Spike Milligan*, p. 221.
33. Sheila Prophet, "Hasn't Anyone Ever Told Harry Nilsson It's Rude To Point?" *Record Mirror*, November 13, 1976.
34. "World's Longest Pun Now On London Stage," UPI report in *Greely Daily Tribune*（Colorado）, January 27, 1977, p. 35.
35. 同上。
36. マクノート、2012年２月27日。
37. Sheridan Morley, "Miss the Point," *Punch*, January 19, 1977［ニルソンの切り抜きファイルにはページ数の記載がない］.
38. *Punch*, January 1978［ニルソンの切り抜きファイルにはページ数の記載がない］.
39. *Listener*, January 1978［日付およびページ数の記載はない］; *Plays and Players*, issue 25, December 1977, p. 4.
40. http://www.youtube.com/watch?v=IsLC5D4Iy9Y［2012年２月29日にアクセス］.
41. Dolenz and Bego, *I'm a Believer*, p. 182.
42. 俳優のトム・コンティが出演する *Whose Life Is It Anyway?* が短期間上演された。
43. LSL プロダクションズでのジョン・シェーンフェルドによるミッキー・ドレンツのインタヴュー、2003年。
44. マクノート、2012年２月27日。
45. 同上。
46. 著者に宛てたマイク・マクノートの手紙、2012年２月28日。
47. 同上。
48. 同上。〝運搬代〟はイギリスのミュージシャンズ・ユニオンが、かさばる楽器や厄介な形をした楽器を使うミュージシャンに請求する権利を認めた追加のギャラのこと。
49. 著者に宛てたマイク・マクノートの手紙、2012年３月１日。
50. Richard S. Ginell, "State," *Valley News*（Van Nuys, California）, August 12, 1977, p. 56.
51. Curtis Armstrong, *Knnillssonn*［RCA 7432 1 950262のライナー・ノーツ、2002］.
52. Dawn Eden, *The Harry Nilsson Anthology*.
53. マクノート、2012年３月１日。
54. 著者によるクラウス・フォアマンのインタヴュー、2012年２月24日。
55. "Knnillssonn," *Valley Morning Star*（Harlington, Texas）, September 11, 1977, p. 34.
56. Richard S. Ginell, 前掲記事。
57. Dave Marsh, "Nilsson: 'Knnillssonn,' " *Courier News*（Blytheville, Arkansas）, August 11, 1977, p. 9.
58. 1977年７月の「ビルボード」のレヴューは billboard.com/news/knnillssonn-905492.story#/news/knnillssonn-905492.story より［2012年３月４日にアクセス］。
59. Noel Coppage, "Knnillssonn," *Stereo Review*, September 1977, p. 205.
60. 日付は RCA に保存されていたセッション記録より。
61. Dawn Eden, "One Last Touch of Nilsson."
62. 日付は2011年12月25日に、ニルソンの弁護士、リー・ブラックマンが著者宛ての手紙で確認。

第10章

1．Colin Richardson, "The Unpublished Interview," April 10, 1978［http://fortheloveof- harry.blogspot.com/2010/04/harry-nilsson-unpublished-interview.html］2012年３月２日にアクセス。
2．BBC ラジオ２でのスチュアート・グランディによるデレク・テイラーのインタヴュー、1997年２月８日放送。
3．Sheila Prophet, "Hasn't Anyone Ever Told Harry Nilsson It's Rude To Point?" *Record Mirror*, November 13, 1976.
4．Terry, *The Popeye Story*, p. 26.
5．Colin Richardson, 前掲。インタヴューの中でニルソンは「貸す」という言葉を使っているが、回想録やその他のインタヴューからも明らかなように、彼は無償でムーンにアパートを使わせていた。
6．LSL プロダクションズでのジョン・シェーンフェルドによるジミー・ウェッブのインタヴュー、2003年。
7．LSL プロダクションズでのジョン・シェーンフェルドによるヴァン・ダイク・パークスのインタヴュー、2003年。
8．著者によるリー・ブラックマンのインタヴュー、2011年２月。
9．ザック・ニルソンからのｅメール、2012年10月15日。
10．著者によるクラウス・フォアマンのインタヴュー、2012年２月24日。
11．ブラックマン、2011年。
12．著者によるエリック・アイドルのインタヴュー、2011年２月。
13．ニルソンの自伝草稿、37ページ。
14．同上、31ページ。
15．著者によるロバート・アルトマンのインタヴュー、2011年３月17日。
16．Chapman, *A Liar's Autobiography*, p. 160.
17．同上。
18．著者によるリー・ブラックマンのインタヴュー、2011年２月。
19．著者によるウーナ・ニルソンのインタヴュー、2011年２月。
20．著者によるラロルド・ロブハンのインタヴュー、2011年２月。
21．http://larold.com［2012年３月３日にアクセス］.
22．C. P. Smith, "'Life Of Brian' packs Monty Python Whack," *Santa Ana Register*, August 21, 1989.
23．Jerry Elsea, "Interesting satirical material in righteous ban of unread book," *Cedar Rapids Gazette*, February 24 1980, p. 9.
24．アイドル、2011年。
25．同上。ザ・ラトルズはアイドルがザ・ビートルズをパロディ化した TV 番組に登場するグループ。
26．この時期のニルソンの未発表曲４曲――〈オールド・ダート・ロード〉（別ヴァージョン）、〈フィート（Feet)〉、〈リーヴ・ザ・レスト・トゥ・モリー（Leave The Rest To Molly)〉、〈シー・ドリフテッド・アウェイ（She Drifted Away)〉――を収録したアルバムの新版 CD がアメリカで2013年の夏にリリースされた。
27．Terry, 前掲書、p. 27.
28．Rolling Stone のバーバラ・ダウニーに宛てたデレク・テイラーの手紙、1980年９月26日。
29．同上。
30．ブラックマン、2011年。
31．ラロルド・ロブハンは彼がチェロキーでデュヴァルとのセッションをレコーディングしたことを認めている；著者に宛てた手紙、2012年３月３日。
32．Terry, 前掲書、p. 60.
33．同上。写真のキャプションはニルソンとヴェニスにやって来たのがボウではないかとしているが、これは明らかにベンで、彼の兄ではない。
34．同上、p 85.

35. ドレイク・ニルソンに宛てたベット・ニルソンの手紙。1976年11月18日に書かれ、1977年３月２日に投函された。
36. Taylor, 前掲書。
37. 同上。
38. LSL プロダクションズでのジョン・シェーンフェルドによるレイ・クーパーのインタヴュー、2004年。
39. パークス／シェーンフェルド、2003年。
40. Taylor, 前掲書。
41. Vincent Canby, "Live action Popeye on the big screen," *Stars and Stripes*, January 4, 1981, p. 12（*New York Times* からの再録）.
42. 同上。
43. Dan Gire, "*Popeye* is what it is, disappointing," *Chicago Daily Herald*, December 13, 1980, p. 12.
44. Debra Kurtz, " 'Popeye' special treat," *Waterloo Courier*（Iowa）, December 19, 1980, p. 54.
45. Dan Klady, "*Popeye* true to comic strip," *Winnipeg Free Press*, December 15, 1980, p. 44.
46. 著者によるペリー・ボトキンのインタヴュー、2011年２月。
47. 同上。
48. アイドル、2012年。
49. 同上。
50. Thor Eckert Jr., "Mexico's Zapata cut down by Goodspeed's production clichés," *Christian Science Monitor*, November 10, 1980.
51. ボトキン、2011年。
52. 同上。スターは結局1981年４月27日にバーバラ・バックと結婚するが、1980年の夏はロスアンジェルスにもどる前にロンドンとパリで過ごしていた。
53. Thor Eckert Jr., 前掲記事。
54. ロブハン、2012年。
55. アンドレア・ロビンソンからの e メール、2012年５月14日。
56. ルソスは他に『サパタ』から〈ラヴ・イズ・ジ・アンサー〉をレコーディングしたが、この曲は数年後、CD のボーナス・トラックとしてはじめて日の目を見た。
57. Thor Eckert Jr., 前掲記事。
58. 著者によるフランク・スタローンのインタヴュー、2010年２月。

第11章

1. BBC ラジオ２でのスチュアート・グランディによるジミー・ウェッブのインタヴュー。
2. Pierre Bowman, "Nilsson," *Honolulu Advertiser*, February 11, 1982, p. C1.
3. ニルソンに宛てたデレク・テイラーの手紙、1981年３月17日。
4. "Coalition for Handgun Control Plans Full Week of Activities," *Harvard Crimson*, October 26, 1981.
5. Pierre Bowman, 前掲記事。
6. 同上。
7. ニルソンがファイルしていたヨーコ・オノ宛ての手紙のコピー、1981年12月。
8. パーティーの招待状、1982年３月５日。
9. John Christensen, "Nilsson Sings a New Song," *Honolulu Star Bulletin*, February 11, 1982; *Honolulu Advertiser*, March 13, 1982.
10. Chapman, *Yellowbeard*, p. 24.
11. Leonard Klady, "Yellowbeard Film: Jokes Run Aground," *Winnipeg Free Press*, June 27, 1983, p. 50.
12. D. D. McNicoll, "A Drinking Violet but Never in Public," *The Australian*, August 21, 1984, p. 3.
13. 同上。
14. *Harry Does Yoko* と題するアルバムが1985年にリリースされると告知されたが、未発表に終わって

いる。Ed St. John, "Harry's Just Wild About Yoko," *National Times*, August 24, 1984, arts section, p. 29.

15. 著者によるスタンリー・ドーフマンのインタヴュー、2011年２月。
16. ザック・ニルソンからのｅメール、2012年10月15日。
17. 著者によるウーナ・ニルソンのインタヴュー、2011年２月。
18. 観客数については諸説があるが、「およそ50万人」という Warner の説（*American Singing Groups*, p. 330）がもっとも妥当なところだろう。ここまでの規模になった大きな理由は、グループが前年、モールでの演奏を禁じられ、それに反発する人々が大挙して押し寄せたことだった。ただしニルソンの挙げた数字にも同時期の報道という根拠があり、たとえば *Crowell-Collier Yearbook* 1984, p. 585 の Rolfe, "Washington Economy" は観客の数を「100万人以上」と見積もっていた。
19. ニルソンの自伝草稿、94ページ；『ハリー・ニルソンの口述自伝』から一部追加。
20. Faye Zuckerman, "Movie Review," *Billboard*, February 8, 1985, p. 32.
21. Harry, *The Ringo Encyclopedia*, p.20.
22. ウーナ・ニルソン、2011年。
23. 同上。
24. ニルソンの自伝草稿、90ページ。
25. 同上、91ページ；『ハリー・ニルソンの口述自伝』から一部追加。
26. LSL プロダクションズでのジョン・シェーンフェルドによるジェリー・ベックレーのインタヴュー、2003年。
27. 同上。
28. ウーナ・ニルソン、2011年。
29. 著者によるエリック・アイドルのインタヴュー、2011年２月。
30. ニルソンの自伝草稿、76ページ。
31. 同上、41ページ。
32. LSL プロダクションズでのデイヴィッド・リーフによるジミー・ウェッブのインタヴュー、2003年。
33. ニルソンの旅行代理店担当者、D・M・ベルガーに宛てたブリタニア・ホテルの手紙、1981年５月１日。
34. ウーナ・ニルソン、2011年。
35. http://fortheloveofharry.blogspot. co.uk/search/label/1990にアップされている1990年の "The Eddie and Flo Show"、2012年４月２日にアクセス。
36. ウーナ・ニルソン、2011年。
37. LSL プロダクションズでのジョン・シェーンフェルドによるアニー・ニルソンのインタヴュー、2005年。
38. LSL プロダクションズでのジョン・シェーンフェルドによるボウ・ニルソンのインタヴュー、2004年。
39. LSL プロダクションズでのジョン・シェーンフェルドによるベン・ニルソンのインタヴュー、2004年。
40. ベンとボウ・ニルソンに宛てたニルソンの手紙、1989年８月９日。
41. ザック・ニルソンからのｅメール、2012年10月15日。
42. "Cinnamon Broadcasting, Utah's Cortex to merge," *Deseret News*, July 1, 1983［ニルソンの切り抜きファイルにはページ数の記載がない］.
43. Keith Bradsher, "Hawkeye ousts its CEO," *Los Angeles Times*, August 5, 1987. この記事ではホックスの住所がウエストハリウッドのベル・エイジ・ホテルになっている。
44. 同上。
45. 同上。
46. McGilligan, "Terry Southern," in *Backstory 3: Interviews with Screenwriters of the 1960s*, p. 399.
47. Hill, *A Grand Guy, The Life and Art of Terry Southern*［ページ数の記載はない］.

48. Patrick McGilligan, 前掲書、p.399.
49. LSL プロダクションズでのジョン・シェーンフェルドによるテリー・ギリアムのインタヴュー、2004年。
50. Bradsher, 前掲記事。1987年 4 月までの半年間における収入は11万2000ドル、営業利益は 2 万1294ドルと報じられている。
51. Patrick McGilligan, 前掲書、p.399.
52. Gerber with Lisanti, *Trippin' With Terry Southern—What I think I remember*, p. 199.
53. Hill, *A Grand Guy, The Life and Art of Terry Southern*［ページ数の記載はない］.
54. Caryn James, "Whoopi Goldberg in 'Telephone,' " *New York Times*, February 14, 1988.
55. Michael Sragow, "Whoopi stars in 'The Telephone,' " *San Francisco Examiner*, *The News*（Frederick, Maryland）, January 30, 1988, p. E7に再録。
56. James Bates, "Once-famous songwriter now struggles in obscurity," *Winnipeg Free Press*, January 16, 1988.
57. "People," *The Hawk Eye*（Burlington, Iowa）, August 6, 1987, p. 8A.
58. Bates, 前掲書。
59. 同上。
60. Lee Hill, 前掲書。
61. Michael Szymanski, "Comeback Schmumback, The Return of Son of Schmilsson," *Los Angeles Magazine*, October, 1990, p. 73.
62. "Nilsson Talkin'," *Los Angeles Times*, January 12, 1988.
63. 同上。
64. ウーナ・ニルソン、2011年。
65. 同上。
66. Szymanski, 前掲記事；Paul Zollo, "Harry Nilsson is alive and well and living in L.A."［ニルソンの個人的なファイルに保存されていた *Los Angeles Times* からの日付のない切り抜き、1990年ごろ］. Szymanski は曲のタイトルを "You See L.A" とつづっている。
67. ニルソンがファイルしていたアルバム *Paris* のプレス・リリース、1990年 2 月27日。
68. ウーナ・ニルソンからの e メール、2010年 2 月。
69. Bill Higgins, "Offbeat Memorial for a Comedian," *Los Angeles Times*, January 25, 1990, p. E3.
70. アイドル、2011年。
71. LSL プロダクションズでのジョン・シェーンフェルドによるテリー・ギリアムのインタヴュー、2004年。
72. LSL プロダクションズでのジョン・シェーンフェルドによるレイ・クーパーのインタヴュー、2004年。
73. "Singer Enters Plea In Charge," *Aiken Standard*（South Carolina）, April 11, 1991, p. 13.
74. セイント・ルークのスタッフに宛てたニルソンの手紙、1990年 9 月15日。
75. ザック・ニルソンからの e メール、2012年10月15日。
76. LSL プロダクションズでのジョン・シェーンフェルドによるザック・ニルソンのインタヴュー、2004年。
77. ニルソンに宛てたシンディ・L・シムズの手紙、1991年 1 月 3 日。
78. James Bates, "In the end, only creditors talked to Nilsson," *Los Angeles Times*, November 4, 1994.
79. ウーナ・ニルソン、2011年。
80. 著者によるリー・ブラックマンのインタヴュー、2011年 2 月。
81. Bates, 前掲記事。
82. 同上。
83. 債権者たちに宛てたニルソンの手紙、1992年11月26日。
84. Bates, 前掲記事。

85. 著者によるペリー・ボトキン・ジュニアのインタヴュー、2011年2月。
86.「ニルソンほかのクライアントたちが、1991年、ビジネス・マネージャーのシンディ・シムズに金を横領されていたことを知ったとき、ニルソンにはまったく心の準備ができていなかった」。Bates, 前掲記事。
87. ブラックマン、2011年。
88. Bates, 前掲記事。
89. 債権者たちに宛てたニルソンの手紙、1992年11月26日。
90. 1991年用の個人的なファイルに保存されていたヨーコ・オノ宛ての手紙［日付なし］。
91. ウーナ・ニルソン、2011年。
92. 債権者たちに宛てたニルソンの手紙、1992年11月26日。
93. ボトキン、2011年。
94. 1991年用の個人的なファイルに保存されていたスペロからの手紙。
95. Lynne Heffley, "Nilsson able to make his 'Point' again," *Los Angeles Times*, September 19, 1991.
96. 同上。
97. LSLプロダクションズでのジョン・シェーンフェルドによるリー・ニューマンのインタヴュー、2004年。
98. "Animation Festival," *Santa Fe New Mexican*, January 24, 1992, p. 63.
99. *Daily Herald*（Chicago）, May 22,1 991, p.15.
100. CD《ベスト・セレクション》の発売は、*Cedar Rapids Gazette*, November 17, 1991, p.357で広告されている。
101. Dawn Eden, "One Last Touch of Nilsson." Dawn Eden, "Nilsson's 'involvement' in compilation a figment of label's imagination," *Goldmine*, February 2, 1996.
102. LSLプロダクションズでのジョン・シェーンフェルドによるテリー・ギリアムのインタヴュー、2004年。
103. LSLプロダクションズでのジョン・シェーンフェルドによるマーク・ハドスンのインタヴュー、2005年。
104. 同上。
105. LSLプロダクションズでのジョン・シェーンフェルドによるヴァン・ダイク・パークスのインタヴュー、2003年。
106. ポール・ウィリアムズに渡され、RCAで保管されていたフォルトとハンソンのメモのコピー。
107. "Harry Nilsson," *Pacific Stars and Stripes*, February 23, 1993, p. 9.
108. LSLプロダクションズでのジョン・シェーンフェルドによるウーナ・ニルソンのインタヴュー、2005年。
109. LSLプロダクションズでのジョン・シェーンフェルドによるアニー・ニルソンのインタヴュー、2005年。
110. LSLプロダクションズでのジョン・シェーンフェルドによるオリヴィア・ニルソンのインタヴュー、2005年。
111. LSLプロダクションズでのデイヴィッド・リーフによるジミー・ウェッブのインタヴュー、2003年。
112. *Galaxy*, March/April 1994, p. 92に掲載。
113. ウーナ・ニルソン／シェーンフェルド、2005年。

第12章

1. LSLプロダクションズでのジョン・シェーンフェルドによるミッキー・ドレンツのインタヴュー、2005年。
2. LSLプロダクションズでのジョン・シェーンフェルドとリー・ブラックマンによるペリー・ボトキン・ジュニアのインタヴュー、2003年。

3．BBC ラジオ 2 でのスチュアート・グランディによるジェリー・ベックレーのインタヴュー、1997年 2 月 8 日放送。
4．LSL プロダクションズでのジョン・シェーンフェルドによるエリック・アイドルのインタヴュー、2005年。
5．ボトキン／シェーンフェルド／ブラックマン、2005年。
6．Randy Lewis, "Harry Nilsson *All Time Greatest Hits*, RCA," *Los Angeles Times*, January 27, 1994.
7．Carlos V. Lozano, "Grammy Winner Harry Nilsson Dies," *Los Angeles Times*, January 16, 1994.
8．"Chrysler Corp. is sponsoring the non-profit group Recording Artists Against Drunk Driving," *Daily News*, February 21, 1994.
9．Lozano, 前掲記事。
10. Dennis Hunt, "Harry Nilsson: A Welcome Retrospective," *Los Angeles Times*, March 21, 1995.
11. Rush Evans, "We're Just Wild About Harry," *Discoveries*, May 1995, p. 35.
12. Al Kooper, "For The Love of Harry," Music Masters 13254のライナー・ノーツ、1995年。
13. Derek Taylor, "Thoughts of Harry," Music Masters 13254のライナー・ノーツ、1995年。
14. 判決記録の通知書、1994年 8 月26日。
15. ニルソン／グランディ、1997年。

参考文献

Bianculli, David. *Dangerously Funny, The Uncensored Story of the Smothers Brothers Comedy Hour*. New York: Simon and Schuster, 2009.

Blaney, John. *John Lennon—Listen to this Book*. London: Paperjukebox, 2005.

Bronson, Fred. *Billboard's Hottest Hot 100 Hits*. New York: Billboard Books, 1991.

Brown, Mick. *Tearing Down The Wall of Sound—The Rise and Fall of Phil Spector*. London: Bloomsbury, 2007.

Brown, Peter, and Steven Gaines. *The Love You Make—An Insider's Story of the Beatles*. New York : Signet, 1983.『ビートルズ　ラヴ・ユー・メイク（上・下）』小林宏明 訳、早川書房、1984年。

Carpenter, Humphrey. *Spike Milligan*. London: Coronet, 2003.

Chapman, Andrew, and Lee Gilber. *Rock to Riches*. Dulles, VA : Capital, 2008.

Chapman, Graham. *A Liar's Autobiography*. London : Methuen, 1990.

Chapman, Graham. *Yellowbeard—High Jinks on the High Seas*. New York : Carroll and Graf, 2005.

Clayson, Alan. *Ringo Starr, Straight Man or Joker*. St. Paul, MN: Paragon House, 1992.『リンゴ・スター 遅れてきたビートル』高見展訳、プロデュース・センター出版局、1995年。

Clayson, Alan. *Ringo Starr—A Life*, 2nd edition. London: Sanctuary, 2001.

Coleman, Ray. *Lennon, the Definitive Biography*. London: Pan, 2000.『ジョン・レノン』岡山徹訳、音楽之友社、2002年。

Cooper, Alice, and Kent Zimmerman. *Golf Monster*. New York: Crown, 2007.

Courrier, Kevin. *Randy Newman's American Dreams*. Toronto: ECW, 2005.

Cresswell, Toby. *1001 Songs: The Great Songs of All Time and the Artists, Stories and Secrets*. New York: Da Capo, 2006.

Dawson, Julian. *And on piano ... Nicky Hopkins*. London: Desert Hearts, 2011.

Dolenz, Micky, and Mark Bego. *I'm a Believer, my Life of Monkees, Music and Madness*. New York: Hyperion, 1993.

Eliot, Marc. *Paul Simon—A Life*. Hoboken, NJ: Wiley, 2010.

Ellison, Craig W. *Loneliness, the Search for Intimacy*. Texarkana, TX: Christian Herald Books, 1980.

Fletcher, Tony. *Dear Boy—The Life of Keith Moon*. London: Omnibus, 2005.

Gerber, Gail, with Tom Lisanti. *Trippin' With Terry Southern—What I think I remember*. Jefferson, NC: McFarland, 2009.

Harry, Bill. *The Ringo Starr Encyclopedia*. London: Virgin, 2004.

Hill, Lee. *A Grand Guy, The Life and Art of Terry Southern*. New York: HarperCollins, 2001.

Idle, Eric, ed. *Monty Python Live*. London: Simon and Schuster, 2009.

Jackson, Blair. *Garcia: An American Life*. New York: Penguin, 2000.

Jenkins, Bruce. *Goodbye—In Search of Gordon Jenkins*. Berkeley, CA: Frog Ltd., 2005.

Kane, Larry. *Lennon Revealed*. Philadelphia: Running Press, 2005.

Kercher, Stephen E. *Revel With a Cause: Liberal Satire in Postwar America*. Chicago: University of Chicago Press, 2006.

Kubernik, Harvey, Scott Calamar, Henry Diltz, and Lou Adler. *Canyon of Dreams: The Magic and the Music of Laurel Canyon*. New York: Sterling, 2009.

Leary, Timothy. *The Politics of Ecstasy*. Berkeley, CA: Ronin, 1998.

Lecowicz, Eric. *The Monkees Tale*. Berkeley, CA: Last Gasp, 1985.

Lenburg, Jeff. *Dustin Hoffman—Hollywood's Antihero*. Bloomington, IN: iUniverse, 2001.

Lewis, Dave. *Led Zeppelin—The 'Tight But Loose' Files: Celebration II*, London: Omnibus, 2004.

Mackin, Tom. *Brief Encounters from Einstein to Elvis*, Bloomington, IN: Author House, 2008.

McCabe, John. *Mr. Laurel and Mr. Hardy*. New York: Doubleday, 1961.

McDougal, Dennis. *Five Easy Decades—How Jack Nicholson Became the Biggest Movie Star in Modern Times*. Chichester, UK: Wiley, 2007.

McGilligan, Patrick. *Backstory 3: Interviews with Screenwriters of the* 1960*s*. Berkeley, CA: University of California Press, 1997

Melly, George. *Mellymobile*. London: Robson, 1982.

Newman, Del. *A Touch From God—It's Only Rock and Roll*. Clacton-on-Sea, UK: Apex, 2010.

O'Dell, Chris, with Katherine Ketcham. *Miss O'Dell*. New York: Touchstone, 2009.『ミス・オーデル クリス・オーデル回顧録』加藤正人訳、レインボウブリッジ、2010年。

Phillips, Katherine W. *Diversity and Groups*. Bingley, UK: Emerald, 2008.

Rawlings, Terry. *Then, Now and Rare British Beat 1960–69*. London: Omnibus, 2002.

Ribowsky, Mark. *He's a Rebel—Phil Spector: Rock and Roll's Legendary Producer,* 2nd edition. New York: Da Capo, 2006.『フィル・スペクター／甦る伝説』奥田祐士訳、白夜書房、1990年。

Scevak, Jill, and Robert Cantwell. *Stepping Stones*. Camberwell, AU: ACER, 2007.

Shepherd, John, David Horn et al., eds. *Continuum Encyclopedia of Popular Music of the World, Vol.1: Media, industry and society*. New York: Continuum, 2003.

Simpson, Paul. *The Rough Guide to Cult Pop*. London: DK Pub./Rough Guides, 2003.

Spencer, Kristopher, *Film and television scores, 1950–1979: a critical survey by genre*. Jefferson, NC: McFarland, 2008.

Taylor, Derek. *Fifty Years Adrift (In an Open-Necked Shirt)*. London: Genesis, 1984.

Terry, Bridget. *The Popeye Story*. New York: Tom Doherty Associates, 1980.

Thompson, Dave. *Phil Spector—Wall of Pain*. London: Music Sales, 2010.

Turner, Steve. *The Fab Four—The Gospel According to the Beatles*. London: WJK, 2006.

Urish, Ben, and Kenneth J. Bielen. *The Words and Music of John Lennon*. Westport, CT: Praeger, 2005.

Warner, Jay. *American Singing Groups: A History from the 1940s to Today*. New York: Hal Leonard, 2006.

Weaver, Tom. *I Was A Monster Movie Maker*. Jefferson, NC: McFarland, 2001.

White, Eugene N. *The Comptroller and the Transformation of American Banking, 1960–1990*. Darby, PA: Diane, 1992.

Wilder, Craig Steven. *A Covenant with Color—Race and Social Power in Brooklyn*. New York: Columbia University Press, 2001.

著者　アリン・シップトン　Alyn Shipton
1953年生まれ。音楽評論家・ミュージシャン。ジャズ評論執筆のほか、ロンドンのロイヤル・アカデミー・オブ・ミュージックで教鞭をとりながらベーシストとしてバンドも率いている。主な著作に *Fats Waller His Life and Times* (1988), *Groovin' High : The Life of Dizzy Gillespie* (1999), *A New History of Jazz* (2001), *I Feel A Song Coming On—The Life of Jimmy McHugh* (2009), *Hi De Ho—The Life of Cab Calloway* (2010) などがある。

訳者　奥田祐士（おくだ　ゆうじ）
1958年広島県生まれ。東京外国語大学英米語学科卒業。雑誌編集をへて翻訳業。主な訳書にマーク・リボウスキー『フィル・スペクター　甦る伝説』、『ニール・ヤング自伝』（以上白夜書房）、ジェフ・エメリック／ハワード・マッセイ『ザ・ビートルズ・サウンド　最期の真実』（河出書房新社）、『バート・バカラック自伝　ザ・ルック・オブ・ラヴ』（シンコーミュージック）、ポール・デュ・ノイヤー『ポール・マッカートニー　告白』、デーヴィッド・マークス『AMETORA　日本がアメリカンスタイルを救った物語』（以上 DU BOOKS）などがある。

装画　本秀康
装幀　山田英春
協力　関口展　マイケ・マルクス

NILSSON
The Life of a Singer-Songwriter
by
Alyn Shipton
First Edition originally published in English in 2013.

This translation is published by arrangement
with Oxford University Press.

ハリー・ニルソンの肖像《しょうぞう》

2017年12月25日初版第1刷発行

著者　アリン・シップトン
訳者　奥田祐士
発行者　佐藤今朝夫
発行所　株式会社国書刊行会
〒174-0056　東京都板橋区志村1-13-15
電話03-5970-7421　ファックス03-5970-7427
http://www.kokusho.co.jp
印刷製本所　三松堂株式会社

ISBN 978-4-336-06247-5

ちょいと やさしそうで うらがあるんだなァ

植草甚一

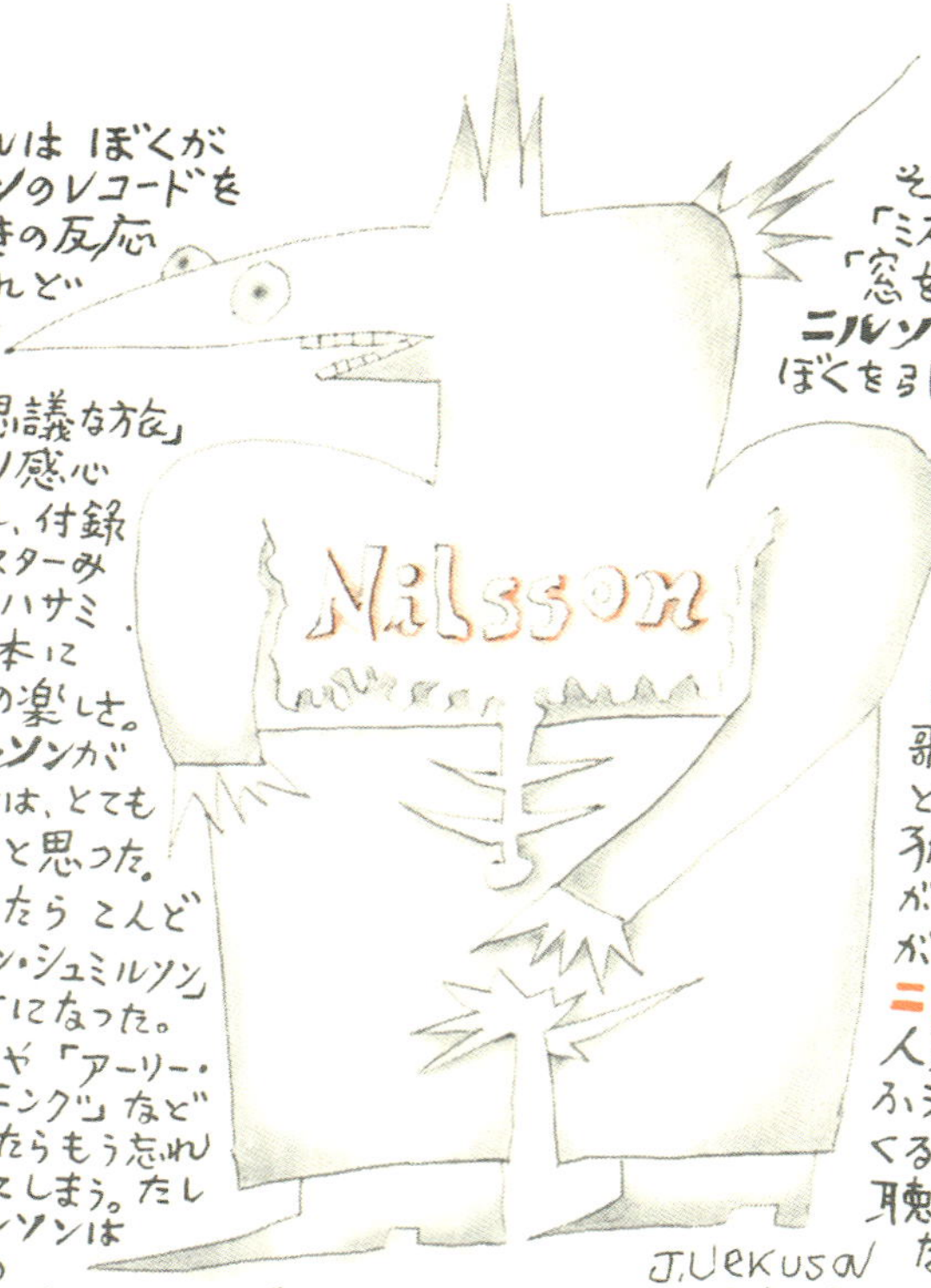

これは ぼくが ニルソンのレコードを 聴いたときの反応 なんですけれど なんていいん だろう。「オブリオの不思議な旅」には すっかり感心 してしまったし、付録 になったポスターみ たいなのをハサミ で切って絵本に しているときの楽しさ。とにかくニルソンが 語る童話は、とても おもしろいと思った。そうしたら こんど は「ニルソン・シュミルソン」を聴くことになった。「ココナッツ」や「アーリー・イン・ザ・モーニング」など いちど聴いたらもう忘れ られなくなってしまう。たし かにニルソンは ポップ界での 偉大なパリアッチなんだ。

それから「ミスター・ボージャングル」や「窓を明けよう」なんかも ニルソンだけにある世界へ ぼくを引きいれてしまったけれど 歌詞を読んで いるうちに、こいつは やさしいな、彼の 気持がよく わかってくるな、と思 いながらも、陽気に 歌っているウラには どこかアメリカ青年の 孤独で悲しい心理 が隠されているのに気 がつきはじめ、これだな ニルソンが全米の 人気者になったのはという ふうに、だんだんわかって くる。だから繰りかえし 聴かないではいられなく なってくるのだ。

RCA Records and Tapes

発売元　日本ビクター株式会社

「ミュージック・ライフ」1972年4月号広告